喻血轮像（陶利平绘）

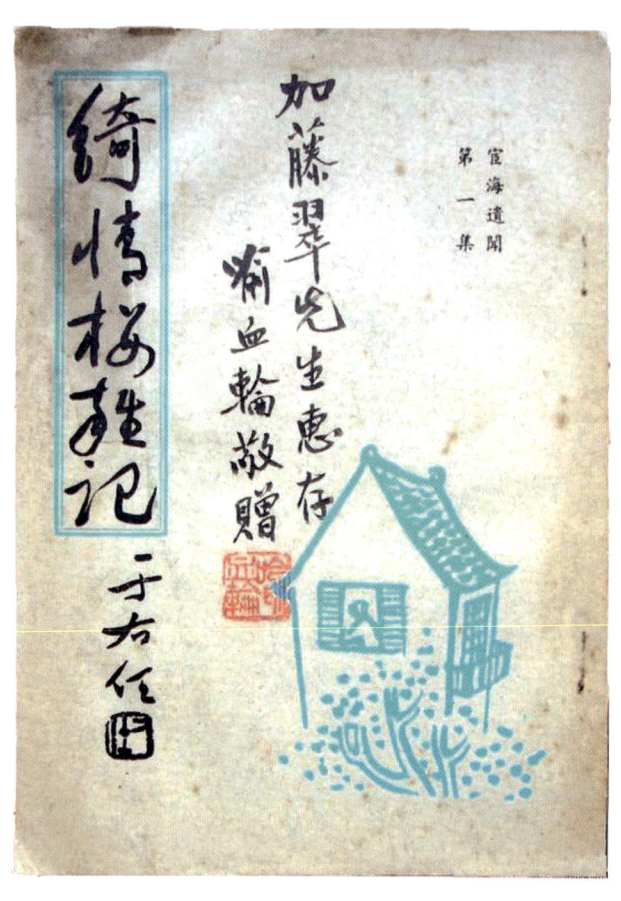

《绮情楼杂记》签名本

永绶贤侄如晤 十一日
年书阅悉 贤拟於秋节后返
结婚吾极赞成 若婚快定後并盼
早告届時愚或可東渡参加典
礼也 贤欲专攻文化罗谨事想
不去 雖惟中国安定保内图光
贤宜专攻 頗多歪斜 颇不谓过我
辈 間不善書 但必求大端正 此雖

喻血轮家书手迹

戊寅除夕 民國芔年時因抗戰避居重慶 血掄

爆竹聲聲驚歲晚 江山寥落酒痕乾
向楊柳隨春展 庾嶺梅華向臘殘
九塞烽煙頻報急 此朝金彩畫像安故園
今日予消息芉里飄零作客難
早自甘心百不如 郎潛白發敢嗟嘘 閑情
蕭索惟拚酒 壯志消磨愧上書 寶劍
有靈思薛燭 文章憎命笑黔驢 悽涼
骨肉兮雖甚又向天涯度歲除

喻的痴手书喻血轮诗作

绮情楼杂记

喻血轮 著

梅 杰 整理

1

当年意气太纵横,驰骋文坛愧有声。
爱写缠绵成稗史,惯耽豪放傲公卿。
丰神漫比安仁美,才调曾邀孝穆名。
自笑聪明多误用,兰闺赚得泪盈盈。

——喻血轮

伤心最是中原事

序《绮情楼杂记》

羽 戈

民国有两位文士，若见其名，便难忘怀。因这二人名中皆有一个"血"字。其一是江苏金坛人徐血儿，他是著名报人，曾担任《民立报》的主笔和主编，且是宋教仁的挚友，1913年3月20日晚，宋教仁遇刺，徐即随侍在侧。后撰讨贼文："……以一死而可以雪三百年之大仇，报为奴为隶之深耻，男儿何乐而不为！以一死而可以为子子孙孙造万世之幸福，男儿何乐而不为！男儿当以一人之死，救千百万人之生！"宋教仁死后二年，徐血儿患肺结核病咯血而逝，年仅24岁。《民立报》的创始人于右任亲书挽联:"碌碌吾徒青山又损渔父,茫茫天道黄土忍埋血儿。"渔父即宋教仁。且哭之以诗:"不哭穷途哭战场,耗完心血一徐郎,九州应共冤魂语,黄土无情葬国殇。"

以血入名,似嫌不祥,徐血儿英年早逝,不知是否犯了此忌。当然这不能一概而论,湖北黄梅人喻血轮同样以血为号,却活了76岁,堪称高寿。尽管他的一生颠沛流离,千磨百折,最终沦落孤岛,客死异乡,然而生于乱世,能得善终,即是至大福气。况且喻血轮之平生,少年投身革命,以笔为枪,中年浮沉宦海,而以文学终老,其在立言一面,纵然难称文豪宗师,却自有其可观之处。

论文学派系,喻血轮当可归属鸳鸯蝴蝶派之列。可是今人品评此派作家及文学史,却极少提及喻氏之名,他连附于徐枕亚、包天笑、陈蝶仙、张恨水、严独鹤、周瘦鹃等名家之骥尾的资格都未落得,足见历史不公,造化弄人。自1917年起,喻血轮所作《芸兰泪史》《蕙芳秘密日记》《林黛玉日记》等,不仅无比畅销(据喻氏追忆"一年中皆销至二十余版"),且开"日记体"写作之先河。这其中以《林黛玉日记》最负盛名,曾被鲁迅先生当作批判的靶子加以讥讽："我宁看《红楼梦》，却不愿看新出版的《林黛玉日记》，它一页能够使我不舒服小半天。"——其实《林黛玉日记》与《红楼梦》并不具几分可比性，一者是经典的树干，一者是诠释的枝节，鲁迅如此论调，倒是抬举了喻血轮。

写《林黛玉日记》之时，喻血轮仅26岁，正值才情喷薄的盛年。故此书哀感顽艳，缠绵悱恻，乃是当之无愧的才子书。不过这种才子，到了鲁迅笔下，却被讥为"原是多愁多病，要闻鸡生气，见月伤心"。此批评用在喻血轮身上或无不当。因为一方面，《林黛玉日记》受女主角之原型所严重限制，自然不可能写出花木兰式的勇悍、柳如是式的决绝，其一开篇就只能是"夕阳西下，倦鸟投林，长堤衰柳千树，受斜日余光，惨红如血，秋风吹之，叶簌簌堕……"；另一方面，则基于喻血轮的性情，不说其他，但观他的雅号——绮情君、绮情楼主——便可知喻氏为何种人，擅写何种书。这就像琼瑶、亦舒等对应言情，古龙、梁羽生等对应武侠，前者的名字充满金粉气，后者的名字则潜藏刀光剑影。

喻血轮既名绮情，后作《绮情楼杂记》，可谓名得其所。

我最初睹此书名，还以为是《幽梦影》《浮生六记》一类著作，读后才知书中内容全是"硬通货"，其笔底龙蛇，质直浑厚，波澜老成，一字一句，一腔热血，一腔忧愤。文字背后，甚至还有一种金戈铁马的杀伐之气。别忘了，喻血轮不仅是才子，是言情小说大家，还是强项的报人，是敢言的志士，当年曾对抗强权，报道惨案之真相，差点命丧于军阀之手。可想而知，在乱世浮沉数十年，心中若无一股硬气，恐怕早已随风摇落，化作炮灰。其于晚年，风雨之夕，写儿女悲欢离合，英雄扰攘纠纷，成此《绮情楼杂记》，足以说明那一份抱负与幽思，依旧在沧桑的肺腑激荡不息。

《绮情楼杂记》的体例，应属历史笔记。誉者称其有《世说新语》之遗风，我们只能善意理解为宣传言论。《世说》立意之高远，气韵之清雅，岂是寻常史家记言载笔所能及？质言之，这世间，只有一部《世说》，却可以有一万部《绮情楼杂记》。这么说并非刻意贬损喻血轮，而只想老老实实作比。若论及近人的笔记体，则可分为两派，其一，已经成其为一门大学问，曰掌故学，代表人物如徐一士、郑逸梅诸先生；另一派，大多为当事人对历史风雷的见证记录，如胡思敬《国闻备乘》、陈夔龙《梦蕉亭杂记》、刘成禺《世载堂杂忆》、张一麐《古红梅阁笔记》等。细究起来，这后一派，仍可一分为二，一类是作者只记其所经历、所熟悉的历史人事，如《梦蕉亭杂记》；另一类，则以同时代人的身份，将所听所见，不管是耳闻目睹，还是道听途说，统统纳于笔下，《国闻备乘》《世载堂杂忆》皆属此列——若论可信度，自然以前者为高。

相比之下，喻血轮《绮情楼杂记》更近于《世载堂杂忆》之流。其中大多笔记，所写的名人，所记的史事，作者并不亲近，亦未亲历，他之记述成文，或闻之友人，或阅之报章，或传之街巷。这样一来，与历史真相的距离，必定就越来越遥远。譬如《张佩纶一诗缔良缘》一则，写张佩纶读到李鸿章幼女李经璹吟咏马关战事的诗，涕泪横流，忽然跪下向李鸿章求亲，这显然是误听了野狐禅，以至以讹传讹。因为张佩纶骄狂则已，却并不冒昧，如此唐突的事，他断然做不出来。更何况他当时乃是白衣之身，寄人篱下，更需时时谨言慎行。其后记："女以张龄长，意颇不悦，李（鸿章）委婉谕之，亦即释然。"更与史实不符。李经璹既然写出了"痛哭陈词动圣明，长孺长揖傲公卿；论材宰相笼中物，杀贼书生纸上兵……"这样十分体贴入微、令张佩纶感动不已的诗，足以说明她对张的观感。我读到的说法则是，嫌张佩纶年纪太大，不是李经璹，而是她的母亲，李鸿章的夫人。只是后来被李氏父女说服了，才成就一段金玉良缘。

《易实甫之奇文怪诗》一则，记易顺鼎（字实甫）写诗嘲讽清宗室宝廷纳船女为妾："宗室一家名士草，江山九姓美人麻。"这乃是典型的张冠李戴。宝廷这一桩风流韵事，发生在1882年，其时易顺鼎年方24岁，连进士都未考取，还说什么给当朝红人宝廷寄诗，俨然老友故交？真正作此诗者，系李慈铭。原句乃是"宗室八旗名士草，江山九姓美人麻"。喻血轮还记错了两个字呢。

这些都是前朝往事，发生之时，喻血轮尚未出世，他所记出现偏差，情有可原。然而，另有一则《梁启超吼住龙济光》，据喻血轮所记："此为梁氏民十一过汉时亲语予"，按理说应该非常可信，实则依然有误。其文如下：

民五云南起义，推翻洪宪，主持之者，虽为唐继尧、蔡锷，而策动之者，实为梁启超。梁自发表《异哉所谓国体问题者》一文后，即化装由津搭某外轮，匿煤舱中，经越南入滇。旋组织军务院，梁任六总裁之一。时龙济光尚雄据粤东，效忠袁氏，梁遣门徒汤觉顿等赴粤，劝龙反袁，被龙剌死海珠。梁得耗，悲愤填膺，亟欲亲赴广州说龙，左右力阻，不听，唐继尧欲遣兵随之，梁亦峻拒，乃单身由肇庆乘一小轮入粤。龙闻梁且至，大为惊愕，佯表欢迎，阴欲杀之。梁至，径赴督署，龙立召集军事会议，意欲以杀梁之谋，委之军事会议。梁入会议室，见卫士满布，荷枪实弹，与会军官，亦各握手枪，形色愠怒，梁知今日为生死关头，乃竭尽平生气力，狂吼一声，顿令全场震慴。梁遂亢声演说，力言帝制不可为，由世界大势，迄中国人心，一一剖析，断言袁氏必败。初演说半小时时，全场紧张形色，即告松弛；一小时时，众皆窃窃称是；迨一小时半演说毕，龙及与会军官，皆鼓掌欢呼，并与梁握手示敬意。于是龙氏决易帜反袁，粤局遂定矣。

查梁启超年谱,此次广州之行,实在是一场杀机四伏的鸿门宴。但其一,梁启超并非单刀赴会,而是与李根源、张鸣歧等同行;其二,危急关头,梁启超的确发表了演讲,慷慨激昂,"意气横厉"。狮子吼一事,却无记载。而且梁启超的演讲,效果并不明显,后来,"任公从间道出,始得无事归"——这相当于逃遁。"故返肇之后。有密电与蔡松坡,云鸿门恶会,仅乃生还,盖纪实也。"(吴贯因《丙辰从军日记》,《梁启超年谱长编》第784页)既如此,"龙及与会军官,皆鼓掌欢呼,并与梁握手示敬意"云云,或者是梁启超的自我美化,或者是喻血轮的过度诠释,距离实情则远矣。

喻血轮是小说家出身,他的笔法难免有一些演义、滥情的成色,故细节之处,确有疏漏(另有一处,将小凤仙与小阿凤两位妓女搞混了,小凤仙随蔡锷,小阿凤随王克敏,原是二人)。然而这并不足以减损《绮情楼杂记》的价值。我自视为略通近现代史事,可读罢《绮情楼杂记》,依然获益良多。游弋于传媒与政治之间的喻血轮不但诙奇多闻,而且有高识远见。这里且举两例:

其一,如《辛亥起义遗事》:"辛亥八月十九日,武昌起义，人皆知为工程营熊秉坤放第一枪，然促成工程营起义，实为党人梅宝玑。梅为湖北黄梅人，清末任共进会鄂东支部部长，秘密吸收党人，共图革命。八月十七日汉口俄租界宝善里机关爆炸，梅曾在场，面部且受微伤，当晚渡江至武昌，匿于马厂谘议局秘书长石山俨家。次日武昌大朝街机关破，彭杨刘三烈士就义，梅知事急，亟欲通知各方党人起事。乃于十九日晨，至工程营门前，坐一烤红薯摊贩处，伺工程营兵士出，以秘密信号探索同志，历数次，始获一人，因告以武汉机关被抄及彭杨刘死难各情，其人闻之，大为惊骇，亟问名册是否搜去。梅因欲激动党人，诡称名册已在宝善里搜去（其实当时名册并未搜去），并谓：'武昌城关已闭，瑞澂将按名索捕，营中各同志，如不速自为计，势成瓮中捉鳖。'其人闻语，沉吟久之，曰：'吾将通知营中同志，迅速起事。'是晚，工程营遂首先发难，造成光辉历史。故工程营举义，实梅宝玑报告消息有以促成之。后梅曾膺非常国会议员，抗战期间，在赣以贫病死！"这一则恐怕为孤证，无法查对。由于是喻血轮的记言，却增加了三分可信度。因为当事人梅宝玑，乃是喻血轮的舅舅。这大约就是出身世家的好处。

其二，秋瑾长诗"登天骑白龙，走山跨猛虎。叱咤风云生，精神四飞舞……"我以前读过，却不知标题。《绮情楼杂记》写秋瑾一则，则谓此诗名《东渡长歌》。《徐树铮之大胆》一则，写民国九年夏直皖战争，皖系兵败，直军逼近都城，"是晨树铮犹衣白夏布长衫，乘敞篷汽车，出宣武门至其主持之殖边银行，提取现款，转赴琉璃厂旧书店，偿还欠账。时都中均知皖军已败，直军瞬将入城，店主见树铮犹从容若无其事，颇为惊愕！频谓：'此小事，何劳督办大驾。'树铮笑谓：'此刻不来还，将成倒账矣。'迨其由琉璃厂转至东交民巷时，直军已蹑其后矣。"徐一士、刘成禺等所谈徐树铮皆未言此事。我曾读过梗概，不承想其全景如此。另有《公民价值》一则，记民国六年公民团一事，录有公民王合新致《醒华报》的信函："鄙人来京谋事未遂，前日由同乡合肥人陆军部秘书谭君毅甫介绍，加入公民请愿团，当时言定自十二点钟起，随大家包围议院，每点钟给大洋五角，散时立付，并云将名册造成，具报总理以后，可派一差使。鄙人如时而往，站至八点半始去，并被军警击一枪托，当晚往寻谭先生领取公费大洋四元二角五分，乃谭吝而不予。今早又往索取，谭先生避不见面，由一少年出见，大言恐吓，并云此事闹糟，总理不肯认账，恐怕要办凶手，嘱令闭门不出，不许再提此事。鄙人忿极，为此特请登出，俾知谭之欺人手段。"

喻血轮此类杂忆，可补历史之阙。其人之见识，同样值得玩味。如写黄兴，"人多以军事人才目克强，其实克强诗文，实在其军事学术之上"。我倒不觉得黄兴的诗文有多好，不过，喻血轮作此对照，我却无比赞同。因为我一直认为，黄兴的军事才能严重被高估。他之成为民国柱石，凌烟阁上的排名仅次于孙文，是因其德行，而非才具。他这一生，打了多少仗，却几无胜绩。诚然，有些时候，其麾下的兵力处于劣势，但对一个优秀的将军而论，他不仅要会打顺风仗，还得善于打逆风仗，善于以弱胜强，反败为胜。

喻血轮写《绮情楼杂记》那年，已经60岁，身为逋客，回望家乡，山川琳琅，日月光华，却似梦中旧物。按说，其笔下应该风雨苍茫，悲声不绝如缕。然而，喻血轮如老骥伏枥，故乡之思，乱离之悲，在喻氏笔下，却化作风雷之气,跃然纸上,直击我的眼目,以至我读其中章节,竟有泪涔涔,这莫非是一种心疾吗?如喻血轮所写的北京某乞丐,倘佯街市,或歌或哭,一日登陶然亭,援笔题诗于壁上:"此衷苦况向谁说,欲哭还歌泪几行。为问诸公心丧否?狂人犹自笑人狂。"

对喻血轮而言,伤心最是中原事,欲哭还歌泪几行?

羽戈,原名尤宇,1982年生。皖人,现居宁波。著有《从黄昏起飞》《穿越午夜之门》《百年孤影》等。

自　序

时间是永无静止地向前进，一眨眼之间，世界上万事万物，都成了过去。无论什么人，都不能预料下一个钟点要发生什么事，但无论什么人，对过去一个钟点身经的事，总是清楚明白的。时间不断的奔驰，过去的事，也就抛离得愈远。因此，每一个人对过去的事，无论是本身经历，或是耳闻目见，总觉值得回味，值得追思的。历史之所以成为人类宝物，就是这种原因，甚至小孩爱听故事，也是这种意识。所谓"往事如烟"，"前尘若梦"，乃是含有无限回忆和无限幽思！作者青年问世，老而无成，走遍了天涯海角，阅尽了人世沧桑，滥竽报界可二十年，浮沉政海亦二十年，目之所接，耳之所闻，知道了许多遗闻轶事，野史奇谈。譬如看戏，看见过好戏，也看见过坏戏，看见过文戏，也看见过武戏，看见过儿女们悲欢离合，也看见过英雄们扰攘纠纷，真是光怪陆离，无所不有。近年旅居台湾，孑然一身，每于风雨之夕，想起这些故事，恒觉趣味弥永，值得一记。于是想起一事，即写作一段，不论年代，不分次序，不褒贬政事，不臧否人物，惟就事写实，包罗万有，日子久了，竟裒然成帙。虽私家记述，不足以付史亭，然酒后茶余，亦可资为谈助。今因友辈嘱付剞劂，爰弁数言于此，谓之为"序"，亦无不可。

1952年11月

绮情楼主喻血轮识于寓庐

目　录

第一集

汪精卫脚踢褚民谊　　　　　002

陈调元之豪爽　　　　　　　003

石友三叛变与吴醒亚脱险　　004

老年结婚佳话　　　　　　　006

杨永泰被刺时异兆　　　　　007

卢永祥敬爱文人　　　　　　008

寒山寺碑　　　　　　　　　009

吴佩孚之新闻政策　　　　　010

张勋之二妾　　　　　　　　012

李云龙吸烟新法　　　　　　013

曾仲鸣恋新艳秋　　　　　　013

再谈新艳秋	015
张作霖滥杀文人	016
王宝钏寒窑	017
辛亥起义遗事	018
叶楚伧之趣诗	019
萧耀南办公怪癖	020
梁启超吼住龙济光	021
章太炎调侃日警	023
林琴南避妓	024
景梅九著《腐化记》	025
蔡公时惨死	026
武侯祠	027
薛涛井	028
何成浚之幽默	030
鼠有烟瘾	031
寇英杰在电话局碰壁	032
张弧之阔绰	034
再谈张弧	035
留侯庙	036

谈卢作孚	038
意外财	039
齐卢战争中之陈乐山	040
易实甫风流韵事	041
张文襄之孙刚孙	043
剑门雄姿	044
吴佩孚之伉俪情	045
相思子	046
臭虫入脑	047
黄季刚之狂放	049
再谈黄季刚及其姊氏	050
周际芸一家惨死	051
骨牌渊源	052
沈夫人一身是胆	053
张绍曾与国是会议	055
叶天士以物理治病	056
华清池艳迹	059
黄克强之诗	060
女画家缪太太	061

张作霖与张作相易名	062
一代妖姬刘喜奎	064
徐世昌粉饰太平	065
王湘绮与名妓王金玉	066
上谕找补	067
马君武之讽刺诗	069
再谈马君武与义女尹羲	070
叶恭绰闭死猴子	071
汤芗铭偷孙文皮包	072
冯耿光与梅兰芳被劫案	075
大雁塔	077
小雁塔	078
穷教员的呻吟	079
贾景德之风趣	080
黎本危之醋劲	081
英人攫获牯岭小史	082
郭泰祺童时趣事	083
刺汪精卫降敌诗	084
说别字趣谈	085

猿猴好饮酒	088
石瑛为海军出身	089
记汉口谋财害命案	090
冯玉祥逼宫逸闻	092
曹锟做总统笑史	093
妒妇羹	094
巧对偶成	095
手势做惯难改	096
章太炎恶谑	097
笔误笑谈	098
汉奸二王	099
乱世女性哀鸣	100
"帅"字奇称	101
王湘绮一语救叶德辉	102
辫子与"票"	103
夺印	104
无法可对的汉奸妙联	105
袁寒云与其情妇	106
孙宝琦送葬讨没趣	107

枪毙后复活奇迹	108
记鼓娘董莲枝	109
冯国璋答谢宣统	111
再谈冯国璋昏聩	112
张勋奇语	113
黎元洪四不主义	114
记端午节风俗	115
李纯离赣趣剧	116
倪嗣冲之顽固	117
劳乃宣请溥仪做德国驸马	118
说扇	119
拦车认亲疑案	120
张怀芝妙事	122
记徐树铮	124
安武军大暴行	128
戚扬自讨没趣	129
不祥的北洋第六师	130
陈调元西安招亲	131
龚靳龃龉	132

李纯之死	133
张弧晚景	134
拉议员	135
徐世昌履任仪式	136
何为三十六计	137
嬖人李彦青	138
地狱内阁	139
三海鱼	140
签字机器	141
伍廷芳灵魂学	142
陪客致富	143
小偷与小妾	144
寇英杰娶碧云霞	146
于右任讨陈之役	147
复辟事变中的康有为	149
袁世凯策动反袁	150
汉口"六·十一"惨案	151
古典桃色新闻	154
阃令规定车费二角	156

李梦彪死的预兆	157
公民价值	158
吴佩孚撤防诗	159
辜鸿铭奇癖	161
一个落溷女性	162
皇姑屯案	164
谭延闿的眼泪	165
"毕不管"夫人之妙事	166
叶蓬杀妻	168
陆锦俄边调查案	169
冯玉祥逼死阎相文	170
阎锡山的士官知己	171
点戏不慎讨没趣	173
吴佩孚骂王揖唐妙文	173
陈顾远以戴修瓒为烟灰缸	174
乘汽车人变鬼	176
张国淦拒签西原借款条约	177
一日三捷	178
张大千与韩女春红恋诗	179

奇异墓志铭	180
金莲话旧	181
刘麻哥照相争座	183
小姐称呼	184
褚玉璞杀伶人刘汉臣	185
张季直与沈寿恋史	187
惠州大捷画	188
峨眉山猴	189
灭蝇斩虎	190
"内子"与"内人"	191
王壬秋与周妈谐对	192
别字趣谈	193
谈女名票魏新绿	194
起用檀道济	195
张之洞开和尚玩笑	196
简单祭文	197
李纪才早识张群于微时	198
香冢瘗鼻烟壶	199
詹大悲奇论	200

稿酬丛话	201
公文名称变迁史	203
龙门石佛	204
"冤家"释义	206
丈母	206
奇特征敛	207
龚德柏怕屎罐	208
李鸿章之虚惊	209
易顺鼎与百影和尚	210
台湾昔时中元节	212
妹妹真行	213
考场趣闻	214
台胞前亦有文身俗	215
挺经	216
神画	217
日本一女间谍	219
灾官吟	220
吴汉槎如何释回	221
协和医院获意外财	223

避讳	224
沈鸿烈驱逐黎本危	225
居正之武功	226
台湾怪异录	227

第一集

汪精卫脚踢褚民谊

褚民谊,不学无术,鲁莽粗疏。民廿一,汪精卫出任行政院长,辟为行政院秘书长,处事颟顸,笑话百出。时国府林主席,方驻跸洛阳,汪适有一事报告林公,命褚拟电拍发,褚于电首直称"子超兄",电末不具汪官名,而署"弟精卫叩"。林公接阅,深滋不悦。返京后,遇汪于励志社,因正色谓汪曰:"吾侪若论同志,本可兄弟相称,但行之公牍,则于国家体制未合,以后宜加注意。"汪瞠目不知何事,林公出前电示之,汪阅悉,大惭,亟赧颜谢过。及归行政院,立命召褚,时褚已下值,汪令仆分途以电话觅之。及至,令将该电稿检阅,汪见为褚手笔,大怒!时褚方立汪书案侧,汪不暇言该电之谬误,忽飞一脚踢去,褚冷不防,立踬于地,汪厉声曰:"我为汝脸丢尽矣!"褚亟起逃去。自是汪不敢再命褚动笔矣。

褚民谊(1884—1946),浙江吴兴人。昆曲家、国民党元老。后以汉奸罪枪毙。

陈调元之豪爽

　　北洋军阀投入国民革命军，始终不渝者，陈调元其一也。陈性情豪爽，态度洒落。民十五，革命军入赣，孙传芳驻九江作战，陈以安徽督军名义，率军两万余，驻扎武穴，名为助孙，实则按兵不动。及胡宗铎攻下德安，孙部师长谢鸿勋阵亡，陈见大势已去，悄然撤兵，路过黄梅时，陈偕其参谋长范熙绩，策马入城，由商会长梅某迎至商会驻节。梅见大军过境，颇为惴惴，陈笑谕之曰："汝侪勿惧，予已严令所部，悉由城外经过，不许一人入城矣。"梅亟备酒馔，并陈烟具，陈见之，笑曰："此乌足以飨客。"因自出烟具，绝精致，并为梅介范曰："此予参谋长也，渠生平专为人打败仗，今次亦然。"其实陈是次并非打败仗，不过用以打趣而已。然处此军事倥偬之际，犹具此风趣，殊不多觏！后参加革命军，任三十七军军长，总司令部派吴醒亚为其政治部主任，陈对之，敬礼有加，屡谓吴曰："予部队气质亟须改造，凡宣传主义及训练工作，决不惜费。"故于政治部报销，陈向不核阅，即批准。陈在南京龚家桥有寓庐，甚宏敞，其客厅中，凡游戏工具俱备，时京内外要人，公余之暇，辄谯集其中，陈供应豪华，从无吝啬。陈好骑术，如有良骥，必重金致之，友或欣羡，即举以赠，其豪爽多类此。抗战后，卒于北碚，其资产多为长公子开矿耗去，故身后萧然！

陈调元（1886—1943），字雪暄，河北省安新县同口人。早年混迹于各大军阀，后归顺国民政府。人称"陈傻子"。

石友三叛变与吴醒亚脱险

民十八，石友三在浦口叛变，实为畿辅一大变故。先是，是年冬，石友三被任为安徽省政府主席，甫就职，中央即令其率军赴粤，而以吴醒亚代皖府主席。石奉命，颇怀怨怼，故于赴浦口调集军队时，举兵叛变。时石有兵一旅，驻安庆，旅部设省政府间壁，旅长秦建斌为石死党，悍将也。吴醒亚于石叛变之午夜，已由电报局获悉其事，知秦在皖，必有所动，侵晨密嘱随从于安丰小兵舰升火待命。是日星期五，为皖府二五例会，吴态度镇定，仍照常主持省府会议，省府秘书长为石友三亲信张某，见吴若无其事，以为吴未获情报，密白秦建斌，秦甚喜，于是紧急调兵入城，以为吴瞬可就擒矣。讵吴早有部署，散会后，命仆从备膳，并邀张某共餐，张佯允之，而阴从便门赴间壁旅部。吴观张出，即由省府甬道至民政厅。吴时兼民政厅长，向其秘书索一围巾并呢帽，秘书询其故，吴仅谓"君等速归午膳，吾有事去"。言已，加围巾于颈，下其帽沿，步行出省府，时方大雪纷飞，卫兵以为职员下值，竟不知其为主席也。吴出省府东辕门，见旅部前大操场，军队密集，沿街吹号而入者，犹络绎不绝。吴步行至南门外，登安丰兵舰，鼓轮东下，不惟秦建斌茫然不觉，即省府上下，亦无人知。下午一时许，秦派两卫兵赴省府请吴谈话，久待不至，秦疑之，亲率卫士多人，至省府及民政厅遍搜不得，知吴已遁矣，大恚！亟下令缴省府卫队营枪，并派兵赴江干追吴，一面严索各厅长，均无所得，乃纵令兵士劫掠一夜，至天明，始率队北去。吴行至大通登岸，飞电中枢告急，中央当派咸宁兵舰载兵一团，连夜驶大通，迎吴返安庆，恢复秩序。此次吴如迟行半小时，即殆矣。

吴醒亚（1892—1936），湖北黄梅人。曾任湖北省民政厅长、上海市社会局长等职。喻血轮少时与吴同学，后曾任其秘书。

老年结婚佳话

尧乐博士，于去年十二月二十日，与刘淑静女士结婚，尧年已六十三，刘年仅二十五，红颜白发，人多异之。其实中国名人年老结婚者，殊不自尧氏始，前有熊希龄，后有李石曾。熊希龄与毛彦文女士缔婚时，年已六十有六，须髯飘然，毛虽允其婚事，但以割须为条件，熊慨然诺之，故刘禺生有诗记之云："闺人应惜首飞蓬，婉燕词新老凤雄。不用丈夫须发美，更无长鬣话元丰。"李石曾于三十五年与林素珊博士结婚，年亦六十有八，林虽再婚，犹是盛年，当时张一渠曾贺以诗云："春风先日到公家，连理枝头嫩欲芽。白首元勋新伴侣，红颜博士老才华。堪夸倒蔗甘难及，即比寒梅韵亦佳。更喜岁星临曼倩，奎光长照眷如花。"盖李证婚人为吴稚老，故有岁星临曼倩句也。

尧乐博士(1889—1971),今译作尧乐博斯,新疆巴楚人。人称"哈密王"。

杨永泰被刺时异兆

民国二十二年,杨永泰任湖北省政府主席,在汉被刺殒命,凶手逃至前花楼,为一屠夫捕获,置之法。此中是何恩怨?吾人殊不甚悉,惟杨被刺之日,颇多异兆。先是杨到鄂后,颇自戒备,非开会拜客,殊少外出,而出时必衣避弹衣,以防意外。是日因汉口英领事初莅任,例须作礼节拜访,故于早餐后,准备赴汉,嘱其夫人于箱箧中取避弹衣出。乃夫人遍觅钥匙不得,问诸侍婢,亦无人知。时杨坐待已久,恐误约会时刻,因思此去小坐即归,武汉码头均有戒备,应无虞有事,遂嘱夫人勿觅。令于衣橱中取大衣衣之,才着身,大衣左右口袋内,忽各跃出鼠一只,夫人睹之,大惊失色,杨亦愕然。继思此亦常事,不介意,仍驱车出,乘专轮渡江,至江汉关码头登岸。江汉关码头有石阶百余级,杨拾级上登,将及半，为刺客所乘，一枪中其胸膛，不及救治，即已气绝！事后人谓杨是日若衣避弹衣，应无死法，然临时箱箧不得开，鼠复据其衣袋，亦一异事。

杨永泰（1880—1936），广东茂名人。民国初年创办《正谊》杂志，并与黄兴等组织欧事研究会。译著有《外交政策》《现代民主政治》等。杨永泰死于1936年，作者所说死亡时间或有误。

卢永祥敬爱文人

卢永祥为段系军人之一，自民九至民十三，任浙江督军四五年，其人胸襟开拓，雅重文人，用人行政，亦颇得中和之道，故开府浙江最久，而浙人无攻讦之者。鄂人李继桢（号希愚，为国会议员）学识渊博，尤擅文章，下笔淋漓酣畅，如走龙蛇。永祥初督浙时，罗致幕中，优礼有加，凡有政治电文，皆由李主稿。李以体弱不任繁剧，永祥特在沪为赁一寓庐，派两勤务兵侍候，有事则以专车迎至杭州，篝灯商讨，事毕，任其逍遥湖上，或遄返沪滨，从不以细事相累。俸给不以数额拘，随时致送，其礼遇文人，殊非其他军阀所及。民十三，苏浙战起，永祥失败，通电下野，电末有"爱国不敢后人，成功何必自我"二语，传诵一时，盖即李手笔也。永祥退沪时，寓市商会，遣人召李至曰："吾既失败，行将赴日，君垂垂已老，亦宜休息。"言次，出十万元支票一纸与李曰："戋戋之数，聊助君资斧，幸回鄂小憩，勿复长作羁旅人也。"其时十万元，殊非小数，李持此回汉，略置资产，称小康焉。

卢永祥（1867—1933），山东济阳人，皖系军阀干将。

寒山寺碑

苏州城外寒山寺，因唐代诗人张继有"月落乌啼霜满天，江枫渔火对愁眠。姑苏城外寒山寺，夜半钟声到客船"《枫桥夜泊》诗一绝，遂成为吴中胜迹。复因是诗中有钟声字样，使寺中之钟亦成为古物。清俞曲园曾书此诗，刻碑立寺中，抗战前，尚完好如故，后日军占据苏州，将此碑与钟，均盗回日本去。三十六年，画家吴湖帆，特乞张继（·溥泉）为书《枫桥夜泊》诗，俾镌碑植寺中，恢复旧观，张慨然允诺，书竟，并附识云："予夙慕寒山寺胜迹，频年来往吴门，迄未一游，湖帆先生以予名与唐代题《枫桥夜泊》诗者相同，嘱书此诗镌石，惟予名实取恒久之义，非妄袭诗人也。"笔力苍雄高秀，较俞曲园尤佳。讵溥老书此诗之次日，即以狭心症逝世。此一墨宝，遂成张氏绝笔，吴湖帆立即请人刻石，立之寺中，今又不知其存废矣！按此事甚奇，枫桥夜泊诗，为唐张继所作，今张继书此碑及殁，岂溥老乃唐张继再生，书此即归耶？

张继，字溥泉，河北沧县人。早年留学日本。武昌起义后，历任同盟会交际部主任、第一届国会参议院议长、北京故宫博物院文献馆馆长、国史馆馆长。一九四七年去世。著有《张溥泉先生全集》《张溥泉先生回忆录·日记》等。

吴佩孚之新闻政策

昔军阀执政，不知控制新闻，纳言论于正轨，惟知封报馆，杀记者，致造成不少冤狱！民十四年冬，孙传芳既逐奉军出苏皖，拥护吴佩孚出山，吴由岳州莅汉，主持倒段（祺瑞）。吴鉴于军阀对新闻政策之错误，故不采严峻主张，仅于福昌旅馆设一新闻处，统一军事消息发布，由汪崇屏、费觉天等主持其事。汉口各报社及外埠报馆驻汉通信员，需要消息，均由该处供给。吴如有政治谈话，亦由该处发表，其规范颇似今日之发言人。吴于军事消息外，其他地方新闻，不甚干涉，亦无检查措置，故虽在风云谲变之际，武汉新闻界尚未发生镠辂。后革命军入鄂，吴败退东阳，新闻处仓惶撤退，费觉天且于信阳车站，为乱军枪杀。

费觉天（1899—1927），湖北黄梅刘佐人。我国倡导革命文学第一人，与李大钊等成立北京大学社会主义研究会。曾与陈顾远、郭梦良主办《评论之评论》。著有《阶级斗争原理》，译有《社会主义与近世科学》等。

张勋之二妾

张勋一介武夫,恣睢跋扈,纵情声色。民六于徐州召开督军会议,带兵入京,驱逐黎元洪,拥宣统复辟,造成戏剧性之政变,虽瞬息事败,亦民国史上一污点也!张蠢卤不解温柔,然好色如命。有二宠妾,一为小毛子,乃清末秦淮河名妓,张以重金购得者,初甚爱之,每公出,必以小毛子随侍。后任长江巡阅使,驻兵徐州,又纳天津名伶王克琴为妾。克琴入门,宠擅专房,曾为张生一子,小毛子深妒之,而不敢争夕,郁郁以死。迨复辟事败,张遁入荷兰使馆,克琴竟席卷所有而逃。当时有人撰一联嘲之云:"往事溯从头,深入不毛,子夜凄凉常独宿;大功成复辟,我战则克,琴心挑动又私奔。"盖讥其二妾一死一逃也。联内寓毛子、克琴两名,颇工整生动。

张勋(1854—1923),江西奉新人。早年参加中法战争,在镇南关大捷中战功卓著。民国初年,据守徐州,曾与康有为发动复辟运动。人称"辫帅"。

李云龙吸烟新法

民十九,中枢调李云龙率军驻沙市。李为陕军师长,身躯矮胖,行伍出身,然作战勇敢,每亲赴火线指挥。但有阿芙蓉癖,驻沙市时,喜搓麻将,每于公暇,辟旅馆作方城戏。时方盛暑,必须电扇,然电扇风大,有碍吸烟,李乃制一橡皮管烟枪,长丈余,一端装烟斗,一端装咀子,状如小儿所含假乳头,由一副官于间壁房间内,将烟泡装妥,敲板壁示意,李闻,即就桌上取咀子吸之,呼呼作声,于是牌烟两便,怡然自得,然见者辄为失笑。

李虎臣(1889—1954),原名秉信,字实生,后改名云龙。陕西临潼人。辛亥革命后陕西军界的风云人物之一。

曾仲鸣恋新艳秋

二十七年在河内被刺之曾仲鸣,为汪精卫最宠信之人,其人小有聪明,亦能摇笔为文,故汪倚为左右手。民十九,曾随汪赴北平,召开扩大会议。北平为平剧大本营，名伶辈出，当时有坤伶主席新艳秋者（本名王玉华），色艺俱佳，曾一见钟情，每日必往捧场，掷巨金不惜。后汪精卫任行政院长，曾为铁道部次长，适艳秋莅首都，入南京大戏院演戏，曾以久别重逢，恋之若狂。艳秋原为名伶程砚秋及门弟子，是时程正在顾无为经营之大世界演戏，依伶界规矩，门徒例不能与师傅抗衡，艳秋因恃曾势，竟与程打对台，程演《玉堂春》，艳秋亦演《玉堂春》，俨然与师傅争雄长。以是捧之者众，议之者亦多。顾艳秋体素弱，在南京大戏院出深不久，即以病辍业，次年乃由其母挈之回北平，曾遂不能再享此温柔福矣。

曾仲鸣（1896—1939），福建福州人。早年留学法国，获文学博士学位。历任国民政府秘书、铁道部次长、交通部次长等职。1939年3月21日凌晨，在河内汪精卫寓所中，被前来刺杀汪精卫的军统特务误刺身死。曾仲鸣被刺当为民国二十八年，文中时间系作者笔误。

再谈新艳秋

　　二十五年，新艳秋由京返平后，仍以演戏为业。时有中央候补执委缪斌，方任冀察政委会委员，与王克敏交甚密，由王绍介与日谍土肥原勾结，对北方抗日运动，颇多阻挠，以是爱国分子甚恨之！一夕，缪至艳秋戏园观剧，忽为人开枪狙击，缪乘众纷乱脱逃，竟未受伤，乃迁怒于艳秋，逮捕入狱，羁押甚久，嗣经调查，知此事为爱国分子所为，与艳秋无关，始获释，自是艳秋锋头稍敛。抗战期间，嫁伪烟台市长邰中枢，伉俪颇笃，胜利后，邰以汉奸关系，身入囹圄，艳秋频往省视，啜泣而已！艳秋自嫔邰后，平生蓄积，盖为阿母取去，至是进退失据，颇为潦倒。回思畴昔红氍毹上，万人倾倒，王孙少年，求一亲芗泽而不可得，今则门前冷落，不复为人眷顾，美人摇落，徒自嗟命薄！后更不知流落何所。

　　新艳秋（1910—2008），京剧旦角，著名程派传人，四大坤旦之一，祖籍北京。

张作霖滥杀文人

张作霖以绿林出身,开府东北,固一世之雄也。然生平识字不多,故对文人不甚爱惜。民十六在北京自称大元帅时,滥杀文人。名记者邵飘萍、林白水,向以敢言著称,均于是时以通敌罪杀之,报界咸为切齿!有高仁山者,为留美返国之教育家,时任北大教授,忽一日为缇骑捕去,闻者愕然,文人尤相顾失色。捕去后,久无下文,其友好遂具呈申冤,并托人缓颊。呈上,张正搓麻将,手风甚坏,心滋不怿,见呈,竟不问事故,即批"枪毙"二字,于是高氏遂押赴天桥饮弹死矣。因斗牌手气不佳,竟置一无辜文人于死地,是真所谓草菅人命矣!

张作霖(1875—1928),辽宁海城人。北洋军阀奉系首领,号称"东北王"。

王宝钏寒窑

近年《武家坡》一剧，甚为风行，所谓薛平贵、王宝钏，只见之说部，正史并无其事。惟"武家坡""寒窑"，西安确有其地。武家坡距城约十余里，寒窑则在曲江池，距城略近。其地为唐开元间贵族游讌之所，今犹称为西京八景之一。曲江池东北，有高原，中有巨沟，名鸿沟。沿沟行约半里，有小庙立沟边，即寒窑是也。门首有"古寒窑"三字，门内小庑，塑赤色泥马，即戏剧中所谓红鬃烈马。正殿在窑洞中，祀王宝钏像，相传此为宝钏生时起居之所。窑门有近人高维岳所题一联云："十八年古井无波，为从来烈妇贞媛，别开生面；千余载寒窑向日，看此处曲江流水，想见冰心。"正殿亦有高题联云："富贵不能淫，贫贱不能移，威武不能屈，谁料丈夫出巾帼；稗官彰其事，妇孺彰其名，庙貌彰其节，从知贞女即神仙。"殿上有楼，亦有一洞，为民初所建，民廿四塑平贵、宝钏两人像于洞内。闻当年塑此像时，于宝钏双趺，颇生争论，盖塑小脚不合时宜，天足又不切事实，结果宝钏下体，以裙蔽之，不露足影，亦堪发噱事也。

辛亥起义遗事

辛亥八月十九日，武昌起义，人皆知为工程营熊秉坤放第一枪，然促成工程营起义，实为党人梅宝玑。梅为湖北黄梅人，清末任共进会鄂东支部部长，秘密吸收党人，共图革命。八月十七日汉口俄租界宝善里机关爆炸，梅曾在场，面部且受微伤，当晚渡江至武昌，匿阅马厂谘议局秘书长石山俨家。次日武昌大朝街机关破，彭杨刘三烈士就义，梅知事急，亟欲通知各方党人起事。乃于十九日晨，至工程营门前，坐一烤红薯摊贩处，俟工程营兵士出，以秘密信号探索同志，历数次，始获一人，因告以武汉机关被抄及彭杨刘死难各情，其人闻之，大为惊骇，亟问名册是否搜去？梅因欲激动党人，诡称名册已在宝善里搜去（其实当时名册并未搜去），并谓："武昌城关已闭，瑞澂将按名索捕，营中各同志，如不速自为计，势成瓮中捉鳖。"其人闻语，沉吟久之，曰："吾将通知营中同志，迅速起事。"是晚，工程营遂首先发难，造成光辉历史。故工程营举义，实梅宝玑报告消息有以促成之。后梅曾膺非常国会议员，抗战期间，在赣以贫病死!

梅宝玑(1881—1946),字镜垣,湖北黄梅人,梅福田之孙、梅雨田侄孙(喻血轮之母为梅雨田之长孙女,即梅宝玑实为喻血轮之堂舅)。早年与詹大悲、宛思演、喻肖溪(圭田)等参加辛亥革命。曾任湖北军政府总稽查、众议院候补议员,后支持袁世凯称帝。

叶楚伧之趣诗

叶楚伧以文人参与政事,功业炳然。民十五以前,叶任上海《民国日报》总编辑,性嗜酒,每于案头置黄酒一盂,且饮且挥毫,非是,则索然寡欢。时上海《晶报》,为文人汇集之处。有天台山农者,常为《晶报》写作。其人姓刘氏,面麻,业酱。与楚伧最善,诗酒往还,无虚夕。一日,相聚畅饮,楚伧见山农面部,似敷有雪花膏,因即席赋诗嘲之云:"不扬何用饰铅华,即饰铅华总莫遮。嫁得胡麻非两好,比来玳瑁果无差。须眉以外留鸿爪,口鼻之间带玉瑕。岂是檐前贪午睡,风吹额上落梅花。"读之绝倒。又有吴三痴者,亦与楚伧善,患重听,楚伧尝赠以诗云:"未作家翁疾已成,天公相戏太无情。昂头屡问心方识,侧耳重听事乃明。会友诙谐须书字,逢人谈笑请扬声。传闻古有治聋术,社日宜酾酒一瓮。"甚趣。人但知楚伧擅长政论,而不知其游戏笔墨,亦别具风趣。

叶楚伧(1887—1946),江苏吴县人。著名南社诗人。民国初年曾与邵力子合办《民国日报》,任总编辑。著有《楚伧文存》等。

萧耀南办公怪癖

萧耀南为直系有力将领,行湖北督军数年,一切措施尚称平稳。民十四年冬,以咯血卒于任,实直系一大损失。萧为湖北黄冈人,清末曾入邑庠,因家贫,考入湖北将弁学堂,遂改习军旅,后隶吴佩孚部下,由吴一手提擢,升至督军。萧治事颇严谨,但有烟癖,每日下午三时,始开始办公,所有收发文件,必亲自过目。然萧处理公文,有一怪癖,不喜坐写字台,必须在一椭圆台桌上,令副官将公文沿餐桌周围,依次陈列。待其烟瘾过足，一手执雪茄，一手握管，沿餐桌环转，随阅随批，虽屡屡易坐，不以为烦。在此时间，不见客，不许人白事，倘因事离席，即忘其原座方向，因而次序纷乱，往往掷笔怒詈。以是萧办公时，随从皆屏息远立，无敢以事扰其思绪，批阅毕，于处理办法，恒能历久不忘。如有请示者，即令秘书取某日某卷阅之，十九不谬，此亦军阀中怪人也。

萧耀南（1875—1926），湖北黄冈人，因祖籍浙江兰陵，常被人称为萧兰陵。北洋政府时期历任两湖巡阅使、湖北省省长等职。萧耀南应是死于民十五年。

梁启超叱住龙济光

民五云南起义，推翻洪宪，主持之者，虽为唐继尧、蔡锷，而策动之者，实为梁启超。梁自发表《异哉所谓国体问题者》一文后，即化装由津搭某外轮，匿煤舱中，经越南入滇。旋组织军务院，梁任六总裁之一。时龙济光尚雄据粤东，效忠袁氏。梁遣门徒汤觉顿等赴粤，劝龙反袁，被龙刺死海珠。梁得耗，悲愤填膺，亟欲亲赴广州说龙，左右力阻，不听。唐继尧欲遣兵随之，梁亦峻拒，乃单身由肇庆乘一小轮入粤。龙闻梁且至，大为惊愕，佯表欢迎，阴欲杀之。梁至，径赴督署，龙立召集军事会议，意欲以杀梁之谋，委之军事会议。梁入会议室，见卫士满布，荷枪实弹，与会军官亦各握手枪，形色愠怒。梁知今日为生死关头，乃竭尽平生气力，狂吼一声，顿令全场震慑。梁遂亢声演说，力言帝制不可为，由世界大势，迄中国人心，一一剖析，断言袁氏必败。初演说半小时时，全场紧张形色，即告松弛；一小时时，众皆窃窃称是；迄一小时半演说毕，龙及与会军官皆鼓掌欢呼，并与梁握手示敬意。于是龙氏决易帜反袁，粤局遂定矣。此为梁氏民十一过汉时亲语予，并谓当时不知何来此洪大气力，事后思之，颇以为异云云。夫梁以文弱书生，身入险境，竟能一吼而使如许武夫，为之心悦诚服，方之郭令公单骑见回纥，殊未遑多让！此殆所谓浩气夺人也耶！

梁启超（1873—1929），广东新会人，政治活动家、思想家、学者。戊戌变法领袖之一。著有《饮冰室合集》。

章太炎调侃日警

　　国学泰斗章太炎，其才气如天马行空，目空一切。平生操持严谨，疾恶如仇。清末亡命日本，见日人鄙视华人，极为愤恨！然为密谋革命，不能不力自隐忍，有时气忿无所泄，则以诙谐出之。某次日本警察厅派警至其寓所调查户口，嘱令填调查表，太炎乃填书：

　　职业：圣人
　　出身：私生子
　　年龄：万寿无疆

　　盖太炎素有圣人之称，私生子则以日本为多，故藉此以调侃日警也。民元太炎归国，曾一度任东三省筹边使，然以不惯官场生活，未几即还京。袁项城恐其以文字动摇政局，幽之龙泉寺，太炎曾三次绝粒，未获释。后项城欲称帝，黎元洪被软禁瀛台，太炎尝改昔人诗吊之！诗云："此人已化黄鹤去，此地空余黄鹤楼。黄鹤一去不复返，白狼千载空悠悠。晴川历历汉阳树，芳草萋萋白鹭洲。日暮乡关何处是，黄兴门外使人愁。"项城因是防之益严。太炎生平屡以文字贾祸，而意气不少挫，即此可见其倔强!

　　章太炎(1869—1936),浙江余杭人,民主革命家、思想家,章黄学派创始人。著有《章太炎全集》。

林琴南避妓

　　林琴南(纾)为近代文坛怪杰,自以冷红生笔名,译《茶花女遗事》风行全国后,遂潜心译著,孜孜不倦。民六七年间,商务印书馆曾有"林译百种"出售,其作品丰富,可以想见。林于译述外,亦尝著中国小说,民六《中华杂志》曾载其《劫外桃花》,系述吴三桂与陈圆圆故事,不但可作小说观,且可作古文读也。林幼年家境寒苦,聪颖好学,貌寝而鼻生瘤,常有绿鼻涕流出,但下笔万言,见者倾服,因是文名噪甚,为士林所重。尝读书苍霞洲,洲多妓寮,有妓女庄氏者,色佳,慕林名,屡夤缘求见,林辄踌躇走避。后庄氏伺林出,馈以珍饵,不意为同伴食殆尽。一日,二人相遇,庄氏甘言媚之,林复逡巡遁去,庄氏以其诡僻不可近,深恨之。

后林旅居京师，尝有诗云："不留夙孽累儿孙，不向情田种爱根。绮语早除名士习，画楼宁负美人恩。"或即指此事。

林纾（1852—1924），福建闽县人。文学家、大翻译家。译有《巴黎茶花女遗事》《黑奴吁天录》等。

景梅九著《腐化记》

景梅九（定成）为关中文豪之一，学问渊博，文章瑰丽，确有下笔千言、倚马可待气概。民初为众议院议员，隶国民党，曾在北京创办《国风日报》，以敢言著称，卒因反对袁世凯，遭封闭。其为人天真烂漫，跅驰不羁，有时衣冠楚楚，有时邋遢不堪。尝以参加三原起义系狱，在狱中染烟霞癖，后酷嗜之。出狱后，枝笔走南北。民十七至南京，当时新贵以其腐化，不与亲近，即畴昔同志，亦加白眼，梅九因是郁郁！乃闭门著《腐化记》一小册，阐述腐化涵义。凡诋其腐化者，即将其人腐化隐私，直言揭露，以是人多恨之。书中自言如再有以"上马杀贼，下马草露布"事相属者，仍当以"两三好友，三两好土"为生活。通篇文字诙谐生动，人争购阅。战事起后，蛰居西安，右手病风，颓然老矣！

景梅九（1882—1961），山西安邑人，与章太炎并称"南章北景"。著有《罪案》《〈石头记〉真谛》等。

蔡公时惨死

民十七"五三济南事变"发生，特派交涉员蔡公时死焉！蔡为江西九江人，尝留学日本，爱好文学，雅擅书法，体瘦弱，齿露颧高，睛微突出。蔡随军北伐，济南既克，被任为特派交涉员，履任甫二日，即遘事变，蔡被日军缚置交涉员公署，以乱刃刺死！按九江文人，多遭不幸，民初有名记者黄远庸，文名噪甚，民五游南洋，忽被人暗杀。北伐成功后有蒋大川，绩学成名，曾任江西教育厅长，二十七年避乱入渝，忽在观音岩登台阶跌毙。凡此数人，皆铮铮狷介之士，而不获永年，言之可慨！

蔡公时（1881—1928），江西九江人。早年得孙中山资助，赴日本留学，后加入中国同盟会。有"民国以来第一位抗日烈士"之称。

武侯祠

凡至成都者，必游武侯祠，祠在东门外三里许，杜工部所谓"丞相祠堂何处寻"即指此。但祠门横额，只书"昭烈庙"，殊无丞相祠字迹，然当地人亦均以丞相祠称之，似由来已久矣！祠内有长甬道，两侧柏树甚多，既高且老，枝干参天，人行其下，气象萧森，相传此均蜀汉时所植，以状观之，虽不如是古老，然为数百年以上物，则无疑。前殿祀昭烈帝像，左殿祀关壮缪像，右殿祀张桓侯像，俱英伟有生气。两庑配祀蜀汉文武功臣数十人像，东庑以庞士元为首，西庑以赵云为首，像前各以石镌小传，读之了然。后殿祀诸葛武侯像，素面疏须，宛然书生也。殿后有昭烈帝衣冠冢，名惠陵，甚崇闳，陵外绕以高垣，内植古柏修竹甚繁，望之森然。祠内楹联甚多，惟清陈桐阶一联颇佳，联云："誓欲龙骧虎视，以扫荡中原，惊风雨，泣鬼神，前出师表，后出师表；时当地裂天崩，求缵承正统，失萧曹，见伊吕，西汉功臣，东汉功臣。"颇合武侯身份。殿前甬道侧，镌监委邹海滨一诗云："门额大书昭烈庙，世人都道武侯祠。由来名位输勋业，丞相功高百代思。"独将世称丞相祠意义道出，立意超人一等，书法亦甚苍劲，足为祠堂各题词冠！

薛涛井

薛涛井，在成都城外望江楼，即枇杷门巷是也。楼下有花园，疏竹小树，颇有风致。距楼数十步，有一井，即"薛涛井"，旧名玉女津。其旁为浣笺亭，相传薛涛尝用此井水制松花小笺，光润冠一时，故有薛涛笺之称。井前有刘豫波一联云："古井冷斜阳，问几树枇杷，何处是校书门巷；大江横曲槛，看一楼烟月，要平分工部草堂。"意甚洒脱。井后有石碑，镌王建诗云："万里桥边女校书，枇杷花里寄闲居。扫眉才子知多少，管领春风总不如。"再进，有五云香馆、吟诗楼、流杯池、枇杷门巷，皆薛涛生前吟咏退闲之所，曲径通幽，颇为雅静，但设备简陋，徒供游人凭吊耳！望江楼，濒临锦江，故又名濯锦楼，登楼远眺，则见锦江流于足下，呜咽有声，楼外芭蕉，高与檐齐，微风撼之，簌簌作响，景物恬静可观。楼上有顾复初一联云："引袖拂寒星，古意苍茫，看四壁云山，青来剑外；停云伫凉月，予怀浩渺，送一篙春水，绿到江南。"读之，悠然意爽！按薛涛，字洪度，唐人，初本长安良家女，随父宦蜀，父死，沦入乐籍，明慧工诗，有林下风致。韦皋镇蜀，召令侍酒赋诗，称女校书，出入幕府，历十一镇，皆以诗受知。暮年居浣花溪，即望江楼是也。涛生前作诗甚多，皆随时代散失。清光绪间，贵阳陈矩搜得涛遗诗百余首，刻《薛洪度诗集》，集中多缠绵哀怨之作，如《望春词》四首云："花开不同赏，花落不同悲。欲问相思处，花开花落时。""揽草结同心，将以遗知音。春愁正断绝，春鸟复哀吟。""风花日将老，佳期犹渺渺。不结同心人，空结同心草。""那堪花满枝，翻作两相思。玉簪乘朝镜，春风知不知。"情深意恻，使人读之，颇有"蜡炬成灰"之感！又有《赠远》二首云："芙蓉新落蜀山秋，锦字开缄到是愁。闺阁不知戎马事，月高还上望夫楼。""柔弱新蒲叶又齐，春深花发塞前溪。知君未转秦关骑，日照千门掩袖啼。"亦是婉娈真挚之作。涛又有"十离诗"为献元微之所作。先是，元和中，微之以监察御史使蜀，严司空遣涛往事，因事获怒，远之，涛因作《犬离主》《笔离手》《马离厩》《鹦鹉离笼》《燕离巢》《珠离掌》《鱼离池》《鹰离鞲》《竹离亭》《镜离台》，十首以献，含意哀切，微之览之，遂复善焉。宦家才女，流为官妓，其悲怀幽思，殊可怜已！

何成浚之幽默

何成浚为国民党宿将，开府雄都，勋业彪炳。平昔裘带雍容，颇有儒者风度，但亦雅好幽默，常能于笑谈之间，使奸慝愧慑。民国廿二年杨永泰任湖北省主席，何为武汉行营主任。时外间传言杨与汉口日领清水八百一颇有往还，以是人多有微词。适司法院长居正，赴鄂视察，杨宴之于省府新厦，何亦在座。酒次，闲谈时局，杨谓："近日中日交涉，愈益棘手，日前汉口日领竟指南洋兄弟烟草公司出品爱国牌香烟,有刺激华人反日作用,嘱转令改正,岂非异事!"何当谓:"此易事耳,即令改为卖国牌可也。"语出,合座默然,杨亦无以置答。杨死,黄绍竑继任鄂省主席,何奉命监誓,于致词时谓:"杨主席逝世,外间于继任人选,多所推测,予思必为黄绍竑先生,竟不幸而言中。"盖何素知黄非忠贞同志,心颇恶之,故谓:"不幸而言中。"实刺之也。黄闻之,亦无如何。

何成浚(1882—1961),湖北随县人。早年曾随孙中山、黄兴从事辛亥革命和护法战争。

鼠有烟瘾

民国十一二年间,汉口唯一大旅馆,为生成里之大同旅社,楼高四层,设备清洁,出入皆军政要人,获利极厚。嗣因太平洋、大华、璇宫诸饭店相继诞生,设备尤为精美,大同旅社遂降为三等旅馆,门可罗雀焉。其经理为挽救营业,乃辟二楼二十房间为烟室,时烟禁未严，所谓"雅室""雅座"，为法令所不禁，于是大同旅社二楼，终日烟雾腾腾，往来皆瘾君子矣。迨国民革命军北伐抵汉，严令禁烟，大同旅社烟室，始自撤消。清理房间之日，忽见诸烟室床榻下老鼠，纵横僵卧，奄奄欲毙，以火箝拾置篮内，无一逃者，群遂谈笑鼠发烟瘾。其招待王某，欲证实其事，特置两只于室内，以鸦片熏之，不五分钟，鼠忽精神抖擞，飞奔而遁，可见其前时僵卧，实烟瘾发作矣。忆清末广东某巨室，有媳青年孀居，乃劝令吸烟自遣，藉坚其节，一榻横陈，历四五十年之久。迄孀妇老死之日，忽发现其室内老鼠，均眼泪潸潸倒毙榻下，众遂认为孀妇贞节，感动鼠辈，故皆垂泪以殉，其实亦是烟瘾所致。由此可知鸦片毒力之大！

寇英杰在电话局碰壁

萧耀南部下师长寇英杰，民国十二三年间，兼任平汉路信阳至汉口段护路司令，其人瘦削矮小，不类军人，然性情急躁，动辄骂人。一日，欲以电话招友竹戏，屡接不通（时汉口电话尚非自动机），女接线生告以该号电话线不空，请其稍待，寇不信，遽于电话中骂接线生"混蛋，王八羔子"，接线生亦还以"你是什么东西，混蛋加三级"，寇以生平只骂人，从无被人骂事，闻语大怒，急曰："你妈的，你等着，看老子来揍你。"于是携卫士四人，冲入电话局。时电话局在英租界，复因借款关系，尚属英人管理，接线生领班为一英国女士，寇未至时，领班已获悉此事，认接线生无过，当令两印度兵守护接线室门。寇至，径觅接线室，印兵先将其卫士喝退，诘寇何事？寇谓欲入接线室，印兵告以非本局人员，不能擅入，如有事，可见领班，当导寇入会客室。俄而领班偕翻译至，寇咆哮谓接线生骂人，领班谓："顷间实君先骂接线生，接线生以骂还之，适足相消，两不为过。"寇令将接线生交出，领班谓："接线生为余所领导，非英国领事公文，余不能交出。"寇犹哓哓詈骂，领班谓："君为军人，当知礼节，再如是，当以暴客相待。"言毕，令印兵逐寇出，寇不得已，悻悻而去。

寇英杰（1886—1952），河南寿张人，曾追随吴佩孚。

张弧之阔绰

袁项城专政时，北京有三大名次长，即交通部次长叶公绰、陆军部次长徐树铮、财政部次长张弧是也。而张之才干，尤为项城所赏识，日必咨询，礼遇几驾总长而上之。项城既殁，复为张作霖所罗致，遂隶奉系，曾一任币制局总裁，两膺财政部长，固一风云人物也。张因屡绾财权，出入数字极大，遂养成阔绰手面，视金钱如粪土，凡求其赈济者，必令其人满意而去，以是人多德之。某年任财长时，有世交福建林某，入京谒见，原思于财部觅一科员，非有大欲也。张接见一二次，旋亦忘之。一夕，林趋张私邸，张正与三要人雀战，嘱林在客室稍候，林久待张不至，拟辞出，适公府有电话召张，不能不去，而在座诸人，牌兴正浓，殊不敢散局，张忽忆林犹在客室，因曰："余有一客在此，可代余入局，余少去即归。"遂命仆招林替代。迄夜午，张犹未回邸，而牌局已终，结算时，林代张赢天牌筹码六根，地牌一根，当易支票一纸，计六万五千元，林怀之而归。次日再谒张，出支票交张曰："此昨宵代公所赢获者。"张略一顾视，曰："此乃君所获致，戋戋者即以赠君，希持归小作经营，不必逗留京师谋差事也。"林闻语，喜出望外，当持往银行兑取，银行以林不类持此巨额金人，以电话询张，张证其确，始获兑现。林携归，购置田地，称富家翁。

<small>张弧（1875—1937），浙江萧山人。清举人出身，入民国后任两淮盐运使、财政总长等职。</small>

再谈张弧

张弧，字岱杉，清末壬寅举人。乃翁仕闽久，因诞于闽。既长，语言习惯，无不类闽人。清末入吉林盐务官运局，未几，熊希龄任东三省盐运使，闻其能，畀以科长职。民初，熊膺财政总长，以其保存吉林库藏巨款及印信有功，遂简牧长芦盐运使，再迁两淮盐运使，其擘划盐务章程，规定增产细则，调整稽核所，条分缕析，声誉卓著。洎项城专政，遂以财长兼盐务署署长，成为中国盐政专家。夫人梁氏，极贤淑，伉俪綦笃。梁有梳头娘姨，张与通焉。一夕，张自外归，已逾午夜，乃不入内寝，径宿梳头娘姨室。时方天寒，室内燃煤炉，迄天明，张与娘姨俱中煤毒，僵卧，仅存气息。梁氏发现后，急召医至，医令移卧天井，吸收新鲜空气，良久始苏。张自此遂明娶梳头娘姨为侧室，眷爱异常。但未逾二岁，张忽认娘姨有疯疾，更纳娘姨之梳头女为小星，此女颇谨淑，因得与偕老。按张当时声势显赫，欲置妾，宁无佳丽，而独迷恋于梳头婆，此岂张之特嗜也欤？七七事变前，国府财政当局，曾拟促张出，整理盐政，乃张已衰病垂危，卒莫能兴。未几，殁于北平，一室湫隘，身后萧条，回首当年，殆如梦焉。

留侯庙

留侯庙，在陕西留坝县紫柏山麓，即汉张良辟谷处也。山巅植枫树极多，每届深秋，红叶满林，风景极美。庙宇恢宏，碧瓦翚飞，为陕中各庙冠。殿前有丰碑，镌于右任亲书"送秦一椎，辞汉万户"八大字。正殿塑留侯像，英伟如生。殿内楹联甚多，千篇一律，人云亦云，惟清陈文黻一联云："壮士奋挥椎，报韩已落秦王胆；大王烦借箸，荣汉终函项羽头。"雄壮可颂。又有清王佩声一联云："前追齐尚父，后启武乡侯。"亦简当切实。殿侧有小院落，院内凿小池，通以山泉，池侧略植花草，景殊幽静，壁上嵌石碑甚多，刻游人题句，有清吴棠甫律诗一章云："五世韩臣已复仇，翩然欣与赤松游。奋椎早夺三秦险，借箸潜消六国谋。黄石书函空覆楚，青宫羽翼亦安刘。帝师王佐神仙骨，衡岳希踪只郲侯。"最称佳构。庙后山巅，有授书楼，即黄石老人授书处，有清督学使黎荣翰题"英雄蝉蜕"四字，甚有意致。楼为两层，上层塑黄石老人像，联云："此地有松石间意，其人乃帝王之师。"为清沈恬所题，颇见洒脱。庙内有道士二百余人，庙产颇丰，香火亦盛。由前汉迄今，历二千余年，而留侯庙食不衰，世人岂尽以其为王佐神仙而尊之欤？亦无非同情其博浪沙奋椎一击耳！予民国三十年秋游此，亦题一诗云："紫柏山头夕照红，巍然祠庙有雄风。非关王佐神仙侣，只在嬴秦一击中。"

谈卢作孚

重庆民生公司总经理卢作孚，为四川合川县人。民国初年，任重庆女子师范教员，郁郁不得志。民九遂向合川同乡集资五万元，在上海江南造船厂定造浅水小火轮一艘，定名"民生"，此为民生公司发轫之第一艘船，行驶重庆合川间，营业甚盛。于是每年以盈利增购船只，凡有船出售者，不论大小新旧，必购入，虽负债亦所不惜，并正式组织"民生实业公司"，卢自任总经理。自是船只渐多，驶行航线，由嘉陵江扩展至长江上下游。自民国二十一二年间，即有数轮直航上海，且于重庆对岸青草坝，创设民生机器厂，修理船只。迄七七事变发生时，民生公司已拥有大小轮船九十余艘，川中航权，几为其独占。此皆卢氏一手经营之成果，于抗战及复员，贡献极大！卢氏躯干矮小，而气魄宏大，虽一任交通部次长，毫无官僚气。每晨六时起床，深夜始息，勤苦耐劳，历三四十年如一日。公司业务鼎盛，从无一钱入私囊，其家庭生活，与作穷教员时无少异。其人尤有一特征，即年届六十，而血压从未超过五十度，较常人基本度数，尚低四十度，然从无疾病，斯亦异事。

卢作孚（1893—1952），重庆合川人。著名的爱国实业家、教育家、社会活动家。他创办的民生公司，为中国最大和最有影响的民营企业之一。

意外财

民初，江西李盛铎长财部，有九江人曾某，以乡谊关系，入京求李，谋一枝栖，顾久久无成。曾原寓江西会馆，日惟与同乡下象棋消遣。一日路过琉璃厂，见一旧货店有象牙棋子一副，制作精美，以价三元购归，曾初犹以普通棋子视之，不以为贵。一夕，与友人对弈，忽欲订一洋钉，而无钉锤，即以手中所持棋子敲击，讵不数下，棋子与钉头碰处，忽破一洞，就灯下察之，内藏明珠一颗，光彩夺目，曾大惊喜，友人亦以为异，试再破一子观之，亦贮一珠，于是穷一夜之力，将全副棋子尽碎之，得明珠三十二粒。次日持赴古董商鬻之，每粒得价六百元，共获两万元，曾遂襆被南归，不再谋差事矣。又闻民初浙人某，亦在琉璃厂购旧麻将一副归，日久破损一张，忽发现牌内有一方槽，贮宝石一枚，再试他牌，亦如之，遂得宝石一百三十六枚，各色俱备，鬻之，立成富翁。据闻此均满清大内物，光复后，被小阉偷出贱卖，旧货商亦不知为珍物，展转而售于人，得之者，遂获意外财焉。

李盛铎（1859—1934），江西德化（今属九江）人。历任山西布政使、山西巡抚。入民国后任袁世凯大总统顾问等职。著有《德化县备考》等。

齐卢战争中之陈乐山

民国十三年秋，齐（燮元）卢（永祥）构兵，苦战沪宁间四十日。卢师初甚利，嗣因浙军第四师师长陈乐山，忽于松江叛变，通电倡和，驱卢下野，卢遂一蹶不振，败绩而退。先是陈任第四师长时，于沪上识某巨室下堂妇，两情缱绻，将纳为箧室。事为卢氏所闻，颇不谓然，因贻书规劝，陈不听，卒营金屋以贮阿娇焉。妇故淫侈，多姿善媚，居恒以羊乳和香水沐浴，使肌肤香嫩。既嫔陈，益变本加厉。陈本武人，遽住此温柔乡，乃大惑，凡妇所言，无不听从，鹣鹣鲽鲽，绸缪沪上，遂忘其身绾军府，为两浙壁垒矣。苏浙战事既起，陈方驻松江，一日拟赴前敌指挥，妇忽力阻曰："妾之事将军，为百年计也，今将军位至师长，富有多金，正宜与妾共乐余年，何尚冒险于弹烟之下？万一不讳，将焉置妾？"陈志夺，遽反戈，卢失此股肱，遂全师熸焉！时有署名天狼者，作江南甲子谣，刊诸沪报，其末首云："温柔不住住何乡，垂老陈平梦亦香。马后黄金马前血，将军何苦死沙场。"即记此事也。

齐燮元（1879—1946），直隶宁河县（今属天津）人。曾任北洋军第六镇参谋长、江宁镇守使、江苏督军、苏皖赣巡阅使等职。

易实甫风流韵事

龙阳易实甫，幼有神童之目，长膺才子之名，实近代文坛中怪杰也。顾其为人，放诞不羁，风流自赏，苟遇佳丽，必得之而后快。故生平韵事极多。兴至，辄自言之，不讳。清末，简放广西右江道。赴任时，乘绿呢大轿，途次湘桂接境之某村，见一豆浆肆主妇，正倚门顾盼，玉雪婉娈，光采煜煜。易见之，惊为绝色，乃饬辍息肆旁，婉商借宿一宵，肆主欣然恭迎。入晚，易举觥畅酌，远屏隶夫，独留妇侍侧。酒酣，微示己意，妇知其为贵人，欢然就之，于是流连数日始去。此一事也。民初，袁项城秉政时，易任印铸局参事，眤津妓李三姑，每届周末，必赴津沽，情好弥笃。时北京东安市场内摄影室，悬有三姑巨幅倩影，易暇辄枯坐对面面馆内，挈壶凝视，历久不去。此又一事也。易于狎妓外，尤好捧女伶，民初北京红坤伶刘喜奎，易捧之尤力，每日必过喜奎家一次。入门，必脱帽狂呼："我的亲娘，我又来了。"甚至作诗云："我愿将身化为纸，喜奎更衣能染指。"其倾倒如此。刘禺生《洪宪纪事诗》有"骡马街南刘二家，白头诗客戏生涯。入门脱帽狂呼母，天女嫣然一散花"，即咏此事也。其他韵事尚多，未能尽记。才子风流，自古已然，此固未足为易氏病也。

  易实甫（1858—1920），名顺鼎，湖南龙阳人。清末民初之才子，易君左之父。

张文襄之孙刚孙

"宗悫堕马竟戕生，虚我期望乘长风破海浪之志；汪琦虽殇亦何恨，恨汝不能执干戈卫社稷而亡！"此张文襄公督鄂时哭孙联，尝传诵一时。按公孙名刚孙，初留学日本，习陆军，学成归国，于湖北新军训练，多所建白，文襄甚爱之。旋复偕鄂军官弁，赴日观操，事毕归国。抵鄂之日，文襄遣材官士兵驾马车至文昌门外码头列队迎候。刚孙原豢名驹一，日常骑以驰骋武昌郊外，自赴日月余，颇有髀肉复生之感。故是日登岸，即屏去马车，骑马入城，讵驰抵督院辕门，材官鸣炮欢迎，马骤闻炮，忽惊逸，刚孙立颠坠，伤头颅，仆从见之，急奋力趋救，马益跳跃不可制，蹄复伤及发际，而刚孙所佩刀，且脱鞘出，刺入腰部，血涌出，逾时而逝！此清光绪二十七年十月间事也。刚孙聪明英俊，思想甚新，死时年仅二十余，倘是日乘马车入城，当无此祸，故文襄哭之恸也!

张之洞(1837—1909),直隶南皮(今河北南皮)人,洋务派代表人物之一。同治二年探花,历任山西巡抚、湖广总督、军机大臣等职。与曾国藩、李鸿章、左宗棠为晚清"四大名臣"。

剑门雄姿

剑门关,为蜀中险要之一,距剑阁二十余里,山势雄伟,崔嵬屹立。关口有"天下雄关"四字,旁植石碣,题"汉大将军姜伯约屯兵处"。山为三巨峰,由关内观之,不过觉其巉崒险巇而已,一出关外,则三峰列峙,俨然斧削,由巅至麓,不知几千仞,岩峣壁立,高耸天际,中峰特高,体部中阔,而顶跌略窄,状如枣核。左右两峰,嵯峨侧立,有似中峰之卫士。三峰连接处,各裂一缝,其狭如线,右缝为一小溪流,左则公路也。由关内循公路出,回顾此巉屼之状,莫不叹为奇观。杜工部谓:"一夫怒当关,百万未可傍。"诚属信语。而岑参谓:"凛凛三伏寒,巉巉五丁迹。"亦足状此关之雄势。蜀中关隘虽多，其险要当无逾于此。昔晋元康中，李特随流人入蜀，至剑门，顾盼险阻，箕踞太息曰："刘禅有如此地，而面缚于人，岂非庸才耶？"则此关山之险要，昔人已重视如此矣。今则陵谷变迁，徒萦梦寐而已！

吴佩孚之伉俪情

吴佩孚自民国十一年击败奉军后，三数年间，权倾朝野，总揽师干，咤叱风云，固一世之雄也。洎民国十五年，革命军北伐，佩孚由湘败退河南。旋奉军南下，进逼豫中，复由南阳经鄂西入蜀，其夫人朝夕相随，沿途备尝辛苦，故其入蜀诗有："曾统貔貅百万兵，时衰蜀道苦长征。疏狂竟误英雄业，患难偏增伉俪情。楚帐悲歌雎不逝，巫云凄咽雁孤鸣。匈奴未灭家何在，望断秋风白帝城！"此诗悲壮雄健，大有项王垓下悲歌之慨。

佩孚一生无妾媵，与夫人情感綦笃，以视其他军阀粉黛满前者，实有薰莸之别。卢沟桥事变发生后，佩孚方居故都，日人屡欲加以利用，始终峻拒，威逼利诱，迄不为动，清风亮节，雅自可敬。二十九年在平逝世，举国哀之！中枢于重庆举行追悼大会，典礼隆重，备极哀荣。

吴佩孚（1874—1939），山东蓬莱人。早年投身淮军，后为直系军阀首领之一。有"儒将"之称。吴佩孚死于民国二十八年，此处应是作者笔误。

相思子

台湾山间，多产相思木，山民伐之，焚烧成炭，名相思炭，市上多有之。据闻昔有男女恋人，未遂所愿而殁，一葬路东，一葬路西，后各生树，枝叶且互相结扭，不易分开，故以相思木名之。相思木外，有相思子，产于岭南，台湾则无。按相思子，即红豆，木质蔓生，叶为羽状复叶，花冠为蝶形，色白或淡红，实成荚，子大如豌豆，微扁，色鲜红，亦有半红半黑者。相传有人殁于边，其妻思之，哭于树下而卒，故以名相思。王摩诘诗云："红豆生南国，春来发几枝。愿君多采撷，此物最相思。"

温庭筠诗云："玲珑骰子安红豆，入骨相思知未知？"此皆借红豆以喻相思，于是红豆遂成为文坛雅物矣。清初钱牧斋所居书斋前，有红豆树一株，遂以"红豆山庄"名其书斋。自是常熟红豆，亦因以驰名。

抗战前，且有撷至沪上出售者，人遂以"出卖相思"谑之。桂林广西大学校园中，亦有是树，胜利时，人多撷以赠亲友。又有人谓红豆花色白者，可以治血症，其荚坚硬如铁，色作深紫者，亦可煎汤治血症，但验否殊不可知。

臭虫入脑

民国初年，安徽歙县有王姓兄弟二人，兄年三十余，以教私塾为生，弟年十一二岁，随兄读书。兄弟一榻，兄有烟霞癖，起居邋遢，衣被肮脏，晏如也。一日，其弟右耳忽觉奇痒，似有虫爬动，以挖耳掏之，殊无所见。自是右耳忽聋，未几，耳上头皮渐肿，不痒不痛，月余，肿处浸寻扩大，延中医诊治，殊少效。逾数月，肿及全头，以手按之，其软如绵，兄令剃尽头发，就亮处视之，则肿处透明，状如琉璃，中似有水，且有微物游泳水中，举村大奇，不知何疾。其人饮食如常，亦无痛苦，惟羸瘦不堪耳。其时忽有客自故都归，留宿兄塾，夜眠榻上，觉周身刺痒，不能入寐，以灯烛之，则见枕被之下，臭虫如麻，捉杀不尽。客忽有所悟，因语其兄曰："阿弟之病，定系臭虫由耳中钻入脑际，在脑骨之外，皮层之内，滋生繁殖，致使血液变水，而成是状。"次日命宰一老鸡，去其内脏，实以五香，就火上蒸之，迨蒸至香气溢发时，即趁热置一脸盆内，令病者以右耳枕盆上，而以巾覆之，坚嘱勿少动。俄而病者觉有物自耳中蠕蠕出，炊许，渐觉头部轻快，逾一小时，耳中始似无物，乃揭巾视之，有臭虫盈碗，尽堕盆中，其色殷红。当日即消肿，次日霍然。又曩闻友人言，有某甲脐下生一瘤，渐肿渐大，以手搦之，不觉痛苦，但体日瘦，委顿不堪。一日，有外科医生谓能治之，某甲欣然就诊，医生一刀瘤落，其中他无所有，惟藏白虫盈掬耳，此或亦虫入皮下所致。

黄季刚之狂放

黄季刚（侃），人皆知其为章太炎高足，但季刚何以师事太炎，则鲜有人知。先是季刚于清末留学日本，时方年少气盛，目中无人。偶与太炎同寓，季刚居楼上，太炎居楼下，初不相识。一夕，季刚内急，遽于楼板便溺，适漏滴太炎房中，太炎仰面大骂，季刚亦以骂还之，嗣经同寓劝解，二人始相识。季刚因国学根底丰富，自视甚高，及与太炎聚谈，始知太炎学问渊博，非己所及，自是折节师事之。故二人师生之谊，实缘相骂而来也。季刚生性狂放，不事边幅，民国八、九年间，任北京大学讲师，教《说文》，对中国字学，讲解精辟，但学生心得甚少，故每次考试，多不及格，学生苦之！后侦知季刚好作狭邪游，年考时，特醵资于妓寮置酒以劳季刚，季刚欣然茝止。是届学生竟一律及格，然试卷谬误仍多。校长蔡孑民探知其故，责让季刚，季刚笑曰："彼等尚知尊师重道，故我不欲苛求。"蔡闻语，太息而已！当时旧都中央公园水榭对面一角，芦苇尚未尽除，有小桥通焉。一日，季刚竟挟一女子，于芦苇间白昼宣淫，为警察擒获，通知北大，遂因是去职。

黄侃（1886—1935），湖北蕲春人，"章黄学派"创始人之一。喻血轮之父喻次溪光绪年间在江汉书院读书时，曾为黄侃之父黄云鹄的学生。黄侃之姐后嫁于喻血轮之七舅梅宝琛，生梅龚彬。

再谈黄季刚及其姊氏

黄季刚被称为国学泰斗，固成之于章太炎之薰陶，然得力于庭训之讲习居多。盖季刚尊翁黄云鹄先生，为蕲春名翰林，博通群籍，教子甚严。季刚幼极聪颖，凡有讲授，辄过目不忘，故季刚未弱冠，即已寝馈经史百家矣。云鹄先生于光绪庚子后，简放重庆道，季刚随侍入川，时才九岁。一日，有人携来蕲春绿毛龟一只，文案蔡某批示季刚，戏之曰："此公子同乡也。"季刚曰："是非我同乡，乃公同族也。"蔡某不解，季刚曰："公检《论语》'臧文仲居蔡'一节观之，当知。"盖是节注有"蔡，大龟也"。其幼时即放诞如此。与季刚同受庭训者尚有其姊氏，亦博学能文，长归予七舅梅南屏先生，先生为邑名诸生，博闻强记，无书不读。其家有藏书楼，典籍甚富，自姊氏来归，先生遂出诸藏书，与姊氏共研读，于是床榻几案之间，无非书籍，姊氏学问，乃益博雅。顾当时风气未开，妇女不敢以才学示人，惟某岁邑初级女校毕业，约请姊氏讲国文两小时，探原左国，索隐柳韩，滔滔不绝。在座诸耆旧硕学，无不惊服！于是姊氏才名始大振。惜南屏先生早逝，姊氏亦于民国二十四年卒。生子三，俱能文。

梅南屏（1872—1913），原名宝琛，其祖父梅雨田曾在黄云鹄家中任家庭教师。后娶黄云鹄之女，生革命家梅龚彬。

周际芸一家惨死

北伐前，任汉口警察厅长十余年之周际芸，生性残忍，为军阀最毒辣爪牙。自民国二年起，经其杀害革命党人，不下数百人之多，尤以民五华景街一役，被其缉获枪决者为最多。十五年革命军莅汉，周于当日仓惶遁回天津原籍，其汉口财产存款，均被没收，携回造孽金钱，为数无几，故周回津不久，即陷窘境。至十八年旧历端午节前，周以负债过多，节关无法度过，因忆汉口某参燕号尚有存款五千元，未经没收，乃遣其子赴汉提取，坚嘱必于节前赶回天津，以应急需。讵其子为一浮荡青年，抵汉取款后，即流连青楼，乐而忘返。及至金尽归家，已届秋初。周诘其归胡迟，款安在，其子直认款已耗尽，今已一钱不名矣。周闻语大怒，曰："此全家仅存度日之资，乃为汝浪用尽耶？吾要此子何用？"言竟，亟取佩刀力刺其子，一刀而毙。子媳方抱其三月男孩，立门际，见状大惊，立掷孩于地，谋救其夫，讵已不及，而孩已脑裂毙矣。媳睹夫死子殇，大恸，亦自刎而殒！周见眨眼之间，儿媳幼孙，俱遭惨死，痛悔无及，亦于夜间自缢而亡！说者谓周在汉杀人太多，故食此报，然亦惨已！

骨牌渊源

近年博戏盛行之麻将，即雀牌所改变。雀牌，即明代之马吊，清代之纸牌是也。惟骨牌始于何时，尚鲜人知。据谢在杭《五杂俎》载："骨牌始于宣和二年，共三十二扇，二百二十七点，以按星辰之数。天牌二十四点，象二十四气，地牌四点，象四方，人居中数，以象三才，其取名亦皆有意义。对者十二为正牌，不对者八为杂牌，三色成牌，两牌成而后出色以相赛，其取名如'天圆、地方、樱桃、九熟'之类。"观此，则骨牌实始于宋，而盛行于明矣。惟其所云"天圆、地方、樱桃、九熟"之类，则似今日牌九，可见牌九明代已有此戏矣。清季复有人将骨牌印成纸牌，每色四张，戏法与天九同，名"攫牌"，川楚人极好之。南京人又将其扩充为每色六张，而以两张加绘花类，戏法专以同色配对，名曰"挖花"。民初，江浙人复将其制成麻将形式，而于边缘刻一二道圈，以代替花类，亦曰挖花，是又近代骨牌一种变迁也。

沈夫人一身是胆

清咸丰间，洪杨兵起，势甚猖獗，各府州县，因承平日久，毫无防御，故所至如拉枯摧朽，由广西直趋湘赣。

时江西广信府知府沈葆桢，为保卫地方，去河内募兵，留夫人守城。夫人为林公则徐女，幼承庭训，素有胆识。未几，洪杨军薄广信，城内官商纷纷作避难计。左右劝夫人行，夫人曰："汝等可逃，我不可去。"并指一井曰："此余毙命之所也。"遂出其细软首饰劳军，誓共守城。并修血书求救于屏山军饶总兵廷选，晓以大义，谓："围城势迫，大局安危所系，越境解围，功在国家不可量。"词意恳切，精诚动人。饶得书，率军至，围遂解，而沈亦适归，城得无恙。后清廷录守城功，谓"夫人一身是胆，临危决策，其功不在诸名将下"。及夫人谢世，曾文正挽以联云："为名臣女，为名臣妻，江右佐元戎，锦伞夫人分伟绩；于中秋生，于中秋逝，天边圆皓魄，霓裳仙子证前身。"其推崇如此！

沈葆桢（1820—1879），福建侯官人，林则徐的外甥、女婿。妻林普晴为林则徐之次女。历任江西巡抚、马尾船政大臣。晚年以钦差大臣身份，督办台湾军务，并兼理各国通商事务。

饶廷选（1803—1862），福建闽县人。早年多次赴台湾镇压农民起义。历任漳州总兵、福建陆路提督、浙江提督等职。太平天国时期，因作战英勇，清廷赐"巴林图鲁"勇号。辛赠太子太保，谥"壮勇",入祀昭忠祠。

张绍曾与国是会议

张绍曾在北洋军阀中,资格甚老,顾以未握军符,缺乏实力,虽一度入阁,终无所展布。民国八九年间,与吴佩孚往还颇密,因成为直系幕后人物。民十吴佩孚发起庐山国是会议,派绍曾赴各方疏通,绍曾衔命后,首至南京访齐燮元,次至浙江访卢永祥,谘商结果,颇为顺利。旋赴沪,谋疏通报界,予以支持。某日宴上海新闻记者于东亚大酒楼,酒次,绍曾起立致词,力言吴佩孚发起国是会议,实欲征集全国民意,谋解决政争,非有他意。时叶楚伧为《民国日报》主笔,群推叶作答词,叶乃正言厉声,斥绍曾所征集民意,全是谎语,如果真欲民众起而解决国事,则全国商联会、全国教育会,现正在沪开会,此皆系真正民意团体,何以张公不谋之于此类团体,而先奔走于宁浙道上,可见此仍是割据分赃会议耳,新闻界殊不敢予以赞同云云。词意严峻,绍曾无以置答。次日各报复为文指责，绍曾意沮，遂悄然离去，而庐山国是会议，因以流产。革命军北伐后，绍曾寄寓天津，日出入青楼，以醇酒妇人自遣，一日在妓寮，为人刺毙，身后颇为萧条云。

张绍曾（1879—1928），早年留学日本，后任北洋督练公所教练处总办、新军第二十镇统制。武昌起义后，与吴禄贞等举兵反清。曾任北洋政府内阁总理兼陆军总长。

叶天士以物理治病

中国自有西医后，中西门户之见甚深，西医辄自诩为科学治病，诋中医但凭渺茫理想，不切实际。其实中医所谓五行生克，亦系普通物理，非虚构也。故中医如具有聪明才力，学识优异，亦往往能以物理治病，不专凭书本也。清初苏州名医叶天士，世传其奇迹甚多，但有时近于附会，流为神话。据予居苏时所闻，叶之神奇处，亦多系根据物理。如某巨室子新婚，次日新夫妇俱僵卧不起，气息仅属。巨室请叶诊视，叶入新房，并不诊脉开方，亟命购锯木屑数担，堆积庭中，而令新夫妇裸卧木屑中，仅露其首，逾时而愈。巨室询为何疾，叶曰："新房木器太多，俱新髹漆，余入室，即觉漆气刺鼻，知新人为漆气中毒，非有他病，但世间吸收漆气最速者，莫如木料，故令卧木屑中，使身中漆毒为木屑吸去，自愈。"此一事也。又有某富家子新婚，新妇亦贵家，妆奁甚丰，合卺之次日，亦俱僵卧不动，气息奄奄。富家迎叶至，叶略一审视，曰："无病，亦无须服药。"当令移新夫妇至一空室中，嘱取大粪四桶置新夫妇侧，而另置四空桶，使人更番舀动，臭气四溢，未几，两人俱苏。富家不解其故，叶曰："此非病，实因新房薰香太重，新人为香气闷昏耳，臭气足以驱逐香气，故瘳。"此又一事也。又有某贵家妇，临盆难产，两三日不下，遣急足迎叶，叶方送客至庭院中，急足白其故，叶当拾地下梧桐叶一片，令持归煎服，胎即下。他医闻此，遂于治难产时，亦加梧桐叶一片，但鲜效。叶闻而笑曰："余曩以梧桐叶治某妇难产，实因是日是时立秋，余亲见一梧桐叶于时坠下，知梧桐得秋气之先，故依节气之理以治之，诸医所用，皆非立秋时先凋之梧桐，服之何益？"

此又一事也。又叶有一仆妇，妊已五六月，一日叶谓仆妇曰："汝不出三日必死，趣速归家。"仆妇闻语大惊，乞为治疗，叶不理，仆妇以叶日日为人治病，无不应手而效，何独靳于自家佣人？乃哭而求之，时叶方与客对弈，见仆妇哓哓不已，大愠，遽掷两盒棋子于地，散落满室，仆妇见主人怒，不敢再言，弯腰拾棋子，一一纳之盒中，炊许始毕，含泪欲去，叶笑曰："汝病愈矣，今毋须归。"妇请其故，叶曰："吾观汝气色，知胎儿已在腹中渐掉头，倘使易位，必死，但此非药力所能救治，故佯怒倾棋子于地，使汝弯腰曲腹拾取，令胎儿还其原位，今后可无恙矣。"此又一事也。观此数事，则知叶之疗疾，多凭物理，非尽依旧处方也。

叶桂（1666—1745），字天士，号香岩，别号南阳先生。清代著名医学家。江苏吴县（今苏州）人。祖籍安徽歙县，其高祖叶封山从安徽歙县蓝田村迁居苏州，居上津桥畔，故晚年又号上津老人。

华清池艳迹

凡至关中者，必游华清池，池在临潼县南半里许骊山之麓，距西安三十余里。

唐贞观十八年，置华清宫，咸亨二年，易名温泉宫，天宝六年，复曰华清宫，治汤井为池，环山列宫室。玄宗尝于十月往幸，岁尽乃还，因广池汤为十八所，最华丽之芙蓉汤，即为贵妃就浴之所，构造恢宏，制作精美，当时确有彤庭青锁、星拱龙蟠之胜。厥后迭经变乱，宫阙殿宇，遂无复存矣。

民国十九年，由陕西省政府设处管理，定名为"华清池"，修砌整理，培植花木，风景渐佳。二十四年春，省府为谋整理及发展计，委托中国旅行社经营，添辟特坐，增设旅馆，以作游客憩息之所。并将浴室扩为双人池、单人池，各五六所，俱嵌白磁砖，精洁舒适。另有贵妃池一所，最大，可容五六人沐浴，此即当年玉环就浴处。池中有一圆石，光洁明润，石上有红痕一块，相传为玉环身姅时坐处。遂留此艳迹，历久不泯，殊可笑也。其温泉泉源，不及重庆北温泉之充沛，须先接储一井中，再分灌各池。其温度恰到好处，亦不似台湾北投温泉，充满硫磺气，诚旅客绝好游息处也。

予民国三十年深秋游此，曾题有绝句一首云："秋老斜阳画角哀，华清无复旧楼台。可怜一勺温泉水，曾洗凝脂玉体来！"

黄克强之诗

黄克强先生，其冒险犯难精神，实足以震烁千古！然克强献身革命，此不过其牛刀小试，而其最伟大贡献，厥为辛亥汉阳作战与癸丑南京留守，盖此两役，皆尝躬冒矢石，出入疆场也。以是之故，人多以军事人才目克强，其实克强诗文，实在其军事学术之上。忆其吊刘道一诗云："英雄无命哭刘郎，惨淡中原侠客亡。我未吞胡恢汉业，君先悬首看吴荒。啾啾赤子天何意，猎猎黄旂日有光。眼底人才思国士，万方多难立苍茫。"其苍凉雄伟，并不下于唐人。又民国元年十月，为克强三十九岁生辰，尝有感赋一律云："卅九年知四十非，大风歌罢不如归。惊人事业随流水，爱我园林想落晖。入夜鱼龙都寂寂，故山猿鹤正依依。苍茫独立无端感，时有清风振我衣。"盖是时克强方功成身退，故言外颇多感慨！迄民国五年，克强见时局日非，益多抑郁，卒罹不治之症，于是年十月卒于沪上。

　　黄兴（1874—1916），湖南省长沙府善化县高塘乡（今长沙县黄兴镇凉塘）人。中华民国开国元勋，与孙中山并称"孙黄"。著有《黄克强先生全集》《黄兴集》《黄兴未刊电稿》。

女画家缪太太

　　在今日，妇女精绘事，固甚平常，若在往昔，则不多见。清光绪中叶，慈禧颇怡情翰墨，学绘花卉，尝以所作，赐嬖幸大臣，久之，思得一二代笔妇人，乃令各省督抚觅之。会有四川官眷缪氏，云南人，夫宦蜀死，子亦孝廉。缪氏工画花鸟，小楷亦楚楚有致，乃驿送入京。慈禧召见，面试之，大喜，置诸左右，朝夕不离，并免其拜跪，月给俸二百金，于是缪氏遂成为慈禧之清客，外间多以缪太太称之。自是各亲近大臣家，皆有慈禧赏赐之花卉扇轴等物，得之者，咸视为殊荣，不知实缪太太手笔也。一日，为慈禧六旬寿庆，命缪氏服凤冠霞帔，周旋宾客。满妇人甚少见汉妇人制服，是日各王公眷属入宫祝寿，骤睹缪氏冠服，皆为之大笑失声，慈禧亦为之大乐，赏赉无算。一时朝中命妇闻之，莫不以为圣眷优隆，天恩高厚，为之艳羡不已！

缪嘉惠（1831—1908），字素筠，云南昆明人，适同邑陈氏。

张作霖与张作相易名

拥兵百万，叱咤风云之张作霖，原名张作相。曾为吉林督军之张作相，实名张作霖，彼两人名字盖曾互易也。先是清末赵尔巽任东三省总督时，胡匪横行，劫案迭出，赵以其出没无常，殳除不易，思以剿抚兼施之策，从事肃清。未几，擒获一匪首，名张作霖，其人粗鲁不识字，而在匪中地位崇高，名震东北，号令所出，匪皆从之。旋又获一匪首，名张作相，其地位稍次于张作霖，但其人颇通文墨，且面目清秀，宛然书生。赵见之，深以其投身绿林为可惜。其时吉林某处，适有胡匪一股，势甚猖獗，惟张作霖可以招抚，但赵以作霖野性难驯，不欲纵虎归山。因询张作相可否使此股匪弃暗投明，为国家效力？作相以其名不如作霖，恐不易得手。赵谓："此易耳，作霖已在监中，汝即顶作霖之名前往，倘事成，即将此股改编为军队，由汝统率之。"作相欣然受命，竟冒作霖名前往，居然马到成功。其他各地胡匪，闻作霖招抚，亦皆归焉。作相故有才干，赵立为提拔，并令永名作霖，而以真作霖，易名为作相。此即张作霖发迹之始，而张作相亦因缘以贵。故彼两人一生，皆称赵为恩师，而不称名。此事外间言者甚少，予闻之民初报业中人，似可作传奇故事观也。

张作相（1881—1949），奉天义县（今属辽宁）人。张作霖的"拜把兄弟"、张学良的"辅帅"。曾任吉林督军。

一代妖姬刘喜奎

民国五六年间,北京女伶刘喜奎,色艺冠绝一时,上自名士贵人,下至贩夫走卒,无不捧之若狂。其在三庆园演剧时,每日必出入大栅栏维时街。一日,戏毕归家,忽有一狂徒,竟于维时街转角处,拥喜奎狂吻,当为警察所拘,科罚五十元,其人犹曰:"值得,值得!"其令人颠倒如此。时参谋部长陆锦,年少貌美,狂恋喜奎,每至喜奎家,必携其第一局长崔某为伴。陆性躁,常因细故与喜奎忤,辄赖崔某从中调解。崔为人黠甚,对陆恭顺,对刘柔和,久之,陆无所得,而喜奎竟下嫁崔焉。时都中显贵,欲致喜奎者甚多,而喜奎独垂青于崔某,群皆以为异,不知崔实于柔和中得之也。易实甫倾倒喜奎,予前已记之,喜奎因拜实甫为师,故亦能为小诗,曾有见志诗一绝云:"由来一样琵琶泪,弹出真心恨转深。红粉青衫久惆怅,怕君听入亦伤神。"一时传诵都下。《亚细亚报》记者刘少少,亦单恋喜奎甚久,所居一陋室中,四壁萧然,独有喜奎放大像一帧,悬于卧榻之侧,自谓朝夕相对,足慰心神,是亦近于狂矣。

刘喜奎（1894—1964），原名刘志浩，后改桂缘。曾在津、京与谭鑫培、杨小楼等合作，与鲜灵芝、金玉兰并称"女伶三杰"。

徐世昌粉饰太平

民国七年七月，新国会集于北京，九月选徐世昌为大总统，徐以钱能训为国务总理，钱则引曹汝霖、章宗祥、陆宗舆等入阁。曹、章、陆均为亲日派，就职不久，即签订中日军械借款条约，及中日海陆军共同防敌军事协定。以是引起学界不满，而有民八"五四运动"发生，曹、章、陆均免职。民九复有直皖战争，民十一又有奉直战争，终徐之任，全国无日不在动乱中。然徐好整以暇，终日以写字作画自遣。徐老而孤，故酷爱儿童，书画之余，则集若干儿童，游戏为乐。虽其就任之后，国步日艰，万方多难，然好粉饰太平，以自陶醉。民七旧历除夕，徐特令都中每一警察，各予钱十贯，嘱市鞭炮燃放，故是年除夕，都中鞭炮声彻夜不休，其意盖藉此显示升平气象也。迄十一年六月，黎元洪受直系拥戴，入京复位，徐遂下野。

徐世昌（1854—1939），祖籍浙江鄞县。清末官至翰林院编修、东三省总督、体仁阁大学士，曾担任末代皇帝溥仪的"帝师"。辛亥革命后曾任大总统。著有《欧战后之中国》《书髓楼藏书目》《东三省政略》《徐大总统诗集》等，编有《晚晴簃诗汇》。

王湘绮与名妓王金玉

民初汉口有名妓王金玉，为四大金刚之一，擅汉戏正旦（即京戏青衣），如《重台分别》《状元祭塔》《孙夫人祭江》等长段唱词，皆能引吭高歌，丝丝入扣，使人闻之，有回肠百转之感。其人貌不甚丽，微胖，小脚，顾善伺应，不喜喧哗，好与人清谈家常故事，娓娓不倦。清末有晋人某，以候补知县赴湘候差，过汉时，与金玉流连月余，情好甚笃。讵其人抵湘不久，即病故。濒危寓书金玉，以后事相托，金玉得书，亲去湘，料理后事，运柩回晋。时交通未畅，旅榇由湘赴晋，耗资极重，皆由金玉任之，虽举债无怼，以是人多以侠妓目之。其香巢在汉口三分里，另有别业在法租界长清里，其别业中悬名人书画甚多，毫无脂粉气。民三袁项城召名流王湘绮入京，道过汉上，武汉要人宴之于金玉别业，湘绮见别业雅洁，不类勾栏，大为激赏。时湘绮已七十余，竟与金玉盘桓数日，并为金玉亲书锤金纸扇一柄，字为蝇头小楷，都四百余字，至足珍贵，另书条屏一轴，录李商隐《无题》律诗一章，亦系正楷。予民十四于金玉别业见之。昔人谓"词人老去风情减"，湘绮虽老，然其风情不减于少年，无怪青楼中传为佳话也。

王闿运（1833—1916），字壬秋，号湘绮，湖南湘潭人。一代经学宗师。著有《春秋公羊何氏笺》《古今文尚书笺》《湘军志》《湘绮楼日记》《湘绮楼诗文集》等。

上谕找补

曾文正平定洪杨，所部将领中，有名鲍超（春霆）者，初为下级军官，靖江之役，文正落水，鲍跃水中拯之起，文正德之，不次擢拔，洊升至提督军门，封子爵。而鲍亦勇敢善战，在鄂东皖北，尤著战功。故在民国初间，鄂东老年人犹乐道鲍大人战绩不衰也。鲍为四川夔府人，府城西北角，有新旧爵邸，东西对峙。新邸有花园，颇擅林园之胜，然因其子孙不善治生产，日就式微，爵邸亦颓废不堪矣。抗战期间，鲍之幼子，年已七十，于爵邸前陈地摊，鬻其家藏书画古董。顾其人昏聩不明世事，往往以稀世珍品，而贱价售之。黠者以其可欺，常于购就一物后，故意谓其价太高，向之索补，此老故不识低昂，亦常摇首踟蹰曰："我将找补一上谕何如？"其实所找补上谕，多为珍贵史料，得之者，恒获意外收获。故上谕找补，一时传为笑谈。不意一代勋臣，而有此后嗣，殊可浩叹！

鲍超（1828—1886），清末湘军将领，字春霆。四川奉节人。曾参与镇压太平天国、捻军。历任浙江提督、湖南提督。晚年率部驻防云南白马关外，参与中法战争。

马君武之讽刺诗

广西马君武，为留德工学博士，在中国政治文化史上，有其崇高地位。清末即追随孙文革命，民元孙文任临时大总统时，君武曾任秘书长。癸丑革命失败，即从事译著。旋任上海中国公学及大夏大学校长。后一度任广西省长。抗战前，又任广西大学校长，极为桂人所推崇。桂当局且于湖滨路为置别墅一所，题"以彰有德"四字于门额，君武复自撰一联云："种树如培佳子弟，卜居恰对好湖山。"其人虽频频参与政治，然书生气极重，尤好针砭人物，一字褒贬，严于斧钺。九一八事变发生，曾有咏张学良诗两首云："告急军书夜半来，开场弦管又相催。沈阳已陷休回顾，更抱佳人舞几回。""赵四风流朱五狂，翩翩蝴蝶最当行。温柔乡是英雄冢，哪管东师入沈阳。"曾传诵一时，知者甚多。然民二十九咏汪精卫《组府还都》一诗，则知者颇稀，其诗云："潜身辞汉关，矢志嫁东胡。脉脉争新宠，申申詈故夫。赏钱妃子笑，赐浴侍儿扶。齐楚承恩泽，今人总不如。"其上四句，几快若匕首，而"脉脉争新宠，申申詈故夫"，尤写尽汪氏当时丑态。

惜"如"字出韵，然不足为全诗病。

马君武（1881—1940），广西桂林人。艺术家、教育家。精通日、英、德诸国文字。

再谈马君武与义女尹羲

民国二十五六年间，马君武任广西大学校长时，尝致力于改良桂剧，并自编剧本，令梨园演唱。时桂剧四名旦中，有名小金凤者，色艺均佳，马极爱之，乃收为义女，改名尹羲。马每夜必至南华剧场包厢，观其义女演剧，一时佳话，流传甚广。英雄垂暮，怡情声色，固不足为马氏病。时诗人某，曾有一诗纪其事云："词赋功名恨影过，英雄垂暮意如何。风流契女多情甚，频向厢房送眼波。"马见之，亦不以为忤也。马时为国民参政会参政员，二十六年冬，参政会在汉口开会，马赴汉出席，深以别尹羲为苦，尝于火车上吟诗寄尹云："百看不厌古时装，刚健婀娜两擅长。为使梦魂能见汝，倚车酣睡过衡阳。"其倾倒如此。迄二十九年，马以胃病逝世，尹闻耗，抚尸大恸。葬时，亦临穴痛哭，如丧生父。后数年，尹嫁一行营小职员甘某，且生一子，旋以反目脱离，仍登台献艺，每于春秋佳日，必携香纸赴马墓祭吊。青山埋恨，红粉多情，马氏有知，其瞑目否耶？

叶恭绰闭死猴子

军阀无不好赌，地位愈高，其赌愈豪，如缺配角，即招幕僚入局。顾军阀好胜心重，赌必争赢，黠者遂故意示输，以迎合上意，往往因此获得优差，而遗笑柄。张宗昌督鲁时，尝与部下竹戏，某次张单吊一索，久不出，张急甚，旋于杠上得一筒，遽摊牌曰："和了。"在座三人瞠目不解，曰："公听一索，而抓一筒，乌能和？"张曰："此名雀吃饼，应加一翻。"盖一索均刻雀子，一筒又名一饼，故谓雀吃饼也。同局均不敢与争。俄有一人亦听一索，张出一筒，其人喜曰："我亦雀吃饼和矣。"张曰："不行，适雀已吃饱，不能再吃矣。"自是雀吃饼笑话，遂传遍赌场，几无人不知矣。民十五奉军入京，迫段祺瑞下野，张作霖以安国军总司令名义，往来京奉间。每莅京，必召人作牌九之戏。时叶恭绰方任交通部长，当被邀入局。一日作霖作庄，初不甚利，旋得天牌一对，大喜曰："此牌可以统吃矣。"言次，摊牌出，然叶恭绰得三六点猴子一副，在牌九中名"至尊"，虽天牌亦吃。叶恐作霖扫兴，仅将牌暗示在座杨宇霆，而任猴子闷死，且向作霖贺曰："大帅福与天齐，自当统吃。"后杨转语作霖，作霖以叶识趣，益加信任。此与张宗昌之雀吃饼，殆先后辉映矣。

叶恭绰（1881—1968），广东番禺人。绘画大师、著名文人。著有《遐庵诗稿》《遐庵词》《遐庵谈艺录》《遐庵汇稿》《矩园余墨》《叶恭绰画集》等。另编有《全清词钞》《清代学者像传合集》等。

汤芗铭偷孙文皮包

民国三年任湖南督军之汤芗铭（铸新），少年跅弛，固一时风云人物也。按汤为湖北浠水人，清末以弱冠举孝廉，极为张文襄所爱重，保送赴法习海军，与石瑛同班。

适孙文公赴法组织欧洲同盟会分部，芗铭与石瑛同时参加。时孙宝琦以钦差大臣使法，随员中有满人某，与芗铭识，闻孙文组党事，遂以重金贿芗铭，嘱窃取同盟会名册，芗铭允之。一日赴孙文寓所，乘孙文他出，以小刀划开孙文手提皮包，偷去名册，转交某满人。满人大喜，即面呈孙宝琦，自以为此功不小矣。顾宝琦颇识大体，知此名册一入清廷，必兴大狱，当时略一浏览，笑曰："此皆小孩闹玩意，何足轻重。"言竟，掷名册于壁炉中焚毁，欧洲留学生因获保全。宣统二年，芗铭毕业归国，在海军部充见习官，颇郁郁不得志。辛亥革命成功，其兄汤化龙膺选为众议院议长，声势显赫，极为袁项城所信任，芗铭遂得出任"楚同"军舰舰长，巡弋长江。癸丑事起，李烈钧在赣独立，袁氏命李纯率陆军，由瑞昌攻赣，另派芗铭率海军攻湖口，两路均捷，烈钧、林虎逃沪。袁氏计功酬庸，遂任李纯为江西督军，芗铭亦一跃而为湖南督军矣。

芗铭督湘后，为报袁氏知遇之隆，捕杀民党颇多，湘人甚恨，以屠户称之！洎袁氏称帝，芗铭始而恭电劝进，既见云南起义，各省响应，则又宣布独立，电劝袁氏下野。袁氏得电大怒，语左右曰："他人独立，我固不怪，惟铸新乃我不次提拔，得位跻方面，今亦叛我，夫复何言！"迄袁氏病殂，芗铭寻亦去湘。初寓北平，不问政治，日惟听戏捧角，度其寓公生活。民十返汉，忽深居简出，茹素念佛，以居士自称，汉阳归元寺及何园附近某寺，常有其踪迹。时太虚法师常莅汉讲经，每开坛，芗铭率先至听讲，当其闭目坐蒲团时，几无人识其为当年开府衡岳杀人不眨眼之汤屠户也。民十五后，又移寓天津，境甚贫困。抗战期间，日人颇思利用回鄂，为汪政权效力。故湖北伪主席何佩镕死后，川中盛传其将继何为湖北伪主席，其实芗铭虽潦倒，迄未为日人所动，此其晚节最差强人意处。胜利后，易名"巨心"，加入民社党，为革新派，今则不悉其存亡矣。其人仪表甚佳，中年时，面圆髭短，目灼灼如电，惜其得志太早，不识涵养，遂致蹉跌不振也。

汤芗铭（1883—1975），湖北浠水人。清光绪二十九年毕业于武昌文普通学堂，同年参加湖北乡试中举人。曾任中华民国临时政府国务委员、海军部次长兼北伐军海军总司令，后追随袁世凯。著有《辛亥海军起义的前前后后》。

冯耿光与梅兰芳被劫案

民国七八年，有京兆尹王达之子王某，方肄业朝阳大学，年少浮荡，与名坤伶孟小冬热恋，私订嫁娶之约。后孟转爱梅兰芳，急遽嫁焉。王闻之，恨梅入骨，恒思有以报之，而未得间。时中国银行总裁冯耿光，为梅之老斗（旧时男旦倚为靠山的人），往还密切。王知之，常伺冯宅左右，以待梅至，梅固不知也。一日，冯宴客，召梅至，正酒酣耳热，忽有一少年客，衣旧衫，至冯传达室，谓祖母病故，无以为殓，欲见冯、梅求资助。传达白冯，冯嘱予一二十元遣去，少年谓戋戋不济事，仍欲见冯、梅，传达再白冯，冯以主客正欢畅，必不见。时有《大陆晚报》经理张汉举在座，因自报奋勇，出见少年，少年询其可否代表冯、梅说话，张以其求助，至多百数十元足以了之，遽曰"可"。少年曰："如此甚佳。"当出手枪抵张胸际，曰："实告君，吾此来实欲杀冯、梅二人，希君导吾入室，稍声张，即先杀汝。"张见状，大惊，再三要求勿流血，愿转达冯、梅以金赎之。少年谓："赎亦可，一须百万，二须现款，三须立交。"张命传达转达冯、梅，冯、梅始知少年为暴客，但张已在手枪威胁之下，无法抗拒，因搜家中现款及饰物，约二十万元，命人携出交少年，少年少之，冯无奈，一面以电话嘱中行取现款六十万元至，一面密报卫戍司令部。迨中行送款至，已届午夜。少年令张包扎妥当，迫张同乘汽车离去。行未久，少年见沿途军警戒备，知事已泄，复命司机开回冯宅，下车时，埋伏冯宅警察，遽开枪击少年，而少年枪亦响，于是少年与张汉举同毙门首。后检视少年身畔，于内衣领发现"朝大"二字，经询朝大，始知为王某，但其父王达竟不敢承认。张汉举死后，由梅兰芳以麻草园房屋一栋，款二千元，交张妻了事。

冯耿光（1892—1966），广东番禺人。早年毕业于日本陆军士官学校步兵科。清末历任北洋陆军第二镇管带、广东武备学堂教习、陆军混成协标统、澧州镇守使、清政府军咨府第二厅厅长兼第四厅厅长。辛亥革命后任中国银行总裁、新华银行董事长、联华影业公司董事。此案实际发生于1927年。

大雁塔

　　大雁塔，在西安南城外十里许，为游西安必至之地。塔为唐高宗为文德皇后立，又名慈恩寺。永徽三年，高僧玄奘自印度学佛返，携佛经甚多，因起塔五层，以为藏经之所。长安中摧倒，武后及王公施钱，重建砖塔七层。其云雁塔者，以达亲国有迦叶佛迦蓝，穿石山作塔五层，最下一层作雁形，谓之雁塔。玄奘遂以此命名。唐时，进士既捷，则题名于慈恩寺，故谓之雁塔题名。宋、元、明，一仍旧制，以是塔前碑碣独多。明天顺间，复经重建。至清季，又颓废不堪。民国二十年，朱子桥将军为保存古迹，特捐资修葺，内外整理一新。每岁上元节，为庙会之期，城乡仕女，络绎往游，香火之盛，为城郊各寺冠。大雁塔东二三里，为曲江池。唐开元间，每届上巳，都城仕宦，咸游乐于此。鲜车健马，比肩击毂，彩屋屏帱，匝于堤岸。玄宗亦常率宫嫔幸此，集紫云阁纵观，盖一时胜地也。安史乱后，遂尽废圮，今则无遗迹可寻矣。

小雁塔

　　小雁塔在西安南门外三里许，耸立云表，与大雁塔遥遥对峙。是塔原为隋炀帝藩宅，唐武后始立为大献福寺，度僧二百余，香火极盛。天授初，改为荐福寺。中宗复位，大加营饰，有浮屠十五级，高三百余尺，皆景龙中宫人聚钱所建者也。神龙以后，集众僧于此，翻译佛经，实为中国佛学发扬之地。历宋、元、明，皆重修。清康熙间，紫谷禅师重修雁塔初基，抚军永泰捐饰大佛殿佛像，渐复旧观。其寺基周一顷五十亩，为长安八景之一。惟塔顶析分为两半，望之如双峰，相传为明中叶时地震所震裂，但迄今屹然不倾，亦一奇观也。塔身全为砖块砌成，高三十余丈，其时并无水泥为粘合，然能历千余年不倒，可见古代建筑技术，并不下于今人。距小雁塔二十里，为韦曲，即唐韦后故里，韦安石尝于此建别业，林木花树，号称胜地。杜工部诗云："韦曲花无赖，家家恼煞人。"即指是处。今则一片荒凉，惟存一小市镇而已。

穷教员的呻吟

近十余年来，战祸频仍，国家财力枯竭，故公教人员生活，最为清苦，而尤以中小学教员为甚。抗战胜利后，上海有某穷教员，住一亭子间，以卖稿为副业，而仍不得温饱，乃自作一联云："伤心亭子间中，黯淡电灯，替学生改么呢的了；埋首故纸堆里，凄惨稿费，为举家供柴米油盐。"确是写实之作，读之凄然！又有署名昭陵叟者，作《教书苦》新乐府一章云："教书苦，教书苦，舌焦唇敝，搜肠枯肚，兀兀终日，无问寒暑。一年薪俸几何多，仰事俯畜而无补。既不如老农，又不如老圃，复不如行商，更不如坐贾。妻寒不能暖，儿饥不能抚。有钱之人嗤以鼻，邻里乡村羞与伍。况复末世趋颓风，今日人心已不古。教育居然有派系，不论人才论门户。洁身自好遭排挤，曲事逢迎得称许。怀才慎勿露锋芒，恐防校长猜疑汝。今年未了患明年，明年教书在何所？君不见大学教授亦闹穷，纷纷还闻解聘中。"此非操粉笔生涯者，不能道出。然语语辛酸，不忍卒读！

贾景德之风趣

贾景德，山西沁水人，学问道德，冠绝时彦，以之权衡天下士，实属适当人物。贾于民国初年，即入山西都督阎百川幕府，阎倚为左右手，事必咨询，言无不从，二人感情融洽，历多年不衰。顾贾才气卓越，恒思有以自见，而阎倚畀正殷，殊无外荐之意。久之，贾颇不耐。一日，贾公事图章遗失，乃另镌一枚，然不镌其名字，而镌"徐狗子"三字，凡有签稿，俱用此章，阎见之，意其误用，询之，贾曰："不误。"阎问何意？贾笑曰："公不见北京演双簧者乎？其一人坐案前演做，其一人蹲踞其后，且歌且唱，乍见者，皆以为歌唱出自坐案之人，而不知实幕后人所为也。现北京幕后最擅名者，为徐狗子，故区区亦欲以徐狗子自况也。"阎闻之大笑，知贾非久居幕僚者，因力向中枢游扬。夫宾主相得，遏离至难，稍着痕迹，辄致龃龉，今贾以笑谈出之，不露隙末，老成幽默，亦隽永可传也。

贾景德（1880—1960），山西沁水人。大半生追随阎锡山。著有《韬园诗集》《韬园文集》等。

黎本危之醋劲

黎元洪在清末任湖北新军协统时，颇好色。迄辛亥起义，任都督，仍不免。夫人黎本危，性极妒，常因此致勃谿。民国元年，各省盛倡男女平权，一时智识妇女，多起而作女权运动，顾因事属初创，常不免越出矩范，以视今日言必合理、行必合法，殆不可同日而语也。时有沈佩贞者，原一浪漫女性，民元以安徽女青年会代表名义，赴鄂谒黎，出入都督府，毫无避忌，黎亦常留其共餐，不意因此发生暧昧。沈故泼辣，竟持此要挟黎，黎畏其张扬，以一万元赠之。事后为黎本危所悉，大兴问罪之师，并迫黎逐沈出鄂。沈遂挟资走北京，上书演说，到处有其踪迹也。又有武昌第一女师校长吴淑卿，因校事常谒黎，其人颇风艳，黎亦乐与周旋，后本危忽矫黎命，将其撤职，其中原故，亦不言可知也。黎入京后，被袁氏幽禁瀛台，黎本危相从左右，为黎唯一亲近人。本危好食武昌洪山红菜苔及樊口边鱼，袁氏恒令京汉路局按时运京，供本危食。盖袁志在羁縻黎氏，此等事固不靳也。

黎本危，本名危文绣，黎元洪的宠妾。黎元洪死后，意欲改嫁，曾于《申报》发表词作以争女权，引起轰动。

英人攫获牯岭小史

庐山牯岭，在抗战前数年，不独为中外人士避暑胜地，且为高级军政人员集训之所。战争既起，效命疆场捐躯杀敌者，此中陶镕人盖居多也。然在北伐前，牯岭大部分为英租界，民十五始收回，由中国设市政委员会管理之。英人何以租获此名胜区，事至偶然。先是光绪末年，有英人李德立，传教中国，偶过庐山，由狮子庵方丈导游牯岭，李觉山高气爽，泉清木秀，迥异人世，大为羡叹。时代理江防者，为卸职九江电报局总办盛福怀，盛宣怀弟也。为人颟顸，不明世事，李就与议租牯岭为外人公共避暑地，福怀不审利害，慨然允诺。租期九十九年，租值仅数百金耳。后为大吏侦知，而约已签订，无可挽回。且宣怀时任邮传部长，极力为阿弟弥缝，遂令此胜地沦外人手掌，达三四十年之久。

郭泰祺童时趣事

在美逝世之郭泰祺，驰骋坛坫，扬历中外，固近代外交界风云人物也。郭为湖北广济人，广济有水乡山乡，水乡滨江，出外求学者较多，山乡闭塞，文化较低，恒视外出为畏途。清光绪末年，张文襄在武昌创办东南西北中五路小学，招各县幼童，入校肄业。郭父虽住山乡，然欲使其子习新学，因率郭赴武昌应考。时郭年仅十三四岁，从未离乡，至武穴乘轮，初见轮船行江中，乃大惊诧，语同伴曰："洋房能行水中，岂非奇事？"盖轮船皆有三层，彼从未见过，遂误认为洋房行水中也。后考入南路肄业，成绩甚佳。时文襄锐意振兴教育，凡五路毕业生，学业优异者，皆官费送出洋留学，且每名赠安家费银二十两。郭毕业后，获选送英国留学，其父领安家费归，乡人皆不谓然，骂父贪财，以二十两银卖子与洋人钓海参去。父故迂拙，闻是大愤，竟悒悒而死！其时风气未开，市虎之言，竟致人于死，由今思之，殊为可哂。故郭学成归国，飞黄腾达，其父固不及见矣。郭常举此事语人，不以为讳。

郭泰祺(1889—1952),湖北广济(今武穴)人。早年留学美国。辛亥革命后任湖北省都督府外交股长、黎元洪英文秘书、孙中山大元帅府参事、外交部次长等职。1946年任联合国安理会首任中国首席代表、安理会主席、联合国原子能委员等。

刺汪精卫降敌诗

抗战军兴,前方搏斗正酣,汪精卫忽潜离陪都,甘心事仇,当时国人,无不愤恨!除报纸为文申讨外,在野文人,亦多以诗歌讽其失节。予前记马君武五言律诗一首,今检旧箧,又见有署名东沤迂叟者,于三十四年作"新宫词"九首,亦为刺汪妙诗,顽艳泼剌,入骨三分,今日读之,犹觉感慨不已!爰录之如左:

（其一）夜半乘舆出,伤心蜀道难。故宫环珮散,挥泪别长安。

（其二）闻道环肥态,胡儿笑眼开。渔阳击鼓动,直看美人来。

（其三）待谱霓裳曲,争传召太真。蛾眉

谁不妒，凄绝六宫人。

（其四）莫道江南好，鸠来占鹊居。长门思贾赋，何处觅相如。

（其五）由来燕赵女，生不解温存。枕席调停惯，朝朝有泪痕。

（其六）殿角女何丽，长堤锦缆过。广陵舟已到，几辈感恩多。

（其七）七夕长生殿，无人语自私。鸿都传秘事，遂被世间知。

（其八）填海平生志，胡为甘事仇。一朝颜色改，肯许老温柔。

（其九）胡运知垂尽，心随汉苑旌。建章无恙否，涕泪望收京。

说别字趣谈

不事学问，而好掉文者，往往弄成笑话。民国五年，护国军在重庆成立军务院，派李烈钧为前敌总司令，出征广东，并内定莫荣新为广东督军。李率师东下之日，军务院各抚军置酒为李祖饯，莫亦在座。莫于各抚军敬酒毕，忽举杯至李前曰："愿公此去痛饮黄泉。"合座为之失惊。其实莫原欲言"痛饮黄龙"，而读别为"痛饮黄泉"，遂成为诅语也。又谭浩明原不识字，因缘时会，得为广西督军。一日，有某省代表以事与谭要约，谭已允之，某代表临行，复谓谭曰："公所允某事，得不失信否？"谭慨然曰："我向来一落千丈！"某代表瞠目不解，谭曰："君犹不信乎？"某代表始领悟，含笑而去。盖谭欲言"一诺千金"，而误为"一落千丈"，遂成为自骂之词也。又屈映光为浙江省长时，有人请其吃饭，屈遽于请柬批云："本省长向不吃饭。"亦传为笑柄。

上述说别字，犹不过贻为笑谈。然有一事，因误听字句，几至演成战祸，则尤堪捧腹也。先是云南起义讨袁时，袁世凯命龙济光假道广西征滇，龙派其弟觐光率兵一团为先锋，径趋广西。时广西督军陆荣廷态度未定，而觐光与陆又为儿女亲家，当然任其过境。及觐光行至百色下游二塘时，后援军未至，因驻二塘墟场待命。墟场南临河，北负山，觐光以孤军驻此，原属险事。未几，陆荣廷通电反袁。爰命其统领黄复，率重兵至二塘墟场后山上，监视觐光，原冀和平缴械，免伤戚谊。黄故一字不识，陆恐其有误，濒行，特嘱一切行止，惟令箭是视，不得妄动。盖陆所部，多绿林暴客，不谙公文，只知令箭也。陆于黄到达后，复命副官马骥携陆函往，劝觐光缴械来省，共成大事。马居黄军中，傍晚派人送函与觐光，限于天明答复，否则开火。侵晨觐光复函至，已同意缴械，黄请马诵读来函，马读云："大函奉悉，贵省独立事，鄙人甚表赞成……"才读此两句，黄忽拍案大怒，吼曰："进攻！进攻！"且传令集合。马大惊，亟问何故？黄曰："他说桂省独立是鄙人，我不打他，打谁？"马始知其误听，力为解释，黄不信，仍欲下令进攻。马无奈，于怀中出令箭，曰："大帅令箭在此，汝敢动否？"黄始俯首无言。是又误听白字，几酿战祸也。

莫荣新（1853—1930），广西桂平人，桂系将领。早年参加中法战争。历任广西巡防队帮统、梧州府长、广东督军等职。

猿猴好饮酒

予幼时闻人言，猎人捉获猩猩，必先置酒为饵，俟其醉倒，然后缚置笼中，遂无法脱逃矣。予初不甚信。三十一年，往重庆天生桥时，间隔有人蓄一猴，立起约两尺高，系空地一圆柱上。予每日晚饭后，辄携果饵逗引为戏。一日，予饮四川白酒，剩二三两，因思试猴是否饮酒？乃以一小碗盛酒置猴前，猴初嗅之，甚乐，旋以手指蘸少许尝之，似感味美，再蘸再尝，甚喜，遂以双手端起，一气饮尽。饮后，渐有醉意，然一起立，头似昏眩，又似见房屋转动，则大惧，立爬至柱顶端坐，仰首望天，似见天云亦在转动，则又惶急，匆匆跃下，伏地不动。予以竹竿挑之，忽狂怒大叫，围圆柱环走不休。走倦，以背靠圆柱，如是上下跳跃，历数十遍，始伏地睡去。次日予再与以酒，意其必不再饮，然仍一饮而尽，醉态如昨，因知猿类固亦嗜杯中物也。

石瑛为海军出身

已故国民党耆宿石瑛（蘅青），人皆以文人目之，而不知其实为海军出身也。石为湖北阳新人，清末以青年中式。时张文襄督鄂，凡青年举人，均以官费送出洋留学，石与汤芗铭同时被送法国习海军。石素怀革命志，适孙文赴法组织同盟会分部，石首先入盟。民元，膺选参议院议员，为国会中国民党锋厉人物。癸丑二次革命失败，国民党议员不能见容于项城，石遂自费赴英习地质学。民九回国，任北大地质系教授。民十八，张知本主鄂时，辟为建设厅长，颇多建树。后调任浙江建设厅长、南京市长，并一度任铨叙部长。抗战后，陈诚任湖北省府主席，石被选为参议会议长，不幸于三十四年卒于重庆！石为人狷介，风节绝高，恒思以工业建设现代国家，卒因迭遭变乱，无所展布。卒时，吴稚老挽云："抱建造现代国家之才，未能一试；得留遗超人风节而逝，自足千秋。"盖确论也。

石瑛（1879—1943），今湖北通山人。清末曾中举，后为中国同盟会会员。石瑛卒于民国三十二年，作者或有误。

记汉口谋财害命案

自来谋财害命案，非出自暴客，即出自流氓，盖彼辈图财心急，故不惜下此毒手也。惟三十七年汉口发生一谋财害命巨案，乃出自富商刘有余堂少主刘佑方之手，斯诚异已！按刘有余堂，为武昌最大中药号，开设百余年，远近驰名。刘佑方祖辈，尚有一人健在，名刘五爹，总管家务。父名刘宜生，叔笃生、梅生。笃生主持药肆，梅生经营震寰纱厂，曾膺工商界国大代表，固武汉闻人也。佑方年轻好赌，其父宜生，亦有此癖，尝父子同博，彻夜不休，刘五爹恶之，因令宜生析产出，自立门户。宜生乃率佑方于武昌设一钱肆，顾以信誉不佳，营业无起色。胜利后，宜生遂兼营投机事业，适值法币贬值，商场混乱，宜生投机辄败。而佑方依然出入赌场，共赌者多一时豪势，佑方财力俱非所敌，于是大负。至三十七年春间，负达六亿之多。其父既在困顿中，无以供应，而欠债不能不偿，于是东挪西借，凡平昔往来商家，几均成其债主，至山穷水尽时，遂生恶意。时有一棉纱号经理汪某，业务甚佳，人亦圆通，与佑方故相识，且亦为佑方债主之一。

一日，佑方约其至旧英租界住宅，谓有生意接洽，汪某信之。至时，佑方诡称某处有一批棉纱出售，其利甚厚，但需二亿定金，拟请汪某暂假此数，而以提单作质押，言时并出其伪造提单示汪，以坚其信。汪初不顾，经佑方与一同谋者，再三恳求，汪不得已，签一两亿支票与之。佑方见支票到手，遂留汪午膳，汪欲去，佑方力邀至地下室，饮一杯洋酒，藉申谢意，汪无奈允之。讵酒为佑方预置，内含巨量迷药，汪饮后即昏倒，佑方恐其不死，复以长钉两口，由太阳穴钉入，汪遂气绝。佑方亟往银行兑款归，傍晚时，以棉被裹汪尸，置自己包车中，令车夫拖至大智门郊外，投入一泥田中。讵为当地一保长瞥见，报告警察，警察追获车夫，当即破案。立逮佑方，交付警备司令部。警备司令阮齐，以汉口军警林立之地，竟出此谋杀巨案，大为震怒！刘家尚要求移送法院，俾免一死，阮不许，经讯明确实后，即予枪决。

冯玉祥逼宫逸闻

民十三冯玉祥由古北口倒戈，幽禁曹锟，驱逐溥仪，演出逼宫趣剧，人皆以此为冯张（作霖）联合，推翻直系，而不知另有一幕后人从中策划也。其人为谁？即李根源是也。先是冯玉祥受命之初，预以胡景翼驻通州，孙岳驻保定，名为拱卫京师，实伏倒戈之谋。时李即居胡军中，为胡部署。故冯驱曹成功，即任胡为国民第二军军长，孙岳为国民第三军军长，孙兼北京卫戍司令，胡则提为河南督军。李居河南督署数月，始经汉返沪。盖胡臃肿无能，苟无李为之运筹，固无缘出任方面也。当冯入京后，命胡赴津，截击吴佩孚，胡由通州行两日始至，则吴已遵海而南矣。胡至天津车站，忽见铁皮车箱两节，上锁停轨道上，车内有尸水流出，亟命开启，则见数腐尸卧内，似为民伕。以状卜之，殆为直军由乡间拉来，锁置车内，旋因战事紧急，机车远适，遂无人问及此事，致饿毙车内也。军阀黩武，殃及良民，兴言及此，不胜慨叹！

冯玉祥（1882—1948），祖籍安徽巢县。军事家、爱国将领。

曹锟做总统笑史

民国十二年，曹锟贿赂旧国会议员，选为总统，于是年十月入京就职。曹本行伍出身，不甚识字，于各国政治制度，更非所悉。就职后，各国驻京使节，例须觐贺。外交部预将各国国体及公使名片，按次呈曹阅过，是日置曹座前，嘱其见第几人，应问总统安好，见第几人，应问君主安好，曹默志之。诇临时为侍卫颠倒误置，曹不知也。及公使趋前握手时，曹仍照名片次序问好，于是大为错乱，见君主国公使而问总统好，见民主国公使而问君主好，一时传为笑谈。又曹前任直鲁豫巡阅使时，其公文俱幕僚代为处理，曹初不核阅，及为总统，有许多重要公文，必须呈阅判行，曹甚引为苦。一日，有其旧友笑问总统风味何如？曹曰："味儿倒不错，只是天天瞧字，太讨厌！"此真所谓沐猴而冠者也。又曹有嬖倖李彦青，年轻貌美，曹甚宠之，每夕必彦青为之洗脚，否则不能入睡。彦青亦常傅粉着绣鞋，为曹服役。以是人谓曹与彦青，实有断袖之好，并谓曹之第三妾，亦与彦青有染。是则尔爱其艾豭，彼爱尔娄猪矣。军阀自作孽，遂遗此笑柄。

曹锟（1862—1938），直隶天津人。北洋时期直系军阀首领，中华民国第五任大总统。

妒妇羹

女子善妒，古今同然。美国某生理学家谓女人体内有某种元素，较男子为多。此种元素，即妒念所由生也。然妒妇相守，实人生最苦事！世有勇足以驭三军，而威不行于房闼，智足以周六合，而术不运于红粉，不得不俯首低眉，甘为之下。昔唐房玄龄、任瓌妻俱妒，婢妾皆不得近，太宗闻之，赐以鸩酒，而皆不畏，是天子之威，亦不能行于妒妇矣。惟明太祖诛常遇春妻，则为千古快事。先是常遇春妻甚妒，太祖赐侍女，常偶言女手美，妻怒，遽断女手，以盘盛置常前，常愤且惧，入朝而色不怡，太祖诘再三，始具对，太祖笑曰："此小事耳，再赐何妨？且饮酒宽怀。"乃密令校尉诛常妻而肢解之，各以一脔赐群臣，题曰"妒妇羹"。时常尚在座，即以赐之，常大惊,谢归,怖惋累日!此虽处置太酷,然过唐太宗远矣。

巧对偶成

景耀月,字太昭,山西人。民初为国会议员,隶国民党,其文学政见,并为时重,然为人洒脱,不拘尺绳。某年在北京,赴友人谦集,原约偕夫人同至,适以事不克归寓,乃先至,而以电话招夫人。时座客咸集,迟之又久,夫人始至,景遽前握夫人手曰:"我的心肝,来何迟也?"众宾闻之,哄然大笑。某君即席赠一联云:"昭昭在人耳目,太太是吾心肝。"将景名轻轻嵌入,殊巧而谑也。

又三十八年李宗仁就任代总统后,因事由桂林经汉返京。时袁守谦方任华中政委会秘书长,赴机场欢迎。李偕邱昌渭等下机场,邱与袁寒暄,笑以幕僚长呼之,袁曰:"我乃幕外幕僚长耳。"随曰:"我于此得一巧对。"邱问何对?袁曰:"幕外幕僚长,机中机要人。"盖邱时任李宗仁秘书长,参与机要,适与李同机来,故机中机要人,正巧合当时事实。

景耀月（1882—1944），山西芮城人。早年中举，后赴日本留学，加入中国同盟会。历任山西议长、教育部次长、南京政法大学校长、山西督军。与黄季刚合称"北景南黄"。

手势做惯难改

曾任三十三军师长之张克瑶，原为理发师出身。昔隶张宗昌部下，任旅长，所属官兵，俱知其出身，常窃诮其后，为张所闻，大怒，立召集官兵训话，力辩其非理发师。但训话时，辄以右手置左手掌中，翻来覆去，作烫刀势，官兵见之，忍不住大笑，张亦自觉此明明理发师烫刀手势，焉用辩，遂亦大笑而罢。自是不再讳言曾为理发师，盖知手势做惯，改之不易也。昔有人雇一厨司，每于主人问其作何菜肴，必说做兼作，如言食肉糜，即骈两手作剁肉状，如言炒肉丝，即以右手作炒动状，主人厌之。一日，未问之先，命仆反缚其两手，意其更无法作手势矣。讵主人才一启口，彼即俯身作游泳状曰："今日作滲汤鲒鱼也。"盖其手虽不能作势，而仍以身作势也。主人知其习惯难改，笑遣之。此与张克瑶不忘烫刀手势，同一可笑也。

张克瑶（1883—1938），安徽寿州（今寿县）人。北洋行营将弁学堂毕业，后投身北洋陆军。历任国民政府安徽省政府委员、军事参议院中将参议等职。

章太炎恶谑

章太炎与伍廷芳，在民国初年，原极契合，后因太炎孤僻，专事讲学，廷芳则浮沉政海，位跻阁僚，于是二人意见，遂成枘凿矣。民十一，廷芳谢世，其公子朝枢走海上。一日，谒太炎，谈及乃翁病状，朝枢曰："先父体素健，只因总理蒙难，奔走港澳，操劳过度，遂致病倒，十天之中，须发俱白矣。"太炎闻而笑曰："（伍子胥）一夜须白过昭关，君家早有先例。"又谈及廷芳火葬事，朝枢曰："此在欧美，已极平常，惟在中国，实属创见。"太炎又笑曰："我国古亦有之，武大郎即是火葬。"朝枢至此，乃觉啼笑皆非矣。讵次日太炎又遣人送挽联一副，其文更奇，联云："一夜变须眉，难得东皋公定计；片时留骨殖，不用西门庆花钱。"朝枢得此，以其为老辈，莫可如何。然太炎亦实谑而恶矣。

笔误笑谈

予前既记说别字趣事。然世亦有偶因笔误，而贻笑柄者。曩有某女校登广告招生，内称"应缴文凭一张，上半身照片一张"，讵匆促间将"上"字误写"下"字，致投考女生大为愤詈。又有某少女，作家书禀文，内有"近日夜夜都要失眠"，而将"失"字少写一撇，遂成夜夜都要夫眠，其父得书，怒斥之。此皆偶然笔误，而有此失。然亦有因错听字音而起误会者。昔江苏有某县官，因事下乡，经一私塾，闻童子反复朗诵"王八骑马，亲家骑驴，就是骑你"。怪之，意塾师误教童子书，因停舆入塾，索童子所读书观之，则为《诗经》"皇驳其马，亲结其褵，九十其仪。"始知书固无误，乃因方言不同，致听为"王八骑马……"也。又予常见台北厦门街有一店，招牌为"中兴种子铺",实为出售植物种子店,然其招牌无植物字样,若将"种"字读作去声,则成为代人延续宗嗣之店矣。中国字向有一字数解,如读时微有差别,则毫厘千里矣。其难读在此,其美妙亦在此。

汉奸二王

王揖唐、王克敏,原为安福系健将。抗战期间,又为华北群奸领袖。二王中,揖唐仅长克敏一岁,然克敏实为揖唐之婿,此中盖有一段丑史在。先是安福执政时,曾以出卖三海鲜鱼,获意外收入,克敏因主持其事,分润独多,故当时以鱼行老板称之。克敏故好色,囊橐既丰,尽掷之青楼,遂娶名妓小阿凤为妾。阿凤有假母顾氏,亦饶有风韵,则为揖唐所瞩,于是二王出入顾家,俨然翁婿矣。后揖唐失意下台,潦倒平津,瞰顾氏有资,竟正式同居,渐称王太太。民十三揖唐长皖,携顾之任,报端偶尊之为王夫人。为揖唐两子所见甚恚,乃联名于沪报登一启事,郑重否认。启事中有"先母弃养多年,家父迄未续娶，今仅有一老娘姨随侍，不得僭称夫人"云云。此亦北京政府中一趣闻也。

王揖唐（1878—1948），安徽合肥人。清末曾中进士。后为北洋上将、安福系主将。1948年以汉奸罪被枪决。

乱世女性哀鸣

女子生当乱世，其遭遇灾难，往往较男子为酷。嫫母无盐，固无论矣，愈有才色者，其祸愈惨！清初，有福州女子邵飞飞者，知诗书，能吟咏，年及笄，姿容甚丽。值讨闽之役，有总制幕宾罗某，道经其居，见飞飞浣衣湖畔，惊为绝色，乃遗母千金，携归北地。讵大妇悍妒，不能容。使阍奴强妻之，致郁郁而殒！死后，阍奴搜其衣箧，得诗七首，诚一字一泪！诗云：

荻帘日影自迟迟，乱绾乌云掠鬓丝。羡煞隔邻谁氏女，金钱闲掷买胭脂。

白云缥缈望中迷，独倚窗前掩面啼。万里飘零亲念否，碧梧不是凤凰栖。

怪声咀哙夸多般，反道奴奴鸠舌蛮。怅望夕阳芳树外，娇莺嘹亮语家山。

挑灯含泪叠去笺，万里缄封报可怜。为报生身亲血母，卖儿还剩几多钱。

想后思前恨屡加，误人都是浣溪纱。既然负却当年意，何必寻春访若耶。

柳色青青咏汉南，树犹如此人何堪。输他邻妇无思虑，碗大葵花满髻簪。

北地风高朔雪寒，满天飞絮尘重帘。炕头不是寻常火，马粪如香细细添。

诸诗伤感哀愁，读之怆然！

"帅"字奇称

民国初期，北洋军阀犹好袭前清"帅"字尊称，于是某大帅某大帅称号，竟行之公牍。然私人谯谈，于同姓大帅，往往无以分别，则各冠以绰号，如称徐州张勋，则曰"辫帅"，称关外张作霖则曰"胡帅"。盖以张勋留辫，而张作霖为胡匪出身也。此外亦有以地名冠之帅字上者，如安徽省长倪嗣冲，本属文官，因其拥有安武军，而又常驻蚌埠，人遂称之曰"蚌帅"，此较辫帅胡帅，更为奇特矣。倪本一自私自利军人，尤好投机取巧。民六段祺瑞召集各督军入京，表决参战问题，倪为迎合黎元洪意旨，先发表"宣战招亡"论，以示与段异趣。及谒黎，面保其子侄为中将少将，黎忽勃然大怒曰："汝来见我，乃为子侄谋功名富贵乎？彼辈乌足以为中将少将？"倪默然而退。再谒段，段好言慰之，倪遂转而附和段之参战，由"宣战招亡"论，变为"宣战始足以图存论"，其无聊取巧类如此。

王湘绮一语救叶德辉

叶德辉为长沙名士，其骂人文章，利如锋刃。然叶在民国三年汤芗铭督湘时，亦几罹杀身之祸。先是汤初至湘，颇思附庸风雅，延聘地方名流宿儒，为顾问或官书局编纂，二者皆有叶名，叶均置不理，且讥为乳臭小儿，想学曾左。汤闻之不悦。后汤要求兼任湖南民政长，袁世凯已有允意。叶亟函杨度，谓汤办党人太操切，不胜民政长之任，请另觅贤者以救乡危。杨白袁，乃改命王瑚为民政长。汤于报端见叶函，恨之入骨，因以"造谣生事"罪，悬赏三千元捕叶，叶化装逃汉，卒为逻者所得，解回长沙。汤电京，请就地正法。时王湘绮适在京，电至时，湘绮正与袁共进午餐，袁以问湘绮，湘绮冷然答曰："杀个把名士，不算什么。"袁知湘绮不谓然，急电汤制止，叶因得释。不意十三年后，仍以文字贾祸，可哀已！

叶德辉（1864—1927），号郋园。原籍江苏吴江，生于湖南湘潭。清末中进士，与张元济、李希圣为同年。著名版本学家、藏书家。著有《书林清话》等。

辫子与"票"

张勋以粗犷武夫，因缘时会，得为督军团盟主，虎踞徐州，虽身为民国将领，而犹不忘情满清，不独本人不去辫发，并令部下一律留辫，于是"辫子军"之名，闻于世界。张所部兵士，多为土匪出身，纪律最坏，有忤之者，则以辫示之，人皆慑伏。一日，有某西人乘津浦车南下，见兵士两人，踞坐头等车中，旁若无人，询其有无头等车票？兵士岸然答曰："有！"乃举其大辫曰："此即吾人车票也。"西人闻而大笑。其听戏例不购票，挡手问之，则举辫示之曰："此戏票也。"嫖妓亦不付资，妓女索资，亦示以辫曰："此不足以当钞票乎？"于是辫子妙用无穷，可以当车票、戏票、钞票矣！民六张率辫兵六千入京，筹划复辟，适有日本魔术团在京献技，辫兵入场，亦不购票，日公使竟向张提抗议，张大惧，立复函道歉，并允偿票价了事。洎复辟失败，张匿荷兰公使馆，辫兵均弃辫逃散，辫子价值，至是始等于零矣。

夺 印

民国六年七月一日，张勋表演复辟丑剧，大总统黎元洪仓惶避入日本公使馆，大总统印则由老将军丁槐携之逃沪。当段祺瑞率军入京之初，尚无人注意此事，及七月七日冯国璋在南京代理大总统，始悉总统印信，已不在京，经侦查，知为丁携沪，特派副官长何绍贤赴沪讨印，讵丁性拘谨，执意不交，非有黎大总统亲笔信，不愿交任何人。何无以复命，乃思以武力夺印。丁闻之，匿法租界克利饭店，闭门不出。时中国政府不能在租界捕人，竟莫如丁何，顾冯已取得代总统地位，而无总统印信，实无法行使职权。遂命上海护军使卢永祥向领事团交涉，结果由捕房将丁与印并解会审公廨，转交何绍贤携宁，冯始获发号施令，而夺印风波，始告了结。

无法可对的汉奸妙联

抗战时期，汪精卫伪政权对于用人，一无标准，凡能甘心附逆，腆颜事仇者，皆在罗致之列。如伪江苏省长李士群，本一流氓，汪以其能任特工，锄除异己，竟命之为一省首长，斯已异矣。及李为日人毒毙，汪又命陈群继其任。陈与李，本一丘之貉，其迫害人民，殊无二致，故当时苏人曾拟有一下联征对云："陈群、李士群，来一群，去一群，一群不如一群！"顾久之无人属对。又伪淮海省长郝鹏，因事去职，汪命郝鹏举继任，二人又同属粗犷无聊，于是又有人拟一上联征对云："郝鹏，郝鹏举，何必多此一举？"亦久无人对出。盖前者名同，而多一字，后者则名姓俱同，亦仅多一字，而"任""职"相联，犹臭相等，实属巧不可阶，无怪无法可对也。

袁寒云与其情妇

袁寒云，为项城第二子，名克文，字豹岑，一字抱存。寒云，其号也。幼有神童之目，长为不羁隽才，诗文书法，并重于时。项城称帝时，其兄克定，奔走疏通，终日汲汲。寒云独异其趣，惟于西直门外宣南别墅，与名士易实甫、罗瘿公、陈石遗等流连诗酒，似丕、植行径，各不相同也。寒云风流蕴藉，姬妾甚多，如琼姬、凤珠、佩文、小莺莺等皆是。然诸姬皆不通文墨，寒云亦不甚钟爱。惟在北京与一名秦玉琴者欢，则颠倒备至。玉琴工书翰，解吟咏，初为某氏妾，为大妇所逐，某名士介绍于寒云，一见倾心，两相爱悦。定情之夕，玉琴口占二绝云："宁断红丝不断情，此生情重此身轻。当垆雪得文君耻，只要郎才似长卿。""炉香袅袅漏迟迟，天上双星欲渡时。晓起笑依花细数，春风开到几枝枝。"寒云亦赋二绝云："帘卷飞花落砚池，扫眉才子座璇闺（按闺字非支韵，疑有误）。两山烟雨青如许，犹似双蛾半蹙时。""诗狂生性与卿同，遗世搜奇兴不穷。闻说绿窗娴剑术，白云深处礼猿公。"诗皆绮丽，有义山韵味。惟寒云始终未纳玉琴，列之姬媵，仅似情妇而已。

袁寒云（1889—1931），河南项城人。为人风流旷达，被称为"民国四公子"（其余三人为张学良、溥侗、张伯驹）之一。

孙宝琦送葬讨没趣

民国二年二月二十一日，废清隆裕太后病殂，袁世凯居然通令全国下半旗一天，文武官吏服丧二十七日，已属奇闻。四月三日梓宫奉移西陵，清室遗老劳乃宣、梁鼎芬等，皆伏地痛哭。其时忽有一西装绅士，向灵前行三鞠躬礼,梁识为孙宝琦,乃故作不识,趋前次身问曰:"先生是哪一国人?什么名字?"孙曰:"节庵,勿恶作剧。"梁忽愤然作色曰:"什么东西!你若是革命党,就不应该来,若是大清朝的官,就应该穿孝服来。你这无耻东西,亏你老着脸站在这片干净土上。请你带信奕劻那个老东西,最好莫再活在这个世界上吧!"盖孙与庆亲王奕劻为儿女亲家,而隆裕之死,奕劻竟不奔丧,故骂孙而兼及劻也。时梁、劳等犹存腐旧奴才心理,固属可笑,而孙无故多此一礼,亦实自讨没趣也。

孙宝琦(1867—1931),字慕韩,浙江杭县(今余杭)人。

枪毙后复活奇迹

民国十六年,黄安有商会会长阮某,被判决死刑,与其他所谓"土劣"九人,于傍晚时,押赴城墙下枪毙。执行后,陈尸刑场,待次晨收殓。阮某中夜忽如梦醒,自忆业已枪毙,此必是冥间,仰见天上,群星灿然,因思冥间亦有星斗耶?回视身边僵卧者,固赫然九尸也。

忽霍然起坐，自审得勿死而复生耶？试抚胸前，血迹殷然，犹作疼痛，环顾左右，城郭依然，房舍如故，听远处鸡鸣，似已夜午。稍作沉思，知己确已复活，应乘此速逃。然城关严扃，必不得出，夙知城门附近，有一巨窦，可通城外，乃爬行至窦口，匍匐而出，急行十里，至一河边，忽有小舟经过，亟呼搭船，舟人初不顾，既，忽停桨问曰："尔乃阮先生耶？"阮审其口音，知为熟识佃户，急曰："我即是阮某，速救我！"佃户扶之登舟，阮备述复活经过，裂衣裹创处，嘱兼程赶赴汉口，入日本同仁会医院医治，匝月而愈。世间因病死而复苏者固多，但枪毙后而复活者，殊不多觏，是诚奇迹也。

记鼓娘董莲枝

鼓娘董莲枝，鲁产，貌娟秀，亭亭玉立，双眸泓然。幼从师董老，习梨花鼓词，遂冒董姓。民十前后数年间，在汉口新市场，与姊莲喜、妹莲芳同鬻歌，喉音嘹呖，宛转如珠走盘中，绕梁不绝，而急徐曲折，柔曼缠绵，尤靡弗合度。予大兄的痴极为激赏，尝与报业同人共倡莲社以张之，哀所题赠诗词，刊行《莲社唱和集》。更为修正诸鼓词，俾就驯雅。其夫郑某，工弦索，每奏伎，珠联璧合，妙绝一时。自是董娘之名乃大噪！独步南北，所至辄满座倾靡，无与抗衡者。民十六后，莲喜、莲芳各散去，董娘遂独居秦淮献伎，捧之者仍多。既丁乱，远走湘桂黔蜀，鬻歌自活，盛名迄未替。予三十四年尝见之于重庆，则已萧然老矣！胜利后，予以事去沪，遂不悉其芳迹。

董莲枝，山东人，绰号"盖山东"，著名鼓书艺人，编有《莲歌》（初名《梨花大鼓书词初编》）行世。喻血轮的兄长喻的痴亦喜董娘之曲，并作《莲花曲》，其序云："董娘，鲁产，莫详所自出，貌娟秀，亭亭玉立，双眸泓然，幼从师董老，习梨花鼓词，遂冒董姓。三十年前（约1915年），予始识于汉上，时尚垂髫，与姊莲喜、妹莲芳同歌，名不甚噪。顾其歌喉嘹呖，婉转如珠走盘中，所发激越之音，绕梁橺不绝，急徐曲折，柔漫缠绵，声韵尤靡弗合度。予为激赏不置。暇偕三数友，聆一曲以为快。未几，与海上张是公、汉上易雪泥、朱春驹诸子，各倡莲社以张之，众所题赠诗词，刊行《莲社唱和集》，更为渲染诸鼓词，俾就雅驯。其夫郑某，工弦索，每奏伎,珠联璧合,妙绝一时。董娘之名乃大著,自是独步南北,所至辄满座倾靡,无与抗衡者。丁卯后,莲喜、莲芳各散去,独居秦淮日多。予以事碌碌皖鄂间,不复闻雅奏。既丁乱,远走湘、蜀、黔、桂,鬻歌自活,盛名仍未替。而董娘老矣。偶值予旧识,犹寄语问讯,不胜拳拳。回首前尘,了如春梦,而囊为董娘所作诗歌,悉遭乱散佚,无复存者。读冀野辞,为慷慨者久之,爰赋长句,以纪其事。"(见于喻的痴之孙喻本力所整理的喻的痴诗稿《喻老斋诗存》)

冯国璋答谢宣统

民国六年八月一日,冯国璋以副总统入京代行大总统职权,清室以其辛亥年曾任征鄂统帅,特派代表莅站欢迎,冯如稍识大体,一笑置之可也。乃冯郑重其事,竟派内务总长汤化龙为大总统代表,于八月四日入清宫答谢。清室派世续迎至大客厅,旋即入奏,传旨召见。宣统衣黄龙纱袍,青团龙马褂,缀以东珠朝珠,端坐宝座,威仪赫赫,依然大皇帝气概。汤三鞠躬既毕,大声唱:"大中华民国大总统谨派代表内务总长汤化龙致谢大清皇帝,并问大清皇帝安好。"俄由世续大声作答:"大清皇帝谨谢大中华民国大总统答礼盛意,并回问大总统安好。"时距复辟丑剧,仅两阅月,中国政府不究既往,已属奇闻,乃竟以一国大使礼入谒清帝,有似对祸首屈膝?军阀昏聩,一至如此!

冯国璋(1859—1919),直隶河间人。北洋军阀直系首领。曾任北洋政府江苏都督、代总统。

再谈冯国璋昏聩

冯国璋在南京任督军时,人皆以其为北洋派中佼佼者,乃就任大总统后,其昏聩糊涂,竟有使人难以置信处。如冯就职后二十余日,曾以明令发表林摄为塞北关监督,林奉令后,特谒冯谢委,冯淡然问曰:"尔从何处来京?"林曰:"下走久住北京。"冯又问曰:"尔现作何事?"林曰:"塞北关监督,发表不久。"冯忽瞠目曰:"谁使尔作关监督?"林曰:"奉总统任命。"冯又愕然曰:"我几曾任尔为关监督？"林曰："明令发表，已有数日。"冯始憬然曰："哦！是矣。某日吾方午睡，有人持命令请吾盖印，殆即此事乎？"其昏聩有如此！又冯就任一月后，其夫人周女士忽病逝，冯请状元公夏同龢题主，题曰："大总统夫人周夫人之灵位。"礼官处窃窃私议，大总统之上，不冠姓氏，现孙大总统黎大总统夫人均健在，何以别之？然时人迷信，主位不可重书，遂任其误，此冯又一笑话也。

张勋奇语

民六张勋复辟失败，颇思临危出走，顾为段祺瑞讨逆军所包围，无法离京。乃由外交团出面调停，请讨逆军承认张勋为国事犯，任其逃入使馆界，为辫兵缴械条件。讨逆军未及答，张忽透露偈语式答词曰："我不离兵，兵不离械，我从何处来，我往何处去。"其意盖已不顾"皇上"之安危祸福，而思一走了事矣。于是有人问其何以处置清室？张愤然曰："人人皆聪明，惟我独笨。事成则共同享福，不成则我一人受罪。此事与清室无干。成功，彼坐其龙廷；失败，由我一人负责。"是其七月一日通电谓："大清忠厚开基，救民水火，其得天下之正，远迈汉唐，二祖七宗，以圣继圣，我圣祖仁皇帝圣神文武，冠绝古今，我德宗景皇帝时势多艰，忧勤尤亟。……我皇上冲龄典学，遵时养晦，国内迭经大难，而深宫匕鬯不惊，近且圣学日昭，德音四被，可知天祐清祚，特畀我皇上以非常睿智，庶应运而施其拨乱反正之功。……勋等枕戈励志，六载于兹……"等语，如出两人。莽夫儿戏政治，其可笑如此！

黎元洪四不主义

民国六年黎元洪下野，冯国璋入京代大总统。黎由公府移居东厂胡同，忽为刺客所扰，避居法国医院，由张国淦密商冯，得秘密赴津。时黎段间，势如水火，段闻黎行，深滋不怿。黎嘱汤化龙转达段曰："君如以我出京，不能放心，可命曹锟监视我，我决不离津。"后西南反段潮起，段深恐黎受西南利用，乃一再派人赴津，迎黎回京。黎以既出火坑，决无再入之理，遂以四不主义作答曰："一不活动，二不见客，三不回京，四不离津。"是即当时传播中外之黎元洪四不主义。时天津正大水为灾，段复劝黎入京避水，黎谓吾不惧水，实惧火也。更以幽默口吻复段曰："予正因大水之故，忙于救济灾民，实无法分身来京也。"段卒莫如之何。

记端午节风俗

农历五月初五日为端午节，又称端阳节，中国无论南北，皆重视此节日。据《荆楚岁时记》载，京师以五月一日为端一，二日为端二，三日为端三，四日为端四，五日为端五。是初五日应为"端五"，称"端午"误也。是日家家食粽，品名甚多，有角粽，有锥粽，菱角，秤锤粽，九子粽等。盖屈原于五日沉汨罗江而死，楚人于是日以竹筒贮米，投水祭屈原，遂相沿成俗，几历三千年矣。吴自牧《梦粱录》载，五日采百草，制药品，为辟瘟疾等用，藏之，良验。《月令事宜》载，五月五日收藏浮萍，干为末，和雄黄作纸缠香，焚之，能避蚊。吾楚旧俗，五日门前多悬挂艾叶菖蒲，妇女簪艾叶榴花，各以雄黄入酒哄饮，小孩则于身上涂雄黄，谓此可以免生疮疥也。武汉爆竹店，并于是日制售雄黄爆，于室中暗陬燃放，可杀虫蚁。盖端午为夏令之始，虫类滋生，藉此作一次扫灭，亦古代卫生之法也。端午竞渡，唐代即已盛行，然多于小河浅湖中为之。抗战时，予于重庆见竞渡者，则于扬子江嘉陵江中举行，其船长而狭，辄至翻覆，然亦无溺毙人命事，盖彼辈均善泅水，故履险如夷也。

李纯离赣趣剧

冯国璋任总统后，调江西督军李纯为江苏督军。此一调动，本为由瘠入肥，李求之不得，然李雅好名，明令发表后，授意南昌人开会挽留。于是省议会、绅、商、学、农，无不通电挽驾，甚至有建议建生祠，铸铜像，立去思碑等，并推八十老翁欧阳霖为各界"卧辙代表"，此种庸俗表演，已使人肌肤生栗。然李犹以为未足，启节之先，复由警务处长阎恩荣，派巡警分赴各大街，命商家设席祖饯，并规定每席赏大洋四元，阎以为如此重价，饯席必多。顾南昌人亦有其戆气，阎临时巡视一周，仅有四家备席，此实大煞风景，且于督帅颜面难堪。遂转请商会副会长卢芳亲向各商家疏通，结果勉凑三十余席，每席置果盘一事，或清水一盂，李经过时，主人一鞠躬，李微微答礼，于席上举酒杯，略一沾唇，典礼即告完成。宾主皆极力做作，有似演剧，然而趣矣。

李纯（1874—1920），天津人。历任江西都督、江苏都督。

倪嗣冲之顽固

世人称为"蚌帅"之倪嗣冲，原为行伍出身杂牌军人，因效忠袁氏，民国二年得任为安武将军督理安徽军务。至安庆履任时，其赫赫威仪，俨然清代督抚。事先派先锋队清道，断绝一切交通，经过地方，无论商店住户，均须闭门，不许临窗探望，沿途高地，设瞭望哨多处。倪乘马入城，导以马队，殿以步兵，露刃实弹，如赴战地。视事后，传人用令箭，行程用滚单，求见者须具手本，称曰"督帅大人"。谈话不许用新名词，即"欢迎"二字亦禁用。时有桐城知事，递名片谒见，当遭申斥。接任之次日，绅商学各界于师范学校举行恭迎大会，改欢迎曰"恭迎"，亦遵倪意也。时民国成立已二年，而倪之脑筋顽固至此，袁氏竟命其专阃方面，开府名都，无怪洪宪复辟及劫持国会诸役，倪皆以督军团领袖地位，发表许多荒谬意见。谁生厉阶，袁氏殆不能辞其咎。

倪嗣冲（1868—1924），安徽阜阳人，生于官宦世家。清末曾任黑龙江布政使。北洋政府时期任安徽督军，授衔陆军上将。

劳乃宣请溥仪做德国驸马

始终效忠清室之劳乃宣，颠顶顽固，不识大体。民元袁世凯就任大总统后，劳忽劝其归政宣统，袁氏怒甚，逐之出京。自是匿居青岛，度其遗老生活。时青岛为德国势力范围，劳耳濡目染，遂觉世界强国，未有逾于德国者。民国六年一月,溥仪诞辰,劳由青岛化装入北京,为溥仪祝寿。竟奏呈"联德复清"大条陈,其最得意之句谓:"世界各国,德最强盛,倘陛下与德联姻,赴德留学,并允璧还青岛,则将来得德之助,重掌中国,实为易事。"其所谓与德联姻,实欲溥仪为德皇威廉二世女婿。时欧战方酣,德国岌岌可危,威廉二世苦心焦虑,谋所以战胜协约国,安有心情招此废帝为其驸马?然劳昧于世界大势,竟作此荒谬绝伦怪论。清室瑾妃闻之,斥为老怪物,不许其乱说话,劳始悻悻回青岛去。

劳乃宣(1843—1921),河北永年人。中国近代音韵学家。清末礼教派主要代表人物之一。曾任京师大学堂总监督。

说 扇

夏令已届,扇成为人类恩物。但扇之制造,究始于何时?殊无可考。据晋崔豹所撰《古今注》,谓始于殷代,则扇在中国,已有五千年历史矣。顾当时为何形式?亦无记载。至汉,始有团扇之名,如《怨歌行》中:"新制齐纨扇，皎洁如霜雪。裁成合欢扇，团圆似明月。出入君怀袖，动摇微风发。"此可知汉时扇式为圆矣。惟团扇又名宫扇，似当时惟宫中用之，民间或不许持有。迄晋以后，始成为官民共有之物，如《古今乐录》载有《团扇郎歌》：谓晋中书令王珉捉白团扇，与嫂婢谢芳姿有爱，情好甚笃，嫂捶挞婢过苦，王束亭闻而止之。芳姿素善歌，嫂令歌一曲，当赦之，芳姿应声歌曰："白团扇，辛苦五留连，是郎眼所见。"珉闻，更问曰："汝歌何遗？"芳姿即改云："白团扇，憔悴非昔容，羞与郎相见。"观此，则晋代之扇，亦为圆形。至清代，圆扇之外，又有折扇，扇面并盛行书画，初制甚大，皆长一尺以上，清季则缩短仅数寸。入民国后，渐制渐劣，已不若以前精致矣。惟台湾气候热，而扇无良品，殊可异！

拦车认亲疑案

民国八年，王占元为湖北督军时，一日乘汽车回督署，忽有一北方乡下人，拦车大呼，有事禀报，王大惊失色，侍卫以为刺客，当予拘捕，及鞫讯，始知其为怀远人，名王怀魁，此来乃认亲者。先是占元于民国六年曾电怀远知事，谓彼祖居怀远马家林坊王家荒地，门前有小塘，塘东有小庙，塘西有水井一口，嘱为出榜代访亲属。适有王凤来者，所居与此相似，曾有一七岁胞弟，早年避难走失，遂疑占元为其胞弟，已贵为一省督军矣。故命其子怀魁南下赴鄂，认其叔父。怀魁抵武昌后，屡趋督署递状，俱为门卫逐出，不得已，遂拦车认亲，顾讯明后，占元又否认其事，谓彼确为山东人，非怀远人，此殆冒充者，姑念乡愚无知，不忍加责，当发钱二十串，作路费回家。当地警察署长，以戒备不力，停差三月示罚。并令武汉报纸，不得登载此事，然因卫兵口头传出，全城皆知。究竟是真是伪？乃成疑案。

王占元（1861—1934），山东馆陶（今属河北邯郸）人。北洋时期的陆军上将、湖北督军。早年投身淮军刘铭传部，后参加中日甲午战争。

张怀芝妙事

民国五年以济武将军督理山东军务之张怀芝，行伍出身，言大而夸，胆小如鼠，为北洋军阀中最粗鲁者。籍山东东阿县，年轻时，贫不能自存，尝栖一破庙中，一夜梦庙神向其道贺，称为山东抚台，醒后，常以此自负。及督鲁，正似清代抚军，遂认庙神梦验，于是重修庙宇，以答神庥，鲁人传为美谈。张对属员，倨傲无比，无论年龄大小，皆直呼其名，有时冠以官卫，则又加上粗鄙名称，如参谋长则称参谋头儿，副官长则称副官头儿之类。怒发骂人，往往不留余地。民国六年春间，财政部派费毓楷为山东官产处长，费到省谒张，张忽勃然大怒曰："我只认得总统与总理，认不得姓陈的那个混账忘八蛋。"所谓姓陈的，盖指财政总长陈锦涛而言也。费闻言，于怀中出杨士琦介绍信呈阅，张又转怒为喜曰："既是自家人，你就和财政厅长去谈谈罢。"其喜怒无常有如此。

张初督鲁时，省长为孙发绪，张排之去，自兼省长。对省长公署各重要职员，不分科别，各书其姓名于签上，有事交办时，随手于签筒抽出一签，抽中者，即为承办之人，以故阁署要员，无敢擅离职守。其内务科长姚鹏，为一老名士，历任省长，皆敬礼有加。一日，姚抽中签，适因赴宴来迟，张遽令责打军棍二百。嗣经多人乞情，始以"记打军棍二百"了事。时山东政务厅长为陈幹和，一日偕济南道尹唐柯三谒张，偶谈及各县知事，常有被控情事，陈信口自夸曰："我若作知事，必无人控我。"次日，省长公署忽挂牌委陈为泰安县知事。按政务厅长，为现职简任官，未经明令免职，不能降级任用。陈气极，逃赴北京，不敢回任。民五年底，张曾传鲁籍候补知事一百八十余人至省署训话，张启口即谓："尔等各有指定省份，同样有地皮，何以不向外省刮而向本省刮？我年轻当兵时，即拿定宗旨，不升官便做强盗，但我决不在本省做强盗，因在本省做强盗发了财，不能逢人夸耀，尔等这一批知事真太不知事了！"如此妙论，诚闻所未闻！

张怀芝（1860—1933），山东东阿县人。早年曾参加镇压义和团运动。历任山海关巡防营统领、甘肃提督、天津镇总兵等职。

记徐树铮

民国十四年冬，冯玉祥戕徐树铮于廊坊，经过情形，其公子道邻已有"廊坊事变纪实"发表，言之详矣。按树铮字又铮，江苏萧县人，文武兼资，才气盖世，幼承段合肥特达之知，保送日本士官学校毕业，故始终追随合肥，以师事之。树铮谋断兼擅，有诸葛之目，下笔万言，倚马可待，对政治军事，尤能高瞻远瞩，合肥亦深倚畀之。袁世凯帝制将倾时，尝任合肥为国务卿，袁欲用其机要秘书王式通为院秘书长，用以监视合肥，但合肥必欲用树铮为秘书长，使张国淦请示于袁，袁忽作色曰："噫！是何言？军人内阁，军人秘书长，文人椅子，尽任跨东洋刀人占去矣。"顾袁是时已日暮途穷，颇思用合肥收拾残局，殊不欲过拂合肥意，因语张曰："尔为我转语芝泉，徐树铮乃军事人才，命其回陆军次长任可矣。"张婉告合肥，谓："总统思以又铮任陆军次长。"一语未毕，合肥忽掷其烟斗于地，愤然曰："事至今日，此等小事犹不放松耶？"此为合肥第一次欲用树铮为院秘书长所遭之挫折。

袁氏既殂，黎元洪继任大总统，合肥任国务总理，黎以张国淦为农阁总长兼府秘书长，合肥又欲以树铮为院秘书长，仍使张请示于黎，黎亦畏树铮，嘱张转达合肥："总理提出任何事，我皆能依，惟此一事，断断难行。"张不欲触合肥怒，乃转恳徐世昌向黎疏通，俾免府院发生龃龉。徐往谒黎，语及此事，黎仍有难色，徐曰："公畏又铮跋扈乎？然芝泉已够跋扈矣，多一跋扈何害？吾以为任何事可不依芝泉，惟此一事，则不能不依。"黎从其言，于五年六月间明令任树铮为院秘书长。顾树铮恃才傲物，确属事实。照例外省疆吏任免，由院会决定后，拟具命令，送呈总统盖印发表。一日，树铮送公文入府请黎盖印，中有任命福建三厅长事，黎偶询此三人履历，树铮遽谓："总统何必多问，我事冗，请速用印。"黎闻语大愠，语张国淦曰："彼辈眼中安有我耶？"张知府院必有争执，殊不欲居间负过，因向黎力辞府秘书长职，由山东参议员丁世峄继任。

丁世峄性情，不若张国淦柔和，就职后，即与树铮形成对垒敌人，丁主张大总统得出席阁议，发表意见，对国务得自由行使职权，倘用人不当，得拒绝盖印，此皆为削弱合肥权力而压抑树铮气焰也。然树铮跋扈如故。照例院秘书长在国务会议席上无发言权。一日，树铮忽提议四省会剿李烈钧，内务总长孙洪伊极力反对，树铮不待阁议通过，竟将会剿电发出。孙气极拟辞职，丁世峰亦欲辞职，但均未实现。未几，又因平政院组织法案，孙拒绝副署，合肥怒甚，即拟就内务总长免职命令，请大总统盖印，黎拒之，曰："不合法命令我不能盖印。"树铮入府催促，无结果，树铮语黎曰："总统不免孙职，即免我职可也。"黎不理，合肥遂请病假。旋经多人调停，劝孙自动辞职，出洋游历，孙又表示愿免职，决不辞职。同时国会褚辅成等又提案弹劾树铮。遂致府院意见，愈演愈恶，由孙、徐进退问题，扩展为黎、段进退问题，是即当时传播中外之府院争潮。后经徐世昌入京调解，以孙、徐同时免职，结束此案。

树铮虽免职，但仍居合肥幕后，策划一切，如对德绝交，对德宣战，树铮多皆躬与其役。合肥因中国既参战，不能无兵，遂于民六年成立模范军，以树铮主持其事，并与日本成立西原借款，所有枪械，皆由日本供给。迨民国七年，直皖两系，因讨伐西南问题，渐露裂痕。

奉军忽以声讨冯玉祥为名，开入津京一带，于军粮城设奉军司令部，以树铮为副司令。时为直系秘密奔走反段者，为陆建章，树铮恨之，于六月十五日，诱杀于天津。十六日政府曾发表一命令云："陆建章在鲁、皖、陕运动土匪，意图扰乱，近复在津与乱党勾结，现经奉军捕获正当，应予褫夺官勋，以昭炯戒。"此即树铮招祸之始因。合肥以陆与冯玉祥为舅甥之亲，时冯正尾大不掉，恐因此构怨，乃赙陆家属五千元。并以冯方攻下常德为由，开复其原官，逾数日，又授以勋四位。但冯绝口不谈此事。直至民十四树铮经过廊坊时，始戕害之。

树铮经营西北边防，确具远见，民八六月间北政府派其为筹边使兼西北边防总司令，常乘汽车出入北京、库伦之间，道阻且长，车中惟置《汉书》一部，沿途诵读不辍。是年十一月外蒙取消自治，实树铮之功，故合肥又畀以督办外蒙善后事宜头衔，树铮即设立殖边银行，创办垦牧公司，并调褚其祥、高在田二旅驻外蒙。惜因库伦为俄兵占驻，一切边防计划，俱成泡影。

树铮诗文俱佳，文工骈体，极典丽裔皇之致，诗有唐人韵味，如"万马无声秋寒月，一灯有味夜窗书""美人颜色千丝发，大将功名万马蹄"等句，皆为人传诵。十四年三月孙文逝世。树铮挽云："百年之政，孰若民先，曷居乎一言而兴，一言而丧；十稔以还，使无公在，正不知几人称帝，几人称王。"尤脍炙人口。遇害时，年仅四十有六，殊可哀已！

徐树铮（1880—1925），安徽萧县（原属江苏）人，北洋军阀皖系将领，著有《建国诠真》。

安武军大暴行

倪嗣冲督皖时，所部安武军多土匪出身，纪律最坏。民八八月十五日夜，安武军第八路第一营兵士二十余人，由一军官率领，突入女子蚕业讲习所，强奸校长张女士，张以颜面攸关，未敢声张。该军胆更大，竟于一日相约百余人，破门而入，凡教员学生，俱被玷污。无一幸免，致造成多人自杀之惨案！倪严令皖垣各报，不许发布此消息。久之，始由上海外报刊出。京沪皖籍学生及妇女界，闻之大哗，一致开会声讨倪，并发表泣告国人书，北京国会亦提出质问，但倪袒护部属，否认有此事。时吴佩孚方驻衡阳，曾有通电讦倪，电文中有："昔武安君白起坑赵卒四十万，所杀虽多，其野蛮尚未若此之甚。彼以武求安，此则安然用武，诚为我国一大辱点。"然倪谓无人亲告，卒以不了了之。

戚扬自讨没趣

民国五六年间，各省省长无不依附军阀，以图自保。而军阀一言一动，亦往往为朝野所重视，于是贪赃枉法者，但得军阀一言，即可逍遥自在也。时江西省长戚扬，因贪污为江西省议员弹劾，国会亦通过查办案。戚惧，乃乞援于张勋，张为电京疏通，遂寝其事。戚感之，谓此恩不可忘。后复辟事起，戚始而迎合张意，表示赞成，继见大势已去，复电张痛骂，张衔之。迨民七徐世昌出任大总统，徇曹锟等之请，赦免张勋，张自命与陆荣廷善，可从而调停西南意见，一时北京政要，又纷纷谒张，表示好感，戚亦电张贺其重获自由，张见戚电甚怒，当将戚六年七月十四日骂张电文寄还，并附十字按语曰："今日之我，仍是去年之我！"戚阅之啼笑皆非！然此实戚自讨没趣，而张如此调侃，亦饶有风趣。

戚扬（1857—1945），浙江杭州人。清末曾中进士，后任临川知县、直隶州知州、松江知府。入民国后任江西巡按使、江西省长。

不祥的北洋第六师

北洋军阀专政时，最称精锐军队，厥为第六师。按第六师为清末武卫右军所改编，名第六镇。辛亥清廷派吴禄贞为第六镇统制，后疑吴通革命党，授为山西巡抚，未到任，即被刺，而以李纯继任统制。民初改为第六师，癸丑李纯率之攻赣，获捷，袁世凯遂以李任江西都督，而命马继增继任师长。及袁氏进行帝制，调马征滇，行至湘西，马忽自杀。遗缺由第十一旅旅长周文炳升补，周按事未久，忽患神经病，复由第十二旅旅长齐燮元升任，后由齐率之驻苏，成为冯国璋政治资本。计自六镇迄齐燮元止，凡任第六师长者，皆遭悲惨之结局：自杀者有马继增、李纯二人，被杀者有吴禄贞、齐燮元二人。齐为汉奸，胜利后被国法处死。患神经病有周文炳一人。故当时人谓第六师长为不祥之缺。

陈调元西安招亲

民国二十五年十二月十二日西安事变发生，所有旅居西安之中央军政要人，皆被劫持，驱至西京招待所大客厅中。因事出仓猝，各要人一无所携，惟陈调元（雪轩）衣袋中藏有茄立克香烟一听，刮胡刀一柄。群至客厅中，面面直觑，咸感无聊，调元频取香烟吸之，其有烟癖而无香烟者，不胜喉痒，因共向调元索取。调元靳之，众益窘。调元笑曰："诸君必欲过瘾者，每枝售价五元。"又出刮胡刀示众曰："诸君如需此，每次租价亦五元。"次日，杨虎城命移诸要人于金家巷，分批以车遣送，首批万武樵夫妇共乘一车，陈武鸣夫妇共乘一车，而以陈之女佣附调元车中。行时，众鼓掌笑曰："陈雪轩西安招亲矣。"蒋百里素好诙谐，立成打油诗一首云："恭喜陈雪轩，天配结良缘，一凑成三对，只烟卖五元，有心谐好事，无物不值钱，我是证婚者，谢媒要十千。"见者皆为捧腹，此亦事变中一趣闻也。

龚靳龃龉

民国八年初，钱能训内阁成立，靳云鹏为陆军总长，龚心湛为财政总长，靳龚本同属安福系，到职未久，适值旧历大除夕，靳以陆军部欠饷甚多，向龚索款三百万元，作除夕开支，龚不应。靳大怒，即于阁议席上骂曰："你不配干，就不要干。"龚负气，当即辞职赴津。钱能训派人追回，龚提复职两条件：（一）我收多少付多少；（二）军人不得开口骂人，并须总理担保履行。靳闻之，亦不怿，曰："他干，我就不干。"两方坚持，渐成僵局。段合肥遂命徐树铮从事调解，将两条件改为：（一）军饷事不与陆长直接办理；（二）政费应减付由总理支配。二人始各回部视事。但至九月间，曹锟、张作霖电荐靳组阁，龚遂不得不辞职，其辞职呈文中，有"张良借箸，原有补于一时，傅说和羹，本难调于众口"数语，为龚本人手笔，辄向人传诵，引为得意之作。

李纯之死

李纯在军阀中，比较稳健，其任江苏督军时，不轻发言，言必有中，故各方对之，咸表好感。民国九年，北政府曾任其兼苏皖赣巡阅使，南北议和时，又派为议和总代表。然是时李之环境，渐见复杂，江西督军陈光远既不愿附于苏皖巡阅区域，而其心腹大将齐燮元，又常有"夺帅印"之暗示。李渐感四面荆棘，态度日趋消极，十月初以病辞议和总代表及巡阅使新命。人犹以为因病辞职，乃官场惯例，未足为异。越数日，忽传李纯真病，且甚笃！至十月十日，突以自杀闻。当时各方颇为震动，纷纷推测李之死因。据齐燮元发表李之遗书，谓为病魔所苦，又谓以尸谏求和平，然外间均不甚信，甚至揣测之词，有涉及个人隐私者。据予当时所闻，则为齐燮元夺帅印所下毒手，如果属实，则杀人者人亦杀之，燮元后以汉奸伏诛，或即李之报应也。

李纯（1874—1920），天津人。历任江西都督、江苏都督，有长江三督之首之称。

张弧晚景

张弧管财权时，豪放挥霍，予前已记之矣。顷友人又语予一二事。民五张盛时，尝与梁士诒、周自齐等作方城之戏。一日，士诒听索子清一色，已三句落地，照例三句落地，放和者，须包付三家负款，张不信士诒有此大牌，竟放一绝张，使士诒和满贯，张应付包和十八万元。彼时十八万元，为数良巨。上海各报，至以头号字载此专电。然张实际未付现款，惟次日于隆福寺万全馆召北京名伶，演堂会一天，聊以认罚而已。张脱离政界后，蛰居津沽，平生虽屡握财权，然无蓄积，晚景侘傺无聊，一贫如洗，即五元麻雀，亦不敢入局，回首当年豪放，殆如一梦！张为清末壬寅举人，故亦工诗，尝有句云："久病翻嫌客，初贫讳典衣。"其晚年贫病情状，此诗可概见之矣。

拉议员

民七安福国会既选徐世昌为大总统，段祺瑞复函请选曹锟为副总统，由议长王揖唐主持其事，规定票价每人二千元，已定十月六日开会选举。讵议员闻曹锟以十万元纳刘喜奎为侧室，而议员身价仅二千元，遂大起变化，不肯投票。届期议员密约游三贝子花园，王揖唐遍寻无着，遂致流会。旋改期十六日续开选举会，讵多数议员又于事先往天津，王揖唐遂于十五日派人至天津，分乘汽车多辆，至各旅馆搜寻议员，乃一无所获，最后始探悉议员均被周自齐邀赴南市妓院吃花酒，立即蜂拥至妓院，将议员全部拉出，分乘汽车径趋车站，搭火车入京。沿途拉扯争执，天津警察误以为绑票案，喝令汽车停止检查，经出示议员证章，始获放行。次日开会，由京师警察总监吴炳湘派警察在西城放哨，一面仍以汽车拉议员到会，但结果依然流会。此亦军阀玩弄议员一趣剧也。

徐世昌履任仪式

自民元至民七，中国曾有孙、袁、黎、冯四任总统，但均因事故，未举行正式交接典礼。民七徐世昌由安福国会当选总统，为表示隆重，欲与卸任总统冯国璋举行正式交接典礼。事先特电驻美公使顾维钧、驻法公使胡维德，询问美法总统交替仪式。及顾、胡等回电说明后，始决定以法国为蓝本，而自定一仪式。徐选定双十节为就职日，是日上午八时半，冯国璋派内务总长钱能训与公府大礼官黄开文备礼舆迎徐入公府，由礼官导至怀仁堂礼台。九时正，冯由居仁堂至怀仁堂，与徐同向国旗三鞠躬。礼毕，冯东向致颂词，徐西向答词，词毕互相一鞠躬，礼官送冯回居仁堂，即出公府，退居私邸。十时正，徐在居仁堂南向，向国会议长及议员宣读誓词，读毕转北向，与议长议员同向国旗三鞠躬。礼毕，议长议员转东向，阁员及文武官吏西向，徐立礼台宣读就职宣言。读毕，各行三鞠躬礼庆贺，于是大典告成。徐在清季，曾为宰辅，今得为民国元首，遂有许多做作。迄民十一，徐被军人逼迫下野，黎元洪入京复位，即未举行此仪式。

何为三十六计

俗谚有"三十六计，走为上计"。在中国旧说部中，如《三国演义》《西游记》《水浒传》，皆有此语。但除"走为上计"外，其余三十五计为何？则言人人殊，据予所知，三十六计为：

1.金蝉脱壳，2.美女连环，3.送王归殿，4.调虎离山，5.窝弓待虎，6.拨草寻蛇，7.将枕就灯，8.移花接木，9.二虎竞食，10.两头烧通，11.阳奉阴违，12.远交近攻，13.梅花分瓣，14.番犬伏窝，15.困魏救赵，16.倚婚降魔，17.诈降苦肉，18.反间散金，19.无中生有，20.绵里存针，21.陈仓暗度，22.云梦伪游，23.指鹿为马，24.以羊易牛，25.抛砖引玉，26.驱虎吞狼，27.假途灭虢，28.射虎擒王，

29.隔岸观火，30.釜底抽薪，31.瞒天过海，32.待敌空城，33.买上告下，34.声东击西，35.疏不间亲，36.走为上计。

惟究始于何时？则无人知，一说始于清代，亦无考证。此外尚有所谓"借刀杀人""欲擒故纵""李代桃僵""张冠李戴""笑里藏刀""掩耳盗铃""狡兔三窟""落井下石""顺手牵羊"等等，亦均纳入三十六计之中，究以何者为准？无人加以断定，殆所谓人云亦云而已。

嬖人李彦青

李彦青，定兴人，年轻貌美，初在天津某浴室为侍役，善擦背捏脚，为曹锟赏识。曹任直隶督军时，召入督署，随侍左右，宠爱逾妾媵。民十二曹贿选成功，出任总统，乃以彦青为公府收支处长，出入裘马甚都。凡有求于曹者，皆奔走彦青之门，以是收受贿赂无算。彦青寓宅，仆从如云，居恒聚集豪赌，其搓麻雀，一底五百元，犹以为小。一日，彦青内眷以二千元支票，命仆持赴银行取款，仆正赌牌，笑曰："戋戋者犹跑银行耶？"即于牌桌取现金与之，其阔绰有如此。民五曾以眷恋蔡松坡而成名伎之小阿凤，时已嫁王克敏为妾，王于曹任总统后，颇思活动，常邀彦青至其家，而以小阿凤为饵。某晚，彦青正在王宅浅斟低酌时，公府屡以电话召彦青，彦青留恋不忍遽行，公府电话忽大声谓："总统等你洗脚太久，要发脾气了。"彦青始仓惶而去。盖彦青虽为处长，然每夕仍须为曹洗脚也。后冯玉祥倒戈入京，捕彦青，杀之。

李彦青（1886—1924），山东临邑人，北洋直系官员，曹锟亲信。曾任曹锟公府收支处处长兼北京官钱局督办。

地狱内阁

民国六年六月间，张勋以督军团盟主地位，偕其老长官李经羲（仲仙）入京组阁。讵消息发表后，张作霖、曹锟、阎锡山、王占元、倪嗣冲等通电反对。李恐内阁流产，乃转推王士珍出而替任，王对此素不感兴趣，拒之。李无奈，决心一试，且曰："我不入地狱，谁入地狱！"因于六月二十三日宣布就职，除发表王士珍为参谋总长兼任陆军总长、萨镇冰为海军总长外，并欲罗致第一流人物，组织人才内阁。于是辟赵尔巽为内务总长、严复为教育总长、汪大燮为交通总长、张謇为农商总长、汤化龙为司法总长。顾是时复辟谣言，已传遍京津，佥不欲踞此火炉之上，同归于尽，故纷纷复电谢绝。而张謇复电尤幽默有致，因李原电有"佛入地狱"语，张回电则谓："果佛也，然后可入地狱，公奈何预约短期作佛，而又强非佛者同入地狱？地狱沉沉，愿入者多。謇薄劣衰退，无此宏愿。"故当时称为地狱内阁，果不兼旬而有复辟之变，李殆真入地狱矣。

三海鱼

北京三海，昔为皇宫禁地，历代帝后诞辰，宫中盛行放生，所有珍奇鳞介，均放置三海中。或于放入时，系以金牌，任其滋生自在，严禁猎取。故三海中藏鱼至多，亦至珍贵也。民国六年冯国璋入京，摄行总统职权，忽命庶务科以一万五千元，出卖三海中鱼。于是网罟深入，鱼类乃遭浩劫！一时酒馆中竟以"总统鱼"为名菜。内有红鱼一尾，长三尺，又有鲫鱼一尾，重四十余斤，鳍上系有金圈两道，金牌两枚，相传有六七百岁。由美公使购去，拟运美国水族馆陈列，旋恐中途死去，乃转赠外交部，外交部以此事有伤国体，呈请国璋令禁捕鱼，始止。时人有联云："宰相东陵伐木，元首南海卖鱼。"盖嘲此事也。

签字机器

自袁世凯死后，北洋政府实行责任内阁制，凡阁员进退，疆吏任免，及大政兴革，皆须由总统发布命令，而由国务总理副署，如总理不副署，总统命令即无效，因是屡演奇剧。第一次为民六黎元洪受督军团威胁，承认解散国会，而内阁总理伍廷芳不肯副署，临时由步兵统领江朝宗代理总理，签署解散国会命令，不三日江即被张勋踢出，而由李经羲组阁。第二次为是年十一月冯（国璋）段（祺瑞）交恶结果，冯欲免段国务总理职，而苦无人副署，乃浼病态恹恹汪大燮代理国务总理，签署免段命令。所奇者，汪提出条件为"做一日总理，签署两件公文"。所谓两件公文，一为免段命令，一则一纸空白命令，请冯填入继任人选也。越数日，即由王士珍继任。第三次为民七一月间，冯国璋被迫下令讨伐西南，王士珍不肯副署，经冯再三吁恳，王无奈，执笔叹曰："我为老友解围耳，否则宁死不签此命令。"因是，人皆谓此等签署，直同儿戏，无以名之，名之曰"签字机器"。

伍廷芳灵魂学

伍廷芳晚年研究灵魂学，笃信人死后，灵魂永在，当时吾人已于报章屡读其高论矣。顾世人仅知其潜心此学说，而不知其常应用于政治上。当袁世凯帝制自为时，反袁者皆以民主政治理论，劝袁戢其野心。惟伍独以灵魂学进，其致袁函中有："人类终必有一死，惟灵魂永存不灭，善人灵魂得安乐，恶人灵魂受痛苦。"盖劝袁勉为善人勿遽称帝，惜袁不悟也。民六伍任国务总理时，不允签署解散国会命令,黎元洪派江朝宗、王士珍往见,劝其为总统帮忙。伍正色曰:"职可辞而名不可署,头可断而法不可违。"江曰:"张勋已枕戈待发,如事僵,于黎与公两有不利。"伍曰:"予近研究灵魂学,颇有心得,不签署此命令,至多一死而已,死后灵魂得安乐,予何惧?"江无如之何。故伍之灵魂学,在政治上亦有伏魔却敌妙用也。

伍廷芳(1842—1922),广东新会人,清末民初杰出的外交家、法学家。

陪客致富

民十前后,潘复任财政部次长时,颇为当局所倚重,潘固巨家,豪于资,平昔交游广阔,以阔绰著称。某岁潘太夫人寿辰,都中往贺者极众,潘大张筵宴,堂会博弈皆备。时有鄂人高增三者,与潘有世谊,入都谒潘,思谋一小事,潘留住宅中,许徐图之。高仪表甚佳,且善酬应。潘太夫人寿谯时,潘辄令高出为陪客,凡赌局缺角，即由高凑局，高固不知其赌价低昂，姑为趋陪而已。前后三日，每一局终，由账房计其赢负，代为划拨。高素精此道，往往获胜，然亦不知为数几何也。谦终客退，账房招高往，授支票一纸，计十万元，高问何事？账房曰："此君迩日博局所猎获者。"高犹以其相戏也，不之信，账房出账证实，某日赢若干，共计如此数。高闻言愕然，曰："胜负固如是巨乎？设为余负，将何以偿之？"账房笑曰："次长嘱君陪客，胜固为君所有，负则与君无干也。"高仍不敢受，持往问潘，潘曰："账房言确，此实为君所有也，且持归作小康，毋须再谋事。"高大喜过望，归成富人。

潘复（1883—1936），山东济宁人。清末曾中举，民国年间历任北洋政府财政部总长、内阁总理。

小偷与小妾

民国十七年曾任安徽民政厅长之刘复，字菊坡，为老国民党员。民元任汉口《震旦民报》撰述，颇负时誉。

后随陈宧入川，数宰巨邑，有能吏之目。其人学问书法均佳，惟好色如命，生平数数纳妾，而介妾与人相见，辄曰："此我之小偷也。"初闻者，皆不解，及问其故，始知小偷者，即小窃也。小窃小妾谐音，不曰小妾而曰小偷，盖免如夫人闻之刺耳也。抗战期间，任行政院战时服务团主任秘书，于二十七年入蜀，时其三妾中已死二人，惟第三妾随侍左右。三十年，此妾忽为一汽车司机引诱，尽携其积蓄衣饰逃匿歌乐山，拟与此司机在山洞正式结婚，吉期且择定矣。讵此司机存心险恶，届期潜匿无迹，妾至山洞，久待不至，大诧，及返歌乐山，则其积蓄衣饰已尽被司机取去矣。妾至此，始知受骗，一气几绝！刘自此妾走后，神经错乱，渐成疯疾，每遇人，即娓娓道床笫猥亵事。后移居唐家沱，交游尽绝，刘则自言自语，秒不可闻，次年竟以疯疾卒！身后萧条，赖友人为殓。吁！是亦可为娶妾者鉴矣。

刘复（1885—1944），湖北大冶人。日知会员，曾资助宋教仁赴日留学。武昌起义时任《中华民国公报》编辑。后任山东、安徽两省民政厅长。

寇英杰娶碧云霞

寇英杰,为萧耀南部下师长,暴戾好色,酷嗜鸦片。民国十二三年间,亦曾纵横汉上,为国人侧目也。时汉口新市场大舞台,有坤伶碧云霞,风姿绰约,妩媚天成,虽年已花信,而演花衫,犹能荡人魂魄。寇瞰其美,思有以致之,尝辟室大同旅社,由招待王某为介,招云霞至,欲与绸缪。云霞初不允,寇迫以势,卒从之。寇自与云霞发生关系后,大为眷恋,每夕戏毕,即至大同旅社,召云霞缱绻。久之,春光泄露,人尽知之,为云霞捧场诸少年,鄙其行,渐渐散去,云霞生涯遂骤冷落。其母见状,大恐,谓寇不应独占其钱树子,致影响生计。寇不悦,曰:"无人捧场,辍演可耳。"母曰:"吾女可以辍演,吾家不能辍食也。"寇怒曰:"汝有人,吾有钱,自今日起云霞戏团解约,身价几何?吾任之。"母初索价十万元,后由王某调解,以七万元藏之金屋。自是红氍毹上,遂无碧云霞倩影矣。

碧云霞,谢玉山养女,生于上海。与金少梅、琴雪芬并称"坤伶三杰"。

于右任讨陈之役

民国七年六月间,于右任悄然入陕,联合胡景翼、杨虎城各路民军,讨伐陕西督军陈树藩,曾被推为陕西靖国军总司令,张钫副之。时民军拥有陕北地区,树藩势力仅及于陕南。七月间于率胡景翼等由三原出师,渡过渭河。渭南驻军姜宏谋与胡素善,开门迎降,胡单骑入城,忽为伏兵所擒,解往西安。于当令支队长岳维峻接统胡部,一面命靖国军总指挥井勿幕由凤翔进攻兴平。时有民军司令郭坚者,方驻蒲城,树藩甚恐井军深入,危及陕南,密令降将李栋才伪造郭坚函件,邀井往南仁村开会。井不之疑,及至,即为伏兵所杀,李割其首级,携赴西安献功。于闻讯大恸,令四路副司令田玉洁将井遗体,裹帛为首,葬于泾阳。于自胡景翼被俘,井勿幕罹难,军事进展,立见顿挫,然仍激励将士,必欲取得西安,驱除树藩而后已。

是时南北和会,方在上海开会,陕西问题遂成为争议中心,北代表指陕西民军为匪,而剿匪不在停战范围之内。西南代表则谓于右任非匪,而反对边打边谈。于复径电和会,谓树藩所部王飞虎、白翎子、徐老毛,均为匪,剿匪应自剿陈始。于是,是匪非匪,又成为争论焦点。后北政府承认于非匪,但须离开陕西,于则谓树藩不离陕,彼亦不离陕。此一僵局,致影响和会停顿,而因和会停顿,复引起公使团干涉。次年三月间,英公使朱尔典、法公使柏卜均劝告北政府勿因陕局阻碍和会。北政府不得已,令树藩停战,但树藩阳奉阴违,仍向乾县民军进攻。守城者为郭坚部王钰、郭英甫两支队,因树藩攻之急,曾以帛书请于调兵应援,于回书激励,有"以守乾城者守陕西,并以守陕西者守西北"等壮语。时攻乾县之奉军许兰洲,以树藩前两次以诈术赚取胡、井,皆获成功,因亦伪造郭坚信,射入城内劝降,但王、郭态度坚强,复书谓:"郭司令如降奉军,我俩即与之脱离关系,虽战至一人一卒,决不投降。"树藩因围攻三月不下,复益以田维勤一营,以掘地道方法攻乾县。王、郭遂于六月初突围出城,退至渭北,与于会合。于直至树藩撤职离陕,始怡然返沪。入民国以来,以文人领军,与军阀奋斗不懈者,除谭延闿外,惟于氏一人而已。

于右任(1879—1964),辛亥革命元老,书法家,陕西三原人。

著有《右任文存》等。

复辟事变中的康有为

　　康有为，天才卓越，学贯中西，固一代异人也。戊戌政变后，流亡海外，足迹遍地球各国，真可谓目营八极，胸罗万有，然独于君权思想，毕生不变，诚不可解！民六张勋阴谋复辟，事前亦曾得康指示。是年二月，康六旬寿诞，张派员至沪祝寿，并请示复辟机宜，康即力促其成。后张在徐召开督军团会议，康亦有密使居徐，作幕后活动。迨张入京，将有所行动时，康于六月二十八日乘津浦路三等车入京，身衣蓝布粗服，手持大蒲扇，人皆以为乡间老农赴京探亲，不知彼乃胸怀谲变，将挟风云以俱来之康有为也。康下车，即乘洋车至法源寺，卸下行李后，复乘洋车径至南池子张勋私宅，策划一切，至七月一日，遂有复辟之变。故溥仪第一道上谕，发表各部大臣，即任康为弼德院副院长，赏头品顶戴。及张勋失败，康仍以老农装束，乘三等车出京。当时都中搜捕复辟从犯，康独安然赴沪，无人察出，斯亦异已！康生平得意门生，一为梁启超，一为谭嗣同。戊戌之役，梁逃免，谭遇难。康挽谭联云："逢比孤忠，岳于惨戮，昔人尚尔，于汝何尤，朝局总难言，当随孝孺先生，奋舌问成王安在；汉唐党锢，魏晋清流，自古维昭，而今犹烈，海疆正多事，应共子胥相国，悬眸看越寇飞来。"予幼时，即闻先辈诵此联，叹为绝作。

康有为（1858—1927），广东南海人，人称"康南海"。近代著名政治家、思想家、社会改革家。著有《新学伪经考》等。

袁世凯策动反袁

民国二年赣宁之战，人皆知为袁世凯暗杀宋教仁而起，而不知此一反袁运动，乃为袁本人所策动，此实为民国史上一大政治阴谋。先是袁就任正式大总统后，见国民党国会议员，皆发扬蹈厉，矢志民主，而南京留守黄兴、江西都督李烈钧、湖南都督谭延闿，又皆为国民党柱石，虎虎有生气。袁深恐其政权不稳，亟思翦除此政敌，然是时舆论多倾向国民党，若由彼发动战争，定为舆论所不容，必迫使国民党先发难，然后始振振有词矣。时有赣人欧阳武者，尝附袁为间谍，袁遂令其回赣，策动李烈钧反袁。李见欧阳为乡人，且力诉袁专横，遽引为同志，往来甚密。及宋案发生，国民党大哗，欧阳佯示愤慨，怂恿李讨袁，时李方在盛怒之下，欧阳反间之计遂获售。苏皖湘赣既宣布独立，袁以讨平叛乱为名，派兵南下，于是而有癸丑战役。事后欧阳武鉴于赵秉钧受命刺宋，卒为袁毒毙，亦恐袁将杀彼灭口，竟不敢入京，旋削发为僧，号"止戈和尚"。可知与枭雄共机密，事亦至危也。

汉口"六·十一"惨案

民十四上海"五卅"惨案发生，汉口工人为声援上海反英运动，纷纷罢工，于六月十一日傍晚时，举行示威大游行，由太古码头工人领导，数逾万人，行经华英交界新昌里时，游行队伍拟沿新昌里马路，前赴大智门。

时英租界虽未收回，然新昌里马路，仍为华英各半，华人行北半边马路，实为条约所许可。乃是日英水兵在其租界四周布防，游行行列方欲入新昌里时，英兵遽以机关枪扫射，当场死者七人，伤者数十人，遂造成汉口"六·十一"惨案。是案发生后，鄂督萧耀南、汉口镇守使杜锡钧、警察厅长周际芸不独不抗议英人野蛮无理，反对本国人施以重大压力。"六·十一"夜，周际芸召集汉口新闻界谈话，到二十余人，周首即宣布："今日之事，为中国流氓地痞，闯进英租界，英国人应该打，打得好，诸君如发表新闻，当照此意属稿。"语毕，合座默然。予当时主办扬子通信社，觉周言过于悖谬，当谓："此言官厅可说，新闻记者不能说！"周问何以故？予谓："此事中国政府必将与英人交涉，若中国报纸谓为流氓地痞闯进租界，英人即依据报纸反驳中国，交涉将何词以措？"周怫然不悦曰："你们要闹，去闹，闹出了事，莫怪我！"是夜予即根据事实，作正义报导，次日各报均以予稿刊之首栏，反英空气，立见紧张，当局见之，大不谓然。十二日周际芸逮捕人道医院院长萧英及汉口洪帮首领潘义，指为昨日游行指挥者。实则萧英因反对警厅征收广告捐，为周所恨，其被捕殆为报私仇，与此案固无关也。午夜，周复以"就地正法"密令，派便衣警至扬子通信社捕予。予平昔因编撰社稿，恒至凌晨始上楼就寝，是夜特别戒严，交通断绝，无法采访新闻，故无稿可发，十二时即登楼入睡，且因偶然关系，是夜忽宿于亭子间，迨天明便衣警来捕时，楼上下均搜遍，独未及亭子间，是亦异事。予于彼等去后，避之日租界，一经探询，始知萧、潘均于是晨枪毙。同时缉捕未获者，尚有《时事白话报》社长马逐尘及教授李汉俊，事态非常严重。越日，周语人，谓予为是案策动人，必欲得而甘心。予乃化装走黄州，乘轮赴皖，始免于难。及予居皖三月，时局丕变，各省皆设外交后援会，湖北后援会且设督军署，日日向英领交涉，赔偿死伤损失。倘使当时各报诚如周际芸所云发布新闻，吾不知此时交涉何以启口也。忽忽至今，已二十有七年矣，死者墓木已拱，生者摇落如故，兴言及此，不禁感慨系之。

古典桃色新闻

唐诗中"无题""闺怨"诸作,述女性情怀,声色俱见,虽事多为假托,不必定有其人,然其旖旎风流,读之如饮香醪。尝思若将"琵琶行"一类,演绎成小说,其缠绵哀怨,必能动人肺腑也。三十五年在沪,见某报副刊,有署名卓人者,仿法院审讯桃色案件口供,作古典桃色新闻一则,凡女方供词,均用唐诗成句,其意味雅隽,然不甚周至,爰略为增改,录之如下:

法官问:你住在哪里?

女答:妾住在横塘。

问:你父母对你如何?

答:谢公最小偏怜女。

问:你在娘家做什么?

答:贫贱江头自浣纱。

问:你结婚后,丈夫怎样?

答:嫁得瞿塘贾,朝朝误妾期。

问:你懊悔吗?

答:忽见陌头杨柳色,悔教夫婿觅封侯。

问：你们过去感情如何？

答：曾经沧海难为水，除却巫山不是云。

问：你丈夫每年出外多久？

答：少小离家老大回。

问：从前有过裂痕没有？

答：两小无嫌猜。

问：你丈夫离家后，你的生活呢？

答：世事茫茫难自料，春愁黯淡独成眠。

问：你家里境况如何？

答：田园寥落干戈后，骨肉流离道路中。

问：你同那个男人是怎么认识的？

答：同是长干人。

问：你们是怎样有关系的？

答：故人具鸡黍，邀我至田家。

问：在什么地方发生关系？

答：画楼西畔桂堂东。

问：你与那个男人发生关系后有何感想？

答：昔日戏言身后事，今朝都到眼前来。

问：那个男人曾帮助过你的生活吗？

答：也曾因梦送钱财。

问：如今感觉如何？

答：神女生涯原是梦。

阃令规定车费二角

赣人刘某，抗战前曾任监察院秘书，雅负才名。顾有季常之癖，行止惟阃令是听。时监院在复成桥，其寓庐在晒布厂，每日下值，由其夫人亲付车费二角，但须按时回寓，迟则不给，盖防其别有行动也。一日，刘因公务稽延，归寓稍迟，夫人怒，靳不予车费，因而辞舌嘲哃，声达户外，车夫知其故，不耐久待，仰首呼曰："太太幸赐怜悯，速付车资，倘因此致我迟归，我家婆子亦将大发雷霆也。"语甚幽默，邻右闻之，皆为哄笑！又有鄂人梅某，为留美博士，民十九任汉口教育局科长，寓泰宁里，每日往返办公，由其夫人发车费二角，用否听其自便。梅雅好麻雀，苦无博资，往往步行至局，储此二角车资，换为铜元，赴邻家搓小麻雀，倘所负过多，受同局揶揄，则命其子向夫人索资一二元，顾每次仍仅得二角，于是同局笑曰："此殆预支明日车费也。"梅泰然自若，不以为忤。此与刘某夫人规定车费二角，殆无独而有偶也。

李梦彪死的预兆

最近病故之李梦彪，陕西洵阳人，向有关中文豪之目。少年尝从军伊犁，参与戎幄。辛亥新疆光复，被推为军政司司长。民五当选众议院议员，民六任陕西政务厅厅长。时陕西督军为陈树藩，省长为李根源。是年夏，段祺瑞发动对德宣战，凡段系疆吏，均通电拥护。陈树藩亦尝依附段氏，故拟以军省两长名义，发表通电。顾李根源不赞成对德宣战，不愿盖印联署，树藩以威迫之，李曰："我宁辞省长，决不盖印。"树藩遂请段免根源职，而以梦彪代理省长，梦彪以世界大势所趋，夙主对德宣战，故就职后，树藩得如愿以偿。三十七年膺选监察院监察委员，以敢言见称，前岁弹劾某将军，弹章即出梦彪手笔，人竞传诵。去年曹浩森逝世,在极乐殡仪馆开吊,梦彪乘三轮车往祭。台北车夫习惯,对雇车者恒问是否来回,梦彪雇车时,车夫循例问曰:"老先生到殡仪馆,回不回来?"梦彪以此问不吉,怒曰:"我不回来,难道死在殡仪馆么?"事后梦彪常举以语人,颇滋不怿。果不数月,梦彪竟在极乐殡仪馆殓矣。

李梦彪(1878—1952),陕西洵阳人。曾任陕西议会副会长。著有《李啸风先生诗文集》。

公民价值

民国六年五月十日,因国会不肯通过对德宣战案,而发生公民团包围众议院风潮,人数不下五六千,由上午至夜十时,议员只许进不许出,反战派议员至有被殴者。至十时半,始由江朝宗、吴炳湘率军警将公民驱散。当时众院议员,咸谓此事为段祺瑞策动,公民皆由段雇用而来,段则极力否认。逾日,忽有公民王合新,投函《醒华报》云:"鄙人来京谋事未遂,前日由同乡合肥人陆军部秘书谭君毅甫介绍，加入公民请愿团，当时言定自十二点钟起，随大家包围议院，每点钟给大洋五角，散时立付，并云将名册造成，具报总理以后，可派一差使。鄙人如时而往，站至八点半始去，并被军警击一枪托，当晚往寻谭先生领取公费大洋四元二角五分，乃谭吝而不予。今早又往索取，谭先生避不见面，由一少年出见，大言恐吓，并云此事闹糟，总理不肯认账，恐怕要办凶手，嘱令闭门不出，不许再提此事。鄙人忿极，为此特请登出，俾知谭之欺人手段。"观此，则知当时公民定价，不过每小时五角而已，然此犹是高等公民价值，次焉者，仅铜元二十枚耳。此亦北政府玩弄民意之一笨戏。

吴佩孚撤防诗

民国九年吴佩孚由衡阳撤防北归，遂启直皖战争，为民国史上一重大事迹。吴当时所部基本队伍，为第三师，初驻衡阳时，原为防止西南，后吴盱衡时局，不欲轻启内战。及上海和会开幕，即屡请撤防。北政府恐吴师一去，南军乘虚而入，屡电阻止。吴不听，最后发出撤防电文有"远戍湘南，瓜期两届，三载换防，不可谓速，阋墙煮豆，何敢言功。既经罢争议和，南北即属一家，并非寇仇外患，何须重兵防守，对外不能争主权，对内宁忍设防线？"等语最为精彩。此电发出后，吴即于五月二十五日自动撤防，由湘江顺流而下，二十七日过长沙，三十一日抵汉口，舍舟登陆，由龟山至谌家矶，步步为营，军容甚盛！吴在汉，曾作《回防途次》长诗一章，颇为瑰玮，诗云："行行重行行，曰归复曰归。江南草木长，众鸟亦飞飞。忆昔赴戎机，长途雨雪霏。整旅来湘浦，万里振天威。孰意辇毂下，奸孽乱京畿。虺蛇思吞象，投鞭欲断淝。我今定归期，天下一戎衣。舳舻连千里，旌旗蔽四围。春满潇湘路，杨柳正依依。和风送归鸟，绿草映晴晖。少年惜春华，胜日门芳菲。来路作归程，风景仍依稀。周公徂山东，忧才亦畏讥。军中名将老，江上昔人非。建树须及时，动静宜见机。何日摧狂虏，发扬见国威。不问个人瘦，惟期天下肥。丈夫贵兼济，功德乃巍巍。江上送归舟，风急不停挥。得遂击楫志，青史有光辉。春日雁北归，万里动芳徽。鸿惭磐石愿，衎衎不啼饥。止戈以为武，烽烟思郊圻。同仇复同仇，归愿莫相违。"

辜鸿铭奇癖

中国人留学外国，而犹笃嗜中国服装风尚者，惟辜鸿铭一人。辜于清季留学英国甚久，精通各国文学，归国后，清末民初屡在教部及各大学任职。然生平痛恶西装革履，喜满清服装，尤嗜中国女子小脚，谓愈臭者愈佳，诚嗜痂奇癖也。民国九、十年间，在北京大学教授拉丁文，其上课时，身穿长袍，外罩出风皮马褂（马褂内皮透出周边者，谓之出风），头戴风帽，其状如清代儒学教谕。然其所讲授者，则为外国文，学生有犯规者，亦以英语骂之，其状貌与其学术，似甚不类也。时年腊已高，而好作狭邪游，课余辄与友人出入勾栏，喜夺取妓女手帕，无论颜色为何，皆藏之怀中，故在讲堂出手帕揩鼻涕时，五颜六色，缤纷满案，学生匿笑，不顾也。居恒嗜食糖果，即坐皋比讲学时，亦频于手帕中取花生糖果食之。惟所讲古典文学,过于深奥,学生多不解,然有执卷问难者,则不惜缕晰讲解,是亦中国教育界奇人也。

辜鸿铭(1857—1928),名汤生,生于马来西亚,号称"清末怪杰"。

一个落溷女性

民国三年北军入川,有一随营司书张某,河北定县人。年四十余,面麻,近视,身瘦长,貌甚陋。入川年余,积饷银百两,诡言丧偶,于重庆以元宝一枚(五十两)娶李氏女为室,女甚美,年仅十八岁。入室后,为长官所闻,颇不直其行,遽将张撤职。张失业后,蓄积渐罄,乃挈女赴汉,寓大夹街某客栈。居两月,囊空如洗,欠栈费六十余元。栈主瞅女美,颇思掠为己有,因逼张交款甚急,张无以应,栈主使茶役示意,如能舍女,除免偿欠费外,并给川资,俾能北归。时女妊已八月,张不能舍,栈主竟反锁其住室,靳不予饮食。张夫妇忍饥至第三日,始呻吟呼救。适予友陶君,方寓此栈,闻悉其情,大为不平，走告予，予往视，则见女丰腴白皙，双目清澈，虽乱头粗服，而风姿绝美。颇怪此女胡为偶是伧夫？及诘其底细，始知由买卖而来，然落此陷阱，不能一援手。因与陶君募得小款，为偿清栈费，余二十金，则为赁草屋一间，作女分娩之用。予妻见女，尤悯其情而哀其遇，亲为置备女子坐蓐及小儿衣具。予则使张赴各机关抄录文告，编作新闻，送各报刊载，藉供升斗之需。讵张文字拙劣，不能胜任。

无何，女产一女婴，弥月中，予妻频频往视，且赞助之。顾张家原有妻室儿女，殊不欲留此块肉以自累，因思以婴儿送育婴堂，而令女为人作乳母，俟稍有余积，再作归计。试谋于予，予韪其议，初为介绍大董家巷某山货行为乳母，行主惊其艳，屡戏女，女怒，辞归。旋至某洋行买办家，乳其幼子，买办亦涎女色，给资甚丰，且为置备衣饰，禁张往来，似有纳为篷室之意。张见女不得，大为惶急，予诘知其状，疑女慕买办富有，已入彀中，因劝张自为计，而谢绝不问其事。逾半年，渐不悉其踪绪。一日傍晚，予因事至华景街，见庆余里口，雉妓如林，方行过，觉身后有人牵予衣，回顾，忽见女倩妆立街头，予惊曰："汝耶？奈何至此！"女双颊尽赤，似甚惭赧，自言张迫其离去买办家，牛衣相对，屡不举火，困顿数月，百计无以为活，一月前遂将其质押雉妓院中，渠则在一三等戏园中，教女伶识字，仅供膳食而已。言次，双眸莹然，含涕欲堕！予思此女屡历坎坷，终于落溷。不胜太息！予前记福州女子邵飞飞诗有云："为问生身亲母氏，卖儿还剩几多钱。"大可为此女咏。

皇姑屯案

民国十七年六月四日，张作霖在奉天皇姑屯被炸身死。当时日本通信社发布消息，均谓为国民党志士所为，国民党深滋惑焉，既不否认，亦不更正。而社会人士根据直觉判断，亦认是国民党志士博浪沙一椎击中耳。其实此为日本国际间一大阴谋，亦即"九一八"事变之前奏也。先是一九二七年（民十六年）日本田中义一执政后，即以吞并东北为职志；而欲吞东北，必先去张作霖。迄民国十七年国民党北伐，瞬将成功，田中阳欲见好于国民党，而阴行其侵略之实，故于是年五月间，密令芳泽公使警告方在北京自称大元帅之张作霖，速回东北，并谓张如与国民革命军冲突，万一战败退回东北，日军将在山海关予以拦阻。张不得已于六月三日，由北京乘专车东归，六月四日车抵皇姑屯时，日关东军参谋河本大佐，预于轨道中置一炸弹，俟张专车经过时，以电力发动，故一击而中。事后，国际间皆知此为日本阴谋，颇多消让。日本欲维持国际信誉，亦尝欲究明责任，然当时关东军已成尾大不掉之势，日政府亦只有不了了之。

谭延闿的眼泪

民国十七年谭延闿任行政院长时，人多以"谭婆婆"称之，盖以其慈恺悌，有似老妪也。谭宅心至厚，故好哭，民十以前，尝为湘局数数流泪。一为民九六月间，谭率赵恒惕驱逐张敬尧成功，十七日湖南各界在又一村举行欢迎驱张将士大会，谭即席演说云："诸君欢迎我，诚不敢当，我今日是向三千万父老请罪而来，因吾人过去不能保卫乡土，让北洋兽类蹂躏湖南……"言次，呜咽不成声，闻者亦皆堕泪！一为是年十一月，湖南将领林修梅、王育寅等，通电反谭。谭基本部队，皆远离省垣，无法加以镇压，因在督署召集军政各界联席会议。谭以张敬尧走未五月，本省又起分裂，于开会致词时，亦潸潸泪下。于是通电废督，推赵恒惕为湘军总司令，谭思以平民资格留湘，但不为程（潜）派将领所容，乃于十一月二十七日悄然赴沪。时谭夫人以难产死于上海，谭派人迎柩回省安葬，两舟相遇于城陵矶。谭以存者殁者，背道而驰，因亦一掬伤心之泪焉！

谭延闿（1880—1930），湖南茶陵人。为清末最后一名会元，时与陈三立、谭嗣同并称"湖湘三公子"。辛亥革命后，历任湖南省省长兼湘军总司令、代理广州国民政府主席、南京国民政府主席、行政院院长等职。

"毕不管"夫人之妙事

民国五年任黑龙江省长之毕桂芳，原属旗人，后改入直隶籍，曾充驻俄公使馆随员，绰号"毕不管"，盖一颟顸糊涂人也。袁世凯死时，黑龙江将军朱庆澜为许兰洲所逐，毕得以省长兼署督军，于是专阃方面，军民兼握矣。其夫人尚氏，风流放诞，雅擅京剧。民国六年三月十四日，为夫人华诞，省垣各机关首长齐集督署，张彩置宴，为夫人祝嘏。夫人亲出陪客，并传命召妓侑酒，永安里香巢为之一空。一妓唱碰碑"宝雕弓射不着空中飞鸟"，夫人摇手曰："唱错了，我对皮黄颇有研究，你们可常到这里来，让我教你们。"他妓唱有舛误时，夫人亦为之指点校正。及女伶彩排开始，夫人亲自点戏，时有花旦傅宝兰者，颇擅名，夫人命演《新安驿》代《洞房》，但《洞房》一节，因剧情猥亵，早经内务部下令禁演，夫人传语曰："必须续演下去，此乃全剧最精彩之一段。"于是来宾大乐！来宾中有撤职来省听候查办之泰来县知事张毓华，见夫人高兴，乃以拜寿为名，长跪不起。夫人笑问曰："你为何不起来呀！"张曰："本县绅士诬告我，请夫人替我作主。"夫人笑曰："此细事耳，快快起来。"言次，顾毕桂芳曰："你还是让他回去当差吧，不要难为他。"桂芳应曰："是！是！"此亦正戏外一插曲也。

毕桂芳（1865—？），河北大兴人。早年毕业于北京同文馆，后赴俄国留学，曾任俄国公使馆随员，为俄国通。著有《外蒙交涉始末记》。

叶蓬杀妻

曾任伪组织军事委员会委员长而经中央处死之叶蓬，湖北黄陂人，阴险精悍，富有野心，其发迹完全为夏斗寅所提携。民国十九年夏任汉口警备司令时，保举叶为参谋长，夏因公务繁冗，每星期一总理纪念周，辄由叶主持，叶则请人先拟就演说词，于纪念周报告后，交各报发表，于是社会对叶印象甚佳。后夏升湖北省府主席，中枢遂以叶升汉口警备司令。故人谓叶系以纪念周起家，盖嘲之也。叶妻名蓝秀成，颇美，惟太肥硕，为人傲岸骄矜，戚党多不喜之。

叶未显达时，原有一元配，周姓，为一乡间女子，叶遇之薄。及与蓝相恋，益恶周。一日周患小疾，叶以重量安眠药毒毙之。未几，即与蓝结婚，故人疑周死，蓝亦参与其谋也。蓝一生未育,又不许叶置妾。后叶在汉眷一妓,诞一子,叶迎之归,蓝大怒。留其子,而逐其母,叶不敢与争。及叶死,财产没收,蓝挈此子居沪上,已无复当时气焰矣。

叶蓬(1896—1947),湖北黄陂人,曾任汪伪武汉绥靖公署主任、湖北省长等职。1947年以汉奸罪被枪决。

陆锦俄边调查案

民国七年一月间,俄国发生共产革命,北洋政府亦知此事与中国边疆有关,特令参谋部设一俄边调查机构,由次长陆锦主持其事,每月规定调查费二万余元。倘陆真能切实调查,则中国对苏联情形,必有更多明了。乃陆日以捧角听戏为事,而以俄边调查为肥己优差,每月仅发调查费四五千元,其余则与会计课长阎继荫朋分。迄民八十月间,参谋部第一局科长易兆鸿联合职员十余人,向公府及参谋总长控告陆锦侵蚀调查费二十余万元。时参谋总长为张怀芝,召列名诸人询问,均承认同意签名，张请示段祺瑞，段颇思秉公重办。乃曹锟、张作霖、王士珍等，咸电段为陆缓颊。张则避回山东原籍，由陆锦代理部务。于是具控各员，皆获反坐处分，一律免职，陆锦则以"查无实据，免予置议"了事。后免职各员，共向张怀芝索五个月欠薪，张大怒曰："我不送你们进监狱，已属天恩高厚，你们还向我要钱么？"此真所谓有冤无处申矣！

陆锦（1879—1946），生于天津。早年入天津北洋武备学堂幼年班，后被选派赴日留学。历任天津镇守使、陆军参谋次长、陆军总长等职。

冯玉祥逼死阎相文

民国九年直皖一战后，皖系失败。陕西督军陈树藩为保持地盘，立与民军媾和，而以释放胡景翼为条件。讵胡返三原后，九月间又以民军司令名义，宣布讨陈，相持至民十春间，北政府调陈树藩为祥威将军，而以直系第二十师师长阎相文继任陕督。阎率第十一师师长冯玉祥入陕，且预与民军合作，而将胡景翼改编为陕西暂编第一师。阎拥有此两师实力，自以为可高枕关中矣。顾冯玉祥决不肯久居人下。陕局既定，冯复欲兼并其他民军，以增胡实力。于是怂恿阎召另一民军司令郭坚，由凤翔来省，初颇优礼。八月十三日，冯宴之于西关讲武堂，酒次，伏兵忽起，郭当场被杀。此举阎初不知，事后让冯，冯非惟不认过，且使人示意阎，如不自为计，祸且及焉。阎顿感进退失据，上下交困，突于八月二十三日服毒自杀，遗书谓："我不能救国救民，统一陕西，无颜见三秦父老！"其处险恶，情见乎词。八月二十五日北政府遂派冯署理陕西督军。时人比之为第二李纯事件，盖认阎死实冯逼之也。

阎相文（？—1921），山东济宁人。早年毕业于天津北洋武备学堂，曾反对辛亥革命。

阎锡山的士官知己

阎锡山于清末留学日本士官学校，因身受湿气，患疥疮甚重，行步蹒跚，久久不愈，同学恐其传染，多不与近。惟湖南人梅焯敏，深予同情，为之敷药调治，日与盘桓，阎深德之，认为海外唯一知己。及学成归国，阎回山西，梅返湖南，各致力于军事工作，久不相闻问。阎腾达较速，民元即任山西都督。梅则蹭蹬三湘，至民六始获充旅长，乃因反对傅良佐督湘，为傅所逐，跄踉入都，在陆军部任一闲职，盖潦倒极矣。是年冬，阎锡山因公晋京，士官同学，集谳欢迎，阎于座上忽睹梅，大为欢悦！诘知近况非佳，当即携之返晋，任为督署参谋长，盖所以报昔士官燠咻之德也。顾梅生性懒慢，在晋多年，无所建树。洎十五年北伐军进抵中原，阎以梅为同盟会老会员，因派其为驻汉办事处长，俾与革命军获取联系。迄十七年，梅忽发财迷，矫阎名，电财政部荐其为特税局长。时阎为北方重镇，财政部不敢拒，当即派为宜昌特税局长，盖肥差也。阎虽事前无所知，但以老友故，亦不否认。梅任局长仅四十七日，获十余万元，乃回宁乡终老。

点戏不慎讨没趣

民国十九年陈调元在沪,为太夫人祝嘏,曾召上海名伶演戏,以娱来宾。陈为表示敬意,频请众宾点戏,适有一人点《棒打薄情郎》,讵上演后,陈之二公子忽令伶人辍演,并追究点戏人,陈恐来宾不悦,当叱退二公子。但众宾皆不解何故。后探询陈之亲近,始知陈二公子曾经白宝山作伐,与某巨室联姻,然二公子在外国留学时,曾恋一华侨女子,且订婚约。陈恐白宝山无以为地,而影响某巨室家声,不许二公子另娶,二公子则坚持取消前婚约,而自由结婚。因是父子之间,大起龃龉。是日忽演《棒打薄情郎》,二公子以为讥己也,忿甚!故令辍演。其实点戏人事出无心,致讨没趣。

吴佩孚骂王揖唐妙文

民国八九年间,吴佩孚驻防衡阳,隐然系天下之重,对政府措施,常通电评议,往往一针见血,使当局啼笑皆非。民八上海和平会议，北政府任王揖唐为北方总代表。王为安福系首领，非法国会议长，人皆厌之！命令发表后，西南非常国会，一致反对，谓王为非法国会议长，应受法律制裁。若与卖国者言救国，与毁法者言护法，实属梦呓。吴佩孚闻是，即于八月二十三日在衡阳发表有名"漾电"，大略谓："身列国会，安知国会之纠纷，身为党魁，安得不受党派之牵掣？在天下本未有斯人不出之希望，而足下竟有舍我其谁之仔肩，足下自命不凡，不计个人安福，欲谋天下安福，其如天下之不谅何！……筹安会之覆辙不远，曹章陆之公愤犹存，忽谓赵家楼之恶剧（指学生殴打曹章陆事），不再见于安福俱乐部也！"语甚辛辣，而"在天下本未有斯人不出之希望，而足下竟有舍我其谁之仔肩"两语，尤似报纸小品文章，刻毒雅谑，的是妙文。

陈顾远以戴修瓒为烟灰缸

名法学家陈顾远，为高度近视，抗战时，尝客重庆。

一日至乡间访友，友知其好为方城之戏，因约聚一局，但主客共为五人，均不愿以额满见遗，于是相约做梦，藉免有一人向隅。乡间故无电灯，植物油灯太暗，陈以近视眼周旋应战，一切皆感模糊。在座有戴修瓒者，亦法学家也，亦患近视。戏至中夜，皆有倦意，戴适轮做梦，思于陈座侧观战，因将放烟灰缸小几移去，而以矮藤椅坐其处，一面看牌，一面小作休憩，顷之，仰面椅靠，酣然睡去。陈酷嗜香烟，常不离口，时方聚精会神，注视牌局，而于戴移坐桌角，冥然未觉，且戴之面颊，适与移去小几，高矮相埒，陈视觉昏花，误以是处仍为烟灰缸，频将烟灰向戴面颊弹下，戴睡已熟，初不觉，已而陈将未吸完烟头，横置戴之唇鼻间，如置烟灰缸槽上然，戴被余炉灼痛，大叫跃起，四人皆惊！陈见戴满面烟灰，始知适间错误，因曰："汝耶？吾始终以为烟灰缸犹在，良歉！"众闻悉其故，皆为捧腹大笑。

陈顾远（1896—1981），陕西三原人，法学家。早年与郭梦良、费觉天等创办《奋斗》《评论之评论》。著有《陈顾远法律论文集》等。

乘汽车人变鬼

艺术家刘狮精于绘画，兼擅雕塑。日前有人浼其雕某巨公小铜像，服装为长袍马褂，神色庄严。刘素习于雕西装或军服，而于长袍马褂，印象殊薄，因思假一马褂试服之，而研究其皱褶。顾在台湾而备有中式礼服者甚少，刘访询多处，始于黄雪村处得之。刘原寓北投山上，地甚冷僻，是日假得马褂后，天已垂暮，又值大风雨，刘乃乘三轮车至火车站某汽车行，雇一出差汽车回寓。刘时御白香港衫，短西装裤，固一整洁少年也。司机见其一跃登车，即驾车惊驰而去。刘于途中，受风雨侵袭，颇感寒意，因将所假黑马褂，加穿香港衫外，而头发为大风吹散，蓬蓬满头。及抵寓庐山麓，刘命停车，时天黑如墨，路灯暗淡，刘下车，探怀拟付车资，司机忽见其散发披面，唇露短髭，身着庞大马褂，与上车时西装少年，迥然两人，因大呼曰："汝鬼耶？勿吓我！勿吓我！我不要车资。"言毕，向刘长揖跃入车中，急驰而逃。刘初不解何故，及自视形状，始悟司机误其为鬼，不禁捧腹大笑！

刘狮（1910—1997），江苏武进人，刘海粟之侄。擅长画鱼，有"画鱼圣手"美称。

张国淦拒签西原借款条约

民六复辟既收，段祺瑞再度组阁，以张国淦为农商总长。时段所进行西原借款，已届垂成阶段，其条件为采取凤凰山铁矿，由中日合办浦口炼钢厂，只待农商部签字后，即可实施。顾国淦以此事于日本有利，而中国受惠甚少，故坚持不肯签字。日本公使林权助往见国淦，语多恐吓，国淦怒曰："君来代表商人？抑代表贵国政府？如代表商人，请依敝国矿业条例办理，如代表贵国政府，则请向外部交涉。"林权助莫可如何，乃遣人以一百万元为酬，国淦却之，林权助以为数少，再增一百万元，国淦仍却之。林权助知国淦不为金钱动，转告段氏，颇为沮丧！时段亟盼此借款成功，因派曾毓隽往疏通，国淦坚持如故。段怒，遂改组内阁，以田文烈继任农商总长。田就职后，往诘国淦何故不签字？国淦曰："浦口为南北通衢，津浦路终点，倘彼处有一中日合办其名而日本包办其实之大铁厂，每日有成千累万人，望见铁厂烟囱内冒出浓烟，幻化为张国淦三字，我能无惧乎？君如不惧，何忍一签。"田曰："我惧我惧！君不肯签，我岂敢签乎？"此事遂致搁置。

张国淦（1876—1959），湖北蒲圻人，著名方志学家。1902年中举，1904年任内阁中书。历任北洋政府国务院秘书长、教育总长、农商总长、司法总长等职。

一日三捷

民国七年俄兵侵占库伦时，都护使署秘书长张济川死焉！按张为湖北黄陂人，少年时，才气纵横，放诞不羁。光绪癸卯年，入省应乡试，在汉口南城公所眷一妓，名杨喜宝，甚相爱悦，出闱后，流连喜宝香巢，若家焉。未几，榜发，张获解元，捷报径报杨家，喜宝闻之甚喜。时张方在一烟馆过瘾，喜宝偕报房寻至，烟客群起为张庆贺。张初以为中式即幸事，今闻获解，亦大乐！正喧哗间，有人持签捐彩票开彩号码至，张原购有一张，试就对之，竟获二彩，计银二万两。烟室主人闻之，谓张功名财帛，一日并至，实为异数，当市鞭爆两竿，就门首燃放。一时贺客坌集，里巷壅塞。喜宝睹是情景，忽语张曰："妾幸侍贵人，实有夙分，乞公即为脱籍，俾充妾媵，永侍巾栉。"烟室主人力赞其议，当召老鸨至，即日署券，迎喜宝归。张一日之间，既贵且富，复致丽姝，故人谓之一日三捷。惜晚年惨死塞外，良可悲已！

张大千与韩女春红恋诗

抗战时名震陪都之画家张大千，年事非老，而长髯过腹，有美髯公之称。为人风流跌宕，雅好幽默。所作画，恣肆放纵，极见才气。善诗，而不以诗名。抗战前，尝游高丽，与韩女春红相恋，虽言语不通，而情好綦笃！尝有赠春红诗云："夷蔡蛮荒语未工，那堪异国诉孤衷，最难猜透寻常语，笔底轻描意已通。"又一首云："新来上国语初谙，欲笑佯羞亦太憨，眼角眉纹微蓄愠，厌他俗客乱清谈。"情意缠绵，可见一斑。张夫人凝素女士，与张伉俪亦笃，闻张有此艳遇，尝寓书诘问，张即以与春红合摄俪影寄夫人，并附诗二首云："触讳踌躇怕寄书，异乡花草合欢图。不逢薄怒还应笑，我见犹怜况老奴。""依依惜别痴儿女，写入图中未是狂。欲向天孙问消息，银河可许小星藏？"字里行间，野心尽露，夫人是否许其藏之金屋，却不可知，然画师美人，互结同心，亦艺林韵事也。

　　张大千（1899—1983），四川内江人，著名画家。曾出家为僧，法号大千，三月后还俗，世人称其为"大千居士"。

奇异墓志铭

　　民国三十一年予客渝，有友归自洛阳，谓在豫东芒山见一废寺，名瑶光寺，为魏时所建，寺侧有一比丘尼慈云墓，墓志字迹尚完好，确为汉魏人所书，惟志文香艳淫亵，妙绝千古，而以和尚铭女僧，尤为奇特！兹录之于后："尼俗姓元氏，洛阳人也。少处宫禁，长入寺宇，仪容婉妩，肌理莹洁，自顶至踵，不有玷赘。房闱妙绪，千态百端，左张右搏，俯慰仰承，骨肉匀合，无少漏隙。床帏精丽，梅檀馥郁。四方瞻礼，欢喜踊跃。尼猛勇精嫥，广救法侣。不意婴疾，遽尔萎谢！正光三年八月一日，卒于寺，越十日，葬于芒山之原。法师慧密，痛芳容之遽远，惧山谷之终迁，为铭玄石，以期不朽。其辞曰：发大善愿，成大善行，三界幻化，五欲纷乘，宿世有缘，智者始应，依此慧业，度尽众生，元神既竭，遂以戕身，容颜已渺，涕泗空沦，伐石铭记，永慰幽灵！"

金莲话旧

日前有署名"金莲癖"，由嘉义寓书于予，大意谓清末民初，小说杂志，常有言及小脚韵事，惟于缠足始于何时，金莲命意何在，甚少见及，嘱予略予披露，以飨同好云云。今日天足已遍全中国，而此公犹惓惓于莲瓣，诚如刘邕嗜痂有癖也。予自幼即恶小脚，殊与此公异趣。然缠足为中国千年来习俗，为副此公盛意，闲话金莲旧事，亦一遣暑之道。按缠足之风，虽及清而止，然究始于何时，言人人殊。考高士奇《天录志余》载："《史记》：临淄女子，弹弦，跕缠。"又云揄修袖，蹑利屣。利者，以其首之尖锐而言也。似古时舞人已有缠足者矣。然《杂事秘辛》谓天子纳梁商女为后，其足首尾长八寸，底平趾敛，则汉时实不缠足。有人谓唐人诗赋，如温庭筠"粲织女之束足"、白居易"小头鞋履窄衣裳"句，证明唐代女子，已有缠足。然唐代崔简妻郭氏，以双履击滕王，败面破额，则其履必硕大如男履，殊非小脚鞋也。故谓缠足始于五代，较为近是。其初必非尽人皆缠足，至宋以后，习染日深，遂普遍民间矣。

至小脚何以名为金莲，盖有二说：一为南唐李后主宫嫔窅娘，纤丽善舞，后主作金莲，高六尺，莲中作品色瑞云，令窅娘以帛缠脚，纤小屈曲，作新月状，舞云中，有凌云之态。后人遂以缠足始于窅娘，又以其舞于金莲中，故以小脚名金莲。一说齐东昏侯凿金为莲花，以贴地，令潘妃行其上，曰，此步步生莲花也。后人称小脚为金莲，为莲步，皆本此。又《辍耕录》载："杨铁崖耽好声色，每于筵间见歌儿舞女，有缠足纤小者，则脱其鞋载盏以行酒，谓之金莲杯。"是则爱脚而兼及鞋矣。沈小山有诗云："昨夜肩头今夜酒，不曾孤负可怜宵。"黄笛楼有句云："湿到凤头非是酒，刚才风露立中宵。"此又不仅载盏行酒，直以女鞋作酒杯矣。故当小脚盛行时，男人视女人绣鞋，几与下体同艳，凡男女相悦，幽期密约，恒以绣鞋为定情之证，诗人墨客，往往著为诗歌。如明人徐秉衡题绣鞋诗云："几日深闺绣得成，着来便觉可人情。一弯暖玉凌波小，两瓣秋莲落地轻。南陌踏青春有迹，西厢立月夜无声。看花又湿苍苔露，晒向窗前趁晚晴。"可谓香艳之至！惟今日五十以下女人，皆为天足，此类诗歌，殆成古董矣。

刘麻哥照相争座

刘成禺，字禺生，武昌人。民元膺选国会议员，为国民党议坛健将。其人面麻，微胖，性急躁，好与人争辩，往往揎袖挥拳，麻瘢尽赤，以故人多畏之。袁世凯帝制自为时，刘曾著《洪宪纪事》诗数十章，传诵一时。刘在国民党中，年事较高，故同志多呼为"刘麻哥"，而不称名，刘亦不以为忤。民元偕李根源游姑苏，李亦面麻，人皆以"李麻子"称之。时章太炎方寓苏州，二人往谒，太炎见之甚欢，因偕赴照相馆摄影，太炎中坐，令李居右，刘居左，刘怫然不悦。太炎异之，诘其故，刘曰："我，麻哥也。李，麻子也。'子'焉能居'哥'上乎？"太炎闻之大笑，亟令李与易座，自是麻哥之名益著。抗战期间，刘任监察委员，已七十余矣，常乘公共汽车，往来重庆、北碚之间。一日，在车上与人争座位，高声叫骂，面红耳赤，其盛气犹不减当年在议席间焉。

刘成禺，国民党元老，人称"刘麻哥"，曾担任《大同日报》主笔，著有《洪宪纪事诗》《世载堂杂忆》《太平天国战史》等。

小姐称呼

今日女子，恒喜人以小姐称之。依清代习俗，凡仕宦家未嫁处女，始称以小姐，既嫁后，则称少奶奶或太太，不复再以小姐称之矣。至于民间闺女，通称为姑娘，称小姐者更少矣。今日则无论已婚未婚，年少年长，皆好人称以小姐，甚至绿叶成阴，枝头结子者，亦不肯放弃其小姐称谓，是可知女子好胜心理，实较男子为强也。其实考之古代，小姐称呼，并非尊之之意。如赵翼《陔余丛考》云："在宋时，闺阁女称小娘子，而小姐乃贱者之称。"又钱惟演《玉堂逢辰录》记荣王宫火起，茶酒宫人韩小姐谋放火私奔，是宫婢亦称小姐也。又《夷坚志》传九老好狎游，常与散乐林小姐绸缪，约窃逃而不得，遂与林小姐共缢死。又建康女娼杨氏死，现形与蔡五为妻，一道士来仗剑逐去，谓蔡曰："建康娼杨小姐也。"则宋时妓亦称小姐矣。大抵明清以后，小姐始成为贵族称呼，然亦不若今日之普遍矣。

褚玉璞杀伶人刘汉臣

民十三奉军击败直系后，奉军将领褚玉璞，一跃而为直隶督办，驻节保定。褚素淫昏，有宠妾某氏，与伶人刘汉臣通，时有丑贻。一日，褚探手妾襟底，触一卡片，妾惊匿，强夺之，则刘汉臣名刺，上书"敬领三百元"字样，诘之，无以对。乃严鞫佣妇，得其情。褚遂电北京宪兵司令王琦，令捕送保定，王立遵办。京中伶界闻讯，大惊！当由龚云甫及梅尚荀程四大名旦，共趋张宗昌宅求援，张颇不以褚为然，适奉督毕庶澄在座，张遂托毕赴保一行，请褚勿太小器，速释刘伶归，毕诺之。及抵保定，褚方一榻横陈，吞云吐雾，毕寒暄已，语及刘事，褚起立曰："此事甚长，容我小溲来，为君详述。"褚出至公事房，以电话令副官立毙刘，并谓："我在电话中听枪声。"事已返室，请毕尽其词，毕徐徐述其来意。褚曰："惜哉！君来稍迟，刘伶我已枪毙矣。"毕怅然返京！后褚入京，见张宗昌，语及此事，张犹骂其太小器。

褚玉璞（1887—1929），山东梁山人。先后投靠直系军阀、奉系军阀。其枪毙刘汉臣，为民国天津八大奇案之一，被称作旧中国第一悲剧。小说《秋海棠》依此为题材而撰写，被称作民国第一言情小说。

张季直与沈寿恋史

　　南通张謇（季直）与刺绣家沈寿相恋，当时言者极多，张初犹力讳，后渐成为公开秘密，张且于花园中建一别墅，名"谦亭"，以居沈寿。张于花晨月夕，辄至谦亭，与沈共缱绻。后沈病瘵卒，张即葬之花园，亲书墓志，备致钟爱，是亦此老晚年一伤心事也！按沈为苏州人，工刺绣，通翰墨，张于民初在南通创一女校，聘沈教刺绣，沈风姿绝美，张与盘桓日久，渐生爱慕，名士美人，相见钟情，本无足怪。顾沈原有夫，年暑假尚须回苏小住，张于沈返家后，辄有书札往还，某年张函沈云："汝定不回，我亦无法，惟有归后，独至谦亭，看可怜月色耳，汝何由见之。十七日六时。"又函云："热日加甚，当年阳盛，切勿俯颈事绣，小卧最好，便人去，附书敬问谦亭主人安否？謇，八月二十六日九时。"此虽不如今日情书之长篇累牍，然其深情密爱，已流露于短简字里行间矣。张又有题寄谦亭杨柳诗二首云："记取谦亭摄影时，柳枝宛转绾杨枝，不因着眼帘波影，东鲽西鹣哪得知。""杨枝丝短柳丝长，旋绾旋开亦可伤，要合一池烟水气，长长短短覆鸳鸯。"风情绮靡,亦活跃纸上,张与沈诗牍极多,此不过记其一二耳。后张以巨资贻沈藁砧,使其脱离,自是沈即未回矣,而张与之日夕绸缪,亦再不隐讳。

惠州大捷画

民十三国民党惠州大捷,陈炯明势力燧焉。自是百粤统一,反动肃清,遂奠定十五年北伐基础。是役战事激烈,牺牲极重,乃因军事倥偬,致无实地摄影。事后,由画家梁鼎铭用油画绘成惠州大捷图,横长约十余丈,上下宽两丈余,面幅之大,几乎空前,而于军士肉搏登陴,血溅雉堞,冲锋陷阵,前仆后继,诸情景,一一逼真,与实地摄制者无异。画成,悬之黄埔军校。民国二十五年,中央于紫金山建造烈士纪念塔,命鼎铭督修,鼎铭遂另建一室,专陈此画。室为方形,此画占壁三面,梁复于画跌,扩空地,敷沙土,以石膏塑军士冲锋状,由大而小,由近而远,一律用透视规律,紧接画面,其擎枪爬跃,与受伤呻吟者,无不逼肖。室前置栏杆,观者立栏边遥视,由塑像以及城阵，直如置身战地，而枪烟弹雨，闪烁眼前，几可乱真。故孩童见之，无不惊叫，有一老妇，方行至栏前，竟至惊病成疾，此实一富有历史性之写真也。而鼎铭艺术之高超，亦世所罕觏。抗战后，闻此画曾移藏陪都。后不知存于何所。

峨眉山猴

四川峨眉山猴最多，大小成群，或跳跃树间，或蹲踞道旁，因与人相习已久，故不甚畏人。凡游峨眉者，为好奇心驱使，恒喜携蚕豆、花生等果品，沿途给猴抢食，以取笑乐，或蒸馍交寺僧布施，为家人祈福。而寺僧分散食馍时，辄吹口哨令群猴围坐广场，按次递送，秩序井然，从无争夺纷扰事。盖猴知各寺为其觅食之所，故与寺僧善，乐听其号令也。顾猴性好淫，有时不耐引诱，忽发淫狂，亦往往肇祸。远在二十年前，有某军阀如夫人，着艳妆,涂脂粉,登山游览,忽为一大雄猴所见,顿起淫念，猛扑妇身，紧抱不放，随行卫兵，睹人猴互扭，不敢开枪，惟以刺刀力砍猴背，猴毙，妇始得脱。乃群猴见雄猴死，怒攻卫兵，有一大母猴最猛，赤手与卫兵斗，卫兵挥刃断其一臂，始获解围。后此母猴逃入林中，伤自愈。抗战时，游峨眉者，犹见此独臂母猴，踯躅林间，故寺僧饭猴时，恒劝妇女远避，盖恐惹祸也。

灭蝇斩虎

抗战胜利后，贪污案百出，被检举控诉者，有达官巨贾，有末吏微员，故当时称前者为"擒虎"，后者为"拍蝇"。然近代人事复杂，人情法理，辄需兼顾，致倖免者多，裁制者少，殊不若古人灭蝇斩虎，真能执法如山也。五代张乖崖为崇阳令，一吏自库中出，视其鬓旁下有一钱，诘之，乃库中钱也。乖崖命杖之，吏勃然曰："一钱何足道，乃杖我耶？尔能杖我，不能杀我也！"乖崖援笔判曰："一日一钱，千日千钱，绳锯木断，水滴石穿。"乃付剑斩之。此事诚小，似无死罪，然防微杜渐，固应如是也。又明崇祯十四年，河南粮荒，时汴城有恶霸名瞎虎遇春者，开囤户，能领御诸经纪，囤积居奇，一时麦价飞腾，人民怨苦，遇春独享其利。推官黄某闻其事，亲诣南坊擒遇春，拟斩于市。遇春临刑曰："我有麦八百石，愿以赎命。"黄叱曰："不要汝麦，只要汝命。"遂斩之，于是麦价大平，此两事，实真能灭蝇斩虎者矣。

"内子"与"内人"

"内子"与"内人"，为夫称妻之通称。《礼记》："曾子曰：大夫内子。"注曰："内子，妻也。"盖中国为礼教之邦，女子类不出闺阁，称内，所以别于外也。俗人夫称妻曰"屋里人"，妻称夫曰"外头人"，亦本此。顾称"内子"则可，称"内人"则误。按"内人"，唐时为妓女之称，唐张祜诗曰："内人已唱春莺啭，柳下偬偬软舞来。"崔令钦《教坊记》曰："妓女入宜春院内，谓之内人。"盖唐时官妓，遇大醼集，辄令歌以侑酒，故通称为内人。今人对客自称妻曰"内人"，甚或形之缄简，实大谬也。又今人称妓女为"表子"，元时即已通用。或曰"表子",所以别于"内子",犹言外妇也。可见内子为妻所专有,稍差,则外矣。然今日女子称夫,辄曰"外子",似无所本,或取外子内子相对,因用以借称欤?

王壬秋与周妈谐对

王壬秋(湘绮)年老无偶,随侍左右者,惟一周妈,一切起居饮食,皆由周妈料理,故人谓周妈为"上炕老妈",壬秋亦殊不讳。且不惟家居如是,壬秋偶外出,亦必以周妈相随。民三壬秋应袁世凯电召入京,过汉时,军政要人,轮宴壬秋。壬秋每至一处,周妈辄提一水烟袋,蹙蹀左右,有时为壬秋选菜,如食小儿焉。其人颇风格,梳发、扎红绒线、簪小花,与壬秋白发小辫,相映成趣。壬秋在清季,尝掌教船山书院,晚年于湘潭建湘绮楼以居,周妈故居即在同县七里铺。壬秋卒后,周妈亦离王宅,返七里铺故居。时有人为作一谐对云:"讲船山学,读圣贤书,名士自风流,只怕周公来问礼;登湘绮楼,望七里铺，美人今宛在，不随王子去求仙。"周公问礼，王子求仙二语，诙谐入妙。

别字趣谈

中国字难读难解，倘学业无根底，最易说错。（一）某世家式微，其后人欲将先人所藏宋明诸窑瓷器出售，顾识字无多，乃自书广告于门前曰："出卖古淫器，凡明淫、定淫、宣淫、哥淫、汝淫，无不具备。"竟将"窑"字误写"淫"字，见者无不大笑。（二）清季刑部尚书刚毅，好读别字，每据报狱囚瘐毙者，辄提笔将"瘐"字改为"瘦"字。四川总督奏报追剿藩夷折中，有"追奔逐北"语，刚毅认系"追奔逐比"之讹，意谓追比藩夷掠夺之物也。（三）姜桂题本行伍出身，向不识字，民初任热河都统，莅任之日，顾谓部下曰："今日沿街店铺，多将余名制牌高挂，以表欢迎，是诚难得事也。"但部下殊无所见，闻语往察，始知所谓"桂题"制牌，实"挂面"市招，为姜所误认也。（四）曹锟被囚时，好为人作书，自署"渤叟",盖曹为天津西沽人,地在渤海之滨也。一日不知何故,误将渤字之水旁,书于"叟"字之左,竟成为"勃溲",读者遂引"牛溲马渤"成语以非笑之。

谈女名票魏新绿

民国二十四五年间,南京有一女名票,名魏新绿,旗籍,业医,擅京剧老生,确能得个中三昧。貌仅中姿,而妩媚有致。尝于公余俱乐部彩排《辕门斩子》《四郎探母》诸剧,韵味实佳。顾生性浪漫,行为不检。时已嫔一中医叶古红,叶体弱鼻齇,故魏仍不免有墙茨之行。会《新京日报》副刊编辑朱春驹,见新绿搔首弄姿,出入交际场所,心颇恶之,因作小诗一章,载之副刊,中有两句云:"鼻子有情红似古,帽儿无恙绿如新。"将叶魏名字无形嵌入,其词甚妙,但有侮意。新绿见之,大发娇嗔,偕古红至《新京日报》交涉,朱笑谓:"我作诗,为求对仗工整,不期偶与两君大名巧合,良非有意。"新绿仍喋喋不休,朱谓:"此非新闻失实,可以更正，惟有俟余再作一鼻子不红，帽儿不绿诗正之何如？"一时都下传为趣谈。逾年叶死，新绿又与新加坡副领事吴泽湘同居。抗战时，逍遥香港，未几，吴亦卒。胜利后，新绿返沪，每夕于广播电台说戏，阐精揭微，颇见精彩，虽风格犹昔，然已萧然老矣！

魏新绿，京剧名票，曾与梅兰芳同演《四郎探母》。后改名为魏稚青，1973年病逝于上海。

起用檀道济

清季各部院满员，多目不识丁，然循资比俸，笔帖式亦可升员外郎，但无外补之望，于是以保送御史为出路，盖保送即记名，无须考试也。故满御史多不能执笔作书，间或上疏言事，亦他人为之捉刀。甲午中日战争正酣时，一日早朝，王文敏在午门外与同列论及军事，太息曰："事急矣！非起檀道济为大将不可。"意盖指董福祥而言也。一满御史在旁闻之，殷殷问檀道济三字如何写，或书以示之，次日即上奏请起用檀道济，一时传为笑柄。又有某御史上奏言："日本东北有两大国，曰缅甸、曰交趾，壤地大于日本数倍，日本畏之如虎，请遣一善辩大臣前往，与该两国订约，共击日本，必可得之。"此亦不明世界大势之胡言。闻光绪阅上两疏，甚为震怒，拟降旨斥革，适恭亲王在侧，言如此将使满大臣益为天下所轻，乃止。

张之洞开和尚玩笑

中国和尚，多半路出家，既不读诗书，又不懂经典，故十僧九伧俗，其与檀越往还，惟在势与利，炎凉冷暖，各有分寸，所谓结缘菩萨，皆欺人语也。清末张之洞署理两江总督时，往来幕府中者，多一时名士，如梁鼎芬、易顺鼎、缪小山诸人，皆常居南京。一日，之洞忽发雅兴，欲游焦山，梁等均随行，小轮抵镇江时，天已垂暮，乃停泊焦山下，之洞于船上假寐。梁因昔奏参李鸿章革职，曾在海西庵读书，易、缪怂恿梁先至海西庵看奇石，梁亦欣然。既至，方丈已易人，初不识梁，但小沙弥识之，仍以盖碗泡茶，方丈横之以目，而令以普通粗茶款客，诸人怏怏而归。之洞见之，笑曰："诸君皆有不豫色，得毋为和尚所欺乎？明日再随我去。"次日之洞登山，首至海西庵，方丈闻总督至，于庵外跪迎。既入，方丈端盖碗茶出，足恭侍立。之洞曰："尔庵中待客，有几等茶？"方丈曰："两等，盖碗茶敬贵人，余则粗茶耳。"之洞指梁等曰："彼辈亦皆贵人乎？"方丈曰："随中堂来，自是贵人。"之洞曰："然则今始贵耳，尔昨夕犹以粗茶待之。"方丈闻言，面红耳赤，叩头不已。

简单祭文

《笑林广记》：有人祭某医生祭文云："公少学书，未成。学剑，又未成。去而学医，自谓有成。悬壶三年，无问之者。公愤，公疾，公自医，公卒。尚飨。"此虽出之诙谐，然读之者，皆谓为世间最简练之祭文。其实古人正式祭文，尚有较此尤简者。如李观祭欧阳太夫人文云："孟轲亚圣，母之教也。夫人有子如轲，虽死无憾。

尚飨。"又陆放翁祭朱文公文云："某有捐百身起九原之心，倾长河注东海之泪，路修齿髦，神往形留，公殁不忘。尚飨。"又赵介如祭贾似道文云："履斋死循，死于宗中；先生死闽，死于虎臣。哀哉尚飨。"又明武宗祭靳阁老文云："朕在东宫，先生为傅，朕登大宝，先生为辅，朕今渡江，闻先生讣。哀哉尚飨。"此皆以寥寥数语，表达无限感情，倾心结想，皆在其中，悼死伤存，如闻其语，是诚最简要之祭文也。今人祭文，动辄长篇累牍，尽力铺陈，以视古人，毋乃多事！

李纪才早识张群于微时

李纪才，陕军宿将也。原籍湖北均县，幼时随父母避荒陕南白河，因家焉。既壮，入陕西新军，由士兵荐升至军官。辛亥参与陕西起义。民八随胡景翼驱逐陈树藩。民十三皖直战争后，景翼督豫，纪才任开封警备司令兼警察厅长，景翼倚畀甚至。会张群由日本习警察归，由李根源函介至景翼处，欲有所建树，景翼命纪才与洽，晤谈之下，纪才甚惊其才，转白景翼，谓张才堪大用，未可等闲视之，景翼漫应之。时纪才身负军警重责，颇厌其繁，乃请景翼以警察厅长畀张，己独任警备司令，景翼未置可否。因循月余，纪才恐张不耐久候，失此桢干，遽先令张代理警察厅长，自向景翼谢罪曰："开封警政，亟待整理，下走身兼两职，势难兼顾，业请张岳军代理警厅长矣，公得毋以为擅专乎？"景翼见已成事实，兼服纪才让德，因正式加以任命。此为张氏政治生涯发轫之始。自是张李交谊日笃，近在台北，犹频频过从焉。

李纪才（1888—1961），湖北均县（今丹江口）人。早年入陕军，后历任开封警备司令、襄樊警备司令等职。

香冢瘗鼻烟壶

北京陶然亭香冢，因其碑词有："浩浩愁，茫茫劫，短歌终，明月缺，郁郁佳城，中有碧血，碧血有时尽，一缕香魂无断歇，是耶非耶？化为蝴蝶。"碑阴又有诗云："飘零风雨可怜生，香梦迷离绿满汀，落尽夭桃又秾李，不堪重读瘗花铭。"于是文人墨士，皆以此为美人埋玉之所，题诗悼咏者，艳传遐迩。然民国三十五年予在沪，见某报载有"香冢之谜"，谓所埋者，乃一破鼻烟壶与一盛鼻烟之小玉碟耳。缘清中叶某名士，癖嗜鼻烟，壶碟均翠玉所制，极精雅。尝昵一伶人，情好颇笃，一日有文酒之会，伶应召迟至，某被酒气盛，遽以壶碟掷之，伤伶鼻，而壶碟亦俱碎矣。明日某埋壶于江亭畔，名为"香冢"并立碑题词如上，盖其所谓香者，破壶中所余鼻烟香耳。此说予未之前闻，确否？未敢必。

詹大悲奇论

詹大悲，字质成，湖北蕲春人。清末肄业黄州府中学，因受革命耆宿宛思演熏陶，倡言革命，被学校当局开除，流浪汉上，为报馆撰文，署名"大悲"。会吾邑土财主胡某之子雨村，以事至汉，詹由同学介绍识胡，遂怂恿胡筹资办报。胡诺，乃自其父窖藏中，窃大元宝七枚，挈之至汉，创办《大江报》，胡任经理，詹为主笔。詹天资极高，文笔流畅，《大江报》出版后，詹日以激烈言论，鼓吹排满。时革命潮流涌起，人心思汉，《大江报》遂风行一时，鄂督瑞澂深忌之。未几，胡资金告罄，詹知无以为继，乃于川路国有风潮发生时，撰一时评，题为"大乱者救中国之妙药也"。意谓中国非大乱不足以救亡。此奇文刊出后，阅者皆为咋舌，瑞澂尤为震怒，当令夏口县将《大江报》封闭，詹亦入囹圄，直至武昌起义之夕，始出狱。民十六宁汉分裂时，任湖北财政厅长。民十七在汉为当道捕杀。

詹大悲（1887—1927），湖北蕲春人。清末以第一名考入黄州府中学堂，后赴汉接办《商务日报》，并任《大江白话报》《大江报》主笔，鼓吹革命。詹大悲应是死于民国十六年。

稿酬丛话

今之稿酬，即昔日润笔，始于晋，盛于唐。李北海作文，受馈赠至钜万。皇甫湜作福先寺碑，受车马采缯甚多。刘禹锡祭韩愈文，亦有"公一字之价，辇金如山"语。

可见当时卖文索酬，贤者不免。宋以后，此风稍杀，降及清代，润笔之例又盛，且有以润格制成诗歌，甚幽默有趣。如郑板桥润格诗云："画竹多于买竹钱，纸高六尺价三千。任渠话旧论交谊，只当秋风过耳边。"又俞曲园亦有卖文例，千字以内银五十两，过千加倍，并有诗云："公鼎侯碑价不赀，如余谫陋岂相宜。只缘窃据名山席，遂使争求下里词。敢以再三心厌倦，奈因七十力衰羸。学痴虽有高人笑，此意区区或谅之。"林琴南在北京时，因求画者日多，亦有润格诗云："亲旧孤孀待哺多，山人无计奈他何。不增画例谋分润，坐听饥寒作甚么？"又湘潭郭守庐尝作卖文乐府，更极尽怒骂之能事，其辞曰："大不能为盗为寇，小不能为窃为偷，士生今世，本来命里该休，发甚穷愁，出甚风头！（一解）笔不能挑是拨非，口不会称王道霸，闲空文章，自问也难值价，摆甚臭架，招人笑骂！（二解）妻不能卖乖弄俏，子不会得势拿权，一枝秃笔，与我生命相连，没甚新鲜，为的金钱。（三解）当不上旧式名流，交不上时髦政客，没字招牌，那里有人认得！管甚黑白，出张润格！（四解）"此则玩世不恭，语语带刺矣。

公文名称变迁史

最近公布公文程式条例修正草案，全文只有七条，将以前"等因奉此"一切繁文赘语，一律删除，无论对上对下，皆须分段叙述，而冠以数字，注重简单明了，力祛陈腔滥调，此可谓一次公文大革命矣。吾国自有史以来，已历数十朝代，关于公文制度，殊无记载可考，惟公文名称，则历代均有变更。三代无论矣。秦汉时公文，有诏、制、奏议、策书、敕、章、表、疏、牒、封事、露布等。隋唐时，有敕旨、堂帖、告身、批、阅等。宋以后，则称为御札、诰命、敕牒、公牒、呈状、中状、札子等。元明则称敕命、告示、牌示、照会、题本、揭帖等。至清代，则有所谓谕、札、牌、详、禀、摺等名称。盖时代不同，名称亦随之而异矣。民国以后，由于政局迭变，公文程式，亦屡有变迁，民元、民三、民五、民十四、民十六、民十八，政府对公文程式，迭有修改订正。至抗战时期，有呈、咨、状、公函、报告、训令、指令、批、布告、代电、通令等。此次所公布者，仅有令、咨、呈、函、公告、通知、申请书等，则更简化矣。

龙门石佛

龙门，即伊阙，在洛阳县南，距城约三十里。昔大禹疏以通水，两山相对，望之如阙，伊水历其间北流，故谓之伊阙。山谷相连，阻陀可恃，汉灵帝置八关都尉，以备黄巾，伊阙其一也。予三十年客洛阳，尝往游，出南门，经一长桥，名天津桥，为隋炀帝所建。宋邵康节先生尝于桥上闻鹃声，叹曰："地气南来，不出十年，南人必有入相者，从此天下多事矣！"后王安石入相，事乃验。过桥，行十余里，至"关林"，出关林，再十余里，见两山峙立，中如斧削，伊水贯流其下，即"龙门"是也。遥望石洞如蜂巢，北口有石栖台，台下为禹王池，水清而温，时有泡沫喷出，状如虾蟆吐水，故又名虾蟆嘴。循此过数石洞，洞无大小，内外皆刻佛像，有坐有立，全身半身，不一其式，惟佛像头部，悉被人凿去，据闻为冯玉祥驻洛阳时所为，美其名曰破迷信，遂令此古代艺术沦丧殆尽也！石洞最大者，为宾阳洞，即唐龙门三龛是也。穹隆如覆釜，高皆数丈，方圆如食堂，各就山石雕成大佛一尊，庄严雄伟，四壁镌无数小佛，排列无一隙处。盖唐代习俗，凡祈祷获应者，皆刻一佛像以致敬，故像下各有姓名。龛顶有碑志若干，即著名之龙门二十品，惜因拓者太多，已漫漶不见字迹矣。过宾阳洞，再上，为奉先寺，即俗称九间房子者，依山凿成"冂"字形，广阔约三亩，中凿大庐舍那像，高约十丈，左右凿四大金刚，亦皆八丈有奇，为唐代宗大历十年造，龙门造像，要以此处为最伟大，因其躯干过高，面目亦略完整。右首有一金刚，赤腿着草履，腿部青石，光洁如镜，与其他金刚迥异。询之土人，始知妇女不妊者，来抱此腿，即可得子，日久，抱之者众，遂独显光滑也。龙门河上，建有长桥，可通车马，桥东为香山寺，诗人白香山墓在焉。但无寺院，仅有新式楼房数幢而已。予是年游洛，正值中原战事吃紧，目睹河山破碎，感慨良多！尝成律诗一章，今附录于此，诗云："紫陌铜驼画角哀，中原王气尽成灰。鹰扬虎踞如尘去（曩吴子玉将军在洛阳祝寿康南海赠寿联有"牧野鹰扬，洛阳虎踞"语），豕突狼奔动地来。百战河山伤废垒，孤城车马几雄才。元戎幸有平倭计，风卷残云夺险回。"

"冤家"释义

男女相悦,辄称以"冤家",有时为恋极轻俏之词,有时为失恋薄倖之意,稗官野史,情曲小调中常见之。但究始于何时?殊不可考。《烟花记》谓:"冤家之说有六:情深意浓,彼此牵萦,宁死无二,一也。两情相系,阻隔万端,心想魂飞,寝食俱废,二也。长亭断亭,临歧分袂,黯然魂销,悲泣良苦,三也。山遥水远,鱼雁无凭,梦寐相思,柔肠寸断,四也。怜新弃旧,辜恩负义,恨切惆怅,怨深刻骨,五也。触景悲伤,抱恨成疾,六也。"观此,则知冤家含义,实包括爱与恨正反两面也。一说冤家为一种方言,犹称"奴家""哀家",非有义理可寻,确否?亦无考证。

丈 母

世俗称妻父曰"丈人",盖本《汉书·匈奴传》"汉天子,我丈人行也"。因是称妻母曰"丈母"。《柳子厚集》

有"祭独孤氏丈母"文，则知丈母称谓，由来已久矣。然丈母亦可作女人尊者之通称，《通鉴》载韩滉称刘玄佐之母曰"丈母"，则并无子婿关系也。妻母另一称呼，则为"岳母"，是从"岳父"而来。盖古诗有"结根泰山阿"，谓为结姻亲。泰山乃五岳之一，遂附会称妻父为"岳父"，或"岳丈"，或"泰山"。于是妻母得称为"岳母"，或"泰水"。然泰水实无此水名，称之最为刺耳。近时男子为表示亲热，取悦妻室，则有称妻母为"妈"者，与称本身生母，殊无界别。或谓女子既嫁，通称姑为"妈"，则女婿称丈母为"妈"，亦分所应尔。是或一理欤？

奇特征敛

昔专制时代，官吏贪污，几成通弊，盖彼辈简放在外，只须逢迎有术，即可横征暴敛，忌惮毫无也。然历代征敛者，必须假一正经名目，用以蒙上欺下，若任意觅一借口，向老百姓要钱，斯更贪而酷矣！五代时，有赵在礼者，为归德节度使，暴恶残酷，人民恶之。后因事去职，人民大喜，互相告语曰："眼中钉今番去矣！"赵闻之，切齿怀恨，未几，忽复原职，再至归德时，竟令治下人民各缴"拔钉钱"一千文，人民无敢反抗，忍痛缴纳而已！同时有庐州太守张崇，亦极暴虐。一日因事入朝，百姓私相庆幸曰："渠伊将不归矣。"但不久竟归，遂计口征"渠伊钱"示罚。后二次入朝，百姓不敢再言，惟彼此捋须微笑而已。已而仍回任，于是向百姓再征"捋须钱"，以饱私囊。此类苛捐，真千古奇闻！

龚德柏怕屎罐

南京报人龚德柏，抗战前在京办《救国日报》，以敢言著称，其实龚往往以讦为直，故誉者有之，毁者亦有之。时与《救国日报》同型者，尚有一《朝报》，为王公弢所办，行销甚广，非《救国日报》所能企及，龚甚嫉之，常向王挑衅，由文字辩论，而至互相诋毁。久之，王颇厌倦，而龚犹兴高采烈，王恨甚！乃使人转语龚曰："笔墨官司，《朝报》决定休止，龚某如再哓哓，决于街头以屎罐掷之。"时龚意气甚盛，一无所畏，惟闻王掷以屎罐，则为之大惧。龚原寓北平路，其报馆则在子午路，自是龚每日至报馆时，特雇一保镖人，乘脚踏车紧随其后，盖恐王公弢真掷以屎罐也。龚性情乖谬，怪癖尤多，夏时最畏热，而不喜用电扇，尝于水缸中，满盛冷水，裸坐其中，摇笔为文，见者无不大笑。

龚德柏（1891—1980），湖南泸溪县人。曾任《世界日报》总编辑。在民国新闻界有"龚大炮"之称。著有《征倭论》《龚德柏回忆录》等。

李鸿章之虚惊

甲午中日之战，清廷议事诸臣，多以战败责任，归之李鸿章，劾书盈尺，官爵几尽削。鸿章无以自白，居北京贤良寺中，惴惴不知命在何时。一夕漏三下，忽有旨令入见，门前舆马扰攘，一巷皆惊。满清朝例，后帝召见大臣，率在早朝时，其以漏夜召者，多不测。鸿章闻命骇然，遂闭户自为遗嘱，戒子孙世世不得复为官。

乃衣冠入朝，值恭亲王出，道上拱手，连曰："恭喜！恭喜！"旧例大臣被诛，多曰赐死，执刑得亦每以"恭喜"为言，鸿章闻之，益胆落，自以为命合休矣。迨入见，则西后与光绪，方秉烛以待，乃起用之为全权议和大臣，并归其官爵，示章宠也。鸿章辞下，则浃背汗流，衷衣尽湿矣。后鸿章举以语人，犹有余悸。可见专制时代，官爵愈高，生命愈危，盖帝王喜怒莫测，而嫉之者又时时可以陷之，往往罪所由来，莫知所自。

李鸿章（1823—1901），清末重臣，洋务运动的主要倡导者之一，淮军创始人。著有《李文忠公全集》。

易顺鼎与百影和尚

百影和尚，为清末民初三湘诗僧，原名寄禅，号八指头陀，又自号言难尽尊者。初在宁波育王寺为知客僧。一日，王闿运与易顺鼎游育王寺，行至山麓，闿运语顺鼎曰："寺已在望，何妨慢佘。"（佘，读吞字，去声，为湘潭土语。）于是并辔联吟打油诗。闿运先曰："一步一步佘。"顺鼎曰："佘入育王岭。"时百影适在道旁散步，因续曰："夕阳在寒山，马蹄踏人影。"闿运等闻之，大为佩服，自是到处宣扬其诗名。百影作诗，好用影字，如"垂钓板桥东，雪压簑衣冷。江寒水不流，鱼嚼梅花影"。又如"意行随所适，佳处辄心领。林深阒无人，清溪鉴孤影"。此皆以影字胜。某次，与顺鼎夜宿山寺中，顺鼎得句云："山鬼听谈诗，窥窗微有影。"以示百影，颇自得。百影曰："若将第二句改为'孤灯生绿影'则更有鬼气矣。"顺鼎为之心服。百影又有岳麓看红叶诗云："日暮苍翠外，霜枫红转净。夕阳为画工，画出秋山影。"顺鼎极为赞赏，至欲以己诗百首与易，百影未许。三湘诗人以其诗中影字，皆工稳有致，因称之为百影和尚。顾百影虽善诗，而俗甚，好交结豪贵，奔走权门。民国二年，以争庙产，赴诉内务部，与某司长发生冲突，一夜气极而卒。

寄禅法师（1851—1912），湖南湘潭人，人称"一代诗僧"。曾任中华佛教会第一任会长。著有《八指头陀诗集》等。寄禅法师应是卒于民国元年。

台湾昔时中元节

七月十五日中元节，唐宋时即已盛行。唐代宗时，每于七月望日，宫中造盂兰盆，设高祖以下圣位，作佛事。宋孟元老《东京梦华录》云："中元卖冥器彩衣，以竹斫三脚，如灯窝状，亦谓盂兰盆，挂冥钱衣服于上，焚之。"迄清代，民间更视为重典，除家家焚冥钱，祀祖先外，又必醵资为盂兰盛会，延僧道放焰口，施鬼食，为一方祈福。台湾于是月举行拜拜，较内地尤为隆重，一家有一家之拜拜，同姓又有共同之拜拜，设香案，置酒食，互相酬酢，尽欢而后已。按此俗由来亦久，据清乾隆年间黄叔璥《台海使槎录》云："七月十五日，亦为盂兰会，数日前，好事者醵金为首，延僧作道场，将会中人生年月日时辰，开明缘疏内，陈设饼饵、香橼、柚子、蕉果、黄梨、鲜姜，堆盘高二三尺，并设纸牌、骰子、烟筒等物。至夜分，以羹饭施焰口，更有放水灯者，头家为纸灯千百，晚间于海边亲燃之，头家几人，则各手放第一盏，或捐中番钱一或减半，置于灯内，众灯齐燃，沿海渔船，争相攘取，得者谓一年大顺。或沿街三五十家为一局，张灯结彩，陈设图画、玩具，锣鼓喧杂，观者如堵。二日事毕，命优人演剧以为乐，谓之压醮尾，月尽方罢。"迄今两百余年，虽迭经变故，而中元节盛况，仍不减于当年，可知移风易俗，良非易事也。

妹妹真行

范某，皖人，肄业安大时，与张某同班，同寝室，交谊綦笃。张素有嫪毐之目，范与游泳沐浴时，固常见之。某岁暑假，范邀张至其家小住，适范妹亦自芜湖女师归。张年少翩翩，范妹亦风姿绰约，二人相处月余，渐生情爱，别后互通尺素，范固未知也。值寒假，张再至范家，渐露求婚意，范闻之大惊，诘妹，妹则有允意，范坚持不可，张异之，使人询其反对之故，范默默不肯言。张无奈，径浼人作伐，向其父母求婚，父母颇爱张才器，思许之，问范，范仍持异议，父谓："汝与张交谊厚，当深知其人，胡独梗是议？"范谓："其人确是佳子弟，但为妹偶则不可。"父母不听，径许之，妹亦甚喜，范则戚戚如有重忧。未几，婚期已届，结礼之夕，范欷歔竟日，人不解其故。次日，妹偕张归宁，范意妹必已狼狈不堪矣。顾见妹喜溢眉宇，欢笑甚乐，乃趋前抚妹肩曰："妹妹，你真行！你真行！"家人至是，始明其畴昔阻婚之故，咸大笑，斥为书呆子云。

考场趣闻

　　近年高初中学生，对于语文，过于忽视，不独经书古文非所知，即平常应用成语，亦多不解，此诚可慨事也！本年暑假某学院招考新生，投考者三四千人，均高初中毕业生，其中写作均佳者固多，而谬误讹错者亦不少。最有趣者，如问答题中"学贵有恒"题，答卷中竟有将"学"字认为动词，"贵"字认为名词，谓学贵宜有恒，学贱则不可。且有误贵字为责字，谓学负责任要有恒也。又如"青出于蓝"题，有误"青"为青菜，"蓝"为菜篮，答为青菜出于菜篮也。又如"见贤思齐"题，有讹为见贤人当荐至齐国者。有讹为求贤人当于齐国求之者。

尤妙者，有将贤字下两点忘写，而成为"见肾思齐"者，此卷适落某女教授手，阅后，皆哄堂大笑。此与古人"别风淮雨"，殆可先后媲美也。

台胞前亦有文身俗

台湾自闽粤同胞陆续迁来后，一切风俗习惯，渐与大陆相同。即在日据时代，日人使用种种方法，使之日化，然效力甚尠。故现在台胞，对祖国文化，几乎完全恢复。至山地台胞情形如何，予因未游山地，不甚明了。据仁和郁永和所撰《采硫日记》所载，在两三百年前，台湾亦有文身风俗，大抵指山地台胞而言，兹录其咏土番诗数绝于此，即知当时习俗与今日迥异也。诗云：

文身旧俗是雕青，背上盘旋鸟翼形。一变又为文豹鞟，蛇神牛鬼共狰狞。

胸背斓斑直到腰，争夸错锦胜鲛绡。冰肌玉腕都文遍，只有双蛾不解描。

覆额齐眉绕乱莎，不分男女似头陀。晚来

女伴临溪浴，一队鸬鹚荡绿波。

老翁似女女如男，男女无分总一般。口角有髭皆拔尽，须眉都作妇人头。

挺　经

曾国藩为人肃穆沉静，人皆知之。无亦雅好幽默，其于待人处世，则有所谓"挺经"。据李鸿章语人，"挺经"有十九则，实系精通造化守身用世之秘传心法，然鸿章传之曾纪泽婿吴永，则仅一则，大意谓："某翁留贵客在家午餐，侵晨命子入市购备菜蔬，日已过巳，子犹未归，翁急甚，至村口瞭望，则见子担菜在水田塍上，与一担京货人对立，因塍窄不能过两担，又不肯相让，遂僵持甚久。翁恐误餐时，趋前与担京货人婉语曰：'吾家有客，待此具餐，请君往水田让一步，俾吾子过来，而君又能过去，岂非两便。'其人曰：'汝子胡不向水田让一步？'翁曰：'彼担中均食物，恐浸水不能食。'其人曰：'吾担中尽京广贵货，万一浸水，则血本攸关，较食物重多矣。'翁见其持之有理，不能抵说，因曰：'如此，惟有我下水田耳，君将担交我，顶之头上，然后空手过去何如？'言次，即俯身作脱履袜状，其人意良不忍，遽曰：'丈不必费事，即让我下水田，任汝担过去可也。'于是担京货人下田，翁子安然过去，一场争执，就此消解。"此即所谓"挺经"也。意谓经此一挺，困难立解，今人以语抵对方，辄谓为出挺，或即本此欤？惜十九则挺经，鸿章只传一则，并告吴永即此一则，已够一生使用矣。观此，则知文正处世哲学，实另有其心法也。

曾国藩（1811—1872），号涤生，湖南湘潭人。政治家、理学家、文学家，湘军的创立者和统帅。与胡林翼并称曾胡，与李鸿章、左宗棠、张之洞并称"晚清四大名臣"。

神　画

中国画绘艺术，古代即已臻妙境，因是画之神话，亦历有所传。如南北朝画家张僧繇，于金陵安乐寺壁上画龙，竟破壁飞去，兴云作雨。五代画家黄荃，为翰林待诏，擅长花鸟，尝画一雉，悬于八卦殿中，竟被鹰误击。晋顾恺之画邻女像，戏以针刺其胸，邻女忽心痛，女父探知其事，乞恺之拔去针，痛即止。吴道子作出水小龙于姑苏达官家，舒之则云霞生。何师尊作猫，张之室中，鼠皆远避。李思训画鱼，能吹入水中，游泳而逝。此皆国画史上相传之神话，似较今日摄影术尤奇也。又《聊斋志异》载：临清崔生，尝捉一野马，黑质白章，尾毛为火燎断，乘之如晋，瞬息百里，晋王以重值购之。后王遣校尉骑赴临清，马逸，追至崔之东邻，入门不见，入室搜之不得，惟见壁间挂赵子昂画马一帧，内一匹毛色浑似，尾处为香炷所烧，始悟马，画妖也。此则较韩干画马能供鬼骑为更神矣。又予曩闻清代某画家为人画一牛，以栏范之，昼则牛伏栏外，夜则伏栏内，一时传为奇事。后有人谓沃焦石磨水画物，夜隐昼见，某画家实以此水画栏，入夜栏隐，故以为牛在栏外，昼间栏现，则牛仍在栏内也。此法未经试验，确否不得而知？

日本一女间谍

予友徐祝平君，荆门人，常识丰富，为辛亥襄河起义人之一。后之东北，娶日本贵族女子芳子为妻，民三挈之至北京。芳子在外交界颇活动，时日本二十一条件尚未提出，芳子已知其全文，遂由祝平密陈袁世凯，袁阅之大惊，而于祝平消息灵通，尤加赞赏，因赠玉章一枚，嘱凭此章续呈日本情报，而芳子在祝平无意中，亦获得中国情报不少矣。民十日人在汉创办华文《湖广新报》，聘祝平为总经理。适是年鄂人发动驱王（占元）运动，凡中国报纸不能发表言论，皆送《湖广新报》披露，以是鄂人于祝平夫妇，极表推崇！予民十一回汉，与祝平过从颇密，因得常与芳子接谈，其人雅静温婉，善于酬应，而伺应祝平，尤无微不至，吾人以为此乃完全华化夫人矣。及《湖广新报》停版后，凡日本军政要人至汉者，必仍访芳子，吾人虽常遇之，亦未以为异。迨民十七芳子病重，祝平贫无以延医，日领事乃促令同仁会医院（日本所办医院），迎芳子入院治疗。未几，病卒，日领事忽奉其政府电令亲往致祭，并举行隆重葬礼，祝平初以为此不过贵族应有仪节,及火化时,理其殓衣,突发现其颈项间,有日本高级特务证章一枚,祝平以与同居十余年,从未见此物,至是始发觉床头人实一间谍,为之惊愕不止!

徐祝平,湖北荆门人,日知会干事,曾任文华书院教员、《湖广新报》主编。

灾官吟

抗战时期,公务员生活最苦,然因同仇敌忾,御侮图存,故皆愿咬紧牙关,在贫苦线上,为国家服务。予友天壤王郎,好为打油诗,当时尝有"灾官吟"油诗四首诙谐而沉痛!爰录之于左:

薪水加翻数可观,依然无补众灾官。明知物价迎风长,暗恨绸缪未雨难。糙米领来聊一饱,皮衣卖去忽惊寒。出门徒步寻常事,却免车夫白眼看。

确已山穷水尽时,还将架子强撑之。照人剩有真肝胆,拒客难凭厚脸皮。未必高朋皆约会,定遭小劫是星期。小锅小灶何由济，取给时常向饼师。

求人终觉口难张，改业无如是外行。市侩居停乖大义，流氓医士少天良。肠肥真羡痴儿福，脸肿还将胖子装。自分佣书终一世，任他豪贾去称强。

私累何曾敢误公，可怜智与勇俱穷。料量柴米无宁日，仰望朋侪在下风。中奖空迷百万梦，营生安得两园葱。廿年宦海成迟暮，高就听来面总红。

吴汉槎如何释回

日前某报载达夫君《吴汉槎与刘素素》文中，谓苏州府志载吴汉槎遣戍宁古塔，系由徐健庵司寇为之纳锾，而实顾贞观两阕金缕曲有以成之也。盖贞观与汉槎为至友，汉槎遣戍后，贞观方馆相国纳兰家，与纳兰子容若有深交，尝出其以词代书寄汉槎之金缕曲二阕示容若，其一云:"季子平安否?便归来,平生万事,哪堪回首?行路悠悠谁慰藉?母老家贫子幼。记不起,从前杯酒。魑魅搏人应见惯,总输他,覆雨翻云手。冰与炭,周旋久!泪痕莫滴牛衣透,数天涯,依然骨肉,几家能彀?比似红颜多命薄,更不如今还有。只绝塞,苦寒难受。二十载包胥承一诺,盼乌头马脚终相救。置此札,君怀袖。"其二云:"我亦飘零久,十年来,深恩负尽,死生师友。宿昔齐名非忝窃,试看杜陵消瘦。曾不减,夜郎僝僽。薄命长辞知己别,问人生,到此凄凉否?千万恨,为君剖。兄生辛未我丁丑,共些时,冰霜摧折,早衰蒲柳。词赋从今须少作,留取心魂相守。但愿得,河清人寿。归日急翻行戍稿,把空名料理传身后。言不尽,观顿首。"容若读词后,大为感动,谓:"河梁生别之诗,山阳死友之传,得此而三。此事三千六百日中,弟当以身任之,不俟兄再嘱也。"贞观以十年太长,请以五载为期,容若慨然承诺,力请其父,终将汉槎释回。此可见至性文字,感人至深也。

协和医院获意外财

北京协和医院，为美人在中国经营之最大医院，创立于民国四五年间。在初建筑时，曾获有一宗意外财，北京人士，至今犹能道之。缘是处为清初郑亲王府，郑亲王即多铎（编者按：多铎为豫亲王），为清初进占江南之主帅。江南为中国富庶之区，铎军行所至，大肆劫掠，金银珠宝，所获无算。事定后，赐第帅府园，铎锐意建造，恢闳几埒王宫，其财宝不能移动者，则窖之府中，密藏紧闭，家人亦多不知。迄清末，铎府第已颓败，子孙亦式微，亟思鬻其宅第，清偿宿债，顾以价高，无问之者。至民国四年，始于铎后裔名雍涛者，售与美国煤油大王，作为建造协和医院之用，所有旧房屋，全部拆除。其殿脊有一圆顶，大如巨瓮，雍涛以为此不过铜锡之类，及协和主事者拆下，始知为纯金，重达千斤。又铎寝殿有一梳妆台，为大理石砌成，拆除时，始发现台下有一暗门，通入地窖，窖中满藏白银，达七十余万两。此两事传出后，雍涛大为懊悔，然已无及，于是要求协和增价，协和以获此意外财，亦不欲多争执，结果增银十万两了事。

避 讳

昔专制时代，凡人民名字地名，皆不能与帝后名字相同，同则必改，谓之"避讳"。甚至上溯古人名姓，字音相近者，亦须更改。如汉宣帝讳"询"，询荀音近，竟将战国时荀卿，改为"孙卿"。汉明帝讳"庄"，竟将庄子改姓"严"，至老庄成为"老严"。汉高祖吕后讳"雉"，《史记》遂将雉改名"野鸡"。浙江富阳，原名富春，因梁武帝郑后名"阿春"，乃将"阳"易"春"称为富阳。吴主有女讳"二十"，竟将二十之数，改作"念"，至今犹并称之。马桶本称虎子，因唐高祖讳"虎"，遂将虎子改称"马子"。凡此皆谓之国讳，国讳当避，于是家讳亦当避，士大夫子孙名字，决不能同于祖先名字，甚至口头称呼，亦须谨避。如司马迁父名谈，文帝时有一太监名赵谈，司马迁每见赵谈，即改呼赵"同"。又有一人名"良臣"，其子读《孟子》至"今之所谓良臣，古之所谓民贼也"辄改读为"今之所谓爸爸，古之所谓民贼也"。如是避讳，直骂之也。入民国以后，已不甚讲究，但父子名字，仍少相同，此乃下敬上之意，能避则避，似不必遽废。

沈鸿烈驱逐黎本危

黎元洪如夫人黎本危，原为汉口南城公所妓女，元洪任协统时，尝微服宿其家，旋脱籍娶归。辛亥武昌起义，元洪任都督，本危亦尝挽高髻，参加妇女运动。后随元洪北上，渐敛迹无闻。民十二元洪脱离政治生涯，挈本危隐居天津，本危因购备衣物，忽与某绸缎庄店伙王某私通，陈仓暗度，元洪固不知也。及元洪病卒，本危行动益肆，与王某缠绵往来，毫无忌惮。元洪女公子绍芬闻其事，以其玷辱先人，引为大恨！家庭之间，渐起龃龉，绍芬示意本危，如不能严守闺范，即当分居。本危故多私蓄，自知不能再容于家，而又不忍与王某绝，遂出其私蓄，使王某赴青岛，自营一绸缎庄，藉作双栖之计。王某颇善经营，开业不久，生涯鼎盛，本危即于民国二十四年至青岛，打叠作商人妇矣。时本危年已四十余，王某仅三十余，因恐长久同居，爱情无保障，竟在青岛举行盛大结婚典礼。事为青岛市长沈鸿烈所闻，以其过于放肆，下令驱逐出境，并封闭其店，是后即不知其踪迹。

沈鸿烈（1882—1969），湖北天门人。早年入奉军，为东北海军的缔造者。历任青岛市长、山东省主席等职。

居正之武功

居正（觉生），人皆知其为国民党文治派。然彼在革命史上曾有两次武功，其一为民国二年夺取吴淞炮台，使袁世凯海军不能入黄浦江。其一则为民五以中华革命军东北军总司令名义，在山东树帜讨袁。时山东将军为靳云鹏，另有张树元率第五师驻守潍县。居以潍县为胶济路中重镇，欲攻济南，非先取潍县不可，竟于是年五月间，率其甫经训练之部队，进击潍县，一举而拔其东城，张树元退守西城，西城城高池深，防御坚固，居军仅持短枪，屡攻不克，乃从多方围攻，相持旬余，树元计穷力蹙，突围溃退，居得占领潍县。于是命吕子人拔高密，马海龙略诸城，刘廷汉取乐昌安邱，陈中孚与邓天乙合攻济南，靳云鹏闻风宵遁，由张怀芝率援军死守。是役济南虽未下，然中华革命军声威，已震动鲁西北矣。此为居氏冒险犯难，其功殆不在蔡锷云南举义下。

居正（1876—1951），湖北武穴人，辛亥革命武昌起义指挥者之一，曾任南京临时国民政府内政部次长、南京国民政府司法院院长。著有《辛亥亲历记》《居觉生先生全集》等。

台湾怪异录

台湾光复后，关于人文地理，各报记载甚多。予曩在沪，尝见陶高生译日人片冈严所著《台湾风俗志》中，有台湾怪异录六则，兹录之于此：

一、凤山大石：昔时凤山中有大石，一日石忽自开，内有文曰："凤山一片石，堪容百万人。"兹后五百年，闽人始来卜居于此。又有土民耕田，偶得一碣，内有文曰："山明水秀，闽人居之。"

二、郑家大鲸：郑成功未来台前，一僧夜梦峨冠博带之异人，乘大鲸入鹿茸门，不久成功来台。后成功罹病，有人复梦冠带官人，乘鲸由鲲身东入海去。

三、神船夜游：台南湾里庄之王爷庙内，有神船二。一暴风雨之夜，二船无人而自出庙外，浮游于附近运河。复出二层行溪，或下或溯，泛游久之，卒自归庙。

四、女魂化花：澎湖岛八罩岛之南，有大屿岛。其地海滨，植花数株，人均不知其名。花开时五彩绚烂，折之者辄病。相传前乱时，土人避居此为海贼所杀，有女七人，投井而死，其魂凝化成花云。

五、国姓井水：大甲铁砧山，山岭有国姓井，土人谓：郑成功率兵至此地时，瘴毒甚厉，病者极多，成功拔剑斫地，地中忽有泉涌出，味甘而冽，饮者病立愈。

六、打狗奇果：打狗即今高雄，明都督俞大猷，讨海贼林道乾至此。贼败，隐舟于打鼓山下，恐官军复来，乃尽杀山下土番，取其血和灰黏固船隙，乘之出海，残余土番，走阿缑林社。此时道乾妹仓卒埋金山上，埋处偏生奇花，所结之果，异于常物。有樵夫入山尝之，其味甘美芳香，乃怀数枚欲归，而迷不得出。后人识其处者，虽欲再往，亦失其道矣。

图书在版编目（CIP）数据

绮情楼杂记：全四册 / 喻血轮著；梅杰整理. --
北京：海豚出版社，2023.5
ISBN 978-7-5110-6228-4

Ⅰ.①绮… Ⅱ.①喻…②梅… Ⅲ.①中国历史–史
料–民国 Ⅳ.①K258.06

中国版本图书馆CIP数据核字（2022）第221765号

绮情楼杂记：全四册

喻血轮 著　梅　杰 整理

出 版 人	王　磊
责任编辑	张　镛
特约编辑	孙明新
封面设计	无发可说　龚心宇
责任印制	于浩杰　蔡　丽
法律顾问	中咨律师事务所　殷斌律师
出　　版	海豚出版社
地　　址	北京市西城区百万庄大街24号
邮　　编	100037
电　　话	010-68325006（销售）　010-68996147（总编室）
印　　刷	北京中科印刷有限公司
经　　销	新华书店及网络书店
开　　本	787毫米×1092毫米　1/32
印　　张	32.25
字　　数	465千
印　　数	5000
版　　次	2023年5月第1版　2023年5月第1次印刷
标准书号	ISBN 978-7-5110-6228-4
定　　价	198.00元（全四册）

版权所有，侵权必究
如有缺页、倒页、脱页等印装质量问题，请拨打服务热线：010-
69590320-8303

绮情楼杂记

喻血轮 著

梅 杰 整理

2

海豚出版社
DOLPHIN BOOKS
CICG 中国国际传播集团

当年意气太纵横,驰骋文坛愧有声。
爱写缠绵成稗史,惯耽豪放傲公卿。
丰神漫比安仁美,才调曾邀孝穆名。
自笑聪明多误用,兰闺赚得泪盈盈。

——喻血轮

目　　录

第二集

台湾中秋话旧	002
谈月饼	003
宋江为浪漫词人	004
美人百态	005
花见羞	006
记汉口华景街惨案	007
卧龙岗	008
竹林趣话	009
欧阳镜明自知死期	011
餐经	012
少女奇特食量	014

再谈奇特食量	015
奇疾	016
打牙祭考	017
刘镇华妾死疑案	018
虎通人性	019
谭延闿悼亡诗	020
陈雷以粪治流氓	022
俞曲园枕上三字诀	023
说龙	024
黄淑芳之死	025
辛亥起义轶事	026
齿病的苦闷	028
秋雁	029
戏剧感人	031
养犬殉情	032
李宗吾之厚黑学	033
李宗吾怕老婆哲学	035
李宗吾之憨劲	039
女子的眉毛史	040

张溥泉笔下的昆明　　042

吴三桂与名妓桐花　　043

张列五从容就义　　044

履祸　　045

恰当的墓志　　046

张宗昌祈雨　　047

朱半翁血写桃花　　049

孙文诞辰谈其诗　　050

刘瑾凌迟惨　　051

官场五瘴　　052

马相伯授袁世凯登龙术　　053

小儿无妄之灾　　054

错用恭维话　　054

薛老师法术　　055

胡适轶事　　057

奇异毒虫　　058

破瓜　　059

麻烟　　059

花老四被暗杀案　　061

胡汉民所出绝对	062
预感	063
孙立人重竖八莫威远营碑	064
怒能愈疾	065
丁未四君子	066
辰州符	067
贼诗	068
谈台湾命名	069
应声虫	071
女色招贤	072
重九	073
诗人笔下的是非	074
拆字	074
女裤今昔谈	076
章太炎也为人治病	077
昔日作像艺术	077
人皆玳瑁我独乌龟	078
孟恩远杀妻	079
一裤连丧三命	081

可法遗书	082
爱之歌曲	083
说钱	084
张作霖劫械	085
一报还一报	086
时人谐谜	088
冯自由寿刘成禺	089
巨蟒	091
压岁钱	092
谈陈树人元旦诗	093
贤母	095
张敬尧垂涎曾宝荪	096
张敬汤之荒唐	097
戏台联语	098
徐树铮之大胆	100
三日假皇帝	102
徐碧云盗帽案	103
放屁的勇敢	104
火神怕春宫	105

转生志异	106
文天祥之幽默	109
多子	110
江东才子杨云史	111
陈宧之荣枯史	113
胡适嘲杨杏佛大鼻	114
健忘病	115
巧合	116
妇人年龄	117
吴夫人之明智	118
伶人的勇敢	119
张文襄与湖北银元局	120
三皮客与二道毛	122
和尚绑票	123
贤妻	124
同治帝浪漫史	125
女性的亡国哀音	126
绝妙教员	127
迎春话旧	129

王伯沆之风趣	130
熊希龄之定情曲	131
送灶	132
接灶	133
溜冰谈往	134
讼师心计	136
张佩纶只靴丢马尾	137
腊尽谈梅	138
除夕风俗谈	139
春节谈春联	140
人日	141
拜年	142
清宫跳布札与射妈狐子	143
清代元旦朝仪	144
火锅	145
打围	146
窦娥冤	148
谈元宵	149
清代圆明园烟火	150

食汤圆悟前生	150
巨蛙	152
人名情趣	153
新婚悲剧	154
赵尔巽与东三省新军	156
和珅二妾	157
瓷锋治病奇迹	159
张锡銮督鄂之梦	160
女画家悲运	162
遗嘱奇谈	163
张冠李戴主婚姻	164
罗文干之风骨	166
炸五大臣案中两烈士	167
端方之死	168
端方之诙谐	169
双棺结婚	170
记北京电影院惨案	171
胡汉民之谐诗	172
张自忠伪装孝子脱险	174

邹容死后吓倒徐世昌	175
王宠惠少拒奔女	176
义婢饭王孙	177
花朝	178
野鸡大王	180
谭延闿发还余诚格财物	181
记女斗士徐宗汉	182
黄花岗悼词	183
温生才刺孚琦之威猛	184
林冠慈、陈敬岳刺李准	185
李沛基、周之贞炸凤山	186
儿童节谈神童	188
清明与寒食	189
牟尼犹带乳花香	190
《民呼日报》与《民吁日报》	191
《民立日报》	193
易实甫之奇文怪诗	195
诗丐	196
茶丐	197

奇特专利	198
女镖师邓剑娥膺惩俄酋	199
张季直电促清帝退位	200
杨俊生说服日军司令	201
贪夫殉财	202
何心独饱	203
惩淫	204
廖平子手写半月刊	205
袁世凯牢笼尤列	207
苏曼殊非日本种	208
熊希龄与张敬尧算账	209
孕五月生儿	210
应对舛误	211
太湖女盗阿宝	212
说狐	213
厄于陈蔡之间	215
测字奇验	216
林琴南与江春霖	218
彭刚直锄强快事	219

彭刚直之多情	220
闪电述异	221
苦我黄天霸	222
一诗缔良缘	223
干女干儿色色新	225
命名宜慎	226
张文襄受骗	227
关汉卿之情趣	228
苏州画舫	229
媳诬翁冤案	230
英领事要称大人	231

第 二 集

台湾中秋话旧

予在台湾已数度中秋,见台胞吃月饼、祭月亮,与大陆旧俗,初无二致。惟台湾自日人占据后,因受日人钳制太严,旧文化逐渐淹没,致今日中秋佳节,重在轰饮喧闹,欲求如旧日文士相集,临月设宴,采韵赋诗之雅趣,殆已不可多见。据台湾父老言,昔科举未废时,多于月饼上朱书"元"字,取秋闱夺元之兆,得之者,辄引为吉利。普通人民,亦有悬灯户前,上书诗谜,并置笔墨香囊于门前几案,以为奖品。青年文士,则结队出游,以猜诗谜为戏,猜中者各取奖品,纳入袋中,欢呼而散。此类欣赏佳节办法,实最有意致,惜今已少见矣。清初内地人宦游台湾者,值兹令节,多有发为诗歌以寄雅兴。如乾隆六年巡台御史张湄,咏台湾中秋诗云:"碧天云净水烟微,砧杵无声一镜飞。画饼香中人尽醉,嫦娥亲见夺元归。"可谓写尽中秋景色。又嘉庆八年澎湖通判陈廷宪,亦有中秋诗云:"三五平分九十秋,良宵得月倍清幽。风飘丹桂从天落,潮带水轮入港流。锦里先生来海峤,绛纱弟子住瀛洲。光阴荏苒真堪惜,老矣吾还秉烛游。"此写澎湖风月，亦殊尽致。

谈月饼

民间于中秋节以月饼相馈贻，似由来已久，然究始于何时？殊无稽考。《月令广义》云："燕都士庶，中秋馈贻月饼西瓜之属，名'看月会'。"杭俗，中秋食月饼时，夜设祭月，取人月双圆意。故有诗云："粉膏圆影月分光，不是红绫亦饱尝。只恐团圞空说饼，征人多少未还乡。"按设饼祭月，似不仅杭州为然，南北各省，或皆有此俗，是夜无论有月无月，必设香案，陈月饼，望空而拜，拜已，家人儿女共食月饼，以示团圆之意。相传元末明初，汉人为反抗蒙古人统治，于月饼馅中，各藏"中秋夜杀鞑子"字条，作为联络起义之暗号，后果一举功成，胡虏被歼。此则谓月饼创制，含有民族革命意识，确否殊无可考。

宋江为浪漫词人

凡读《水浒传》者，无不知宋江为梁山泊巨寇。据施耐庵描写，宋不过衙门一书吏耳。只因富于机智，善于御人，适值宋政不纲，盗贼蜂起，遂结识一般绿林豪客，得为首领，其目的仅在打家劫舍而已。讵知彼实一精通文墨，十足词人，此则为历来考证《水浒传》者所未发现也。如《瓮天脞语》所记："山东巨寇宋江，将图归顺，潜入东京，访李师师（京师名妓），酒后，书《念奴娇》一词云：'天南地北。问乾坤何处，可容狂客？借得山东烟水寨，来买凤城春色。翠袖围香，鲛绡笼雪，一笑千金值。神仙体态，薄幸如何消得。想芦叶滩头，蓼花汀畔，皓月空凝碧。六六雁行连八九，只等金鸡消息。义胆包天，忠肝盖地，四海无人识。离愁万种，醉乡一夜头白。'"此词文字壮丽，大有英雄气概，非精于此道者，乌能道其只字。或谓《水浒传》中阎惜姣，即影射李师师，但惜姣淫荡，师师侠情，似不相类，且师师曾被徽宗征入大内，并未为宋江所杀，是阎惜姣必另有其人矣。宋江此词，自惟有师师足以当之。

美人百态

天生一美人，实大不易，于肌体均匀，面貌艳丽之外，尤须赋予绝顶聪明，万般姿态，如彩云当空，宛转变化，无美不备，无丽不臻，夫然后始可谓之真美人。否则纵属佳丽，直如石膏塑像耳，未足以动人也。昔人于诗词小说中，描写美人情态，各有其美妙之形容词，又各有启肖状。如谓唇檀烘日，媚体近风，为喜态。星眼微瞋，柳眉重晕，为怒态。梨花带雨，蝉露秋枝，为泣态。鬓云乱洒，胸雪横舒，为睡态。金针倒拈，绣屏斜倚，为懒态。长颦减翠，瘦靥消红，为病态。醉颜微酡，华妆半卸，含娇倚榻，春意横生，为媚态。此可谓形容尽致矣。然美人于情态外，尤贵有丰韵，丰韵即神。神丽，则如花艳。神爽，则如秋月。神清，则如玉壶水。神困，则如温软玉。神飘荡轻扬，则如茶香，如烟缕。各有其幽情逸趣，使人意消。今人审美观念，与昔不同，凡体格健康，曲线丰满者，即谓之佳丽，而于情态丰韵，则不求兼善。

花见羞

昔人形容美人，辄比之为花，其尤甚者，则谓比花更美，而使花见之亦羞，故有"闭月羞花"之语。李白《西施》诗云："秀色掩古今，荷花羞玉颜。"文与可诗云："美人却扇坐，羞落亭下花。"汉武帝有宫女名丽娟，年十四，美妙无匹，吹气胜兰，于芝生殿歌"回风"之曲，而庭中花皆翻落。此皆谓美人颜色，花见之亦羞矣。又五代唐明宗有淑妃王氏，邠州饼家子也，有美色，号"花见羞"。徐积有诗云："君不见东家女子花见羞，十六未嫁便悲忧。"此直以花见羞为女子名字矣。又有女子自以为姿色较花尤美者。如昔人词云："牡丹带露珍珠颗，折向庭前过。含笑问檀郎，花强妾貌强？檀郎故相恼，偏说花枝好。一晌发娇嗔，细挪花打人。"又清末某君诗云："芙蓉花发满江红，尽道芙蓉胜妾容。昨日妾从堤上过，如何人不看芙蓉？"此虽非女子本人作品，然谓貌足羞花，意义则一。

记汉口华景街惨案

民国五年袁世凯帝制自为时,汉口革命党人曾发动一次讨袁运动,因一夕之间,即告失败,故迄今已被世人遗忘矣。按是役主持人为鄂人聂豫(晴晖),亦即辛亥起义人之一。先是赣宁战役后,武昌曾有改进团发生,其目的亦为反袁,因起事未果,官厅搜捕甚急,党人多逃匿汉口日租界。至民五,匿租界党人,多贫不能自存,乃由聂豫向日人购得手榴弹、手枪一批,于是年夏某夕,分给党人二百余名,由日租界整队向华景街突击,其意以为占领汉口,即可控制武昌矣。顾华景街前马路,半属华界,半为租界,党人枪声既响,华景街多处起火,租界巡捕海军,均于各街口架枪防堵。汉口镇守使杜锡钧、警察厅长周际芸闻报,立派大队军警,由大智门沿铁路向华景街后包围。党人处此带形街道,前有洋兵,后有军警,实属进退维谷。故当场被击毙者,不下百人,被捕获者,亦数十人。聂豫由日人保护,登日轮逃沪,所捕数十人均于事后一二日内,由周际芸在后城马路枪毙,其中有市民被误拘者,亦一律处死,此实革命史上一大惨案!

聂豫（1886—1938），湖北当阳人。清末组织振团尊心会，任会长，时与共进会孙武齐名。武昌起义后，任湖北军政府军务部参议。讨袁之役，任讨袁军湖北第一区司令部参谋长。1926年，成立"国民革命军长江上游先遣军"，自任总司令。

卧龙岗

卧龙岗，在南阳城外五里许，即诸葛武侯躬耕处也。岗不甚高，状如覆盂，岗上有武侯祠，院落甚美，古柏参天，人言俱汉柏，确否不可知。关于武侯隐居处，自来有二说：一即此地之卧龙岗，观武侯《出师表》"臣本布衣，躬耕于南阳"语，则应在此处。一说在湖北襄阳，因襄阳县西二十里，有隆中山，山畔有武侯草庐古迹，传即刘先主三顾茅庐处，究未知孰是也。但无论其草庐何在，武侯之勋业彪炳，自足千秋。当其入蜀也，收新国，抚孱君，御寡民，当强敌，诚天下最艰难之会也！然武侯推心置腹而厚抚之，明刑敕法而急持之，虚己布公而总揽之，慎密小心而重图之，以尽瘁自明，以谨慎自处，忠心耿耿，无一日自私，其得享年千秋庙食，固其宜矣！予三十一年游此，尝有律句一章云："何论襄阳与宛城，卧龙祠庙自峥嵘。三分早定偏安局，两表如闻痛哭声。当日君臣真洒落，至今朝野颂忠贞。英雄自古多遗恨，八阵图前夕照明。"盖所以志景仰也。

竹林趣话

自清末迄今，麻将几成为家喻户晓之赌具，由都市以至乡村，无论男妇老幼，皆酷嗜之。因是麻将场中，发现无数趣事。予戚汤颇公先生夫人，一日与三女客作方城之戏，桌旁置瓜子两碟，汤夫人取一撮置面前，随磕随赌。适当庄，骰子亦置面前，讵拈瓜子时，误拈骰子吞下，及发觉为骰子时，始大惊，当觅医服泻剂，于次日由大便泻出。又有一蒋老先生，与人搓麻将，已取得六万四张，不知开杠，而于己牌两端，各置两张，及同局人和牌，蒋于牌堆中，遍觅六万不得，人询其和何牌？

蒋曰："我听六万六万对倒。"同局人皆笑不可仰，曰："六万四张，公尽得之，乌能和？"蒋始悟。又旧友喻育之斗牌时，性最急躁，如手风不顺，辄拍案槌桌，一日听九筒不和，于牌堆中寻获九筒，先置口中啮咬，后纳入衣袋，登楼径睡，牌局因此而散，人莫如之何。又有前辈某公，年老好牌，一次听二五索清一色，因牌均在手中，理置不清，忽有人出一三索，公遽报和，及同局查出为诈和，公惭甚，曰："算一百和可也。"同局谓："真和则满贯，诈则一和也无，何能折算？"公怅然而罢。又有一人竟日打牌，神已迷困，睡后，欲小溲，其妻以便壶予之，溲毕，忽掷便壶于地曰："一筒。"妻呵之曰："此便壶也。"其人蹶然而起曰："谁家平和？"盖便壶与平和音相近，彼以为人成平和也，其他类此趣话甚多不胜述。

汤颐公（1876—1951），原名汤用彬，为著名哲学家汤用彤之兄，湖北黄梅人。历任湖北省参议会秘书长、湖南都督府秘书长。编著有《旧都文物略》《新谭往杂著》《燕尘拾遗》《新学名迹考》《北洋军志》等。

喻育之（1889—1993），湖北黄陂人（今属武汉），早年为共进会员。后任湖北省水利局长、财政厅长。撰有《记陆军测绘学堂》《我和孙中山先生八次会见的回忆》《国共合作和国民参政会》《百岁自述》等。

欧阳镜明自知死期

欧阳镜明,湖南人,民国九、十年间,尝入赵恒惕幕府,颇为湘人所推重。平生信佛,精通经典,常自言当于民国十七年四月八日佛诞日死。是年方旅沪,健康如恒。届期,其妻特嘱人邀至友家小饮,意欲藉此打破其是日当死之预言也。镜明至友家,谈笑一如平时,饭罢,友辈方围坐吸烟,镜明悄然入友人卧室,登床假寐。顷之,友辈寻至,果已瞑目死去,气息全无矣。友辈见状大惊,急召其妻至,妻抚尸痛哭曰:"君真于今日死耶?然此时友家,焉能累人,欲死请回家如何?"镜明闻言,目渐启,气已梗,曰:"尔言是,吾当归。"言已,挽妻回寓,径卧榻上,气息奄奄,妻泣曰:"君果死!家贫如此,何以为殓?"镜明曰:"卿勿悲,此乃定数,不可逃，惟旧友夏斗寅可至沪，明日命女儿往哀之，丧葬费有着矣。"言已气绝！次日命妻谒夏，夏果至，闻讣，立予四千元，得完其后事。此岂真如佛家所谓通慧也耶？不然，胡自知死期如是之确！

餐 经

食为人类生命源泉，得食则生，不食则死。顾口之于味也，虽有同嗜，而烹饪之学，则有精粗不同，善烹饪者，蔬菜可变为珍馐，否则珍馐亦等同于藜藿耳。予民国三十年游西安时，遇海上文友俞印民（笔名为五湖渔隐），在东大街设一"家庭餐室"，名菜甚多，调味极精，确有家庭风味。其餐室中悬有《餐经》一篇，乃印民所撰，不特将烹调诀窍道出，文字亦朴茂可喜，兹录之于后，俾老饕知所以求饱之道焉。《餐经》云："客问于康健子曰：'吾西之蜀，而东徂卫，止于长安，食奇而不能饱，昏昏然不知所之，敢请益！'康健子曰：'子其必以珍错而非肉不能饱者乎？抑将用素蔬菜？'客曰：

'奚奢哉！人生斯世，饱食适焉而已，少若不速，多若不足，饱矣而不知，是谓。'康健子曰：'子明饱之道矣，而不知所以求饱，未饱，必以餐，餐有四要：宰生不於，割正不乱，精粗悉分，纵横必理，肥不叶根，修不留皮，是为割切，其要一也；执明炉，视釜容，宜文宜武，或左或右，疾若电掣，缓似闲云，息息相关，间不一瞬，是为火候，其要二也；鲜去腥，肥去腻，嫩宜烹，坚宜炼，荤则素之，素则荤之，脂液交流，河海无间，是为调节，其要三也；鲜腴不过汤，糙嫩不逾量，酸辣不掩味，浓腻不叠者，正反不二，宾主不夺，是为和量，其要四也；四要毕，然后可以言食。食有三必：必以时，必以地，必以人。不饥不食，愤怒不食，急遽不食，谓食时也。临庖不食，闻臭不食，昏黑不食，谓食地也。酗酒不对坐，恶声不同室，吐怒不接席，谓与食之人也。四要备，三必具，餐卫宜，则养生之道，其庶几矣！'客矍然，曰：'大哉夫子之言！吾观世所好，如蝇附膻，顾何修而得此乎？'康健子曰：'驱尔东市，有餐室焉，扼四要，宜三必，极五味，尽八簋，室有芝兰，人无叫嚣，食不隔宿，价不昧称，子往饭之，必如子所欲矣！'客喜而退，趁入室，如所言，逢人辄告曰：'旨哉《餐经》！康健子语我。'"

俞印民（1895—1949），浙江上虞人。早年任《大汉报》副刊《楚社日刊》助理编辑，后赴沪投章太炎门下。

少女奇特食量

世间食量洪大者，固常有所闻，然多见之劳力行伍间，若出之闺中少女，实所罕见。抗战期间，湖北二女师迁恩施核桃坝上课。一日磨包谷粉充膳，所遗包谷皮甚多，将以喂猪，忽有附近胡姓老妪，向女生乞归，女生诘其何用？妪谓："供吾家二姑食。"女生谓："何需如是其多？"妪谓："未必能使其厌饱。"一女生问："汝家姑娘日食几何？"妪曰："吾亦不知其食量几何，惟成年以来，无论吃多少，从未一饱，今已二十五六岁矣。"女生闻之，皆大骇诧！于是共集米十斤，肉二斤，约数人携往妪家，一访此奇女。至时见女无殊常人，惟躯体修伟，能负三百斤重担，往返山间，不觉累耳。女生当令其尽十斤米作饭，而以肉佐餐。饭熟，众坐觇其食，女且谈且啖。未几，饭肉俱罄，面不改色，女生询其饱未？女笑曰："今日尚舒适。"女生皆矫舌不能下。此不独能兼一人之量，直兼十人之量矣！闻女貌并不陋，而所以无人问字者，即以其食量太洪，恐无法供其饕餮也。天地之大，真无奇不有！

再谈奇特食量

昨谈奇特食量，犹有未尽，兹再志数事于此：有萧赞何者，湖北沔阳人，黄埔学生，曾任沔阳县长。抗战时，因事至恩施，偶访石信嘉，石留其午膳，以寻常饭碗盛饭进，萧曰："此碗太小，不过瘾。"石以大菜碗易之，萧连食十三大碗，意犹未厌。原备一家八口饭食，萧一人尽之矣。又有韩光斗者，黄陂人，食量洪，而好诙谐。一日与人打赌获胜，应食猪肉四斤，油面三斤，负家以韩决不能尽食，当烹以进，讵韩一气啖尽，从容自若。又予婶母正月宴女客，煮米三斤，备全体客食，讵客方入席，乡间适来一佃农，婶母命其入厨房吃饭，意其至多食三数碗，固无碍于客也。乃佃农入厨房，顷刻将釜中饭食尽，婶母犹未知，及酒间，命仆进饭，竟一粒无存，为之大窘。又予民国三十年入陕，道经昭化，小憩农家，见一童子携饭一铁罐，与其祖父共食，各尽十余碗，顷间饭罄，尚未厌饱。凡此数人，食量亦可谓奇大，但较昨记少女，似犹有逊色。

石信嘉（1899—1954），湖北黄梅人，其姑父喻肖溪（1868—1925）为喻血轮之叔父。1924年毕业于北京大学经济系。曾任汉口《民国日报》编辑、《新京日报》总编辑、《新湖北日报》社长、《中华日报》社长。

奇 疾

军阀倪嗣冲死时，躯体缩如小儿，此为倪之马弁传达室出，谓系梅毒作祟，确否不得而知。民国十二年，予在武昌仁济医院，见一病人四肢亦缩小如幼童，惟胸部与头颅如常人，医生束手无策，谓是奇疾！然更有奇于是者：曩见《良友画报》载，有一美国人小腿频频作痛，不红不肿，抚之，若有物藏肉中，觅医剖视，则见有二寸长篾片埋肉中。然其人从未与篾片接触，小腿亦从未破皮，竟不知此篾片何来？又第一次大战时，有一人方自战地归，一日头顶忽作奇痛，急赴医院求治，医生详查头皮，诊视脉象，皆无病状，及用爱克司光检查，始发现其脑骨缝间，有一刮须刀片插入，当施手术取出，始愈。然此刀片何来？其人百思不解。又有一妇人，因腹痛往医院诊治，医生为之开刀，在其胃中取出小茶匙一柄，小叉一把，别钉两只，洋钉两只，医生诘其胡为吞下如许铁器，妇茫然不知。此真天地间奇疾也！

倪嗣冲（1868—1924），安徽阜阳人，生于官宦世家。清末曾任黑龙江布政使。北洋政府时期任安徽督军，授衔陆军上将。

打牙祭考

"打牙祭"为川黔湘鄂盛行风俗，而武汉商家，尤为重视，无论营业盈亏，届期店主必备鱼肉，以飨店伙，否则必至起哄。不过川黔打牙祭，多于月之初二及十六日行之，湘鄂则于月之初一及十五日行之耳。按打牙祭，本"打衙祭"之讹传，《通考》载石林叶氏云："节度使碧油红斾，受赐者藏于公宇私室，皆别为堂号节目，每朔望之次日祭之，号'衙祭日'，祭毕，分肉以畀众人。"是衙祭二字，由来已久，后流传民间，遂附会成为打牙祭。故清人吴振棫《黔语》载："黔俗，给使厮养，遇朔望之次日，得食肉，谓之牙祭。"此亦作牙祭二字，或者以牙得食，故误衙为牙也。抗战时期，公务员眷属多寓乡间，而机关则在城市，每间一二周，始能返家与夫人敦伦，于是谑者亦谓为打牙祭，是则打牙祭食肉之外，亦有新解释也。

刘镇华妾死疑案

曾为安徽主席之刘镇华，河南孟津人。某年任鄂豫边区司令时，在汉置有寓庐，其第三妾随侍，妾生一子，母以子贵，故镇华甚爱之。会镇华赴前方督剿，妾独居汉上无以消遣，日惟至戏园观京剧。时伶人小杨月楼，方在汉演剧，杨故美男子，妾频往观剧，因发生暧昧，两情缱绻，人多知之。后为镇华所闻，乃不动声色，派副官迎妾赴前方，妾以镇华初无迎眷意，今忽令其居军中，必为东窗事发，是此去凶多吉少矣。故与汉上戚友辞别时，辄痛哭失声。及抵前方，镇华并无异状，仅言孟津家中有事，令妾回家料理，临行派两卫士随护，行未数十里，卫士忽返报盒子枪走火，弹中姨太太殒命，镇华以枪支走火，乃无心过失，未予追究。后卫士私语人，所谓枪支走火，实镇华唆使为之，确否殊不敢必。

刘镇华（1883—1956），河南巩义人。早年加入同盟会。入民国后先后投靠袁世凯、段祺瑞、吴佩孚、阎锡山、蒋介石。

虎通人性

民国二十二年予客浔时，邻家来一农人方某，左颊有两圆疤，牵连眼角下吊，为状甚丑，予诘其胡为至是？则谓为虎所伤，其经过盖甚奇异。缘方某向居牯岭下莲花洞，某年春托海会寺僧人介绍，向山上某富户借银洋三百元，腊底方某筹得此款，邀僧人往还某富户，二人俱为土著，山径最熟，因抄小路登山，行至中途，草丛中忽跃出一虎，直扑方某，以齿衔方某左颊，意将啮噬，僧人大骇，长跪揖虎曰："此人系由贫僧作保，向人借款三百元，今偕往偿还，倘大王衔去嚼毙，人必谓贫僧谋财害命，将受极刑，幸大王怜而释之！"僧频言频揖，虎似解其意，当释方某于地，扬长而去，故方某仅脸颊受伤，未至殒命，此虎殆已通人性矣。又予戚梅谷绥先生，居黄梅龙坪山，家临小河，河下有木桥，修而窄，为往来必经之地。一日由县城归家，天已昏黑，梅行至桥中，始发现桥上卧有一虎，梅久居山中，夙知虎性，知此时一逃，虎必惊起扑杀，仅轻语云："此为人行之路，乌能睡？速起，让吾过去。"虎闻言，缓缓起立，伸一懒腰，慢步行去，梅竟安然归家。此虎亦可谓通人性矣。

谭延闿悼亡诗

谭延闿自奔走革命后，不遑宁家，然伉俪之情最笃。

民九领湘军驱走张敬尧后，逗留长沙，料量善后，其夫人忽殁于沪上，未及诀别，及灵榇回湘，谭又为程潜逼走，舟过城陵矶，彼此相左，故谭当时有"生者死者，背道而驰"之痛语。自是谭不复再娶，每年三月三日及七月望日，必有悼亡之作，情真语挚，非常人可及。兹录其中数首云："月满秋清似往年，又看儿女拜樽前。魂归冥漠君知否，老去心情转洒然。隙影已嗟来日少，风花犹是昔时妍。转轮万劫终相见，何用微尘恋一天。""房栊犹是当时旧，事往人亡剧可哀。闵默自伤年荏苒，殷勤还记影徘徊。明灯笑语情如昨，寒雨凄冷梦不来。旐旌今宵诉湘水，知余欹枕怀城隈。""高楼月上正相望，老去心情独自伤。久病不辞泉路近，初秋才觉葛衣凉。也知斋奠空多事，省识人天共一光。妄念铲除今已尽，此身何必判存亡。"此与元微之悼亡诗，殆可先后媲美，使人读之，弥增伉俪之情。

陈雷以粪治流氓

抗战前，九江有平民化镇守使二，一为吴金彪，一为陈雷。吴乃基督徒，毫无官气，往来商民间，如家长然，故守浔十余年，人咸爱戴之。吴去后由陈接任，陈亦简朴，日常着西装，持手杖，闲步街市，出入商店，几无人知其为显赫之镇守使也。陈为人较锋厉，执法亦严，如遇流痞滋事，常当场惩治，以故人多畏之。九江鲜鱼，多半由江北运来，地方流氓遂以鱼贩为利薮，敲诈欺侮，无所不为。一日，有流氓需索鱼贩未遂，因起斗殴，流氓忽僵卧江边诈死，同伙则围住鱼贩，索偿命钱。正纷呶间，陈雷散步至此，知为流氓诈财，忽大呼曰："青天白日，殴毙人命，速逮捕凶手。"当令警察缚住鱼贩，旋又曰："凶手既拿获，现救人要紧，闻被殴闭气者，惟大粪可治，速以粪来。"适有一担粪者，歇肩江干，陈命其挑至，语警察曰："速将伤者齿撬开，以粪灌之。"流氓故装死，闻将灌粪，霍然而起，冀图窜逃，陈令警察执之，曰："我固知尔装死诈财也，当重惩之。"复温语鱼贩曰："尔无罪，速归，以后有流氓欺尔，径告我。"

一时观者称快！

俞曲园枕上三字诀

俞曲园（樾）晚年对养生之法，曾就其经验，撰有枕上三字诀：曰"塑"，曰"锁"，曰"梳"，谓长宵不寐，行此三字诀，自入黑甜乡，且亦延年却病之一法。今世社会复杂人事繁多，朋辈相见，辄相告失眠，互引为苦，爰将此三字诀录后，藉供失眠者之试验。

塑者何？使吾身耳口鼻，四体百骸，凝然不动，若泥塑然，斯谓之塑。其法无论或坐或卧，先使通体安适，血气调和，然后严自约束，虽一毫发，不许稍动，制外养中，无先于此。

锁者何？锁其口也。凡人之气，多从口出，气从口出，斯败矣。故必严杜其口，如扃以锁，勿使有秒忽之气，从口而出，则其从鼻出者，不待禁绝，而自微乎微矣。

梳者何？所以通发之具也。一塑二锁，皆

是制外之法，此则由外而内矣。凡人之气，未得所养，猖狂妄行，或至阻滞而不通，既塑既锁，乃理吾气，务使顺而弗逆，徐徐焉而下至于丹田，又徐徐焉而下至于涌泉穴，自上而下，若以梳梳发者然，故曰梳也。

俞曲园（1821—1907），本名俞樾，浙江德清人，曾任河南学政。清末大学者，俞平伯之曾祖父。

说 龙

龙，在中国向被视为至尊象征。然近世人多谓龙为神话，世界已无此动物，实则海洋天空，确有此非蛇非兽之怪物存在，惟其平时藏身何处，殊不可知而耳。清光绪三十年夏季，予邑孔垄镇邢家祠侧水塘中，忽有一龙下垂取水，其首密藏云中，不可见，惟以尾垂塘中，回环绕荡，霎时塘中荷叶，飞满天空，塘边树木，亦多半拔倒，其初尾不甚粗，及取水后，尾渐肥硕，上升似感困难，频频以尾扭成圆圈而伸直之，但仍不能上升，俄有黑云一团，由东而至，云团中，又露一龙尾，徐徐以尾钩住前龙尾，冉冉而上，倏忽不见。此为全镇人所共见，当属事实。又抗战时在重庆商船学校教驾驶之盛建绩君，民十前后，曾任英商武昌轮驾驶，一日由青岛驶沪，于垂暮时，忽见船前二里许，云海粘连处，有龙五条，遨翔云中，上下飞舞，似方争斗，船主立命停车，历半小时，始渐不见，但究潜海抑腾空？则不可知。此为盛君亲语予，当亦事实。然而龙在今日，固有其物，非神话也。

黄淑芳之死

黄淑芳女士，九江人，父早逝，遗兄妹三人，淑芳其季也。因家贫，幼由教会助之读书。及长，颀长玉立，柔婉动人，由教会西人胡小姐主持，与九江谭某订婚。谭貌丑，非淑芳所愿也。民国八九年间，淑芳被派江北某县福音堂教书，与是县一文士相恋，情感弥笃。两年之间，情书盈尺，虽无肌肤之亲，而有嫁娶之约。盖淑芳已拟与谭某解除婚约,下嫁文士矣。乃事为教会所闻,大不谓然,由胡小姐阴令谭某准备结婚,于民九暑假将届时,以集会为名,电召淑芳回浔,到浔即迫赴礼堂举行婚礼。淑芳以事仓猝,文士又方就业沪上,孤立无援,反抗无效,遂忍痛含悲,为洞房俘虏矣。婚后,淑芳寓书文士,满纸血泪,寸断回肠,然事已至此,徒唤奈何!是年冬,文士即与同邑郑姓订婚,淑芳则仍在此县执教鞭。一日,文士偕其未婚妻至福音堂礼拜,淑芳方奏琴唱诗,睹两人入,忽觉心如刀割,晕倒琴侧。牧师扶入校舍,吐血升余,自是遂病!次年春季,文士去沪,淑芳私函约至母家相晤。时方清明,淑芳邀文士偕至祖茔祭扫,当指一地曰:"余死,必葬是处,望君一存临。"言已,坐地痛哭。越二年,果以瘵疾殁。文士再至其家,已如凤去楼空矣!此亦强迫婚姻之一牺牲者。

辛亥起义轶事

每年双十,各报例有增刊,关于辛亥起义史实,已言之多矣。予当时曾躬与其役，耳闻目见，省记颇多。今略记轶事数则于后，虽事非宏巨，不足以付史亭，然酒后茶余，亦可资为谈助：

一、辛亥九月初间，清兵既迫汉口，黎元洪遣兵至汉迎战，有团长杨选青，结婚才数日，时在刘家庙作战，忽不奉命令，擅自撤退，黎闻之大怒，立逮杨至，于都督府前斩之，割其首级，悬之电线杆上，予亲见之。

二、十月间清兵既陷汉阳，与武昌仅一江之隔，其势甚危，黎元洪思迁洪山暂避。会议时，军务部长孙武，闻黎提议转移，大为愤慨，当拔刀狂吼曰："清兵未渡江前，有敢遁出武昌者，吾必手刃其人。"其议遂寝。次日复逼黎乘马巡视下新河阵地，以示都督并未迁避，军心赖以镇定。

三、汉口失陷后，武昌各部门精神，渐不如前。起义人刘公，为维持纪律，特设立各部总稽查。刘自为部长，凡未任实职之起义人，皆派为稽查官，得直入各机关，稽查一切，其权甚大，隐然为革命军最高纠察机构。忽一夕武昌某部兵变，首攻各部总稽查，并于南楼要道，检查行人，凡佩有各部总稽查徽章者，即予逮捕。幸不逾日，变兵即告平，此即当时所称二次革命事件。

四、武昌起义时，各机构自首长至录事，一律月薪二十元，毫无参差，此实为开国一良好制度，且充分表现平等精神。故当时无所谓调整或紧缩问题发生，而公务人员生活，亦获得安定。

杨选青，时为湖北军政府第六协十一标统带、文学社员。一说为杨选青在攻打督署的战斗中，表现非常勇敢，因而在扩军时被任命为第十一标统带。但在反攻汉口的战斗中，正好在家结婚，没有亲任指挥，其部队也没有按原计划向汉口龙王庙进攻。统帅黄兴报告给黎元洪等。蒋翊武与蔡济民等人认为，杨选青失职，理应处罚，但大敌当前，正是用人之时，建议暂且记大过，令其戴罪立功，而孙武、黎元洪坚持要杀。

齿病的苦闷

台胞齿病最多，故牙医遍地皆是。或谓台湾嗜糖者众，因是影响牙齿健康，确否殊不可知。予生平不喜甜食，然齿患最早，二十年来，深受此病之苦闷，今已脱落十之六七矣。昔韩昌黎赠刘师复诗云："羡君牙齿牢且洁，大肉硬饼如刀截。我今牙豁落者多，所存十余皆兀臲。匙钞烂饭皆送之，合口软嚼如牛饲。妻儿恐我生怅望，盘中不设栗与梨。"此言齿病之痛苦，可谓入木三分。曩在沪，徐半梦君所作"齿动吟"于齿病亦深致慨叹。诗云："唇破语尚能，齿摇食无恃。自从蹈海来，五年落两齿。久知刚必折，亦省老已迩。不问精与粗，遑论甘与旨。有如偿负债，一起复一起。白米填饥肠，黄金化遗失。三餐三度偿，结负到身死。我思富贵人，穷奢尤极侈。富人设一筵，贫足三月粃。酒肉臭朱门，冻骨满冷市。原非天不仁，亦非人不耻。遭逢业果来，苦药便开始。我发方复衰，我齿亦已圮。脱落听自然，动静不忧喜。晴窗春日上，照我耐嚼舐。"此不独形容齿患，且借以讽刺时事，实佳构也。

秋　雁

秋深矣，蒹葭苍苍，荻芦瑟瑟，在内地正鸿雁来宾之候。雁为"候鸟"，多见于秋，体力极强，羽毛丰满，最适宜于高翔长征，飞必成群，列为阵势，或如人手，或如一字，故有"雁阵""雁行"之称。当其飞翔天空时，遇他鸟冲入阵中，辄合围啄之，从知雁之阵列有序，实利于守卫。古代战阵，即取法于是也。每年春季，由南飞北，秋季则由北飞南，至衡阳不过，遇春而回，故衡阳有回雁峰，为衡山七十二峰之首，秦少游词云："衡阳犹有雁传书。"古今诗人，凡言衡阳者，必及雁。长沙张百熙《衡阳舟次》诗云："城郭日将夕，关河秋欲霜。人随湘水远，天带岳云凉。疏柳依荒渡，寒花隔故乡。离心与飞雁，一夜过衡阳。"此诗意境高远，有唐人韵味。予大兄的痴，三十四年客郴州时，有《秋兴》诗四首，其中一首云："衰草寒烟驿路迷，几家砧杵古城西。荒凉野戍秋风外，寂寞残村暮霭低。客住天南无雁处，梦回月落有乌啼。笛声吹彻关山夜，莫遣闲愁到鼓鼙。"郴州在衡阳之南，向谓是处无雁，故有"客住天南无雁处"句，盖即秦少游"郴阳和雁无"意也。然考湖南方物志，言永兴、兴宁、郴阳皆有雁，诗人之言，原不可以固论也。

戏剧感人

戏剧感人至深，故近世定为社会教育之一。昔某县演戏酬神，台上正演出岳飞故事，于秦桧陷害岳飞情节绘形绘声，一一逼真。忽一屠夫飞跃上台，竟执饰秦桧伶人，手刃之，众扭问何故行凶？屠夫愤愤曰："这样奸臣，不杀何待！"众谓此是伶人，非秦桧也。屠夫嗒然若失。后逮送官，官悯其忠义，薄惩而已。又扬州某富翁，无子，只一女，爱之如掌上珠，为择快婿，入赘有日矣。偶携之观剧，归而病，恹恹床席，日久益沉，势且不起，追问其故，则谓曩日读书，以为古人者，仅可于书本中见之，近随阿父观剧，乃知古人仍在，儿今愿为古人妇，不愿为今人妻也。翁百方譬解，终不悟，不得已，使入后台，俾悉睹扎扮之状，真相毕陈，归乃霍然。此女不独为戏迷，且为情痴矣。

养犬殉情

予友徐祝平，豢有洋种雄犬一头，身长二尺许，毛色纯黑，光泽如漆，性灵敏，善伺人意。客来，孰生孰熟，咸能辨认。徐夫妇甚钟爱之，颇怜其无偶，于友处觅一雌犬归，色黄，体略小，亦伶俐可人意。自雌犬来后，雄犬如获良伴，同宿同食，情感弥笃。每日于楼梯口，左右分伏，偶有客至，雄犬吠，雌犬亦吠，雄犬摇尾欢迎，雌犬亦如之，鹣鲽相依，不啻人类伉俪。逾年，雌犬有孕，雄犬若有喜色。讵雌犬体力不胜，临产不下，雄犬见其宛转狂叫，辄蹲伏其旁，若深致怜惋。越日，雌犬以难产死，雄犬睹状，绕室哀鸣，频频泪下。自是不再守伏楼梯口，终日匿伏窝中，不出，亦不食。徐夫妇用种种方法，招之出窝，终不动，以其平昔最嗜之牛肉牛乳，置其前，竟不一嗅，初犹呜呜作哭声，四五日后，渐无声息，至七日而死！徐君悯其情义并重，不忍弃之荒野，为制一铁棺，盛其尸，并作小传置棺中，焊其口，沉之汉口江中。噫！此犬以身殉情，其义烈岂在人下哉！

李宗吾之厚黑学

民初以来，凡游蜀者，无不知李宗吾其人，凡知李宗吾者，无不知其"厚黑学"。厚黑学者，即面厚心黑是也。盖彼以为古往今来所谓英雄豪杰，无不为面厚心黑，即得其一偏者，亦足以称雄一世，人物大小，全视其厚黑程度而定。如谓三国时曹操杀皇后皇子，杀吕伯奢，杀孔融，杀杨修，为心肠最黑。谓刘备依曹操，依吕布，依刘表，依孙权，依袁绍，寄人篱下，恬不知耻，为脸皮最厚。谓孙权取荆州，杀关羽，为心黑，向曹丕称臣为脸厚。谓司马懿欺人孤儿寡妇为心黑，受巾帼之辱为脸厚。更上溯楚汉之争，谓项羽鸿门之宴，不从范增计，杀刘邦，为心不黑；垓下之败，恐无面目见江东父老，不渡乌江，为脸不厚，故自速其亡。而刘邦推孝惠于车前，分杯羹于俎上，韩彭俎醢，兔死狗烹，其心至黑；项王挑战，笑而谢之，郦生责其倨傲，立延之上坐，吕后私辟阳侯，佯为不知，其脸至厚，故能击败项羽，剪灭群雄。又谓韩信能受胯下之辱，可谓脸皮至厚，但其心肠不黑，惓惓刘邦解衣推食之恩，不听蒯通之言，遂致身首异处，夷及三族。又谓范增千方百计，欲教项羽杀刘邦，心肠可谓至黑，但因脸皮不厚，一受离间，即大怒求去，致疽发背而死。总其立论观点，刘邦、司马懿得其全，故能统一天下；曹操、刘备得其偏，故仅称孤道寡，割据争雄；韩信、范增虽亦各得其偏，但因与刘邦并世同生，故同归失败。持论之诙奇谲怪，举世无两，无怪读其文者，无不抚掌赞赏，津津乐道也。

"厚黑学"，为宗吾民元所作，载成都《公论报》，其后又有《厚黑经》《厚黑传习录》。《厚黑传习录》包括三部分：一为《求官六字真言》，二为《做官六字真言》，三为《作事二妙法》。所谓求官六字真言，为空、贡、冲、捧、恐、送六字。"空"，即空间之意，谓欲为官者，应放下一切事，一心一意，专门求官。"贡"，即钻营之意，谓有孔必钻，无孔不入。"冲"，即俗所谓"吹牛"。"捧"，即捧场之谓。"恐"，即恐吓手段。"送"，即致送财货。苟能如此，则求官必得矣。所谓做官六字真言，为空、恭、绷、凶、聋、弄六字。"空"，即空洞之意，谓批呈文告，均宜空空洞洞，不受其牵挂。"恭"，即卑躬折节、胁肩谄笑之谓，对上官非此不可。"绷"，为恭字反面，指对下属及老百姓而言，在言谈仪表上，俨然腹有经纶，凛不可犯。"凶"，即凶狠，凡能达到自己目的，即不必顾忌他人家破身亡。"聋"，即耳聋，所谓笑骂由他笑骂，好官我自为之是也。"弄"，即弄钱之弄，为前十一字之结论。做官得此秘诀，则飞黄腾达，可操左券矣。所谓作事二妙法者，一为锯箭法，即办事敷衍之意。二为补锅法，即纵容他人之短，而以补救自显其功。此实道尽昔日官场之丑态，骤读之，似为愤世嫉俗之作，然细按之，亦有其探精揭微之妙，洵奇书也。

李宗吾（1879—1943），四川富顺自流井人，思想家、教育家。早年加入同盟会，后任四川大学教授、四川省议员、四川教育厅副厅长、四川省督学等职。

李宗吾怕老婆哲学

李宗吾以"厚黑学"名世，今谈其"怕老婆哲学"。盖宗吾鉴于中国伦常，日趋乖舛，社会人士咸以"好货财私妻子"相竞尚，致文化失其重心，心伤之余，遂提出"怕老婆"口号，著为专论，附以"怕经"，其动机虽出于讽刺，然其用心亦良苦！至其立论谲奇，尤使人读之妙趣横生。彼以为世间丈夫，无不知爱其妻也，积爱成怕，积怕成惯，于是"怕老婆"遂成为天经地义事。古今来成名立功，创业开国者，殆无不"怕老婆"，并引史事以相证明。如谓陈季常"忽闻河东狮子吼，拄杖落地心茫然"，为怕老婆巨擘，然季常之成为高人逸士，正从怕老婆得来。又谓刘先主困处东吴，每遇危险，辄向孙夫人跪哭，无不逢凶化吉，遇难成祥。又谓隋文帝最怕独孤皇后，偶触怒皇后，竟匿居山中不敢出，经大臣杨素等劝好皇后，始敢回宫，故能统一南北，开创天下。又谓唐房玄龄虽身为宰相，而最怕老婆，偶诉之唐太宗，太宗召房妻至，欲加申诉，但反为房妻所屈，太宗遂转语玄龄："尊夫人我见犹怕，以后善事之可矣。"以开国明君，而亦惧臣妻，可见怕老婆为正理。又谓支持东晋偏安之王导、谢安，皆怕老婆。王导好为清谈，每闻夫人至，即狼狈而逃，故能获得天子九锡之宠。谢安夫人，擅改周公制礼，使谢安养成泰山崩于前而色不变之习惯，用能不动声色，击败苻坚。此皆奇谈妙论，读之无不捧腹。

宗吾复归纳历史事迹，得一结论，谓官级愈高，怕老婆程度愈深，官级与怕学，殆成正比例，于是著《怕经》十二章，垂范后世，全文均套用四书语句，趣味隽永，兹录之如左：

经曰：

夫怕，天之经也，地之义也，民之行也。

五刑之属三千，而罪莫大于不怕。

其为人也怕妻，而敢于在外为非者鲜矣。人人不敢为非，而谓国之不兴者，未之有也。君子务本，本立而道生，怕妻也者，其复兴中国之本欤！

惟大人能有怕妻之心，一怕妻而国本定矣。

怕学之道，在止于至善，为人妻止于严，为人夫止于怕，家人有严君焉，妻子之谓也。妻发令于内，夫奔走于外，天地之大义也。

大哉妻之为道也！巍巍乎惟天为大，惟妻则之，荡荡乎无能名焉！不识不知，顺妻之则。

行之而不著焉，习矣而不察焉，终身怕妻，而不自知为怕者众矣。

君子见妻之怒也，食旨不甘，闻乐不乐，居处不安，心诚必敬，勿之有触焉耳矣。

妻子有过，下气怡色，柔声以谏，谏若不入，起敬起畏，三谏不听，则号泣而随之；妻子怒不悦，挞之流血，不敢疾怨，起敬起畏。

为人夫者，朝出而不归，则妻倚门而望；暮出而不归，则妻倚闾而望。是以妻子在不远游，游必有方。

君子之事妻也，视于无形，听于无声。入闺门，鞠躬如也。不命之坐，不敢坐，不命之退，不敢退。妻忧亦忧，妻喜亦喜。

谋国不忠非怕也，朋友不信非怕也，战阵无勇非怕也。一举足而不敢忘妻子，一出言而不敢忘妻子。将为善，思殆妻子令名，必果；将为不善，思殆妻子害羞，必不果。

妻子者，丈夫所托而终身者也。身体发肤，属诸妻子，不敢毁伤，怕之始也；立身行道，扬名于后世，以显妻子，怕之终也。

李宗吾之憨劲

李宗吾之"怕老婆哲学",予前即记之矣。今再谈李宗吾之憨劲。按宗吾为四川富顺自流井人,生于清光绪五年,清末服务四川教育界,与张列五、谢慧生辈共谋革命。辛亥张列五举义成功,当委宗吾为重庆关监督。宗吾以其缺肥,恐污清白,竟将委状退回。后改委为官产清理处长,至民国二年,自请将此机关裁撤。归时,至无资斧,乃函同乡陈健人借银五十元,陈回信附诗一首云:"五十块钱不为多,借了一坡又一坡。我今专人送与你,格外再送一首歌。"宗吾得诗,立和一首云:"厚黑先生手艺多,哪怕甑子滚下坡。讨口就打莲花落,放牛我会唱山歌。"诗即成,余兴未已,又作一首云:"大风起兮甑滚坡,收拾行李兮回旧窝,安得猛士兮守沙锅。"此即其传诵一时之"去官吟"。观此两事,即知宗吾为人之憨劲。自民三至民十五,宗吾仍服务教育界,曾任中学校长及省视学等职。在省视学任内,立主各校学生毕业,应由政府委员考试,经省署核准试办。十四年,叙府联立中学学生毕业,省署派宗吾为主试委员,宗吾认真考试，学生恨之。一夜学生多人，手持木棒哑铃，拽宗吾出，痛殴一顿，临走骂曰："你这狗东西，还主不主张严格考试？"宗吾被人扶起，大声曰："只要打不死，依然要考。"后裹伤上堂，继续考试，学生不敢再抗，一律就试。此即宗吾之又一憨劲也。

女子的眉毛史

今日妇女手提皮包内，于脂粉口红外，常有画眉铅笔一支，眉短者画之使长，眉稀者画之使浓，甚眼泡眼底，亦涂以青色，望之若烟晕。问其胡为如此，则对以学外国人。其实女子画眉，中国古代已有之，非舶来品也。如汉张敞为妇画眉，传遍京师，闻之帝座，则知由来已久矣。自汉以后，历代女子，皆以画眉为美，而五代宫人尤甚，争妍斗胜，各有名称，兹略述其种类如下：

八字眉：始自汉武帝宫人，两眉修长，若八字然。

远山眉：始自汉卓文君，眉色望若远山，

故曰远山眉,时女争效之。

愁眉:始自东汉梁冀妻,以其眉长滴翠,易朦愁恨,故名。

连头眉:始自魏武帝宫人,以其眉连心而细长也。

青黛眉:亦始自魏武帝宫人,眉为秦黛所画,其色青绿,故曰青黛眉。

长眉:亦始自魏武宫人,画长眉入鬓角,后人多效之。

峨眉:始自唐贞元中,以青黛画眉细长如蛾也。

小山眉:始自五代宫人,望之若小山然。

五岳眉:亦始自五代宫人,望之若五岳然。

三峰眉:亦始自五代宫人,望之若三峰然。

垂珠眉:亦始自五代宫人,望之若垂珠然。

月稜眉:亦始自五代宫人,望之若月稜然。

涵烟眉:亦始自五代宫人,望之若涵烟然。

拂云眉:亦始自五代宫人,望之若拂云横烟然,故又名横烟眉。

倒晕眉：亦始自五代宫人，其色倒似酒晕，故名。

张溥泉笔下的昆明

张溥泉先生谢世，已六易寒暑矣。溥老从事革命，自足彪炳青史，固毋待予言。唯其为人，慷慨激昂时，确有燕赵豪杰之风，而其作书为诗时，则又有江南名士之态，故与之亲近者，莫不有清芬意高之感。民国三十四年春，溥老曾一度游昆明，作有七古诗一篇，写昆明风景，刻画尽致，爰录之于此。诗云："人人都说云南好，不到云南心不了。楼船候潮下渝州，偷闲来走高山道。昆明风光三月新，碧鸡金马斗天巧。几立亭园看不足，花开花落问青鸟。唐梅宋柏遍山寺，草湖滇池气浑灏。过桥米线侉美味，迟客清晨苦不早。主人偏助游子兴，螳螂川上与怀抱。峰峦稠叠布翠松，州汉连绵长新稻。榆林曾登向阻台，边民共仰扬太保。此地原是石淙居，太息胡尘今谁扫？成都谪客杨太史，山露石窟添文藻。人杰方足补地灵，二杨风范自高表。返照紫黄映山红，流温江歌甚潦倒。更喜曹溪优昙树，七蕊两三开上杪。子规频催归去也，身在异乡心燕赵。芙蓉朵朵点苍山，西望心意从缠绕！"此诗气力雄厚，大有唐人风味。

吴三桂与名妓桐花

吴三桂与陈圆圆旧事，人尽知之。然三桂于圆圆外，尝眷一妓名桐花，其事与戏剧中王金龙嫖院相类。先是三桂未封藩前，尝变名挟十万金游汴，出入青楼，恣为狭邪游。未几，金尽，大为逆旅主人所窘，惟名妓桐花，奇其为人，厚视之，留住院中匝月，恩爱备至，三桂感其情义，阴以身份告之。及材官以金钱至，三桂亟入市购径寸明珠以酬桐花，值可万二千金。临行题诗旅壁云："走马张弓二十年，归藩无路且朝天。梧桐雨后芭蕉雨，注到阴符第几篇。"诚英雄口吻也。三桂善度曲，减字偷声，不差累黍，尝以周公瑾自喻。偶微服游广陵，于一贾人家宴席上，亲演"惠明下书"一曲，座客相顾愕眙。乐阕，易衣径去，主客竟不知其何许人也。三桂既主滇中，日以声色自娱，有号四面观音八面观音者，尤擅专房，圆圆则因色衰退为房老矣。

张列五从容就义

辛亥十月在重庆起义、被推为蜀军政府都督之张列五，四川隆昌人，清末创办叙属中学，谋刺川督赵尔丰，未果，旋乘川路风潮，与杨庶堪、谢慧生辈，于辛亥十月二日，逐除伪吏，光复重庆，并以计诛端方。及成都反正，列五遂推尹昌衡为正都督，己副之。未几，改任民政长，袁世凯闻其精悍，恐不受调度，特调之入京，聘为政治顾问。后见袁有异图，大为愤慨。袁欲捕杀之，逃往天津，变姓名，以织篾为生。但仍为袁所侦知，派侦探李某赴津，以入股扩充篾厂为由，与列五识。一日，李约列五至某处会饮，于电车中，以暗杀袁世凯文件，阴置列五衣袋，中途被军警查处，遂被捕送京，交军政执法处。鞫讯时，列五慷慨陈词，痛骂袁氏，当判以死刑。行刑时，列五负手于背，缓步微笑，见看守所长，笑曰："我们请了！"所长忽回头大哭，又笑顾左右兵士，曰："请了！请了！"兵士亦为泪下。及抵刑场，列五从容徘徊，仰天四顾，曰："今日天地晦冥，得毋为我欤？"兵士催曰："张先生快走！"列五笑曰："既至此处，忙什么？"乃缓步前行，兵士由后射击，立毙。此为四川革命首脑，为袁氏戕害之第一人，闻者惜之！

> 张培爵（1876—1915），字列五，重庆荣昌人。1911年四川保路运动爆发后，与各路革命党人密谋策划，参与领导了推翻清朝川东政权的武装起义。辛亥革命后被推为蜀军政府第一任都督。1915年，密谋讨伐袁世凯，被杀于北京。

履 祸

昔科举时代，每届府考，一府所属童生，均须赴郡应试，于是冷静郡城，立时热闹矣。黄州府属有八县，每逢试期，各县考生集黄州城者，辄万余人。城中故无旅馆，考生咸假寓民家，而考生又多年少，与民家眷属，常不免闹笑话。忆清光绪季年，有某县考生李某，假寓一钟姓家，钟家有一媳，甚美，婿方远游，李垂涎已久。顾媳翁姑俱在，翁防闲尤严，偶见李窥探，辄正色斥之，李因而大恨，思有以报之。一日李见翁曝履院中，迄晚忘收，因于午夜着翁履，潜入媳房，昏黑中，登榻调戏，媳欲呼号，李即弃翁履，赤足逃去，媳燃灯，见榻前翁履，意翁来戏己也，大为恚怒！次晨哭诉姑前，姑见履亦怒，于是姑媳共骂翁无耻，一室鼎沸，翁百口莫辩，假寓考生又群起讥诮之，翁愤欲死，李则大为欢笑。此亦见当时考生之顽劣也。

恰当的墓志

中国人撰述墓志，恒喜铺张夸耀，表德颂功，纵令生前作恶多端，死后一例皆成圣人，欲求坦白简当，恰合身份者，殆不可得。曩见沪报有人戏拟各色人等墓志，每人皆用一二成语，不惟恰如其分，且含义幽默，较名家长篇累牍隽永多矣。兹录之于次：

盗贼："二十年后又是一条好汉。"

浪漫诗人："牡丹花下死，做鬼也风流。"

屠夫："放下屠刀。"

佛家："我不入地狱谁入地狱？"

小偷："此番不着，下次再来。"

邮差："无法投递，退回原处。"

运动员："竞赛终点。"

剧人："闭幕。"

老学究："呜呼哀哉。"

演说家："……完了。"

牧师："……阿门。"

章回小说家："且听下回分解。"

朋友："再见。"

张宗昌祈雨

台湾发明人造雨，已试验成功，以后如遇天旱，有此科学甘霖，当不虞禾苗枯槁矣。然昔科学未发达时，倘久旱不雨，唯有祈雨之一法，或设坛诵经，或向龙王庙祷告，灵不灵，固无人敢必，但农民必如是做，官吏亦必如是做，倘官吏不为人民求雨，甚且碍及考成，从知中国人实靠天吃饭也。曩张宗昌督鲁时，适逢天旱，人民吁请求雨。张素不信此，然不能不奉行故事，因命于龙王庙设坛念经，彼将亲往祷告，民间闻之，皆大欣喜。届期，张果至龙王庙，但既不拈香，亦不祷告，直奔龙王座前，手批神像之颊，厉声骂曰："×你妹子，你不下雨，害得山东老百姓好苦呀！"骂毕，登车径去。观者皆为骇汗，不敢作声。越日，晴空一碧，仍无雨意。张遂命炮兵团于济南千佛山列过山炮十九尊，实弹向天空轰击，其意无非泄愤而已，结果竟收奇效，倾盆大雨，霈然而降。当时报纸谓为"未之前闻"求雨术。

张宗昌（1881—1932），山东掖县（今莱州市）人。曾任山东省省长、直鲁联军总司令。人称"狗肉将军"。

朱半翁血写桃花

予友朱钝根尊人朱半翁先生，清末尝令川中，其人风流蕴藉，工画善诗，花卉翎毛，尤所擅长。民十前后客汉，年已六十余。得暇，仍肆力丹青。时鼓娘董莲枝，方驰誉汉上，翁为绘莲花百幅，各题一诗，分赠莲社诸友，一时传为佳话。民十五春湖北奖券停办，所遗河街奖券局，宽敞宏大，翁爱其幽静，假寓其中，惟一老苍头侍焉。翁每于夜间，就楼下客厅作画。一夕拟为人绘一中堂，方铺纸餐桌上，适忘颜料一色，亟上楼取下。及返餐桌时，忽见巨幅宣纸上，满洒血点，大者如铜钱，小者如豆瓣，潮湿腥鲜，疏密有致。时侍役已寝，室内静寂无人，翁仰视承尘，白净如故，细察四壁，亦无异状，血从何来？大可怪诧。顾翁殊不惧，且就血点姿势，写成桃花一幅，全开半残，各得其妙。翁恐以此贻人，致招不祥，乃自留张之室中，见者咸赞其生动，而不知其实鲜血写成也。

朱钝根，笔名幸楼灵铃，曾在《汉口中西报》工作三十年。

孙文诞辰谈其诗

孙文首创民国，功垂百世，平生尽瘁国事，除政治撰述外，于诗词写作甚少。然其天纵睿智，仍擅长作诗，如其吊刘道一诗云："半壁东南三楚雄，刘郎去后霸图空。尚余遗孽艰难甚，谁与斯人慷慨同。塞上秋风悲战马，神州落日泣哀鸿。何时痛饮黄龙酒，横揽江流一奠公。"此诗风格雄伟，大有老杜韵味。故四十余年来传遍词林，几乎无人不知。然其尚有一诗，为外间所少见，即祝童洁泉先生七十寿诗云："阶前双凤庆天飞，览揆年华届古稀。治国安民儿辈事，居仁由义我公徽。王槐花照瑶觥宴，窦桂香凝彩舞衣。所欲从心皆契矩，兰孙绕膝庆祥晖。"此诗原稿，尚存童先生哲嗣童杭时君处。吉光片羽，弥足珍贵。此外尚有赠宫崎滔天诗云："环翠楼中虬髯客，涌金门外岳飞魂。"虽仅十四字，然气魄瑰奇，实佳句也。然则孙文不仅为政治家，亦一诗人也。故抗战时，桂林文协大会讨论"诗人节"，有人主定国历五五为节日，盖是日为孙文就任非常总统纪念日，亦欲以诗人纪念之也。

童洁泉（1855—1924），广州海陆军大元帅府参议童杭时之父，早年曾资助孙中山革命。

刘瑾凌迟惨

凡观平剧《法门寺》，于刘瑾审问郿坞知县，为传鹏雪冤，无不引为快事。其实刘瑾一生，仅此一事，差强人意，其他行为，则百死不足以蔽其辜。按瑾为兴平人，入宫为宦官后，有宠于武宗，正德元年使掌司礼监，自是斥正士，专政权，炙手可热。至正德五年，张永陈瑾罪状，武宗震怒，命凌迟三日，剉尸枭首，画影原型，榜示天下。依例凌迟刀数该三千三百五十七刀，每十刀一歇一吆喝，如大指甲片，由胸膛左右起，初动刀时有血流寸许，再动刀则无血矣。剐毕开膛，则血皆从此出。瑾第一日开刀，至晚押赴顺天府宛平县寄监，释缚数刻，尚能食粥。次日再压至东角头动刀，瑾颇言内事，遂以麻核塞口，及凌迟数足，则当胸一大斧，胸去数丈，即所谓剉尸是也。此事见明张文麟年谱,时张方为刑部主事，言之当确，然亦惨矣！

官场五瘴

抗战胜利后，官吏贪污之风忽盛，致政治窳败。迁台后，此风稍杀，然舞弊营私者，仍未能免。按官吏好货，皆缘生活奢侈，倘人人以节俭自持，则官箴不肃而自肃矣。昔宋景祐初，梅公挚以殿中丞出知昭州，著有《瘴说》，镌之崖石，曰："仕有五瘴，急征暴敛，剥下奉上，此租赋之瘴也；深文以逞，良恶不白，此刑狱之瘴也；昏晨醉宴，弛废王事，此饮食之瘴也；侵牟民利，以实私储，此财货之瘴也；盛拣姬妾，以娱声色，此帷薄之瘴也。有一于此，民怨神怒，安者必病，病者必死……"甚愿今之从政者，一读此说。

马相伯授袁世凯登龙术

百岁老人马相伯,清季颇与袁世凯善。世凯为小吏时,尝诣相伯求登龙术,相伯曰:"结藩镇,不如结廷臣;结廷臣,不如结内侍。"后世凯于戊戌政变投西太后,深结内侍李莲英,遂得扶摇直上,升至直隶总督,相伯之言果验。一日语相伯曰:"长者法有奇验,但何不自为?"相伯笑曰:"无奈书生福薄。"入民国后,世凯得为大总统,但仍不忘情九五之尊,于是再求教于相伯,相伯戒之曰:"时代不同,人言可畏,倘冒天下大不韪,必至身败名裂,宜慎思之!"相伯出,左右言但能控制军人,舆论可自造之。世凯亦笑曰:"马老先生耄矣,不足有为也。"卒之称帝。及云南起义,举国风从,世凯痛心众叛亲离,病倒床榻,乃喟然叹曰:"悔不听马老之言,致有今日。"未几殂焉。

马相伯(1840—1939),祖籍江苏丹阳,教育家、复旦大学创始人。著有《马相伯先生文集》。

小儿无妄之灾

吾乡农村，大都贫苦，房屋狭窄，往往人畜杂处一室，因而招致无妄之灾。有吴某生一小儿，方周岁，饭时，常使坐一竹轿中，置饭团轿盘上，任其抓食。顾小儿食饭，不免粘糊脸颊，适有一大雄鸡在旁，向小儿脸颊抢食饭粒，忽一时瞽乱，竟将小儿左眼眸子啄去，致终身成残废。又有一村妇，抱一小儿就门前遗屎，乡间习惯，小儿遗屎不欲清扫，辄唤犬食去，此妇方抱小儿两腿，大便才出，犬即就小儿腿缝抢食，妇大声呵叱（原书误作"咤"），犬情急，忽将小儿生殖器一口咬去，致不治而死。现台湾养鸡犬者日多，故记此俾主妇知所警惕。

错用恭维话

昔官场交际，好说恭维话，相习日久，遂成风气。然恭维话亦有分寸，用之得当，听者欢悦，倘言之过分，则恭维话常变为咒骂词矣。清尹继善文端居首揆时，与陈桂林文恭最善，文恭性谦下，好为谀词，一日偶染疾，文端往视曰："吾辈均老，不知谁先作古人？"文恭拱手曰："还让中堂。"文端闻之默然。此盖为谦己惯，信口道出，遂不觉其近于诅咒也。又有某甲生平无所长，惟善阿谀，一日往谒某富翁，见富翁方自厕所出，遽前作惊讶曰："公乃亲自解溲乎？太辛苦了！太辛苦了！"翁恶其谄，正色曰："解溲不亲自为之，还有人可代乎？"某甲自知失言，面红耳赤而已。此亦错用恭维话之一例也。

薛老师法术

民国十年至十五年间，汉阳鹦鹉洲有警察局长薛晓阳者，湖南人，善辰州符及其他法师，人以薛老师呼之。自谓能导人远行，顷刻即至，其人不之觉也。又能于千里外召人至，与亲属相会，但不许言语。有汉口商人某，十年前走失一子，求其觅致，越日回言，其子现在苏北某富户家，可召来一见，嘱某于是夕灭灯相候。届时薛果携一幼童至，睡眼朦朦，如在梦中，某见之，果其子也，但俄顷即送远。以是信奉者甚众，名流显贵，亦多与往远。予民国十三年识其人，闻上述奇事，初不甚信，然尝亲见其表演数事，似近魔术，且亦甚趣。一日，予至一德通信社叶春霆处。坐未久，薛至，脱其呢帽置案上。春霆有一子方五岁，向薛索果饵，薛曰："余今日未遑携此，奈何！"予亦见薛入时两手空空也，顾此子索之急，薛曰："无已，将假以与汝。"言已，嘱此子揭其呢帽视之，果有橘梨各四枚，群皆异之。又大同旅社招待王寿田，一日召薛晚餐，予亦在座，薛曾为王制药丸七枚，忘携来。饭已，薛命王在其掌中，以手指画七圆圈，紧握之，口中念念有词。念毕，行至窗前，才一伸掌，即见窗外似有砂一把掷入掌中，恰药丸七枚也。又王尝偕薛游洪山，返至武昌友家，王适发烟瘾，仓猝无以觅烟，薛乃坐一空床中，垂帐约十分钟，呼王至，则烟膏、灯具仰备，竟不知其何以致之？

一德通信社，1924年创办，发行人为叶春霆。

胡适轶事

此次胡适博士归来，国人争欲瞻其丰采，聆其宏论，使宝岛空气，顿为欢腾，诚盛事也！今偶忆其一二轶事，亟记之于此。曩胡氏在北大讲学时，尝与黄季刚同宴会。席次，胡氏偶谈墨学，季刚遽骂曰："今之讲墨学者，皆混账忘八。"胡氏嘿然。有间，季刚复曰："即胡适之尊翁，亦混账忘八。"胡氏大怒，谓其辱及先人。季刚始大笑曰："且息怒，吾试君耳！吾闻墨子兼爱，是无父也，今君有父，何足以言墨学？余非詈君，聊试之耳。"合座哗然欢笑。又三十五年胡氏五十初度，友人赠寿联极多，有饶趣味者二联，一曰：何必与人谈政治，不如为我做文章。一曰：凭咱这点切实工夫，不怕二三人是少数；看你一团孩子脾气，谁说五十岁为中年。盖胡氏喜白话文，此二联皆以白话出之，甚有意味。

胡适（1891—1962），安徽绩溪人。思想家、新文化运动的领袖之一。著有《胡适全集》。民国三十五年，胡适五十五岁。

奇异毒虫

民国初年，大冶矿山有一工程师张某，江苏人，在矿山服务甚久，人咸推重之。其人无他嗜好，惟好打猎，每于假日，携枪至附近山林，猎取禽兽。一日猎枪，坐山石小憩，忽见近处丰草间，似有物行动，趋视之，见一蛇约四五尺长，方蜿蜒草间，张拟以枪毙之，突见一虫飞立蛇顶上，大小仅如黄蜂，蛇经此虫一螫，冥然不动，虫沿蛇背爬行至蛇尾，蛇身忽如刀劐，剖为两边。张见状，大为惊异，思此虫非同刀锯，胡如此锋利？一时好奇，拟捕虫归，加以研究，即以右足踏虫，顷之，意虫已毙，方拔起，虫忽飞去，张突觉右足麻木，立驰归，至矿山医务室检视，则见其右小腿呈紫黑色，医师谓中奇毒，宜亟锯腿，否则毒上延，殆已。张从之，医师急锯其小腿，旋化为水，张自是遂成为残疾。后遍询生物学家，迄不知是何毒虫。

破 瓜

中国人写女子美态，多用象征之词，如星眼、檀唇、柳眉、桃腮、梨花带雨、蝉露秋枝等，皆能形容尽致，惟谓"破瓜"为象征女子月事初至者，则大谬。盖瓜字为两八字组成，破之，即为二八，二八十六岁，正女子及笄之年，故破瓜实指女子十六岁而言也。如孙绰诗云："碧玉破瓜时，郎为情颠倒。"和凝词云："正是破瓜年纪，含情惯得人饶。"李群玉诗云："碧玉初分瓜字年。"皆可证。又六十四岁亦称破瓜，因得八八之成数也。吕岩赠张洎诗云："功成当在破瓜年。"盖指洎六十四岁也。是破瓜二字，男女均可用，其不作月事解可知。至谓破瓜为女子破身，如瓜破而红见者，更为市井之谈，可毋庸辨。

麻 烟

鸦片最毒，然而较鸦片更毒者，曰"麻烟"。麻烟产自新疆南部某县，吸法与鸦片不同，鸦片为膏质，卧而吸之，麻烟则为叶末，坐而吸之。售烟者于室中心炽炭炉，室四周以砖砌矮座，炉旁置烟筒若干具，烟筒为竹制，状如内地水烟袋而略大，烟哨似板烟烟斗。客至时，售烟者以烟叶盛烟哨中，取炉炭吸燃，递与客，客则排坐墙脚，缓缓吸之，吸已，则精神奋发，弹唱歌舞，无所不为。初吸者，只能盖一筒十分之一，多吸则瞳眼扩大，头目昏眩，视鞋履如船大，上瘾后，其中毒较鸦片为重，发瘾时，四肢瘫痪，往往爬行至烟室，过瘾后，始能起立，日久，不独瘠瘦如柴，躯干且因而缩短焉。惟此烟只产某县，不能出境移植，如欲秘密携之出口，一至关卡，则异香突发，恒为官吏抄没，故除某县外，他处则无。然有一用处，即服鸦片者，若以此烟煮水饮之，其毒立解。此事曾详载民国八九年间中华杂志，现不知尚有此烟否也？

花老四被暗杀案

抗战时，成都有一交际花名花老四者，湖北宜昌人，虽徐娘已老，而风韵绝佳，性倜傥，善酬应，尝罗致佳丽多人，供其调遣，凡有衾裯之需者，咸能使之满足而去。以是出入其门者，多川中军政要人，而潘文华昵花尤甚，暇辄邀刘文辉、邓锡侯辈至花家消遣。花家故奢丽，烟酒赌博，无一不备，故流连其家者，恒有乐不思蜀之感。抗战后，其生涯日盛，文华、文辉、锡侯诸人，几无日不谦集其家，于肆谈风月外，往往涉及政治。花家屋故闳大，花独居西院，东院则住雏鬟，诸显要集西院时多，故所谈政闻秘事，惟花知之，诸显要以亲昵故，亦不避忌。洎三十三年底，日军发动西南攻势，独山陷落，川中尝有一度恐慌。一日诸显要在花家谈及战事，文华等均主张日军如入川，即率军投降，花适被酒，笑曰："公等欲作亡国奴耶？我将向中央告发。"文华等默然。迨日本投降之次日晨，忽有刺客二人侵入花家，从床中抓花起，花见二人各持白刃，知事不妙，愿罄所有赎命，二人不语，以刀刺入花胸，直剖至下腹而死。事后，成都报纸均谓为谋财害命，但花财物实无所失，凶手亦缉未获。说者谓此为文华等杀以灭口，然亦无法证实，一代妖姬，遂冤沉海底矣！

胡汉民所出绝对

胡汉民在世时，用人极为慎重，无论事之巨细，必求用当其才。其开府广州时，有人求为某所长。胡以其才短而望奢，因拟一联命对，联曰："所长（仄声）必有所长（平声），君何所长？（平声）而欲为所长！（仄声）"其人嘿然，无以为对，迄今仍无能对之者。予因忆及一故事，昔有朱项二姓祖祠相对，俗例，祖祠门联须以本姓光荣史实，标榜夸耀，朱氏祠联云：两朝天子，一代圣人。上联指朱温、朱元璋，下联指朱熹，可谓荣矣。项氏无以抗衡，及悬赏征对，一游学者为拟一联云：烹天子父，为圣人师。盖上联指项羽烹刘邦父事，下联指项橐为孔子师事，则又较朱氏更盛矣。中国文字引人入胜，往往如此。

胡汉民（1879—1936），广东番禺客家人。清末时曾中举人。后为中国国民党元老和早期主要领导人之一。

预　感

近新生报南版曾载有《奇异的预感》一则，大意谓诗人威廉布兰克幼时，由其父送至一雕刻师李郎士家充学徒，布兰克一见李郎士，即私语其父此人似将被绞死，我不喜在此，后数年，李郎士果以伪造罪绞死云云。民国二十六年"八一三"战事发生后，日军飞机不断轰炸南京，时防空设备简陋，仅就地掘一沟，沟上敷土，即谓之防空洞。一日空袭警报发出后，玄武门侧一防空洞内，已挤满多人，有妇人携一小孩后至，才入洞，小孩忽然大哭欲出，群恶其喧闹，共驱妇出，妇无奈，携小孩归，俄日机至，此洞直中以弹，诸人均死焉。此两事皆蓦然间预感，转瞬即验。此种预感，殆即今日所谓第六感也欤？

孙立人重竖八莫威远营碑

明万历十二年，征西将军刘綎平定陇川，曾在缅甸八莫附近七十里之庙堤，建立威远营碑。碑长六尺，宽四尺，厚一尺，中央刻"威远营"三大字，左刻"大明征西将军刘筑坛誓众于此，誓曰：六慰开拓，三宣恢复。众夷格心，永远贡赋。洗甲金沙，藏刀鬼窟。不纵不擒，南人自服"。右刻"受誓：孟养宣慰司、木邦宣慰司、孟密安抚司、陇川宣抚司。万历十二年三月十二日立刻"。迨民国三十三年十月，孙立人将军率师进攻八莫，攻克庙堤时，发现此碑已委于乱榛中，裂而为三，因重新竖立，以彰汉族威严，意至善也。时有军官萧一苇，曾题诗一章云："汉将何于此筑坛，我来征战一盘桓。空山苔藓碑堪读，旧日风云鬼欲寒。诸葛纵擒宁是策，伏波功业未应完。伊江春水旌旗色，跃马时还缓辔看。"此亦抗战中一盛事也。

怒能愈疾

凡人郁积不宣，蕴怒不发，往往致病，治之之法，惟有使宣之发之耳。故笑可以治病，怒亦可以愈疾。《吕氏春秋》：文挚视齐王疾，谓太子曰："非怒王，疾不可治。"挚因不解履登床问疾，王怒，不与言，挚因出，固辞以重王怒，王叱而起，疾遂已。魏志华佗传：有一郡守病，佗以为其人盛怒即瘥，乃多受其货，而不加功，无何弃去，留书骂之，守果大怒，吐黑血数升而愈。此皆一怒而愈其疾也。又清季有一老孝廉，以知县分发江西候补，困顿廿余年，迄未补缺，一日忽奉委署南昌县令，大喜过望。莅任之日，首次坐堂问案，突然双目失明，大为悲痛。乃遣隶延某名医诊治，医方与人作叶子戏，闻隶述病状后，即谓此病甚难治，非其公子来请不往。隶归白县令，令方急躁，亟遣公子往，医傲不为礼，博如故，公子再三请，医愠曰："我太忙，非太爷夫人亲来，决不往。"公子归述其语，令勃然大怒曰："岂有此理！"语毕，目复明，不药而愈矣。次日医入署谢曰："公疾系由喜极而起，非怒极不能愈，昨日之事，所以激公怒而疗疾耳，非敢无礼也。"县令始服其医术，重酬之。此亦以怒愈疾也。

丁未四君子

清道光丁未殿试，曾国藩为阅卷大臣，所取翰林中，以李鸿章、郭嵩焘、陈卓梅、帅远燡等，文章最佳，号称丁未四君子。后李、郭、陈等勋业彪炳，扬历中外，惟帅远燡知者鲜焉。按帅为湖北黄梅人，探花帅承瀛之孙。入词林时，年仅廿余，少年英俊，诗文并茂。顾为人佻达，不拘细行，既贵后，邑中闺秀慕其才华，而愿私之者甚众，甚至以代帅梳辫一次为荣，故帅之腻友至多。有王姓女子，貌甚美，两兄具业屠，家颇丰，因邻媪为介，导与帅通，穴隙逾墙，不止一次。一夕帅方宿女闺中，忽为家人所知，拟捉奸以辱之。女觉，亟告帅曰："大哥守大门，二哥守侧门，母亲守后门，君宜由后门冲出。"帅如言逃出，然次日已传遍城中矣。迄咸丰中叶，黄梅为洪杨所陷，其祖承瀛墓被掘，帅恨之，赴赣谒国藩，愿执戈报祖父之仇。国藩以其年少轻浮，不足以任军事，阻之。居数月，再四泣请，国藩怜其志，姑拨兵一营，令其于抚州御寇，乃一出马，即殁于阵。国藩既悔且痛，为请谥"文毅"，并建专祠。邑人以其死事壮烈，遂不复再道其轻薄事矣。

帅远燡（1817—1857），字逸斋，湖北黄梅人，嘉庆探花、浙江巡抚帅承瀛之长孙。七岁能诗，号称"神童"。咸丰初，曾由黄梅步行至湖南，力请曾国藩出山。1857年为石达开所杀。著有《帅文毅公遗集》。

辰州符

今日科学昌明，符箓已无人置信，然天下事，常有不可理解者。予幼在外祖家，见一佣工颈后生一疔，疼痛非常，医生谓为"对口"，无法可治。适有一画辰州符者过予邑，因招之至，其人谓可移此病于牲畜身上，当促一小犬至，对之画符炊许，佣工痛渐减，犬颈渐肿，佣工患若失，犬则因痛狂叫，未几，竟毙。此时予方五六岁，犹疑记忆未清。民国十三年，予在汉，一日赴友人谳集，召长怡里妓女爱卿至，见其两拇指根，各有一疮疤，圆如小铜钱，问其患何疾？胡如是其巧？爱卿笑谓此病来自喉间也。诘其故，据谓月前尝患双喉蛾，喉间肿痛，滴水不能下咽，中医谓已不治，西医不肯开刀，自分将死矣。假父乃于大夹街觅一画辰州符者至，其人谓病已重，惟有移之两手，可无生命忧，因命注视两拇指根，彼则屏息画符，一小时后，注视处渐红肿，喉间渐轻松，画已，喉蛾竟消，两拇指根则各生一疽，历半月始愈云。此妓颇诚笃，当非谎语。然而辰州符能治病，实有其事，此或如今日催眠术之作用也欤？

贼　诗

《拊掌录》记：闽粤海贼郑广，就降后补官，同官强之作诗，广曰："不问文官与武官，文官武官总一般。众官是做官兼做贼，郑广是做贼才做官。"又清中叶捻贼苗沛霖，亦能诗，尝有题画石一绝云："位置豪家碧玉栏，终嫌格调太孤寒。何如飞去投榛莽，留与将军作虎看。"此虽是枭雄口吻，然诗则甚佳。又《聊斋志异》载：

"康熙甲戌一乡科令浙中，点稽凶犯，有盗窃已刺字讫，例应逐释。嫌'窃'字减笔从俗，非官板正字，使刮去之；候创平，依字汇中点画形象另刺之。盗口占一绝云：'手把菱花仔细看，淋漓鲜血旧痕斑。早知面上重为苦，窃物先防识字官。'禁卒笑之曰：'诗人不求功名，而乃为盗？'盗又口占答之云：'少年学道志功名，只为家贫误一生。冀得资财权子母，囊游燕市博恩荣。'"此乃秀才作贼，自与前两诗不同，然县官刺字，必欲计较笔画，亦迂甚！

谈台湾命名

关于台湾光复史实，言者已多，无待予述。今仅一谈台湾命名略考，俾旅台人士知台湾命名之由来。按台湾在明万历以前，原称为"台员"，盖历代闽越人来台，多散居于台南安平一带，与该地平埔族人接触频繁，平埔语呼"台南"，音近"大冤"，闽南人就其方言与汉文译称为"台员"。久之，转讹成"台湾"。迄明万历间，海寇颜思齐，踞有台湾，官书中遂正式称"台员"为"台湾"。郑成功入领台澎后，恶闽语台湾之读音，近似"埋完"，故改称为"东都"。及郑经时，又更称为"东宁"。明代亦有以北港名台湾者，《方舆纪要》载："澎湖为漳泉之门户，而北港即澎湖之唇齿，失北港则唇亡齿寒，不特澎湖可虑，即漳、泉亦可忧也。北港在澎湖东南，亦谓之台湾。"又载："北港即台湾。"此盖以台湾北部之称呼，而及于全岛也。又明朝人士，因台湾本岛土著皆属番族，而其位又在大陆之东方，故称之为"东番"。明万历年间，莆田人周婴著有《东番记》，即描述台湾之游志。明史外国传，亦称："北港，又名东番。"根据上述诸说，可知台湾在清代以前，命名各有不同。今台湾已名动全球，所谓"台湾"及"TAIWAN"，不独为中国官定名称，且为世界各国官书及新闻报纸固定之名称矣。

应声虫

予幼在家时，尝见所谓"灵姑"者，腹内能作人言，声音细小，约略能辨，凡祈问休咎者，于其人祖先及家事，亦能道出一二。予知此为女子忍气作声，力言其伪，然妇女辈深信不疑。曩见范正敏《遯斋闲览》，谓人腹中确有能言语者，谓之应声虫，殆人类异疾也。内有一则云："余友刘伯时，尝见淮西士人杨勔，自言中年得异疾，每发言应答，腹中辄有小声效之，数年间，其声浸大。有道士见之，惊曰：'此应声虫也，久不治，延及妻子。宜读《本草》，遇虫所不应者，当取服之。'勔如言，读《本草》至雷丸，虫忽无声，乃顿饵数粒，遂愈。余始未以为信，其后至长汀，遇一丐者，亦有是疾，环而观之者甚众。因教之使服雷丸。丐者谢曰：'某贫无他技，所以求衣食于人者，唯藉此耳。'"此或系一种寓言，用以讽刺时人，未必真有是疾也。然世之缺乏理智，不明是非，而习于人云亦云，随声附和者，谓之为应声虫，亦无不可。

女色招贤

古今政治活动,往往不择手段,倘有必要,即利用女色,亦所不惜。如庚子事变中,赛金花之与瓦德西,以及今日世界各国之女间谍,皆尝获致极大之效用。中国古代政治家,固极重视礼教,然为罗致人才,开成大业,亦不得不以女色为饵,以吸引游侠之士。如管仲相齐,开布衣卿相之局。目击齐国朝野,人才不足靠,势不得不招致奇才异士,共济时艰。然此辈人士,率多倜傥放荡,不拘绳墨,非醇酒妇人,决不能使之效力,于是设置"女间",以相羁縻,卒之完成齐桓霸业。后越王勾践,亦师管仲意,搜罗国中寡妇,聚集一处,使忧时之士游之,以娱其意,卒能沼吴。燕太子丹为抵抗暴秦,亦尝利用后宫美女,招养勇士,故得荆轲甘为效死。观此,可知女子魔力之大矣。近世各国,常广招舞女,以娱外宾,或亦此意也欤?

重 九

　　农历九月九日，日月皆值阳数，因名"重阳节"。若在内地，是日辄有疏风冷雨，所谓"满城风雨近重阳"是也（原书脱漏"也"——梅杰按）。吴志谓"九月九日晴，冬无雨雪"，故俗谚有："夏至有风三秋熟，重阳无雨一冬晴。"则藉此可觇天时，又谓之"重阳信"。吴筠《续齐谐记》：费长房语桓景，九月九日汝家当有灾，宜登高食菊花酒，因举家登山得免灾患。《晋书》：孟嘉为桓温参军，九月九日，温游龙山，僚佐毕集，有风至，吹嘉帽坠落，嘉不之觉，温命孙盛作文嘲嘉。后遂相承为故事，重九日必登高。俗又以九为阳数，是日日月并应，宜于长久，故登高又必享宴高会。杜甫诗："旧日重阳日，传杯更放杯。"即此意。又《风土记》：以重阳相会，登山饮菊花酒，谓之登高会，又云茱萸会。崔曙诗："且欲近寻彭泽宰，陶然共醉菊花杯。"杜甫诗："明年此会知谁健，醉把茱萸子细看。"又王维《九月九日忆山东兄弟》诗云："独在异乡为异客，每逢佳节倍思亲。遥知兄弟登高处，遍插茱萸少一人。"

诗人笔下的是非

台北顾正秋剧团排演《汉明妃》一剧，哀感顽艳，颇能博得观众好评。盖痛惜美人，切齿画师，千余载来，莫不人同此心。如崔国辅诗云："一回望月一回悲，望月月移人不移。何时得见汉朝使，为妾传书斩画师。"又白居易诗云："汉使却回凭寄语，黄金何日赎蛾眉。君王若问妾颜色，莫道不如宫里时。"此皆爱惜怜悯，深致慨叹！然明江阴某君《题明妃图》云："画师有意防倾国，不使佳人宠后宫。"此则别具见解，而反为画师呼冤矣。他如吴王夫差因宠西施亡国，人皆以西施为妲己、褒姒之流。然唐人有句云："妾自承恩人报怨，向君歌舞背君啼！"则谓西施虽收灭吴国之功，却有难言之痛，含蓄蕴藉，意味深长，诗人笔下，真各有是非矣。

拆　字

拆字之说，三国时已有之。时有蜀使入吴，吴薛综嘲之："有犬为獨，无犬为蜀，横目勾身，虫入其腹。"此殆拆字之权舆。是后文人术士，多以此言休咎，往往而验。宋苏子瞻谪儋州，苏子由谪雷州，黄鲁直谪宜州，时有术士测之曰："儋字从立人，子瞻其尚能北归乎？雷字雨在田上，承天之泽也，子由其未艾乎？宜字乃直字有盖棺之义，鲁直其不返乎？"后子瞻归，至毗陵而卒，子由老于颖，十余年而终，鲁直竟殁于宜，则术士之言验矣。相传明末李自成、张献忠作乱，已进犯中原，思宗忧之，命内监入市拆字，以占吉凶，内监赴一术士处，报一"有"字使拆，术士问占何事？内监对以国事，术士摇首曰："不妙，大明江山已去一半矣。"盖"有"字上为大字之半，下为明字之半也。内监曰："否！我所报为朋友之友字。"术士摇首曰："更不妙，反贼已出头矣。"盖以友字为反字出一点也。内监又曰："否！否！我所报为子午卯酉之酉字也。"术士则起立大惊曰："大凶！大凶！酉字为尊字斩头去脚，至尊其不幸乎？"后思宗果于自成犯京师时殉国。又予友赵君夫人方娩，偶拈一"执"字，使友测其生男抑生女？友曰："势字为男子阳具，今执字无力，已不成其为势，殆生女矣。"

后果验。今江湖落拓之士，多以此糊口，则有验有不验也。

女裤今昔谈

女儿穿裤，究始于何时？殊无法考证。在中国古代，似有裙而无裤，无论词曲小说，写至最露骨处，亦只有解罗裙而无解裤之说。大抵宋明以后，女子始皆穿裤，至清代，则视女子内裤为亵物，无敢于众目共睹处暴晒，凡出外交往，或戚党讌集，裤外必着裙矣。近自三角裤流行后，女子虽穿裤，亦等于零矣。日本女子，在处女时代，必穿短裤入学校，校长必检查，归家时，母亲必解视。惟出嫁后，则穿否各听其便也。西方人古时亦不穿裤，中世纪始由威尼斯传入欧洲，但初仅妓女穿，普通人多不穿。有人问一法国乡下女子，是否喜穿裤？此女忽勃然怒曰："尔以为我会穿裤耶？我实一正经姑娘也。"则知当时且以穿裤为耻矣。直至十八世纪末叶，除女伶外，巴黎仍无穿裤子女人。至于英国，初亦只男子有之，女子则否也。近代文明进步，当然不同昔时矣。

章太炎也为人治病

章太炎晚年,研究内经,自谓精于岐黄之术,但无人敢就医。一日其厨司有疾,太炎为配方药,令夫人亲往调之,途过门人汪旭初,索方观之,似不对症,急止夫人曰:"何不救人一命?"夫人曰:"此汝师之意也,将奈何?"旭初曰:"生死攸关,不可戏也。"遂密寝其事。未几,厨司病愈,太炎喜甚,语旭初曰:"古方灵验,惜世人不省耳!"旭初不禁哑然。又太炎少时,所居与烟馆为邻。烟馆主人年五十矣,娶少妻仅十五,结婚之日,太炎撰一联贺之,工整而有趣,联曰:"五十新郎,十五新娘,天数五,地数五,但愿儿孙添五代;两三好友,三两好士,损者三,益者三,互相谈笑到三更。"其少时已善调侃人如此。

昔日作像艺术

今日习美术者,恒以写真与雕塑并重。擅此者,顷刻之间，即能为人作像，形神酷肖，栩栩如生。问其师承，辄谓得之西洋某派。其实中国昔时，已有人善此术。明初画师戴文进，偶至金陵，行李为一佣肩去，不知所之，乃从酒家借纸笔，图其状貌，集众佣示之，众曰是某人也，随至其家，得行李焉。此即今日速写是也。又某笔记载明闽人有刻木为小像者，召之至，草草审视，不移时即去，殊不见其审度经营也，越一日而像成，大小惟命，色泽姿态，毫发不爽，置之座右，宛然如生。此又今日之雕像是也。又有一种捏像，业此者取粘泥一团，置掌中，与求像者对坐，目视其人，手则于桌底搓捏，俄而像成，取视之，须眉神情，一一酷似。所奇者不用刀镌。只凭手指，是较今日塑像为更精矣。谁谓昔人无绝技哉！

人皆玳瑁我独乌龟

玳瑁，为龟类动物，产海洋，体长三尺余，形似蠵龟（龟属之最大者）而嘴尖，前足长，背有主甲，淡黑而微黄，胸甲黄黑，性强，往往啮人，其甲熟之甚柔，可制各种装饰品，故网获之者，辄视为宝物。三十五年国府还都，有人献活玳瑁一只，中央置陵园豢养，内地人少见此物，因群往参观，新闻记者亦为之摄影记载。时北京某报驻京特派员毕某，因不识玳瑁，遽电某报报告有人献巨龟一只，用志祥瑞。电文刊出后，人皆讪笑，某报主持人阅之甚恚，亟电毕某诘问，而该主持人素以节省见称，凡往来电文，必求其简略，以免多耗电费，其诘问毕某电文，仅有"人皆玳瑁，我独乌龟，何故？"十字，此文简则简矣，但事由全略，使人读之，几成为此公自骂之词也。后毕某出示于人，无不捧腹大笑。

孟恩远杀妻

民国九年十月间，曾任吉林督军孟恩远在天津寓宅，亲以手枪杀死其妻，当时被捕房捕去，以杀人犯看管。后经证明其妻原为女伶出身，因与人通奸，为孟发觉，故枪杀之。复由多人疏解，始获恢复自由，此亦军阀中一段笑话也。按孟为天津卫大茶壶，于小站练兵时，应募入伍,至光绪卅年,升为吉林防军管带。民国成立后,逐走陈昭常而为吉督。自是纵情声色,养尊处优,内事委之女婿陆承武(陆建章之子),外事委之外甥高士傧。高为吉林第一师师长,固孟之灵魂也。至民国八年,张作霖因欲扩充地盘,遽向段内阁检举孟与复辟有关,被段免去吉督,改任为诚威将军,孟抗不受命,并电段质问调动理由,限三日内答复,否则吉林宣布自主。高士傧亦以边事重要,电请政府收回易督命令。时代理国务总理龚心湛电复高谓:"孟督久任边圉,阅历甚富,调京另有借重,非同左迁……国家设官,本无内外轻重之殊,出掌封圻,入参机要,其为国家尽瘁则一,望勿以孟督迁调,致生误会。"但孟、高仍不服从,致僵持甚久。后因日本支持张作霖,出面干涉,孟、高始陡然软化,将吉督交鲍贵卿接任。时孟年已六十,卸职后,侨寓天津,次年遂肇杀妻之祸。后数年,殁于津。

孟恩远(1856—1924),天津人。起家于小站练兵,人称"拾簪将军"。

一裤连丧三命

民国十三四年间，赵荣华任湖北上游警备司令，其部队驻宜昌附近，纪律最坏，奸淫掳掠，无所不为。一日有少尼于垂暮时，行经乡间某处，是处适驻有赵部一小队，一士兵见尼踽踽独行，尾之，至僻静处，遽前抱尼，欲施非礼，尼力拒，纷纭间，内裤已褫矣，尼狂呼救命，适有行路人至，尼始得脱，踉跄奔入一民家。此家只有一少妇与幼子，子仅三四岁，夫为木匠，方外出未归。尼见天已昏黑，距庵尚远，因向妇述所遭，兼求借宿，妇允之，并于衣笥中取一裤与尼穿着，夜则同榻而眠。次日尼去后，其夫忽归，浴后，命妇取裤易之，妇启衣笥，始知昨夜误将夫裤借尼着去，颇为张皇，夫疑之，问裤何在？妇谓被人借去，夫怒，严诘何人来此？其幼子忽谗言曰："昨有一和尚来家，夜与妈同睡。"夫大咆哮，骂妇私僧，妇谓是尼，非僧，并将尼所遭遇告之，夫不信，谓尼果借裤，应以女裤与之，何用男裤？因重挞妇，妇无以自白，夜间自缢死。夫余怒未息，陈尸不殓。晌午，尼携点心一盒，裤一件，亲来申谢。夫见来者果尼，裤又确系己物，乃大懊悔！尼询知妇为己而死，亦抚尸痛哭。夫以此祸实缘幼子一言而起，忽迁怒于子，曳之掷诸门外。子头触石，致脑裂而僵。尼去后，夫见妻死子殇，凄然一室，因大痛悔，夜间亦自缢而亡。一裤之微，连丧三命，诚惨祸也。

可法遗书

　　明思宗殉国后，福王立于南京，史可法以大学士督师江上，清摄政王多尔衮遗书讽以贬号归附，可法复书拒之。至康熙时，特谕廷臣于内阁中检出，诏褒其忠义，自是始见于世。文长千余言，词严义正，使人百读不厌。说者谓此书为侯朝宗手笔，然可法于扬州失陷时，曾有遗书数通，其忠孝节义之词，并不下于答多尔衮书。爰录其二，以示今人。其一云："败军之将，不可言勇，负国之臣，不可言忠。身死封疆，实有余恨。得以骸骨归葬钟山之侧，求太祖高皇帝鉴此心，于愿足矣。"其二云："可法受先帝厚恩，不得复大仇；受今上厚恩，不能保疆土；受慈母厚恩，不能备孝养。遭时不遇，有志未伸，一死以报朝廷，固其分也，独恨不早从先帝于地下耳。"大节凛然，可昭日月，愿今之秉节钺者，多读此至性文章。

爱之歌曲

元人作曲，多用日常生活语言，重声调不重文辞，然情感丰富，畅达明了，在白话文学史上，实有其崇高价值。如姚牧庵《寄征衣》云："欲寄君衣君不还，不寄君衣君又寒。寄与不寄与，妾身千万难！"又徐甜斋《相思引》云："相思有如索债的，每日相催逼。常挑一担愁，准不了三分利。这本钱见他时才算得！"又施子野《驻云飞》："索性丢开，再不将他记上怀。怕有神明在，嗔我心肠歹。咳，那里有神来，丢开何害？只看他们抛我如尘芥，毕竟神明欠明白。"又冯梦龙《书寄》云："频频书寄，止不过叙寒温，别无他奇。你便一日间千遍书来，我心中也不嫌聒絮。书啊，你原非要紧的东西，为甚你一日迟来，我便泪垂！"凡此皆情意缠绵，富有人情味，若以白话文写出，恐非千万言不能尽也。他如明代王世贞《折杨柳歌》云："莫作中女郎，懊悔不可言。大姊得早嫁，小妹得娘怜。""桃花二三月，故爱东风吹。阿母不嫁女，忘取少年时！"又《那河滩》："郎来如上滩，五步三步留。郎去如下滩，瞥疾不回头。"此仅寥寥数十字，能将少女心情，曲曲写出，其精湛岂今日白话诗所能及！

说　钱

钱，为人类生活必要之物，无人不爱。俗谚："有钱买得活人倒地，死人翻身。"又谓："人为财死，鸟为食亡。"是钱能生人，亦能杀人，因其能生人，故人人爱之，唯其爱之酷，祸亦随之。曩谭嗣同困顿京师时，尝有诗云："曳尾泥途又一年，伤心新绿遍山川。到头世事无情甚，莫怪人生只认钱！"以嗣同之伟大，犹不免有此感慨，则品格低下者，又何能责其勿爱钱乎？忆抗战时，某报载有一联云："钱有两戈，伤坏古今人品；穷只一穴，埋没多少英雄！"是亦申言钱之为害，足使人品伤坏英雄埋没也。清嘉定汪价在其所著《三侬赘人广》自序云："余与汉阳李云田偶过汴市，见有争钱而相搏者。云田曰：'古人名钱曰刀，以其铦利能杀人也。执两戈以求金，谓之钱，亦以示凶害也。'余曰：'执两戈以求金，谓之钱，执两戈以求贝，谓之贱。执十戈以求贝，则谓之贼而已矣！'余曰：'两戈不敌一金，钱真神物也！'云田曰：'得一金而来两戈，岂不可危？'"此以拆字方法，而释爱钱之危害，可谓义理俱明。然世之贪污枉法而致家破身亡者，比比皆是，从知钱之迷梦，唤醒不易也！

张作霖劫械

民国六年段祺瑞为对德宣战，曾与日本成立军械借款，购买军火甚多。此批军火，原为编练参战军之用。乃事为张作霖所闻，张亦正欲扩充军队，竟于是年春间，第一批军火运到秦皇岛时，擅自提去步枪十万枝。段闻之大怒，急电张令将军械运送北京，张复电谓："此次奉天请领军械，系遵元首讨伐明令，整饬军队，为政府之后盾，以期早日削平内乱，始克同心御侮。所练军队，无论对内对外，均属拥护中央，一旦编练成军，悉听政府驱策，运京留奉，宗旨无殊，盖全军均属国家，更何器械之足计？"此电措词甚妙，盖段是时正欲声讨冯玉祥，罢免长江三督，张解释扣械即所以为政府后盾，削平内乱，使段有苦难言，啼笑皆非！张自劫得此批军械后，即于原有二十七、八、九三师外，增编第三十师。同时派兵入关，进驻廊坊，复在军粮城，设奉军总司令部，检查火车，俨然重镇矣。此为奉军伸足中原之始，是后奉直战争，即肇于是。

一报还一报

民国七八年间，段祺瑞与西南发生龃龉，致南北两军，徘徊于似战非战，欲和不和之局面下甚久，而湖南地当其冲,彷徨尤甚。八年六月间,湘军总指挥赵恒惕,方驱走张敬尧,进占长沙,忽接湖南护国军总司令程潜电谓:"扫径以待联帅(指湘粤桂联军总司令谭浩明),毋得发生何种名义。"不久程率军至长沙,即自称为湖南督军兼省长矣。忽亦接谭浩明电谓:"毋得擅有建立,致涉纷歧。"不久,谭亦由衡阳进省,自称以联帅名义兼理湖南军民两政事宜,程则退居有名无实之省长矣。程假谭力以倒赵,谭又挟桂军以倒程,此真可谓一报还一报矣!又四川军人在其自倡防区制时,彼此相争,纷纭不已,往往甲打倒乙,丙又打倒甲,甚至双方部队在城外作战,而双方主将则在城内打牌,如甲军败于乙军,乙军主将即安慰甲军主将曰:"啥子要紧,你缴了械,我聘你做高等顾问。"明日乙军败于丙军,丙军主将亦复如是对付乙军主将,此亦可谓一报还一报矣!

谭浩明(1871—1925),广西龙州人。出身旧桂系,曾任广西督军。1924年下野后不久被卫士暗杀。

时人谐谜

张其昀之"昀"字，本一寻常字，然在华文打字机字盘中，独缺此字。故凡寓书张氏者，如用打字机誊写，非以墨笔另添"昀"字不可。一日政院某公，有事函张，交打字小姐誊写时，打字小姐忽自作聪明，将"昀"字打一"的"替代，以为大体相似，可蒙混过去也。张得函，颇为失笑。未几，张与某公同席谶集，谈笑间，张忽曰："我有一佳谜，请诸君试猜？"众请述之，张曰："脱衣舞，射在座人名一。"在座不过十一二人，但均与脱衣舞无关，百猜不中，张笑曰："诸君纵是神仙，亦无法猜中。"众请示谜底，张曰："即区区是也。"众谓不类，张谓我自有说，遂笑述某公函"昀"字误"的"字，且曰："脱衣舞，非张其的乎？"众闻之，大为哗笑。按此谜甚妙，如以"的"字作动词，则脱衣舞为张其的器也，如以"的"字作名词，则脱衣舞为张其目的也，两意均合，而均趣。又朱怀冰，前年赴友人宴，菜肴中有美国冻肉，当有人以冻肉为谜，射朱怀冰名，盖以朱与猪同音，猪肉为水所冻，正与朱名恰合也，此亦甚趣。

张其昀（1900—1985），地理学家、历史学家，浙江宁波人。曾任浙江大学文学院院长兼史地系主任。著有《政治地理学》《中华五千年史》等。

冯自由寿刘成禺

刘成禺，武昌人，因生长广东番禺，故号"禺生"。清末留学日本，为同盟会最激烈分子。民初膺选国会议员。袁世凯称帝时，尝著有"洪宪纪事"诗数十首，传诵一时。平生与冯自由最善，冯与相见，辄以"麻哥"呼之。三十四年，刘七十寿辰，冯赠寿诗五首，所言皆刘清末作革命党时轶事，而于刘民元后任议员及监委诸事，则无一语及之，此亦寿诗之别开生面者。兹录之于后，并附记其所指轶事。

其一云：汉高遗裔产禹山，少读奇书江汉间。远放梨洲走三岛，雄谈排满变廉顽。

（此指禺生生长番禺，清末赴日习陆军，尝受孙文命，在留学生新年会演说排满，被清廷开除学籍。）

其二云：秀才造反开三楚，独立宣言新广东。永乐楼头湖广会，主宾豪气夺元龙。

（此指民前十一年辛丑，冯与禹生等发起广东独立协会。次年壬寅，又发刊《湖北学生界》。一日孙文召宴学界同志于横滨永乐楼，凡十余人，皆鄂湘粤桂四省籍。孙文曾谓是日为湖广大会。）

其三云：太平实录纪天王，殿撰文章一瓣香。首揭逸仙神圣序，汉家正统在尊攘。

（此指民前八年甲辰，禹生著《太平天国战史》出版，文章足与天国第一科刘状元媲美，孙文为之作序。）

其四云：万里西游拓大同，壮夫伟论豁愚蒙。康梁邪说如冰释，海外声声颂汉公。

（此指民前八年甲辰，禹生主持旧金山《大同日报》笔政，高谈革命，保皇余毒，一扫而空。"壮夫"、"汉公"俱禹生笔名。）

其五云：清明反复致公堂，汝我同称两栋梁。二度解囊复汉业，独怜中道失琼昌。

（此指辛亥黄花岗之役，冯与禹生于旧金山致公堂组织洪门筹饷局，助革命党。唐琼昌为《大同日报》社长，民四病故。)

冯自由(1882—1958),生于日本,祖籍广东南海。早年参加辛亥革命,后任国民政府委员。著有《革命逸史》《华侨革命开国史》《华侨革命组织史话》《社会主义与中国》等书。

巨 蟒

予幼闻先考谈,有人于日暮行山间,陡觉腥风袭人,树木震撼,蓦然坠入一黑洞中,闷热异常,以手摸壁,觉涎滑似皮肉,因掣佩刀,就肉壁力割,立时颠簸腾撞,如乘舟行风浪中。再持刀割壁,俄见壁开一隙,可见光亮,再割,则由隙颠顿而出,见一蟒蛇毙山间,始悟已被蟒吸入腹中,赖佩刀破腹而出,此蟒可谓巨矣。予当时颇疑世间安有此巨蟒?然去岁见报载,二次大战时,美军在缅甸森林中驻扎,常有士兵无故失踪。一日有战斗兵数人,驾吉普车行山间,忽见一巨蟒横卧道中,身长数丈,粗如巨瓮,其首枕道旁树间,似方入睡,吉普车不敢跨越其身,又不敢转道,恐其追袭,于是缓缓退至相当距离,共以手榴弹向其头部轰炸，蟒被炸腾掷，树木尽折，旋毙草间。车中士兵，以刀剖其腹，内有钢盔两顶，尚未消化，始知前此失踪士兵，皆此蟒吞噬也。此事译自美国某杂志，当系事实，可见深林茂草间，真有此庞大物也。又吾乡有一农夫，黎明时下田刈稻，昏暗中见田塍间有小树耸立，因思此处故无树，乃以手握之，始知为一大蛇，大惧！但手既握蛇颈，不敢释，即以镰刀断蛇首，仓皇奔归，行至屋前稻场，始忆蛇首尚在手中，即掷丛草间，闭门憩息，忽闻门上似有物钉着，天明视之，则见蛇首飞钉门板上，当以刀刮去之。次年夏间，农夫卧此门板午睡，立死，相隔一年，犹能致人于死，可见蛇毒之重矣。

压岁钱

昔时岁暮，凡有儿女者，长辈例赐"压岁钱"，亲戚间亦必互相馈赠。清时，多以红线穿铜钱成串，或扎成各式花样，于除夕日分送小儿女，有名"元宝钱"，有名"定胜钱"，有名"如意钱"，盖取吉祥如意之义。

及使用银元后，则多用银元，或以彩线包扎，或盛以锦匣，得之者辄不忍用去。迨银元废止后，则以纸币装入梅红封套，谓之压岁钱袋，而钱之数量，亦随时代而递增矣。按此俗自宋时已有之，时于除夕夜，以盘盒盛果品食物，互赠各家小儿女，谓之"压岁盘"，初不用钱也。洎宋神宗时，枢密副使王韶有幼子南陔方能言，于元夜观灯，为奸人所得，途遇中人，忽大声呼救，奸人被擒，中人携陔归禁内，具道所以，上叹其早慧，赐金犀钱果以压惊。自是压岁盘遂变成压岁钱，于是年年压岁，岁岁馈钱，流传至今，乃成习俗焉。

谈陈树人元旦诗

陈树人工诗善画，风格绝高，恂恂儒雅，绝无要人习气。自二十六年抗战开始，至三十一年止，在川中所作诗，都六七百首，名为《战尘集》。集中每年元旦，各有一诗，而各有不同意境。在二十七年元旦偕王志远登黄鹤楼诗云："不语江山涕泪新，岂期登眺及兹辰，闭眸凝想钟山上，可有潜来谒墓人。"二十八年元旦，树人诗云："胡氛万里镇松楸，还矢先灵愿未酬，罪孽吾徒知极重，桥山弓剑尚存不？"此诗显示其虽在颠沛流离中，犹念念不忘中山先生陵寝。二十九年元旦试笔诗云："不是寻常献岁辞，山河收拾定何疑，今年更喜符私祝，还我江南一画师。"此诗作于长沙大捷之后，故其愿望只在以画师还乡而已。然蹉跎至五年后，始得如愿以偿。树人胜利回粤后，与其夫人若文女士，唱随甚乐。是年元旦，有绘双清图赠若文诗云："送年诗与迎年画，二稿丁宁枕上评，晓起挥毫申祝意，人间端有此双清。"此诗心怀恬静，伉俪情深，与以前各元旦诗，意境又自不同矣。

陈树人（1884—1948），广东番禺人，早年留学日本，并追随孙中山从事革命。与高剑父、高奇峰并称为"二高一陈""岭南三杰"，同为岭南画派创始人。著有《陈树人画集》《春光堂诗集》等。

贤 母

　　欲有佳子弟，必须有贤父母，盖家庭训诲，往往较学校教育功效为大也。昔顾亭林自明亡后，即不应试，往来南北，结交豪杰，所为诗歌，情辞激楚，若有剧痛不能言者，此实其太夫人弥留时遗书有以训迪之也，太夫人精通经史，甚以明亡为耻，故遗书勖亭林笃行敦品，为耕读中人。今将其遗书录后，书云："呜呼武儿，余与尔将永诀矣！不得不临别赠言。昨梦尔父同吉，携余行于沙漠之地，此大不祥也。然国事至此，死且嫌迟，死又何惜！惟余惓惓于尔者，不在言而在行。不在学，而在品。尔固明之遗民也，则亦心乎明而已矣！余尝苛论古人，谓夷齐扣马而谏，是也。谏既不从，胡弗殉国？乃登首阳采薇蕨何为乎？噫嘻！夷齐误矣！甲子以后，首阳尚得为商之山乎？薇蕨尚得为商之食乎？噫嘻，夷齐误矣！一时侪辈，莫不訾余持论之偏。独黎洲心韪之，则其怀抱可想。且余观尔友中，亦惟黎洲品诣敦笃，尔虽师事之可也。惟尔之子若孙，嘱其为耕读中人，勿为科名中人，则尔方不愧余家肖子也。呜呼！武儿，余与尔永诀矣！无日月时母氏嘱。"所谓无日月时，即无无明时也。夫人不忘故国如此。

张敬尧垂涎曾宝荪

张敬尧，原为安徽亳县无赖子，尝于徐淮间为盗，习于杀人放火，后投军充下级军官。癸丑之役，随李纯入赣，升任第六师团长，洊升第七师师长。洎袁世凯称帝，蔡松坡起义云南，袁特令敬尧入川，与护国军作战。袁死，敬尧即投张勋门下，执门生礼。及复辟失败，又追随督军团之后，痛骂李纯，以见好段祺瑞，段遂任之为湖南督军。敬尧督湘后，骄奢淫逸，无所不为。时长沙艺芳女校校长曾宝荪女士，为老翰林曾广钧之女，相国曾国藩之曾孙女，幼从英国女教士，留学英伦，回国后创办是校，颇负时誉。敬尧闻其美，思有以致之，遣人示意曾，曾坦然入督署晋谒。相见时，曾以老伯称敬尧，敬尧颇为错愕，曾谓："督军尊人总愚先生，先祖尝保荐升官，依世谊言之，督军实小女父执辈，自应称以老伯。"敬尧闻之滋惑。盖张总愚为捻匪头目，投降官兵，敬尧是否其子，殊属疑问，曾尊之之意，实欲提高其辈分，以戢其野心。结果，此一苦肉计，竟获实效，敬尧虽垂涎曾之美貌，然以长辈关系，终督军之任，不敢存非分想。噫！曾亦智矣哉。

曾宝荪（1893—1978），湖南湘乡人，曾国藩之长曾孙女，著名女教育家。著有《曾宝荪回忆录》。

张敬汤之荒唐

张敬汤，为张敬尧之弟，行四，人呼为四帅。其人原不谙军旅，乃弟以兄贵，敬尧任湖南督军后，竟保充旅长，于是横行三湘，赫然显贵。平昔参与敬尧帷幄，恒以"军师"自命。有时着戏装八卦衣问其随从曰："你看我像军师孔明否？"随从辄应曰："孔明不及四帅武功。"敬汤益自得。其为人贪鄙无赖，任旅长时，常出入绅吏之家，讨看古董字画，如遇值钱之物，即强迫借去，永远不还，物主畏其势，不敢问。民国八年九月二十一日，为敬尧四十寿辰，敬汤负责筹备乃兄寿典，寿仪定为福、禄、寿、喜四级：即一千元、五百元、三百元、二百元四种，指派全省绅商分认。长沙八大旅馆，皆指定为招待所，并于督署大兴土木，新建戏台一座，敬汤复亲赴汉，召坤伶多人，正拟大张旗鼓，为敬尧祝寿。乃驻在衡阳之吴佩孚，忽来一电谓："愿率全军为督军寿。"敬尧得电，大为胆落。盖时正佩孚要求撤防，北政府无法应付，敬尧恐其率军祝嘏，因而夺取帅印。同时段祺瑞亦电责不应铺张过甚，致招物议。此两电无异冷水浇头，使敬尧惶骇不知所措，于是拆除戏台，大骂敬汤荒唐。敬汤一股高兴，亦如水消焉。

戏台联语

昔时戏台联对，多情名手为之，正喻夹写，文浅意深者甚多。盖世界原一舞台，人生即是戏剧。作者借题发挥，故易构成佳句也。今就记忆所及，录其富有幽默感数联于后：

休羡他快意登场，也须夙世根基，才博得屠狗封侯，烂羊作尉；
姑借尔寓言醒世，一任当前煊赫，总不过草头富贵，花面逢迎。

唤醒痴迷，上台容易下台难，看粉墨登场，优孟衣冠原是假；
演成今古，一代兴亡千代恨，问文章名世，史迁纪传尚非真。

是局中人，走哪里去；
凡天下事，作如是观。

要看早些来，大关节全凭起首；
且听完了去，好结果尽在后头。

凡事莫争先，看戏何如听戏好；
为人须顾后，上台总有下台时。

开场即是收场日，看戏无非做戏人；
谁为袖手旁观者？我亦逢场做戏人。

佛说富贵贫贱，原平等相；
一切悲欢离合，作如是观。

是耶非耶？其信然耶！
秦欤汉欤？将近代欤？

看我非我，我看我，我亦非我；
装谁像谁，谁装谁，谁又像谁。

徐树铮之大胆

徐树铮才识恢宏，予前已记之。今再谈其胆量。民国六年奉军入关，张作霖任总司令，树铮任副司令，原属合作，后因事龃龉，树铮竟欲以杀陆建章之策而杀作霖，白之段祺瑞，段力斥其非。一日作霖至团河谒段，树铮适在座，段恐树铮妄为，于作霖去时，亲送至门外，而以右手于背后频频摇摆，以示"不可"，始未致肇祸。时作霖势倾朝野，无人敢撄其锋，树铮独欲杀之，胆可谓巨矣！此一事也。民国九年夏直皖战争发生后，曹（锟）吴（佩孚）咸欲得树铮而甘心。及皖系兵败，直军逼近都城，是晨树铮犹衣白夏布长衫，乘敞篷汽车，出宣武门至其主持之殖边银行，提取现款，转赴琉璃厂旧书店，偿还欠账。时都中均知皖军已败，直军瞬将入城，店主见树铮犹从容若无其事，颇为惊愕！频谓："此小事，何劳督办大驾。"树铮笑谓："此刻不来还，将成倒账矣。"迨其由琉璃厂转至东交民巷时，直军已蹑其后矣。其胆大如此。此又一事也。迄民国十四年冬，树铮在廊坊遇害，亦实其胆大之过。盖是日段祺瑞及都中友人，以冯玉祥驻兵廊坊，恐遭暗算，均劝其化装乘小汽车赴津，树铮不听，犹挂专车，张扬其行，卒至殒身。吁！可惜已！

三日假皇帝

清光绪十年，予邑曾发生假皇帝案，虽仅三日事平，然经过甚趣。先是渡河桥有於天保者，家业染坊，青年时，有星相家为之算命，谓八字大贵，有天子之分，自是遂以皇帝自命。洎中年，仍无应验，一夜梦金龙缠身，醒语其弟，弟谓此是帝兆，命将验矣。于是集合地方无赖，约期起事。届时宰猪数头，与诸无赖饮，以被面为旗帜，群趋多云山福主庙登极。仓促间，无以具皇服，遂以福主菩萨龙袍衣之。菩萨龙袍，后幅向只半截，天保嫌其不像，众谓皇帝坐时多，无人看出。其妻以夫为皇帝，将来宫妃必多，不欲享此富贵，天保强之登山，以贵家新妇所服凤冠霞帔衣之，命众呼以"娘娘"。当夜于佛殿登极受贺，封其弟为丞相，诸无赖为将军不等。一时乡村骚动，逃难者塞途。次日县官覃某闻报，大为惊骇！时城内仅保甲二十余人，覃不知天保势如何，不敢往擒，乃檄邻县广济派保甲至，共往讨之。至多云山，见诸无赖仅持农具木棒为武器，闻官兵至，一哄而散。县官于庙内擒获天保夫妇，械送入城，次日于北邙山问斩。临刑时，天保夫妇坐囚笼内，犹衣龙袍霞帔，状甚滑稽。时正值洪杨初平，人心厌乱，是日前往观刑者极众，群以香火灼天保夫妇，共相哗笑。自其起事至斩时，仅三日而已，是殆世界上最短期之皇帝也。

徐碧云盗帽案

徐勘原为国会议员，民十一旧国会复会，徐入京，寓西厂胡同山西街。时五大名旦之一徐碧云，方在北京演戏，其住宅与徐寓邻对。徐有如夫人某氏，原为青楼出身，因爱碧云貌美，常往捧场。未几，发生暧昧，两情弥笃。某氏为坚碧云爱宠，辄有馈贻，由金钱而衣物，无不赠予。每伺徐出，即招碧云至家幽会。久之，徐微有所闻，但无佐证，未敢遽信。一日，徐自外归，方及门，忽遇碧云正自其家出，怒之！复见碧云头戴獭皮帽，颇类己物，遽取下审视，果己帽也，严诘碧云胡盗其帽？碧云不敢言其夫人所赠，支吾其词，徐当招岗警至，以碧云白昼盗窃交警治罪，旋由警署械送法院，法院以人赃并获，竟判处徒刑一年，于是碧云锒铛入狱矣。其交友中颇多要人，闻此案后，多向法院疏通，期为碧云解脱，但法院以人情不能变更法律拒之。自是碧云盛名隳焉。

徐碧云（1903—1967），京剧旦角，祖籍苏州，生于北京。清末著名小生徐宝芳之子，兄徐兰沅为著名琴师。

放屁的勇敢

放屁，为人身生理作用，本无足怪，中国人对此，向无拘束，欲放则放。欧美人则以人前放屁为耻，而以绅士风度自许之英国人尤甚。顾此生理活动，往往无法克制，压抑愈力，其声愈响，因是常引起笑谈。第二次大战后，英国有一次大宴会，与会多国际闻人及名媛闺秀，入席后，有一少女，突放出一响屁，众皆以此女有失礼貌，羞之，此女正惶窘无以为地！忽其邻座一美国军官起立曰："顷间一屁，为某所放，盖某在前线受伤，致生理发生变化，无法控制，甚为抱歉！"众知此军官原为李代桃僵，藉替少女解围，皆窃窃赞其勇敢，少女亦心滋感焉！但未久，此女又放一屁，合座益骇，各怒目视少女，于是有一法国军官起立，曰："法国军人勇敢，并不下于美国，这一个屁算我放的好了。"众闻语，哄然大笑，此女再不能忍，退席而逃。予曩在渝，闻川军军长范绍曾，最善放屁，无论家居或谦集，恒闻其"卜卜"之声，臭不可闻，其夫人恶之，竟以此与之离异，于是"放屁失妻"传遍川中云。

范绍增（1894—1977），四川大竹人，人称"范哈儿""傻儿司令"。文中误为范绍曾，谓之"放屁失妻"，只是据云有妻数十位，不知为谁也。

火神怕春宫

长沙叶德辉，天才溢发，放诞不羁，平生藏书极富，实为近代三湘唯一读书种子。其最为人訾议而自认得意之作者，即为"双梅景闇丛书"。此书系集《素女经》《素女方》《玉房秘诀》《洞玄子》《天地阴阳交欢大乐赋》诸书合编而成，殆为中国第一部性史。虽德辉极力否认其为"鸿宝"，然世人莫不以怪诞目之。顾德辉之怪癖尤不止此，其收藏图书中，凡认为稀世珍品者，往往夹入春宫画片一二张，人问其故，德辉谓："此种画片可防火灾，吾家别无财产，视书籍为生命，故不能不以有效方法，驱逐火神。"人问火神何畏春画？德辉谓："火神原为一贵小姐，其侍婢达卅六人之多，后被玉皇大帝降为灶下婢，其神力与灶神相等。平时好着黄色服装，怒时则穿红衣，但因其出身闺阁，即在怒发之际，一见猥亵画片，亦不能不远而避之。"按春宫避火，各地皆有此传说，但无人能知其故，德辉此种解释，是出自臆造？抑有所本？殊不可知。

转生志异

轮回之说，过于渺茫，今已无人置信。然有数事，言者确凿，似非出之虚构。如清初吾邑名进士汪可受，能记三生，一世为秀才，二世为骡子，三世生农人家，堕蓐能言，父母以为不祥，杀之，乃生汪秀才家，幼能文，少年成进士,后官大同巡抚。此事载之县志及《聊斋志异》,当非伪也。又三十四年重庆某报载:一九二六年,印度德里有女孩珊蒂德维,幼时能记前生为摩苴拉人,名露吉,曾结婚生子,并能记其三子睛发及名字,其父母闻之,尝引以为忧!一日有客来访其父,珊蒂立识其为前生夫婿之堂弟,其母大惊,屏去珊蒂,密诘来客,果摩苴拉人,其堂兄确有其中名露吉,死已十年矣。珊蒂母遂以女语告之,客亦为大奇,因约归招其堂兄及儿女至,藉觇珊蒂是否认识?及期诸人至,珊蒂见之,遽投前生夫婿怀曰:"吾夫归矣!"于时珊蒂转生之谜,竟获证实。一时传遍德里城,科学家尤感兴趣,当由科学委员会携珊蒂至摩苴拉,试验珊蒂是否识其家门?讵火车至站,其前生翁姑小叔杂入丛中,珊蒂俱能识出,并以布遮其目,使导至其家,途中转弯,一一无误,科学家睹此,遂不得不承认珊蒂真转世矣。此事作者,系根据当时报告文件写出,当属可信。又民十一予在汉,闻大汉报朱钝根言,清光绪三十四年汉口有一商人,病时症方剧,一日服药后酣睡,忽觉身在瓮中,似被绒绳紧缚,苦闷非常,即喘气亦不可能,乃尽力挣扎,左右展转,陡如自瓮中掷出,顿觉清快,睁目视之,见一产妇在床,己已变为婴儿矣。睨视房中,陈设多属旧式,似一城乡巨室,壁间张画屏四扇,两侧有联,上款有"纯斋"二字,下款为王文治书,默思此必如世人所说投胎至此矣。俄见一稳婆将己自床中抱起,似施沐浴,一失手,遽坠地,冥然遂甦,仍卧病榻中,汗浃衣被。立呼家人至,告以转生事,家人以为梦魇,其人力言非梦,然自是病霍然而愈。后每举以语人,冀获纯斋其人而证其实,终无所得。此为钝根所亲见,当非讹言也。忆《阅微草堂笔记》中,亦有事类此。所记为一在任太守,病中梦随小沙弥至一寺观中,启地扉入一地室,见一恶僧方拥妇女嬉戏,另一妇坐榻上呻吟,似将分娩,太守大怒!蓦然间,己身忽附婴儿投生矣。太守愈急,旋见僧怒视曰:"要此何用?"遽举起掷之地,遂如梦醒,病亦寻愈。愈后,率兵循梦中道路,果得一庙,径至僧舍启地扉,果见恶僧及数妇俱在,遂火其庙,置僧于法。此则证明事非梦魇,惜汉口商人不记梦中路途,否则当可如太守寻得纯斋居处也。

　　汪可受(1559—1620),湖北黄梅人,明万历八年(1580年)进士,累官至蓟辽总督,被誉为"天下清廉第一"。与公安三袁同为李贽弟子，后为李贽立"卓吾老子碑"，并作墓碑记。此处误作清初人，以其世家积学，当不致此。

文天祥之幽默

文天祥为人严肃，凛然忠贞，一篇《正气歌》，即充分显示其性格。当其奉诏勤王，已具有不成功即成仁之决心。顾当时朝士，为萎靡无能，既无御敌之心，且有降房之志，天祥目击心伤，无可挽救！及元兵渡江，临安将危时，天祥语幕官曰："事势至此，为之奈何？"幕官曰："一团血。"天祥曰："何故？"幕官曰："公死，某等请皆死。"天祥知其誓言也，因笑曰："君等知昔刘玉川乎？与一娼狎，情意稠密，相期偕老，娼绝宾客，一意于刘，刘及第授官，娼欲与赴任，刘患之，乃绐曰：'愿与汝俱死，必不独行也。'因置毒酒令娼先饮，以其半与刘，刘不复饮矣。娼遂死，刘乃独去。今日诸君得毋效刘玉川乎？"幕官皆大笑。天祥此语，至为幽默，盖彼知此辈皆非殉国之人，故学此事嘲之也。后天祥兵败被俘，此辈多星散投敌，天祥闻之，浩叹而已！

多　子

中国社会，自古即以宗祧为重。华丰老人以"多男子"祝帝尧，《诗经》螽斯篇以"子孙振振"为辞，孟子所谓"不孝有三，无后为大"，皆以子孙繁衍为荣，因是多妻制度，历五千年不衰。据《紫桃轩杂缀》载："齐：田常生子七十余人。田成子有子百余人。汉：张仓有子百人，赵王彭祖子七十人，中山靖王子百二十人。唐：棣王琰子五十五人，荣王琬子五十八人，延王玠子三十六人，张耆子四十二人，杜子征子四十人，冯盎子三十人。宋：李仙哲男女六十九人，姚弋仲子四十三人，胡蕃子六十人，陵阳子仲子三十人。"此真所谓王侯不怕子女多也。近代子女最多，为杨森、王晓籁，但杨仅三十余人，王只四十余人，比之古人，又瞠乎后矣。二十世纪医药进步，人类死亡率减少，生育率依旧，而足供人类食用之土地并未增加，人多地狭，人与人争，逐日加剧，因是二三十年世界必有一次大变乱！倘使人类生育，略予节制，世界祸乱，或可稍戢欤？

江东才子杨云史

杨云史，名圻，别署野王，江苏常熟人，清光绪壬寅南元（顺天府乡试第二名必须为南方人，故称南元）。曾官邮传部郎中、新加坡总领事。天才横溢，诗文并茂，有江东才子之目。民国十一二年间，入吴佩孚将军幕府，为秘书长。吴极器重其才，云史事吴亦诚恪，私人闲谈，辄称吴为"主公"而不名，故宾主之间，复无闲言。民国十三年直奉战起，云史将随吴赴山海关督师，濒行其夫人徐霞客忽病殁，匆匆殡殓，即举家徙行，因有"可怜九月十三夜，死别生离第一宵"之句，传诵一时。云史既至山海关军中，时方大雪，尝赋诗十二首，悲壮淋漓，极富唐人风味，今摘录其四首云："盘马弯弓苜蓿肥，金汤大好启戎机。雪花如掌阴山白，不照金樽照铁衣。""逐鹿中原举国空，边军力尽更张弓。黄金白骨知多少？都在营州落照中。""九合诸侯事惘然，三分犹得靖烽烟。江流不限南风竞，门外津桥啼杜鹃。""层台美酒饮千钟，日落清歌欲荡胸。醉里未忘关塞气，玉人扶定看卢龙。"后吴在山海关兵败，云史亦有诗纪其事，记有句云："昨夜卢龙城上月，五更犹照废营来。"刻画大军撤退后景象，使人读之黯然！云史所著诗，名《江山万里楼集》，五言诗极似老杜，忆其《咏促织》云："亦知生世晚，物候已收蝉。池阁灯如水，关山云满天。数声星欲曙，一客夜为年。辛苦心何急，宵征孰尔贤。"弦外之音，极堪寻味。《江山万里楼诗集》抗战前流传至广，大江南北闺阁中，亦多诵其诗，故有"一自新诗传众口，家家红粉说杨圻"之句。云史元配，为李鸿章女孙，继配即徐霞客，晚年眷狄美南，情好颇笃。七七事变后，避居香港，尝结合时事，发为长歌，以激励人心。三十五年殁于九龙，一代才人，溘从朝露，可哀已！

杨云史（1875—1941），江苏常熟人。光绪二十八年顺天乡试南元，人称"江东才子"。著有《江山万里楼诗词钞》。杨云史应是殁于民国三十年。

陈宧之荣枯史

　　民国三四年间赫赫有名之川督陈宧，湖北安陆人，其一生荣枯，颇多偶然。当民元陈由日本士官毕业归国时，在都督黎元洪幕府，碌碌无所短长。及袁世凯任总统，黎遥领参谋总长，袁令黎荐一参谋次长，俾驻京代理部务。黎拟荐赵均腾、应龙翔，但以两人均黄陂籍，恐袁疑其安置同乡，遂以陈宧名附其末，意袁遴选时，必从其首也。讵袁独选陈宧为参谋次长。自是陈遂与袁接近。袁激赏其才，力为擢拔，不两年一跃而为四川将军，居然开府成都矣。袁以陈仅一参次，而寄以封疆，感恩知己，必能为其心腹。讵袁帝制将倾时，陈忽与蔡锷通好，宣布独立，通电与袁断绝关系。袁得电，一气而殂。袁死后，黎元洪继任大总统。陈以黎为其旧上司，自惟黎之命是听，乃因此见恶于段内阁，于民五六月间，将其免职，而以蔡锷督川。陈率其二旅一团退出成都，其中一旅为冯玉祥，出剑阁退至陕西，陈则率一旅一团由重庆直下宜昌，时黎正倡议裁兵，陈首先响应，遽在宜昌将其部队解散。段闻之，以其擅自解散北洋队伍，大为震怒，至欲予以最严厉处分。陈至是孑然一身，徘徊汉上，不敢入京。后经多方疏通，至民六始拟任为甘肃督军，乃又因获罪段之左右，致此案终未提出国务会议而告流产焉。综其一生自腾达而至困踬，事多偶然，此岂其命运注定耶？

陈宦（1870—1939），湖北安陆人，早年在湖北武备学堂读书时考取拔贡。先后为锡良、黎元洪、袁世凯的智囊，曾任四川督军。

胡适嘲杨杏佛大鼻

鼻，为五官之一，位置虽无大异，形状却有高低不同。有所谓隆准、悬胆、竹节、鹰钩诸名称。旧说人之胚胎，鼻先受形，故称始祖为鼻祖。今世生理学家似无此说。曩在沪被刺之杨杏佛，鼻最大，胡适尝为诗嘲之曰："人人有鼻子，独君大得凶，直悬一座塔，倒挂两烟囱，亲嘴全无分，闻香大有功，江南一喷嚏，江北雨濛濛。"此形容大鼻，可谓尽致。胡氏作诗，向为白话，惟此系五言律句，虽类似打油，而韵味甚佳，从知胡氏固善调侃人也。昔宋刘贡父，邃于史学，与司马光同修《资治通鉴》。其为人疏隽,不修威仪,鼻踏,眉脱,为状甚丑。苏东坡素与善,尝赠以诗曰:"大风起兮眉飞扬,安得壮士兮守鼻棁?"此亦诙谐有趣。

> 杨杏佛(1893—1933),名铨,社会活动家、中国人权运动先驱,江西樟树人。留学期间发起创办《科学》杂志。1924年,任孙中山秘书。

健忘病

健忘,为一种病态,非关愚智也。曩见报载美国威斯康辛大学,有一英文学系教授患健忘病,一日上课,只穿上衣,而忘着裤,致学生哄堂大笑。又马萨诸塞州有一主妇,以健忘著名,往往将其眼镜遗忘于冷藏柜中或洗衣机器内,一次制一大块面包,参加全市面包比赛,评判员切开面包竟发现其眼镜在内。使观者皆为大笑。此类事已甚离奇。然更有奇于是者。吾乡有孝廉李十爹者,年老善忘,所居门前有柳树四株,每自外归,必先数柳树,始能至家。一日背靠一柳树,而往复数之,只得三株,竟不敢归,适其老妻在树下浣衣,彼竟不识,乃恭揖之曰:"借问大嫂,李十爹屋住在何处?"其妻子不禁失笑曰:"汝真糊涂,此非汝家耶?"李始憬然知其为妻也,因曰:"吾家故有柳树四株,今仅存其三,何故?"妻曰:"汝背后非一株耶?"李始悟,大喜而归。此为其公子亲语人者,至今邑中传为笑谈。又某笔记载:有一人善忘,偶赴友人宴,途中被人冲撞转身,返行至家,再三相其居,诧曰:"吾友住宅,胡与余家一模一样?"入之,见其妻自内出,愕然曰:"汝胡至此,彼家亦请汝耶?"其妻笑曰:"汝一出门,自家亦忘乎?"其人始悟仍回至家也。又二十四年南京某部长,素善忘,一日嘱秘书电召杨千里至京,但误谕为程万里,及程入京谒见,始知其误,因笑曰:"是余过,相差九千里矣。"此亦甚有趣。

巧 合

　　世间有许多巧合事,而为人所万难索解。昔英国有一铁商名赫宁者,在一七三八年与英王乔治三世同日同时出生。赫宁开业之日，即乔治三世即位之日，两人又在同一日结婚，同生九男六女。最后两人同在一八二〇年一月二十九日同一时刻死去。此似造物将一个生命，置于两处，所不同者，一贵一贱而已。又十七世纪时，波兰有一国王名索比斯基者，生于六月十七日，结婚于六月十七日，死于六月十七日。其一生命运，似皆决于六月十七日，是亦巧合事也。曩闻广东有一铁匠生子，与光绪帝同年同月同日同时，然一为帝王，一则终身打铁，命运悬殊，不啻霄壤。有人问之星相家，星相家谓此日此时生人，宜水而忌火，南方属火，北方属水，光绪生于北方寒冷之地，已得天时地利，而铁匠之子，恰生于打铁火炉之旁，是火上加火，宜其以匠人终身也。此理或然欤？

妇人年龄

青春为女子黄金时代，故女子无不宝贵其青春。顾时间前进，永无静止，年事增长，青春自随之消逝，此乃自然规律，非人力所能克服。然女子永远喜人称以年少，即令芳龄增高，亦必力为讳饰，不欲以确数示人。在今日社交场中，如与妇女周旋，其年华本已四十者，而誉为三十许人，必欣然色喜，若真谓其已届四十者，必愠而恨之！此原女人爱美观念，固不足异也。曩有一英国妇人，已年逾五十，但雅好装饰，一日遇萧伯纳，问萧审其年龄若何？萧曰："相君之齿，宛如十八，观君之发，不过十九，而视君之姿态，才十四岁耳。"妇大喜甚，曰："谢君好评，但大体看来，究有若干岁？"萧曰："君欲吾言确数乎？请以此三数字相加即得。"盖十八加十九，再加十四，恰五十一岁也。妇人闻之，嗒然若失！萧氏幽默，殊使人轩渠不止。

吴夫人之明智

京戏中《甘露寺》一剧，形容孙权之母吴夫人，懞懂无识，宛然村妪，甚至关、张、赵云、诸葛亮，亦皆非所知，此真大谬。其实吴夫人精明贤智，为三国最出色女子。初孙坚求娶吴氏，吴氏亲属，以坚轻狡，将拒之，坚深为惭恨。夫人谓亲属曰："何爱一女以取祸乎？如有不遇，命也。"遂嫁之。其幼时即能具此远见，不以一己而贻家族之忧。后生子策、权，女尚香。然孙坚孤微发迹，孙策猛锐少谋，故虽据有江东，皆殒身致败。孙权继立，年事未长，威信未孚，赖夫人倚任贤良，助理军国，遂奠江东鼎力之业，此岂寻常女子所能当之耶？夫人于部属功罪，尤有明断。当孙策时，功曹魏腾，以忤意见遭，将杀之。士大夫忧恐，计无所处。夫人乃倚大井而谓策曰："汝新造江南，其事未集，方当优礼贤士，舍过录功。魏功曹在公尽归，汝今日杀之，则明日人皆叛汝，吾不忍见祸之及，当先投此井中耳！"策大惊，亟释腾。故孙策能得人，实赖母教。若如此戏剧中之吴夫人，则江东早亡耳！爰记之，以为今世女子示范。

伶人的勇敢

据《夷坚志》载：秦桧当权时，壬戌省试，桧之子侄三人皆奏名，公议藉藉，无敢辄语。至乙丑春，伶人演士子赴南宫戏，于台上推论举官为谁？甲伶曰："今年必差彭越。"乙伶曰："彼是古人，死已千年，如何得来？"甲伶曰："前举是韩信，故知今必彭越。"乙伶嗤其妄，甲伶曰："若非韩信，如何取得三秦？"盖讥秦桧子侄三人入选也。桧闻之，无可如何。又仇远《稗史》载：元兵入杭，庙社为墟。有金姓伶官，道遇左丞范文虎，向为宋殿帅时，熟知其人，谓金曰："来日公宴，汝来献技，不愁贫贱。"金如期往，演戏时作诨曰："某寺有钟，寺僧不敢击者有日，主僧问其故，乃言钟楼有巨神，不敢登也。主僧急往视之，神即跪伏投拜。主僧曰：汝何神也？答曰钟神。主僧曰，既是钟神，何故投拜？（拜与北谐音）众皆大笑。"此讥范之投元也。范虽不怿，无以罪之。

张文襄与湖北银元局

清季张文襄督鄂时，除创办汉阳铁厂、兵工厂，及丝、麻、纱、布四局外，复创设银元局，即后日之造币厂。其初仅铸银元，品质最佳，流通至广。当时湖北官钱局印行之一元钞票，其上端即印有湖北银元正反面模型，持此钞票者，十足兑龙洋一元，信用卓著，而官钱局存此准备银币亦至多。迨辛亥革命，鄂都督府所用以发放军饷购办军实者，皆为此存备之银元，以故当时革命军饷糈，毫无匮乏。文襄此一建议，不独有惠于当时湖北经济，且实有功于日后光复大业也。方银元局初成立时，文襄思于局门外自作一长联张之，乃久久未撰。及局已落成，亟待应用，文襄乃令幕府中拟作，又均不惬意。一日方宴客，文襄忽命材官以阔幅朱笺至，即席挥毫，书一联云："楚国以为宝，天用莫如龙。"上联用成语，嵌国宝二字，下联引蒙庄句，确切龙图，实属浑成自然，巧不可阶。闻其振笔疾书时，顾左右而言曰："此联悬之局门，有能易一字者，吾当赏以千金。"其豪兴飙举如此。

三皮客与二道毛

民十五革命军北伐,军服一律草绿色,军官自尉官以上,皆挂斜皮带,裹皮绑腿,执皮马鞭。威仪严肃,盛气勃然。随军政工人员,亦一律着军服,装束一如军官,当时称为"三皮客"。而政工人员,大都年少英俊,使北兵望之生畏,民众见之生爱,尤其智识妇女,因倾向革命潮流,对此三皮客无不爱慕綦至。当两湖既定,江南克复,真不知颠倒多少闺阁少女也。今虽事隔二十余年,而革命军威仪,民间犹乐道不衰,诚一页灿烂史实也。当时女政工人员,亦均军服剪发,气概昂然。惟剪发式样,与今不同,大多沿脑后剪齐,状如今日女中学生。初至两湖时,民间称之为"清汤面",盖以其披垂如挂面也。及至南京,人皆称之为"二道毛",二道毛不知作何解?但南京土著,无人不作此称呼。时女政工人员,为宣传三民主义,日与民间妇女接近,虽习闻此称呼,皆笑而领之,未尝以为忤也。自烫发之风起,从事军政工作女职员,则无不烫发,蓬卷如云,婀娜多姿,与昔日雄健轩昂姿态,大不相同矣。

和尚绑票

七七事变未发生前,上海社会,日在奢侈淫逸中发展,因之绑票案时有所闻,而破获之绑票匪,多为凶恶流氓,此固无足为异。惟二十三年前牯岭路崇法寺,曾有两和尚为绑票匪,佛门弟子,而操劫杀生涯,此则奇特事也。后有人访相文法师,问及此事,相文引佛门一故事,表示其感想。据云:"昔在印度,有一魔王问佛,我将令朝廷大臣压迫尔,尔将如何?佛曰:我不怕。第二魔王问佛,我使许多美女迷惑尔,尔将如何?佛曰:我更不怕。第三魔王对佛曰:我穿尔衣,吃尔饭,拜尔为师,而来破坏尔,尔将如何?佛闻语,即放声大哭曰:如此,我将被你破坏矣!两绑票和尚,即此等人也。"相文法师此语,至有哲理,盖世之以子之矛,陷子之盾者,其计至毒而亦至难防也。

贤 妻

近世妇女，酷好虚荣，咸以夫婿能猎官致富为贵，如其命运蹇塞，虽佩法以图之，亦所不惜。欲求如古之贤妻室，以气节相砺，贫贱相守者，百不得一也。偶见沈归愚《清诗别裁》集，所选闺秀作品中，有顾英《送夫子北上》诗云："征途勉加餐，努力拾青紫。上慰高堂亲，下酬贤伯氏。君行既雅醇，君才复俊美。但保金石心，豪门勿投趾。"此以保金石心，绝豪门迹，而勉夫以人格为重也。又有朱柔则《寄远》曲云："耻弹门下铗，谁乞广文钱。久客非长策，归耕有薄田。一棺痛慈母，急为卜牛眠。"此则以弹铗为耻，葬亲为念，而示夫以钻营为辱也。心既恬淡，德复纯正，岂时下妇女所能及哉？又有某君游幕秦中，颇滋厌倦，乃以诗辞其居停云："老妻书到劝归家，为道乡园乐事赊。彭泽鲤鱼无锡酒，宣州栗子霍山茶。牵萝已补墙头漏，扁豆犹开屋角花。大布衣裳粗米饭，为谁留滞在天涯？"此虽由某君之自述，然一片清淡闲逸之气，溢于字里行间，果有此妻，终老泉石间可也，夫复何求？

同治帝浪漫史

清代皇帝崩殂，以同治年最少，有谓感染梅毒而死，有谓实患天花，传说甚多，未知孰是。惟同治喜微服出游，则为事实。相传同治一日至宣德楼小饮，闻隔室有一人唱京调甚佳，询之掌柜，知为翰林院编修王庆祺。逾日，即有上谕令王至宏德殿行走。自是王得亲近同治，私导至八大胡同冶游，并以春宫秘图及春药进奉。同治既死，王奉旨革职永不叙用。当时都中曾有一联云："宏德殿，宣德楼，德业无疆，且喜词人工词曲；进春方，献春册，春光无限，可怜天子出天花。"此联谐而工，盖讥王也。又传同治一日避雨僧寮，遇一人，穷殊甚，诘之，知为贵家厮养卒，方为主人所逐也。因问如尔辈以何处出息最优？其人以粤海关对，同治当草一函，令其往谒九门提督，未几即由提督荐赴粤海关承役，遂以起家焉。又传同治尝至琉璃厂购玉版宣，以瓜子金抵其值，纸店以非通用物，辞不受，乃令店伙随去取资，至午门，店伙不敢入，弃纸仓惶归。翌日同治遣小内监如数偿之。观此种种，则同治实一幼稚色情人物，今日埃及王法鲁克，颇近似焉。

女性的亡国哀音

历来国破家亡，遭遇最悲惨者，厥为女性，而贵族妇女尤甚！五代后蜀王孟昶，既降宋，于乾德三年被解入汴。其宫妃花蕊夫人，善诗工词，极为美慧，相随至葭萌驿时，曾有题壁词云："初离蜀道心将碎，遗恨绵绵，春日如年，马上时时闻杜鹃。"词未毕，解卒催促就道，遂未尽其意，然其芳心怆痛，已可概见。既抵汴，宋太祖召夫人入宫，命作诗，夫人即对以诗曰："君王城上竖降旗，妾在深宫那得知。十四万人齐解甲，更无一个是男儿！"末句直将当时蜀兵将骂尽矣。及宋亡，元兵入杭，宋宫妃亦遭同样命运。有王昭仪者，随三宫入燕，尝题满江红词于驿壁云："太液芙蓉，浑不是旧时颜色。曾记得春风雨露，玉楼金阙。名播兰簪妃后里，晕生莲脸君王侧。忽一声鼙鼓揭天来，繁华歇。龙虎散，风云灭。无限事，凭谁说。对山河百二，泪沾襟血。驿馆夜惊乡国梦，宫车晓碾关山月。愿嫦娥，相顾肯从容，随圆缺。"此写当时皇室出奔惨象，历历如绘。又《辍耕录》载：岳州徐君宝妻，被掠至杭，主者数欲犯之，因告曰，俟妾祭先夫然后为君妇。后题满庭芳一词于壁上，投池而死。词云："汉上繁华，江南人物，尚遗宣政风流。绿窗朱户，十里烂银钩。一旦刀兵齐举，旌旗拥百万貔貅。长驱入，歌楼舞榭，风卷落花愁！清平三百载，典章文物，扫地都休。幸此身未北，犹客南州。破镜徐郎何在，空惆怅，相见无由。从今后，断魂千里，夜夜岳阳楼。"此词缠绵悱恻，可反映当时女性被暴力挟持之悲惨。

绝妙教员

民国十年前，湖北教育界有一妙人刘某，虽曾入师范学校，但一无所知。某年外国语学校缺一法文教员，刘竟夤缘而获斯席，乃上第一课时，即为学生轰走，盖彼实不谙法文，所读字母，学生竟不知其为何音也。后又钻营为某中学历史教员，复将燕太子丹、荆轲，误为一人，学生初犹疑其将两人名连贯读出，问之，刘谓："燕太子，名丹荆轲，谁不知乎，如何为两人？"于是又为学生驱出矣。人问其既不谙是门功课，何必承教？刘谓："我但上一点钟课，即获一个月薪，我持此付逆旅之费，何乐不为？"闻者莫不大笑。此为予亲见之事，迄今思之，犹为捧腹。后刘见中等学校无法插足，乃谋得草湖门一小学教员，能力差可应付。每日下课回寓，辄过一女学生散学归家，因同途之故，日久渐稔。此女生故为基督徒，年可十八九，刘则年逾四十，竟不自审非偶，而深致爱慕。每星期日女生至教堂礼拜，刘必蹑其后，并坐礼拜。一日散会时，刘私以情书授女生，女生白之母，母怒甚，寻至刘寓，持情书问刘曰："此书为尔所寓乎？"刘大喜，以为好事谐矣，立应曰："然！"母力披其颊，破口大骂，同寓出为劝解，母谓非彼跪下认罪不可，否则将情书呈教厅，刘不得已，长跪道歉。但事卒为教厅所知，立撤其职。刘遂襆被回家，终老故乡焉。

迎春话旧

今日立春,春至而农事始,中国向以农立国,故视立春与元旦并重,亦所以重农也。清制京中于是日祀勾芒神,行迎春典礼,顺天府尹应进春牛及春山宝座。钦天监亦进呈事前绘制之春牛图,以供御览。宫中则于是日以大盘盛生萝葡二条,镂字为联,呈奉皇帝试食,谓之"咬春"。此本明代遗训,清亦因之。胡延长安宫词:"镂玉堆盘菜甲鲜,咬春遗制至今传。小臣不作承明梦,也傍尧厨撰御联。"即纪此事也。全国各州县县官,亦于立春日赴郊外迎春,其仪式颇为隆重,如迎神赛会然。有仪仗,有鼓乐,有高跷挑架,有香亭马队,其最重视者为纸扎之春牛,其周身颜色,须依是年历书所示,不得差误。行列往往蜿蜒里许,县官则着大礼服,戴飞绒帽,坐虎皮椅轿,以四人舁之,殿行列后,威仪赫然。郊祀返署时,衙役以春牛置大堂上,县官持竹枝鞭之,谓之"打春"。地方游民则调泥制小春牛,以锣鼓沿家分送,名曰送春牛,视贫富而索取酬资焉。予幼时在家,数数见此迎春盛会,入民国后,此典遂废。惟民间迎春之风,仍不减旧时，家家爆竹喧天，如度除夕，但不送春牛耳。

王伯沆之风趣

金陵王伯沆，为近代名经学家，性方正，不随流俗，凛然有道学先生风。某年任中央大学教师，谆谆训诲，劬劳不倦。月终发薪，出纳员请其签名盖章，王忽忿然怒曰："我来教书，位属西宾，东家酬我修宜也，奈何具名画押，皇皇如卖身契乎？"不顾而去。王生平酷嗜《红楼梦》，于曹雪芹推崇备至，尝手批原书二十余遍，于金陵十二钗，尤不惜广为考证，阐精揭微，孳孳不倦。尝语人曰："曹雪芹此书，经纬万端，情文并茂，非沉心静气，反复读之，不足以知其妙，吾读此书，今可以卒业矣。"其风趣如此。似未可与其他道学先生之拘迂同日而语也。

王伯沆（1871—1944），清末至民国年间著名的国学大师。曾先后执教于两江师范学堂、南京高等师范学校、金陵女子大学、东南大学、中央大学等。

熊希龄之定情曲

曾任袁世凯内阁总理之熊希龄，湖南凤凰厅人，为人温和，为世所称。晚年致力于慈善教育事业，在北京西山创设慈幼院，教养孤儿难童，成绩丰硕，中外咸钦。熊于六十六岁时，与江山毛彦文女士相恋，欲订嫁娶。然熊蓄有长须尺余，毛嫌其累赘，使人示意，欲结婚必须剃须，熊欣然诺之。故结缡之日，熊下颔童童，无复飘然长髯矣。当时刘成禺曾记以诗云："闺人应惜首飞蓬，燕婉词新老凤雄。不用丈夫须发美，更无长鬣话元丰。"盖纪实也。熊于合卺之夕，尝自为定情曲曰："世事嗟回首，觉年年饱经忧患，病容消瘦。我欲寻求新生命，惟有精神奋斗！渐运转春回枯柳，楼外江山如此好，有针神细把鸳鸯绣，黄歇浦，共携手，求凰乐谱新声奏，敢夸云：老莱北郭，隐耕箕帚，教育生涯，同偕老幼，及人之幼，更不止家庭浓厚。五百婴儿勤护，念众摇篮，在需慈母。天作合，得佳偶！"当时头脑冬烘者，以熊高龄结婚，颇有訾议。其实人生百岁，亦不可无偶，吾以为此未足为熊氏病也。

熊希龄（1870—1937），湖南凤凰人。清末中进士，民国初年任北洋政府财政总长、总理。著有《香山集》。

送　灶

今日为农历腊月二十四，世称小除日，旧俗于是夕送灶神，地无分南北，皆有此祭礼。《清嘉录》云：俗呼腊月二十四日夜，为念四夜，是夜送灶神，比户以胶牙饧祀之，俗称糖元宝，又以米粉裹豆沙馅为饵，名曰谢灶团。按灶神之说，由来甚古，《论语》：王孙贾问于孔子曰，与其媚于奥，宁媚于灶。唐代陆龟蒙《祀灶解》：灶神以时录人功过，上白于天。世人遂以灶神有稽人善恶之权，故祀之甚虔，迎送如礼。但灶神究为何许人？则言人人殊。《周礼》谓：祝融为灶神。《淮南子》谓：炎帝作火官，死为灶神。《酉阳杂俎》谓：灶神状如美女。《后汉书·阴识传》谓：灶神名壤宇，衣黄衣，夜披发从灶中出，知其名呼之，可除凶恶。传说异辞，莫衷一是，惟于腊月廿四日送灶，则无二致。清郭麐《送灶》词云：

"白米出磨如玉尘,饧馅作饼甘入唇。青竹灯檠缚马轿,红笺剪碎糊车舆。原侯上天莫逡巡,祝侯之来福我民。勃谿诟谇侯不闻,男呻女吟侯不嗔。当时突烟有断绝,有时膴脢烧湿薪。侯居我家亦云久,亮如鲍叔知我贫。上天高帝本所远,虮虱小臣纵疏闲。平生所事不欺人,何况我侯皆在眼。今朝再拜前致词,富且不求余可缓。有酒在瓶盛在盘,故事聊以糟涂门。安知司命不一醉,我已独酌空余樽。千家送神爆竹齐,小儿索饭门前啼。"此则藉送灶发牢骚,殊有幽默意味。

接 灶

灶神既有送,即有接,习俗相沿,无敢疏慢。盖俗谓灶神一年四季,皆在人家,惟于腊月廿四日上天奏报善恶后,一周即返,故廿四日送灶后,除夕即有接灶之礼。惟接灶时间,略有不同,北方多于元旦行之,大江以南则皆在除夕。送灶时恒有供品,接灶仅焚香供净水而已。吴曼云尝有《迎灶》诗云:"迎神薪突正衣冠,灶马纷纷乍解鞍。来复只须占七日，笑他人说上天难。"此诗颇有调侃之意。又《清嘉录》谓接灶间有迟至上元夜者，曾有上元夜接灶诗云："灶本何心媚，工为饮食谋。日亲厮养卒，祭失烂羊头。乱踏旌旗下，交辉明月游。因怀胶口恨，利市竟难求。"所谓交辉明月游，自指上元夜而言，惟此或少数地域如是耳。中国乡村，向不讲求清洁，然任何污秽之物，决不敢置之灶上，而妇女尤甚，盖恐触怒灶神，将奏之天帝也。吾意灶神未必遽有其人，而灶实为饮食造作之所，或古人故造此说，使民间厉行清洁，以重卫生，殆亦神道设教之意。近世虽神权衰落，而祀灶之风仍旧，其清扫厨灶之尽力尽心，实较卫生当局三令五申为有效。中国神话，往往另有用意，似未可概作迷信观也。

溜冰谈往

近三十年来，溜冰之风大盛，北方多就天然冰上奔驰，南方因无厚冰，则筑水泥为溜冰场，供男女嬉戏。说者谓此风仿自欧美，其实中国自昔已有之，且由皇帝倡导，定为礼制，所以习武行赏也。清初承平之世，每岁十二月，西苑三海，层冰坚冱，则择令辰，令禁卫军于冰上作溜冰掷球之戏，帝驾御冰床（亦曰拖床）临观。距御床二三里外，树大纛，众兵咸列，首由御床处鸣一炮，树纛处亦鸣一炮应之，于是众兵着冰鞋溜奔而至，名曰"抢等"。其冰鞋系以铁条嵌鞋底，殊不如今日嵌轮冰鞋之迅急。既至御前，则由侍卫牵而止之，按先后给赏。继曰"抢球"，兵分左右队，左衣红，右衣黄，既成列，御前侍卫以一皮球猛踢至队中，众兵挣抢，得球者复掷，则复抢焉。此抢彼夺，使球腾跃冰上，与今年足球之戏，极相类似。再继之者为"转龙射球"，兵按八旗之色分队，以一人执小旗前导，二人执弓矢随其后，都数百人，盘旋行冰上，蜿蜒如龙。将近御床处设旌门，上悬一球曰天球，下悬一球曰地球，转龙队疾趋至，一射天球，一射地球，中者皆获赏。此又与今日足球球门相似，清宣宗尝有观冰嬉应制诗云："彩毬连命中，羽笴叠相鸣。"又云："鸟翔旗色初分队，鱼贯翮声每应弦。"则知当时重视此一游戏。谁谓运动之术，皆舶来品哉？

讼师心计

中国昔无律师时，民间民刑案件，多由讼师于幕后主持之。今日律师办案，处处须以法律为根据，昔日讼师，仅凭心计而已。心计工和狡狯者，往往能颠倒黑白，使官吏亦莫可如何，昔曾文正驻节徽州时，尝置一告密柜，凡地方讼牍悉投其中，不必列名，于是告讦之风大起。人患之，求计于老讼师，讼师曰："不出三日必令停止。"众疑之，及第二日果撤销。盖讼师为十数无名禀贴，痛诋文正，文正不能不阅，又无可查究，惟有停止而已。又传某县有一富翁，私伐文庙大树，用作器具，为一秀才所控。照例斫伐文庙树木，罪在不赦，富翁惧之，求救于讼师，讼师方作蒲楎戏，不之理，富翁求之急，讼师曰："尔辱及孔圣，应置重典，吾乌能救？"富翁出百金置讼师前，讼师嗤曰："戋戋者能买命乎？"富翁请倍之，讼师仍不理，富翁益至五百金时，讼师始曰："尔速归制一万岁碑，精加髹漆，县官传讯时，尔顶此碑上堂，谓万寿宫万岁碑年久朽旧，故伐文庙前树献制，以示尊严，县官必不敢罪尔。"富翁如言应审，县官果无法以罪之。

此计诚狡!

张佩纶只靴丢马尾

张佩纶为清季名御史,有声台谏。中法之战将起时,清廷朝野恐惧,佩纶与张之洞辈极力主战,言论激昂,颇动宸听。清廷遂派佩纶为会办海疆大臣,守福建马尾船厂。佩纶原不谙军事,既至闽,羽扇纶巾,谈笑自若。及法人贻书约战,置不答,至期法人进兵,又不应战,惟于座舰桅樯上,悬"免战"二字木牌,法兵发炮,佩纶大惧,仓惶弃舰,足着只靴,乘小舟而逃。事后闽人恨其见敌而怯,于其遁走之崖壁上,镌大字曰:"张佩纶只靴逃此。"当时清廷固颟顸,而佩纶先勇后怯,亦太儿戏战事也。佩纶失败后,李鸿章曾以幼女妻之,新婚之日,有人赠以联云:"三品功名丢马尾,一生艳福仗蛾眉。"语殊谑!

张佩纶(1848—1903),同治年间进士,直隶(现河北)丰润人。清末同光年间"清流派"的中坚人物,著有《涧于集》《涧于日记》等。

腊尽谈梅

梅花居群芳之首,其冷淡清高品格,玉骨冰肌形质,素艳幽静风姿,在在显其华贵,定为"国花",良有已也。在大陆梅花开放,多在残冬岁尽,所谓"插了梅花便过年"。其时必为寒风凛冽,大雪纷飞,宋杨万里诗云:"莫教颤脱梢头雪,千万轻轻折取来。"又晏殊词云:"腊后花期知渐近,寒梅已作东风信。"可知梅花一开,即为腊尽春来之候矣。惟岭南气候温暖,梅开较早,所谓"十月先开岭上梅",岭,即粤赣交界之大庾岭,李商隐诗:"梅花大庾岭头发。"杜甫诗云:"秋水满湖竹,阴风过岭梅。"则知岭梅开放,多在初冬,非复如中原梅开春到,独占百花魁矣。梅花因其风云清幽,能傲风雪,故自来隐逸之士,特别钟爱,林和靖之"鹤子梅妻",竟以拟之为伉俪矣。现值农历岁暮,春节瞬届,若在内地,折梅花数枝,供之案头,作新年点缀,恒有喜气迎人,逸兴遄飞之感！台湾地气燠暖，梅已早放，春回岁首，遂无此清趣矣。

除夕风俗谈

今日为农历除夕，亦称大年夜。汉高诱注《吕氏春秋·季冬纪》云："前岁一日，击鼓驱疫疠之鬼，谓之逐除。"除夕之称，或由此而来。唐人谓三十日为大尽，二十九日为小尽，尽，犹除也，即所谓大除小除也。不过唐以后，皆以二十四日为小除耳。除夕所最重视者，厥为"年夜饭"，地无分南北，人无分贫富，是夕必举家共食年夜饭，以示欢乐。顾禄《清嘉录》云："除夕家庭举宴，长幼咸集，多作吉利语，名曰年夜饭，俗称合家欢。"则知年夜饭自明时已有之。年夜饭又名"分岁筵"，吴志云："除夜，长幼聚饮，祝颂而散，谓之分岁。"此不知是何取义。今日年夜饭中，似已无此品矣。年夜饭后，举家欢乐，或数人博戏，或围炉共话，辄终夜不眠，谓之"守岁"。此俗晋时已有之，周处《风土记》云：

"蜀中风俗，至除夕，达旦不眠，谓之守岁。"唐宋时人，亦皆有此纪述，如孟浩然诗云："续明催画烛，守岁接长筵。"苏东坡诗云："欲唤阿咸来守岁，林乌枥马斗喧哗。"清季承平时代，守岁之风更盛，乡间无电灯，则燃巨烛以达旦焉。吾楚于年夜饭后，尤有"辞岁"之礼，率由晚辈向长辈行之。辞岁后，则家家闭户，不通往来，至午夜，始开门祭天地，谓之"出天方"。自世局不宁，变乱频仍，除夕乐事，遂寝衰矣。

春节谈春联

昔承平时代，每年元旦，无论官民，无不张贴春联，因是春联遂成为中国特种文艺。吾乡读书人多，春联皆甚讲究，予最爱"太平真富贵，春色大文章"一联，闻是联成于光绪初年，时值洪杨乱后，人民渴望太平，不求富贵，故谓之太平才是真富贵也。是后张贴者甚多，至民国犹沿用之。又吾邑有专鬻满当衣物店名万聚成者，尝浼吾叔考为撰一春联云："聚万家锦绣，成一代文章。"

不独将其牌名嵌入，且惟此估衣店始可用之，张贴后，人皆赞佩。抗战后，国府播迁重庆，二十八年春节有人贴一联云："举国已无干净土，大家犹过太平年。"语似平常，而意极沉痛。三十四年元旦，重庆某报载一联云："租半间茅屋栖身，站也由我，坐也由我；买两根萝葡过年，菜亦是他，饭亦是他。"此虽非佳构，然刻画穷人过年，则甚切实。

人　日

农历正月初七日为"人日"，亦谓之"上七日"。据《西清诗话》载方翔占书，谓岁后八日，一日鸡，二日犬，三日豕，四日羊，五日牛，六日马，七日人，八日谷。其日晴，所主之物育，阴则灾。世人遂谓混沌初开，人生于七日，故视为每岁元旦后第二个重要节日，集饮欢宴，共祝人寿。清代宫廷，亦于是日召宴近支亲王贝勒，前清宫词百首中云："人日春晴月半规，东西暖阁锦成围。殿前队队宫灯出，知是诸王罢宴归。"即指人日宫宴也。

吾乡商场，恒于是日决定其店员之去留，各商店必具盛筵，欢宴各店员，如店主欲辞某店员，即请其登首席，执壶敬酒，如欲辞两人，则请次一人登二席，对留店者，则曰："诸位随便坐罢。"故店员于赴此宴之先，辄惴惴然不知其为去为留？一经宣布座次，明日即襆被出店，从无争执。农村对长工进退，亦于是日决定。故昔时上七日，不仅称为人日，实可称为人事日也。

拜 年

新正拜年之风，由来甚古，而亦最为普遍。《清嘉录》云："男女以次拜家长，毕，主者率卑幼，出谒邻族戚友，或止遣子弟代贺，谓之拜年。至有终岁不相接者，此时亦互相往拜于门，门首设籍，书姓氏，号为门簿。"按门簿，即宋代之门帖。《艮斋杂记》（原书误作"银斋"——梅杰按）云："拜年，无论识与不识，望门投帖，宾主不相见，登簿而已。"至清初，则用名简，有称呼，康熙中易为红单，书某人拜贺，素无往来，道路不揖者，而单亦及之。迄清季，则用大红名片，而无称呼，然本人必全身礼服，亲至各家叩门，门内辄应曰"不敢当"，然后始以名片由门缝投入，交浅者，则遣人递名片而已。入民国后，红片渐稀，仅投小名片。至近年，又易为签名致贺，是门簿之制又恢复矣。吾乡拜年，多自元旦至初七日间，道远者则以上元日为止，过此犹未拜年，则亲戚责问之声至矣。故上元后至人家拜年，必先自呼曰"来拜迟年"，以示歉意。自世局丕变，社会不宁，拜年之风，渐趋冷淡，曩昔鲜衣炫路，车马生风之盛况，已不多见矣。

清宫跳布札与射妈狐子

前清宫中，每岁腊月二十七八九等日，辄有跳布札之典，即俗谓打鬼也。是日于中正殿前设供献，并设冠袍带履诸物，帝驾御小金殿（黄毡圆帐房也），以喇嘛一百八十四人，手执五色纸旗，旋转诵护法经。又有喇嘛扮二十八宿神，及十二生相，又扮一鹿，众神获而分之，以示得禄之意。殿侧束草为偶，佛事毕，众喇嘛以草偶出，至神武门外送之，盖即古大傩逐厉之义。又清宫每岁除夕，以竹作马头马尾，彩绘饰之，如戏中假马然，一人踩高跷，骑假马，一人涂面，身着黑皮，作野兽状，奋力跳跃，高跷者弯弓矢，旁有持红油簸箕者一人，以箸刮箕而歌，高跷者逐此兽而射之，兽应弦毙，谓之射妈狐子。相传昔有达呼尔族者，居黑龙江山中，从古未归王化，其地有一种野兽，不知何名，喜啮马腿，达呼尔畏之如虎，而无以除之。清初曾至其地，因着高跷骑假马，竟射杀此兽，达呼尔以为神也，遂归诚焉。后宫中除夕表演此故事，盖因以庆祖功也。故又谓之庆隆舞，或谓之为古大傩之意，非也。

清代元旦朝仪

清代皇室，于元旦朝仪，至为隆重。是日五鼓，帝驾亲祭堂子，各官俱朝服，于午门外恭送。黎明驾回宫，先至奉先殿，继至宁寿宫行礼，然后乘辇出御太和殿，受外廷朝贺。辰刻复回乾清宫，庭前乐作，驾升宝座，垂帘，乐再奏，宫嫔于驾前行礼，毕，乐三奏，帘卷，东宫诸王，以次在殿廷行三跪九叩礼，乐四奏，公主郡主于宫中行礼，乐五奏，驾御西煖阁，内外诸臣俱集午门内，望毓庆宫行两跪六叩礼，礼毕，散班。朝贺仪注，大体如此。是日帝必召皇子皇孙及近支王公贝勒，集宴于乾清宫，皆用高椅盛馔，每二人一席，赋诗饮酒，行家人礼，此则与民间团年相似。又清廷于除夕及新正，宫中筵宴时，恒以绣笼贮秋虫，置于筵侧，此皆奉辰苑小花园内监，以秋虫之子，育于温室，如时承应。乾隆尝有御制《络纬》诗云："翊翊蝇蝇鼓翼鸣，秋虫应节作秋声。熙朝供奉百年例，欲罢翻虞近取名。"即纪此事也。

火　锅

火锅，亦名煖锅，又名边炉。南北各省，每届冬季，无论菜馆或家庭，咸喜用火锅就食，食时，投生肴于锅中，随烹随啖，一可免菜冷，一则嫩脆有味也。此风由来颇久，

《墅谈》云："煖食之具，谓之'仆憎'，杂投食物于釜中，炉而烹之，亦名边炉，亦名煖锅。团坐共食，不复几案，甚便于冬日小集，而不甚便于仆者之窃食，宜仆者之憎也。"惟"仆憎"名称，殊少闻见。《清嘉录》云："年夜祀先，分岁筵中，皆用冰盆，或八，或十二，或十六，中央则置以铜锡之锅，杂投食物于中，炉而烹之，谓之煖锅。"是明代火锅，惟除夕用之，殊不如今日之普遍也。谭大中有《煖锅》诗云："红铅九转器初成，十万钱输选馔精。炊蜡厨边汤乍沸，肉屏风畔婢初擎。添来炉火寒威解，味入丹田暖气生。尚有寄居萧寺客，齑盐风味耐孤清。"此诗于食火锅风趣，言之尽致。今日四川人吃毛肚，北方人涮羊肉，皆以炉火铁锅为之，亦煖锅之一种也。台湾天气燠暖，火锅殊少用处，然市上售此器者甚多，使人见之，陡增无限故乡之思！

打　围

苏州昔为繁华之区，风景明媚，人物俊美，故于点缀岁时令节，亦较他省为新妍。每岁新正，妇女恒喜鲜衣艳服，成群结队，作玄庙观之游。观在城门内观前街，殿宇闳壮，香火甚盛，观内空地，陈各种杂耍，妇女游览时，容饰妖冶，嬉笑杂作，儇薄少年，则追随左右，如狂蜂浪蝶，恣为调笑，谓之"打围"。官厅视为习俗，亦从无禁止之者。沈朝初《忆江南》词云："到处庆新年，北寺笙歌声似沸，玄都士女拥如烟，衣服尽鲜妍。"可见清初即有此新年韵事也。《清嘉录》载蔡铁翁诗云："城外西园城内观，趁闲趁闹尽嬉顽。可怜佛宇仙宫好，混却茶炉酒肆间。"又云："弥罗阁阴花爆稀，长生殿边丝鹢飞。冶容少妇入人海，轻薄儿郎惯打围。"盖纪实也。苏州城外故多花园，尤以留园最广大，园为盛宣怀所有，其前即西园，花木葱茏，亭榭罗布，新年士女于游玄庙观外，亦好游花园，故花园中亦有打围者。前诗谓城外西园，或即指此。民国初年，此风犹盛，近三十年未至苏州，不知犹有此乐事否？

窦娥冤

京剧中之《六月雪》，即汉戏中之《斩窦娥》，又名《羊肚汤》，词调哀惋，情节悲凉，若有好青衣唱出，殊使人有回肠百转之感。其故事系由元人关汉卿所作《窦娥冤》一剧改编而来，原作对白极佳，堪称杰作。今已列为世界有名悲剧之一，欧美剧场，上演多次，翻译之作，亦数见不鲜，可见同情弱女子，中外如一也。关作剧末有词云："莫道我念亡女与她灭罪消愆，也只可怜见楚州郡内大旱三年，昔天公曾表白东海孝妇，果然是感召得霖雨如泉，岂可便推诿道天灾代有，竟不想人意感应通天，今日个将文卷重行改正，方显得王家法不使民冤。"词意畅达，实通俗好文字也。按东海孝妇见前汉书："东海有孝妇，少寡无子，养姑甚谨，姑欲嫁之，终不肯。姑告邻人曰：'孝妇事我勤苦，我老，久累丁壮。'乃自缢死。姑女告吏：'妇杀我母。'吏验之急，孝妇自诬服，具狱上府，太守竟论杀妇，郡中枯旱三年。后太守至，自祭孝妇墓，天立大雨，岁熟。"情节颇似窦娥冤狱，故关词引证之。倘使编为戏剧，必亦动人。

谈元宵

农历正月十五日曰"元宵节",又曰"灯节",是夕不夜城开,金吾弗禁,家家悬灯结彩,燃放鞭炮,鱼龙曼行,百戏杂陈,历唐宋元明清诸朝,此风不衰。在昔日承平时代,北京庆赏元宵节,较其他节日尤盛。有龙灯,狮子,高跷,太平车,跑旱船,耍花砖,花钹,晒绳,扛箱,及少林,网叉,踢毽子,抖空筝诸游戏。无论宫中宫外,官商士庶,皆欢喜若狂,满街游人如织,击毂摩肩,于燃放鞭炮外,复有花筒,花盒等,光芒灿烂,炤如白昼。昔人诗云:"不顾满城飞炮火,深宫犹自赏神灯。"其盛况可以概见。南方各省,于元宵赏灯,亦不亚于北京,而苏杭特盛,自十三日上灯起,迄十八日落灯止,繁盛街衢,蔚成灯市,争奇斗胜,各尽其妙。杭俗,每于元宵,在葛岭保俶塔周围,燃灯千盏,星丸错落,光耀天空,倒影湖中,波光相映。倾城士女,咸集里西湖观玩,达旦始已。元宵于玩灯外,家家必食汤团,谓之"吃元宵",此盖象征人月双圆之意。近二三十年来,吃元宵之风虽仍旧,灯市则较前冷落多矣。

清代圆明园烟火

清代上元夕西厂舞灯，放烟火最盛。届时于圆明园宫门内，列烟火数十架，药线徐引，燃出宝塔楼阁之类，并有笼鸽数十，从烟火中飞出，至为精彩。下午帝驾至西厂，观八旗子弟驰马诸戏，其驰骋奔腾，略同今日马戏班诸戏法。日既夕，则有三千人于楼前舞灯，口唱太平歌，各执彩灯，循环进止，各依其缀兆，一转旋，则三千人排成"太"字，再转成"平"字，以次作"万岁"字，又次合成"太平万岁"字，即王建宫词所谓"每遍舞头分两向，太平万岁字当中"是也。舞罢，烟火大发，声如雷霆，光火烛半空，但见千万红鱼，奋飞跳跃于云海门内，蔚为奇观！自圆明园被英法联军毁后，遂无此盛况矣。

食汤圆悟前生

清嘉庆年间，黄州知府陈某，江苏人，自到任后，辄梦食糯米汤团，自审平生并不嗜此，胡为屡作是梦？颇为不解。某岁元宵节，家宴后，倚榻假寐，又梦至一民家食汤团，醒后齿颊间尚留麻馅香味，大异之。惟是夕梦中所经道路及民家房舍，至为明了。当命侍役提灯，出北门，依梦中路线，行约三里许，见道旁一茅舍，微有灯火，睇视之，曰："即是处也。"扣门，一老妪出，白发皤然，陈托词道行疲乏，愿假屋小憩，妪延之入，屋仅两椽，其一陈一棺柩，柩前置灵位，尚供汤团一碗，陈问柩中何人？妪谓是亡夫。陈问何供汤团？妪谓亡夫生前，惟嗜此品，故常以是供祭。陈问尔夫殁已几年？妪谓已四十二年。陈问其殁时年月日，妪具告之。陈闻之大骇！盖此人殁之日，即陈生之时，私念已得毋此人转生耶？因问棺胡不葬？妪曰："余夫妇伉俪极笃，余一生无所出，渠死，余茕然无依，仰薄田度日，故留其遗骸相伴。俾余死后合葬耳。"陈问尔夫生前何业？妪曰："读书耳，但不得志。"陈问书籍尚存在否？妪曰："俱在书箱中，惟四十年来未开启耳。"陈索观之，书多被虫蛀，惟窗稿两册尚好，陈略一翻阅，不禁骇汗，盖其此生由入庠至中进士，皆此窗稿中文，一字不易。于是断知此人实其前身，老妪即其前妻也。然事已隔世，言之骇人，因讹言其夫与父辈有旧，嘱妪葬其棺，迎至署中，以母事之。此事载黄州府志，当非伪。

巨　蛙

前年香港工商日报载，美国西部日光育蛙场，有一巨蛙，长二十四吋，以六元代价售与一妙龄女郎，而此女郎曾在加利福尼亚捕得一长十九吋青蛙，因而配成一对。此两蛙诚可谓巨矣。然予幼时闻人语一蛙故事，则较此蛙尤巨。缘某县有一山崖，两旁峭壁高耸，人迹罕至。附近居民，恒见禽鸟飞经此崖时，辄陡然落崖中。初以为禽鸟发现食物，故疾趋攫食耳，未以为异。崖下故有潭，暑季近村小儿至此泅泳者，常无故失踪，人或疑溺死潭中。然从无尸骸浮出，始稍稍怪之！一日，有一壮汉，入潭沐浴，忽觉身躯飘然，冉冉欲上升，但一离水面，则又倏落，其人大诧！于是坐潭边，仰瞩崖中，蓦见丛树间，有一巨蛙，方张口向下怒视，当其巨喙力吸时，即觉己身陡轻，若欲凌空，吻闭则否，其人骇惧欲死！奔回村中，集多人以猎枪共射蛙，蛙毙，坠潭中，赫然如圆桌面之巨。众始恍然飞禽堕崖，及小儿失踪，皆此蛙吸食焉。按蛙食物，全用吸力，其力之大，为任何生物所无，试就天井细观之，即寸许之蛙，亦能吸食二三尺高飞虫，其巨如桌面者，更何待言。此壮汉因体躯太重，故无法吸起，若为小儿，必无幸矣。

人名情趣

名字，不过人生记号而已。然中国人对此，最富情趣。幼有乳名，长有学名官名，另有字，号，外篆，别名，故常有一人而名字在十余以上者。而取名时，又必尽选好字，男子恒以忠、孝、仁、义、俊、伟、瑞、泰等字为尚，女子则以贞、淑、娴、婉、玉、丽、珍、巧字为多，其年老致仕者，则又有所谓庸斋、莼庵、石泉、东坡之类。因大众情趣相似，同名极多。在昔科举时代，应试取名，尤与功名有关。如清末最后一届状元王寿彭，其试卷原在二甲中，因是年适为慈禧六十寿辰，胪唱时，慈禧以其名字吉祥，遽拔置一甲一名，遂得大魁天下，此实名字带来幸运也。抗战时，第三届参政员有名卢前者，膺选时，尝镌小印一方曰"卢参政前"，及次届落选，人或戏之曰"卢前参政"矣。盖将"前"字变为动词，而成为前参政之卢某也。此亦饶有趣味！陆游《老学庵笔记》载："田登作郡，自讳其名，触者吏卒多被榜笞，于是举州皆谓灯为火。上元放灯，许人入州治游观，吏人遂书榜揭于市曰：'州依例放火三日。'"后人遂以"只许州官放火，不许百姓点灯"作为专断之喻，其实此亦名字中一段趣话也。近年来，名字亦略有变化，男子名乔治、彼得者有之，女子名玛丽、露丝者有之，情趣似已由象征派而趋于欧化矣。

新婚悲剧

张香五，武昌人，原服务汉阳电灯公司，抗战军兴，避难入蜀，充民生机器厂合作社职员，年已届五旬，独居无偶，与同事王某至善，两人皆嗜饮，每夕辄共入冷酒馆，浅斟低酌，视以为常。醉后，张往往欷歔慨叹，以独居为苦，王笑谓："如欲求偶，吾当为君任蹇修。"时有某粤籍产科女医士，雇有一司杂务之黄女士，年已三十，貌仅中人，亦闺中待字身也。王故与女医士识，见黄旷然无偶，欲为张撮合，乃一见之下，好事即谐。结缡后，张于青草坝赁屋而居，两情甚恰。讵旬日后，张忽悒悒寡欢，与王踪迹顿疏，人莫测其故。一日张由渝乘轮渡回青草坝，于船上遇王，张突抓王衣领，曳至船舷，欲与投水共死，王大骇！经同船劝开返厂，张仍向王寻隙，人问其故？张忽谓王与其新妇有私，王力白无此事，新妇亦自矢无他，但张仍不信，日惘惘如有所失。数日后，张告其妇有事入城。竟一去不返。妇见张两三日未归，甚惶急，白之厂中，谓张行时未带一钱，未携一衣，必非远行。厂中颇疑其自杀，然遍询各轮渡木划，皆谓迩日无人坠水。于是遍查张平日往还处，并函询成都滇贵诸远地，亦均未见其人，此真所谓"失踪"矣。时距结婚尚未逾月，新妇处此，进退维谷，留则无以为生，嫁则无人收受，终日悲泣惶惶，见人辄曰："吾其梦乎？

梦乎？"此予亲见之婚姻悲剧！

赵尔巽与东三省新军

赵尔巽，在清末督抚中，尚不失为励精图治之一员。光绪三十一年，赵任盛京将军时，胡匪纵横为患，赵乃收抚张作霖、冯德麟两股，因获粗安。三十三年赵内调为四川总督。盛京将军改制为东三省总督，由徐世昌任首任总督。宣统三年，赵回任东三省总督，见旧军骄悍，不易统驭，乃锐意训练新军，以士官毕业生为基干，如誉满中外之蒋百里，即当时之训练总监。所练新军，概依镇协编制，其第六镇统制吴禄贞、二十镇统制张绍曾、协统蓝天蔚，皆士官出身，阵容壮盛，焕然一新！且不独配备新，思想亦新。洎辛亥武昌起义，张绍曾调驻滦州，曾通电迫清廷立宪，吴禄贞调驻正太线，曾与革命军通好，蓝天蔚则在东北起义，称为关东都督，此皆赵尔巽所选拔之崭新人物也。惜新军入关后，因调编改隶，渐至星散，而此数人均不获善终。吴禄贞则于辛亥被人刺杀。

张绍曾虽洊升至陆军总长、国务总理，下野后，亦在津被刺殒命。蓝天蔚入川后，为但懋辛所执，愤以手枪自戕。此皆可惋惜事也。

赵尔巽（1844—1927），清末汉军正蓝旗人，祖籍奉天铁岭，世居莱州。同治进士，授翰林院编修。历官安徽、陕西等省布政使，署理山西巡抚、湖南巡抚，后历任户部尚书、盛京将军、湖广总督、四川总督及东三省总督。1914年，北京政府委为清史馆总裁，主编《清史稿》，为"二十五史"之一。

和珅二妾

清嘉庆诛大学士和珅，为清代惩治贪污巨案。被籍没珠宝财产，总额达八百兆两之多，其贪渎之巨，至可骇人。珅有二宠妾，一名长二姑，即所称二夫人者，于珅引帛时，赋诗二章挽之，并以自悼。诗云："谁道今皇恩遇殊，法宽难为罪臣纾。坠楼空有偕亡志，望阙难陈替死书。白练一条君自了，愁肠万缕妾如何？可怜最是黄昏后，梦里相逢醒也无！""掩面登车涕泪潸，便如残叶下秋山。笼中鹦鹉归秦塞,马上琵琶出汉关。自古桃花怜命薄,者番萍梗恨缘艰。伤心一派卢沟水,直向东流竟不还!"此诗殊哀恻动人。另一妾名吴卿怜,苏州人,初为王亶望中丞妾,王因事伏法吴门,蒋戟门得之,以献于珅,珅死,卿怜没入官,尝作绝句八首,申其悲怨。诗云:

晓妆惊落玉搔头,宛在湖边十二楼。魂定暗伤楼外景,湖边无水不东流。

香稻入唇惊吐日,海珍列鼎厌尝时。蛾眉屈指年多少,到处沧桑知不知?

缓歌慢舞奋难图,月下楼台冷绣褥。终夜相公看不足,朝天懒去倩人扶。

莲开并蒂岂无因,虚掷莺梭廿九春。回首可怜歌舞地,两番俱是个中人。

最不分明月夜魂,何曾芳草怨王孙。梁间燕子来还去,害杀儿家是戟门。

白云深处老亲存,十五年前笑语温。梦里轻舟无远近,一声欸乃到吴门。

村姬欢笑不知贫,长袖轻裾带翠颦。三十

六年秦女恨，卿怜犹是浅尝人。

  冷夜痴儿掩泪题，他年应变杜鹃啼。啼时休向漳河畔，铜雀春深燕子栖。

  卿怜两为人妾，夫皆以事见诛，诚可谓双重薄命人也！无怪其诗悲怆如此。

  吴卿怜（1769—1799），又称苏卿怜，苏州歌女，十五岁为王亶望妾。王亶望获罪斩首后，被蒋锡棨所得，献于和珅做妾侍，和珅因罪被诛后，卿怜亦悬梁自尽。此则行文近于《樗机近志》所载吴卿怜事，或系由此转述。

瓷锋治病奇迹

  今日科学昌明，一切医药，皆以科学为依据，昔日针灸之法，已无人采用，然精于此道者，其功效并不下于科学针药也。旧友帅和甫，于二十四年，患右腿僵痛，不能步行，初服中药无数，殊少效验，继入汉口同仁医院医治，凡针药电疗诸法皆施，亦无起色，展转床榻，历半年之久。后因公乘肩舆赴立煌县，一日行至一小市集，停舆茶馆休憩，偶见对门有一老者，悬壶治病，帅见其茅屋中，陈破旧药柜，灰尘堆积，污秽不堪，意此等医生，不过欺骗乡愚而已，未必真能为人已疾。然因休憩无事，试询其能否医治足疾？老者审抚其腿，曰："此易治耳！"帅告以曾经中西医诊治，皆无效果，老者曰："君腿部有水环血。去水即愈耳。"帅问其如何治法？老者曰："此无须服药，但打瓷锋即可。"帅曰："姑试之。"老者取瓷碗破之，以瓷锋刺膝湾血管，血出，沿小腿流至地下，血之两旁，确有水随之流出，迨出血杯许，即不见水，老者曰："可矣。"当以膏药贴刺孔，索资仅两元而已。帅于傍晚抵县署，当下舆与县长商议公事，步履如常，意忘其有足疾矣。自是遂未再发。帅尝笑其住院半年，耗资千元，迄无功效，而于山陬僻壤之处，仅以两元治愈，是真奇迹也！

张锡銮督鄂之梦

清末赵尔巽任盛京将军时，有营务处总办张锡銮者，浙江人，在东三省服官多年，有"快马张"之称。辛亥十一月因进攻太原，清廷特授为山西巡抚。民国初元，又任直隶都督。张与袁项城最善，袁常以"金坡大哥"呼之。袁任大总统后，以张在东省久，张作霖、冯德麟又皆其部下，遂调张为奉天都督，以资熟手。讵张督奉后，作霖、德麟因各有野心，颇不服调动。至民国三年，为屯垦问题，两人裂痕益深，作霖电中央，竟诋张为"谗夫"。袁恐因此启东省乱萌，遂于民四秋间，以张与鄂督段芝贵对调，张闻之甚喜！以为离去冰雪之辽东，而入温暖之楚北，大可娱老境矣。故于奉命后吟诗云："二十年前一少尉，而今开府鄂王城。"盖张二十年前，曾在鄂投军任少尉，此去殆可谓得意归来矣。又作诗留别僚属云："一身去就等鸿毛，回首辽天夜月高。独驾飞轮先马卒，恐教别泪染征袍。"又以诗留呈段芝贵云："武昌开府驰名久，百战功高上将才。愧我筹边无善策，十年悬耻待君来。"其踌躇满志，可见一般。讵是时鄂省兵力，俱在师长王占元手，王颇以鄂督为囊中物，今段去张来，己独无分，大为不悦，遂电袁辞职，袁知辞职即独立之先声，竟不敢令张到任。延至民五一月，卒任王督理湖北军务，张则改任为参政，于是张之"开府鄂王城"，遂成一梦矣。

张锡銮（1843—1922），浙江杭县人。历任山西巡抚、奉天都督等职。著有《张都护诗存》。

女画家悲运

清季武昌有女画家李珍者，潜江人也。其父小峰以画花卉名，女幼时，即以画法授之，女性聪颖，绘画突过其父，求画者踵接。及长，富家士流多往求婚，顾小峰俗甚，必欲缔姻官场，以博荣耀。会有诸某者，江夏县知县之远族也，年十七，流寓汉阳，家贫不能举火，其母闻李女名，私计若得此女为妇，则举家可倚以度日，因请人为子求婚，小峰闻之，心窃喜，以为由此可与县署结交，厕身官场矣，慨然许之。诸将娶而绌于资，因浼媒商小峰，改为赘姻，而以五十串钱畀李，为女服饰费。李至是，始知诸氏景况，追悔莫及！成婚之夕，女见夫婿既无他能，貌又寝陋，大恚！蜜月后，随婿至汉阳家中，则见家徒四壁,食指繁多,不禁悲从中来。家人复以女纤弱,不能操井臼,咸揶揄之。未几,婿促女至武昌取画具画稿,冀得润资,以给家用,女愤然曰:"我以艺术养夫足矣,奈何举家皆责食于我?"乃尽弃其画具,誓不作画。婿家见女如此,益挫折之,日夕之间,诟谇时作,女不能堪,遂服鸦片而死。娟娟才女,罹斯惨劫,旧式婚姻,误人如此!

遗嘱奇谈

中国社会,向重宗法,故除巨室显贵外,死者向无遗嘱。欧美则不然,无论贵贱贫富,濒死皆有遗嘱,格式并无一定,写法亦各任其便,凡有律师或见证人,无论如何写法,均可生效,因是发生种种奇谈:如托尔斯泰遗嘱,写在树干上。有一水手遗嘱,写在蛋壳上,仅有五字:"我统统给梅。"又有一水手遗嘱,全文刺花于背上,而于大腿刺花签名,然法律认为有效。至于遗产处分,亦有许多奇特者,如澳洲昆士兰有一计程车司机，遗嘱将遗产四万元，赠与一老鹦鹉。阿薛菲尔达有一营造商，遗嘱将一万四千七百镑财产，赠与一群犬，每头每星期五先令。旧金山有一码头工人，遗嘱将财产一千五百镑，赠与女明星安秀丽丹，彼与安固毫不相识也。又美国有人将遗嘱装入多层信封内，最外层注："我死后六星期拆看。"第二层注："一年后拆看。"以后每层各隔若干时拆看，直至五年后始拆完。又有一妇人将遗嘱写成九万五千言长篇叙事诗，经常携带身边，人皆以为彼将著作小说，而不知其实为写遗嘱也。凡此诡奇事，皆为中国所无。

张冠李戴主婚姻

民国十七年间，安大有助教张某者，合肥人，年三十许，新丧偶，在安庆购一孀妇，情好甚笃。妇年三十五六，美而淫，无子，仅一女，貌娟秀，方在某中学读书。妇饶于资财，但不能嫁张，嫁则资财归于女，此其亡夫遗嘱也。顾妇悦张甚，刻不能离，又恐年长于张，终为所弃，遂思以女妻张，既可保有资财，复可与张长相厮守，不至他娶，所谓两全之策也。因谋于张，张以一箭双雕，妻财两得，何乐不为？亟浼同乡作伐，一说而就，盖女以中学生而偶大学教授，甚如所愿，初不知此为阿母蜕变之计也。订婚后，妇以张客居省垣，绌于资，愿赘张于家，一切婚礼所需，由妇任之，戚友闻知，咸谓妇贤，合卺之夕，极尽铺张，夜阑，客散，张不入洞房，径至妇室，妇闭门不令出，女独坐待天明，而张竟不至，初以为张被酒，母留之将息，未之异也。次日亦然，历周日复如是，女至是，始悉母与张暧昧事，饮泣而已！半月后，女不能忍，问妇儿究嫁何人？妇谓张近有微疾，宜令休息，稍迟成婚何害？迨蜜月届满，女仍独宿，张日中上课，夜归即入妇室，妇亦不与女语张事，女始恍然此一婚姻，不过张冠李戴耳，乃大愤，遍谒诸亲友，陈明事实，请解除婚约，亲友闻之，群诟妇昏瞆，妇无奈，允女离婚，己则挟现款，偕张宵遁。

罗文干之风骨

罗文干以民五检举袁世凯帝制出名,其风骨气节,并为世重。民十一王宠惠在北京组阁,罗任司法总长,高恩洪任内务总长,其他名流学者,参加亦多,时人称为"好人内阁"。卒因军阀嫉忌,制造事端,罗竟因是陷于狱,王阁亦于焉解体。时北京曾流传打油诗一首云:"干倒罗文阁已空,一声混蛋滚匆匆。早知王宠难为惠,此去高恩竟不洪。"虽语近调侃,然足反映当时北京政治环境之恶劣,于好人内阁固无损也。北伐成功后,国府奠都南京,罗曾任外交部长三年,凡外交棘手事件,皆能从容解决。当时中央规定,外交部长每月有特别办公费三万元,毋须报销。罗凡百樽节,不轻动用,于交卸时,竟将节余办公费九十余万元,交还国库,此为历任部长未有事,其廉洁如此。又当时上海某校因反对武育干而起风潮,南京某报曾以"外交文干,教育武干"征联,但久无应之者。今罗氏已归道山,想更无法属对矣。

罗文干(1888—1941),广东番禺人。早年在英国牛津大学专攻法律,回国获法科进士。

炸五大臣案中两烈士

清末北京车站炸五大臣案，人皆知为烈士吴樾所为，其实吴之外，尚有柳聘侬、张榕两人。柳于车站逃出后，官吏悬赏万金购缉之，于光绪三十四年，飘流至潮州，旋为巡警所获，派弁兵一百二十名，解京请奖。濒行时，柳口占一绝云："百廿健儿同警跸，槛车今夜发潮州。鼎烹俎醢浑闲事，犹胜南冠作楚囚。"语意豪壮，诚不愧为革命党人。张榕为山东人，时年仅二十二岁，与吴樾同至车站，掷炸弹后逃逸，更名余本强，匿迹天津，为侦探杨以德所获。某国公使重其才，欲出而保护之，榕不欲卖籍偷生，挺身入京。后为慈禧所闻，悯其幼，处以无期徒刑。居狱四年，与狱吏王喜璋善，王感其侠义，遂与偕亡，东渡日本。榕善剑术，在日与某武士较剑，击败之，名遂大噪！辛亥武昌起义，榕归辽阳，组织急进党，为张作霖所忌，颇为郁郁。民国元年一月廿三日，赴北里友人宴会，行未远，一刺客尾其后，连发三枪，中要害而死，闻者惜之！

端方之死

清宣统三年川汉铁路风潮发生后，清廷命端方由武昌入川平乱。端于七月率鄂军三十一、三十二两标兵入川，九月间抵重庆，闻武昌起义，端大恐，亟率军进驻资州。适清廷革川督赵尔丰职，以端代之。端知事无可为，欲入都面陈机宜，兵大哗，尼端行。时统兵者为曾广大及邓某，命兵勿暴动。端则布告军士，谓已遣人至成都银行借银四万两发饷，并为全军措办归装，众怒稍息。此十月初一日事也。至初五日端束装待发，众以银未至，阻其行，并要端书券，端与之。至初七日银犹未至，众以端诳也，复哗。有营官董海澜倡议入行馆，驱端至侧屋，谓我辈将假尔室开会，兵入室，搜行箧无所得，即欲杀端。时兵皆举枪待发，曾广大止之曰："此中满人，不过端氏兄弟两人耳，尚有无数汉同胞，岂能玉石俱焚？"众遂逼端至行馆大门一小屋中，手刃之，其弟亦死乱刀下，众军即日东下归鄂矣。迨初八日成都借银至，然已无及，遂为红十字会所得。民初人皆谓端方死于川军，其实系鄂军所杀，此亦辛亥革命一段史实也。

端方(1861—1911),清末大臣,金石学家。著有《陶斋吉金录》等。

端方之诙谐

端方之死,予前已记之。端生前颇善诙谐,尤好嘲弄人。宣统三年,赵尔巽将任东三省总督,端往贺曰:"三哥恭喜,帖子已写好否?"赵茫然不解所谓,端笑曰:"即谨具满洲三省奉申俄日笑纳之帖子也。"赵为之愕然色赧。端开府两江时,有某中书发起拒赌会,趋谒节辕,痛陈赌害,端太息曰:"诚如君言,余向亦嗜此,一行作吏,兹事废矣。惟近日盛行麻雀牌,士大夫皆嗜之,君亦能之乎?"中书曰:"某于各种赌经,均门外汉也。"端曰:"我犹仿佛忆之,麻雀牌中他牌均四,惟白板则五。"中书急辩曰:"否!白板亦四也。"端笑曰:"然则足下亦个中人也,能正我之误,大佳!"语已,端茶送客,中书赧然而退。又端官工部时,同官有赵有伦者,京师富家儿,目不识丁,以其舅张翼之援,纳赀为郎,不数年历得要差。尝以千金购一妾归，为大妇逐出。赵赁别舍居之，妇又靳其出门。一日与端相遇署中，端忽与语曰："吾偶作一联，君试为吾评骘之。"联云："一味逗豪华，原来大力弓长，不仅人夸富有；千金买佳丽，除是明天弦断，方教我去敦伦。"额曰："大宋千古。"此已将赵之名姓嵌入，然赵不识字，犹为人述之，闻者匿笑不止。

双棺结婚

三十七年春，北平有少年男女，双双服毒自杀，死后，双方家长为之举行结婚，使亲友庆吊不知所可，此诚奇而且惨事！缘有袁有礼者，其父以经营煤矿致富，时方偕妾居沪上，有礼则随生母居平，就读某中学。有同学徐某之妹纯翔者，姿色艳丽，体态窈窕，状如西洋少女。有礼一见钟情，女亦若有意，两相爱悦，渐成狂恋，每值周末，必相偕出游，或邀至家共膳。久之，已发生超友谊关系，而两姓家长均不知也。是年春，有礼忽得父书，令赴上海就学，有礼故畏父，不敢违，然与女方在热恋，又不忍离，复以双方初无婚约，尤恐去后，女为他人所得，遂蓄意自杀，商之女，亦同意。一日，两人同出观电影，散场后，有礼邀女至家，于客厅中开留声机跳舞，其母老且病，以此为两人常事，不疑有他。讵两人于跳舞时，各饮白兰地酒一杯，酒中置有氰化钾，饮后，两人同倒沙发而死。迨家人发觉，气绝已久，惟于留声机下，发现绝命书一纸，略谓"我俩虽未同生，但愿同死，死后，望共葬西山之麓"云云。袁母素爱子，一恸几绝。旋经双方亲友调停，愿结为冥婚。由男家置备棺椁衣物，于北京某寺举行结婚仪式，有婚书，有介绍人，证婚人，甚至脂粉香水，无一不备，惟男女傧相则为纸扎耳。一时双棺并列，红烛高烧，贺客盈门，诧为奇事。中国昔时因一方死亡，而抱木主成婚者有之，若双方同死后，家长为之结婚者，则未之前闻。

记北京电影院惨案

日前台北新世界电影院发生炸弹案，死三人，伤十人，诚惨剧也！予因忆民国十九年，北平南新华街中央电影院亦发生类似惨案。先是中央电影院每逢星期日，加映早场，以招待学生、公务员。是日为星期日，早场所映为阮玲玉之《小玩意》，观者极众，几告满座。是时电影院于放映中间，例须休息十分钟。是日于休息后续映时，突闻楼下中右排发生枪响三声，一时观众哗然，争自太平门奔逃，秩序大乱。事后发现一摩登女郎，倒于座前，颈项被击中三枪，血如泉涌。另一童子军被流弹击中腹部，惨呼疼痛。当经宪警戒严搜查，毫无所获。受伤女郎于送协和医院时，中途毙命。童子军于施行手术后，幸告无恙。后经调查，女父为旧国会议员，对此案不愿追究，宪警虽曾限期破案，亦无结果。凶手为谁，迄无人知，或谓事属情杀，亦无佐证，故始终成为疑案。

胡汉民之谐诗

胡汉民为人严肃，风骨峻然。然据冯自由言，胡年少时，亦好诙谐。清光绪三十四年胡居新加坡时，尝撰谐诗赠邓慕韩云："铜山万壑果然真，发梦忘魂意气伸。旧日师爷称绰号，近来皇帝是乡亲。缩低铁甲方无敌，吓走金表大有人。最恨爱莲贤伉俪，不堪此地更维新。"第一句指邓通，言慕韩祖先之富。第二句谓慕韩屡语人，人生以梦遗为一快事。第三句以慕韩有师爷之称。第四句谓慕韩同乡谭发素有帝王思想，人多以皇帝呼之。第五句谓慕韩尝叹各国海军不解将舰体缩低之法，若能预为缩低至水平线，然后突向敌舰猛撞，必所向无敌。第六句系述光绪三十二年某日东京同盟会开会，有吴弱男、吴亚男姊妹至党部谒孙文，衣洋服，挂金表，与之详谈，娓娓不休。迄摇铃开会，二女仍不告退，慕韩乃手持大金表，入告孙文开会时刻，二女始匆匆去。后慕韩告人，此举全靠大金表吓走小金表，故云。第七八两句谓慕韩夫人号爱莲女士，而新加坡有娼寮曰"新爱莲"，胡氏遂用以打趣也。

张自忠伪装孝子脱险

民国廿六年七七事变发生时，张自忠方任二十九军三十七师师长兼天津市长。迨事变扩大，北平危急，冀察政委会委员长宋哲元率军离平，张奉命掩护，并维持一切。及日军入城，张已无法出走，初易名匿居美国同仁医院，旋为院方所悉，遂迁入东交民巷德国医院。时汉奸江朝宗已成立治安维持会，索张甚急，张恐为敌所得，乃伪装孝子，身着麻衣，首扎白布，携钱纸香烛一包，骑脚踏车出朝阳门，守城日军初不识其人，检查时，张告以出城扫墓，竟获放行。张出城后，乃骑脚踏车急驰，途中车数坏，皆张亲自修复，傍晚始抵天津，与所部李文田部会合，撤退后方。后日方闻张脱走，大为懊丧！随枣一役，歼敌一师团，敌为之寒胆。时张原可退回河西，可以不死，然张决心许国，不失寸土，竟以身殉焉！

张自忠（1891—1940），著名抗日将领，山东临清人。曾任国民革命军第三十三集团军总司令。

邹容死后吓倒徐世昌

烈士邹容,于清光绪三十年因苏报案与章太炎同禁上海西牢,章判三年,邹判二年。至次年正月,邹患病甚剧,于二月二十九日卒于狱,由刘三收其骨密葬沪西华泾乡,外间鲜有知者。迄光绪三十二年夏,天津探访局总办杨以德忽密报巡警部尚书徐世昌,谓邹容秘密入京,图谋革命。徐闻讯,大为惊骇,飞饬内外警厅戒严,并搜查各客栈及庙宇寺院,凡青年旅客,俱遭逮问。时距邹容谢世,已一年又半矣。清吏之慌张,殊使人失笑。按杨以德在庚子前,原为火车检票员,拳乱时颇获横财,遂捐一杂职,夤缘入采访队,工谄媚,善迎合,经其逮捕罗织成狱者,不胜枚举。洎袁世凯任直隶总督,遂报捐知府,旋保道员,袁于天津设探访局,杨遂得充总办矣。杨知袁之注意革命党,遂收罗孙文及康、梁、章太炎、邹容诸人肖像,陈列室中,日夕谛观,自谓能捕得其一,则京堂可操左券矣。如上述密报邹容入京,即其京堂梦中诬妄事类之一。

王宠惠少拒奔女

王宠惠，少读书香港皇仁书院，故早通英文。其父为基督教老牧师，宠惠颇不信宗教，因之沪，任南洋公学教员。庚子秋，党人秦力山起兵大通失败，逃沪。时租界得清吏照会，搜捕党人甚力，宠惠秘密收容之，旋资助赴日。力山到日后，于辛丑年创刊《国民报》于东京，函约宠惠任英文部撰述，宠惠由是东渡。《国民报》既出版，力倡民族主义，篇末附英文论说，皆宠惠所撰也。宠惠在东京，与力山税屋同居，宠惠居楼上，力山寓楼下。所雇日本下女，貌颇妖冶，爱宠惠少年英爽，屡向之献媚，或以语言调戏。宠惠道气盎然，不之理，并告力山，嘱其斥责，力山笑颔之。一夜，此女伺宠惠熟睡，竟赤身往就，宠惠大骇，大呼力山不止，力山应曰："我来！我来！"下女始狂奔而去。次日传之留学界，皆为捧腹大笑！按此事曾载《革命逸史》，当属确实。

王宠惠（1881—1958），著名法学家，广东东莞虎门人。曾任国民政府外交部长、代总理、国务总理等职。

秦力山（1877—1906），湖南善化人。戊戌政变后流亡日本，任《清议报》主笔。1900年至武汉与唐才常组织自立军，任前军统领。1901年创办《国民报》，为留日学界第一份宣传革命的报纸。1902年与章太炎等发起支那亡国纪念会。同年又在上海创办作新社，旋创刊《大陆》月刊，竭力驳斥康梁保皇言论。1905年入云南从事反清活动，积劳成疾，次年病逝。

义婢饭王孙

凡行嘉兴三塔湾之上二十里许，无不见有"鹤秀"塔峙立于官塘之侧者，此中盖有一段伤心史焉！缘清初有金陵诸生裴某者，家贫甚，有至戚为浙江某府通判，因往依之，讵至时戚已罢任，略赠资斧令归。裴附舟夜过皂林，被盗劫，行李尽失，乃沿塘步行，拟至嘉兴。但饥不能前，倒卧路前。适北村章姓遣婢鹤秀送糕团赏其女，道出官塘，见裴卧地，呻吟不已，因问之，裴备言被劫及乏食状，泣数行下，鹤秀悯之，以所携食物与之食，并脱簪珥及钱百余文赠之，裴感其谊，询其姓名，鹤秀具告之，裴曰："我他日若有寸进，誓不敢忘！"

遂别去。鹤秀至女所，女见食物既少，头上簪珥俱无，心窃疑之。及归，主母亦严诘，鹤秀实告周济饿者。时鹤秀年已十六七，主母疑其有私，重加箠楚，鹤秀不能堪，遽投缳死。裴得鹤秀资助还家，次年中乡科，联捷成进士，选授浙江某县令，道经其处，距乞食时已三年矣。裴方断弦未续，私念鹤秀若犹待字，则将委禽焉。及入村探访，始悉其故，遂奔厝所大恸再拜，寻其母厚赠之，而聘其妹为正室。抵任后，遣人往筑坟茔，极坚固华美，并于赠物处建一塔，为鹤秀资冥福，塔上下七层，高约十余丈，中层镌"鹤秀"二大字，迄今两百余年，犹矗立云表。如鹤秀者，始可与漂母先后辉映矣。

花　朝

农历二月十二日为"花朝"，即百花生日也。昔江南风俗，每逢是日，咸以红绸条系花枝，以祝生日。妇女则剪彩为花，插之鬓髻，以为应节。《杨诚斋诗话》云："东京二月十二日花朝，为扑蝶会。"是宋时于百花生日，更有扑蝶之戏也。然《翰墨志》云："洛阳风俗，以二月二日为花朝节，士庶游玩，又为挑菜节。"是则花朝已有两日期矣。《乾淳岁时记》云："宫中排办挑菜御宴，先是预备朱绿花斛，以罗帛作小卷，书品目于上，系以红丝，上植生菜、荠花诸品，俟宴酬乐作，自中殿以次，各以金篦挑之，后妃、皇子、贵主、婕妤及都知等，皆有赏无罚，以次每斛十号，五红字为赏，五黑字为罚，上赏则有真珠、玉杯、金器、北珠、篦环、珠翠、领抹，次亦铤银、酒器、冠镯、翠花、缎帛、龙涎、御扇、笔墨、官窑、定器之类，罚则舞唱、吟诗、念佛、饮冷水、吃生姜之类，用此以资戏笑，王宫贵邸亦多效之。"观此，则知宋时皇室贵族对花朝弥感兴趣矣。然亦有以二月十五日为花朝者，《成都志》云："二月十五日为花朝，为扑蝶会，蜀人又以是日鬻蚕于市，因作乐纵观，谓之蚕市。"是则二月二日、十二日、十五日，皆可谓为花朝节，可见各地风俗不尽同也。

野鸡大王

野鸡大王，徐姓，号敬吾，广东香山人，为清光绪末年上海革命宣传家也。尝手撰《野鸡花榜》揭载小报，时人遂以"野鸡大王"称之。实则徐在沪，专以出售革命书报为业。时上海社会，均爱读各种革命刊物，但各书局怵于法令，不敢直接出售，致读者无从问津。徐则日挈其女公子宝姒出入青连阁茶馆，叫卖各种禁书，如《革命军》《黄帝魂》《自由血》《警世钟》《女界钟》《扬州十日记》《三十三年落花梦》等，不下数十种，销行极旺。星期日则假味莼园演说革命，听者如堵，其女公子亦批评时政，议论风生，遂使海上耳目，为之震骇！章太炎尝戏以《水浒传》人物作上海志士梁山泊点将录，称徐为鼓上蚤时迁，盖深爱之也。苏报案发生后，徐仍到处演说，志不少懈，事为清吏所闻，乃设法诱致南京，欲藉以罗织党狱，旋又纵之回沪，责其立功自赎，然徐不屑为清吏用，销声匿迹，后不知所终。

谭延闿发还余诚格财物

辛亥武昌起义后,湖南尚未响应,湘抚余诚格,到任仅月余,其人尚属明达,不似满大员之昏聩也。时谭延闿方自京归,往谒诚格。诚格乍见,即拱手称谭大都督,延闿愕然。诚格曰:"武昌既起事,湖南必将响应,君为众望所归,大都督舍君其谁?"迄九月一日湖南光复,诚格挈老父遁出,家财颇有损失。初任都督焦循,又悬赏千金购其头,诚格颇恚。旋逃至安庆,请朱家宝代奏,乃之沪居焉。及延闿任都督,诚格寓书延闿,有"我到湘月余,自问无开罪湘人之处,家中财物均多遗失,民军举动固应如是乎?"等语。函面书"中华民国湘军都督翰林院谭大人启",延闿见此称呼,大为失笑,然不愿直接回信,仅于《长沙日报》登一广告云:"余寿平君鉴,财物悉封存府中,毫无遗失,请派妥员来领。湘都督谭延闿白。"诚格见报,即派人赴湘,延闿尽将其财物发还,诚格大为感慰!

余诚格(1857—1926),字寿平,安徽望江人。光绪十五年进士。历任广西按察使、湖北布政使、陕西巡抚等职。

记女斗士徐宗汉

七十二烈士殉难黄花岗，关于是役史实，记载极多，人皆知之，予今所记，则为躬与是役之徐宗汉女斗士也。宗汉，广东香山县人，幼随父在沪读书。年十八，适海丰李晋一，生子女各一，结缡数年，李以病去世，宗汉教养遗孤，辛勤备至。民前四五年间，宗汉次姊佩瑶，执教于南洋槟榔屿华侨学校，约宗汉往助，宗汉因是有南洋之游。时槟榔屿初设同盟分会，日宣扬革命主义，宗汉闻而善之，因加入为会员，助党人扩张党务，深资得力。清光绪三十四年回粤，即与港穗同志设机关，运军械，往来香港广州之间，清吏以其女子也，故不之疑。辛亥三月，广州党人将举事，宗汉于河南溪峡设一机关，频频由香港密运枪械炸弹至是处，分发各同志，并于门外张贴大红对联，伪饰喜事，故无疑之者。及二十九日晚，攻督署事败，黄克强指受枪伤，寻至溪峡机关，宗汉为之裹伤。至四月一日，乃为克强改装，亲送至哈德安夜轮，相偕赴港。抵港后，克强以指伤过剧，入雅丽氏医院割治。照例割症，须有亲族签名，宗汉遂从权以妻室名义行之。

未几伤愈出院，即正式与克强结婚，虚名夫妇，竟成事实矣。是后相随克强革命，无役不从。先后得二子，民五克强逝世，宗汉抚养遗孤，至于成人。抗战后，移居重庆，于三十三年三月病逝，享年六十有八。

徐宗汉（1876—1944），广东香山（今珠海市）人，近代实业家徐润之侄女。清光绪三十三年（1907年）加入中国同盟会。

黄花岗悼词

自辛亥以来，吊黄花岗诗词极多，然在事发之后，清室尚未推倒前，敢以诗词刊之报端，而为烈士志哀者，惟黄克强、宋教仁两人焉。忆黄《蝶恋花》词云："转眼黄花看发处。为嘱西风，暂把香笼住。待洒满枝清艳露，和香吹上无情墓。回首羊城三月暮。血肉纷飞，气直吞狂房。事败垂成原鼠子，英雄地下长无语。"黄为当时身亲其役之人，故哀愤之情，溢于言表，而其上半阕遣词纤丽，尤似词人手笔，殊可诵也。宋为七律诗一首云："孤月残云了一生，无情天地恨何平？常山节烈终呼贼，崖海风波失援兵。特为两间留正气，空教千古说忠名。伤心汉室路难复，血染杜鹃泪有声。"宋诗淋漓悲壮，愤恨填膺，惜汉室光复不久，公忽遘来君叔之惨祸也！又醴陵屯艮尝有《七十二鸳鸯词》云："七十二鸳鸯，对舞成行，金笼长锁昆翱翔。双死双飞原有头，不怨风狂。旧梦总难忘，地老天荒，悲秋更比送春忙，惆怅黄花开烂漫，何处山岗！"此因恐招文字之祸，故出以托词，然为七十二烈士而作，明眼人一看便知。

温生才刺孚琦之威猛

辛亥年三月初十日，温烈士生才于广州刺杀满洲将军孚琦，实为三月廿九日黄花岗诸烈士起义之先声。按温为粤之嘉应州人，少孤苦，六岁母又弃去，既无叔伯，终鲜兄弟，伶仃无依，乃就食外家。年十四，被匪人诱至荷兰，充刈草工，三年后转至霹雳，充锡矿工，旋逃归。历随沈宗济、荣勋、魏邦瀚赴越，入冯子材营为旗牌兵。因身历坷坎，恨满人特甚。曾在霹雳识孙文，亲受薰陶，遂立志革命。辛亥年初回广州，日谋行刺满大员，以张革命声势。会三月初十日法人组织之远东飞艇社，定在广州东门外演放，遍邀当道参观。孚琦性好纵游，税驾往观，回署时，行至东门直街谘议局前麒麟阁门次，温突从人丛中跃出，闯至轿前，持枪向孚琦猛击，卫队骇绝奔去，轿夫亦逃，温得从容射放。孚太阳穴、脑门、颈项、胸部各中一枪，当倒轿中身死。温见目的已达，弃枪由积厚新街遁，至永胜街，为巡警追获，遂遇害。

温生才（1869—1911），字练生，广东梅县人，与林冠慈、陈敬岳、钟明光同为辛亥革命红花岗四烈士。

林冠慈、陈敬岳刺李准

辛亥三月二十九日革命失败后，港粤党人遂由战斗行动，改变为地下活动，组织暗杀团，专以清除民贼为务。首先被决定执行死刑者，为总督张鸣岐及水师提督李准，而以林冠慈、陈敬岳、潘赋西、刘镜源为执行员，由李熙斌、朱述堂辅助之。但张鸣岐深居简出，不易伺隙，惟李准常往来天平街水师行台与长堤水师公所间。林、陈、潘、刘四人，遂分为四路，每日分头侦察。至闰六月十九日晨，李熙斌得悉李准将出行，当通知各执行员分途出发，准备要击。林冠慈置两炸弹于藤茶箩中，沿大南门双门底一带而行，止一书摊前，伪欲购书，索书翻阅。及李准至，即出两炸弹连掷之，弹落李轿前丈许，轿毁，李伤仆路上，其轿夫卫队死伤二十余人。卫队乱发枪，林冠慈当场就义。李准伤肋骨右手，舁至藩署，经西医达保罗医治，历三月始愈。当事发时，陈敬岳亦携炸弹于吕宋烟盒内，方行入大南门，即闻巨大爆炸声，知事已济，即折入育贤街，因行迹可疑，当为警察执捕。经清吏酷刑严讯，不肯供出同志一人，遂被害。按此事《革命逸史》记载极详，此不过其概略而已。然林陈两烈士之英勇，已可与博浪沙一椎同耀史册矣。

李沛基、周之贞炸凤山

自李准被刺未死，林陈两烈士殉难，广州党人深为悲愤！于是决议执行第二次暗杀。先是广东将军孚琦于三月初被温生才烈士刺毙后，遗缺虚悬甚久，又经三月廿九日一役，清廷亟思派一知兵满大员坐镇广东，以期压制革命。适凤山自德、奥考察陆军归，遂派凤山为广东将军。党人闻之，即以凤山为目标，由周之贞、李沛基负执行之责，仍以李熙斌、朱述堂、梁倚神等辅助之。先期于仓前街赁一商店，伪作洋货生意，李充店主，周为伙友，暗藏炸弹店内，伺机行动。会林勉直由沪电告，凤山已首途，约九月初到粤，周乃日夜伺之。至九月初三日，得悉凤山所乘轮船已抵港，初四日可到穗，经朱述堂侦知路线，奔仓前街洋货店通知李沛基、周之贞，李、周急将重磅炸弹放置楼上临街窗口，外护以木板，而以绳系板之一端，由李执绳伺之。至二时许，凤山乘舆至，李牵绳去板，弹落立爆，轰然一声，凤山与其卫队多人，当场炸毙，邻近店铺倒塌六七间。李、周从容由店后避去，偕赴香港。是役凤山死，而党人无损失，是为黄花岗后最痛快之一击。

儿童节谈神童

凡人功名事业之成就，多决定于儿童时代，其间得力于教育者半，成功于天才者亦半。如清代纪晓岚，学问官阶，冠绝一时，其在儿童时即有神童之目。一日与诸儿踢球街中，适太守乘舆过，球误落舆内，太守怫然，诸儿皆惊散，公独拦舆索球，守询之，知为神童也。乃戏命对曰："童子六七人，惟尔狡。"纪昂然对曰："太守二千石，独公……"太守曰："何不毕其词？"纪曰："大人以球见还，即为'独公廉'，不还，即为'独公贪'也。"太守笑而与之。又蒋心余太守幼就读某先辈家，即以神童见称，先辈颇有婿之之意。一日孔子诞辰，蒋忆母欲归，先辈留之曰："玉关千里，乡心一片雨绵绵。"盖言归心綦切也。先辈不得已，遂以绝对命约："夏大禹，子莫颜回，姬旦，杜甫，刘禹锡。"此联为人名谐音，意谓"下大雨，子莫言回，鸡蛋豆腐留女婿"。确无法可对。蒋百思不得，遂留焉。后蒋在乾隆时为名翰林，著作甚多。凡此皆在儿时即能发挥其天才，故成就奇才也。

清明与寒食

　　清明节来源甚久,最脍炙人口者,即为唐杜牧《清明》诗云:"清明时节雨纷纷,路上行人欲断魂。借问酒家何处有,牧童遥指杏花村。"盖清明节已是三春时候,其时恒多风雨。故言清明者,必及风雨。如宋欧阳修《蝶恋花》词云:"雨横风狂三月暮,门掩黄昏,无计留春住。泪眼问花花不语,乱红飞过秋千去。"此言清明时节,别有一番旖旎光景。清明前一日为"寒食",相传为纪念介子推焚身故事,然《左传》《史记》,皆无介子推被焚事。惟《琴操》载:介子绥抱木而焚死,晋文公哀之,令国中在五月五日不得举火。然五月去清明甚远,是否即为寒食节,殊无法考证。据《荆楚岁时记》载:"去冬至前一百五日,即有疾风甚雨,谓之岁寒。"依旧历推算,此日正在清明前一日,或即寒食之谓。故唐沈佺期《寒食》诗云:"岭外逢寒食,春来不见晴。洛阳新甲子,明日是清明。"是则寒食在清明前一日,已肯定言之矣。至清明扫墓,已成习俗,近代寒食虽废,而墓祭仍盛。

牟尼犹带乳花香

"昔曾相府拜干娘，今日干父又姓梁。赫奕门楣新吏部，凄凉池馆旧中堂。君如有意应怜妾，奴岂无颜只为郎。百八牟尼亲手捧，探来犹带乳花香。"此清乾隆时纪晓岚嘲太史汪某事也。缘汪某好谄事权贵，始拜金坛于天麒相国妾为母，嗣相国势衰，梁瑶峰秉枢柄，又令妻拜梁为义父，踪迹暧密，值冬月严寒，梁早朝，汪妻辄先取朝珠温诸胸中，亲为悬挂，纪诗谓"探来犹带乳花香"，即指是也。洎咸丰时，有泰州王某，官记名军机章京，将传到矣。一日署中派人递折件，王夜半由外城赶入城，将至东华门，始悟未携带朝珠，大窘，因忆有汪某住在东华门左近，因往假用。时汪已寝，闻王半夜至，亟起问何事！王以情告，汪沉思曰："我躯体较君长大，我珠恐不合用，惟将内子珠借君一用可也。"匆匆取珠出，即挂于王项，王戏吟曰："百八牟尼珠一串，归来犹带乳花香。"汪登时色变，大怒入内，王亦异之，不俟其送，即出登车。甫扬鞭，汪已赶至，手持白刃大骂曰："尔糟蹋人太甚，不杀尔，誓不干休！"追斫其车尾，急驰不及而免。自是每遇王，必挟刃以俟。后经探询，始知汪即乾隆时拜梁相国为义父某夫人之曾孙也。王误揭其曾祖之短，故恨之入骨，欲以白刃相向。王竟因是弃官而归。此亦清代官场桃色轶闻之一也。

《民呼日报》与《民吁日报》

清末上海报纸，锋芒最露，读者最多，而出版时间最短者，为《民呼日报》《民吁日报》，此两报皆为于右任所创办，今先言民呼报。先是右任于光绪三十三年与杨笃生等创办上海《神州日报》，刊行未及一载，因邻居失火，全馆付之一炬。遂于光绪三十四年秋间，筹办《民呼日报》，助之者有张人杰、周柏年诸人。当时右任在上海各报登载启事云："鄙人去岁创办神州报，因火后不支退出，未竟初志，今特发起此报，以为民命为宗旨。大声疾呼，故曰民呼，辟淫邪而振民气，亦初创神州之志也。股额定十万，每股百元，现已招足六万元。俟机器运到，即宣布出版日期。"惟以筹措资金不易，至宣统元年三月二十六日始宣告出版。除右任任社长外，执笔者有戴天仇、吴宗慈、王无生、范光启、周锡三诸人，对于时政之得失，官僚之腐败，皆有严格批评，名言谠论，大受世人欢迎。一出版即日销数千份，以是招官厅嫉视，遭同业妒忌，日思有以挫折之。于是而有甘肃赈款案之发生，未几又有安徽铁路公司朱云锦指控毁谤名誉，及已故上海道蔡钧之子国桢指控毁坏其父生前名誉案，相继而来。租界会审公廨循清吏之请，将右任羁押捕房月余，至七月二十四日，遂胡乱判决将右任逐出租界，并取消民呼报之发行权。计自出版至封闭，仅三个月而已。

《民呼日报》既被封闭，右任志不少懈。是年八月十六日，上海各报又载有《民吁日报》出世广告，略谓"本社近将《民呼日报》机器生财等一律过盘，改名《民吁日报》。以提倡国民精神，痛陈民生利病，保存国粹，讲求实学为宗旨。仍设上海望平街一百六十号内，即日出版。内容、外观均擅海内独一无二之声价"云云。是报创办人仍为右任，助之者有范光启、景耀月、朱葆康、王无生、周锡三诸人。惟右任以被判逐出租界，不便出面，故以朱葆康为发行人，范光启为社长，且为避免会审公廨蹂躏故，特在法国领事署注册，以备不虞。出版后，崇论宏议，可与《民呼日报》相伯仲。时日人侵略满蒙，至为急迫，举国人士，靡不痛心疾首，海上各报以慑于威力，咸噤若寒蝉，独民吁报不畏强御，日以危言警惕国人，早为之备。讵因是为日人所忌，于是年九月下旬，由驻沪日领事松冈照会苏松太道蔡乃煌，谓民吁报言论多臆测煽惑，有碍中日二国邦交，请将该报惩办，以戒将来。蔡即札饬会审公廨将该报封禁，并商请驻沪领事团承认。至十月初六日，捕房遂奉命派警将民吁报封闭，并将主笔范光启传讯到案。计自出版至被封，为时仅五十余日而已。民呼民吁之被封，实为苏报以后清吏勾结租界当局摧残舆论之另一页痛史！

于右任（1879—1964），辛亥革命元老，书法家，陕西三原人。著有《右任文存》等。

《民立日报》

于右任创办之《民呼日报》与《民吁日报》，予前既记之。今再谈右任创办之《民立日报》。民立报诞生于清宣统二年九月初九日，即民吁报被封后一周年。内容以唤起国民责任心为宗旨，编辑分论说、批评、纪事、杂录、图书五部。先后主笔政者，有景耀月、宋教仁、吕志伊、谈善吾、范光启、王无生、徐血儿等，人才济济，堪称一时之盛。时清廷正倡言预备立宪，国内言论较为自由，革命党人乘此时机，纷赴长江沿岸活动。辛亥黄花岗之役前后，谭人凤、宋教仁、吕志伊、居正、陈其美、杨玉如等往来港沪汉各地，均以民立报为东道主，是岁中部同盟会成立，参加者亦以民立报关系人物为特盛。三月二十九日一役失败后，民立报藉此宣传民族主义，鼓荡革命精神，迭载殉义烈士之嘉言轶事，以激励国人，遂使全国革命思潮，如火如荼，不可遏止。洎武昌起义成功，民元南京政府成立，民立报诸贤多出任要职。于右任任交通部次长，陈其美任沪军都督，景耀月任教育部次长，吕志伊任司法部次长，宋教仁任法制局长，范光启任安徽铁血军司令，庞青城、沈缦云均任司长，社中枢要为之一空。迄民二讨袁军失败，民党势力浸衰，该报以不胜袁氏压迫，遂自动停版。

易实甫之奇文怪诗

易实甫奇才横溢，不可一世，读其诗者，如入钟表店，铮铮然，铛铛然，纸上若有声焉。然有时玩世不恭，则有奇文怪诗，使人读之失笑。忆其民初有一诗云："我年十五二十时，人人称我贾宝玉。我年三十四十时，人人称我于忠肃。哪个龟子亡八蛋，纷纷竞言利与禄。"龟子亡八蛋，居然入诗，甚怪！又清末有王之春者，为荣相红人，人均鄙之，实甫乃作《王之春赋》，其起句云："石头长巷，绳匠胡同，帽儿变绿，顶子飞红。"石头绳匠，皆窑子聚集之区。又云："门多带马之人，新交寿老，座有吹牛之客，绰号眉公。"寿老指余某，眉公指陈某，皆当时御史公也。此文谑而工，王之春见之，莫如之何。又实甫有一联云："二千二，二千四，二千五；乌溜巴，乌溜焦，乌溜弓。"上联指其三妾之身价，下联则湘中谚语也，见者皆绝倒。又清宗室有宝廷者，善诗，尝典试福建，归途于江山娶船户女为妾，女微麻，宝甚爱之。宝又辑有《宗室一家草》，皆满人诗章也。实甫乃寄以诗曰："宗室一家名士草，江山九姓美人麻。"此亦奇句也。

诗 丐

　　人生为丐,诚非得已,然当世变方殷,田园寥落,真才落拓之士,感事伤时,牢愁满腹,人生观渐趋消极,亦往往流为乞丐,故风檐托钵人,亦常有非常怀抱也。昔北京有一丐,徜徉街市,或歌或哭,状似得有心疾。一日登陶然亭,援笔题诗于壁曰:"为感浮生亦太劳,可怜无地处英豪。伤心未是中原事,犹向狂流着一篙。""此衷苦况向谁说,欲哭还歌泪几行。为问诸公心丧否?狂人犹自笑人狂。"此实一有心人也。又有一丐毙于道路,遗绝命诗一律云:"身世浑如水上鸥,又携竹杖过南州。饭囊傍晚盛残月,歌板临风唱晓秋。两脚踢翻尘世界,一肩挑尽古今愁。而今不食嗟来食,黄犬何须吠不休。"此诗不惟隽雅,且有禅机,是亦伤心人别有怀抱也。

茶 丐

闽人饮茶，与他省人不同，意在品味，不为止渴也。有所谓"功夫茶"者，壶必精，杯必小，注茶杯中，衔杯玩味，逸兴飘然，若饮稍急，则人笑其不韵矣。昔福建有一富翁，好茶甚，一日有丐者至，倚门睨翁曰："闻君家茶甚精，能见赐一杯否？"翁哂曰："汝亦解此乎？"丐曰："我曩亦富人，以茶破家，故赖行乞自活。"富人因斟茶与之，丐饮竟，曰："茶固佳矣，惜未臻醇厚，盖缘壶新之故。我有一壶，昔所常用，至今每出必携，虽冻馁未尝舍。"富翁索观之，壶果精绝，铜色黝然，启盖，则香气清洌，富翁爱之，假以煎茶，味果清醇，迥异寻常，因欲购取，丐曰："吾不能全售与汝，此壶实值三千金，今当售半与君，用以安顿妻子，即可时至君斋，与君啜茗清谈，共享此壶，如何？"富翁欣然许诺，以一千五百金与丐，丐取金归。后果日至富翁家，烹茶对坐，若故交焉。噫！饮茶亦可以破家，从知闽人嗜茶之甚。然此丐殊雅。

奇特专利

今日物品专利，多由发明人呈请政府核准，得享受专利若干年，他人不得仿制。但往昔欲独享专利，须以性命博得，不似今日有法则可循也。如北京红果行（即山查红），只天桥一家，他人不能开设，享专利已百余年矣。然其初原有两行，争售贬价，各不相下，后经人调停，设烙饼之大铁煎盘，以炭火炙红，有能坐其上而不呼痛者，即归其独营，不得争论。议定，天桥下一家主人即解下衣盘膝坐其上，火炙股肉，支支有声，须臾起立，两股焦烂矣。未至家，即倒地而死。于是呈部立案，归此家专利焉。又无锡冶锅坊，系王姓世其业，销路甚旺。闻其初亦有某姓与争此业，相约煎油满锅至沸，沉铁锤于锅中，孰引手取出，即世其业。时王姓有老店役，思效忠主人，即代表王姓，入手沸油攫锤出，臂亦同脱，登时殒命。于是呈部立案，归王姓专利焉。此种专利取得，真太野蛮，使人闻之，股栗不已！

女镖师邓剑娥膺惩俄酋

清光绪中叶,张家口有镖师曰邓魁者,善击剑,技绝精,设镖行护商旅,中年死于贼。有女曰剑娥,幼从父习剑术,技不亚于父。年十四,代父世其业。能立马上以弹丸击空中雕鹗,无不贯其目而死,以是名著关外,无敢撄其锋也。年二十,遂弃其业,奉母居奉天西关外,犹处子身也。值庚子事变,俄军南下,四处掳掠,其母受惊死,未及安葬,俄军已入其村。一俄酋见剑娥美,将肆无礼,剑娥微笑不动,顾俄酋曰:"能抱我起,当从尔。"俄酋竭其力,如撼树然,迄不少动,乃大惊,剑娥略伸足,俄酋即颠蹶十步外,怒甚!叱曰:"小女子何敢无礼!"所部争趋而前,剑娥端立不动,近者皆仆,俄酋出手枪拟之,剑娥急夺之,左挟俄酋,右握其枪,俄兵望之不敢前,剑娥掷俄酋于地,蹈其背,俄酋窘极乞免。所部奔告营中,须臾众至,围数十重,俄酋伏地呼曰:"诸君慎毋妄动,动则吾先死矣。"剑娥左枪右剑,四顾狂笑。时俄酋之妻,方在军中充看护,闻夫被执,自来乞哀于剑娥,言词卑下,俄酋译之以告,剑娥令立誓毕，乃释之。俄酋心胆惧落，率众窜去，自是不敢再事俘掠，一方赖以安。

邓剑娥（1880—？），河北张家口人。幼习武艺，精剑法，擅马上以弹丸击飞鸟，亦擅"千斤坠"。野史和小说中多以其为题材。

张季直电促清帝退位

张季直虽为清季状元，然其人通达明智，甚识时务，殊不似郑孝胥、刘廷琛辈始终以奴才自居也。当辛亥起义甫一月，各省相继响应，清廷忽欲派季直为江苏宣慰使，并简为农工商大臣，季直以为人心已去，尚有何宣慰之可言？时袁世凯已起复入京，为清廷主持政务。季直因电致世凯，略谓："今共和主义之号召，沛然莫遏，激烈急进之民，至流血以为要求。殷殷望治之情，可怜尤复可敬！为满计，为汉计，为蒙、藏、回计，无不以归纳共和为福利。宜以此时顺天人之德，谢帝王之位，为中国开亿万年进化之新基，为祖宗留二百载不刊之遗爱。"语重心长，实可代表当时东南士大夫之意向。后世凯迫清帝逊位，此电亦其藉词之一，故人谓季直促成共和有功，良非谀词。

杨俊生说服日军司令

民国二十一年上海"一二八"事件发生后，中日军队在沪郊作战。有大中华造船厂厂长杨俊生，在虹口为日军捕去，欲加枪杀。杨自幼即留学日本，毕业于帝大工科，其妻亦日人，且生有子女，是日被捕后，杨要求面见日军司令，及相见，日军司令问其为何反对日本，而为中国效忠？杨答曰："我自幼即受日本教育，凡所训诲，皆为爱护祖国，效忠祖国，我为中国人，当然要爱中国，此乃深受贵国教育之成果，宁得谓为过错？"日军司令复问："尔既是中国人，为何娶日本人为妻？"杨答曰："此亦幼时闻教师所言，世界女子，以日本女子最好，最服从，能为贤妻良母，能教子女忠君爱国，故我始与日本女子结婚，此亦受贵国熏陶所致。今两国相争，而欲杀留学生，此后恐无人再赴贵国留学矣！"

日军司令闻言，无可置答，乃释杨，嘱速离上海，倘再被捕，恐难幸免，并派宪兵送入公共租界，其日籍妻及子女，则由日军送回日本，迄事变结束后，始复团聚。观杨与日军司令对答，正所谓"以子之矛，攻子之盾"，无怪日军司令无词可措也。

杨俊生（1890—1982），造船专家、实业家，江苏淮安人。清末赴日本宏文书院求学，并加入中国同盟会。

贪夫殉财

烈士殉国，贞妇殉节，痴男怨女殉情，此皆为情义所激动，世人应予同情。惟贪夫殉财，乃最愚蠢！民国二十四年国府颁布币制法令，有山西某县农民阎某，以现银不能私有，不胜痛惜，竟于深夜怀元宝一枚，银元若干，投井自杀，此诚可怜而复可笑！忆《五杂俎》载："人有好货财者，坐卧起居，言动食息，无往而不与阿堵俱。一日病且死，强起阅库藏，白镪如山，拊摩不忍舍去，谓其子曰，幸纳十大镪棺中，亲我怀抱。或曰以金入木不利，且启发冢之端，不如以楮代之可也。其人凝泪太息，不能言而逝。"人生居积至巨万，临死不能将去锱铢，真是何苦来由？湖北有陶某，积资甚富，一毛不拔，虽至亲手足贫不能自存，亦不肯赒济分文，因是人皆称为"犹太人"。挟资来台，未几病死，其弟以骨灰送善导寺寄厝，某居士见而叹曰："吾不知令兄今日带些什么去？"此语大可发人深省！

何心独饱

近日台北忽闹米荒，不独"自由米"绝迹，即"配购米"亦不可得，于是户口配购证几等于废纸矣。探其原因，则为大户囤积，不肯出售，遂令一人独饱而众人挨饿矣。予因是忆及三国骆统故事，吴志载：统幼时，与姊居，因值饥荒，乡里及远方客，多困乏，统为之饮食衰少。其姊仁爱有行，寡居无子，见统甚哀之，数问其故？统曰：士大夫糟糠不足，我何心独饱。姊曰：诚如是，何不告我，而自苦若此？乃自以为私粟与统，又以告母，母亦贤之，遂使分施，由是题名。骆统方在髫龄，即具此民胞物与之志量，故年二十，孙权使试为乌程相，民户过万，感叹其惠理，权嘉之，召为功曹，行骑督尉。自是常劝权尊贤接士，勤求损益，权纳用焉。遂为东吴之良弼。今日"独饱"之夫，闻骆统高行，得毋愧赧！

惩　淫

清光绪初叶，贝子载澂性喜渔色，恃势横行，民家妇女有姿色者，必百计篡得之，不饫欲不止。时距什刹海里许，有卖浆家，翁媪二人皆衰老，一女年十六七，妙丽绝伦。一日随母省戚归，路过什刹海，为澂瞥见，大为颠倒，遂尾女后行，既稔为小家女，自恃门业，必易致之。亟遣人召卖浆翁至，示之意，翁曰："老汉止此一女，但愿得白衣婿娱晚境，不欲高事贵人也。"澂怒，麾之出。明日女晨妆方竟，突有豪奴数人闯入负女走，女大号，翁媪闻变趋出，奋臂夺女，一奴以铁尺挝翁首，翁昏绝仆地，诸奴簇拥女竟去。媪痛女被劫，夫负重伤，坐道旁哀哭，声嘶泪竭，忽一少年华服策马过，见媪哭之恸，下马问故，媪备以告，少年咬齿恨曰："胡奴欺人太甚，必有以创之。"因慰媪曰："媪勿哭，数日内当闻好消息也。"遂别去。越三日，澂夜寝，门窗严密，忽双目被�，几上得一纸，上书："抉汝眸子，汝其猛省，刀光霍霍，已盘汝顶。"澂惧，寝其事，未几遂死。翁媪闻之，心知少年所为，大为称快！

载澂（1858—1885），恭亲王奕䜣长子，受封为郡王衔贝勒，曾任正红旗蒙古都统。有《世泽堂遗稿》三册传世，署名多罗果敏。

廖平子手写半月刊

革命诗人廖平子，广东顺德人，工诗善画。清季壬寅癸丑间，香港《中国日报》社长陈少白慕其名，延主笔政，以诗歌小说蜚声于时。后东渡日本留学，尝与卢信等发刊《大江月报》，宣扬革命甚力。宣统年间归国，仍为《中国日报》撰文。民国十九年胡汉民长党史编纂委员会，曾聘为编纂。二十一年仍回顺德故乡，以耕桑自活。二十七年日军进陷广州，平子愤痛，乃号召乡团，组织敢死队与战，以械劣而败，家产荡然，遂挈眷走澳门，以贫无立锥，乃将自作诗文绘画，发行抗战诗史半月刊，名曰《淹留》，以无资付印刷费，自作自写，丝毫不假人手。每期仅能写作十五册。每册只取纸墨费十元，藉以糊口。此种刻苦卓绝之精神，实古今中外所无。时蔡元培居香港，闻其事，大为惊叹！因约知交多人，尽购每期《淹留》，其中有以数百金购一册者，平子日用赖以不缺。《淹留》出至四十期，改名《天风》，复出至十四期而止。三十年日军占香港。三十一年冬，平子间关至曲江。三十二年春，又出一半月刊曰《予心》，所有诗文写作、绘画、装订诸事，亦如前一身任之，每月出两期，每期十五本，共得三百元，一家藉以生活。惜出至第五期，平子即因病逝世，闻者皆惋悼不已！

廖平子（1880—1943），同盟会员，广东顺德人。1902年被聘为香港《中国日报》副刊主笔。由于他鼓吹民族主义，抨击清政府的暴政，被誉为"顺德三杰"之一。

袁世凯牢笼尤列

清季革命四大寇之一尤列，粤人，于民前十年赴南洋。初在新加坡悬壶行医，业务甚盛，因是结识吉隆坡、槟榔屿、霹雳、柔佛诸埠华侨甚众。于是创中和堂于吉隆坡，以革命排满相号召。由辛丑迄辛亥十年间，协助孙文甚力，南洋华侨亦群奉尤为领袖焉。民元归国游滇，滇都督蔡锷为尤在日旧认，闻尤至，开会欢迎，礼之甚优。民二北游京津，袁世凯左右闻之甚喜，王揖唐因说袁曰："国民党皆奉孙中山为首领，其实中和堂会长尤列，在华侨中势力甚大，资格亦老，若从而牢笼之，大可消减孙氏之势力矣。"袁从其计，乃聘尤为总统府高等顾问，并馆之于石驸马大街之旧醇王府，优礼备至。越二载，尤闻袁有称帝意，因悄然出京，避地日本，以著作自娱。民十孙文开府广州，特修治观音山文澜阁，延尤及其陈少白、杨鹤龄等三寇居之，以叙旧谊。旋因与陈少白言语不合去粤。二十四年中枢召至首都，共图御侮，不幸于是年冬病逝，享寿七十有一。

尤列（1866—1936），辛亥革命元老，广东顺德人。早年结识孙中山、郑士良，常与孙中山、杨鹤龄、陈少白等畅谈革命，时人称之为"四大寇"。著有《四书章句易解》《四书新案》《九列集》。

苏曼殊非日本种

苏曼殊天才横溢，如天马行空，世人以其歌哭无常，年少出家，遂怀疑其身世暧昧，谓为日本种而随母下堂者。凡读其著作《断鸿零雁记》及《日僧飞锡潮昔跋》者，益信其为书中人而有难言之痛。其实此皆臆测之词，非曼殊真面目也。按曼殊之父，名杰生，香山县人，早岁至日本，在横滨英商茶行任买办。时吾国侨日工商，大都好与日妇同居，日久感情融洽，形同配偶，生子后尤为密切，亦无所谓嫁娶。杰生居日既久，自难免俗，曼殊之母即从此习俗而与杰生同居者也。母曰亚仙，系出日本河合氏，与杰生同居后生曼殊。曼殊生后十一年，而甲午中日战起，杰生乃携曼殊母子返粤。越四年，杰生家道中落，遂使母子东渡，依其亲属林氏以居。次年曼殊即入华侨所设大同学校读书，刻苦自励，学业大进。

壬寅入振武学校习陆军，癸卯归至香港，旋削发为僧。自是漫游上海、苏州、杭州、江宁、长沙各地，日与革命志士相往还，兼为上海各报撰文，由是文名大振。观此，则知曼殊身世清白，殊非世人所传曰再醮妇之油瓶儿也。

苏曼殊（1884—1918），近代文学家、翻译家，广东香山人。法号曼殊，笔名印禅、苏湜。著有《苏曼殊全集》。

熊希龄与张敬尧算账

熊希龄脱离政海后，以湘绅资格居京，谨言慎行，人以温和派称之。民国七八年间，张敬尧任湖南督军，横征暴敛，湘人恨之刺骨。旅京湘绅，群起请愿驱张，熊亦加入，通电中谓张贪赃枉法，无所不为，张竟电熊质问贪赃枉法证据，熊得电甚怒，立复电张历数其贪渎数字，有"以仆所闻，执事一年来在湘所收入者，计扣留中央盐税二百数十万，附加盐税三十余万，盐费私加保护照费一百五十余万，钱粮一百余万，铜元余利一百二十余万，厘金数十万，拍卖公产百余万，合计八百余万;加以中央筹济军饷将及千万,其以勒价收入定为每元四十余串之钱票,而发出定为每元十五串之钱票,利尤倍徙。执事之军不过四万人,以收入二千余万充支出,仅抵一半,何至尚欠三个月之军饷。暴残之人及身而亡,富豪之家不世而斩,钱多为害,非为福也……"等语。张以证据具确,无可置辩,乃电控熊私通谭延闿,背叛国家,曾为段祺瑞申斥而罢。张以一年督军,而搜刮二千万元之巨,诚骇人听闻。然张于北伐时被杀,家产籍没,熊所谓"暴残之人及身而亡,富豪之家不世而斩",竟一一应验,是可为世鉴矣。

孕五月生儿

妇女身孕,普通十月而生,间有早生者,亦不过早一二月耳。若孕五月而生,则甚罕见。惟一代才人袁简斋,实五月而生,诞生既早,天资独厚,享寿亦高,此实异事。袁以词垣出宰上元县,适民闻某娶妻,亦五月产一子,某以先孕后嫁讼妇翁,集讯之日,观者若墙堵,袁盛服而出，向某拱手贺，某色愧，俯伏座下，袁曰："汝乡愚，可谓得福不知。"继问妇翁识字否？对曰："未也。"袁笑曰："今日之讼，止坐两家不读书耳。昔梁嬴之孕逾期，孝穆之胎早降，有迟有速，载于史册，逾期者感气之厚，生而主寿，早降者感气之清，生而主贵。即如仆亦五月而生，虽甚不才，犹得入掌词垣，出司民牧，谓予不信，令汝妇入问太夫人可也。"某唯唯，即命妇抱儿入署，少顷，儿系铃悬锁衣红绣褓出，妇拜伏地下曰："蒙太夫人优赏，许螟蛉作孙儿矣。"袁正色谓某曰："若儿即我儿，幸善视之，他日功名勿使出我下可耳。"于是两造疑释，而案乃断。特不知某子后日果如袁之贵否？

应对舛误

昔官场应对，最重规矩，稍不检点，即以触忤获罪。清季汪稼门总督闽浙，性严厉，僚属进见，恒惴惴然。时福州新造兵舰竣工，例归总督验收，由道员达泰导引，汪见工料坚实，颇为嘉许。及验及贮淡水之井，汪笑曰：

"此井甚深，若小孩跌下，必淹死矣。"达遽对曰："不然。即大人跌下，亦要淹死。"时僚属称总督为大人，达仓卒未悟此，竟成为总督跌下亦淹死语，致汪怫然而去。又福建巡抚王畹香，字绍兰，一日盐道麟祥谒见，王问及漳州盐商王梦兰亏课事，麟心恨此商，遽对曰："王绍兰乃以奸恶小人，不革王绍兰，盐务无从整顿，不办王绍兰，群商无所畏惧。"娓娓数百言，皆误"王梦兰"为"王绍兰"，竟指巡抚之名而骂之，藩臬两司初以目示之，不悟，继曳其衣，仍不悟，巡抚乃微笑曰："是王梦兰也。"麟始恍然，大惭！起立谢罪。一时官场传为笑柄。

太湖女盗阿宝

清末太湖女盗阿宝，盐枭金昆秀之妻也。美风姿，富膂力，精拳术，妇女驰骋绿林中，侪辈咸折服。一日昆秀以案株连，逮捕入狱，枭首有日矣。届时阿宝率侪辈数十人，乔装至刑场，夺刽子刀，释昆秀缚，令其徒负去，自持短刀断其后，护兵莫敢前，盖耳阿宝名而畏之也。阿宝雅善修饰，娥眉淡扫，粉黛轻匀，三寸弓鞋，红绫外裹，尖头每置铁片，触其足尖，未有不仆而蹶者。每当盐枭私驶盐船过太湖，辄延阿宝为之护，阿宝裹方巾，穿革履，持长矛立船头，左右指挥，缉私水师望之，咸屏息不敢出，即交臂遇，阿宝与之点首曰："别来无恙乎？"即飞划而逝，其威风有如此！一岁，阿宝有事过洞庭，昆秀游金阊，被苏抚擒获，因鉴于前日刑场被劫故辙，即日正法于桃花坞。阿宝于洞庭闻耗，痛哭累日，踉跄奔苏，刺抚署刑幕一，及首缚昆秀之兵卒二，而复回太湖。自是迹稍敛，年出没太湖不过一二次，冯妇之威已渐杀矣。

说　狐

予外曾祖考梅古芳先生，以进士官江西县令多年，光绪十年由武宁卸任回省，挈眷寓南昌万寿宫，据地方人言，万寿宫向有狐仙，然不为人害。时先母尚未于归，与姑祖母同居一楼上，每闻舅辈言及狐仙，辄为惴惴。

一夕就寝后，忽闻楼梯板响，似有人登楼，步履阁阁，极似女子凤鞋翘子底声，时室中灯已熄，先母亟问为谁？无应之者，转瞬入室，由南及北，踸踔而行，其声文细，宛然女子。先母再问，不应，惧极，缩身入被中，忽觉其人来坐床沿，探手枕边，取火柴出，坐床沿划火。当时火柴盒为圆筒，火药膏涂在盒底。其人似不知，每取一根，辄就盒身直划，立断，弃之，再划亦如是。及盒中廿余根火柴划尽，终未燃着，于是弃盒于地，缓步径去。次日先母白之外祖母，外祖母谓此必狐仙见人用火柴而奇之，故取而玩弄，戒勿多言，后亦无他异。此一事也。又予友石信嘉尊翁石矩周先生，于民国五年宰山东商河县，县署相传有狐，石公不之信。僚属有言及狐仙者，辄斥其妄。故莅任数月，安然无事。初，石公由济南至商河时，尝购白竹布一匹，置衣箱中，拟于天暑时，用制内衣，一日嘱夫人取布出裁衣，忽遍寻此箱钥匙不见，再觅剪刀亦失踪，遂命仆毁锁开箱，则钥匙、剪刀、尺，赫然在箱内。及取布，竟已为石公裁成短衫袴两套，尺寸不差累黍，折叠箱中，只待缝纫而已。石夫人见此，大为惊骇！力言钥匙、剪刀等物，先一日犹在橱中，何以入箱？又是何人代为裁成？非狐仙而何？石公至此，亦不能不认为异事，此又一事也。凡此皆属事实，良非耳食之言，然则世间有狐仙耶，无狐仙耶？真使人难以索解！

> 梅雨田（1818—1893），湖北黄梅人，字古芳，同治元年进士，曾任瑞金知县。与喻血轮之叔曾祖喻同模友善，后将长孙女嫁与喻血轮之父喻次溪（1861—1910）。著有《慎自爱轩文存》《慎自爱轩诗存》等，辑有《清芬堂丛书》（光绪十六年版）。

厄于陈蔡之间

中国经书成语，若善于引用，往往恰如其分，巧不可阶。曩诸暨寿春亭，历任教谕，年九十余，犹健饮啖，督学使者皆引重之。一日奉命监府试场，端坐竟日不稍倦。事毕，同僚公宴，在座有陈子庄、蔡二风二人，皆府学教谕，强寿饮酒食肉。寿尽三十余觥，食肉一大脔，起而笑曰："昔孔子厄于陈蔡，饥欲死。今我厄于陈蔡，饱欲死。古今人真不相及也！"合座皆笑。此引用成语，恰如其时其事也。又清宣统年间，蔡乃煌任上海道时，陈启泰任苏抚，蔡恃枢眷轻陈，陈不平，因是互相丑诋。陈吸鸦片好赌，蔡寓书中竟有"横一榻之乌烟，搓八圈之麻雀"等语，陈益不堪，遂严章参劾，清廷令江督端方查办。端故好诙谐，奉令时语幕僚曰："此事可作证谜，打四书一句。"幕僚不解所谓，端笑："厄于陈蔡之间耳。"此亦引用甚巧。

测字奇验

测字，为中国文字之一种技巧，善此者灵机偶动，辄有奇验，非迷信也。昔孟瓶庵于科场后请人测字问功名，随手在桌子上书一"因"字为枚。其人曰："此为国中一人之象，君必为此科解首。"旁一友曰："我亦就此字请测。"其人曰："君此科恐无分，或后此有恩科亦必中。盖彼因字系无心，君因字系有心，以因加心，为恩字象也。"旁又有一友以所执折扇置桌上曰："我亦以此因字烦君一测。"其人蹙然曰："君扇适加因字正中，有困字之象，其终于一矜乎？"后三人皆验。此乃同字同时同地而三测，非具有灵感者莫办。又上海有陆学海者，幼即能测字，老而益精，有人拈一"也"字问财。陆曰："地无土，难栽栖凤竹，池无水，难养化龙鱼，无望也。"后果如其言。又有范时行者，寓上海紫阳观，为人测字，有一剃头匠盛服而往，拈一"村"问终身。范曰："木以长为贵，一寸之木，亦何所用？"因以指拈笔杆横而念之，复曰一寸之木何所用？其人以为道其剃刀之柄也，大惊失色而逃。又有人拈一"風"字问所孕男女，范曰："風字之形似凤凰冠，乃女人品服，且移虫字于兀旁，则为虺字，诗云维虺维蛇，女子之祥，所孕为女无疑。"后果然。又苏州有朱某，善测字，有人以"武"字问有后否？朱曰："一代无人自此止，绝矣。"后果验。凡此皆义理明澈，指示若神。至江湖术士，藉此糊口，则又当别论矣。

林琴南与江春霖

林琴南曩在北京时，与其同乡江春霖最善。时春霖方官御史，以敢言著称，曾因纠弹权贵载振、奕劻，咨回翰林院行走，天下惜之。及春霖放归，德宗旋薨。宣统既立，醇亲王摄政，于是近支亲贵，赫然盈廷，载洵长海军部，载涛长陆军部，毓朗任军谘府大臣，此皆为春霖当时所预言者。故琴南尝有诗寄春霖云："直谏何曾愧昔贤，偏当危局放归田。早知破碎难为国，自咽辛酸敢问天。回首翰林官舍在，伤心同德殿门前。可怜四世三公语，果在公归后数年。"此诗虽为慰藉春霖语，然亦可见当时朝政之腐败。后春霖在籍病故，琴南闻之，深为惋悼！当寄联挽之云："八千里外，与子长相忆；二百年来，谏官无此人。"寥寥十八字，道尽两人交谊及春霖功业，的是名人手笔。

江春霖（1855—1918），光绪二十年进士，福建莆田人。曾多次弹劾袁世凯、奕劻、载沣，而被人称为"铁面御史"。著有《江春霖集》。

彭刚直锄强快事

彭刚直为人刚介严肃，不愧名将。某岁以钦差巡江至皖，有李鸿章犹子某，恃势仇法，官不敢问。一日夺某乡民妻去，乡民诉之刚直，刚直以是邀某至，诘其夺乡民妻有之乎？某自恃势盛，直应曰："然。"刚直大怒，命笞之无算。俄抚藩俱来请见求情，刚直命延接，而阴嘱吏斩之。抚藩足甫登舟，而吏已持某头来缴令矣。又安庆候补副将胡开泰，尝召倡女饮而使妻行酒，妻不可，遽抽刀剖其腹，街巷汹汹，事闻院司，方聚议谋所以处，刚直适至闻之，曰："此易耳。"亟召胡至，但询名姓居址，即令牵出斩之，民皆称快！又某岁过石门湾，石门故大镇，亦往来孔道，有水师管带驻焉。时方傍晚，刚直便衣憩茶寮，寮中有书场，每夜有人说书，镇人群集听之。正中一座为管带席，他人不敢僭，刚直遽据其座，寮主人劝移他处，刚直不听。俄二弁提大灯笼导管带至，管带见刚直衣服朴质类村叟，大怒曰："何物村人，不识老爷，大胆据吾座。"二弁亦大声斥叱，刚直徐徙他座，管带余怒未息，坐客莫不悚息为公惧。俄而刚直潜去，立召管带至。管带见坐上即适所怒叱村人也，匍匐如死人，刚直略叱曰："一管带威福至耶？"立命斩之。阖镇无不骇然。

彭刚直之多情

昨记彭刚直锄强轶事，似其人为一铁石心肠，其实刚直亦多情人也。刚直弱冠时，丰姿俊雅，玉貌风流，尝与邻女梅仙相恋。女愿委以终身，刚直亦有娶之之意，后因格于势，事遂寝，女因是郁郁而死，刚直终身引为恨事，故誓画梅花十万幅以报。观其题采石矶太白楼诗，即可知其意有所属，情见乎词。诗云："诗境重新太白楼，青山明月正当头。三生石上因缘在，结得梅花当蹇修。""到此何尝敢作诗，翠螺山拥谪仙祠。颓然一醉狂无赖，乱写梅花十万枝。""姑熟溪边忆故人，玉台冰澈绝锱尘。一枝留得江南信，频寄相思秋复春。""太平鼓角静无哗，直北旌旗望眼赊。无补时艰深愧我，一腔心事托梅花。"刚直尝至杭州，时俞曲园主讲诂经精舍，借湖楼居之，刚直许画梅花一幅以当屋租,后俞赠诗有"一楼甘让元龙卧,数点梅花万古春"句,亦隐指刚直心事也。西湖有刚直祠,内有一联云"千古两梅妻,公几为多情死;西湖三少保,此独以功名终"。则明言刚直与梅仙情史焉。又刚直为人书楹帖,尝钤一小印曰:"儿女心肠英雄肝胆。"又有一小印曰:"古之伤心人。"从知刚直于情场饮恨之深。惟英雄能多情,信然。

闪电述异

闪电乃空中自然现象,凡具有普通常识者,皆已知其非神奇之物。然闪电作怪,中外皆有。中国过去所传被雷电击死者,身上辄现字迹,因是目为神人判语。不意英国亦有此事,数年前有一人被闪电所击,腿上忽现有 DD 两缩写字,为电火燃烧而成。救治其人医师因忆起数日前,有一玳瑁钱夹失窃,钱夹上曾有此两缩写字。后其人承认尝为小偷,被闪电击伤时,此钱夹正藏在身边。此与中国神话,如出一辙。又中国常传有人被闪电掣至屋外，褫去衣服，长跪泥中。英国有一聋人，因电击而复聪，有一瞎工人，因电击而重睹光明，有一久患瘫痪者，因被电击而手足重新活动。又秘鲁有一美丽少女，散步郊外，忽遇闪电袭击，虽未受损害，然自是变成哑人。凡此闪电恶作剧，科学家虽殚精竭虑，欲研究其性理，但迄无从知其变化之故。

苦我黄天霸

凡居沪稍久者，莫不知有春桂大舞台。"春桂"，盖合名伶李春来与黄京卿妾朱桂珍之名拼嵌而成，其中实有一段丑史焉。按朱桂珍为苏州山塘人，幼时性嗜剧，且喜作男子装。及长，沦入上海乐籍，筑香巢于三马路公羊里。黄京卿偶遇之，大为激赏，旋以巨金畀其母，纳为簉室。朱粗解文义，喜读小说，尤嗜《水浒》及《施公案》诸书，深慕黄天霸之为人。自适京卿后，颇怪其文弱过甚，自伤非偶。暇辄至某戏园观剧，此园有著名武生李春来，常扮演黄天霸诸剧，于刚健中饶有娇媚风格,朱深爱之。京卿既殁,朱无所顾忌,遂与李发生暧昧,鹊巢鸠居,俨然伉俪。李每夜演剧,朱必诣园观之。一日,朱之座位忽为他人占去,争之不得,大愤!归与李谋,退出某园,独辟一戏园。建筑辉煌,装置精美,为上海各园之冠。落成时,即取二人名字中各一字命名,李为老板,朱则自居于老板娘矣。后李因事涉讼,京卿同乡复从而讦之,李遂被押会审公堂。每讯期,朱必乘自备汽车往探,尝太息流涕曰:"侬诚命薄,致苦我黄天霸。"至今沪人言之,犹为捧腹。

李春来(1855—1925),京剧武生演员,河北高碑店人。早年漂泊至上海,曾与孙菊仙、黄月山同台合演,后久居上海。

一诗缔良缘

予前记张佩纶只靴丢马尾事,言有人赠张联云:"三品功名丢马尾,一生艳福仗蛾眉。"盖指李文忠妻以幼女也。此一段姻缘,饶有诗意,今详述之。初,张自马江败后,清廷予以褫职遣戍处分,其夫人郁郁不自得,旋以病殁。张鳏居数年，及法越事定，特赦赐还。时李文忠方建旄畿辅，深爱张才，辟诸幕府。会李小疾，张候之卧室，视一少女侍侧，李命与张为礼，曰："此弱息也，粗娴吟咏，老夫深爱之。"女展拜毕，返身遽入。李徐于枕畔取诗稿一册授张曰："是为弱息手笔，幸惠教之。"张展视，中有《马江感事》一律云："鸡笼南望泪潸潸，闻道元戎匹马还。一战岂容轻大计，四边从此失天关。焚车我自宽房琯，乘障伊谁任狄山……"张阅至此，泪涔涔下，李惊问之。张曰："女公子一诗，为晚生平生知己，感深没齿，故泪下耳。"李问："小妮子质尚不恶，犹待字闺中，君盍留心代为物色？"张忽长跪榻前，自陈鳏居求聘，李愕然！既而曰："大佳大佳，君速以媒来。"张谢而退。后女以张龄长，意颇不悦，李委婉谕之，亦即释然。两人成婚后，宴居白下，闺房唱和，有甚于画眉焉。

干女干儿色色新

清光绪季年,庆亲王奕劻当权,其子振贝子亦炙手可热,父子卖官鬻爵,恬不为怪。热中之士,咸奔走其门,以为进身之阶。陈夔龙竟令其妻拜奕劻为干爷,朱家宝之子朱纶亦拜振贝子为干爷。陈为贵州人,朱为云南人,皆汉人,奕劻父子则满人也。于是有人于陶然亭题一诗曰:"居然满汉一家人,干女干儿色色新。也当朱陈通嫁娶,本来云贵是乡亲。莺声呖呖呼爷日,豚子依依恋母辰。一种风情谁识得,劝君何苦问前因。"此诗谑而虐,传诵一时。后又有无名氏和作一首云:"一堂两世作干爷,喜气重重出一家。照例自然称格格(王府女公子称格格,满洲语也),请安应不唤爸爸(滇俗)。歧王宅里开新样,江令归来有旧衙。儿自弄璋翁弄瓦,寄生草对寄生花。"此亦极尽讽刺,妙语解颐。所谓"江令归来有旧衙",即指江春霖御史纠弹奕劻父子,而被咨回翰林院事也。

奕劻(1838—1917),乾隆第十七子永璘之孙,清末权臣。

命名宜慎

　　民国肇造以后，个人名字，可以任意命取，毫无拘束。若在昔科举时代，名字往往与功名有关，命取不能不慎。清季武进王国均，中戊辰进士，书法甚佳，殿试已列入前十本进呈，及胪唱，慈禧闻之曰："好难听！"盖王国均与"亡国君"同音也。遂抑置三甲，以知县发安徽，被议改教职，为山阳教谕二十年，潦倒一生而卒。又江南勒方錡，应拔萃科时名"人璧"，及选贡，学使谓之曰："尔名当改，勒人之璧，是何行止？且璧与逼同音，既勒人，而又人逼，非义也。"遂改名方錡应朝考，得入词林，后官巡抚。又曾文正公中乡举时，榜名"子城"，字居武，会试时，座师以其名有僭意，命改为"国藩"，字涤生，其原名遂无人知焉。即不佞"血轮"名字，原为民国元年为汉口《国民新报》撰文时，随意所用笔名。当时年少气盛，自负不凡，以为新闻记者即社会之血轮，正如人身不可缺之肌体，以此命名，亦所以献身社会之意。厥后从事新闻事业垂三十年，遂沿用此笔名。而友好函牍往还，亦均以此相称，明知其不雅，屡欲更改而未果，今老矣，更不复措意。若在昔科举时以此名应试，吾知考官见之，必勃然震怒，掷试卷于字篓矣。

张文襄受骗

曩张文襄督鄂时，偶因事入觐，遨游北京琉璃厂，瞥见一古董店内，陈一巨瓮，形制奇异，古色斓斑，映以玻璃大镜屏，光怪陆离，绚烂夺目。谛视之，四周悉篆籀文，如蚓如蚌模糊不可猝辨。文襄爱玩不忍释，询其价，则谓某巨宦故物，特借以陈设，非卖品也，怅怅而归。逾数日，又偕幕僚之嗜古董者往观之，亦决为古代物，文襄愈欲得之，肆主允往商物主，未几偕某巨室管事至，索值三千金，文襄难之，诘其家世，不以告，往返数次，始以二千金获之。舁至鄂，命工拓印数百张，分赠僚友，注水满中，置之庭前，蓄金鱼数尾，以供赏玩。忽一夕大雷雨，旦起视之，则斑驳之篆籀文，俱化为乌有。细察之，始知苍然而古黝然而泽者，乃纸裹蜡为之，经大雨侵袭，遂冲洗而去，瓮之本身，则一普通陶器耳。古董商伪饰以欺人,文襄遂为所骗,发觉后,为之不怡者累日。

关汉卿之情趣

关汉卿为元曲四大家之首,大都人,号已斋叟,金末解元,后为太医院尹,著有杂剧五十余种。其夫人亦善词曲,闺中唱和,其乐无艺。夫人有从嫁媵婢,甚美,汉卿百计欲得之,为夫人所阻,汉卿无奈,乃作小令一支贻夫人云:"鬓鸦,脸霞。屈杀了将陪嫁。规模全似大人家,不在红娘下。巧笑迎人,文谈回话,真如解语花。若咱,得他,倒了蒲桃架。"夫人得之,答以诗曰:"闻君偷看美人图,不似关王大丈夫。金屋若将阿娇贮,为君唱彻醋葫芦。"汉卿见之,怅恨而已。元人谓妒妇为葡萄倒架,不知何意?醋葫芦亦曲牌名,故有唱彻醋葫芦之谑。又汉卿有《题情·一半儿》词二支,亦佳。词曰:"云鬟雾鬓胜堆鸦,浅露金莲簌绛纱,不比等闲墙外花。骂你个俏冤家,一半儿难当一半儿耍。"其二云:"碧纱窗外静无人,跪在床前忙要亲。骂了个负心回转身。

虽是我话儿嗔,一半儿推辞一半儿肯。"皆甚趣。今日白话诗,如能依元曲一样作法,吾知读者必多也。

苏州画舫

苏州画舫,最为讲究,船身大,船底平,前舱可置酒筵一席,中舱可作方城戏,后舱则为船娘治馔之所,凡游天平山、虎丘等处,多乘此画舫以往。予民六客苏时,河中画舫尚多,随时可雇,最驰名者则为船菜,烹饪较菜馆尤佳,大抵雇船者必连船菜,如游天平山,彼时价不过十二元而已。船上窗明几净,清洁无纤尘,去时恰可竹戏八圈,归时则酒肴具备,荡漾河中,随饮随谈,青峰可数,风景宜人。烹茶温酒,多为明艳少女,往来蹀躞,温婉可人,返抵阊门,往往万家灯火矣。相传清季有纨绔子弟王某,其父因办打箭炉粮台致富,王偶游吴门,觅画舫不可得,乃于次年悉数预定,致苏人无一船可游,群相惊讶,以为江河间大盗,闻之府县,逮王至,加以桎梏,后讯知其父方观察川中,训斥释去。以一人包全数画舫，诚属豪举，然亦太挥霍矣。自国府奠都南京后，因公路发达，游人多乘汽车，昔日画舫闻已零落尽矣。

媳诬翁冤案

翁私媳，俗谓之"扒灰"，在中国伦理社会，此事甚少见，间或有之，亦愚夫愚妇耳食臆测，言之资为笑乐耳。予民六客苏时，曾闻一"扒灰"冤案，言之殊惨！缘苏州木渎镇有陆家翁者，家颇富，业酱园，其子少年死，店务由寡媳汪氏管理，汪亦镇人也，粗解书算，经营店务亦能称。故青年孀居，难甘寂寞，遂私于邻生，两情綦笃，甚至夜匿汪室中，仆妇多知之，以汪氏平日施惠重，不欲损其事，缄口不言，故翁姑初不知之。久之姑渐有所闻，然不知私者为谁。惟微词讽之使绝，汪夙以贞洁自负，闻言惭甚，乃诬翁与之通，翁年虽老，而好狎邪游，姑颇信之，因日夜辱詈，翁力辩其诬，曰："余虽好色，何能败伦常？"姑终不信，翁恚甚！欲获奸人以自解，又不可得。无何，汪已珠胎暗结，百计求堕而不下，期年而产，姑大惊，坚叩之，汪泣曰："是翁累我也。"姑忿甚，益骂翁，翁力辩，而汪言之益坚，不数日声播全镇，咸不齿翁，翁大愤，遂作书记其颠末，而自经死。家人检得遗书，始悉其自杀之由，姑亦知为汪所愚，搜汪室，得邻生小影，事始暴露，遂缚妇而报之官，官捕邻生不得，乃置汪于法。

英领事要称大人

清代自庚子以后，外人气焰大张，往往欺负中国官吏，使人无以为地，然遇有识大体而具风骨者，亦恒能以理折之。有徐赓陛者，为广东南海县令时，因事与英领事通函，称之为"贵领事"，此本国际公牍通例，无可訾议。乃英领事大为不悦，复函谓："本领事职位等于贵国司道，贵国县令称司道曰大人，则阁下致函本领事，亦应称大人。"赓陛得函甚怒，当复函驳之，略谓："敝国县令之称司道为大人者，以其为司道也。贵领事职位虽等于敝国司道，而究非敝国司道。且两国交涉，系主客之谊，主客相交，无责人以称谓之理。且大人二字亦何足为荣？敝国有一种书画家，无论为舆台仆隶作书画，其署款皆称之曰仁兄大人，贵领事如必责我以大人相称，则我即以此大人二字称贵领事，恐贵领事转滋不悦也。"此函于驳复之中，深含嘲讽之意，英领事竟不能答。此亦清代外交界一场有趣笔墨官司也。

徐赓陛，字次舟，浙江湖州人。清末任广东南海知县、陆丰知县等职，有"强项令""徐青天"之称。南海知县任内曾关闭继昌隆缫丝厂。著有《不自慊斋漫存》。

图书在版编目（CIP）数据

绮情楼杂记：全四册 / 喻血轮著；梅杰整理．--
北京：海豚出版社，2023.5
ISBN 978-7-5110-6228-4

Ⅰ.①绮… Ⅱ.①喻…②梅… Ⅲ.①中国历史 – 史料 – 民国 Ⅳ.①K258.06

中国版本图书馆CIP数据核字（2022）第221765号

绮情楼杂记：全四册
喻血轮 著　梅 杰 整理

出 版 人	王　磊
责任编辑	张　镛
特约编辑	孙明新
封面设计	无发可说　龚心宇
责任印制	于浩杰　蔡　丽
法律顾问	中咨律师事务所　殷斌律师
出　　版	海豚出版社
地　　址	北京市西城区百万庄大街24号
邮　　编	100037
电　　话	010-68325006（销售）　010-68996147（总编室）
印　　刷	北京中科印刷有限公司
经　　销	新华书店及网络书店
开　　本	787毫米×1092毫米　1/32
印　　张	32.25
字　　数	465千
印　　数	5000
版　　次	2023年5月第1版　2023年5月第1次印刷
标准书号	ISBN 978-7-5110-6228-4
定　　价	198.00元（全四册）

版权所有，侵权必究
如有缺页、倒页、脱页等印装质量问题，请拨打服务热线：010-69590320-8303

喻血轮 —— 著

绮情楼杂记

3

梅杰 —— 整理

当年意气太纵横,驰骋文坛愧有声。
爱写缠绵成稗史,惯耽豪放傲公卿。
丰神漫比安仁美,才调曾邀孝穆名。
自笑聪明多误用,兰闺赚得泪盈盈。

——喻血轮

目　　录

第三集

乳房赞	002
收藏怪癖	003
蔡乃煌为台湾罪人	004
难妇的诗	005
游历官笑话	007
严几道遗嘱	008
心理作用	009
再谈心理作用	010
古鉴	011
德龄公主家世	012
满蒙象棋	014

林庚白夫人林北丽	015
雍正的特务	016
人心不足	017
诗钟巧句	018
文人同性恋爱	019
灵魂写真	020
掷钱绝技	021
世界最短演说	023
求婚时间	024
赌害	025
评花品妓	026
老虎的笑话	027
奇异算题	028
屈原墓	029
膺惩寇逸史	030
惧内民族	032
慈禧学琴	033
吃醋考	034
谈吻	035

《开智录》的"三自"	036
隽语	037
烈士闹公堂	038
龚定庵情史	039
田桐轶事	040
袁世凯屠杀民党国会议员	043
戏迷官	045
鸾漂凤泊	046
争帅印	047
魔术（一）	048
魔术（二）	049
魔术（三）	051
魔术（四）	052
李文范轶事	053
《自由新报》发刊词	054
琉球史话	056
谈《天风报》之"黑旋风"	057
天问	058
如此诗人	059

记汉口地皮大王刘歆生	060
小孤山贞魂	062
越南小史	062
越南贡使往还仪节	064
越南旧血迹	065
韩人爱好中国文化	066
中国空军第一次建功	067
拆字谐联	068
谈变节报人管翼贤	069
苏婚记	070
沈知方与世界书局	071
夷齐不幸	074
记应山疑狱	075
"某夫人"张铁笙	078
妒中错	079
外国人留学中国之始	080
苏元春刀下留张勋	081
老与少	082
越南同盟会的小孟尝	084

帷帐佳话	085
死的滋味	086
瞌睡三先生	087
审石	088
"言子"（一）	089
"言子"（二）	091
一代红妆照汗青	092
名伶挽对	094
一篇血泪文章	095
雕刻奇技	096
可笑的离婚理由	097
记临城劫车案	098
居正盗金佛助革命	099
奇丐妇	100
尹邢会面	102
大鼾	103
记鄂东大台风	104
汉文在越南	105
无女人之国	106

梁任公游台诗	107
言官纰缪	108
肉感旧话	109
乞须词	110
记北平恋爱惨剧	111
老年婚话	112
上海百乐门饭店闹鬼	113
章太炎曾作阴官	115
说龟	116
彭刚直之威风	117
接吻风俗谈	119
中国空军逸史	120
谈萤	121
舞国皇后之死	123
禁止馈送檄	124
千金一烟泡	125
中秋谈月	126
段祺瑞的鞋	127
北大之父	128

健啖	129
谈小凤仙	130
胡政之不愿做官	132
爱河中狂人	133
唐绍仪轶事	134
陕西省府前乌鸦群	137
缅甸旧事	138
智女诛贼	139
卑左	140
认错自己	141
东方三大	142
周遇吉夫人射贼箭	143
辛亥起义第一个女官	144
姓氏之累	146
龚定庵之赌癖	147
钮永建组织拒俄义勇队	148
拒俄之军国民教育会	149
禁止缠足史话	150
革命奇人张静江	151

嘲红鼻	154
洪承畴被批颊	155
邓慕韩妙计解围	156
李鸿章谋粤自主之逸史	157
名旦李世芳之死	158
萧振瀛海底捞月	159
付之屠肆	160
窃皮蛋趣闻	161
朱一贯反清始末记	162
胡文忠走内线	163
孽缘	165
男子同性恋爱	166
反错吟	167
马熊	168
康有为的十三太保	169
孙庆联姻秘闻	170
宛思演鬻产办报助革命	171
吴鼎昌不饮例酒	173
孙开泰父子与台湾	174

肉烟碟	176
吴禄贞被刺之真相	177
吴稚晖白话联	178
名字趣联	179
吴鬼火的白话诗	180
贾景德悼亡诗	181
秋瑾义拯女性	185
记秋瑾的诗	187
吴芝瑛葬秋瑾	188
寡妾抗暴	189
李鸿章受窘	190
红氍毹上的革命党人	191
木厂掌柜捐官笑话	192
张苏婚姻中佳文	193
接骨圣手林芝仙	195
绿头巾考	196
情魔	197
驴马争獐	198
再记张竹君与胡汉民、黄兴	200

奇罚	201
糊涂官	202
施剑翘刺孙内幕	203
僧虚舟	204
酒帝与饭王	205
叶德辉骂康有为	206
韩二虎的憨劲	207
易履趣谈	208
死未带钱	209
蔡钧诗史	210
打黄带子	211
杨柳青的奇特艺术	212
借貂皮	213
红杏出墙	213
建筑上的兽相	214
梁士诒与惠民公司	216
马杰	217
冬至谈往	218
国畜	219

讼师害人自害	220
宿孽	221
唐蔡交谊	222
县长妙批	224
怪声	225
张季直之情诗	226
皮夹中东坡墨宝	229
斗虎	230
汉口老圃惨案	231
一副巧联	232

第三集

乳房赞

曩见报载有《人奶好处》一则，其所述除一二三四项属于新鲜、洁净、藏固，及易于携带外，第五项谓："盛人奶的容器，是如此精巧玲珑。"此语实至有趣而确当。按女子乳房，在生理学上本为女性生殖器一部分，故有第二性器官之称，其功用不过哺乳而已。不知自何时始，以之象征女性，象征恋爱，象征美，于是成为男子梦魂颠倒之物。古代阿拉伯人所称"三上"，其中之一即为"女人胸脯上"。有人在埃及发现一古代名碑，上镌有女王克莱奥帕德拉署名，名下描有乳房符号，其他女王署名亦然，可知当时不仅以乳房象征女性，且以之象征权威矣。又古希腊爱神维尼斯神像，其右手置于阴户上，左手即放在乳房上。欧洲中世纪少女馈赠爱人"恋爱面包"，其制作即模仿乳房形状（如今日之牛油面包）。是乳房象征恋爱，已不自今日始矣。至中国人之爱女性乳房，较欧美人更为美化，有比之为丁香豆蔻，有比之为新剥鸡头肉，有比之为润滑塞上酥，《西厢记》所谓"春意透酥胸"，清人诗所谓"探来犹带乳花香"类此诗意描写，更仆难数。因是中国女子视乳房为禁地，小儿哺乳，亦背人为之，昔时束胸风气，即由此而来，今则解放多矣。常见某译著小说中有两语："乳房为小儿之生命线，男子之温港。"实属确论。去年报载，美国火车上有一少女，颈带一金链，链端系金制小飞机，垂之胸脯，其邻座一少年，频频注视，少女曰："君对我之飞机感觉兴趣乎？"少年曰："否！否！我实爱君之停机场也。"此语殊幽默有趣。总之，崇拜女子乳房，中外实无二致。

收藏怪癖

收藏怪癖，中外皆有，中国人好收藏古董，外国人好收藏平凡物品，其趣虽异，其怪则一。如退位之埃及国王法鲁克，好搜集火柴盒，在其未出走前，曾藏有十五万枚不同火柴盒，几乎各国都有。与法鲁克同嗜者，尚有伦敦一收藏家，藏有四万七千种不同火柴盒，其最出色者，则为第二次大战时，日本出产一种火柴盒，上绘有丘吉尔与罗斯福被禁或被枪毙图画，颇富有历史意味。又伦敦有一老处女，尝搜集七千张刀片包裹纸，凡世界各国出品刀片皆备。又有一绅士，积二十五年时间，搜集大小长短不同铁钉二千种，其用意皆令人不可思议。又有一虔诚影迷，对某女明星十分倾倒，凡此明星照片，无论在何处见之，必尽力之所及，收买剪存，汇集成册，如是者达十年之久。一日携此册至伦敦一收买店，要求出卖，店主问其何故？此人曰："近闻此女士运蹇，境遇甚困，故欲得此资以佽助之耳。"此不独为影迷，实亦情痴也。

蔡乃煌为台湾罪人

清宣统年间摧残民党最力之上海道蔡乃煌，不独为革命之罪人，且为台湾之罪人，其事少有人知。先是甲午战役中国失败，清廷议割台湾为媾和条件，台民闻之大哗，誓死不奉诏，然无术挽回，遂宣布独立，举巡抚唐景崧为总统，谋负隅自守。景崧密电清廷乞饷，许之，饬部输百万金，部中知其隐，阴扼其半。时乃煌以县令客台湾藩幕，署藩李体乾为景崧乡人，为人质直无城府，乃煌于部饷到时，竟乘隙干没二十余万金而逸。致台湾因饷糈不足，无可为御，官吏亦纷纷内渡，于是数百万台民遂沦于异族。向使乃煌不盗窃此银，台湾因条约关系，固未必能保，然至少可予日人以重创，不至其如探囊取物也。故乃煌实台湾沦陷时一罪人也。按乃煌广东番禺人，原名金湘，字雪桥。为秀才时，因争妓案，褫其衣顶，遂挟其兄子乃煌监照走京师，冒应顺天试，登乙科，至是居然名乃煌而字伯浩，人亦莫之辨也。既在台湾窃得饷银后，遂远走四川，纳赀为道员，不数年竟授苏松太兵备道，于是肆毒于上海，至辛亥光复时始逃。

蔡乃煌（1861—1916），广东番禺人，光绪十七年举人。1908年任上海道台。民初追随袁世凯，1916年被粤军将领龙济光枪杀。

难妇的诗

世乱年荒，田园寥落，妇女所受苦难，往往较男子为甚。清光绪三十二年，江南大荒，流亡殆尽，有姑嫂二人不知何许人，亦不知姓氏，乞食吴门，尝题诗二首寺壁，其一已自涂抹，仅留一首云："萧然行李此经过，只为年荒受折磨。踏破绣鞋穿竹径，吹残云鬓入风涡。叩门乞食推恩少，仰面求人忍辱多。欲赋归与归未得，夕阳回首泪滂沱！"言颠沛流离之情，读之怆然欲绝！又新嘉驿壁间有妇人题壁诗三首，句亦凄凉，诗云：

　　银红衫子半蒙尘，一盏孤灯伴此身。恰似梨花经雨后，可怜零落不成春。

　　终日如同虎豹游，含情默坐恨悠悠。老天生妾非无意，留与风流作话头。

　　万种忧愁诉与谁，对人强笑背人悲。此诗莫作寻常看，一句诗成千泪垂。

此妇似因贫困，流为娼妓，故其心中苦楚，皆形之于时。昔时妇女读书甚少，能诗者更不多观，不料泥途困厄之中，偏有此可怜女诗人，造物弄人，真不可思议。

游历官笑话

清光绪十二年曾纪泽（曾国藩之子）自欧西归国，忿京曹官多迂谬，不达外情，因建议考游历官，专取甲乙科出身之部曹，使之分游欧美诸国，考察外事。试毕，选十二人，除兵部主事刘启彤曾任职津海关署，通习外情外，其余皆无世界常识，因是咸奉刘为指南。惟刑部主事孔昭乾，迂腐成性，独不服刘，致发生许多笑话。一日行至意国境，船主告众，明日有邮船驶上海，如有信件，可于今日交船递送，同行者遂皆有家报焉。次日晚餐，席上忽无牛肉，孔谓刘曰："船主私拆我家信矣。"刘问何以知之？孔曰："吾家世守文昌帝君戒，不食牛肉，及登船，每饭皆牛肉，昨于家书中及之，今忽无牛肉，是以知其拆我家信也。"刘再三解释外人以私拆人信为无行，绝无其事，孔终不信。及抵英伦，游阿模司大炮厂，见所铸炮弹有长三尺许者，孔问翻译，以炮弹对，孔大怒曰："尔以我为童骏耶？炮弹乃圆物，我自幼即见之，此明明为小炮，何云炮弹？"翻译为之大笑。久之，使馆中人皆谓其有神经病，多不直之，孔益抑郁不自得。

一日忽窃服鸦片烟膏自杀，其遗书略云："刘将杀我，前日引我至蜡人馆，指所塑印度野蛮酷刑相示，是将以此法处我也，我不如自尽，免遭其屠戮之惨。"观此遗书，则知其神经病之深矣。此事距今，不过六七十年，若在今日，则断无此笑话。

孔昭乾（1855—？），字伯南，号樛园，江苏吴县人。光绪九年癸未科进士，散馆改主事。

严几道遗嘱

翻译外国文学，以供中国学子研读者，当以严几道资格为最老，吾侪幼时所读《天演论》，即严氏手笔也。按严名复，号又陵，为福建闽侯人。清同治五年左宗棠任闽浙总督时，命沈葆桢创办福州船政局，附设海军学校，选拔青年出国学习海军，严即为是批考取之第一名。后入英国格林尼次海军大学深造，毕业归国，以学不见用，遂殚心译著，所译书以古文词达奥理，风行海内。晚年闭门谢客，不愿与闻外事。民国十年，以肺疾殁于福州。

遗嘱后人，共列三事：（一）中国必不亡，旧法可损益，必不可背。（二）新知无尽，真理无穷，人生一世，宜励业益知。（三）两害相权，轻己重群。此盖严氏博读群书与数十年经验所得之结论也。现虽时越三十年，而其所举三点，对今日自由中国青年，仍有用处。

心理作用

某报阿雷君所作"心理作用"故事一则，谓利用心理作用，可医治无可救药疾病，亦可致人于死，确系事实。予因此忆及一二事：辛亥武昌起义时，予方服务军务部，军装科有桂某胡某二人，交至善，胡某胆极小，体亦弱，桂尝思有以戏之。一日与数人闲行至阅马场，胡前行略远，桂忽出木壳枪，大呼胡某站住，胡回首见桂以枪拟之，大骇！桂曰："汝破坏我婚姻，今日必杀汝。"胡面色苍白，正思奔避。而桂枪已响，胡立倒地而死，其实桂枪膛内并无子弹，不过撞针一响，胡亦未受毫发伤，然而竟死，此与阿雷君所述某罪犯本未流血而自以为血流尽而死，同一心理作用也。又吾邑有某君，镶有金牙一枚，一日晨餐时忽发觉金牙失踪，遍寻不得，自以为金牙已随饭吞入腹中矣，于是大惧！乡中又无X光可资检查，惟服各种药物，以期泻出，但竟无所见，未逾月疲惫消瘦，自以为必死。忽一日在天井水沟内发现所失金牙，始知当时实因漱口坠落面盆内，随水倾入天井而不觉，及膳时发觉，则以为吞入腹中，因而恐惧几死。及寻获后，精神顿佳，数日体力即复，此亦是心理作用也。

再谈心理作用

前记"心理作用"既已，偶忆叶天士心理治病之效验，爰再述之。吴门有某公子年二十余，父为某省制军，素席丰厚，英俊能文，某岁乡试登贤书，贺客盈门，公子忽两目红肿，痛不可忍，延叶天士诊治，天士见状曰："目疾不足虑，当自愈，惟愈后七日内，足心必生痈毒，一发则不可治。"天士平日决生死如烛照，不差累黍，公子闻言，悲惧求救，天士曰："此时不暇服药，当先以法散毒，如七日内不发，方可再议。"急求其法，天士曰："息心静坐，以左手擦右足心三十六遍，再以右手擦左足心三十六遍，每日如此七次，俟七日后再来诊治。"公子如法行之，至七日，延天士视之，曰："目疾如先生言，已愈矣，未审痈毒能不发否？"天士笑曰："前言发毒者妄也，公子为富贵中人，事事如意，所惧者死耳，惟以死动之，则他念俱绝，一心注足，手擦足则心火下行，目疾自愈，不然，心益躁，目益痛，虽日服灵丹，庸有效乎？"此即心理治病之法也。又天士一日肩舆行乡村间，适有采桑少妇，天士令舆夫往搂抱之，妇大怒而詈，其夫亦扭舆夫殴打，天士慰解之曰："此妇痘疹已在皮膜间，因火盛闭不能出，此我设法激之使怒，今夜遽可发，否则殆矣。"已而果然。此亦心理治病之法也。

古　鉴

偶读《江表传》载：曹操新破袁绍，兵威日盛，下书责孙权质任子，权召群臣会议，张昭等犹豫不能决。

权意不欲遣质，乃独将周瑜诣母前定议，瑜曰："昔楚国初封于荆山之侧，不满百里之地，继嗣贤能，广土开境，立基于郢，遂据荆扬，至于南海，传业延祚，九百余年。今将军承父兄余资，兼六郡之众，兵精粮多，将士用命，铸山为铜，煮海为盐，境内富饶，人不思乱，泛舟举帆，朝发夕到，士风劲勇，所向无敌，有何逼迫，而欲送质？不如勿遣，徐观其变。"权母曰："公瑾议是也！"遂不送质。于是而有赤壁大胜，奠定东吴帝业。

德龄公主家世

著《清宫二年记》之德龄公主，人皆知其为清廷驻法公使裕庚之女，其实德龄为华父洋母，实"两划水"儿也。按裕庚本姓徐，为汉军正白旗人，幼极聪颖，下笔千言，纵横跌宕，饶有奇气。光绪初年刘铭传授台湾巡抚，延裕入幕府。旋以知府发湖北，鄂督张文襄见之，惊为奇才，历界沙市汉口厘金局，复以道员明保送部，转内阁侍读学士，奉使法国，垂六年之久。初，裕有前妻，早死，遗一子曰奎龄。妻有婢名凤儿者，裕悦之，宠专房。继又纳京妓，不容于凤儿，服毒死。于时忽邂逅一洋妓，实洋父华母所生也。因入京觅所欢不得，乃遇裕，纳之，凤儿忿，而洋妓阴狠，能以术使裕绝凤儿，且凌虐之，凤儿不堪其虐，亦自经死。裕遂立洋妓为继室，逼前妻所生子奎龄夫妇母之，奎龄不从，夫妇相继殁。自是洋妓大权独揽，玩裕于股掌之上矣。洋妓初来时，携一子，小名羊哥，即前在沪所欢所生，继又为裕生一子二女，德龄即其一也。洋妓颇有才，凡英法语言文字，及外国音乐技艺皆能之，德龄幼承母训，亦均擅长，及随裕驻法六年，得沐西洋文化，益显其美艳多才。归国后，夤缘入宫侍慈禧太后，称以公主，凡外国命妇入觐者，皆由德龄任翻译，于是势倾中外，成为慈禧唯一女官矣。后出宫之沪，嫔一美国人，其《清宫二年记》即成于是时也。裕之二子名勋龄（即羊哥）、馨龄，皆入赀为道员，馨分湖北，勋分江南，皆为端方所摈，不知所终。

德龄（1886—1944），旅美女作家，著有《慈禧外传》《清末政局回忆录》等。

满蒙象棋

台湾人多好象棋，除置棋枰对弈外，尚有握之手中，互出互打，如斗骨牌然，市井小儿，类多能之，但不知其如何分胜负也。象棋着法，由来甚古，相传至今，本无可变更，盖变则微妙优点俱失也。然满洲棋与蒙古棋，其着法与子名，则均视象棋有变更。满洲棋棋枰仍旧，子亦十六，有将一、士二、象二、兵五、余三子则兼车马炮三用。故一交手，即纵横敌境，对手稍不慎，则满盘皆输矣。蒙古棋棋枰，纵横八线，为六十四罫，子各十六枚，八卒、二车、二马、二驼、二炮、一塔，塔即将帅，示崇敬也。棋局无河界，以其逐水草而居也。多卒者，以众为强也。马横行六罫，驼横行九罫，以沙漠之地，驼行疾于马也。卒直行一罫，食敌后，可复退行，嘉其有功也。众棋环击一塔，如无路可出，即为败北，如此着法，似象征蒙人生活，然韵味不逮原象棋远矣。

林庚白夫人林北丽

近世诗人林庚白,幼有神童之目,民十以后,在中国文坛享有盛誉。其夫人林北丽,为闽县诗人林景行之女。景行夫人徐蕴华,亦闺秀诗人。北丽幼承庭训,故早岁善诗,归庚白后,闺房唱和,其乐融融。不幸庚白于日军陷九龙时,死于非命,北丽弹中右臂不死,旋流亡陪都,以作诗自遣。其题《辽东夜猎图》云:"漠漠荒烟古戍中,树梢渐映月玲珑。一围更合寻常事,涤尽腥膻不朽功。"《长日》二首云:"长日无聊遣以诗,诗工只恐更流离,尽抛少壮忧患里,全局先输一着棋。""南人北客久无归,归向南都叹式微,见惯兴亡旧时燕,北朝送尽又南飞。"三十三年二月二十七日雨中云:"雨丝悄欲掩春光,破晓层楼蹀躞忙。起坐出门浑不是,不知何事乱柔肠?"三月十日侵晓得句云:"初日明霞一线金,遥知如黛点疏林。四围幽美娱孤抱,忍见神州竟陆沉!"其诗语重心长,类多感慨,不似闺人手笔,倘非具有根底,安能臻此。

林庚白(1897—1941),有民国"诗圣"之称。林庚白死后,柳亚子先生将林庚白与林北丽的诗作辑为《丽白楼遗集》《丽白楼诗集》《丽白楼自选集》。

雍正的特务

今日世界各国，皆有特务组织，稽其来源，不过四五十年事耳。然中国在三百年前雍正皇帝即已有此组织，其精密较今日有过之而无不及。盖雍正夺嫡践位，恐兆叛变，故以严刑峻法，诛锄亲藩，复广布侦探，四出密伺，凡官吏行止，无不上达。有殿元王云锦，元旦偶与戚友为叶子戏，忽失一叶。次日趋朝，雍正问夜间何所事？王以实对，雍正笑曰："不欺暗室，真状元也。"因袖中出叶示之，即王夜来所失之牌也。此特务盗牌去，而王不觉，其神奇可知。又王士俊出为制府，濒行，张文和荐一健仆，供役甚谨。后王入京陛见，仆预辞去。及在京遇之，始知其为雍正侍卫某也。又周人骥以礼部主事视学四川，出都时，礼部堂官荐一仆，甚勤敏。至任满，仆请先行，周曰："我即日回京，若可随行。"

其人曰："我亦欲回京复命耳。"周惊询，仆曰："我实帝前侍卫某，特来伺公，三年来见公操守好，无苟且，故欲先期奏闻也。"后周归，果蒙褒旨。观此，则知当时封疆大吏，皆有特务密伺左右，故雍正虽深处宫中，天下事无不了了也。

人心不足

世间无论何人，皆不满意现实，其故在于欲念无止境，人心不知足，昔人所谓"得陇望蜀"，正足说明此种意境。曩在重庆见某报载有高北屏君《不知足诗》，以浅近词句，道破人心痴顽，至为精辟。诗云："终日奔波只为饥，才能一饱便思衣。两般衣食幸皆足，又想娇容美貌妻。娶得美妻生下子，恨无田地少根基。田园买到三千亩，出入无车少马骑。有了汽车与轿马，叹无地位被人欺。处长科长还嫌小，委员主席过官迷。若要世人心理足，除非南柯一梦西。"此实形容尽致。又予尝闻友人说一故事：有王妪者，以卖酒为业，有一道士常来就饮，而不给值，妪亦不追索，如是者月余。一日道士将行，语妪曰："尔酿酒而沽，亦殊辛苦，我今为尔后院水井画一符，以后吸取井水，即为好酒，无须再酿矣。"妪试之果然。越三年，道士又至，问妪曰："井酒佳乎？"妪曰："佳则佳，但已无糟供猪食矣。"道士大笑，因题诗井上曰："天高不算高，人心才算高。井水变成酒，还嫌猪无糟。"自是井水如故，不复成酒矣。此亦可以醒世。

诗钟巧句

诗钟为中国诗学上一种技巧，昔时文人好作此游戏，近年已无复人为之矣。忆林琴南在闽时，尝拈"两""空"二字，限嵌第六字，有十二岁幼童援笔立就二句云："不住猿声啼两岸"，"但闻人语响空山"。琴南为之搁笔。主编上海晶报之张丹斧，尝以"传简""惊梦"二题广征诗钟，作者颇众，惟程抟九以十字膺首选，其句曰："忽逢青鸟使"，"打起黄莺儿"。此不着痕迹，而传简惊梦之意俱见，殊见巧思。张文襄督鄂时，好作诗钟之戏，往往限以难字，一日以"奇""态"二字，令座客作诗钟，有某公得句云："弟兄陈氏奇皆好"，"姊妹杨家态并浓"。上下联皆用杜诗，浑合自然。张入枢阁后，结习未除，尝限"蛟""断"二字，分嵌一联，此二字意义悬殊，实不易粘合，惟梁星海作云："射虎斩蛟三害去"，"房谋杜断两心同"。此不独嵌字精巧，且以房玄龄杜如晦称颂在朝诸相，故文襄扬之于朝，袁世凯奕劻并叹赏，于是梁得获某缺焉。

文人同性恋爱

陈维崧为清初骈文圣手，才力雄厚，风骨浑成，实不失六朝旧俗。康熙中举鸿博，授检讨，天下称之。陈未遇时，放诞风流，冒辟疆爱其才，延致梅花别墅，有童名紫云者，儇丽善歌，为陈执役，陈一见神移，图其像，装为卷帙，题曰"云郎小像"。一日辟疆因事怒云郎，呼仆缚去，将加责杖，陈营救无策，意极彷徨，计惟得冒母片言方解此厄，因趋母所长跪门外，备言云郎被缚事，求太夫人解救，并云不蒙许诺不起。顷之，冒母命青衣媪出曰："先生去休，辟疆已奉母命不罪云郎，然必得先生咏梅花绝句百首，成于今夕，仍送云郎侍左右也。"陈大喜，达旦吟成，辟疆读之击节，笑遣云郎至。后云郎配妇，合卺有期，陈惘惘如有失，因赋《贺新郎》赠之云："小酌荼䕷酿，喜今朝钗光鬓影，灯前溷漾。隔着屏风喧笑语，报道雀翅初上。又把檀奴偷相。扑朔雌雄浑不辨，但临风私取春弓量。送尔去，揭鸳帐。六年孤馆相偎傍。最难忘，红蕤枕畔，泪花轻扬。了尔一生花烛事，宛转妇随夫唱。努力做，槁砧模样。只我罗衾寒似铁，拥桃笙难得纱窗亮。休为我，再惆怅！"当时同性恋爱，视为韵事，若在今日，当为士林所不取也。

灵魂写真

自伍廷芳提倡灵魂学说后，民国七八年间，上海曾有灵魂照相之设置，其法于暗室张白布幕，以电光于幕上映圆光一团，由主持者书死人年庚交乩盘寻召，然后以照相机日夜伺之，如见幕上现有人影，即迅速抢摄，有能召至，有不能召至者。时有普济轮在舟山岛附近触礁沉没，其船上买办赵某，曾由此摄得遗像，于是报上广告，大为宣传。但二三年后，其事渐寝，遂无复再言之者矣。不意照相机未到中国以前，即已有人能为亡魂写真。清中叶有学使宋荔裳者，幼失恃，每忆母夫人形容，辄为泣下，适有吴门某生，自言有术能为亡魂写真，宋遂延之设坛净室中，自书符咒，三日陈丹青纸笔，令宋礼拜，出扃鐍其户，戒毋哗。比夜，忽闻屋瓦有声，夜午，闻掷笔于地铿然，屋瓦复有声，生乃开户引视之，灯烛荧然，丹青纵横，笔落地上，而纸仍缄封未启，启视则像已就，宛然如生，宋捧持悲泣，重酬之。此事见清人笔记，确否殊不敢必。

掷钱绝技

自枪械发明后，昔日技击刀剑之术，遂皆无用矣。

然在枪械未普遍使用以前，苟习有绝技，往往能保身劫敌，化险为夷。昔有某提镇女，闺绣之余，喜掷钱为戏，提镇因教其练此技击。初缚草为人，置数丈外，令女以青钱击之，已而渐小，距亦渐远，击之能中，则于草人身上记要害若干处，一如人身，以钱击之，历中不爽，久之，手劲益重，钱击要害，咸能穿入草里。提镇曰："可矣。青钱为随身之物，取之甚便，有此可以保身矣。"后女嫁一知县某，将到省，舟过某处，见有数人坐一小船掠过其旁，女谓某曰："今夜必有盗，吾当治之，君第匿舱内无恐。"某不知女能技击，颇为惊骇！至夜半，果闻有小船三五，飞桨而来，女知盗至，先猱升桅上，手取青钱一掬，俟盗跃登己船，一一以钱击之，皆中要害落水死，最后二人未中要害，一逃去，一倒船中，女遂大呼缚贼，送官惩治。某见女怀此绝技，始大奇之。后某官云南某府，有一同城武员与某颇相得，尝自言向故为盗，一日在某处遇一官船，共谋劫之，不意先数人皆落水死，己过船时，觉有物相击，急退回，幸得免，后改行，得任今职。顾当时船中并无声息，不知是何神术也？某省忆即前所述，并令夫人出见，武员伏拜称神人焉。

今日女子运动节目中，亦有掷铁饼掷标枪等技，倘能练之使精，或亦可于仓猝中御强暴也。

世界最短演说

土耳其革命领袖凯莫尔于就任大总统后，第一次向国会演说，时间达二十二小时之久。又美国参议员某氏，某次在参议院演说，亦达二十一小时之久。此昔世界演说最长之记录也。然亦有最短者，英国名教授某氏，一次被聘至某集会中作学术演讲，讲题为"形式与内容"，听众以为此一讲题，必须甚长时间，始可阐明。及某氏莅会，衣服臃肿，胸部隆然，一登台，即指胸部问听众，此中藏何物？于是听众哗然，皆无法猜出。某氏徐探怀出酒一瓶，举示听众曰："形式虽然多少显示内容，但形式决不完全表现内容，它们有时是不一致的。"言毕，于掌声如雷中下台而去。此以事实证明理论之有力胜讲，前后仅三分钟，可谓世界演讲最短之时间。其实演说太长，实足使听众厌倦。曩闻友人说一故事：有某甲好作冗长演说，一次在某处开会，因演说时间太长，听众均悄悄引去，及其说毕，见座中仅一人在焉，某甲趋前握手曰："君真我之知己也。"某人曰："否！我非欲听君讲演，实待君下台我自欲讲演也。"是此人癖好，较某甲尤有甚焉。此虽似笑话，然亦可见演说实以简短为贵。

求婚时间

男人向女人求婚，各国风俗不一致，但时间多在夜晚。如西班牙男人，恒于月色银环境幽美之夜，手持乐器，在女子窗前载歌载舞，以达到女子许婚而后已。缅甸人求婚，亦复如是，然必须先有默契。如在乡间，女子辄于窗间置灯一盏，以示在家，男人则于黄昏后偕友二人，徘徊女子门前，俟其家长外出或入睡，然后进入女子室中，女子必极意修饰，装成美丽，亦预邀闺友二人候于室中，如双方合意，即互换饰物或绣巾之类，求婚即告成功。惟缅人必择晚间求婚，似非爱其环境，盖彼以为女子晨间性情暴躁，中午易于争吵，惟晚间始温柔而可爱耳。据美国社会学家保罗蒲藾露统计，男人求婚成功，在学术机关者，占百分之二五点三。由朋友介绍者，占百分之一八点二。因商业接触者，占百分之一二点九。在礼拜堂订交者，占百分之一零点二。因扶助对方或由旅行而结识者，占百分之七。是美国求婚形式，不论地方，不拘时间，实较其他国家自由多矣。

赌　害

民十五革命军未北伐以前，汉口华商总会，实为富丽堂皇之大赌窟，四层洋楼，高耸于模范区，内有各样赌室，各种赌具，由麻将、扑克，以至单双、牌九，无一不备。输赢少以万计，多则百数十万不等。彼时军阀赖商人筹饷，商人恃军阀为护符，故虽呼卢喝雉，无问之者。有吕某，武穴人，清末即在汉口比国某蛋厂为佣工，因为人诚实笃信，深得厂主欢心，入民国后，升至买办。第一次欧洲大战时，此厂获利甚巨，吕亦渐成商场富翁，于日租界置住宅一所，固极优游自在也。吕因出身寒微，故平生无嗜好，偶作方城之戏，亦消遣而已。一日为友人嬲至华商总会赌单双，吕素不善此，初试即胜，两日间赢五十万元，心滋喜悦，私念在蛋厂辛苦三十年，积资不过一百数十万元，今时仅两日，而获如此巨金，赌博实胜于居积也。于是每日必去，渐次失利，不逾月，不惟赢资俱失，负本且达两百万元之巨，银行存款提空，犹不能偿其半数。吕至是，懊丧欲死！后由其同乡省议会议长刘锡侯出面斡旋，以六成偿负，吕遂宣告破产，仍为瘆人矣。赌博之害，其酷至此！

评花品妓

清末民初，沪汉均有小型花报，专以记载青楼消息为事，而于品评妓女，效力特大。民十以后，此风渐杀。代之而起者则为黄色小报，凡舞女妓女，皆赖此种报纸为之宣传。于是反对之者，辄谓为玷辱斯文。其实文人游戏，古代即已有之，尤其唐代文人，好以诗文褒贬妓女，受其赞美者则门庭若市，被其嘲谑者门可罗雀。据唐人范摅《云溪友谈》（编者按：疑为《云溪友议》）载："崔涯者，吴楚之狂生也，与张佑齐名，每题一诗于娼肆，无不诵之于衢路。誉之则车马继来，毁之则杯盘失措。尝以诗嘲李端端曰：'黄昏不语不知行，鼻似烟囱耳似铃。独把象牙梳插鬓，昆仑山上月初生。'端端得诗，忧心如病。遂往谒崔、张，再拜曰：'端端只候三郎、大郎，伏望哀之。'乃又赠一绝句粉饰之，诗云：'觅得骅骝被绣鞍，善和坊里取端端。扬州近日浑成错，一朵能行白牡丹。'"于是大贾巨豪，竞臻其户。此与今日黄色小报记者，固无以异也。故文人评花品妓，未足以为病。

老虎的笑话

民国二十二年上海社会局有秘书李遂先，浓眉大眼，微胖而矮，一日有人誉之曰："君面相似虎，若使善画者画出，必虎虎有生气。"适友人吴大宇在座，立诘之曰："倘画虎不成，奈何？"盖谓画虎不成反类狗也。合座皆大笑。又抗战时，四川某名人猎得一虎，知友皆为贺，有富商某，故不识字，而好掉文，往贺时，连声曰："此真是虎落平阳。"俗语谓虎落平阳被犬欺，以此贺擒虎之人，直骂之也。某名人闻之不怿，富商尚不知其故。又有某甲好诵朋友诗句，以炫其能诗。一日赴友人谯集，语座客曰："吾今日见咏虎诗一首，甚妙！"众请其诵出，某甲思索半晌曰："第一句是什么什么王，第二句是什么什么皇，第三句我不记得，第四句是咬人的意思。"所谓一首妙诗，其实一句无有，座客无不捧腹大笑。

奇异算题

算术，原属一定理数，亦有一定公式，然遇复杂难题，亦往往使人困惑。年前黄季陆在台北中山堂举行月会时，为解释耕者有其田问题，曾讲一算术故事，甚有趣。据云：北方有一老翁，生子三人，贤不肖不同，老翁死时，遗产有马十七匹，分给诸子，遗嘱注明长子得九分之一，次子得二分之一，三子得三分之一。但三子析分时，长子得一匹而余八匹，得两匹却差一匹。次子得八匹而余一匹，得九匹亦差一匹。三子得五匹而余二匹，得六匹亦差一匹。于是兄弟争吵，无法分配，邻翁闻其故，因出为调解，愿借马一匹，俾足十八匹之数，易于析分，三子皆悦。于是长子得九分之一者牵二匹去。次子得二分之一者牵九匹去。三子得三分之一者牵六匹去。分匹合算，仍为十七匹，邻翁所借一匹，成为余数，依然收回去矣。从知算题暗晦。常令人困惑，然一通其窍，则又平淡无奇矣。

屈原墓

屈原于五月五日沉汨罗江而死，故每年端节，必言屈原。凡言屈原，恒称为楚人，但为楚之何邑？则知者尟。按屈原实为湖北秭归县人，居东门内，至今秭归东门门首，尚竖有大石碑，刻"楚三闾大夫故里"，因年代过久，其居宅已无片瓦可寻矣。屈原墓在秭归东门外里许，地近江滨，土阜巍然，高约数丈，墓门有丰碑，镌"楚三闾大夫屈原墓"八字，字径尺余，不知为何时所建。惟墓之四周，殊少树木，且地属偏僻小县，过客稀少，遂无风景可言。至屈原死后，如何归葬故里耶？则无可考证。据秭归土人言，原死后，其姊闻知，投江自尽，未几，抱原尸浮起，为里人所见，收而葬之。一说屈原死后，有巨鱼衔原尸送至秭归江浒，其家人捞起殓葬，此鱼至今犹潜泄滩，常为人见云。此皆属神话，殊不可信。总之，一代才人，忠不见用，乃至泽畔行吟，投江而死，实为千古痛事！曩在重庆，见某报载有曙风君吊屈原，诗云：

> 湘楚江湄多水芳，行吟春尽夜初长。大坟望远吾心郁，故国难归子意伤！潜哭梦中情隐痛，讳人醒后事悲凉。可怜一掬如焚泪，垂老凄迷洒泪乡！

历来吊屈原诗甚多，此诗因与吾人今日故园难归，异乡洒泪，弥有同感，故附录于此。

膺惩寇逸史

中俄壤地相接，俄寇凭其野性，清初即数数侵边，时清兵力强盛，每来辄创之逐去。故当时清人不呼曰俄罗斯，而曰"罗刹"，盖深恶之也。康熙二十四年，俄寇尝乘虚侵入黑龙江雅克萨城，康熙命副都统彭春往讨，师薄雅克萨，彭遣人以书谕降，不从。于是军其城南，集战船于城东，城下三面积柴，以为焚城计，俄寇大惊，其酋额里克舍见势穷蹙，遂递书乞降。彭请示清廷，奉谕宥罪逐去，额里克舍即引残部六百余人稽颡谢罪，仓皇而逃。是役彭本思于黑龙江顺溜行舟，直入俄境，以为犁庭扫穴之计。奏上，康熙不许，并谕令归诚时，勿杀一人，俾还故土，遂致养痈遗患，而遗后日无穷之忧！惟是时清廷曾责令俄寇遣使入贡，岁岁不断。讵俄寇野性难驯，每贡使入京，辄出扰民。康熙遂选善扑有力者，入使馆伺候，凡俄使或随从出外，必使善扑者随之，如其扰民，善扑者即从后踢之，辄仆地不能起，遂懔然守法，不敢胡行。

惧内民族

非洲亚尔及耳之南,有名马拉萨乡村者,居民称为杜立格人。男人体格雄壮,赋性凶暴,但永远为女人所统治,村中法律,亦为女人所手订,男人惟有服从而已。家中所有财产如营帐、骆驼、乃至一碗一碟,皆属于女人,男人一无所有。如有女人纡尊降贵往访男人,则此男人视为无上光荣,辄夸耀于侪辈。杜立格女人体壮而高,常在六尺以上,男人更魁梧,多在七尺以上,然此七尺昂藏,终身成为妻之奴隶,遵从妻命料理家务,管领儿女,妻则招朋引类,喝茶闲谈而已。妻进食时,高坐草席上,大嚼其羊肉、骆驼乳、麦面包,夫在旁谨慎侍候,状如仆从,直至妻食毕饮咖啡时,始敢进食。杜立格男人欲求一配偶,良非易事,追求时,唱情歌、编情史,甚至长跪女前,献媚取悦,以期获此奴隶主,一经获得,则终身以之,否则一被女人摈弃,吃饮即成问题矣。此种习俗,不知如何造成,殊使人费解!

慈禧学琴

清慈禧太后虽系出满洲，雅好中国文化，能文，善画，尤好弹琴。文宗殂后，穆宗冲龄践祚，慈禧垂帘听政，春秋暇日，辄以弹琴自遣。时京师有琴工张春圃者，为人狷介有志节，琴法甚工，用是驰名于公卿间。慈禧闻其名，特召入宫授琴，授琴处似是寝殿，正屋七大间，慈禧坐极西一间，张即于西厢房弹琴。张于宣召时即与内监约不能跪弹，必须坐弹始成声，皆许之，故不使之面慈禧也。设琴七八具，金徽玉轸，极其富丽，张取弹皆不合节，盖饰美而材劣也。旋闻慈禧命取其平日所弹者付张弹之，内监以授张，一落指，觉声甚清越，于是竭其所长，为龙翔凤翥之曲，似闻隐隐有赞美声，阕终稍憩。忽见有若乳母服饰者数人携一童子来，衣冠华美，约十岁上下，见琴即以指拨其徽，或抽其轸以为戏，张阻之曰："此老佛爷物，动不得。"童瞪目视之，旁一妇即责张曰："你知他是谁？老佛爷事事依他，你敢拦他，你打算不要脑袋吗？"张为之骇然。是日出宫后，更宣召，则宁死不敢入矣。

吃醋考

妇人因妒与藁砧勃豀，世谓之"吃醋"，此二字不知是何取义？依字义言之，醋，酸物也，但酸素何以妇人独多？一说唐房玄龄妻甚妒，婢妾皆不得近，太宗闻之甚怒，召房妻入宫，赐鸩酒一盂曰："尔如再妒，当饮此自尽。"房妻慨然饮之，竟无恙。盖所赐非鸩酒，实醋也，后人遂以妇人善妒为吃醋。然《在阁新知录》谓世以妒妇比狮子，实缘《续通考》载狮子日食醋酪各一饼，意谓吃醋之说，根源于此。顾以妒妇比狮子，似由苏东坡嘲陈季常诗"忽闻河东狮子吼"而来，但东坡此诗，实谓季常妻姓柳氏，暗用杜子美诗"河东女儿身姓柳"句，其所谓狮子吼，则以季常好谈佛，佛家谓之狮子吼则百兽伏，东坡特指佛家语以为戏耳，并非谓狮子日食醋酪也。矧夫人吃醋，有时不限于丈夫，即同性女友，其捻酸妒悍，亦往往不能自尽。近年美国心理学家，尝以电气测验女子妒性，发现女子血液中含有某种元素，此元素愈多，妒劲愈大，此或即醋性之来源也欤？

谈　吻

最近英国驻新加坡高级专员麦克唐纳，为马来亚大学筹募基金，特请两好莱坞女明星，公开义卖香吻，每次收费马来币十元，第一天不及半小时，即已募得一千五百元，从知买吻者之多矣。吻，真是世间奇异之物，对一个人毫无用处，对两人则有绝大作用，小儿毫无所谓而能得之，青年人则设法追求以期获得，老年人则不惜牺牲金钱而购买之。于是吻在女人身上，遂有无上权威，靳惜与施与，无复有人能强之者矣。但人类最初何以发明接吻？接吻于身体又有何需要？据加拿大化学技术师华金顺云：上古人类穴居时，发现夏天炎热时，多吃盐可使身体凉爽，而盐则从他人面颊舐来，后又发现自异性面颊舐来，更加有趣，于是演进而成今日接吻之风。此说是否确当，殊不可知，另据科学家研究，男女四片嘴唇相合，其压力有两磅重，好莱坞某导演言，在电影片内热烈接吻，其压力可能有二十磅，足以折断肋骨。又有一心理学家言，过度用力接吻，可使耳膜为之破裂。信如是，则好接吻者不可不慎。

《开智录》的"三自"

戊戌政变后,梁启超亡命日本,曾于横滨创办《清议报》,风行一时。次年梁自日本赴檀香山,《清议报》笔政由麦孟华摄理,编辑为湘籍学生秦力山、蔡松坡、周宏业诸人,助理编辑有粤籍学生郑贯一,与同学冯懋龙最善。时《清议报》言论,颇受康有为干涉,稍涉激烈文字,俱不许登载,诸编辑咸以为苦。郑遂约冯懋龙、冯斯乐共创一半月刊,名《开智录》,专发挥自由平等真理,附以歌谣谐谈等栏,引人入胜。郑号"自立",懋龙号"自由",斯乐号"自强",故世有"三自"之称。是报即假《清议报》为发行及印刷机关,凡《清议报》销行之地,即有《开智录》。各地华侨以其文字浅显,立论新奇,多喜读之,尤以南洋群岛为最。后保皇党以《开智录》与其宗旨不合,不许附《清议报》发行印刷,并解除郑贯一编辑职务,《开智录》遂致停刊,出版仅半岁而已。是亦中国人在外国创行半月刊之一段小史。

隽 语

友朋谦集，酒酣剧谈，常多隽语，爰记数则于此。抗战时，陈济棠、沈鸿烈、盛世才诸氏，皆尝以陆海军上将出掌农林部，一日友人语及此事，一人曰："此可谓寓兵于农。"一人曰："不如谓'解甲归田'也。"两语皆甚隽。胜利后，湖北省主席万耀煌字午樵，与省党部主委方觉慧字子樵，意不甚惬，予友吴大宇尝戏赠一联曰："万方多难，子午一冲。"横额用戏词中"探樵去也"。寥寥十二字，名姓俱在其中，甚隽永有趣，万、方两氏见之，亦为莞尔。又前湖北省党部委员胡国亭，与吴同乡，一日胡浼吴为撰一联，悬之书室，吴曰："君名君事，即一妙联，何用人为？"胡请其说，吴援笔书曰："国民党委员，亭子间朋友。"既嵌其名，又皆事实，殊趣！又有郭寄生者，曾为鄂某机关委员，喜张罗资财，私放折息，而又好以慈善救济诸务，四处奔走，于是有人书两语寄之云："寄人类无上之同情，生市面最高之折息。"项冠其名，文嘲其事，亦隽语也。又湘乡有李聘而者，性好诙谐，以教书为业，某年春间率学生郊游，过一女校前，李偶以"乡村四月闲人少"命学生属对，良久无应之者。李乃自对曰："女校三更空眼多。"语虽欠雅，然对仗则工。

烈士闹公堂

杨恢，一名卓霖，湖南醴陵人，体格魁梧，富有勇力，少以任侠闻于乡，好结交江湖侠士。后入南京将弁学堂，以谋刺两江总督周馥未成，东渡日本，入铁道学校。清光绪三十一年，孙文创中国同盟会于东京，杨由黄克强介绍入会，自是矢志革命。次年偕同志李发根、廖子良归国，日谋联络各省党人，大举起事。因误识两江总督署密探萧亮、刘炎二人，萧、刘均湘人，专在沪设陷阱，诱使党人入彀，杨以同乡故，不知其诈，遽以革命军副司令名义命萧刘至淮扬活动，己则偕李发根、廖子良携炸弹至扬州，谋刺端方举事。萧、刘遂向端方告密。杨、李、廖即在扬州被捕。当搜出炸弹八枚，及革命军檄文多件，端委长沙人朱恩黻鞫其狱，杨直认革命党不讳，惟力为李、廖开脱，谓系被骗而来，请勿累及无辜。朱以杨为同乡，欲为减罪，乃以杨罪涉疑似，回报端方，狱遂久不决。会朱因事之沪，警监何黻章欲要功，亲讯杨等三人，杨知祸已迫，必不免，乃以一身自任。就讯时，大骂而起，掀翻庭案，案折，杨取一案足，挥舞公堂，警卫被击倒数人，黻章避匿乃免。后由端方判处死刑，于光绪三十三年二月就义，李、廖则判监禁五年云。

龚定庵情史

清代诗人龚定庵，才华绝世，人俱知之。然龚为人踬弛不羁，尤好女色。道光初年，有明善堂主人名奕绘者，号太素，曾封贝勒，由散秩大臣管宗人府及御书处。其人颇善诗，著有《明善堂集》。其侧福晋太清西林春，姓顾氏，吴门人，才色双绝，亦能诗，著有《天游阁集》，宠擅专房。尝与贝勒雪中并辔游西山，作内家妆，披红斗篷，于马上拨铁琵琶，手白如玉，见者咸谓王嫱再世。时定庵方为宗人府主事，常以白事诣邸中，贝勒爱其才，尊为上宾，由是得出入府第，与太清通殷勤，私相唱和，缱绻甚至。定庵杂诗中所谓"一骑传笺朱邸晚，临风递与缟衣人"即指此事。后为贝勒所知，大怒！力逼太清大归，将索定庵于客邸而杀之。贝勒府中人素受太清惠，侦知其事，告定庵，定庵子身走江淮间，几乞食。后归丹阳，以暴疾卒，人谓是贝勒阴遣人鸩之也。一说定庵回丹阳后，尝眷一女名灵箫，女实别有所私，一日定庵至灵箫处，适遇其人，因语灵箫与之绝，灵箫佯诺之，而踪迹则愈密。后又为定庵所见，因怀鸩往，语灵箫其人倘再至，即以此药之，灵箫受药，密置酒中，以进定庵，定庵饮之而卒。是定庵实死于灵箫，非死于太清也。

龚自珍（1792—1841），仁和（今浙江杭州）人，汉族，清代思想家、文学家及改良主义的先驱者。他的诗文主张"更法"、"改图"，被柳亚子誉为"三百年来第一流"。著有《定庵文集》。

田桐轶事

田桐，字梓琴，湖北蕲春人，其致力革命，世均知之，今谨述其三数轶事：

清光绪三十一年，孙文组织中国同盟会于日本东京，田率先入盟，获任孙文书记。一日与章太炎、胡汉民等在孙文寓邸闲谈，偶及田单驱火牛破燕事，田曰："田单在古代用火牛，吾谓今人可用水牛，若革命军举事，清军有马队，而革命军无之，吾人大可训练水牛队以临阵，必可制胜。"太炎曰："乃祖用火牛，而后人更发明水牛战术，可谓后先媲美。"众大笑。自是人咸以水牛将军称之。

光绪三十三年，田入越境未果，转之南洋，任新加坡《中兴日报》记者。尝与保皇党之《总汇报》大开笔战，署名"恨海"，于是恨海之名大著。《总汇报》遂戏撰"药石（即居正笔名）无灵，精卫焉能填恨海"一联以嘲之，田大恚！会保皇党派徐勤赴新加坡，在振武善社讲演禁烟历史。田知其必藉此倡君宪，遂邀孙德彰（孙文之兄）、邓子瑜诸人赴会。徐勤果于发言间，盛赞清廷宣布限期立宪之德政。田闻言，义愤填膺，大呼曰："打！打！"孙等数十人遂直奔而前，徐急返身走脱。保皇党徒由是气馁。田在新加坡寓庐，与清副领事杨云史紧邻，杨与田一见如故，交谊甚厚。适孙文是年因事赴新加坡，粤督张人骏闻之，竟遣凶徒往，谋刺孙文。刺客即居杨寓，杨不直张督所为，密告田。田转告孙文，并说刺客使掉头他去，孙文遂得安然无事。

民九，田任大本营宣传处长，时陈炯明已通款于吴佩孚，遽于六月十六日举兵叛变，且令叛将叶举等逮捕韶关大本营职员，并指名严索田桐。田闻之，厉声应曰："老子就是田桐。"遂就捕。有书一巨箧，叱使变兵负之，兵或迟疑，乃责之曰："尔等捕我，即应为我负物。"变兵笑，相顾曰："田先生真倔强人也。"及解送广州，炯明不欲开罪他省民党，遂令释之。

民十三，田尝应约赴豫，参与国民军总司令胡景翼戎幕。未几，景翼死，岳维峻继。十五年三月，吴佩孚纠合旧部，由鄂趋豫，维峻与战不利，田率左右退至顺德。时晋军已与吴佩孚通款，三月中旬，使师长商震攻顺德，田与孔庚督所部御之。战方酣，守北门卒贰于晋，开门请降，遂被俘。商震原属同盟会旧人，特亲临劳问。田曰："吾为囚人也，何劳为？"旋至太原，阎锡山遣参谋长李勉之来迎，既主其家，优礼备至。

田一生于奔走革命外,即从事报业。光绪三十年留日时,尝创刊《二十世纪之支那》,鼓吹民族主义,不遗余力。次年又创刊《复报》,载田诗甚多,有警句云:"大哭一声黄帝墓,儿孙这样怎安排?"是殆白话诗之滥觞。又编集明遗老所记佚事及清代严禁各书,名曰《亡国惨记》,章太炎为题辞曰:"沾襟何所为?怅然怀古意。秦俗犹未除,汉道将何冀!"晚年闲居上海,仍以著述为事,如《太平杂志》《革命闲话》,皆风行一时。十九年秋,卒于上海,享年五十有二。

田桐(1879—1930),字梓琴,号玄玄居士、江介散人,湖北蕲春人。早年赴日留学,并发起成立"中国同盟会"。入民国后任参议员、国民政府委员等职。著有《太平策》《五权宪法》《革命闲话》《扶桑诗话》《诗文集》《玄玄遗著》等。

袁世凯屠杀民党国会议员

民二中国第一次国会成立,参众两院中国民党议员皆属一时英俊之士。有伍汉持者,广东台山县人,尝毕业于佛山西医学院，后又入广州速成法政学堂，得与朱执信、古应芬、叶夏声等游，因加入国民党，民二春当选众议院议员，挈眷入京，寓佛照楼旅馆。时总统府秘书长梁士诒受袁世凯命，派江某罗致国民党议员，粤籍议员颇有入其彀中者。一日江某往访汉持，代士诒致意，馈以交通银行五千元支票，汉持正色却之。会四月二十七日袁私向五国银行大借款成立，汉持大为愤慨。自草一查办袁世凯十大罪案意见书，遍求各议员副署，众多闻而骇退，签名者仅得叶夏声等十人，勉向国会提出，卒为议长汤化龙搁置。洎七月中，赣宁革命爆发，袁大捕国民党议员，议员多赴津避祸，汉持亦走津，寓日租界德义楼旅店。一日往法租界佛照楼访友，忽在华法界路电车中为天津警备司令杨以德捕去，拘禁未久，即以枪毙闻，是为中华民国国会议员流血之第一人。是岁十一月，袁下令解散国民党，国会无形解散，先后继汉持被害议员，有徐秀钧、林文英、姚勇忱、徐镜心诸人，诚民国史上惨祸也。

戏迷官

清代居北京者，无不好皮黄，而满人尤甚，故虽一行作吏，而沉迷如故。乾隆间有国泰者，年才逾冠，风姿姣好，而嗜戏如命，因系出贵族，竟获任山东巡抚。适山东藩司于某，亦嗜戏，两人相得益彰。泰擅须生，两人辄于署中彩排高唱。一日合演《长生殿》，泰饰玉环，于扮明皇，演至定情窥浴诸出，于以泰上官也，不敢过为蹀躞，关目科浑，草草而已。演既毕，泰正色责于曰："君何迂阔乃尔，此处非山东巡抚官厅，奈何执堂属仪节以误剧情？"于唯唯。自是遂尽妍极态于红氍毹上矣。后泰为某御史所劾，乾隆派和珅往查，和抵济南，署中剧尚未终，泰闻报，仓皇易装往见，面上犹余残脂剩粉，和据以奏闻，泰遂革职。又端方为两江总督时，有上海知县某，戏癖甚深，一日晋省谒端，端问上海情形，某忽作戏腔曰："大人容禀！"端闻之，忍俊不禁，遂亦以戏腔答曰："听尔道来。"某大惭而出。凡此皆官场戏迷也。

鸾漂凤泊

王一新,湖南人,性好文学,因事至舟山,假寓一梅姓宅中,居停梅翁,为一老儒,生有四女,皆已及笄,翁亲教之读,均通文理,而三女雨言貌最佳,尤善诗,翁独钟爱之。王下榻翁书室中,典籍甚富,得暇辄翻阅消遣,呫唔之声,常达户外。旬日后,王每夜读,即觉窗外有人影闪动,侦之,则三女雨言也,自是渐通款曲,接谈之余,王始知女诗文并茂,大为惊异,及闻其犹待字闺中,尤为颠倒。王故翩翩年少,温文雅静,女于此海澨荒凉之区,遘是文武兼资之士,自亦芳心无主,坠入情网。于是情诗密简,日有往还,因双方均属旧家,崇信礼教,故虽灵犀互通,达三月之久,并未及于乱。一日王忽奉召返台,仓猝成行,不及与女明订嫁娶,惟相期践约而已。讵王去后,又有一鄂人假寓梅宅,其人较为强暴,一睹女美,即思染指,见女趋避,怒之,径向梅翁求婚,翁畏其势,许焉。女本爱王,之矢靡他,顾处此樊笼中,彷徨无计,乃于回肠百折之余,嫁此鄂人。迨舟山撤退,女随来台,未久,此人忽因事系狱,判五年徒刑，女即单独度其困顿生活。女所作诗，予尝见数首，颇清丽可诵，因限于篇幅，未录。

争帅印

是篇所记美军人争取中国帅印，非今日美军事，实五十年前旧闻也。先是戊戌政变后，保皇党康有为尝于美洲倡设保皇会，其徒梁启超则作新大陆旅行，以澳洲华侨鲍炽为翻译，极力向美人自称为清光绪帝特派代表，有权在美招募将官统领中国维新军队。会有旧金山退职武官福近卜者，闻而信之，遽向保皇会报名投效，梁竟以中国内阁总理大臣名义，封福为中国维新军大元帅。及梁游洛杉矶时，复有在野军事批评家堪马利求谒，梁惊其盛名，亦封堪为维新军大元帅。事为福所闻，向梁严辞诘责，而福堪二氏亦各登报相骂，遂演成争夺帅印之戏剧。后堪宣布与梁脱离关系，所谓组织维新军，亦无复有人置信矣。然堪因是竟与孙文成为密友，民前三年，孙文因事过洛杉矶时，特往堪村居访问，畅谈竟日。

迄辛亥武昌起义，南京政府成立，孙文特委堪为高等军事顾问。南北统一后，堪仍返美乡居，于民二病逝。

魔术（一）

今日演魔术者，不外光、电及手法迅速，而手法迅速，则系硬功夫，其动作必须熟练之超视力地位，始不至为人所觉察，正如以快机摄影然。予平生好奇，故喜观魔术，其间有可以理解，或经人指破而不足奇者固多，然诡谲奇幻至今不得其解者亦不少。今就记忆多得，略记数则于此：予幼在邑中，见一北方人在邑万寿宫前玩魔术，彼时无篷无帐，观者围立成一圆圈而已。其所演除常见者外，有两事甚奇。其一，术者向人索瓜子一粒，就地挖土成穴，埋瓜子其中，注水一盂，以布盖之，转瞬揭布，则勾萌出，复罩以箩筐，旋去箩筐，则生叶牵藤矣。再以布囷围之，俄去布囷，则已蓬蓬勃勃，开花结瓜矣。再以巨幅布幔覆其上，术者，呵叱揭幔，则见碗大西瓜二三枚，赫然卧叶下，术者取瓜剖给观众食之，红瓤绿皮，真西瓜也。吾邑向不产西瓜，此瓜何来？诚不可解。其二，术者取坛一只，令观众检视，固毫无破裂也。然后置广场中心，以布幔围之，牵其所携五六岁小儿入幔中。少顷去幔，则儿已入坛中，术者呼儿伸手，则手出，伸头，则头出。坛口小而儿身大，何以能入？此已甚奇。术者复以布封坛口，使观众以封条交叉封固，再以布覆之，俄揭布，请观众去封口，则坛已空，而儿不见，术者四出呼寻，微闻声自其衣箱出，开箱，儿在焉。坛距箱，可三四丈，此时万目攒视，儿何能由坛入箱？殊不可解。此术予后在他处常见之，然多在台上，非坛而为箱，箱为活底，台有活门，固易于走出也。

魔术（二）

民国四年，日本天胜娘魔术团在汉口租界大正会馆表演，有最精彩者二幕。其一，术者立台前，手持二尺许指粗魔棍，于棍端不断旋捻，一霎眼由棍端捻出外国旗帜一面，旗杆粗亦如指，长可二尺，插至台前，再捻又出一旗，连捻连出，不十分钟，世界各国国旗具备，插台沿几满，最后术者呼口哨一声，以魔棍向半空中挥舞，突见中日两国国旗，交叉竖台前，以竹篙为旗杆，面幅五六尺大，而术者始终未离寸步，迄不知如许国旗从何而来也。其二，术者以其两手大拇指互叠作叉形，令观众以皮纸搓成纸捻约二三尺长，将其两指反复绑扎，纸尾展开，以浆糊粘贴绑扎结尾处，而盖章其上，使术者两手联成圆圈，若非断其纸捻，则两手决无法离开，然术者立台上圆柱前，两手一伸，则圆柱突在其怀中，两手围在柱外，一缩，则圆柱又复退出，而两手拇指绑扎如故也。如此一伸一缩，其疾如风。术者恐观众不信，坚请一人登台试验，时予年少好事，即登台验其绑扎，固毫无破绽，然后互握两手，以一臂竖起如柱，术者只呵呵一声，则予臂即在其怀中，再一呵呵，则彼手倏又退出，术者反复为之，予睁目不一瞬，竟不能察出其进退之道也。迄今思之，犹为不解。

魔术（三）

民国八九年间，汉口新市场有韩秉谦魔术团，每夜出演。韩尝挟此术漫游欧陆，故颇能推陈出新。其大套魔术不常演，演必精彩，一次予见其演空中悬人，甚奇！先命助手推一长凳出，横置台中，然后令一少女仰卧凳上，覆以白布单，四周边幅下垂，而头部胸部足尖由单内凸出，轮廓清楚，一望而知。韩即于凳侧以双掌作捧托状，口中呵呵有声，少顷，仰卧如故。韩恐观众疑其有绳索系挂，乃取一大铁圈，就少女四周来回穿过，示无阻挡。此时观众固皆以为少女仍在白布单内，僵卧空中，讵韩牵布单角蓦然一掣，则布单立时坠地，空无所有矣。此幕少女遁去不奇，盖可自凳下逃走，所奇者，一幅软绵绵布单，而能硬挺挺悬之空中，所有凸出轮廓，毫不变形，斯诚不可解。又一次见韩于台中置一四方床，直径不过二尺许，四足有轮轴，可以转动，床下有电灯，可照见四周，床身挂蓝色绸帐，帐内大开，空无所有，但韩每闭帐门一次，即于帐内抓出一人，抓至第六人后，更牵出牡驴一匹，项铃叮当，竟不知其从何而至也。

魔术(四)

韩秉谦有一门徒名张俊芙者,其术亦绝精。一日韩于群谶楼宴客,命张演魔术助兴,时客有两席,另一棹则置草帽茶碗等物,与客席成品字形。张适坐上席,因向来宾借褂表一只,出手帕裹之,纳入西装左襟口袋中,帕边半露袋外,当问众宾表尚在否?众皆曰否!然张探帕出,则表固在,仍纳入袋中,再问众宾,众皆曰在,张出帕,则空空如也。于是请众宾搜其身,凡衣袋袖中鞋中搜遍,均不见表,此一瞬之间,表究安在?张遂指另一棹曰:"请向彼棹第三顶草帽中索之。"众宾往视,表果在此帽中,众皆称奇。盖张表演时,立上席侧,距置草帽棹丈许,始终未移寸步,表何以飞入袋中?予至今不解其故。又予长女弥月时,报界同人于谶月楼作汤饼之会,张亦被邀至堂会,除表演一二趣剧外,其最奇者则为魔帽。张来时,原戴大礼帽一顶,演时取帽仰置一小棹上,告众宾将于帽中取出各物,众皆屏息视之,张徐于帽中出闹钟一架,铃声铛铛然,再取,又出一架,顷刻之间,取出十架之多,列置台上,固真钟也。旋又在帽口牵出一纸条，连续不断，愈牵愈多，纸条既尽，忽于帽中飞出白鸽二只，翔舞空中，于是众宾哗笑。此帽诚怪已。

李文范轶事

日前逝世之李文范氏，其功固无待吾人记述。今记其计夺肇和军舰轶事，则知李氏实一革命实行家也。先是民五袁世凯称帝时，广东为军阀所据，孙文特命朱执信主持中华革命党广东军务，而以李及古应芬、邓铿佐之，指挥部设于澳门。是年春，肇和军舰奉袁命调防粤省，李遂于澳门策动夺取是舰，以供攻击广州之用。某日派死士马伯麟等百数十人，假充乘客，同附澳门开往广州之轮渡，于半途将抵黄埔海面时，突用武力迫使驾驶人驶近肇和军舰，张等遂攀登而上，与舰兵交锋，思得手后，即利用舰上大炮轰击广州。不幸众寡不敌，马等俱为舰兵擒获，解送广州。直至龙济光失势去粤，始脱囹圄。是役虽未成功，然为李氏讨袁最勇敢之计划，足与民四陈其美在沪攻取肇和军舰之役后先媲美。

《自由新报》发刊词

《自由新报》，为民前四年中国革命党在檀香山创办之机关报，卢信为社长，孙科为译员，黄堃为司理，曾长福、黄亮、谭达、梁海、杨广达为董事，每星期一三五日出版，以宣传革命排满为宗旨。创刊日所载发刊词，骈四俪六，极为沉痛，爰录之于此，或亦足以振奋人心也。词曰：

呜呼，神州已矣，痛黄裔其长沉；奴隶甘乎？哀人心之尽死。昊天不吊，二百年憔悴谁怜？虏运未终，四百兆酣嬉若梦。问汉家宫阙，哭断冬青。睹胡族衣冠，悲兴禾黍。回观大陆，尽是愁城。千重之毒雾长埋，半角之斜阳有限。新亭未坐，哭已失声；故国濒危，言其无罪。迩者人联同志，结文字之因缘；报号自由，振天声于海国。或谓贾生痛哭，徒托空言；王郎悲歌，何裨实际？今者力唱民族，疾呼同魂。文主激而不平，锋过刚而易折。志士舒投时之策，坚主民权； 少年编革命之书，即成党狱。旗未张乎独立，版曷出乎自由。不知七尺之躯尚存，方寸之心忍昧。文章写恨，著作鸣愁。问天而首难搔，避地而身焉托？风沉雨晦，呼始祖其哀余；火热水深，问同胞其何似？江南已矣，庾子山挥泪成文；蓟北凄然，刘越石呕心炼句。以宣尼恋鲁之思，为庄生悲越之吟。有托而成，无微不到。发谈言之公是，借题目以子虚。措词则胸臆直舒，动听则心脾渐沁。善乎白香山之体，以远俗而弥精； 江文通之词，以移情而见诵。惟老妪之可解，岂大雅之是嗤。纵非锦绣能工，要亦辘轳自运。而况万流为海，众壑朝山。奇才多入彀中，异彩定腾海外。嗟乎，江山异色，撰述何心？怕闻亡国之杜鹃，怜渠泣血；朝恼能言之鹦鹉，撩我伤情。谁鸣警世之钟，独树登坛之帜。先乎言论，继则实行。文字收功之日，还我河山；英雄应运之秋，荡平丑虏。

《自由新报》，1908年8月30日创刊于檀香山，系由《民生日报》改组而成，1928年停刊。

琉球史话

韩战中，美空军自冲绳飞韩作战，次数极多，故今日琉球实已成美太平洋战略中之重要地位。按琉球在元以前，尚不通中国。明洪武五年，其中山王察度始遣使入贡。清初即成为中国属国，职贡不绝。康熙二年尝命张学礼奉使琉球，册封国王尚质。其所乘之舟，为梭子形，上下三层，广二丈余，高如之，长十八丈余，桅高亦如之，殆为特制。中国使臣前往，必直趋那霸，盖那霸为琉球国王居处。其迎接使臣，必致最高敬礼，款以盛宴。宴时，击鼓而歌者，皆大夫以下等官，舞则十龄幼童，皆贵官子弟为之。当时虽无气象测候，然渡海时期，则有一定，去时必在"夏至"前后两三日，归时则在"冬至"前后两三日。故使臣在其国中，有迎风宴、中秋宴、重阳宴、冬至宴、饯别宴，可谓隆重至矣。后又有汪楫奉使册封，曾为琉球撰孔子庙碑，馈贻极丰腆，汪力却不受，琉人遂为建"却金亭"以纪念之，嘉道间犹岿然存在。洎清季，琉球又兼属日本。光绪初，日本废琉球王，改其地为冲绳县。今日通称冲绳，而不称琉球者，实缘此也。

谈《天风报》之"黑旋风"

民国十五年后，迄抗战前夕，平津报纸多以偏风而赢得销路。如民十八沙大风在津创办之《天风报》，其国内外新闻占篇幅极少，编排亦无精彩，然其副刊"黑旋风"，则人人爱读，风行一时。盖"黑旋风"所载多为津沽风月场中事，凡歌女舞女、名伶名妓之动态，以及其悲欢离合之故事，甚至床笫之私、枕席之秘，无不绘影绘声，大胆描写。以是歌台舞榭中，争以先睹为快。而姚灵犀所著《采风录》，研究女子缠足，尤别开生面，由缠足起源以至脚带之考证，绣鞋之种类，缠足与性生理之关系，无不稽考列举，言之津津。北方人虽放足多年，但于小脚风味，犹有无限憧憬，故于此类写作，兴味特浓。此亦促成该报畅销之特殊原因。沙大风体胖面圆，性情豪爽，其副刊取名"黑旋风"，盖实以水浒中李逵自况也。然彼自办《天风报》后，津沽娇娃多寄名为义女，终日出入脂粉队中，则又不似李逵之为人也。胜利后，该报曾一度复刊，但版面如旧，作风已大改变矣。

《天风报》，沙大风创办，著名作家刘云若担任编辑，还珠楼主李寿民也曾在该报发表小说。"七七"事变后，更名为《新天津画报》，1943年停刊。沙大风（1900—1973），原名沙厚烈，笔名沙游天。他曾在该报创刊号上炮制"四大名旦"（梅兰芳、程砚秋、尚小云、荀慧生）的提法。

天 问

今日科学昌明，人类且思远征月球，则天之为物，不过一层气体，已毋须再为推测矣。然在古昔，人类对天之神秘，始终怀疑，甚至发为各种奇问。如三国时吴使张温聘蜀，百官皆集，秦宓独后至。温顾孔明曰："彼何人也？"曰："学士秦宓。"温因问曰："君学乎？"宓曰："蜀中五尺童子皆学，何必我？"温乃问曰："天有头乎？"宓曰："有之。"曰："在何方？"宓曰："在西方，诗云：'乃眷西顾。'"温又问："天有耳乎？"宓曰："有，天处高听卑，诗云：'鹤鸣九皋，声闻于天。'"曰："天有足乎？"宓曰："有，诗云：'天步维艰。'非足何步？"曰："天有姓乎？"宓曰："有姓。"曰："何姓？"宓曰："姓刘。"曰："何以知之？"宓曰："以天子刘姓知之。"此一应对，甚见风趣，其间虽不免有牵强之处，然在当时，固亦言之成理。若在今日闻之，殊使人失笑。

如此诗人

昔满人不事诗书，而独好风雅，以致闹成种种笑柄。光绪初叶，吴县潘祖荫长刑部时，有某满员闻其好尚文雅，思所以媚之。乃以所作诗十首，恭楷录正，于堂上署诺时揖而进之。祖荫即时翻阅，见首章题目为"跟二太爷阿妈逛庙"八字，不禁狂笑，冠缨几绝，因还其诗曰："有此妙题，君诗已不用再读矣。"某大惭而退。又道光时，龚定庵在京师，一日友招游陶然亭，有满人某，浅陋不识文，倡言联句赋诗。定庵请其首唱，某遂吟曰："柳暗花明三月天。"定庵联其下曰："太夫人移步出堂前。"某不知定庵诗名，为之大笑曰："我辈赋诗只七言或五言，今子乃成八字，何耶？"定庵曰："子乃赋诗耶？我以为子在读歌本，故以歌词续之，若真赋诗，则我定以五七言报之矣。"后其人询知定庵乃当代诗人，亟谢唐突不止。

记汉口地皮大王刘歆生

民元前后，武汉人无不知有地皮大王刘歆生者。按刘名祥，为天主教徒，清季尝为英商安利英洋行买办，以经营地皮起家。民初英租界自码头以迄华界刘祥花园，即名歆生路（民十六以后改名江汉路）。盖地皮多为刘所有也。时自英租界至硚口，有一长而且劣马路，名后城马路，系拆夏口县城墙而建成者，路外名后湖，皆低洼之地，长年积水，泥泞纵横，周围不下四十里。刘自清末即筑一小铁路，由溎口运土填筑，至民三四年间，渐成平壤。汉口商人竞租此平壤，建筑房屋，于是划为歆生一二三四五六路。昔日一片汪洋，遂成为屋瓦栉比之闹市矣。至民十孙尧钦任湖北官产清理处长时，遽指刘所有地皮，皆属官产，应收为公有。刘前后诉之王占元、萧耀南两督军，皆不得直，遂于民十一实行没收，改为济生一二三四五六马路，仅留刘住宅一幢及扬子街铺屋数栋，供刘养老而已。地皮大王之名，至此圮矣。刘为人颇慷慨，清季汉口仅一西商跑马场，华商赛马辄与西人共之。后因西人鄙视华商，刘怒，慨捐地皮，建华商跑马场于后湖，较西人尤广，是后遂各扬鞭驰骋矣。刘于清末创怡园戏院，招坤伶演戏，是为汉口女戏班之嚆矢。洎民四五年间，怡园停业，迄未恢复，然怡园之名，至今仍传道不衰云。

小孤山贞魂

　　洪杨之乱,烧杀奸掠,无所不为,东南半壁,荼毒几遍,尤其妇女被掳者,无一幸免。陷长沙时,居民星散,有朱氏女流离无依,遂为乱兵所掳,女意志坚决,众莫敢犯。舟行至九江小孤山下,女乘防范稍疏时,奋身投江而死。其尸逆流三昼夜,浮于故居水滨,梦诉其父母。父母惊起迹之,果获女尸,颜色如生,解其襦,于怀间得绝命诗十章,重缄密纫,字不沾濡。其最惨痛者有二首,其一云:"少小伶俜画阁时,诗书曾奉母为师,涛声向夜悲何急?犹记灯前读楚词。"其二云:"狂帆惨说过双弧,掩袖潸潸泪忽枯,葬入江鱼浮海去,不留羞冢在姑苏。"父母得诗,痛哭殓葬。观女诗,则知女母必亦才人,精通书史,不幸丁乱离之世,致明珠沉没,良可悲已!

越南小史

　　按越南古称"交趾",向属中国,汉魏六朝及隋唐五代均设官置守。迨宋初丁氏建国，始称为"安南"。迄明建文帝时，其间黎、李、陈等姓掌国，历三百年，迭有兴废。至明成祖发兵灭之，于是复归中国者三十年，洎明宣宗时，复为黎利所据，传十世至黎㦖，为莫登庸所逐，明世宗遂削其王封，改为安南都统使。后二世至神宗时，又为黎维潭所并，维潭传至裔孙维祈，于清乾隆时为阮光平所灭。光平传子光垂，至嘉庆年间，又为阮福映所夺，称臣入贡，改号为"越南"。此即安南改称越南之始也。中国历代对藩属，向无吞并野心，凡能称臣纳贡，即称满意，关于属国内政外交，中国向不过问，而于藩属入贡之赏赉，尤其优厚，盖所以示怀柔之意也。偶逢藩属发生内乱外患，尚须为之御侮平乱，尽兴灭继绝之责，而不索任何报酬，此与西方所谓殖民地观念完全不同也。越南自隶属中国后，迄同治年间，法人势力侵入，至光绪初年，遂有中法之战，光绪十一年，卒为法人所占，今日法越关系，即诞生于是时也。

越南贡使往还仪节

越南自清初复隶中国后,每四年入贡一次,贡使到京,必赍有谢恩表文,称中国曰"天朝",自称曰"陪臣",或"小番",表文典丽裔皇,无异中国奏折。贡使皆纱帽红袍,完全明代制服,惟帽翅阔而且长,靴头长尺许,拖曳而行,靴统不掩腿,短若半靴然。每来必携通事,有正使,有副使,觐见皇帝后,即赴各衙门投谒请见,称陪臣某某,不列官衔也。归国时,道经广西桂林,抚台例须请谯,至期大陈仪卫,自城门以至堂下,兵士皆武装站班,威仪整肃。抚台坐大堂,司道府县依次陪坐。然后通事领贡使于东角门报名入,行至堂下,向上三叩首就位。抚台正坐,各官雁翅排列,皆有筵席,贡使及通事席,设于最末,以矮几席地而坐,进酒进馔,咸以细乐侑之,三爵后,通事率贡使出位,又向上三叩首谢,仍由东角门出,众官告辞,兵马亦随后依次退。仪节肃穆,极能显示天朝威仪。贡使归时,中国物件除军器外,皆许其买带,经过关津,例不查阅,与今日使节出入国境例相似。自越南属法后,此种贡使往还,遂成历史陈迹矣。

越南旧血迹

中法为越南战争,始于清同治元年,终于光绪十一年。此二十余年中,中国遣赴越南作战者,有岑襄勤、冯子材、刘永福、鲍武襄诸将领。最著名战斗,有凉山、镇南关、北宁诸役。中国官兵行此重峤叠岭之区,烟岚成瘴,水土不宜,死于锋镝者固多,死于疫疠者亦不少。旋师之日,皆弃其尸而驮数十乘发辫以归,辫上各系姓名籍贯,分致其家,招魂葬之。临行,岑襄勤会诸师设醮于蒙自,以荐忠魂,复题一联于斋坛曰:"是谁浩劫催成,马革分归,虫沙竞化,更摧残瘴雨蛮烟。试回看越裳殄瘁,汉帜苍茫,这无限国殇,各向天涯遥布奠;何处巫阳招得?关门月黑,塞上云昏,尽淹滞忠魂义魄。倘他时三界轮回,九幽度脱,愿都为壮士,齐来边塞忾同仇。"此联悲感沉痛,无异当时史实。

韩人爱好中国文化

亚洲各国与中国交往最久者，首推朝鲜，自周封箕子迄今，历三千余年，在逊清初叶，朝鲜不独为中国藩属，且曾有人仕中国而位跻上卿者。缘有朝鲜人金简者，于乾隆中以其女入贡得幸，册封贵嫔，遂授简为户部郎中。简为人多巧思，精通中国文学，尝手创武英殿聚珍版程式，颇见精巧，乾隆甚亲信之。旋升为户部侍郎兼都统，荐升至户部尚书，以客卿而任尚书者，此殆第一人也。又顺治时，吴汉槎遣戍宁古塔，行笥携有徐釚菊庄词，成德侧帽词，顾贞观弹指词，会有朝鲜使臣仇元吉、徐良崎见之，大为赞佩，以金购去。元吉尝有题菊庄词诗云："中朝寄得菊庄词，读罢烟霞照海湄。北宋风流何处是，一声铁笛起相思。"良崎题侧帽弹指二词云："使车昨渡海东边，携得新词二妙传。谁料晓风残月后，而今重见柳屯田。"以高丽纸书之，寄来中国，一时传为佳话。从知韩人爱好中国文化，由来久矣。

中国空军第一次建功

抗战期间,中国空军辉煌战史,已举世皆知。按中国之有空军,已三十余年,第一次建功则在民国九年。是年广西军阀陆荣廷、莫荣新盘踞粤东,陈炯明率粤军自漳州回粤,两方战斗正烈时,适国民党由美购入飞机一架,停于澳门,而国民党派赴美国训练之飞行员杨仙逸、张惠长、李光辉、陈庆云等,亦于是时毕业归国。朱执信、孙科等遂设法购得汽油、炸弹,令杨等驾此飞机协助攻击莫荣新。杨等奉命后,疏通澳门当局,得由澳门起飞,以达虎门,更由虎门直飞广州,轰炸督军署。莫荣新、岑春煊等,从未经历空军轰炸,忽睹此威力,大为胆落,遂星夜撤退广西,陈炯明部队得由地面连战告捷,而完成保卫革命根据地之任务。是役也,倘无空军协助攻击,桂军阀撤退,决不如是迅速,故世人皆认此为中国空军建功之第一次。

杨仙逸(1891—1923),广东香山人,被誉为"中国空军之父"。曾任孙中山大元帅府航空局局长,并创办广东飞机制造厂。

拆字谐联

嵌字联易作，拆字而复嵌字则甚难。予舅氏梅慕邃先生，学博识广，雅好幽默，尤擅长谐联。吾邑中有张寄船者，为清末选拔，民国三年任河南南阳县知事，尽用其如夫人母家人，舞弊营私，无所不为，逾年即被撤职而归。梅公遂作一联赠之云："宦游忽遣小臣归，大可疾首痛心，一枝莫借身安寄；舵公不把他人掌，几口强亲败戚，两桨撑翻浪里船。"上联"宦"字遣去"臣"字，余"宀"头，再加"大可"二字仍成"寄"字，下联"舵"字去"它"字，余"舟"字，再加"几口"二字，仍成"船"字。是将其名字"寄船"二字拆开而复嵌合，甚见巧思。又有某姓兄弟各开一油行，兄行牌名"恒昌"，弟行牌名"永昌"，兄弟俱横恶，弟在清末尝捐一九品小官，喜着袍褂戴顶子，招摇过市，邑人恶之。梅公遂作一联云："把良心放在胁下，上也拉横，下也拉横，到如今还算什么日眼账；捐个顶子戴之头上，左边一摆，右边一摆，看怀中却挂的是倒须钩。"上联拆"恒"字，因竖心在左边，故曰放胁下，右边亘字，上一横下一横，中间即为日眼账之日字。吾邑谓不讲理者为"拉横"，此字实象征其兄弟为人也。下联拆"永"字，顶上一点，正像顶子，左右两撇，即状其派头，中间倒须钩则讽其人刁狡也。横额用《诗经》"有怀二女"四字，暗指两昌字各加一女字，成"娼"字，此则谑而虐矣。

谈变节报人管翼贤

管翼贤于民国十六年后，在北京创办《小实报》，日出一小张，以社会新闻见长，其副刊采综合性编辑法，凡小品、掌故、小说、文艺，包罗万有，尤饶趣味，以是风行一时，脍炙人口，在北京小型报纸中，几占首要地位。当时管之态度，简属明朗，故于喜峰口、百灵庙抗日诸役，支援劳军，最为热烈。抗战前夕，秦德纯长北平市时，尚拟辟为市府秘书长。迨七七事变爆发，平津沦陷，日人捕管甚急，管越墙逃出，展转赴汉。及武汉失陷，管不知由何人为介，忽变节投敌，遄返北平，为敌人作宣传工作。初任日军《武德报》社长，后又任伪组织情报局长。掌握华北五省之敌伪新闻事业，腆颜事仇，恬不为怪，管之人格，遂告破产，即以前《小实报》读者，至是亦不齿管于人类矣。胜利后，管以汉奸被捕入狱，判无期徒刑，后被处死。此真可谓自作之孽也。

<small>管翼贤，湖北蕲春人，报人。著有《北京报纸小史》《广告学》等。</small>

苏婚记

　　昔旧式婚姻，必须父母之命，媒妁之言，始合于法。常有父在外将子女许婚于人，母在家亦将子女许婚于人，往往构成重婚罪案，纠讼不休。清末上海有乡民杜某者，有女已及笄，杜某在外已许婚赵姓子矣。其妻故悍恶，愤夫以女妻人而不之谋，亦在家凭媒另字一人。女舅闻其事，因贪人财礼，则又许婚某姓子焉。于是一女三婚，婿家皆不之知。无何三姓之子婚各有日矣，冰人相将持聘礼至，始悉其事，遂相与涉讼公庭。时上海县令为陆春江，当召三姓之子若父与杜某夫妇及女而聚讯焉。但女父母舅氏皆谓有权许婚，不得谓为非法，致陆无以下判。乃质女所愿？女曰："从一则负其二，负父母为不孝，负长老为不敬，吾宁死也。"陆故谕之曰："死则不能复生，汝无悔。"女曰："死则死耳，决无悔。"陆遂令胥吏取毒药至，女立仰之，竟死于堂上。杜某夫妇见状大恸，三姓子亦相顾惨沮，噤不一言。陆讯谁愿收其尸？皆不应，惟赵氏子挺身泣曰："予家贫，不能再娶，愿收其尸，作他年泉下伴侣。"陆曰："汝心良善。"当以尸归赵氏，并以其他两姓聘仪为赙，而令厚葬焉。讵赵舁女尸归，及夕而苏，遂卜吉成礼，无敢与之争者。盖陆所予毒药，乃伪药也，药力既尽，仍得复活，一时遂传为奇案。

沈知方与世界书局

自民国八年以后，中国人无不知有世界书局者，其在中国文化界地位，几可与商务印书馆、中华书局并驾齐驱焉。按世界书局创办人为沈知方，浙江绍兴人，清末在余姚习书业，旋至沪与陆费逵创办中华书局，在发行部任职。沈为人精明强干，眼光敏锐，其最为大胆而卓越者，则为辛亥未起义前，彼即料定中国革命必成功，尝怂恿中华书局总经理秘密编辑共和国中小学教科书，总经理从之。及武昌起义成功，南京政府成立，中华书局首以共和国中小学教科书送教育部审定，教育部以清末教科书正不适用，见稿大喜，立予审定，商务印书馆尚未着手拟稿，而中华书局已出书矣。故民国初年，全国各学校几全为中华书局教科书。此一事不独使中华书局压倒商务印书馆，且能获致丰厚之盈利，而沈亦一跃而为中华书局总经理矣。顾沈自恃才气恢宏，好为投机事业，自任总经理后，复经营其他事业。民四见中国抵制日货，因创制龙虎牌仁丹，谋夺取日本仁丹销路，但不久失败。顾沈雄心勃勃，决非久于雌伏，因于民国六年在苏州组织学术研究会，由其侄骏声出面。骏声时方在沪经营大东书局，文艺界旧友甚多，乃约予及其他十余人至苏州，为学术研究会任事。既至苏，始知学术研究会，实一雏形书局编辑部，其工作为著作小说及注解旧书。沈生平读书无多，而独能透悉社会潮流及读者心理，经其计划编出之书，无不行销。予所著《芸兰日记》《林黛玉笔记》《蕙芳秘密日记》诸小说，即成于是时，一年中皆销至二十余版，其他各书，亦风行一时，当时系用广文书局名义出版，由大东书局代为发行。至民国八年，已出书三四十种，获利甚丰，沈遂亲至上海，专心擘划，尽力展布，将广文书局改组为世界书局，加强编辑部，扩充印刷厂，其神通之广大，往往使人失惊。迄民十以后，凡中国各省会各商埠，无不有世界书局分局。所出书籍，新旧皆备，大小集均有，尤能迎合文化潮流，努力于教科书之出版。不十年间，其发扬光大，使商务、中华亦皆为之倾服。惜沈过分恢廓，在世界书局极盛时，又创设一世界银行，不料银行营业失败，书局盈余，尽亏于银行，遂致左支右绌，濒于衰败。洎民国二十年，沈退为书局董事长，已无复振奋勇气矣。民国二十八年，卒于上海。至抗战胜利，世界书局改组，与沈氏关系，遂渐微薄矣。

沈知方（1883—1939），浙江绍兴人，世界书局创始人。

夷齐不幸

清乾隆间,张船山任登州府太守,会逢府试,张以伯夷叔齐命题。时八股格式,每篇例须八比,有一生竟误伯夷叔齐为四人,而将伯作二比,夷作二比,叔作二比,齐作二比,张见之大笑,乃批其试卷曰:"孤竹君哭声悲,叫一声我的儿子呵,我只道你在首阳山下作了饿杀鬼,谁知你被一个混帐东西做成了一味吃不得的大炸八块!"闻者皆为喷饭。又明亡后,诸生多抗节不应试。后清廷遍示天下,凡山林隐逸有志进取者,一体收录。于是诸生相率而至。当时有人作诗嘲之曰:"圣朝特旨试贤良,一队夷齐下首阳。家里安排新雀帽,腹中打点旧文章。当年深自惭周粟,今日翻思吃国粮。非是一朝忽改节,西山薇蕨吃精光。"此以夷齐比变节之士,亦夷齐之不幸也。

记应山疑狱

予民十八宰应山时，尝鞫一疑案，倘稍粗心，即有三人无辜而死，听讼诚不可不慎也。先是应山于民十七六月间，被土匪攻入县城一次，抢掠之外，并带肉票多人向豫境窜去。方匪未来时，先有河南绸贩多人，在城内叫卖绸料，及匪攻城，此绸贩皆出枪为内应，致县城不守。次年予履任不久，又有绸贩三人入城卖绸，皆山东昌邑县人，体魁梧而貌黝黑，似不类商人也。会保卫团总叶某有一女，年十四岁，上年曾被匪带票，中途逃归。今见此绸贩忽告其父中有一人即为去年带票之匪，其父大骇，奔告予，请速捕，予立逮三人至。时城内居民闻去年土匪捕获，至县府听审者不下千人。但予一见三人，即知其冤。

第一，三人所带绸料极多，各色俱备，其包裹高及半身，非大力者不能负，似非藉卖绸为掩护之匪类可比。第二，查阅三人日记簿，自汉口出发，经长江埠、安陆，而至应山，沿途买卖记录，皆极详明，由安陆汇款至汉口坐庄之邮政汇单，及收货单俱在，则明明为商人。第三，日记中记三人途中旅食账，尤极详细，即一铜元油条费，亦必由三人分担，此似非土匪横吃乱喝之行径。

予当令三人将存绸点数盖章讫，首讯叶女所指带票之人，名张有伦，余二人一周姓，一吴姓。及讯其去年为匪事，则皆极口呼冤，声泪俱下，并谓昌邑俱有身家，如有为匪情事，甘愿全家连坐。其时观审民众中，忽有一左某出首，谓彼去年被匪带票入豫，今春始逃归，今年阴历正月十一日匪破河南鲁山县城时，曾有一匪交马一匹，绸一卷，令其守护，此匪即张有伦也。予问其状貌记忆是否确实？左某谓可具结，如其非匪，愿反坐。予令其当堂具结，拟晚间再讯，民众忽鼓噪，谓："有人指证，有人具结，还问什么？拖出枪毙！拖出枪毙！"予当谕之曰："国家设官，固不许纵一土匪，但亦不许诬一良民，应否枪毙，自应审讯确实，岂可如此草草，以人命为儿戏！"众始退。夜半，予邀叶团总会审，并就几项重要关键鞫讯。首讯张有伦去年六月二十日应山失陷时，汝在何处？张供去年六月初八日在汉口患时症，由坐庄经理派伙送其归家，归后困顿床席，月余始愈。予问在家曾否觅医诊治？张供曾请朱姓医生开方，服药十余剂。予问药方是否存在？张供药方尚存家中墙缝中。次讯今年正月十一日鲁山破城时，汝在何处？张供是日正由汉口偕周、吴二同伴赴长江埠。予问在长江埠住何处？张供住长发栈，有循环簿可查。复讯其汉口坐庄设何处？张供设齐鲁会馆，经理徐姓。予问彼等与坐庄往来，有无账目？张供俱有专户账目可查。予既获此口供，当夜派吴科长赴汉，会同公安局至齐鲁会馆查其坐庄账目，则交货收款时日数目，与张有伦所供一一相符，尤其本年正月十一日张有伦等三人由汉赴长江埠，帐上亦经注明。当经吴科长会同公安局盖印账上，以作证明。一面又函请昌邑县长传讯朱姓医生去年六月间是否为张有伦治病，并向张家索取旧医方。同时函长江埠公安局，抄录长发栈正月间循环簿。

及各方复文到齐，予详加研究，即获得三项证明。一、去年六月应山失陷时，张有伦确患病在家，决不能至应山为匪。二、本年正月十一日鲁山破城时，张有伦确在长江埠，亦不能飞往鲁山看票。三、坐庄账目及昌邑县长所述三人家世，俱说明张等确系良民。予既获此结论，则知张有伦等实冤也。于是定期复讯，并任民众观审，届时不约而集者两千人。予遂取各种证件，一一宣读，并详为剖析，民众闻之，始知前疑纰缪，皆点首无言。予呼左某至，曰："叶女尚未成年，固不足责，汝既具结愿反坐，今将何如？"左惶惶曰："吾在鲁山所见之匪，面颊瘢痕在左，今观张有伦在右，吾实误也。"予曰："姑念汝沦匪太久，神经错乱，不汝责也。"笑而遣之。并当众将张有伦等绸料，原封掷还。一宗疑案，遂告大白。

"某夫人"张铁笙

抗战前，平沪各小型报纸，为迎合社会好奇心理，常喜用女人名义，辟信箱专栏，为读者解答疑问，尤以恋爱婚姻问题为多，因是颇能引起读者之爱好。不知者犹以为世间真有此人情练达、世事洞明之万能女士，而不知此实故弄虚玄推销报纸之噱头也。当时北京《实报》之"某夫人信箱"，即为男女青年所倾倒，甚至有致函求爱者。其实所谓"某夫人"，乃一状貌不扬、身躯矮小之山西老客张铁笙也。张曾毕业于燕大新闻系，善言多智，雅能为文，遇无法解答事，亦能自圆其说。顾张能为人解决许多婚姻问题，而独不能解决本身婚姻问题。盖张妻为一旧式女子，张恶其顽陋，妻亦嫌其貌寝，故家庭之间，俨如狴犴，彼日滔滔为人谈情说爱，而心坎中则蕴藏无限苦恼也。敌伪时代，因管翼贤关系，尝充敌情报局科长，胜利后，遂锒铛入狱矣。

张铁笙，曾任《中国文艺》编辑、华北文艺协会干事长，译有赛珍珠《大地》。

妒中错

妇女善妒，自古已然，凡闻夫有外遇或纳妾者，无不立发雌威，兴师问罪。然亦有事属误会，而致闹成笑话者。清光绪年间吏部有两雷姓员司，一浙江人，一陕西人，同姓同官，且同司，浙雷寓南横街，携一妾，陕雷寓魏染胡同，仅一妾，门榜皆书吏部雷寓。一日浙雷仆与其同僚私语，主人已置一妾，居魏染胡同，适为浙雷妻所闻，穷诘之，仆言实见魏染胡同有吏部雷宅，访之仅一妾，未知是主人外室否？妻闻大怒，立驱车往，至则大声命仆妇呼太太至，陕雷妾以为有女客来，出迎之，妻一见大骂曰："淫婢无耻，尔竟敢私居于外不来见我耶！"陕雷妾初茫然，继以为此必夫之妻也，正惶惑间，陕雷归，妾哭诉曰："汝原言无大妇在京，今胡至？"陕雷大惊，及审视，曰："非我妻也。"妾遂还骂曰："何来泼妇，冒认我夫？"浙雷妻至是，始知错误，大为惭沮。陕雷知其同寅妻也，好言慰之，拟送之归，妾不允，曰："既认为夫，今夕必伴夫一宿始可。"妻乃大窘逃归，归即逐其仆云。一时传为笑话。

外国人留学中国之始

近来外国人至中国留学者，固常有之，然不甚多。其实此事不自今日始，清初即已有之。康熙间许俄国通中国后，俄国即遣其子弟入国子监读书，十年一更。子弟若寄信回国，皆露函文理藩院，理藩院译其文进呈，如无私语，方为寄出。迨嘉庆年间，俄国留学子弟忽寄书一本，其书卷前二页有圆图，如太极状，黑白杂错，若书云气者，仁宗疑其窃取国防秘密，令搜其刻板毁之。此即俄国留学中国之史实。由康熙迄嘉庆，历百余年，其沐中国文化，不可谓不久。其时外国子弟至中国留学者，尚有琉球。自康熙二十二年实行。每逢册封之年，即由其使臣携来留学生四人，入监读书，率以四年而归，归其国后，则授以四品官。此与清季中国留学生归国，清廷赐以进士翰林等功名，颇相类似，至今琉球对中国文化，尚能崇信不衰，则知其由来有自矣。

苏元春刀下留张勋

张勋雄踞徐州，驱逐黎元洪，及入京复辟诸故事，予前已记之。惟张勋出身，颇为奇特，且"张勋"亦非其本名，此中曲折，不可无记。初，张微时，挟资在北京游荡，所居逆旅有一客患病，张伺应其医药饮食，甚为周至。后此人病危，告张彼为苏元春部下差官，名张勋，奉命来京公干，不意病将不起。承厚义照顾，今愿以后事相托，并以功牌及存银赠之。及此人死，张为葬于义地，即顶张勋之名，为苏元春办事竣，至广西销差。苏见其颇有干才，留用之，从此遂以张勋名矣。未几，苏又命其入京差遣。勋到京，昵一相公，耗其资殆尽，而事未办，赖友赠资斧回南。而勋竟不畏死，傍晚抵桂，迳谒苏，苏方卧榻吸鸦片，勋跪榻前，禀告原委，苏默然无言，勋长跪不起，苏忽呼左右曰："拖去斫了。"勋即被人挟至大堂，内出一人，与缚勋者耳语，复顾勋曰："还不速逃去。"勋立即出城，行数里，忽一骑追来，见勋，投一包，不言而去。勋检视，则纹银三百两也。遂挟资入京，渐发达而成为风云人物。倘使当时苏竟杀之，民国史上或无复辟事也。

苏元春（1844—1908），广西蒙山人。中法战争时任广西提督，与冯子材协力大败法军。

老与少

老年为少年过来人，少年为老年之后补者，老与少，只不过时间上差别而已。然中国习惯，对老少之间，往往划有无形界限。在客观上，有时重老而轻少，有时重少而轻老。在主观上，老者自恃其老，少年自矜其少。几千年来，遂形成老者自以为持重练达，而菲薄少年为少不更事；而少年自以为新锐精进，而輘轹老者为老朽昏庸。此真所谓偏颇两失之见也！曩梁任公在其《少年中国说》一文中，对老年人与少年人曾有一适当对比。其言曰："老年人如夕照，少年人如朝阳；老年人如瘠牛，少年人如乳虎；老年人如僧，少年人如侠；老年人如字典，少年人如戏文；老年人如鸦片烟，少年人如白兰地酒；老年人如别行星之陨石，少年人如大洋海之珊瑚岛；老年人如埃及沙漠之金字塔，少年人如西伯利亚之铁路；老年人如秋后之柳，少年人如春前之草；老年人如死海之潴为泽，少年人如长江之初发源……"观此，则知老年与少年，各有所长，各有其用，如能祛除成见，同为国家效力，则裨益民族，岂浅鲜哉。

越南同盟会的小孟尝

清光绪三十三年，孙文为策动粤桂滇三省军事，曾驻节越南河内，将兴中会改组为同盟会，华侨先后加盟者有杨寿彭、刘岐山、王和顺、张免池、彭俊生、黎量余等数百人。旋又于海防设同盟分会，由刘岐山为会长。其地邻接粤省钦州防城县，孙文及黄克强、王和顺等经营钦廉各地军事，即以海防为指挥及配备地点。当时震撼清廷，照耀史册之丁未镇南关（光绪卅三年）及戊申河口（光绪卅四年）两役，皆系由是处发动。所需军械，除孙文向当地法商购入外，多由冯自由自香港购办，托河内轮船买办彭俊生及与爱轮船买办黎量余二人密运至海防，交刘岐山接收分发。刘为人慷慨，善于酬应，凡往来海防同志，多由刘招待，饮食起居，无不周到。因是越南侨商，咸以"小孟尝"称之。惜自河口一役后，凡同盟会籍侨商而有参加革命军嫌疑者，悉被法人驱逐出境，小孟尝亦即于是时离越转赴香港焉。

刘岐山，广东台山人，1912年逝世，辛亥革命的先驱。

帷帐佳话

台湾一年四季有蝇蚊,无帷帐不能成眠,而夏季尤甚。帷帐,本为勋章之物,然昔人尝以之制为诗歌,传为佳话。如金陵名士林茂之,老而穷,夏无帷帐,人或遗之,则以易米,施愚山见之曰:"夏无帐,如寒无毯,君能守之,当为作计。"林笑曰:"当守之以虎。"施愚山分守湖西,为制一纻帐寄之,并系以诗云:"北窗高卧岂知穷,料理偏愁白发人。纻帐亲题林处士,草堂长伴百年身。"某名士亦题一绝句云:"斗帐殷勤白纻裁,使君亲自写诗来。孤山处士朝眠稳,旭日烘门懒未闻。"当时和者甚多,皆写于帐上,名曰"诗帐"。愚山笑语人曰:"如此,人皆知为林处士物,再无人受售矣。"一时传为佳话。又钱文端视学吉福,前后七年,钱素重清节,革除供张,惟卧室设一帐,以避蝇蚊,将行必撤帐归所司曰:"明年来无烦再作也。"一岁去,见帐极新,以为有伤俭德,因缀以诗曰:"不寝常如枕有警,屏私直似镜无尘。题诗自有纱笼护,留伴他时绛帐人。"一时播为美谈。

死的滋味

　　人死不可复活,死后滋味究竟如何?殆已成万年无可证实之谜。民国二十四年《良友》图画杂志载有一美国人自述曾死三次,而复活三次,据云死之一刹那,毫无痛苦,仅如突然睡去而已。其第一次系在某公司司驾电梯,一日与间壁电梯同停四层楼上,间壁司驾人适如厕,忘其关其控制器,彼思入其电梯取火吸烟,才一踏入梯门,只闻嗖嗖一声,即冥然罔觉,盖已随电梯由四楼跌至底层矣。及醒时,已在医院中,彼犹以为顷间事耳,问之医生,始悉死已二日,彼固毫无所知也。第二次系在欧洲大战中,彼方据一土阜作战,忽敌人射来一大炮弹,掠其头顶而过,彼陡觉被一股热力吸引,连翻数跟斗,被摔至土阜下,遂不省人事。至三日后始醒,则全部头发,已被炮弹吸力连根拔去,而成秃顶矣。第三次则在某矿山为矿工,一日忽闻矿窿内煤气甚重,正思逃出,适来一群参观人,提灯入窿,彼方高呼熄灯,一语未竟,但觉眼前火光一闪,轰然一声,即昏眩死去。历三日始复活,然已遍体灼伤矣。观此,则人死时,只如酣睡,并无知觉,中国人所谓"长眠"，实足说明死的滋味也。

瞌睡三先生

《汉口中西报》有一职员姓王，行三，人皆呼为"瞌睡三先生"，其善睡，为予生平所罕见。其人微胖，动作迟缓，每日除就食时间外，小坐即睡，谈话亦睡，甚至行路亦睡。其职务为每晨由报馆送报至武昌派报处，须经张美之巷而至王家巷搭轮过江。一日负报一束，循张美之巷前往，随行随已入睡，中途为人撞之转身，竟冥然前行。及至报馆门前，为同僚瞥见，呼之，始矍然而醒，众皆大笑。又一日负报登轮渡，方开驶，即睡去，轮抵武昌，忘未登岸，复乘原轮返汉，至汉惊觉，质问驾驶人胡久不开船？驾驶人笑曰："我船已来回矣。汝自不起岸，还怪谁来？"船上人闻之，皆为失笑。因是武昌阅报人，往往不能如期看报，遂改充他职，其睡如故。其妻方届中年，亦颇风格，尝语其同僚妻。谓三先生敦伦时，辄半途睡去，致不能得枕席之欢，反负身躯之重，常引为憾事！同僚转以语人，无不抚掌。

审 石

上年高雄县大树乡巫师，化妆八家将，审讯石头，判为妖怪，贬入地狱，藉为病家已疾。此诚可笑事也。然昔广东某县令徐某，亦有拘石审讯案，虽事属从权，为民解困，而以石为案犯，亦一奇闻。缘某县有店伙在外收账归，中途忽遇大风雨，天又曛黑，遽触石，踣而昏，既醒，则银洋二百元已失去。亟诉之县，徐某以其无证据，又不能指明劫银之人，斥不之理。店伙泣求至再，谓此银失去，肆主必见疑，此后将无噉饭地。徐怜之，即遣役舁石至署候审，民众闻县官审石，奇之，咸入署观审。徐登堂，指石而责以三罪：一、不应横卧通衢，致碍行人。二、风雨昏黑，何不知避让？三、人既倾跌，又不知照顾，致持银被人窃去。责毕，喝杖八十，观者大笑，声震堂宇，徐忽拍案呵斥曰："汝辈喧哄公堂，于律有罪，今愿受责乎？受罚乎？"众惶然愿受罚。徐令各罚银一圆，恰如店伙所失数，遂以畀之，店伙叩谢而去。此与高雄巫师审石，殆同一滑稽可笑，不过巫师用以骗钱，徐某用以折狱，似又未可同日而语也。

"言子"（一）

"言子"，为中国最优美最幽默之象征派语言，其说法上一句抽象的表示意义，下一句则以少数注解之。其运用有假借，有谐声，有象形，嬉笑怒骂，各尽其妙。不惟谈话时，用为引证，增加力量，即小说中至某一关节，若无"言子"点缀其间，亦失其精彩。今就记忆所得，略记口头常谈及小说中常见者若干则于下：

孔夫子唱戏，口出成章。

孔夫子放屁，文气冲天。

阎王老爷出告示，鬼话连篇

龟老爷上天，有一句说一句。

床底下飞风筝，飞不高。

西瓜皮打草鞋，开溜。

三月里樱桃，红不久。

唧纸烟上茅厕，前呼后涌。

叫花子谢长工，大家挨饿。

赵匡胤卖包子，御驾亲"蒸"。

隔墙丢簸箕，反复不定。

猪八戒照镜子，里外不是人。

瞎子磨刀，快啦。

天色背藁荐，越背越重。

狗咬耗子，多管闲事。

戴起斗笠亲嘴，差一冒（帽）子。

老鼠尾巴生疥子，有多少脓血。

狗咬鸭子，刮刮叫。

天落馒头，狗造化。

买盐鱼放生，不知死活。

歪嘴吹喇叭，一团邪气。

黑狗狐狸猫，总不对头。

撒泡尿，照照猴子脸

乌龟爬门槛，看这一番。

床底下拜年，伸腰不直。

"言子"（二）

上篇所记，较为普通，各省人皆能道之。此篇则专自《金瓶梅》小说中摘来。《金瓶梅》在中国文艺作品中，自有其崇高价值与地位，故其所用"言子"，皆能恰如其分，巧不可阶。此作者手笔高明处，未可因偶涉淫亵而抹煞之也。爰录若干则于下：

王妈妈卖了磨，推不的了。

狗咬尿泡，空欢喜。

丢了一块砖瓦儿，也要个下落。

三日不吃饭，眼前花。

两脚踏住平川路，落得受用。

老和尚撞钟，得不的一声。

吃了橄榄灰儿，回过味来了。

吊在面糊盆里，糊里糊涂。

云端里老鼠，天生的耗。

斫了头，是个债桩。

火燎腿，三寸货。

羊角葱靠南墙，越发老辣。

夹道卖门神，看不出来好画（话）儿。

门背后放花，等不到晚。

卖了儿子招女婿，彼此颠倒着做。

吹熄灯挤眼，看不见。

卖盐的做雕銮匠，乃是个咸（闲）人儿。

椿凳折了靠背儿，没的椅（倚）了。

老鸨子死了粉头，没指望了。

关老爷卖豆腐，人硬货不硬。

腊鸭子煮在锅里，身子儿烂了，嘴头儿还硬。

驴粪球儿外，面前光。

犯夜的倒拿住巡更的，我容人，人倒不容我。

拔了萝葡，地皮宽。

机儿不快，梭儿快。

头醋儿不酸，到底薄。

一代红妆照汗青

前年胡蝶与王引编演吴三桂与陈圆圆电影，曾在台湾放映，今略记陈圆圆小史于此。按圆圆，姑苏人，本姓邢，名沅，字琬芬，初生时，有雉集屋上，家人因呼为"野鸡"。其姨氏陈，俗所谓养瘦马者，圆圆母殁，乃依陈，因从其姓。及长，有殊色，善歌，富才调。初为田畹所得，后畹见吴三桂势盛，欲依附三桂，而以圆圆为饵。一日置酒宴三桂，命圆圆出歌，三桂一见大悦，畹即举以赠之。三桂既得圆圆，宠爱异常。未几，奉命率军驻山海关，其初原为防御清人，后因李自成攻陷京师，掠圆圆去，三桂闻之大怒，遽引清兵破自成，自成知三桂志在圆圆，遂委之而去，三桂复得圆圆，乃听命清军南征，自是上国衣冠，沦于异族者，垂三百年。吴梅村《圆圆曲》所谓："痛哭六军俱缟素，冲冠一怒为红颜。""全家白骨成灰土，一代红妆照汗青。"诚诗史也。圆圆不独声色冠侪辈，且能为小词曲，尝有《舞余词》。又《转应曲》云："堤柳，堤柳，不系东行马首。空余千缕秋霜，凝泪思君断肠。肠断，肠断。又听催归声唤。"其兰心纨质，实堪绝代也，三桂既王滇中，颇多内宠，圆圆退居别院。及三桂有异谋，圆圆窥其隐，乞为女道士以终。清中叶有人著《沧桑艳》传奇小说，及林琴南所著《劫外桃花》，言之最详。

名伶挽对

戏剧感人最深，实为社会教育之良好工具。然在戏剧未被视为艺术以前，演戏者群皆为称之为优孟，呼之为伶工，其艺术仅供顾曲家之欣赏，其地位似未足跻于士大夫之列也。故名伶萎谢，词人墨客辄以惋惜心情，为之挽吊，其着笔感慨实多于颂祷也。如程长庚病故时，王泽山挽云："田舍奴我岂妄哉，忆顾曲当年，最不忘崔九堂前，歧王宅里；广陵散自今绝矣，怅旧游何处，再休说贞元朝事，天宝宫人。"琢对工稳，妙合天然，盖有无限感慨存焉。谭鑫培逝世，有名名流挽之云："声容俱稀世之长，于今南内无人，偏又是落花时节；沧海下扬尘之泪，从此广陵绝响，再休提天宝当年。"盖谭之亡，正在暮春，故有春归花落之感。又有人挽谭云："此是何时，岂容有升平雅颂；君归大好，便当作供奉神仙。"当时谭成为老供奉，故恰合其身分。

一篇血泪文章

明嘉靖时，严嵩当权，杨继盛严章劾之，为嵩构陷死，天下冤之。初，继盛为南京兵部右侍郎时，俺答入寇，大将军仇鸾畏寇甚，请开马市，继盛极陈其不可，因贬狄道典史。已而俺答败约，鸾伏诛，世宗思继盛言，累迁刑部员外郎。时嵩恨鸾陵己，心善继盛，欲骤贵之，改兵部武选司。讵继盛恶嵩甚于鸾，因有十罪五奸之劾，世宗怒，遂下狱，杖之百，创甚，或遗蚺蛇胆，却之曰："椒山自有胆。"坐系三载，竟弃西市。将行刑时，继盛妻张氏，曾上书请代夫死，其词云："窃臣夫以污蔑相臣，发交锦衣卫待罪。此实臣夫溺职辜恩，法无可逭。臣妾何敢冒渎宸严，自取咎戾。然仰维圣德，昆虫草木，皆欲得所，岂惜一回天听，下垂覆盆。傥以罪重不可赦，愿即斩臣妾以代夫诛。臣夫感皇上再造之恩，必能执戈矛，卫社稷，以效一日之力也。"此一篇血泪文章，竟不能仰回天听，故继盛就刑之日，张氏亦自缢以殉。此可谓忠义之气，钟于一门矣。

雕刻奇技

今日善雕刻者甚多，但重在神似，不在细巧。昔苏州有杜士元，擅雕刻，号称鬼工，能将橄榄核或桃核雕刻成舟，作苏东坡游赤壁故事。舟虽小，而桅干两橹头艄篷及柁篙帆樯毕具，两面窗左木右畐，俱能移动开合。舟中三人，东坡为长髯巾袍，佛印则着禅衣对坐，几上纵横列骨牌三十二张，若将搜抹者然，旁有手持洞箫启窗外望者，则相从之客也。船头有童子持扇烹茶，旁置一小盘，陈茶杯三盏。舟师三人，两坐一卧，细逾毛发。每一舟成，人争相购。然士元好饮，终年游宕，不轻易出手，惟贫困时始能镂刻，否则虽千金不能致也。清高宗南巡，于行宫见其作品，大加赞赏，因三召至启祥宫，赐金帛甚厚。顾士元处禁垣中，终日苦闷，欲出不可，因诈痴，始得放归。按核桃不过两指头大耳，而能雕出如许人物，诚非气静神完者莫办，谁谓古人艺术，不逮今人！

可笑的离婚理由

美国人离婚，绝对自由，惟因其太自由，男女所提离婚理由，往往细微得使人发笑。如密士安州有一绅士，因其眼镜破碎，其妻不肯出钱另配，必使之戴一不合光度旧眼镜，遂提出离婚请求。又如劳斯安极立司城有一太太，因其夫与人玩牌，偶将其夫底牌摊出，被夫骂为"蠢材"，遽请求离婚。又如缅因州一男子，因其妻使之饮豆汤太多，而亦请求离婚。又如底特律州有一牧师，因其妻不肯定将其宝爱之《圣经》灰尘扑去，竟向法院请求离婚。又如芝加哥有一人，曾畜有一猴，其妻恶之，一日偶以石子掷此猴，猴因善摹仿人类动作，于是每见其妻，亦拾石子还掷，其妻遂请求离婚。又有一人因其妻太爱猫，结婚后，竟蓄养二十七头之多，于是离婚。凡此在中国人视之，皆家常细事，不惟不值离婚，且亦不值口角，然美国人则认为离婚之正当理由，于以知美国夫妇之间，实太自由矣。

记临城劫车案

　　民国十二年五月五日津浦路南下车在临城被劫，因其所掳肉票，多为外国人，消息传出，几乎震动世界，而盗魁孙美瑶，遂亦成一时新闻人物焉。先是北洋政府于是年夏，召开全国关税会议，上海经济学者及财政名流，多北上出席，英、法领事馆亦各派员随同海关税务司前往参加。时孙美瑶方率盗众千余人，盘踞抱犊崮，以盗目诸葛亭为军师，横行苏鲁边境，无与之敌。及闻上海外人赴平开会，遂认为难得奇货，伺彼等散会南归，车过临城时，遽率众拦劫，当将车中中外名人，一律驱上抱犊崮，以肉票勒赎。警耗到沪，举世震惊。时山东督军为张怀芝，屡思派兵往剿，孙美瑶则扬言，官兵若至，当先杀外国人，张以投鼠忌器，迄不敢动。而英法当局力促中国官厅派人前往谈判赎票，又往往未至山麓，即被驱回。因是僵持，几达两旬之久。后有吴昆山其人，从中斡旋，由张怀芝将孙美瑶收编为部队，以孙为旅长，始将中外肉票放归，一桩巨大劫案，始告结束。后孙赴其师长宴会，即席被杀，其盗众亦全部解散矣。方外人被绑在山时,孙美瑶亦许其通信,由孙自制邮票,自设邮局,而官家邮局因为外人通消息,亦不能不为之盖戳传递。事平后,闻抱犊崮邮票,在世界集邮市场中,曾获有重价云。

居正盗金佛助革命

辛亥年春间,鄂党人谋革命甚急,而绌于资,群聚议筹款方法,时居正方居鄂,因建议广济县(居为广济人)西北洗马坡,有一大庙,名达城庙,内供金佛一尊,所值不赀,吾党若能设法窃取,大可供革命资金之助。众闻之,皆甚赞成。于是推居正偕焦达峰前往,以进香为名,请和尚启神笼瞻仰神像,和尚许之。达峰以手试颠像身,屹然不动,始知此像甚重,非一二人所能为力,遂废然返汉。时即黄花岗之役前一日也。鄂党人闻广州革命失败,谋起事尽力,爰拟继续盗取金佛,由达峰回湘,募大力士来汉,俾能负之而行。但达峰去未久,查光佛等以事急不宜久待,建议先至蕲春之三角山。山距达城庙二十里,一夜可往还，盗得金佛后，即在山中熔化携汉，岂不甚便。众韪其议。仍由居正、查光佛等径趋蕲春三角山。讵是时天气酷热，乡人多露坐纳凉，虽数至达城庙，终无法下手，遂又失意而归。迨六月间，焦达峰所募大力士黎六汉等四人莅汉，党人大喜，乃决定作第三次冒险。由居正等典质衣物，偕达峰等七人，共赴洗马坡。至时大雨如注，天色昏黑，达峰以为天助。当命力士凿墙壁成洞，悄然入佛殿，竟牵曳金佛而出。顾无法负之奔走，久之始凿断一手，而天已破晓，和尚惊觉，则又委之而逃矣。观此，则知当时革命措资之艰难矣。

奇丐妇

世有贪富贵而慕虚荣之妇女，然亦有贫无立锥，身为乞丐，而敝屣金帛，之矢靡他，且能于仓猝之间，擒仇自刎，如青州丐妇王氏者，是可以传矣。妇夫王五，贫而暴，日卧破庙中，命妇行乞市上供己饮食。妇故有姿，乞稍多，则疑其不贞，鞭挞随之，妇顺受无怨言。

时有土豪某瞰妇美，思有以致之。一日命仆至庙中招妇去，妇恐夫见疑，偕与同往。既至，豪笑坐堂中，命妇歌，歌已，豪大赞赏，赐金钱甚多。旋命仆引王五至后院就食，嬉笑语妇曰："汝夫朝夕鞭挞汝，何必随此贫穷郎终身？若能归我，立被锦绣而食珍肴矣。"妇正色曰："女子从一而终，不知有他。"豪曰："汝今已无夫可从矣。"因导妇至马厩，则王五已被缢死矣。妇见之大惊！知不能敌，伪言："如此亦佳，但君宜假尺土而埋之，然后从君。"豪喜，遂出外觅旷地，命一仆监守妇。妇语仆曰："吾为乞丐，今作富家妇，殊觉不类，若得如尔而事之，实所愿也。"仆曰："如主人何？"妇曰："吾有一策，尔急以主人杀人首之官，主人必下狱，吾等席卷远遁，作小贸易，不胜于庸仆万万乎？"仆从其言，立赴县首告，豪返而役隶已在门矣。豪既被执，见妇在侧，知不能讳，遂自承杀王五状，官论豪抵罪。狱具，妇于官前大骂豪，出刀自刎死。堂上下观者咸咋舌称烈女子不已。

尹邢会面

某耆宿生平有寡人之好，五旬以后，犹不能忘情粉黛。某年任职京畿时，尝在沪匿一李女士，情好綦笃，其夫人不知也。某公原寓沪，每有事入京，夫人必送之车站，某公辄于车抵南翔或昆山时，悄然下车，复乘车返沪，与李女士幽会焉。后渐为夫人觉，则直送之入京，以示监督，某公沮丧无已。遂与李女士约，每届会期，令先期莅都，待之逆旅，迨某公偕夫人至，仍得伺隙与共绸缪。一次李女士用某公名义辟室中央饭店，某公不之知，及偕夫人至，亦至中央饭馆觅寓室，侍役不明此中曲折，则应之曰："房间已经开好了。"径导至李女士室，门辟，则李女士在焉，于时尹邢会面，某公大为尴尬。幸其夫人涵养深，周旋若无所事。待某公开会去，夫人以言话李女士，尽得其情。返沪后，伺某公出，置酒招李女士至，面告某公好拈花惹草，非钟情于一者，且年事已高，毫无恒产，昵之徒自苦耳，一无所利也，力劝李女士速自为计，另觅良图。李从夫人言，遂嫁某银行经理而与某公绝焉。某公现已年近八旬，每言及此事，犹为怅怅！

大 鼾

国民党老同志谢英伯，体胖善睡，睡则鼾声大作，震动屋瓦。清光绪三十二年任香港东方报记者时，挈眷居兰桂坊，一夕有印度警差过其门，闻室内吼声如雷，疑有人斗殴，叩门询之，其夫人告以瞌睡鼾声，无他事也。印捕方去，闻吼声更巨，疑不能释，必欲入室查究，其夫人始唤谢醒，用英语说明始已。迄辛亥谢就檀香山《自由新报》聘，由港乘轮往。一次登厕，竟酣睡马桶上，久久不醒。有一西人欲如厕，见厕门久闭，屡呼不应，命侍役设法启门，则见谢鼾息呼呼，睡眼惺忪而出。乘客见之，咸为捧腹。谢当时为奔走革命，足迹遍纽约、华盛顿，所居逆旅，常因鼾声扰及邻室旅客，而为主人所逐。其鼻息威力，可想而知矣。与谢堪以媲美者，尚有河南督军胡景翼，其鼾声之大，亦名闻天下，而胖则较谢尤过之。胡每向军队训话，辄半途鼾声大作。民十四国会议员因反对贿选，多赴豫依胡，胡恒于谈话间对众酣睡，咻咻作狮子吼，此时若不唤醒，则有窒息而死之虞。此与谢真所谓无独而偶也。

谢英伯（1882—1939），广东梅县人。早年参加辛亥革命，积极从事革命宣传工作。

记鄂东大台风

台风为台湾常见事，在大陆则数十年仅一见之，盖台风虽间由海洋登陆，然仅及沿海诸省，旋受高山阻塞，一至中部，则风力渐杀矣。惟清光绪三十年予邑曾遇强烈台风一次，其威力较"贝丝""妮娜"殆尤过之。予邑居鄂东，正在中国中部，此台风竟不知由何而至也。时为春三月，傍晚时天黑如墨，先降豪雨，渐起大风，至夜间九时许，狂风突至，由北而南，但闻天空怒吼如雷，雨则倾盆而下，凡所经过处，数十年大树亦拔地而倒。予家居东门，为三进大屋，屋瓦被风卷至天空，如炒蚕豆，倒屋之声，频有所闻，予宅合抱木柱，亦摇动如在舟中。邑人皆谓有龙过境，呼此为"龙风"，愚民则冒雨跪门外拜呼"恶龙善过"。次晨视之，北面城墙，被吹倒数十丈，离城不远有高大石牌坊一座，亦为风摧倒，牌坊上有一石狮子，不下五百斤，被抛掷于四百步外，后经十人始能抬归，幸牌坊附近无人家，否则必粉碎矣。此外屋顶被卷去者甚多，到处均见断瓦颓垣，幸人口死伤甚少。所奇者，此风力为一条线，城内损害，均为南北一线，东西则破坏甚少，故邑人益信此一条线为龙身经过处也。时予年虽幼，然狂风景相，至今犹历历在目。

汉文在越南

在亚洲以汉文为正式文字，除日本与朝鲜外，尚有越南。日本自明治维新后，即不用汉文，朝鲜被日本兼并后，亦不用汉文，惟越南在法人占据后三十余年至一九一八年，始不用汉文为正式文字。考越南使用汉文已二千余年，其国家社会制度，亦完全模仿中国。类如中国以科举取士，越南亦以科举取士，其废止科举且在中国之后。中国盛行八股时，越南人亦善作八股文，甚至中国之骈文诗赋，越南人皆能为之，而尤以诗为盛。昔越南士大夫阶级，几无不能诗，所刻诗集甚多，至今河内远东学院藏书楼，尚保存不少。故今日越南中部北部五十岁以上人，通晓汉文者犹多，其中等学校中，仍有汉文一课，为学生必修科。不过越南人学汉文，自昔至今，读音完全为越南式，不照中国人口音读法，故其簿精通汉文者，仍不能说中国话，但与中国人笔谈，则可滔滔不绝也。然则越南虽亡，中国文化在越南，固未尽亡也。

无女人之国

女人向为男人所爱悦，无女人，即无世界，美女人无论矣，即丑女人亦有男人与之为偶，此乃人类生理上自然之要求，自古迄今，无人能逃此公例也。然亦竟有例外奇事。在欧洲东南角爱琴海边沿，有一狭长半岛名阿索斯者，长约二十五里，宽约五里，一千年来，即全为男人居住，从无女人践履此土。不宁惟是，即动物亦无雌性存在，其所畜牧之羊、牛、猪、猫、狗等全属雄性，反是即为违法。岛上居民，约有五千左右，大部分为僧侣，小部分为避世极憎恨女人之男人。岛之四周，均有警察守卫，凡入境之人，须申请特别护照，由警察严密搜查，以防女人与狼入境。岛上居民，除外面捐助外，毫无收入。然有许多寺院，皆属雕梁画栋，金碧辉煌，且多用黄金宝石，以为装饰。其首都名嘉里斯，有商店、有货仓、有邮局，亦有马车。此五千男人，无论个人或群众，相见时，互不招呼，脸色沉重，似彼此均不感兴趣。死亡后，即有热心宗教人士及避世单身汉来补其空额，故千余年来，人口始终维持平衡。此一违反人性之冰冷国度，不知尚能继续若干年？

梁任公游台诗

台湾在日据时代，日本视人民如奴役，视人民土地如囊中物，任意征取，毫无顾惜。清宣统三年，梁任公尝来游台湾，适日本某糖厂在斗六附近，强征人民土地，任公见之，大为不平，爰作《斗六吏》诗一篇云："警吏阵斗六，数百如合围，借问此何者？买地劳有司。赫赫糖会社，云是富国基，种蔗当得田，官价有程期，小人数亩田，死父之所遗，世守亦百稔，饘粥恒于斯，愿弘一而仁，贷此八口饥。欲语吏先嗔，安敢闲言辞，府令即天语，岂天乃可违？众雏各有命，何不食肉糜？出券督画诺，肘后吏执持，拇印朱烂熳，甘结泪欲垂，昔买百缗强，今卖不半之，忍痛不敢直，方命还见笞。一日买十甲，一月千甲奇。入冬北风起，饿殍阗路歧，会社大烟突，骄作竹筒吹。"其时台湾沦陷，不过十余年，而日人横暴已如此。

言官纰缪

清光绪季年，有御史赵熙参奏吉林巡抚陈昭常，竟将吉林误为黑龙江，且误"昭"为"照"，致遭申斥。又有御史胡思敬奏参陆润庠请假修墓，为目击国事艰难，有心规避，否则何不令其子陆大坊回籍云云。奕劻闻而笑曰："陆大坊乃前都御史陆宝忠之子，该御史于此等事尚弄不清楚，所言讵足信乎？"一时传为笑谈。最奇者,为乾隆时有某御史以北京宣武门,俱称为顺治门,顺治乃世祖年号,不宜称用,奏请更正名称,另刻门楣。乾隆批令侍卫带领该御史看明该门石刻名称,据实回奏。该御史至门首,侍卫以手提其耳曰:"请看明。"该御史仰首观之,则赫然"宣武门"三字,并无顺治门字样,乃为之大惭。若在今日则无此纰缪。

肉感旧话

自有电影以后,"肉感"二字,遂常见于报章杂志中,流风所被,中国女子遂亦以袒胸露臂为时髦矣。其实肉感之说,良非来自外国,中国昔时豪家,固已善用女子肉感,以供私人谦乐矣。唐杨国忠每食时,使众妾分执肴馔,名曰"肉台盘"。又于冬令时,选婢妾中之肥硕者,令排列于前以遮风,名曰"肉障"。又于冬月召妓围炉饮酒,号曰"肉屏风"。胡天游诗所谓"肉作屏风雪不寒",即咏此事也。唐岐王每冬月苦寒,辄于美婢怀中暖手,谓之"肉火炉"。明严世蕃当国时,府中婢妾如林,咳嗽时，常令婢妾以口承之，谓之"肉唾壶"。洪杨之乱时，其部众掳民间妇女甚多，常令肥壮妇女，裸体骈卧，于腹上置酒食轰饮，称之为"肉台面"。又每于裸女腹上，作叶子戏，或掷骰子，称之为"肉赌台"。凡此种种，较之今日露胳膊，光大腿，殆尤过之。不过今日为体美欣赏，昔时为侮辱动机，此则不同耳。

乞须词

男子无不恶须，盖以其于腮满脸，有损美观也。然昔以美髯见称者，并不乏人，即如今日于右老长髯飘拂，风致若仙，羡之者甚多，欲蓄而效之，则每以稀疏为憾，然则须不尽可恶也。昔桃源薛小凤，才气清恬，诗词书画，酷肖其舅苇间居士，然苇间居士髯长而美，小凤则童然不如，因为"乞须词"以自祷。其词曰："松窗棘院消磨处，无端三十年虚度。七尺休夸，二毛已赋。不道须偏迟暮。祷天乞与，便几缕风前，代将吟尘。曲径撚时，应添多少好诗句。于思不敢请耳，但臣之壮也，一婆甚惧。

漫把菱花，寸田尺宅，盼断浑无头绪。山妻笑语，问予意云何，躁心如许。且制罗囊，异时留满贮。"此则以无须为恨，乃至祷天而求之，可见人之好恶，不尽相同也。予有友多髭，三日不剃，则嘴颏如猬，其妻厌之，辄于人前骂其懒，予笑曰："彼固懒，但夫人亦可少一宗用费。"其妻问何故？予曰："无须买牙刷耳。"相与抚掌大笑。

记北平恋爱惨剧

　　台湾男女青年，因恋爱而演流血惨剧，时有所闻，是以爱始而以恨终，诚情场最不幸事，亦社会最不祥事也！忆民国二十年北平曾发生逯明、滕爽、刘景桂三角恋爱惨案，与近事正相类似，不过持枪杀人者为女主角而非男主角耳。缘逯明为宣化人，长于运动，初与其同乡女子刘景桂相恋，且发生肉体关系。刘为宣化女师学生，容貌似男子，平时御眼镜，好着男装，与逯虽有枕席之私，却无婚嫁之约。后逯赴沪参加全国运动会，遇女运动家滕爽。滕风姿明丽，逯复魁梧俊伟，两人一见钟情，绸缪甚至。会后，逯任北京师大体育系助教，滕亦至平，任丰盛胡同某女中教员，两人双宿双飞，俨然伉俪。讵宣化刘景桂闻知，大为愤恨，遂亲至平，侦察确实后，先往晤滕，自承与逯有超友谊关系，不能恝置，劝滕与逯断绝往来，滕置之不理，与逯缱绻如故。刘不能忍，一日清晨竟携枪访滕，滕方出见，刘立发三枪，滕当场毙命，刘则从容赴警局自首。后由警局移送法院，初判死刑，旋改判十五年徒刑。刘坐狱十年，获保外释，未几即与人结婚。逯亦另婚，且已儿女成群，白白牺牲者惟滕爽而已！然则因爱成仇，有何意义？

老年婚话

近年台湾老年人结婚甚多，要以某耆宿年腊为最高，其结缡之日，春秋盖已七十又四矣。新娘为一嫠妇，颇饶风韵，且携有油瓶二。订婚时略有条件，一为爱情保证金一万元，二为治装费三千元，某公皆如约。某公有旧友胡将军，颇好诙谐，闻讯之日，亟贻贺诗二章云：

"读尽文书难快意,老来且伴佳人戏。画眉笑问几春秋,五十年前二十四。""拖得哥舒半段枪,关河跃马自称王。风云际会英雄老,怎与萧娘较短长。"见者皆为绝倒。逾月后,胡偶遇某公,则有疲惫之色,胡戏问枕席之间,战绩如何?某公慨叹曰:"吾老矣,无能为也。"胡公又贻五绝二首云:"老王尚雄风,蓬门夜引弓。平明寻战绩,都在外围中。""残兵攻废垒,上马望风逃。不是雄才尽,缘何王气消!"某公姓名,俱嵌诗中,某公见之,仅笑谓:"公诚三句不离本行也。"夫饮食男女,人之大欲,人之生气一日未尽,即一日不能屏此大欲,固无问乎老少也。故老年人结婚,吾人应寄与同情,不必诧为异事也。

上海百乐门饭店闹鬼

民国三十一年上海百乐门饭店,频频闹鬼,出鬼房间为三〇九号,他室则无,因是三四年间,无人敢居是室,此中盖有一段伤心史在焉。缘有女子宁雅萍者,曾肄业复旦大学，上海沦陷后，遂辍学，其母令入百乐门舞厅鬻舞。雅萍姿色明丽，肤白如凝脂，不喜施脂粉，好着淡素衣装，每夕入舞厅，飘然若神仙中人。因是营业鼎盛，捧之者甚众。有商人某，年事已老，因与敌伪勾结，颇富财势，每夕必召雅萍坐台，掷资甚巨，久之欲致雅萍为妾，并以重金咭其母，母利其多金，有允意。顾雅萍另有一意中人，为复旦同学，其人少年英俊，与雅萍相恋已久，惟贫窭殊甚，雅萍虽爱之，在势无可为婚也。及闻某商欲纳为侧室，大愤！径白母，货腰可从母命，婚嫁则非某同学不可，母不惟不允，且挫辱之。雅萍痛楚之余，遽辟百乐门饭店三〇九号服来沙尔自杀，及发觉时，已香消玉殒矣！自是凡居三〇九号室者，中夜辄见雅萍灵魂出现，或闻其栉发梳妆声，或闻其来回步履声，住客往往半夜逃去，直至胜利后始已。在今日原子时代，鬼当无人信，然予三十五年至沪，雅萍姊妹行则言之凿凿，诚异事也。

章太炎曾作阴官

包拯曾作阴官,仅见之小说及戏剧,正史并无其事。不意千载下向不语"怪力乱神"之国学大师章太炎,亦尝作阴官,摄理阎罗王判断狱事,此诚使人大惑不解。先是民国三年,太炎被袁世凯幽禁北京龙泉寺时,衷心颇为愤懑,一夕入睡,朦朦间,见有差官及车马强迎太炎至一大廨署,拥升公座,即有状类判官者持公文多件,请其署名牍尾,与世间官署公牍略同。事毕,仍由车马送归,自后每夕皆然。太炎尝在梦中问判官以何事,判官以地府请其摄理阎罗王对。如是者殆及半年,太炎虽厌之,决意不去,但入夜即身不由主,常为差官挟拥以去,直至被释南下后,始不作此梦。当时往龙泉寺探视太炎者,太炎尝亲述之,群皆以为心痛成幻,构此怪梦而已。然太炎于民五三月答乌木山僧黄宗仰书,则言之凿凿,且谓持刺请之者,为明武宗时贤相王鏊,尝飨以盛宴,陪客有印度人、欧洲人及汉人,汉人有夏侯玄、梅尧臣二人。太炎问王召饮何事?王曰:"与君共理簿书耳。梅君为总检察,吾辈皆裁判官,以九人分主五洲刑事,而我与君则主亚东事件者也。"其他问答甚多，皆涉佛理，此诚怪诞不经之谈也。予以为此太炎故造此说，以与袁世凯相戏耳。

说　龟

新生报南版载一冰先生《讳龟》文中，谓陈季常作龟轩，陆放翁作龟亭，谢应芳自号龟巢老人，戴良自署其宅曰龟庐，皆不以龟为讳。予因是忆及清季潘文勤公祖荫尝新构一室，亦颜之曰"龟庵"，落成之日，招朋侪饮，并以新撰《释龟》文示众，入席复令以龟字飞觞，酒酣，掀髯大乐曰："龟庵者，龟居之，龟出入之，非我族类，屏之远之，诸公勿以余为谑，今日之会，余实以同类目诸公也。苟诸公为然，则此室任何人出入之可也。吾闻龟寿千载，而人生不过百年，即此足证人不如龟，窃恐诸公为龟之期，正不得永久矣。"自是遂自署为龟庵老人。此亦不以龟为讳者也。按龟为四灵之一，寿最长，上古以之为货币，又作为卜筮之具，古时官印，以龟为纽，唐时三品官佩龟袋，饰以金，李白谓"因解金龟，换酒为药"，即指此也。刘敬叔《异苑》载：孙权时，永康县有人入山，遇一大龟，即束之以归，龟便言曰："游不量时，为君所得。"担者怪之，载出欲上吴王，夜宿越里，缆船于大桑树，宵中树忽呼龟曰："元绪奚事尔也？"龟曰："行不择日，今方见烹，虽尽南山之樵，不能溃我。"树曰："诸葛元逊性识渊长，必致相困。令求如我之徒，计将安出？"龟曰："子明毋多辞。"既至建业，权将烹之，烧柴万车，龟犹如故。献人以龟言告之，诸葛恪遂伐桑煮之，即烂。然则龟虽通灵，亦不能自保也。

彭刚直之威风

予邑帅某，为帅文毅公之侄辈，清光绪初年，以盐城知县需次扬州。在扬纳一妾，生一子，名"三子"。数年后，解任回籍，令妾抚子待其迎归。讵归后为大妇所阻，荏苒三年，迄未往迎。未几，帅病，念子甚切，不顾大妇阻挠，亲令雇工张某赴扬迎妾及子。大妇闻之，私以银二百两与张某，嘱在浔小住，归即谎报子死妾嫁，不必赴扬也。张某利其财，如计行之，帅闻之大恸。其时妾在扬，久候无信息，乃鬻其簪饰，携三子寻至黄梅。帅已病革，妾至帅家，大妇不认，命人驱之宅外，亦不使帅闻。越日，妾挈子强奔入帅病室，帅见妾子俱在，大呼曰："汝辈固在耶！"一恸而绝。大妇复驱妾母子出，不使成服。妾控之县署，知县受大妇千金贿，不直妾，逐之出境。妾闻彭刚直方巡阅长江，驻节湖口，遂携三子诉之刚直。三子年仅九岁，相貌堂皇，刚直见其侃侃而谈，大为感动，且以文毅公忠烈之后，不宜有此变故，当差亲兵八人至黄梅查询，并函介妾母子赴鄂谒总督某公，处理此案。时刚直严威，天下震慑，帅家闻妾母子诉之刚直，皆大恐！雇工张某以受贿谎报，畏罪自经死。知县闻亲兵至，惊惧过甚，突患瘅疾，口不能言，惟知颤抖。邑中士绅，恐刚直将杀人，亟嘱帅家遣人迎妾母子归，遵礼成服，并照分遗产。知县则由上峰撤职，未久，以瘅疾终。

接吻风俗谈

予前记接吻起源及其压力，今再谈各国接吻之风俗。英国在中古时代，曾有全礼接吻之俗，其意义与今日握手相似。旅馆女主人及女侍，均得与顾客接吻，以示欢迎。如访问朋友，须与其全家接吻，甚至猫狗亦如之。在交际场中，若遇少年女郎而不与接吻，即被认为有意侮辱，人人得而责之。但至十八世纪间，已稍加限制，尤其星期日不许接吻，违者则认为犯罪，罚带足枷，绝无减轻余地，至二十世纪始无此拘束。美国在十八世纪以前，原可在公共场所任意接吻，但自清教徒将反接吻传统带至美国后，渐以公开接吻为非法行为。吾人在电影中见美国人当众接吻，似极自由，然数年前在大西洋城，一个月内尚有二十七对男女因在公共场所接吻，而被各罚十元之事。俄克拉阿马州特尔沙市，于一九三六年尚制定法律，规定丈夫与妻吻别，如超过三分钟，即为违法。可知美国于接吻，亦小有限制矣。意国在墨索里尼当国时，对公开接吻，亦严加禁止，违者处十里拉罚金，惟在威尼斯举行夏季娱乐大会时，则解禁一日。日本在欧风未东渐以前，从无公开接吻情事，在第二次大战前，始有法律规定，外国人可于天黑后，与日本女子当街接吻，但在日间为之，则认有破坏公共道德之罪，应递解出境。战后闻已开放矣。至中国男女接吻，始终在闺房内行之，此种美俗，至今尚能保持不变。

中国空军逸史

中国空军，成功于笕桥航校，创始则在辛亥革命一役，虽其时因技术欠精，未臻发皇，然其逸史有足述者。缘辛亥十月武昌起义后，孙文派冯自由至美襄助募款，时有芝加哥党员梅培向冯建议组织飞机队，回国参战，冯题其议。经营月余，雇得美飞机工程师威尔霍斯一名及工程助手李绮庵、余夔二人，并购置寇蒂斯厂单翼飞机六架。讵开始组织时，始知威尔霍斯乃一修理飞机工程专家，并不谙驾驶之术。于是约请曾在美国飞机学校肄业之华侨青年谭根随机返国，专任空军统领之责，但谭须俟领到美国航空执照后，始能回国参加。冯不得已，遂偕威尔霍斯先率飞机二架回沪，另四架则交梅乔林运回。迨南京政府成立，各飞机均运抵南京，由总统府拨地开辟机场，二十日后，第一架飞机装配竣事，然未飞行即已损坏。洎民元二月，第二架飞机装妥，但谭根仍无归国消息，孙文以有机而乏人驾驶，深为失望。适总统府庶务科长朱卓文谓在美曾随美机师凌空数次，自告奋勇，愿一显身手。及试飞日，各机关均往参观。讵飞机离地不及三尺，即堕地损毁，朱卓文所戴军帽毁作数片，仅头部略受微伤，亦云幸矣。此次试飞虽未成功，然当时报纸腾载，谓革命军飞机凌空数千尺，威力如何伟大，清隆裕太后竟因此威吓而退位，则于当时政治，亦不无功效，此即中国空军之滥觞史也。

朱卓文（1875—1935），同盟会员，广东香山（今中山市）人。曾任孙中山临时大总统府庶务司司长。

谈 萤

萤，为一种发光虫类，在大陆夏秋季最多，台湾虽亦有之，但不如大陆之成群照耀草木间也。予幼时将搜捕多数萤虫，盛以纸囊，悬之帷帐间，熄灯以后，光照床榻，可以鉴物，可知古人荧光照读，非虚语也。美国约翰霍金斯大学威廉麦伊来博士最好研究萤虫，每年夏季，辄以重金收购萤虫，最多时达二三十万头，购得后，即装入真空焙干器，焙干后，萤虫尾部，尽行脱下，然后研为碎粉，盛进玻璃小瓶，悬挂空中，其发出光线，可以读报写字矣。麦伊来博士再将此萤粉提炼为"洛士费通"，加入某种化学物质，即可发出青白光辉，与萤虫无异。惟此种提炼，其价颇昂，如以二十七万头萤虫重约二十磅，只能提炼一安士"洛士费通"，价值美元一千元，可谓巨矣。据麦伊来博士研究，世界最悦目者，为南美洲热带萤及各铁道萤：其头部有红光两道，身体左右各有青光一串，皆由"洛士费通"所发出，光辉较美国萤虫更为灿烂。日本人亦好玩萤，每年夏季有"荧光节"，是夕成千万日本人，结集皇宫前，各将携来萤虫释出，纷飞天空，如万点繁星，至为美观。此亦夏间遣暑拂热之道也。

舞国皇后之死

在敌伪时代，汉口有舞娘名朱秀红者，色艺超群，曾当选为舞国皇后。朱无锡人，家业纸扎店，父中年失踪，母将其寄押于人，展转至汉充舞女，红极一时。汉口沦敌后，朱与一进出口商日人鸭川妍识，且生一子，群称为鸭川夫人。胜利后，鸭川入集中营，旋遣回国，朱则挈子移居旧俄租界巴公房子。因生活所迫，再度下海，改名为"姚莉"，生涯仍盛。三十五年与老天宝银楼股东王孟华识，王故多资，且复年少，朱极爱之，两情缠绵，刻不可离。王在商场极活跃，交游亦广，两人舞兴之余，辄双双出入交际场中，见者莫不艳羡。顾王原有妻，朱又不甘作妾，故两人情好虽笃，而婚嫁迄无成议。会朱母自无锡来，谓无锡巨富某欲娶朱，将携朱归，朱以恋王故，不允，王亦尼朱行，因是常有诟谇。王询朱母某巨富娶朱，有何条件？母曰："身价银五万，并奉母以终。"王曰："我均能之。"母曰："但我不愿女为人妾。"自是谋归益急，朱与王计无所出，突于中秋前一日双双失踪，虽平日往还最密之人，亦不知其何往。

至八月十七日海陆饭店忽发觉有男女双服毒，朱姊妹行往视，则朱与王也。时朱已气绝，王尚在昏迷中，经其妻昇赴医院救治，渐苏，兼旬而愈。朱则由其姊妹行葬之汉阳，一代红妆，途归黄土矣。

禁止馈送檄

近年为提倡节约，每于岁时令节，辄三令五申，禁止馈赠。然中国投桃报李之风，由来已久，悬禁虽严，馈遗仍不免也。昔仪封张清恪公（伯行），以候补中书，为张文端公（英）所拔识，以河工劳绩补济宁道，旋迁江宁按察使，康熙南巡，称为江南第一清官，即擢福建巡抚，三迁而膺节钺，诚异数也。清恪居官，极重廉洁，最恶馈送，对僚属告诫尤严，在福建时，尝手草《禁止馈送檄》，颁布全省，其文曰："一丝一粒，我之名节；一厘一毫，民之脂膏。宽一分，民受赐不止一分；取一文，我为人不值一文。谁云交际之常，廉耻实伤；倘非不义之财，此物何来？"文简质朴，如古谣词，即今日官吏，亦当奉为金绳铁矩也。清恪后调苏抚，以事与总督噶礼互讦，廷臣多袒噶礼，康熙独留清恪原任，而削噶礼职，当时江左士民欢声遍朝野，咸榜于门曰："天子圣明，还我天下第一清官。"焚香结彩，拜龙亭呼万岁者，至数十万人。可见廉洁之官，人民拥护之热烈也。

千金一烟泡

　　清季王公大臣，多有鸦片烟瘾，如遇内廷庆节演戏，奉召入宫听戏，每次辄六小时之久，致有烟瘾者深以为苦。于是贿通内监，以送茶为由，塍以烟泡二三枚，每次犒赏费自十金至百金不等。光绪中叶，俄人以索还伊犁事，几启衅。清廷乃召固原提督雷正绾入卫，驻山海关，雷抵都，适值慈禧寿辰，奉召入宫听戏。雷烟瘾极大，闻命深以为忧，乃浼人与内监商通，每小时送茶一次，塍烟泡一枚，每日六次，每次犒赏千金，计听戏三日，烟泡费达一万八千金之巨，此可谓鸦片烟价之最高者。

中秋谈月

明月为人人爱悦，秋月尤足动人幽思，此盖季节与天气使然。在大陆时，每年入秋以后，天气渐清爽，西风起凉意，若值晴夜，长空凝碧，万里无云，明月一轮，悬挂天空，其清辉焕耀，实较其他季节为明澈，故最能引起人类情感，与共挥发，所谓"月到中秋分外明"，非虚语也。昔诗人怀人忆远之作，往往在秋月之夜，如白居易之"共看明月应垂泪，一夜乡心五处同"，即为秋夜。杜甫之"露从今夜白，月是故乡明。有弟皆分散，无家问死生"，亦为秋夜。李白之"登舟望秋月，空忆谢将军"，亦为秋夜。类此不胜枚举。不过同一明月，而观者意境，亦各有不同，如王维之"深林人不知，明月来相照"，唐人之"明月松间照，清泉石上流"，则隐逸之思也。杜甫之"今夜鄜州月，闺中只独看"，沈佺期之"可怜闺里月，长在汉家营"，则伉俪之思也。东坡之"浮云身世改，孤月此心明"，则忧离之思也。李白之"举杯邀明月，对影成三人"，则酒人之思也。最有趣者，则为昔衙书咏月诗云："以何因由离海角？

凭甚照会到天涯？偷渡关津犹可说，不合贪夜入人家！"则完全公文口吻，虽属戏作，亦含妙谛。

段祺瑞的鞋

民国十三年十一月，段祺瑞受张、冯拥戴，为北京政府执政。孙文以段政治思想，比较开明，遂于是年冬北上，拟与段商召开国民会议，于是而有孙、段合作之说。不幸十四年三月十二日，孙文忽以肝疾逝世。一时地坼天崩，山哭海泣，全国人民，如丧考妣！国民党立即组织治丧委员会，停灵于中央公园社稷坛，段命国务总理许世英日往襄助其事。公祭之日，段御上将大礼服，拟亲往致祭，讵是时段微患脚肿，数易皮鞋，皆不能适，而公祭时间且过，众不能待，遂临时令许世英代表致祭。此段因一履之微，致不能亲主孙文饰终典礼，后与人语及，辄引为憾事。越十年，华北风云日紧，段恐受日人劫持，毅然入京，抵京之日，段表示愿亲谒孙文陵寝，以弥前憾。段临时命人购步底便鞋一双，着之登山，不意此便鞋过大，段又拒乘肩舆，于是拾级登山时，频行鞋频脱，每行过一段石阶，即小坐憩息，迨礼毕下山后，段已为鞋累汗流浃背矣。

北大之父

今人谈北京大学者，莫不以蔡元培为宗师，其实北大之父，实为六十年前之长沙张百熙也。其时名京师大学堂，原创自戊戌政变之际，最初总办为余诚格，庚子之乱，生徒星散，慈禧回銮后，以张百熙在西安奏对称旨，遂命为管学大臣。张苦心孤诣，锐意经营北大，以于晦若为总办，以吴挚甫为教长，张鹤龄副之，一时名流，网罗殆尽。先开师范、仕学、译学、医学四馆，继又开进士馆预备科，自是五方秀士群集此最高学府，文学彬彬振朝野矣。张为人气度宏廓，有为有守，其任北大监督时，曾在丰台置有空地一千余亩，以为举办七科大学之用，其计划不可谓不远大，惜因清廷疑忌，不得展其怀抱，乃辞去学务一切差使，改任邮传部尚书，郁郁而殁，士林争悼惜之！如皋冒广生尝挽以联云："爱士似王阮亭，微向遗疏陈情，动天上九重颜色；怜才若龚芝麓，为数揽衣雪涕，有阶前八百孤寒。"盖纪实也。张殁后，其门弟子尝醵金七千两，欲为张铸铜像，嗣因其家粥不继，遂以此款权储一京号生息，以资生活，讵不久此京号倒闭，款亦被干没，故张身后实一贫如洗也。

张百熙（1847—1907），湖南长沙人，近代教育改革的先驱者。清同治十三年甲戌科进士。历任山东、广东学政，迁内阁学士、礼部侍郎、吏部尚书、邮传部大臣等。

健 啖

予前记奇特食量，谓鄂西某少女，一餐食米十斤肉二斤，然比之新建曹文恪（秀先）善啖，犹小巫见大巫也。文恪肚皮宽松，折亦二叠，以带束之，饱则以次放折，容量绝宏。清廷旧例，每岁时令节，帝必赐食肉。文恪为礼部尚书时，值赐食肉，王公大臣，人携一羊乌七，皆以遗文恪，轿仓为之满。文恪坐轿中，取置扶手上，以刀片而食之，至家，轿仓之肉已尽矣。故其奏中有微臣善于吃肉之句，道其实也。又有满人达香圃，亦善食肉，因家贫，不能每食具肉，间买牛肉四五斤，不必甚烂，略煮之，一啖而尽。其人极儒雅，惟见肉，则喉中呜呜有声，如猫之见鼠然，故与同食者，咸不敢下箸。故都风俗，亲戚寿日，必以烧鸭烧豚相馈遗，香圃每生日，馈者多，是日但取烧鸭切为方块，置簸箕中，宴坐以手攫啖，为之一快，真饕餮也。

谈小凤仙

民国四年十二月二十五日，蔡松坡在云南起义，推倒袁世凯帝制。迄五年十一月松坡病逝，北京各界特在中央公园社稷坛举行追悼大会。在京名流，以松坡未赴滇前，曾眷妓小凤仙，爰约小凤仙前往祭吊，并由易实甫、罗瘿公各代撰挽联一副，悬之灵寝。于是小凤仙之名大噪，且因各报渲染，一般人遂皆以英雄美人联为佳话，而传之至今。新华公司特将此故事，摄成《小凤仙》电影，在台湾各电影院放映,将小凤仙形容成青楼侠妓,有胆有为,此未免过于戏剧化,与史实相差太远也。其实小凤仙本一平庸妓女,貌仅中姿,身躯修长,惟皮肤白皙,富有性感,平时喜御长袍,作男子装,扎裤腿,黑缎鞋,结发成长辫,垂之脑后,盖完全一北地姑娘也,并不知政治为何物。当时松坡之眷小凤仙,原欲以醇酒妇人,掩袁世凯耳目,而便逃出北京樊笼。故其留连小凤仙香巢,不常归家,每晨必至陕西巷口一广东小馆吃鱼生粥,以作早点,但不御长袍,仅着短服,以示不修边幅,尽情颓废。一日侵晨仍短服出,径趋前门东站,乘车直赴天津,转沪经港越入滇,起义讨袁。行时,小凤仙并不知其何往,则知其英雄事业与小凤仙无关也。惟易、罗代撰挽联,的是名作,易联云:"万里南天鹏翼,直上扶摇,每叹忧患余生,萍水姻缘成一梦;几年北地胭脂,自悲沦落,赢得英雄知己,桃花颜色亦千秋。"罗联云:"不幸周郎偏短命,早知李靖是英雄。"小凤仙之成名,实此联之赐也。松坡逝世后,小凤仙旋嫁王克敏为妾。先事英雄,后事汉奸,则知其人并无若何头脑也。

胡政之不愿做官

胡政之在中国新闻界，实一卓越人才，民九游欧归后，于北京创办国闻通信社，当时以电报供给京内外各报者，实自国闻通信社始，以故业务发达，为各通信社冠。旋又创办《国闻周报》，畅销全国。胡向与王揖唐、梁鸿志辈善，因是与安福系接近。民十三，段祺瑞出任执政，以胡干练，拟辟为内务部长，使人征胡同意，胡表示愿永作报人，不愿做官。段闻之，益重其人，即畀现款三十万元，俾胡经营报业。胡得此款，即收购天津《大公报》，锐意经营，自是胡遂拥有一日报、一周报、一通信社矣。嗣又得津银行界吴前溪（鼎昌）等资助，《大公报》因得纵横骏发，炫烁一时。胜利后，胡养病香港，报事委之王芸生。

胡政之（1889—1949），四川成都人。新记《大公报》创办人之一，任总经理兼副总编辑。

爱河中狂人

凡人恋爱而至偏激时，往往致狂疾，其发狂状态，常有非人所能想象者，中国人如是，外国人亦复如是。美国有一新订婚男子，因得意过甚，走进一家餐室，将所有杯盘碗碟，一一粉碎。又有一富有老处女，因齿病而拔去全部牙齿，其爱人对其所受痛苦，表示十分关切，此女遂要求爱人亦拔去全口牙齿，以示爱情确证，此人竟如法行之。又有一富家女子，爱一乡下男子，结婚时，坚持此男子必着粗鄙衣服行礼，以示此结合为真爱，不以偶"乡下佬"为耻。又匈牙利有一排字工友，因爱人变心，愤恨之余，将其爱人姓名住址，用铅字排成，共五十七粒，然后用毒药全部吞食，致肠裂而死。又罗得岛有一雕石匠，尝设一私人坟场，将其平生恋爱女子，各雕一石像，陈列其中，随时瞻视。凡此狂态，皆爱情作祟。

唐绍仪轶事

唐绍仪为辛亥手定南北和议开国元老之一，其为人高傲峭直，守正不阿，自清季作吏以迄民国，素以骨鲠风节见称。民国二十七年于上海遇刺，年已八旬矣。其轶事有足述者。清光绪二十五六年间，李鸿章任两广总督时，绍仪以少年参与幕府，李甚器重之。一日与诸幕僚谒李闲谈，李子经方侍焉。忽廷寄上谕一件，令铲毁康有为、梁启超二人祖墓，李阅之，问诸幕僚应如何办理？众唯唯莫敢置答，独绍仪起言曰："罪人不孥，古有明训，若株连及于党人祖坟，似太残忍，尤碍各国观瞻，还请傅相三思。"李正色曰："你好大的胆，反抗皇上谕旨，不是大逆不道吗？"座众为之慄然。绍仪立趋出，忽然欲行。李命经方留之，并嘱是晚至内室共膳。及时，李屏去随从，温语绍仪曰："少年人脾气真大！尔当吾子及众人前批评皇上谕旨，岂非教人犯上？吾因此不能不教训几句，其实我对铲毁康梁祖坟，亦不以为然，尔何必多虑？"由是宾主相安如初。未几，李即发掘一二无主荒坟，虚报清廷塞责，而康梁祖坟，遂获保存。至民元后，康梁始知此事底蕴，均向绍仪深谢之。

辛亥武昌起义后，冯国璋统率北军南下，九月六日汉阳失陷。时袁世凯已起复入都，特向清廷推荐绍仪为全权代表，与革命军议和，十月二十八日南北代表开会于上海市政厅。绍仪即左袒革命军，事事为革命军计，曾与南代表伍廷芳议决召集国民会议，以为解决国体之方法，世凯拒之，绍仪愤而辞职，世凯许焉。及南京政府成立，孙文当选临时大总统，世凯复命绍仪与南京政府谈判。孙文表示如世凯促成共和，愿以总统一席相让。世凯始授意段祺瑞，联合各将领迫清廷宣布退位，清隆裕太后慑于威势，乃不得不从。时绍仪假上海南洋路赵凤昌宅为办事处，黄克强、陈英士、张季直等常至赵宅与绍仪共议策略，及闻清廷有退位意，张季直即于赵宅起草清帝逊位诏文，由绍仪电达世凯。世凯命梁士诒持电文谒隆裕太后请旨，隆裕读之再三，流泪不止，曰："祖宗三百年基业，便如此了结乎？"士诒曰："请太后顾念皇室，勿使罹流血惨祸。"隆裕乃亲笔将电文"退位"二字改作"让位"，并删去数字，挥泪而退。此民元二月十二日事也。绍仪既完成清帝退位大功，遂赴南京谒孙文，备蒙嘉许，并邀绍仪加入同盟会为会员焉。

民元二月孙文辞职后，袁世凯继任临时大总统，以绍仪为第一任国务总理。绍仪以约法规定政府责任内阁，故事事恪遵约法，遇世凯有失当措施，即依据约法拒绝副署，以是世凯不能为所欲为，深滋不悦。一日世凯批准发张勋欠饷三十万两，绍仪谓此人拥兵自固，心不可问，只允发三万元。世凯命段祺瑞、熊希龄、梁士诒先后往疏通，绍仪持之甚坚，世凯益不快。乃语绍仪曰："吾老矣。少川，子其为总统乎！"绍仪知事不可为，遂断然出京，留呈辞职，居揆席仅三阅月耳。绍仪既去，国民党阁员王宠惠、蔡元培、宋教仁、王正廷等亦相率辞职，世凯遂得睥睨一切，犷然有帝制自为之志。洎民四八月筹安会成立绍仪乃约蔡元培联名电世凯警告，请取消帝制野心，并辞职以谢天下。电文首称世凯为"慰亭先生"，世凯得电，气呃不语者多时，旋喟然语梁士诒曰："鹤卿来电，如此措辞，殊不足异，惟少川以数十年老友，对我如此称谓，其何能堪？"自此电发出后，各省反对帝制者，纷纷响应，而洪宪伪朝，于焉告终。可见绍仪能牺牲友谊，保障民国，其风骨气节，有足多者。

唐绍仪（1862—1938），广东珠海人，早年毕业于美国哥伦比亚大学。曾任中华民国首任内阁总理、北洋大学（现天津大学）校长。

陕西省府前乌鸦群

陕西省政府，向设于西安城内"新城"，新城本明季秦藩故邸，俗呼曰"皇城"。清初就原有土城重建城墙，用为八旗演武校场，设将军统驭之，后渐成为满人丛居之区域。辛亥光复时，城内建筑，悉为民军焚毁，一片广场，鞠为茂草。民国十年，冯玉祥督陕，令兵工刈草莱，除瓦砾，植树木，建营房，就此设署办公。自后历任陕督，胥设署于是。十五年北伐成功后，省府及各厅，亦设署于是。省府前有大操场，地极广阔，凡公共集会，咸于是处举行。是处有一奇观，即入晚后，所有乌鸦皆群集广场上，其数不下千万，寂然无声，驱之不散，黝黑一片，状如黑水之洋。即汽车行经其地，车灯闪烁，马达轰然，乌鸦亦视若无睹，稳睡如故。据城内人言，此类乌鸦，无论飞至任何远地，入晚必飞还此处，决不栖息异地，此亦不知何故。每晨飞出后，遗粪满地，如铺雪花，省府工人，则群出扫除，售之乡人，以作肥料，每年可获银洋万元，其众多可以想见矣。

缅甸旧事

　　明末永历帝入缅时，缅人不知维护正义，曾演出一段屠杀献俘惨史。今特记之于此：初，永历帝在滇时，因不堪清兵压迫，特率朝臣残部四五千人，进入缅境，因沿途病死伤亡，至缅时，仅存千余人而已。临时盖草棚十余间，以作行宫，情状极惨。会缅新王篡位，竟将永历帝以下诸人，骗去饮咒水，妄加屠杀，结果上下仅存三百四十余人，闭锢一室，哭声闻一二里外。未几，吴三桂以大兵临缅境，缅王竟执永历帝以献，被三桂缢杀于贵阳，残部三四百人，非被杀，即自杀，明祚至是尽矣。时李定国尚驻安龙，闻之大怒，当选精骑一万，两昼夜入缅境，屠杀缅人无算，以报君父之仇，矢尽，仰天大呼，自刎而死。向使缅人当时容许永历帝在缅休养生息，徐图恢复，则天下事犹未可定，亦决不至演成互杀惨剧。抚今追昔，能无慨然？

智女诛贼

予读《聊斋志异》至《庚娘》篇，见庚娘从容不迫，手刃仇人母子，而后赴水自尽，辄叹其智勇贞烈，为一般妇女所能跂及。不意两百年后，有一楚女，其遭遇较庚娘尤险恶，而智勇且过之，是不可以无记。按楚女，湖南人，佚其姓字，白莲教匪扰川楚时，为匪目掳去，匪惊其艳，欲犯之，女诳之曰："军中仓卒，固不能待父母之命，媒妁之言，然合卺之礼不可废也。且君事成，妾将为夫人，今日必大犒三军，使尽知妾为堂堂嫡配。"匪目韪其言，即传令治筵，许部众开怀轰饮。女则闭门更衣，自敷粉黛，见壁上有小刀，窃纳之怀中。入夜，匪目已洪醉，从窗外潜窥，见女已添新装，益形妩媚，突入，抱之求欢，女抽刀刺其喉，立毙。乃从容推置床上，剪发须，易女装，覆之以被。已则脱钗簪，衣匪目冠服，佩刀，夜半出营。时军中方谯乐，无觉之者。明晨，匪众欲发令，共待匪目不出，久之，排闼入，则见榻上俨然女子也。然微闻血腥气，启被视之，皆大惊，而女已远遁数十里矣。自是匪不敢留妇女军中，掳掠之风稍杀戢。此女不独能诛贼，且能自脱，三湘七泽多异人。信然！

卑　左

中国五千年来，无论政治风俗，向来卑左而尚右。如邪教则称为"左道"，《礼记》："执左道以乱政，杀。"则周时已恶左道而欲杀之矣。如降职谓之"左迁"，因古以右为尊，故降秩为左迁，卑之也。如衣襟左交者，为"左衽"，夷狄之服也。《论语》："微管仲吾其被发左衽矣。"意谓左衽即亡国也。如策画不适事宜曰"左计"，范成大诗"无事闭门非左计"是也。又意见错误，谓之"左见"，古文"何见之左也"，则屡屡见之矣。以手足言之，则便右而不便左，韩昌黎云："身勤而事左。"

意谓右手劳勤而左手坐享其成也。中国习俗,凡尊重其人者,则右之,恶其人者左之。

认错自己

曩见《良友》画刊载某青年自中学毕业,画刊梁得所赠小镜一面,并縢以长函,内有云:"在世界上,有一个人,最爱你,而常常和你做对,最忠于你,却能根本陷害你,常常和你在一起,而你不容易认识。这个人是谁?就是你'自己'。你也许有朋友爱你,多过你自爱,却没有仇敌能够害你,多过你自害。因为别人害你,你知道趋避,自己害你呢,你不知道,不承认,过火的说一句,恐怕至死不悟!如果你因认错人而上当,不要紧,一次之后,下次不会再上当,如果认错自己呢,一世上当……"此真精确不磨之论。尝见世人无端"堕落","颓废","倾覆","败坏",至身败名裂而不悟者,殆无不出于自害。而其所以勇于自害者,盖即错认自己之故。

东方三大

逊清初叶，交通不便，入京会试举子，辄须跋涉长途，耗资斧甚重，故年老家贫者，常蹉跎裹足，踬踣以终。高宗有鉴及此，每出巡，必就行在召试举人，盖欲为道远孝廉公开一青云之路也。有无锡秦瀛者，博学能文，而书法非所长，方以孝廉家居，闻高宗东巡泰山，特赴召试之典，过清江浦，偶于市中见钞白小破书一本，皆记零星典故，以五文钱得之，归略翻视，有一条曰："东方三大者，谓之泰山，东海也，孔林也。"及试期，题即为"东方三大赋"，与试人多不知题旨，独秦知之，故从容发挥，文极瑰丽，但因书法太劣，为阅卷大臣所摈。高宗取呈进十余卷阅之，无当意者，因问大臣通场试卷竟无知题义者乎？大臣对曰有一卷文甚佳而字太劣，故未取。高宗曰："顾学问如何耳，何以书法为哉？"大臣亟以秦卷呈览，高宗大加赞赏，御笔加圈点，拔置第一。遂授中书舍人，入值军机，不数年，荐升至仓场总督。可见昔时功名，真有偶然得之者矣。

秦瀛（1743—1821），著名诗人，曾为喻血轮之太高祖喻文鳌（石农)《红蕉山馆诗钞》作序,又咏其诗云:"黄梅喻石农,诗才颇卓荦。我未识其人,却见石农作。时流竞蝉噪,君诗若鸾鹤。其源祖太白,上与风骚薄。日月供抟弄,山川恣磅礴。蘄黄百年来,大雅稍寂寞。不谓黄公后,斯人奋词锷。"将喻文鏊与清初大诗人顾景星相提并论。著有《小岘山人诗文集》。

周遇吉夫人射贼箭

京韵大鼓中,有"宁武关"一曲,描述周遇吉一门杀贼殉难情形,最为精彩,而由刘宝荃演唱,尤属哀感悲壮,动人肺腑。明末流寇作乱,文臣武将,尽皆阘茸之辈,惟周遇吉合家忠义节烈,差为青史生色也。按遇吉为锦州卫人,少有勇力,由行伍为京营游击,累破贼,擢山西总兵,李自成犯代州,遇吉凭城固守,杀贼无算,食尽援绝,退守宁武。比城陷,遇吉巷战,身被矢如猬,贼执之,丛射死,阖门殉难!城中居民感其忠义,皆出巷战杀贼,死亡略尽,此真足震烁千古事也!方遇吉执戈巷战时,其夫人刘氏在总兵署,见贼攀援署外木坊,亦弯弓射之，毙贼甚众，有一箭射贯木坊上，入木甚深，至清初，此箭尚在，箭翎尽脱，遗干二尺许下垂，足知夫人射此箭时，恨贼之深用力之猛也。时彭亦香有诗纪其事云："将军（指遇吉）报国能捐躯，夫人拒敌能弯弧。每发一矢毙一贼，贼多矢尽贼势逼。此独不中中木坊，弩镞宁愁风雨蚀。行人指点旧辕门，翟莆山河灵爽存。孤干摇摇危欲坠，如新脱手凌风骞。君不见临淮寺，代州塔，遗箭英姿传爽飒，唐有霁云宋延昭，彼尚须眉此闺阁，全家忠义竟如此，逆贼天诛转盼耳，一锤击死罗公山，此贼那足污此矢。"此诗今日读之，犹足使顽廉懦立矣。

辛亥起义第一个女官

辛亥武昌起义后，鄂军政府组织，除都督府及军、财、内、外各部外，尚有一总监察府，监督都督府以下各部职司，盖一位尊权大之机构也。总监察府监察长为共进会首领刘公（仲文），府内有监印官曰刘一女士，即刘公之如夫人，实中华民国开国最初之女官也。按刘一女士为鄂沔阳人，貌美而善交际，因与沔阳劝学所长善，致青年学生不敢擅入其室，相率锡以"沔阳监学"之徽号。女士幼字回教徒丁姓，以卖烧牛肉为业，嫁后未久，丁忽暴卒。丁亲属以女士有谋杀嫌疑，控之县官。女士自投县署，泣陈冤屈，悲恻动人。县官怜得其情，不予治罪，但令当官择配，当为新堤富商王某所得，乃不容于大妇，偕母逃至武昌，入某女校读书，假寓胭脂山下某客栈。时胭脂山下有党人机关，女士渐与党人稔，亦矢志革命，旋由杨玉如介绍，获识刘公，公一见，大为倾倒，邂逅未久，即营金屋贮之。及阴历八月十七日晚，汉口宝善里机关因爆炸破获，公与女士同时被捕入狱。十九日武昌举义后，众推公为总监察长。公就职日，首先委任女士为监印官，盖为保密而不避举亲也，时各机关皆无女职员，故女士实为中国第一个女官。民元南北统一后，总监察撤销。民二秋，公病卒，女士不知所终。

刘公，名仲文，湖北襄阳人，共进会第三任会长、辛亥革命元勋。

姓氏之累

于某,性好诙谐,每有宴集,如于在座,必能议论风生,使合座捧腹大笑。一日与侯某同车赴北投,途经圆山动物园,于忽谓侯曰:"近闻此间住侯姓甚多,君知之乎?"侯曰:"不知。"于曰:"有名侯国泰、侯国奥者,均曾留学外国,雅有声名,君宁不识乎?"侯沉吟曰:"哦!哦!侯国泰,吾似识其人,佳士也。"于是历数其侯姓闻人,于笑领之,其他同车,亦以为于所语,殆真事也。及归时,再经共处,于指动物园所悬"泰国猴"、"奥国猴"木牌示侯曰:"君族佳士,已在此挂牌矣。"同车人见之,始恍然于适间所举名字,即此猴类,皆为绝倒,侯亦觍之莞尔。于笑曰:"此君姓氏之累也,今日广告市招,恒喜由左向右写,君试读此木牌,非猴国泰、猴国奥而何?"一时传为趣话。昔清乾隆时,秦大士殿撰在朝,一日高宗大笑问曰:"汝家果秦桧后人乎?"秦知其戏之也,但对曰:"一朝天子一朝臣。"此答甚巧妙,然亦姓氏之累也。

龚定庵之赌癖

予前既记诗人龚定庵之情史,今再记其赌癖。定庵生性浪漫,最嗜赌,尤爱摇摊,即以骰子摇宝是也。自谓能以数学占卢雉盈虚之来复,其卧室帐顶,满画一二三四等数字,无事辄卧床上,仰观帐顶,以研究其消长之机,每自鸣其赌学之精,然每战辄北。一日扬州某盐商大宴客,名士巨贾毕集,酒阑,于屋后花园作摇摊之戏。定庵虽在座,然以乏资,未能入局。惟徘徊花园中,拂水弄花而已。适有王某后至,见定庵独踯躅于此,异之,因顾谓曰:"今日盛会,君正好一显身手,奈何局促于此?"定庵曰:"今日宝路,余皆计算无讹,奈以资罄,遂使英雄无用武之地!"王某固倾慕其文才者,因曰:"君毋忧,我有资,愿以假之。"乃解囊赠资,相偕入局。顾定庵每下注,必败,不三五次,所假资尽归乌有矣。定庵怒甚,遂狂步出门去。有人问定庵曰:"君自负赌术甚精,闻声揣色,十猜九中,何一入局即败?"定庵曰:"有人才抱马班,学通孔郑,然入场不中,实魁星不照应也。如余之精于博,而屡负,亦财神不照应也。"

故定庵卒以博倾其家焉。

钮永建组织拒俄义勇队

近在美养疴之钮永建氏，春秋已近八旬矣。钮在年轻时，即为反俄最力之一人。方清光绪二十九年春，俄国进兵东三省，且向清廷提七项新要求。时钮正留学日本东京，闻之大愤，拟组织"拒俄义勇队"，回东三省与俄人决斗。走商留学生会馆干事章宗祥、曹汝霖等，请召集全体学生开会，章、曹等以学生手无寸铁，决无所成，拒之。乃转商于秦毓鎏、叶澜等，秦等皆赞成，且允联名为发起人。钮大喜，即就秦寓草传单，定期开大会于神田锦辉馆，各省留学生到者五百余人。钮、叶等演说，激昂慷慨，鼓掌如雷！全体通过组织"拒俄义勇队"，当举士官学生蓝天蔚为队长，日日操练，备赴疆场。同时通电本国各省，唤起国人同情，并公推钮与汤尔和为特派员，回国说北洋总督袁世凯出兵抗敌。讵事为清驻日公使蔡钧所闻，密奏清廷，谓东京留学生结义勇队，名为拒俄，实则革命。清廷据奏密谕各省督抚，于各学生回国，遇有行踪诡秘，意图革命者，即可随时拿获，就地正法。于是蔡钧请日政府解散义勇队，制止留学生练习兵操。钮与诸学生以报国无路，莫不义愤填膺，痛哭流涕！遂益倡革命排满之说，将义勇队秘密改组为"军国民教育会"，后乙巳、丁未、辛亥各役，皆有此中队员参加焉。

钮永建（1870—1965），上海人，辛亥元老。早年中举，后留学日本。曾任孙中山大元帅府参谋次长。

拒俄之军国民教育会

上篇所记拒俄义勇队解散后，乃改组为"军国民教育会"，成立于清光绪二十九年夏间。此会系由秦毓鎏、叶澜等所主持，其宗旨仍为"拒俄"。故其发起意见书有云："然则拒俄胡为欤？曰俄据东三省，各国必与之争，争必出于战，无论孰胜孰败，吾之土地终非吾有矣。东三省亡，不足忧，东三省亡，而吾之土地皆随东三省而俱亡矣。一俄不足忧，各国皆随俄而瓜分我矣。呜呼！吾族亡于野蛮满洲，犹有独立之希望，若亡于文明各强国，真为万劫不复之奴隶矣。与其坐以待毙，不如奋斗而死，此吾军国民教育会之所以起，凡吾同人当无不知也。"观此宗旨，则知当时留学生与俄已势不两立矣。惟鉴于拒俄义勇队之遭解散，故此会采取秘密组织，招收会员，概取严密，开会无定期，会场无定所，人数不多，皆能恪守规章，保存机要。会员徽章，为镍质圆形，大如银圆，一面镌黄帝轩辕氏像，一面镌铭曰："帝作五兵，挥斥百族，时维我祖，我膺是服。"乃出秦毓鎏手撰也。自光绪二十九年成立，至三十一年，合并同盟会，三年中幸无破坏之者。

禁止缠足史话

中国禁止妇女缠足，始于清末，至民初始彻底实行，故今日五十以上妇女，已无复纤细莲瓣矣。其实缠足禁令，清初即已有之。康熙三年，礼部曾奉谕旨议定禁止缠足之法，凡在康熙元年所生之女，若有违法缠足者，其女父有官者，交吏兵二部议处，兵民交付刑部，责四十板流徙，其家长不行稽察，枷一个月，责四十板。督抚以下文职官员，有疏忽失于察觉者，听吏兵二部议处。其法不可谓不严也。惜因立法太严，不免有诬妄出首，牵连无辜受累。故行之不久，即行废止，否则逊清一代，早已成为天足之国矣。

革命奇人张静江

已故国民党元老张静江，毁家革命，人皆知之矣。但其何以加入同盟会？以及如何乐于输财？则知者少焉。按静江为浙江吴兴人，上海张园主人之子也。父殁，分得遗产巨万，性豪侠，好施与，以体弱足蹩，不良于行。清光绪二十九年至三十年间，尝随驻法公使孙宝琦任商务随员，因在上海、巴黎间，设一通运公司，经营古董贸易，获利甚厚。旅法数年，渐结识西欧无政府党诸学者，因之思想新锐，立论怪特，闻者多不敢与往还。光绪卅一年孙文游欧，组织中国同盟会，静江犹未入盟，然倾心革命甚久。是岁某月，静江乘法轮赴某地，闻孙文适与同舟，乃于舟中趋谒孙文，相见即曰："君非实行革命之孙某乎？倾慕久矣。余亦深信非革命不能救中国，近年经商法国，颇有所获，君如有所需，请随时电知，当悉力为君助。"语毕，自遗姓字，孙文大喜。因与互约通电暗号，以ABCDE为次序，A为一万元，以次递加，至E则为五万元。别后，孙文于光绪三十二年由南洋至东京，适经济困乏，试电静江请助。越数日，即有三万法朗由法汇到，同盟会本部顿呈活气。光绪三十三年孙文移居越南，策动两粤军事，静江复以A字E字汇款接济，时两粤革命得以旋仆旋起者，静江之力居多。此即静江输财革命之始也。

静江居法久，得识吴敬恒、李煜瀛诸人，因其在巴黎创刊《新世纪报》，提倡无政府主义，奇谈异说，震惊一世。其谈男女两性关系，尤为奇特，据谓："世人过分重视性的关系，最为错误。盖社会划分男女界限，乃传统习惯使然，而种种罪恶，即缘是而生。此种习惯，未尝不可以改革，譬如吾人手可行握手礼，口可行接吻礼，性的关系又何尝不可用以行礼乎？"此种思想，直使世俗闻而骇走矣。

光绪三十三年，静江以香港气候温暖，遂赴港疗其足疾，因得与胡汉民、冯自由等日夕盘桓，至是始由胡、冯介绍其加入同盟会。自是受孙文薰陶，渐放弃其无政府主义思想，而为三民主义信徒矣。厥后宣统二三年间，陈其美、周淡游诸人，屡图在苏浙各地举义，所需饷械，仍以静江协助之力为多。民国肇建，南京政府成立，孙文初拟提出静江为财政部长，静江坚拒不就。民三孙文创中华革命党于东京，特约静江为党部财政部长，则欣然不辞。惟以足疾未瘳，不克东渡，一切由次长廖仲恺为之，静江不过问也。静江自矢志革命以来，只尽义务，不问权利，三十年如一日，故孙文称之为"革命奇人"。

张静江（1876—1950），浙江湖州南浔人，出身江南丝商巨贾之家。

嘲红鼻

鼻齇,即鼻生红斑也,俗谓之酒糟鼻,男子患此者多,女子则甚少也。相术谓"火烧中堂,家败人亡",谓此为不祥相,然无法可以治之。黄陂黎少坪,曾任湖北财政厅长,其人雅好诙谐,老而弥甚。抗战时客居恩施,一日偕友曹某赴渝,曹即红鼻也。途中黎谓曹曰:"尊相甚佳,惟鼻齇,实美中不足,忆昔人有一诗,拟以相赠,君得勿嗔我乎?"曹曰:"愿闻其详。"黎诵其诗曰:"非染亦非烘,只因肺火攻。春深玫瑰紫,秋老荔枝红。仿佛猪肝似,依旧狗肾痛。如何将此物,挂在连当中。"曹与同行者闻之,皆为之捧腹大笑。又予邑有国民党老党员朱紫除,亦红鼻也。民国七年,因湖北省议会选举事,与予同赴黄州,一日偕游赤壁,朱戴一绿色呢帽,为同游张月波所见,因指赤壁白石乌龟谓朱曰:"吾今日得一绝对,君愿闻乎?"朱曰:"试言之。"张曰:"绿帽紫除朱红鼻,黄州赤壁白乌龟。"上下联颜色字俱用尽,而毫不牵强,此已属巧对。张曰:"读此联时,若将中间加一'是'字动词,则阁下是黄州赤壁白乌龟矣。"

闻者皆为绝倒。

洪承畴被批颊

　　清初崇明沈百五批洪承畴颊，论者快之。按百五，名廷扬，家甚富，明末遇承畴于客舍，时承畴年才十二三，相貌不凡，百五以为非常人也。见其穷困，招之至家，并延其父为西席，兼课承畴，承畴感德，尝呼百五为伯父。后承畴既贵，适淮河粮运被阻，百五特货家产，由海道运米数千艘送京，承畴因荐于思宗，授光禄寺卿。越数年，李自成反，清兵入关，承畴以蓟辽总督与清兵激战于松山，兵败被执，思宗意承畴已殉国，曾设御祭十六坛以悼之。顾承畴殊未死，且已降清，百五甚不谓然，脱身走海，尚图结援，为清兵所获。承畴往谕降，百五故作不识曰："吾眼已瞎，汝为谁？"曰："小侄承畴也，伯父岂忘之耶？"百五大呼曰："洪公受国厚恩，殉节久矣，汝何人斯，欲陷我于不义乎？"乃扭承畴衣，大批其颊。承畴笑曰："钟鼎山林，各有天性，不可强也。"

遂被清军执送江宁，戮于淮清桥下。妾张氏，收其尸，葬之虎丘东麓，庐墓二十年而死。承畴降清后，所定开国规制，虽有利于汉人甚多，然其被俘不死，终于降敌，总为不可恕之事，百五批其颊，宜也。

邓慕韩妙计解围

邓慕韩，三水人，同盟会老党员也，生平好出奇计，人多以师爷称之。胡汉民尝戏赠一联曰："祖宗当契友，皇帝是乡亲。"祖宗指汉朝邓通，皇帝指华侨三水人谭发也。慕韩知汉民父曾充各衙署幕宾，真师爷也。因作一联答之曰："老豆是师爷。"粤人称父曰"老豆"，此使慕韩大占便宜，然汉民莫如之何。清光绪三十三年，同盟会方发动镇南关军事，慕韩赴南洋婆罗洲山打根埠筹募军饷，曾向华侨宣传，革命军必胜，两粤指顾可得。及镇南关炮台，得而复失，山打根埠华侨闻之，群向慕韩质问革命军为何撤退？慕韩正苦无以置答，乃心生一计，曰："革命军既占镇南关，用兵本甚得手，忽遇龙州一带边疆大疫，革命军乃由越南河内延聘欧美十国名医，前往设法防治，讵十国医生咸谓此种时疫，非常可畏，实无法防治，只有撤退避之。因是革命军不得不暂时撤退，以保全实力。"此不过幕帏用以解围语耳。当时华侨虽亦信之，然慕韩募款则毫无所得。后冯自由戏编党人轶事小说章回目，内有一联曰："邓师爷十国请医生。"即指此事也。

邓慕韩（1881—1953），广东三水人，辛亥革命元老。早年留学日本东京弘文学院。1910年主持创办《平报》和《平民报》。曾任孙中山大元帅府参议、国民党广州特别市党部常务委员、中国国民党中央党史编纂委员。

李鸿章谋粤自主之逸史

清光绪庚子年，李鸿章方任两广总督。时香港议政局员何启博士，见时势紧急，瓜分之祸，迫于眉睫，亟谋革命党与李鸿章合作救国，向清廷及各国宣告两广自主。其进行方法，则先由中国党人联名致书香港总督卜力，再由卜力根据书中理由，转商鸿章，建议广东自主方案，并介绍孙文与之合作。书上，复由何启向港督代达一切，卜力极表同情，因向鸿章密商数次，谓广东如宣布自主，港督可相机协助，并联合各国领事一致赞成。李鸿章闻之，意颇动。惟以清廷尚未陷于绝境，迟疑观望，以待时机。其幕僚有粤绅刘学询者，与孙文为旧交，爰向鸿章推荐孙文。鸿章颔之。学询遂贻书孙文，陈述原委。孙文得书，于五月中旬偕杨衢云及日人宫崎寅藏、平山周等乘轮至港。鸿章闻讯，派幕僚曾广铨率安澜兵轮来迎，约过船开会，但孙文得陈少白报告，知鸿章尚无决心，仅派宫崎乘兵轮晋省，代表接洽。宫崎与学询密谈一夜，毫无结果。洎六月下旬，联军攻陷北京，清廷派安平轮赴粤，迎鸿章北上议和，鸿章闻清帝母子出亡无恙，遂决意北上，所谓粤省自主计划，至是遂成画饼矣。

名旦李世芳之死

以小梅兰芳见称之李世芳，晋人，梨园世家也。自幼在富连城坐科,与宋德珠、毛世来等有小名旦之誉。李面如满月,华贵雍容,上妆后,酷肖梅兰芳。坐科后,遂拜兰芳为师。李故聪颖,尤善揣摹,因是尽得兰芳衣钵。凡梅派戏如《贵妃醉酒》、《生死恨》等等,李皆能之,而行腔道白,珠圆玉润,与兰芳殊无轩轾,人誉之为小梅兰芳,非过当也。后一度因肺病倒嗓,不能登台,经年余疗养,始渐痊可。旋与姚宝莲结婚,伉俪甚笃。胜利后,李在沪演戏,姚寓北京,方怀孕待产。一日李得姚电,谓将临盆,急欲北归,临时由友让予飞机票一张,搭中航机回平。讵飞临青岛上空时,因雾大触山,全机焚毁,李遂死焉。

李世芳(1921—1947),祖籍山西太谷,民国四小名旦之首。

萧振瀛海底捞月

萧振瀛,吉林人,曾任国会议员,后投西北军充幕僚,与宋哲元善。故冀察政委会时代,尝任天津市长。七七事变前,颇有亲日之嫌。一日在市府开会,讨论对日问题时，有张自忠在座。张力主强硬对付，萧则主退让为先，两人言语冲突，张力批其颊，萧愤而辞职，冀察政委会遂委张继任天津市长。抗战后，萧流亡重庆，境况颇窘。胜利后，政府因长江沉舰甚多，拟打捞废铁，以供铸造武器之用，招商承办，无敢应者。萧颇懂此业，毅然与当局签约，设一大同打捞公司，专事打捞沉船，因此获利甚丰。友朋相见，辄以麻将术语"海底捞月"笑之，萧谓"海底捞月"加翻，何妨捞之。后又创办大同银行，置总行于北京，各地设分行，萧自任董事长，业务发达，信誉良著。讵萧忽患半身不遂症，未几谢世。其子方二十余岁，萧妻竟以子承继银行董事长，其他董事大哗，争执甚久，业务亦告不振。

萧振瀛（1890—1947），吉林扶余人。早年投身西北军，曾任西安市长、察哈尔省主席等。

付之屠肆

《艾子后语》：艾子晨饭毕，逍遥于门，见其邻担其两畜狗而西者，艾子呼而问之曰："吾子以犬安之？"邻人曰："鬻诸屠。"艾子曰："是吠犬也，乌呼屠？"邻人指犬而骂曰："此畜生，昨夜盗贼横行，畏顾饱食，噤不则一声。今日门辟矣，不能择人而吠，而群肆噬啮，伤及佳客，是以欲杀之。"艾子曰："善！"盗贼横行，畏顾饱食，噤不则一声；不能择人而吠，而群肆噬啮，伤及佳客。悖谬瞀乱，一至于此，并昔日看门精神，亦消失尽净，此等畜生，只有付之屠肆。

窃皮蛋趣闻

皮蛋，本中国普通菜肴，无论何省皆有之。然清季外国初见皮蛋，咸认为奇物，如以此劝食，必惶然骇走，意谓鸡蛋变成如此黑色，必有毒也。一八九九年中国初送学生至日本留学，因言语不通，普通科学不完，无从入大学，日本文部省乃特设日华学校，专为中国留学生教读语言及补习科学。惟设备简陋，所延教习皆下驷，卑鄙不堪，常就留学生乞食果腹。有某生自中国带去皮蛋数十枚，日人不识为何物，再三探询，告以可食，摇首不信，及见留学生用以佐食，则大奇，乞少许尝之，大赞不止，谓口味鲜美，较鲜蛋尤过之。自是每食辄向留学生乞皮蛋，学生以此本平常食品，殊不足奇，但在海外，则不易觅致，因靳不与。一日某生所携皮蛋，忽失去一半，经同学侦察，始知为舍监日人窃去。于是日教员窃皮蛋笑话，传遍留学生间，此亦初期留学界趣闻也。

朱一贯反清始末记

郑成功卒后六十年，又有朱一贯据台反清事，且以建号"永和"，虽为时不久，其事有足述者。按一贯为漳州之长泰人，因家居无业，为乡党所恶，于清康熙五十二年来台，充台厦道辕役，寻被革，居母顶草地，饲鸭而生，好结纳居民，凡与往还者，必饷以酒食，尽欢而散，以是得党羽数十人，往来密洽，颇思举事，会凤山县令出缺，由太守王珍摄县篆，横征暴敛，民咸怨之。有黄殿者，居罗汉门，与一贯善，见清吏捕治无辜甚多，辄思反抗，于康熙六十年三月邀同党李勇、吴外、郑定瑞等往罗汉门见一贯曰："今地方官长，但知沉湎樗蒲耳，种种虐政，兵民瓦解，欲举大事，此其时乎？"一贯曰："然！我姓朱，本天潢贵胄，若以反清复明为号召，则归者必众。"众皆称善。遂于四月十九日，由黄殿等五十二人，即其庄中奉一贯焚表结盟，各招党羽，得数百人，竖"大元帅朱"旗帜，夜出冈山，袭击塘汛。警报至郡，清吏惶惶无计。由是各乡响应，声势浩大，把总李茂吉为一贯所执，斩之。旋攻破台湾府，开红毛楼，楼故荷兰人所建，旧名赤坎城，郑成功尝用以贮火药军旗，郑殁后，莫有启者，一贯发之，得军火刀枪无算，军威益振。众遂拥一贯为王，呼万岁，建号永和。后清廷命蓝廷珍率大兵至，一贯以众寡不敌，败死。

胡文忠走内线

洪杨乱时，胡文忠（林翼）抚鄂，对筹济军饷，安抚流亡，厥功至伟。然胡之获此成功，实赖总督官文（满人)与之合作，官之所以愿与合作，则又胡走内线之力也。缘官有一爱妾，异常宠幸，到任甫一月，值妾生日，官伪以夫人寿辰告百僚，意待贺客至门，再言其实。届期百僚群集，藩司某已递手本矣，闻者告今日实如夫人寿辰也，藩司大怒，索回手本，道府亦纷纷索回欲归。适胡至，竟以"晚生胡林翼顿首拜"之帖入祝，众见巡抚率先入祝，则又相继而入，使官妾得完其体面，妾大德之。胡诇知官畏妾，归署，乃以夫人名义请官妾游宴，而先告太夫人善待之。官妾至，胡太夫人竟认为义女，自是官妾以兄事胡矣。胡若有设施，虑官掣肘，则先关白其妾，妾乃日夜聒于官曰："你懂得什么？你的才具识见安能比我们胡大哥，不如依着胡大哥怎么做便怎么做罢。"官辄唯唯听命，自此官胡交欢，遂奠定两湖安定之局。向使胡当时不利用官，而任此满洲大员监督其上，事事为难，则影响军事必甚大。故胡之此事，实一种苦心策略，未可非之也。

  胡林翼（1812—1861），湖南益阳人。与曾国藩、左宗棠、彭玉麟并称为晚清"中兴四名臣"。著有《胡文忠公遗集》。

孽 缘

予民七客吴门时,偶偕友过潘祖荫宅第,见其门楣尚悬有"父子兄弟叔侄翰林"匾额,友因述咸同年间潘家一故事,颇香艳动人,今记之于此。缘祖荫有堂弟祖同者,幼聘查姓女为室,查为海盐巨族,侨寓苏州,与苏州学官署隔邻。时学官为淮安杨某,有子鼎来,才子也,年方幼,因两家眷属常往来,鼎来与查女亦同嬉游,鼎来能诗,女亦能诗,唱酬无虚日。鼎来固未聘妇,而女已字祖同,虽彼此有意,格于礼法,不能通婚媾。无何,鼎来已弱冠,中乡举,走京师娶彭氏女为室,因与潘家有世谊,假馆于潘氏。时查女亦出嫁,祖同方入翰林。鼎来因与女频相见,遂通焉。适是年祖同因事革职遣戍,鼎来遂无所顾忌,与女绸缪甚至。然祖同父曾莹固在京师,偶见鼎来与女唱和诗,语多狎亵,遽逐鼎来出。鼎来不能舍女,竟黩夜逾墙入潘氏宅,负女遁。潘氏聘拳师五人,使于途中追杀之,顾鼎来精于拳勇,能百人敌,拳师追至杨柳青,见杨与女叠骑而驰,五人与斗,皆败而还。鼎来遂偕女安然归故乡，筑精室于淮河之下，与女日相唱和，享闺房之乐二十余年。女先鼎来数月死，鼎来挽以联云："前世孽缘今世了，他生未卜此生休。"两语包括无限心事，诚才人手笔也。

潘祖同（1829—1902），清末进士，江苏吴县人。著有《竹山堂诗稿》《竹山堂文剩》《竹山堂联语》等。《晚清风流才子杨鼎来》一文记文中此事甚详。

男子同性恋爱

男子同性恋爱，不惟中国有之，外国亦有之。中古时代之欧洲，曾盛行此风。如法国人文主义学者苗瑞，文艺复兴时伟大雕塑家密克尔安琪罗，及英国诗人马罗，甚至近代科学方法祖师倍根等，皆有此癖。近年美国国务院亦曾暴露同性恋爱事，自一九四七至一九五〇年国务院职员因有而被勒令辞职者，即有一百四十八人之多。当时助理国务卿白利配宣称："就国务院关系而言，我毫无疑问认为同性恋爱者，是国家安全上危险分子。"

盖谓犯有此种丑行之人，易被外国间谍施行敲诈，供其利用也。日本东京近亦有男娼甚多，潜伏在上野一带，其中有名"阿姐"者，为此中翘楚，现年约二十七八岁，常梳日本髻，着艳装，袅袅婷婷，居然女子。"阿姐"曾为歌舞妓之花旦，故具有女人温柔，据曾与结合体缘人言，由始至终，总觉其为真正女人，则"阿姐"媚术之高超，可以概见。"阿姐"人品，非常纯情，上野一带真正妓女，皆呼之为"家姐"，往来亲密，宛如姊妹，此真"人妖"也。《商书·伊训》所谓"三风十愆"，即有"比顽童"之一类，谓"卿士有一于身，家必丧；邦君有一于身，国必亡"。

反错吟

戏曲中有《十八扯》一出，所说尽错话，往往使人失笑。胜利之初，重庆某报载有《反错吟》一篇，尽属颠倒之词，甚有意致，今录之于此："宋代诸葛亮，唐朝司马光。子胥终辅越，安石本姓黄。大将推苏轼，丑女让王嫱。

颜渊哭孔子，刘邦灭残唐。五霸宋为首，七雄燕独强。关雎属篇末，曾巩是诗王。湖北昔为赵，始皇初姓张。明朝归上古，日本在西方。精卫未近卫，裕仁非天皇。空中堡垒小，原子炸弹香。轮船善搁浅，电灯素无光。人挑自来水，贼偷保险箱。重庆雾太小，扬子江不长。山巅产螃蟹，夜里出太阳。五月过年乐，八月栽秧忙。可恨夏日冷，惟有冬日长。牡牛生小犊，老鼠吞虎狼。瞽目看晚报，哑子说京腔。邪说真有意，经书是无章。"

马 熊

马熊，产于贵州山中，身躯大小如狼，头似马，体似熊，故称为马熊，为贵州农民敬爱之兽。其最大威力，为能制服野猪。贵州山中野猪甚多，每于农产品将熟时，野猪即出而狂食，往往整亩包谷红薯，被其一食而尽，因其力绝大，农民莫可如何。惟马熊一出，野猪即相率逃避，其畏马熊，较畏狮虎尤甚。盖马熊善于奔逐，一见野猪，即一跃而伏其背，因马熊躯体小，既踞其背上，野猪再无法使之摔下，惟有惶急狂奔，马熊得徐徐啮开其肛门，而挖出肛肚，野猪至是遂气绝而毙，任马熊食其脏腑焉。马熊每出必成群，农民一见，既焚香烛，鸣鞭爆，以示欢迎。马熊一睹农民作此状，似知必有野猪为害，即穿林越壑，必驱尽野猪而后已。年代既久，似成习惯，农民发现野猪，即鸣鞭爆，马熊闻鞭爆，即出逐野猪，农作物因此获保全不少。

康有为的十三太保

康有为于戊戌政变后，偕其门徒梁启超等遁往日本，组织保皇党，仍以攻击慈禧誉扬光绪为宗旨。次年康赴美，启超留日，创办《清议旬报》。适孙文赴日，日本进步党领袖犬养毅特于早稻田私邸，宴请孙文及陈少白、启超等，意欲使孙康二派，联合为一，共谋国是。启超初识孙文，聆其言论，大为倾倒。于是孙派之杨衢云、陈少白、尤列等，康派之区榘甲、梁子刚、张智若等，时相往还，踪迹亲密，一时孙康合作之声浪，轰传于东京横滨之间。梁并上康一长函，洋洋数千言，大意谓"国事败坏至此，非庶政公开，改造共和政体，不能挽救危局。今上贤明，举国共悉，将来革命成功之日，倘民心爱戴，亦可举为总统。吾师春秋已高，大可息影林泉，自娱晚景。启超等自当继往开来，以报师恩"等语。署名者为康徒梁启超、韩文举、区榘甲、罗普、罗伯雅、张智若、李敬通、陈侣笙、梁子刚、谭柏生、黄为之、唐才常、林述唐等十三人。康得书大怒，驰书启超严辞申斥，不准所请。于是孙康合作之议，无形打消。各地康徒且骂此十三人为逆徒，呼之曰"十三太保"云。

孙庆联姻秘闻

孙宝琦在清末官僚中，尚属明达之士。如其任驻法公使时，有满人觅得欧洲同盟会名册献之，宝琦掷之火炉，因是保全留学生不少。民国十五年张宗昌捕名记者成舍我，将杀之，赖宝琦力保得释。凡此皆可人意事也。

惟宝琦与庆王奕劻联姻事，人皆訾议之。其实宝琦之许婚，出自奕劻之要求，良非所愿也。先是奕劻某岁寿辰，驻京各国公使夫人均约往贺，奕劻拟召深通外国语女客为招待，而苦无其人。适宝琦由法回京，其二、三女公子精通数国语言，乃由陈筱石夫人介绍，邀为庆府外国公使夫人主宾。届时两女公子周旋中节，众啧啧称赞，奕劻大乐。事后挽陈夫人为蹇修，必欲聘其第二女为世子室，盖因第三女面有麻，不如其第二女佳也。陈以语宝琦，宝琦甚不愿，乃伪言次女已字人，而以不甚钟爱之三女许之，即当年庆府所迎娶者。故人谓奕劻射鹿而得獐也。

孙宝琦（1867—1931），字慕韩，浙江杭县（今余杭）人，外交家。

宛思演鬻产办报助革命

宛思演，为吾邑革命前辈。幼聪颖，弱冠游泮，即矢志革命。其家本非素封，在城内设小布肆，其父于光绪末年中签捐彩票，因得稍稍充裕。思演既入庠，初肆业黄州府中学,旋入武昌两湖师范,为日知会有力分子,与居正、田桐、石瑛、方觉慧等交谊至笃。会宣统二年,汉口有一《商务报》将停业,武汉党人亟思盘受此报,用为革命机关,而苦无资,乃由刘尧澂(辛亥八月十九日遇难三烈士之一)、何海鸣亲赴黄梅,商之思演。适思演与鄂东诸同志,正思创一言论机关,鼓吹革命,闻此甚喜,立鬻其私产,得银一千两,偕刘、何赴汉,接办《商务报》,就其原规模,日出两大张。时汉口报纸,多为商业性质,惟《商务报》与共进会取得密切联系,故清末汉口纯粹革命机关报,仅此一家而已。报馆执笔诸人,皆青年志士,言论锋发,震烁一时,海鸣以"衡阳孤雁"笔名,撰时评小说,尤有精彩。思演初营此报,原思藉"商务"二字作掩护,故未更名。顾出版逾月,态度鲜明,鄂督深忌之,时思予以干涉,故不半年,即被封闭。然以前之《大江报》,及民元《震旦民报》,皆为思演所促成,其有功民国,良不可没。

宛思演(1887—1951),湖北黄梅人,辛亥元老。

吴鼎昌不饮例酒

吴鼎昌在民国十五年前任天津金城银行行长时，喜与文人往还，尤好吟咏，时《国闻周报》中"采风录"，每期咸有其诗，署名"前溪"，故吴实擅经济而兼长诗文也。后入仕途，文人结习犹未除，民三十三四年间，任贵州省政府主席，每日日间，处理公务，勤慎而认真，惟退值后，则绝口不谈公事。晚膳时，必饮酒数杯，习以为常。贵州所产茅台酒，吴尤嗜之，如有好友在座，辄尽一二瓶，亦无醉意。但日久，渐患酒病，医生劝其戒酒，吴告以未能，医生曰："无已，先戒例酒。"吴问何为例酒？医生曰："公每日晚餐必饮酒，是成例也，如不按时而饮，即谓之戒例酒也。"吴遵医嘱，以后饮酒，即不拘时，有时早饮，则晚绝之，有时晚饮，则早不沾唇。人或问之，则曰："吾不饮例酒也。"后任文官长时，亦复如是。至一九五〇年，卒于香港，是否酒病？不得而知也。

吴鼎昌（1884—1950），字达铨，原籍浙江吴兴。曾任《大公报》社长，为新记《大公报》创始人。

孙开泰父子与台湾

清季刘铭传督办台海军务时，有四提督、一总兵，皆勇敢善战，威震海疆。一总兵即孙开泰，湖南人，原为鲍超部将，转战楚赣有功，累叙至总兵，奉调台湾，隶刘铭传部下。光绪十年，法人犯台，刘命开泰守淡水炮台，开泰进言曰："台湾无兵舰，海面不可与争，当诱之登陆而后迎击，乃为万全。"刘深然之。及法军官礼士卑士率舰攻淡水，发大炮二百余发，开泰令军士尽伏台后，不回一炮，法军以为我守兵已溃走，立放舢舨驱兵登岸，开泰登高一呼，伏兵尽起，肉薄移时，斩级数百，击沉舢舨四只，入海死者不可悉数，法人大败而逃。军中莫不为开泰贺，开泰曰："此乌足言贺，敌人受此钜创，必将反攻，吾人宜严加戒备，如有解甲休息者，罪以军法。"未几，法军果再来袭，开泰率士卒贾其余勇，冒死抵御，三战三捷，法人慑开泰威，卒率舰遁去，而台湾得无恙。当时台湾无海军，而炮台军械又远不如敌，乃竟能重创强敌，振我国威，非开泰战略优越，曷克臻此！事后刘奏其战绩，擢为福建陆路提督，光绪十九年以疾卒于淡水。举殡之日，士民爇香会送，至有泣下者。从知其或德戚入之深也。

开泰有子名子堂，恂恂儒雅，读书养亲，不求闻达，立志以古人自期，因幼秉庭训，尤好研究兵法。开泰殁之次年，值甲午中日战起，清廷战败，割台湾求和，台民不肯让，知子堂为名将之后，又深谙兵法，遂推为义师首领，以谋反抗。子堂感众意，奋袂起曰："国家土地，不得以尺寸与人，台湾北通吴会，南接粤峤，乃东南之屏障也，而朝廷视若弁髦，委诸敌人之手，是诚何心？某虽无能，然不忍睹此大好河山，沦于异族，重辱我先考也。"即日募壮士，墨绖视师，购器械，立旗帜，不数日而战守之具悉备。迨日兵抵台，声势汹汹，扬言反抗者立予屠戮。子堂家人闻而惧之，或劝其宜自爱重，子堂不听，曰："人谁无死，死贵得当耳！"遂与诸壮士枕戈待旦，誓以死拒。未几日兵来犯，子堂奋勇击却之，翌日日兵来愈众，自辰至午，肉薄相当，夷伤略等。顾敌源源继进，子堂则无后援，移时壮士死几尽，子堂受数创，大呼曰："吾可以见先考于地下矣！"策马陷阵，力竭死之。至今三貂岭父老，尚能道子堂壮烈，至歔欷泣下云。

孙开华（1838—1893），字赓堂，湖南慈利岩泊渡（今属张家界市）人。清末台湾守军将领、抗法英雄。曾任漳州镇总兵、福建陆路提督。文中误为孙开泰。

肉烟碟

今日妇女，以大腿为美，昔时妇女，则以脚跟为美。清季缠足之风方盛时，惟广东顺德妇女多天足，其面貌姣好者，多出为贵家梳头妈，甚柔婉解人意。其脚之后跟，每日用细石净水摩擦，使之洁白光润，平时趿拖鞋，露其脚跟，玉痕宛宛，其动人处有过于柳眉樱唇者。同治间裕某督粤，盖此类梳头妈甚多，裕嗜好鼻烟，每闻烟时，必令各梳头妈之脚罗列于前，以其脚跟为盛烟之碟，徐徐撮而闻之，谓远胜于象牙翡翠之各碟也。有人微讽其近秽者，裕则谓其味绝美，此亦风流奇癖也。

吴禄贞被刺之真相

辛亥武昌起义后，北洋第六镇统制吴禄贞，在石家庄被刺。当时报纸记载，皆谓为乱兵所刺，其实此为满员荫昌与良弼之有计画阴谋，刺客即为第一镇两管带也。先是禄贞之第六镇，原驻奉天，武昌义师既起，荫昌统兵南下，清廷遂调禄贞驻近畿拱卫。禄贞素具血性，早有志革命，既至直隶，即奏言荫昌纵兵殃民，督师无能，请旨严惩以申军纪，荫昌闻而大恨，军谘府良弼忌之尤甚，盖恐禄贞手握重兵，在北方响应，为心腹患也。于是与荫昌密谋，先调禄贞率部南下，迨师次石家庄，又改命为山西巡抚，以解其兵柄。禄贞闻命，知清廷将欲去之也，颇表愤慨！良弼恐其叛变，遂以重贿两万金唊禄贞部下第十三协统领周符麟，使引旗兵刺杀禄贞，以弭隐患。九月十七夜，禄贞方住石家庄站长楼房，忽有第一镇旗籍两管带到营求见，谈约二十分钟，两管带告辞，禄贞送至楼腰，两管带乘其不备，抽刀直砍，割其头以去。一时将士及收抚之山西军队，哭声震天，誓雪此恨，当将石家庄至正定铁路及南北交通电线一律撤毁，与旗兵开战，旗兵望风而靡，历旬日始告平静。是年十二月初八日，良弼被彭家珍炸毙，亦即革命党为禄贞报仇也。

吴禄贞（1880—1911），字绶卿，湖北云梦人，清末革命志士。著有《吴禄贞集》。

吴稚晖白话联

吴稚老为人风趣，亦别具一格，兴之所至，上下古今，无所不谈，大而政治问题，小而男女性交，恒能言之竟日不倦。其种种趣事，予前已记之。忆抗战在重庆时，稚老始终不乘车，不坐轿，常提一旅行袋，步行于上清寺两路口一带。时两路口路侧有一湖北茶社，稚老恒于是处品茗小憩，一日兴至，以白纸亲书曰"湖北茶社"四字与之，社主如获至宝，悬之门首，生意顿盛。稚老自民初以后，为文喜用语体，即联对亦常以白话出之。十数年前，无锡名画家吴观岱患霍乱症逝世，稚老曾撰一白话长联挽之云："何物鹄列拉的微生虫，竟挈阿兄老命而跑，空想一枝秃笔，信今传后，就写成顾虎头，倪云林，亦徒为无锡艺术志中，增加篇幅，于我们笑笑谈谈，终归完了；可恨驹过隙般短身世，虽留胜会群贤之盛，伤心七尺桐棺，闭目埋忧，只剩有孙来鹤，康檀柘，尽将还北平石板房里，共历兴亡，向四方惨惨切切，诉说从前。"又农历中元节，江南俗例有盂兰胜会，稚老尝有联云："替鬼化缘，或拜张，或拜李，拾芝麻凑斗；随人作福，不争多，不嫌少，尽蜡烛念经。"有人谓稚老所为白话文，骤视之，若几岁小儿亦能道出，细读之，则非苦读三十年不能道其只字，诚确论也。

名字趣联

中国人取名字，向有一种共同情趣，即名字与姓氏，必求其连贯而有夸大意义，如"张国威""王佐才"之类是也。倘其人足不出户庭，老死牖下，其名字与社会，尚不至发生若何关系，设若身入仕途，遨游都市，则同名同姓或同名异姓者，随处皆是。清季满人荣庆长学部时，左丞乔树枏（绰号乔壳子）右丞为孟庆荣（号黻臣），时人有撰一联曰:"壳子并吞双御史,黻翁倒挂老中堂。"盖同时有高枬、高树二人,皆为御史,而乔名树枬,故曰"并吞双御史",孟名庆荣,适为荣庆二字之颠倒,故曰"倒挂老中堂"也。此联殊穿插入妙。又有内阁中书名吴鋆者,以堂官宝中堂亦名鋆,因改己名均金以媚之。后其婿某亦得内阁中书,于是有人作一联曰:"女婿头衔新内阁,丈人腰斩老中堂。"盖以"鋆"字拆为"均金",有似腰斩也。此亦谑甚!

吴鬼火的白话诗

宿松诗人吴鬼火,有奇才,生性浪漫,不修边幅,尝出入茶寮酒肆中,不知者皆以乡愚视之也。一日有富室子弟约友辈郊游,于林木深处,饮酒赋诗,适鬼火至,亦欲入席饮,富室子弟见其衣衫褴褛,咄之曰:"我辈在此吟诗,尔来胡为?"鬼火笑曰:"我来饮酒耳。"众曰:"不能诗,请速去,毋败乃公兴!"鬼火曰:"作诗即亦不难,请命题。"众又嗤之曰:"尔亦懂诗耶?"鬼火曰:"随便出出。"众遂以"即景"为题,命试之。鬼火高吟曰:"东边一棵大柳树,西边一棵大柳树。"众哗曰:"此乌能称诗。"鬼火曰:"吾尚有后语。"遂续吟曰:"前山叫鹧鸪,后山啼杜宇,一个道行不得也哥哥,一个道不如归去,纵有柳丝千万条,怎系得离人住?"众闻之大惊曰:"先生其吴鬼火乎?"鬼火曰:"不才恶足道。"众遂尊之上座,尽欢而散。

贾景德悼亡诗

贾景德,山西沁水人,出身科甲,文名甚著,民初曾任山西北路观察使及山东济宁道尹。民国二年与继配能襜芗夫人结婚,伉俪綦笃,历四十年不衰。夫人系出名门,好学知礼,归贾后,随官多年,始终以俭朴持家,毫无奢华习气,故有"标准夫人"之称。以疾卒于台北。时贾亦正患病,家人秘不以告,旬后闻之,大为痛悼!尝挽以联云:"结美眷互四十年,是良母,是贤妻,亲友早交推,标准夫人卿不愧;疗沉疴住两头屋,未问疾,未视殓，糊涂成永诀，负心男子我何辞。"语甚沉痛。顾奉倩伤情，犹不能自已，复作悼亡诗六十六首，情真语挚，纪实抒哀，堪称佳构也。兹节录十首于后，并附其原注，庶读者见其诗而知其本事也。诗云：

雁门持节庆弹冠，清吏堂前降彩鸾。妆罢礼初行庙见，老奴作堉足为欢。

（原注：民国二年八月二日即农历六月廿九日，成婚于山西北路观察使署，即清代雁平道，民国三年改雁门道，当时驻代县，后乃移驻大同者清吏堂道署大堂名成婚，次晨礼谒祖宗。行主夫人于妆罢，振衣得意之状不觉流露，余适坐妆次彼此相视一笑。）

闺语由来不及公，外言不听志元同。最难堆案相仍久，只字何曾寓目中。

（原注：余生平永不在闺中谈公事，夫人性尤慎密，且秉季父之教，数十年来更未尝一语及之。即余公牍，有时堆置家中亦避之若浼，从不翻阅。）

美景良辰早放衙，任城城外饱看花。鹣鹣

鲽鲽人争羡，落手温台未足夸。

（原注：岱南观察使驻济宁，余赴任中途即改制称济宁道尹，古任城也，北十余里有一教堂原系旧家园林，花事颇盛。放衙无事常偕夫人往游，有平世遨头之乐，长女元彤即生于任所。清季郭啸麓则沄为温处道，华年美眷，仕无自喜，致黑龙江巡抚周少朴先生树模书有"温台落手寻山坡老"之篇、"华岱结根掷地兴公"之句，诸语朋辈传而羡之。）

累卿卧病在天津，竿木逢场事有因。曾作新诗题有赠，樽前窈窕尔何人？

（原注：民国二十年，余暂寓天津，夫人间或由平至津探视。一日有某校书以电话达余寓所，询夫人已否返平，适为夫人所接，致患骸疾数月余，集中有赠诗："老涉花丛觉已狂，那堪作戏再逢场。无端客里羁孤日，又遇樽前窈窕娘。乱世欲招猿鹤侣，平生不识绮罗香。吴侬软语温存甚，孤负清秋夜未央。"即系为某校书所作，特志之以彰吾过。）

兴庆宫前道路长，灞桥有柳正舒黄。轻车驶向骊山足，同试华清第二场。

（原注：民国二十七年春，余于临汾行营转进后渡河移驻三原。三月始入秦城一视眷属，曾偕夫人小游骊山，同试华清之浴。）

木笔花开香满枝，曲池春涨碧涟漪。记当过我池阳日，正为秦中写杂诗。

（原注：余驻三原东里堡半耕园，有池台花木之胜。辛夷一树殆百年物，时值盛开，尤馥郁饶奇致。夫人以长期抗战之局已成，曾至东里，商眷属行止。余时正写《秦中杂诗》，全神尽注。诗中且以为时尚早，未暇一为作计，至今犹歉然也。）

早买樊山好墓田，相期同穴作长眠。如何一夜罡风起，归旐居然在我先。

（原注：余于民国廿四年卜生圹于阳城樊山之九蕊芙蓉嶂，集中有诗纪事，嗣以距余家端氏镇较远，又在镇北嵬山下之五龙头村外买一吉地姑作准备。）

忍从画里唤真真，岁首传真影尚新。我比汉皇情更恝，病中未见李夫人。

（原注：自夫人迁入别屋，竟未再见。每渡年初，照片神态栩栩，倍觉伤怀。）

婚宦匆匆逝水流，几曾悔嫁得黔娄。如何海曲相依日，不与梁鸿共白头。

几度狂飙入夜催，相思寸寸尽成灰。蓼莪赋后无余痛，洒泪床头又一回。

（原注：八月十五日值台风妮娜过境，气候极恶，绝非羸体所堪，夫人之殁固由久病，而风灾影响自极巨。妮娜过后，丽泰费丽丝踵至沓来，直如猩语鹃声令人厌恶。）

秋瑾义拯女性

清末唯一死难女革命家秋瑾，曾由新华影业公司摄成电影，已在各电影院放映，内容如何，予未往观，不得而知也。关于秋瑾举事死难史迹，举国皆知，毋庸更述，今记其义拯女性一二事，亦可见其侠性之一斑也。按瑾系于清光绪三十年赴日留学，次年归国省亲，再渡日，得识湘人陈范，陈方以苏报案关系，亡命日本，携有二妾曰湘芬、信芬，皆为浙籍，系出故家，瑾见之，大不谓然，且以女子作妾，有玷同乡名誉，乃力劝二妾脱离陈氏家庭，复劝同乡学生助以学费，使二妾入校读书，后湘芬、信芬皆略有成就，实瑾之力也。又陈范有女公子名撷芬，曾发刊女苏报于上海，名重一时，亦以党案随父居日。一日陈忽令女嫁粤商廖翼朋为妾，留学界闻之大哗。瑾乃召集女同学开全体大会，向撷芬严厉警告，撷芬谓事出父命，不得不从。瑾曰："逼女作妾，是乱命也，乌呼可从！且事关女同学全体名誉非取消不可。"众鼓掌和之。撷芬腼然退席，婚事遂以瓦解。其侠义天性，殆与有生以俱来也。

秋瑾（1875—1907），祖籍浙江山阴（今绍兴市），出生于福建厦门。清末曾创办《白话报》《中国女报》等，并加入中国同盟会。人称"鉴湖女侠"。著有《秋瑾集》。

记秋瑾的诗

秋瑾幼聪颖，读书家塾，有女才子之称。其父寿南宦游闽湘诸省，瑾随侍焉。故其旧学根底深，所为诗，雄浑有男子气。如其感时诗云："莽莽神州叹陆沉，救时无计愧偷生。搏沙有愿兴亡楚，博浪无椎击暴秦。国破方知人种贱，义高不碍客囊贫。经营恨未酬同志，把剑悲歌泪纵横！"此诗在瑾未死难时，即已刊载报端，故国人皆能诵之。尚有其《东渡长歌》，为外间所少见。歌云："登天骑白龙，走山跨猛虎。叱咤风云生，精神四飞舞。大人处世当与神物游，顾彼豚犬诸儿安足数。不见项羽酣呼巨鹿战，刘秀雷震昆阳鼓，年约二十余，而能兴汉楚，杀人莫敢当，万世欣英武。愧我年廿七，于世尚无补，空负时局忧，无策驱胡虏，所幸在风尘，志气尚不腐，每闻鼓鼙声，心思辄震怒，其奈势力孤，群材不为助，因之泛东海，冀得壮士辅。"又有《鹧鸪天》一阕云："祖国沉沦感不禁，闻来海外觅知音，金瓯已缺总须补，为国牺牲敢惜身。嗟险阻，叹飘零，关山万里作雄行，休言女子非英物,夜夜龙泉壁上鸣。"又五律一首云:"叙别短长亭,群山睡已醒。瀛洲芳草绿,汉地柳条青。意气吞胡虏,精神贯日星。相思寄鸿鹄,携手复叮咛。"皆属悲壮淋漓,有昂头天外之慨。而其念念不忘排满,亦皆于诗中见之。

吴芝瑛葬秋瑾

吴芝瑛,为桐城吴挚甫之犹子。父宝三,为山左县令,独生芝瑛,钟爱逾恒,解诗书,工八法,为女中所罕见。年十九,归无锡廉惠卿(南湖),惠卿入赀为户部郎中,与秋瑾之夫湘潭王子芳同官,两家眷属,数相往归,因时得识秋瑾,久之情同手足,遂订金兰之好焉。洎瑾遇难,芝瑛与石门徐忏慧女士,收其遗骨,卜葬于西子湖畔,徐女士为撰墓表,芝瑛书之,并亲题"呜呼鉴湖女侠秋瑾之墓"墓碣,既勒石树之矣。满御史常徽忽奏闻清廷,将平墓毁碑,赖芝瑛以手写《楞严经》,并所制景泰窑陶斋匾额,献之江督端方乞为斡旋,瑾之遗骨遂得归葬岳麓。光复后，芝瑛复夺之于瑾之夫族，仍异葬西湖，一时芝瑛义声动天下。芝瑛尝有"西泠吊秋"七绝四首，云：

大樽放饮尔如何？四面江亭老泪多。今日西泠拚一恸，不堪重唱宝刀歌。

忍忆麻衣话别时，天涯游子泪如丝！独看落日下孤冢，别有伤心人不知。

独荐寒泉证旧盟，可堪生死论交情。罪名莫更天涯问，党祸中朝尚未平！

不幸传奇演碧血，居然埋骨有青山。南湖新筑悲秋阁，风雨英灵倘一还？

此大抵为葬瑾后所作，故沉痛如是。

吴芝瑛（1867—1933），安徽桐城人。古文大家吴汝纶之侄女。

寡妾抗暴

清季捻乱，皖北受害最甚，有寿州巨绅孙家泰全家为所戕，惟一妾居别墅幸免。妾姓费，河南人，美而有才，因父为拳师，故亦擅武勇。时钦差大臣胜保率大军解颍州之围，气张甚，闻费氏美，遣人往劫，费闻，枕戈以待，胜使至，谓之曰："大帅左右岂少姬侍，而必辱及未亡人何也？如不得免，我将挟刃以往，俾伏尸二人，流血五步，其无悔！"使者股栗归报，胜乃罢，费得守节以终。可知正义之气，实足以抗暴而全身也。

李鸿章受窘

李鸿章在有清末年，功业虽不可一世，然其为人有一缺点，即对僚属恒倨傲无礼，因是往往受窘，不得不引咎了事。李任两广总督时，有某县令进谒，行半跪礼，李仰天拈髭，若未之见，县令甚愠，既坐定，李问何事来见？县令对曰："闻中堂政躬弗豫，特来省疾。"李曰："无之，或外间误传耳。"县令曰："否！卑职知中堂实患目疾也。"李笑曰："是益谬妄。"县令曰："卑职适向中堂请安，中堂未见，恐目疾深，中堂反不自觉耳。"李始蹙然知适间失礼，亟举手谢过。又李对下属，若喜其人，辄曰："贼娘好好的搞。"此本合肥土语，惟对亲切人始道之。故属员受李之骂者，无不喜形于色，自以为红也。一日有某候补知县谒李，李颇重其人，因亦曰："贼娘好好的搞。"讵此人不谙合肥语，以为李骂之也，因对曰："卑职不敢贼大人娘。"李闻之，竟无辞以对。

红氍毹上的革命党人

中国同盟会运动革命时，除文字鼓吹外，尚有利用戏剧，以播散革命种子。时有美国侨生李是男者，号公侠，广东台山县人。生而颖悟，在旧金山华童学校中有神童之誉，尤嗜本国戏剧，凡粤剧中之小生唱词，皆能随口唱出。弱冠从父命回粤读书，文艺因而大进。清光绪三十二年于香港加入同盟会，矢志革命。宣统二年，孙文委为旧金山同盟会会长，遂创办《少年中国晨报》，鼓吹革命，美洲同盟会之有机关报，自此始。是男暇时，辄以唱戏为乐，于旧戏之外，复能编演新戏，其癖好有似今日之票友。华侨于岁时令节，恒喜表演音乐戏剧，以助余兴，是男偶然参加演出，观者无不赞誉。迄辛亥三月二十九日广州一役失败，美洲华侨纷纷筹款接济革命，是男遂组织一新剧团，卖票筹款，每夕亲自粉墨登场，饰小生一角。是男故英俊貌美，嗓音洪亮，至是高歌一曲，响遏行云，金山士女，大为倾倒。每往来唐人街中，妇女界称之为新小生。归寓则电话纷来，馈品杂至，几有掷果盈车之誉。是男初藉此筹款助革命，后则利用以宣传革命，在华侨中收功不小。民十一曾遵孙文命归国，任广州总统府秘书。民二十六以肺疾卒于广州。国府以其有功革命，特下令褒扬，并赐予公葬。

李是男（1884—1937），字奕豪，广东台山人。1921年任孙中山大总统府秘书。

木厂掌柜捐官笑话

清季捐班之例开，凡富有资财者，无论学识如何，皆可入赀捐官，于是仕途芜杂，笑话百出矣。有满人玉铭者，为都下木商，入赀捐道员，因其隶籍内务府，夤缘得放四川盐茶道，肥缺也。其谢恩召见时，光绪帝问其向在何署当差？玉对曰："向在西城开木厂也。"帝哂曰："然则木厂掌柜耳，木厂生意甚好，何忽弃而作官？"玉对曰："因闻四川盐茶道之出息，比木厂更多也。"帝是时已怒甚，然犹隐忍未发，复问尔曾读书乎？曰："略能识字。"问能写字乎？嗫嚅良久，始对曰："能！"帝乃以纸笔掷地，令于乾清宫阶上，默写履历，待之良久，始复命缴卷，仅有"奴才玉铭某旗人"数字，字大如茶杯，而笔画脱落颠倒不可辨识，甚至玉铭两字亦讹错不能成书。帝见之，大为震怒，曰："此等人乌能作官！"立叱去，命吏部吊销其捐照，永不许为官。于是玉铭仍回其木厂充掌柜，后因案遁入西山佛寺，披剃为僧。

张苏婚姻中佳文

近年老年男子结婚者甚多，而老年女子再嫁者，惟诗人徐志摩前妻张嘉玢女士一人。嘉玢为银行家张嘉璈、哲学家张君劢之胞妹，三十年前即与志摩仳离，携一子独居沪上。因赖嘉璈之力，曾创办上海商业储蓄女子银行，自任董事长兼经理,营业甚盛。因是得抚子成人,送美留学,现已成家立业,在美独立生活,嘉玢三十年凄凉岁月,可谓已获美满佳果。嘉玢避难香港,邂逅国医苏季子,经五年接触,互生爱慕,遂于今年七月宣布结婚,时嘉玢已五十有六,季子亦五十又三矣。此一对寡鹄孤鸾,终成美眷,吾人惟有以十分同情心,予以赞美,无论何人,未得而非之也。在两人未结婚前,嘉玢尝函其子,征询意见,函云:"尔在美国,我在香港,相隔万里,晨昏谁奉,母拟出嫁,儿意云何。"此寥寥数语,明朗切实,直抵得万言家书矣。其子得函,立覆书赞成,书中有云:"骨肉分离,迢迢万里,难以团聚,移民限制,寸步难行,板舆迎养,渺不可期,每一念及,寸心若碎。去日苦多,来日苦少,综母生平,殊少欢愉,母职已尽,母心宜慰,谁慰母氏?谁伴母氏?母如得人,儿请父事。"等语。此亦诚恳真挚,情理俱到。尤妙者,两书语句皆为四字,有似六朝文章,是不独成为"婚坛"佳话,且可称为"文坛"佳话矣。

接骨圣手林芝仙

抗战时期予在重庆见一骨科圣手林芝仙，年已七十有余，其为人接骨，不用西法，不用X光，仅用其独有之秘传草药，真有起死回生之妙。二十八年予友景定山乘人力车经过上清寺，因避让汽车而翻车，致将右手手颈摔断，手掌已反面，痛彻心腑，急觅林芝仙诊治，林见之，曰："是无碍。"当将手掌扭正，断处若仅存皮筋，林即于断处敷以草药，以布包扎，另予草药一包，命煎汤服之，静卧勿动。入夜觉周身血脉，循环跳动，断处骨节，隐隐闻碰触声，若有人推其手掌，便与手颈接续者然，一而再，再而三，至天明，全身平静，痛楚大减。午间林来视曰："骨已接合矣。"为换药敷之，一周后，即痊愈，手颈活动如常人矣。又有一空军，因飞机失事，将左腿骨折断，由成都送重庆宽仁医院疗治，医院为上石膏夹板，历两周无起色，医谓非锯去下腿不可，伤者不肯。使人问林芝仙，林谓可治，且无须锯腿，遂舁伤者至其家，为之敷药调治，弥月而愈。其他类此事甚多，其神奇处，几似神话。时居正、焦易堂等方主持中医公会，曾请其以秘方公之于世,俾为前线军士治骨伤,林不肯,许以重酬,不受,问其故,则谓入山采药,非其本人不可,传之他人无用也。结果由林赠药二万包,送前方使用,其效验何如?后无所闻。

绿头巾考

世俗以妻不贞,辄谓其夫为戴"绿头巾",或"绿帽子",以故男子皆恶闻此名。按绿头巾来源,当系根据元典章服色:"娼妓穿着紫皂衫子,戴冠儿,娼妓之家长并亲属男子,裹青头巾。"此盖用服色以别良家,而青绿色相近,故有此称。《辞源》:"明制,乐人例用碧绿头巾裹头,而官妓皆隶乐籍。故世俗以妻有淫行者,谓其夫为戴绿头巾。"此则明言娼妓家长必戴绿头巾,且为官定服色矣。其实《唐语林》载:"李封为延陵吏,吏人有罪,不加杖罚,但令裹碧头巾以辱之,随所犯轻重,以日数为等级,日满乃释。若人着此服出入州乡,以为大耻。"此其用意与罪人服"赭衣"相同,不过一种标识而已。又《东方朔传》:"董君绿帻傅韝,随主前伏殿下。"此亦不过以绿帻为贱人之服,似皆与妻之贞淫无涉也。大抵明代以后,始以此为骂人之语,甚至名流士大夫亦常以此形之笔墨。曩易实甫作《王之春赋》,即有"帽儿变绿,顶子飞红"之句。予友朱春驹嘲女票魏新绿嫁叶古红,曾有"鼻子有情红似古,帽儿无恙绿如新"句,几至兴讼。从知世人恶此名之深也。

情　魔

予少时有同学友郑济安,聪明强记,富有专志,每读一书,必至能背诵而后已。十余龄时,能背诵古文数十篇,及《纲鉴》若干本,故人皆以为其学业成就,必可观也。清宣统二年考入湖北方言学堂,习英文,进步甚速,读纳司裴特文法,能背诵不遗一字。一次星期日偶随友至汉口怡园观剧,见女伶十三旦丽质天成,即神魂飞越,目不一瞬,往往剧终人散,犹呆坐不走,如入梦寐,必待茶役催促,始怅惘而归。自是流连汉上,功课尽废，其家仅中资，所携学费有限，资尽则典质继之，尝于冬季典去棉衣，而瑟缩戏园门首，宴如也。顾济安方年少，不谙世事，更不知捧角门径，惟于每夕散戏后，徘徊戏园门首，一窥十三旦颜色而已。十三旦则高坐包车，扬长而去，安能垂睐于此一局促于道旁之穷学生耶？济安由是倾心结想，渐成疯魔，不上课，不识寒暑，无资金购戏票，则踯躅街头，喃喃念十三旦不止。后为其父闻知，挈归黄梅，锁闭一室中，予以被，掷之地，而蹐曲卧草中，高读《史记》《汉书》。一年后，始解其禁。此时已不思汉上，惟每夕入城，瞑目行街市，口诵《史记》《汉书》，由南至北，由东至西，环行一周而归，日日如是，风雨不移，三年后遂死。真可怜人也！

驴马争獐

清季广东有女医士张竹君者，番禺人，基督教徒，庚子年毕业于广州夏葛女医学堂，自创禔福医院于荔枝湾，继又设南福医院于河南，生涯甚盛。尝于医院附设福音堂一所，宣扬基督教义，鼓吹维新学说，俨然执女新学界之牛耳，以是社会知名之士，多与往还。时有富商卢宾岐者，东莞人也，有子名少岐，少年有大志，与竹君相谈时事，过从甚密，因有定婚之议。未几，少岐东渡留学，竹君忽与卢家人发生龃龉，遂与少岐渐疏，婚约亦无形解除，然少岐心固未死也。会桂林马君武于时至粤攻读法文，闻竹君在教会演讲福音，批评时政，大为倾倒。君武故能文章，美词藻。自是竹君福音堂中，常有君武足迹。久之，渐露恋爱之意，少岐闻之，辄视为情敌。一日，竹君忽得君武之法文求婚书，情辞恳切，竹君不愿，乃以素持独身主义一语拒之。旋君武亦赴日留学，尝作《张竹君传》登诸《新民丛报》，誉扬备至，并附七绝一首，有"女权波浪兼天涌，独立神州树一军"之句，少岐见之，益为妒忌。时胡汉民尚在广州，因语人此为"驴马争獐"，盖以姓氏谐音戏之也。后竹君止广州业务，赴沪创立医院，终身卒未嫁。

马君武（1881—1940），广西桂林人。艺术家、教育家。精通中、日、英、德诸国文字。

再记张竹君与胡汉民、黄兴

前记"驴马争獐"中之张竹君女士,与胡汉民、黄克强亦有一段轶事。方竹君创设禔福、南福两医院后,又设立育贤女学堂,开全粤女学之先声。复倡立演说会,广邀名人演讲,以是座上客常满。时胡汉民方任广州《岭海报》主笔,亦即竹君座上客之一,凡在报界揄扬竹君文字,多出汉民手笔。竹君每当夏秋之季,常雇一大花舫于河旁,为避暑纳凉之所,汉民日至舟中叙谈,友谊良笃。时有杜清持、杜月波姊妹创设广东女学堂于西关,粤垣各报亦常载其姊妹投稿,文名甚著。一日《岭海报》忽有杜清持程度优于张竹君语,竹君阅之大愤,乃向汉民责难,汉民谓编辑出于无心,竹君则谓事出有意,双方争执激烈,友谊遂告破裂。直至民元以后,始和好如初焉。竹君之识黄克强,实缘克强夫人徐宗汉女士。辛亥武昌起义后,克强与宗汉相偕莅沪,急谋入鄂。以清吏搜索沿江口岸极严,不易偷渡,知竹君在沪交游广,爰谋之竹君。竹君乃组织红十字救伤队,以中外人士赴汉救伤为名,使克强乔装队员,宗汉充看护妇,因得避免各关津骚扰,而得至鄂完成其军事任务。故当时志士咸称竹君曰"妇女界之梁启超",其盛誉可以想见。

张竹君（1876—1964），广东番禺人。早年毕业于广州博济医院医科班。后开办多所医院和学校，并主张妇女解放，被誉为"广东女界的梁启超"。著有《妇女的十一危难事》等。

奇　罚

昔日苏州妇女，好坐茶馆，年事稍高者，则以婢女提水烟袋相随，至民国初年，此风尚盛。清光绪季年，谭叙初为苏藩司，尝严禁此事。一日谭因事出门，见一妇娉婷入茶馆，立命从人逮妇至，曰："我已禁妇女坐茶馆，何得故犯。"因令妇去履，赤足走归。后遂无敢再犯禁者。又张观准知河南某府时，严禁妇女看戏。一日某庙演戏，张侦知看戏妇女仍多，突出不意往坐此庙大门，使役堵其后门，命男子尽出，令役谓诸妇女曰："汝辈来此，定是喜僧人耳。"当命群僧一一负妇女出。绅民大哗，闻于部，张遂由是去官。

糊涂官

有清政治腐败,仕途芜杂,官吏糊涂,常使人笑不可仰。光绪年间,有秦某官莆田令,正月署中宴客,演剧助兴,有客点《雷峰塔》一剧;方演至许仙与白娘娘苟合事,秦以人与蛇精媾,勃然大怒,呼吏执许仙下堂笞之,优人诉曰:"我戏子,非许仙也。"秦曰:"吾原知尔为戏子,若真许仙,则笞死矣。"一时传为笑柄。又太仓某县令,方审案时,突有一人上堂呼冤,诉其子业剃头而忤逆者,县令以其渎扰,叱令驱出。退堂后,忽忆及此事,适有一剃头匠方来署为人整容,令命役缚至,怒曰:"尔奈何忤逆尔父子?"叱令重责百板。其人辩曰:"小人早年丧父,何从忤逆?"令始知其误,笑而释之。又有北人任淮安令,民有控鸡奸者,诉曰:"将男作女。"令误听为"江南作雨",叱曰:"江南下雨,与尔江北何干?"众为哄堂大笑。凡此皆懵懂不明世事,殊使人绝倒。

施剑翘刺孙内幕

施剑翘刺杀孙传芳，人皆知为女报父仇也。然孙传芳如何杀害施从滨？以及剑翘何以能手刃孙传芳？则皆与东北有关系。先是民十四十月间孙传芳既逐在苏奉军，特命陈调元为徐海镇守使，以为苏北屏藩。时张宗昌方任山东督军，急欲为奉军一挽颓势，爰派施从滨率一旅南下。孙闻之，急电陈调元截击。施军次临城，司令部即设于火车上，调元突击队掩至，首即劫去车头，施之列车无法活动，遂被执，孙电令毙之。此施之死，实为奉军而死也。迨二十年"九一八"事变后，二十二年日军占有东北，将窥伺关内，特派人往说北方某巨公与之合作，某巨公素以国家民族为重，峻拒之。日军阀乃转其目标于孙传芳，时传芳侘傺津沽，某巨公恐其为日军阀所动，将影响北方大局，思有以去之。适施剑翘之夫，正为某巨公属员，遂令示意剑翘，使负此任务，剑翘以家仇国难之重，义无容辞，故由某巨公助之赴津，伺传芳至佛堂念经，一弹而毙其命。是剑翘之刺传芳，于父仇之外，亦与东北有关也。三十五年剑翘一度至沪，诗人白蕉尝赠以诗云："昔年闻道施公女，今日相逢海上头。为想一弹仰天笑，平生了了是恩仇。"此亦足为剑翘荣也。

施剑翘（1906—1979），安徽桐城人。人称一代侠女。

僧虚舟

清季南皮张之万（子青）为相时，最爱演戏，且能自唱，其花厅中无他陈设，惟帽架上置纱帽两顶，欲演戏时，即自戴之。张好梆子戏，北京梆子之盛，实由张倡之。有僧虚舟者，在其府中为戏提调，甚见宠眷。一日张有友在座，僧浼友说笑话，友曰："昔有一僧死，见阎罗王，王斥其戒律不严，僧力陈守戒清苦，可请验，王命剖视其腹，则满贮清菜豆腐而已。继一尼至，王斥如前，尼亦请验，王又剖视觑，则腹中实稀粥也。盖北音稀粥音近虚舟，友以此谑之也。后被言官言，逐虚舟出都。

酒帝与饭王

世人谓酒有别肠，故善饮者，随饮随出汗，一生不醉，此盖其挥发较他人速，犹不足奇。但饭则无别肠，粒粒皆由胃容纳，消化又较缓，若以一人而兼十余人之量，则异事也。昔长洲顾侠君，豪于饮，家有古酒器三，仿刘景升所名三雅，大者受十三斤而赢，余各递杀以两。侠君与人饮，率先尽三雅，后乃夺彩争筹，饮无算爵。凡酒客过门，必先尽三雅，再决雌雄，见者皆屏息慴伏以法。故终其身无与敌者，时人号为"酒帝"。又乾隆时吴白华侍郎，素善饭，有宗室某将军亦善饭。一日相约赌饭，以决胜负，命左右持筹侍侧，每噉饭一碗，则授一筹，饭罢数之，某将军得三十二筹，侍郎得二十四筹。侍郎不服，约明日再赌，但不许用菜，只噉白饭，计筹结果，某将军食至三十碗而止，侍郎竟得三十六筹。时人遂称之为"饭王"。此与酒帝殆成双绝。

叶德辉骂康有为

叶(德辉)之为人，意气甚重，尤好骂人。其学术文章，固可称三湘之秀，然其政治思想，则似过于守旧，故人以怪僻目之。戊戌政变前，康(有为)梁(启超)所倡君主立宪，天下风靡，叶独反对甚力，肆意丑诋。近见其所著《郋园书札》，有与载校官书云："康有为何足言学，一二徒党攀援朝贵，簧鼓无学之人。其门徒之寓上海者，恒称其师为孔墨合为一人，有人言孔者孔方兄，墨者墨西哥，闻者无不笑之。迹其生平，无一日一时不奔走呼号于天下，既不容于乡里，又不齿于京师，其流毒独吾湘受之，此则鄙人所必争，而不仅在于学术矣。"其所谓流毒独吾湘受之，大抵指谭嗣同参加君宪而言，惟孔方兄、墨西哥，皆言钱，似未免刻毒。后梁启超亡命日本，署名"饮冰室主人"，叶方掌教湖北存古学堂，犹以张文襄所筑"抱冰堂"有类"饮冰室"讽刺文襄，文襄心颇恶之，然莫如之何。可见叶之排斥康、梁，始终不变也。

韩二虎的憨劲

曩冯玉祥部将有名韩二虎者,河南人,行伍出身,为人勇敢而憨直,如有用其人处,汤火不辞也。革命军北伐时,武汉既下,北军靳云鹗部队退入豫境信阳一带。冯玉祥由陕入豫,拟收编靳部,命韩主其事。韩单骑入靳军中,集合全体官兵谈话。与韩同往者,意韩必有一动人演说,但韩一跃立一方桌上,仅曰:"俺韩二虎也,奉命来收编你们,你们若是愿意,都随俺去,但只要兵不要官,若是不愿意,就请你们马上开枪,把我打死。"言已,睁目视众,竟无一人反抗,不五分钟即大功告成。其胆大粗豪,真有非他人所及。冯玉祥对部属,向不许有嗜好,然韩烟酒嫖赌,无所不来。一日,冯召集开会,韩口衔香烟,酩酊而至,冯蹙眉骂之曰:"嗜好太重!"韩立曰:"俺向来不贪赃枉法,还有什么嗜好?"盖被误以嗜好为指贪赃枉法而言也。冯对其憨劲,亦莫可如何。

易履趣谈

在昔男权时代,男子可以三妻四妾,女子则应从一夫而终,此乃中国传统礼法,已历五千年矣。顾男子之三妻四妾,终恐广田自荒,贻羞帷薄,于是防闲之术,千奇百怪。昔清季大学士崇礼,在未入阁前,曾一任江海关道,积资甚厚。而性喜渔色,年逾五十,尚有侍妾四五辈,皆妙龄纤足,楚楚动人。然崇性多疑,防范綦密,尝量诸妾之足,为各制粉底绣鞋一双,藏之椟中。有事将出,则亲自开椟取鞋,令诸妾一一易讫,而密藏其旧履。妾易鞋后即盘坐榻上,足不许再踏地。崇返,亲验鞋底无纤尘,始给以旧履,而返新者于椟,如是以为常。后崇任步军统领,差务较繁,出外时多,宴居时少。于刻刻易鞋,时时验履,诸妾不胜其扰,往往坐榻啜泣,崇亦渐觉烦琐,遂解其禁。当时官场皆知此事,尝传为笑柄云。

死未带钱

曾任黑龙江督军之鲍贵卿,在东北尝赫赫一时,生平拥资甚厚,而极悭吝,以故人多恨之。死后,北京某戏团曾为编一新戏,其中最有趣一幕,则为鲍见阎罗王时,王谓其在世时,善刮地皮,作恶多端,命即献金赎罪。初索一百万元,鲍力诉其穷,无以应命,王减为五十万元,鲍亦难之,再减为一万元,鲍仍嫌其多,最后减为一元,鲍始欣然应诺,但遍搜身上,一元也无,因哭曰:"我死时竟一文未带奈何。"王怒曰:"尔既知死时一文不能带,为什么生前那样苦要钱呢?"此虽是戏剧,亦大可醒世。又广西某富翁,贪婪好财,人咸鄙之。死后出殡,某要人往送,笑谓僧道曰:"尔等今日不得敲锣。"问其故,曰:"此翁生平极爱钱,恐其闻铜器声,误以为钱响,将由棺中伸手向尔等要也。"闻者皆大笑。此亦调侃世人不少。

鲍贵卿(1867—1934),辽宁海城人。民国初年,曾任吉林督军、陆军总长等职。

蔡钧诗史

清光绪季年，蔡钧为驻日公使，摧残革命党，压迫留学生，无所不为，以故留日学生界，恨之入骨。有署名东亚伤心人，撰有《乐府》一章，于蔡钧为人，形容尽致。今记其词如下："使臣怒，使臣怒，使臣怒阿谁？不怒赤阪妓，不怒新桥女大夫。学生汝太不晓事，长揖空阶求不已，不是龙门汝误投，市侩认作韩荆州，从来市侩得志惯横行，未闻献媚蓄意杀学生。使臣当日好肩背，南洋负米东洋卖，相公堂前袖献票纸，王爷膝下跪呈扇子。王爷心中忧，肥奴旁侍喘如牛，亲捧留声机器奏床头。翁在街头卖卜命，儿走上房司门政，儿今作贵人，紫绶金章衬绿巾，绿巾耻，富贵功名由巾起。吁嗟乎！君名不愧替钱死！"观此，则蔡钧之卑鄙龌龊，可以概见。而清廷滥用使节，亦实足贻国际之羞。故此乐府，应作清外交史观。

蔡钧，字和甫，浙江仁和人，清末外交官。曾任上海道台。著有《外交辨难》《出洋琐记》等。

打黄带子

民国初年任湖北民政长之刘心源,在清末曾任四川成都首府,时首道为贺云奎,首县为熊某,皆鄂人,且皆强项吏也。一日有满洲驻防将军部下某满人,在春熙路购金饰,竟不给值,强携而去。商人诉之首县熊某,熊讯知某满人素无赖,屡屡购物不付值,春熙路商人均识之。遂捕之至,命役杖之,某满人出其身上黄带子示之曰:"我满洲镇国公也,谁敢打我?"熊曰:"强抢民物,黄带子也要打。"竟重笞之。当夜熊往见刘心源,面陈此事,刘极称其能,立约贺云奎同谒总督锡良,谢过请参。锡虽满人,颇不直黄带子所为,面慰之。俄而驻防将军至,怒气勃勃,谓熊令目无皇族,应予参革。锡正色曰:"他们做皇上官,替皇上管教子弟,这是很好的事,怎么能办他的罪?"将军无以对,悻悻而去。自是满人遂不敢在成都横行。

刘心源(1848—1915),金石学家、文字学家、书法家。早年中进士,后历任顺天乡试同考官、江西督粮道、广西按察使、湖北民政长等职。著有《古文审》《乐石文述》等。

杨柳青的奇特艺术

仇十洲工画士女,妍丽生动,为历代冠,其所绘《秘戏图》,尤为人所珍视。有明礼教极盛时代,仇氏居然有此大胆作风,可谓奇特,降及清代,此种艺术,仍复有学习之者。其精致以天津杨柳青为最。闻当时杨柳青善画者,咸以此为专业,不独男子擅此,女子亦有操笔为之者。且其伸纸布局,涂颜着色,并不视为秘密,往往公开行之,甚至家人父子,亦各不相避。盖彼辈既习此为业,渐成机械动作,当其握管构思时,已无复性感存在矣。杨柳青于此类"性画"外,尚有以泥捏成人像者,所捏男女交欢各像,神情生动,栩栩欲活。闻其捏制时,并不于眼前捏之,而以两手握泥团,于案下徐徐捏之,一具既成,无不新艳。且精此者,尤能按人捏像,求之者,但坐其对面,彼一面凝睇其人,一面于案下冥索捏制,既成出视,衣衫形貌,无不酷肖。此其技术较今日塑像者更精矣。清代贵族,专耽逸乐,当时京师官家所藏此类图像,多为杨柳青出品,自照相机发明后,此业遂凋零矣。

借貂皮

因贫借贷，本属常情。然昔日官场借贷，则有种种花样，如所谓"打抽丰""做假寿"等皆是。最奇者，莫如励守谦之借貂裘，其事有似戏剧。缘励家为直隶望族，祖孙四世翰林，虽迭长刑曹而性好挥霍，以是家匮乏。守谦，其曾孙也，亦翰林。一岁腊月，窘甚，乃大举宴客，凡亲朋中有貂裘者皆邀之。届时重帘幛风，围炉炙火，及入席，喧阗间，守谦出他裘，一一衣客，并各与质票一纸，谢曰："岁时迫人，无可为计，诸君貂裘，俱已借入质库矣。"客无如何，唯唯而散。

红杏出墙

曩闻人说一笑话：有某甲之妻与人私通，每乘某甲他出，即招其情人入室幽会。一日某甲而复返，妻正与情人兴云作雨，一时无法逃避，乃将情人藏入一米袋内。迨某甲入室，见妻神情仓皇，疑之，但遍搜室中，殊无所获，继指米袋问妻曰："此中何物？"妻惶恐不敢答，其情人心急，乃于袋内应曰："这里是米呀！"某甲遂缚送之官，此原是笑话，然世间确有其事。昔毕秋帆督陕时，一日侵晨至某妾房，揭帐视之，某妾起坐之顷，似有慌张之状，视其被中，隆然凸起，毕以手纳被中探之，适与被中一男子首相抵，毕殊不怒，且抚之曰："真好头也。"此其雅量，殊不可及。又刘庭为浙布政使，姬妾极广，刘检束颇严，以高年媪守中门，男仆均不得入。诸女咸分屋居，四时之首，令老仆领裁缝持刀尺，为各制时服一袭，平时虽父母不得一见也。一日刘在房中，忽闻院中石板有声，遽出视，则有人随板而起，近视之，乃随身之仆，拘讯之，词连婢媪无数，次日乃大汰斥之。可知广营声色，检束从严，仍不免红杏出墙也。

建筑上的兽相

中国昔时建筑及器具，喜雕塑兽类于其上，各有形象，各有意义，非仅为美观已也。近代都市建筑，虽趋于洋化，然乡间庙宇旧屋，仍存有此种雕塑兽相，今特分记数类于下，并说明其用意：

鸱吻：本名鱼尾，汉时宫殿多灾，术者言天上有鱼尾星，宜为其象以禳之，故屋角均有此饰，至今旧式屋角尚可见之。

椒图：形似螺蛳，性好闭，故立于门上。

狴犴：性好讼，有威力，故立于狱门之上。后人遂称狱门为狴犴。

趴蝮：性好水，故立于桥柱之上。

赑屃：鳖属，好负重，今石碑下趺所压者即此物。俗人多称为龟，非也。

蒲牢：海边兽也，素畏鲸，鲸击蒲牢，辄大吼。凡钟欲令大闻者，故作蒲牢于其上。

狻猊：《杨慎外集》载：龙生九子，各有所好，八曰狻猊，好烟火，故立于香炉上。

饕餮：恶兽也，贪财为饕，贪食为餮，故立于钟鼎彝器之上。

梁士诒与惠民公司

梁士诒，素有"财神"之称，自清末迄民国，在中国政治史上，可谓毁多于誉。其实梁对铁路拓展经济建设，皆有其不可磨灭之功绩。即以第一次欧战时，招募华工赴欧助战一事言之，亦有助于中国外交不少。先是民三欧战爆发后，梁曾向袁世凯建议，对德绝交宣战，但未为袁氏采纳。至民四梁遂发动招募华工赴欧，以劳役协助作战，迭与法公使康悌商讨，至民五五月实行。顾其时中国尚未参战，不便公然采取行动，乃由梁以私人资格，组织"惠民公司"以主其事。先后在塘沽、浦口、青岛、香港各处募得十余万人，其后英国政府继起，又募得七万余人，此一华工助战事业，遂告完成。然此事在中国为一创举，最初颇不为社会所谅，甚至谓为贩卖人口，而梁不顾也。后欧战结束，在巴黎举行和会，日本惧中国于和会发言，于日不利，乃谓中国参战不力，意欲使中国代表不能出席。于是参与和会之陆征祥、顾维钧等，即举梁之惠民公司曾招募华工二十余万赴欧助战，担任种种兵工工作，其效力有过于派兵赴欧，协约国始无异辞,卒于和会中争回权利不少。此亦梁氏生平得意之作也。

梁士诒(1869—1933),广东三水人。光绪进士,授翰林院编修、铁路总局局长。入民国后任袁世凯内阁邮传部大臣、袁世凯总统府秘书长、财政部次长等职。

马 杰

东北"马杰",即"马贼",昔曾著名于世界,日俄横行东北时,皆畏之。此辈以山东及奉、吉、直之人为最多,其枪法马术,精妙绝伦,而战时尤善利用地形,往往以少击众,非精于作战者,未有不败。彼辈视枪弹若性命,倘发一弹不中人,或中人而其利益不百倍于弹,必不肯轻发,故其命中之巧,战术之精,虽俄帝之哥萨克骑兵,亦自叹弗如。据马杰语人云:"君等以带金表着锦绣为美观,吾辈则以佩好手枪骑千里驹为荣誉。"此亦可见其气概矣。

冬至谈往

昔时冬至节，江南人最为重视，至有"冬至大如年"之谚。先日，亲朋各以食物相馈遗，提筐担盒，充斥道路，俗呼为"冬至盘"。冬至夜，人家更迭讌饮，谓之节酒。女嫁而归宁者，至是必归婿家。家无大小，必市食物以享先，诸凡仪文，加于常节。顾禄《清嘉录》云："冬至日为冬至朝，士大夫家拜贺尊长，又交相出谒。细民男女，亦必更鲜衣以相揖，谓之拜冬。"蔡云《吴歈》："有几人家挂喜神，匆匆拜节趁清晨。冬肥年瘦生分别，尚袭姬家建子春。"又俗自冬至日起数九以志寒，至九九八十一而冬尽，谓之"九里天"。数九歌各省皆有，字句各有出入，但大体相同。陆泳《吴下田家志》有《九九歌》云："一九至二九，相唤不出手；三九二十七，篱头吹筚篥；四九三十六，夜眠如露宿；五九四十五，太阳开门户；六九五十四，贫儿争意气；七九六十三，布衲两肩摊；八九七十二，猫儿寻阴地；九九八十一，犁耙一齐出。"观此，即可知八十一日寒冬大概也。阴阳历时日虽有参差，但阴历节令辄与阳历相合，每年冬至后三天，必为阳历十二月二十五日，故外人初至上海度耶稣圣诞节时，中国人皆谓为过外国冬至。至近年仍有如是称谓，盖年年时节相同也。台湾气候燠煖，虽届冬至，并无复大陆冬寒景象矣。

国　畜

畜类中以马为最忠，最通人性，亦最能卫生，凡久历疆场者，俱能知之。清道光年间，英军陷乍浦，一酋掠一华人马乘之，率众沿江行，入海盐界之白沃庙，马忽颠酋堕，酋故矫捷，再腾上，再堕，酋大怒，将跃起，马亟反身踞酋腹，举前蹄击酋，酋毙，马乃狂奔，群酋骇溃，海盐获全。又丁未状元张之万，为孝廉时，与同伴数人赴京，道出天津，骑一红马，甚神骏，途遇外国军官见而爱之，竟遣人强迫买去。次日将启程，外国军官忽送还此马，询其故，则谓甫乘遽被掀下，连易数人，皆被颠坠，且蹄啮不可向迩，以为劣马，故不复留。比之万乘之，则驯良如故。此即所谓不事二主之义也。又道光年间，英兵踞宁波时，掠耕牛为粮。一日英酋方屠牛，忽一牛突起，以角触酋，肝肠并出，倒地而死，群酋奔救，皆受重创，十余辈莫能制，乃陈排枪与牛斗，牛始死。凡人死国，谓之"国士"，如上所述牛马殆可称之为"国畜"矣。

讼师害人自害

昔无聊文人，好舞文弄法，包揽词讼，世称之为"讼师"。崇明杨某，阴险多谋，名讼师也。凡民间讼事，他人所不能胜者，杨必出奇计胜之，以是致富。其邻村有某甲，乡愚也，妻有外遇，甲颇知之。一日醉归，遇妻所欢少年于室，忿甚，操刀将杀之，少年惊逸，甲怒未已，遽杀其妻。醒而悔之曰："我未获奸夫，杀妻无证，不将按律偿命乎？"懊恨无及，求援于杨，杨曰："事已至此，君可速归，今晚莫掩扉，操刃伺之，苟有男人至，不论谁何，急杀之，李代桃僵，罪可逭也。"盖旧律凡奸案男女同时并获者，本夫可以格杀勿论。甲如所言，返家静候之。二更向尽，果有人携灯冉冉至，方入室，甲出其不意，急自后戕杀之。天未明，即往告杨，邀共议事，杨甫至，急视尸，忽大痛哭，盖所杀者即杨之爱子也。缘杨子久客经商，甲素不尸，适归省视，见甲尚未阖户，因入室稍憩，甲不知而误杀焉。杨只此一子，哀号而绝。甲不得已诣县自陈，县官怜其情，知杨咎由自取，薄责而释之。更逮某少年科以罪。

宿　孽

何锡潘，湖南人，民十前后，曾任湖北水警厅厅长，其居官时，尚无若何劣迹，故卸职后，得安然在鄂作寓公。所居武昌"湖上园"，为起义人蔡汉卿产业，其地面临大湖，颇为荒僻，故住宅中尝闹狐鬼，妇孺皆畏之。何任厅长时，有一老仆，亦湘人，尝因事拯何于死，故何极信任之。卸职后，仍留寓执役，家中人以何故，亦不复以奴仆视之矣。民十五革命军北伐后，何老病且死，乃以现金万元与此仆，并言去留任其便。仆以年事已老，家中无复亲人，殊不思归湘。及何死，何子媳挈二孙仍居此屋，仆则移居门房任司阍，自烹自食，而以何所与万元，交何子存放，主仆之间，初无间言。数年后，何子渐贫困，其家人视仆，亦阴厌之，尤其幼孙顽皮，好戏弄仆，仆屡斥之，大为女主人不满，由是主仆常起龃龉。而仆之性情亦不变，往往使酒骂座，侵及主人，邻人见之，皆窃窃称怪。一日仆晨起即盛怒，适何之幼孙过其门，仆叱骂之，幼孙惧而逃，仆忽拾一锄，由后追之，追至后门外，仆竟以锄斫毙之。及家人至，仆倚锄视血泊中幼童，若无事焉，后执送官，鞫其何故杀此子？始终无供辞。数年后，仆亦病毙狱中。说者皆谓此为"宿孽"云。

唐蔡交谊

民四十二月二十五日云南起义，推翻袁世凯帝制，距今已三十有八年矣。此一历史中心人物，人皆知为蔡锷与唐继尧，然蔡锷逃出北京，何以独选择云南为其起义根据地？则因云南有其军事基础在焉。盖蔡于日本习陆军归国后，曾在桂从事军事教育四五年。至宣统二年入滇，任三十七协协统。辛亥云南反正，蔡被推为都督，遂与唐继尧结为生死之交。民二蔡奉调入京，滇中军权，乃由唐执掌，与之仍保持密切联系。故蔡虽入京，而其军事势力固潜在也。及起义之日，唐原欲将"军都督"让于蔡，而自愿出川北征。蔡曰不可，并谓："吾此次来滇起义，完全为讨袁救国，并非争权夺利，若果喧宾夺主，不论理论与事实如何，总不足以服天下后世，更何以对滇中父老，深望蓂赓鉴此苦衷，无再固辞，并盼总揽全局，以赴事功！"唐不得已，乃聘蔡为第一军总司令，统军入川，一举而使洪宪湮焉。后蔡病逝日本福岗医院，当时报纸追念蔡之功绩，咸谓云南起义为蔡主动，唐为被动，滇人颇为不平，唐曾因此发表谈话，有"余与松坡夙共患难，誓同生死，蔡即是我，我即是蔡，蔡果然主动，我亦当然主动，我果然被动，蔡亦当然被动，一生一死，乃见交情"等语，则知唐蔡之间，固有其挚谊在也。

县长妙批

现在美作寓公蔡文治之兄蔡文振,鄂人也。素有神经质之称,读书无多,而好掉文,每有集会,必喜发言,所言当否,不计也。民十八任湖北民政厅视察,民十九出为罗田县长,自以为安仁作宰,必可栽河阳满县之花也。时罗田有恶霸某甲,与一寡妇私通,停眠整宿,人俱知之。寡妇颇有财产,某甲恃其势,渐据为己有,寡妇恋奸情热,殊不以为意。寡妇有一子,年方十一二岁,见某甲奸母占产,颇有怨言,某甲恨之,竟秘密置此子于死。事后寡妇族人不服,联名控之县府,蔡置之不问,再控,仍不理。族人以事关奸杀,涉及人伦,县长岂能不理,于是再诉,蔡乃出一批曰:"呈悉,本县长行文王之政,偏不杀淫人之妻,杀人之子之人也。此批。"族人阅批大哗,遂持此批诉之民政厅,民政厅立将蔡撤职,而惩某甲焉。

蔡文治(1911—1994),字定武,湖北黄冈人,早年毕业于黄埔军校,后曾参加开罗会议。

怪 声

辛亥年冬，予因事由武昌返家。时南北军虽已停战议和，而各县宵小，尚有乘机滋扰情事。予邑偏在鄂东，向无军队驻扎，乃由城中青年学生组织一自卫队，荷枪实弹，日夜巡逻，地方得以安堵。予初归，亦参加为队员之一，队部设县儒学内，每夜轮流值班。一夕予应当值，与其他四人方围炉闲话，至夜深二时许，忽闻远处有数百人惨呼声，起落可三次，其声凄厉，若有大难，予等皆为大骇！然予五人所闻方向，殊不尽同，予所闻似在城南，其余四人有谓在城西，有谓在城北者，正拟出发巡视，予族伯直轩公年已七十，忽提灯扶其子至队部，亦谓顷闻多人惨呼声，城内恐有事故，命予等速出查看。予至是，始知闻此怪声者，不止予等五人已也。乃急荷枪出查，首至南门前后街，则见居民安睡如故，毫无声息，再至东西北门，亦复安静如常，并行人而亦无之。时为腊月中旬，月明如昼，登城外望，除闻远村一二犬吠声外，直宁静如死城，毫无所见。然则适闻惨呼之声，胡为乎来？

张季直之情诗

张季直与沈寿事，予前已记之。近阅左舜生所著《中国现代名人轶事》，于张沈情愫，言之尤详。左系民十九往游南通，时张殁才四年，于张所创实业及著作，皆得浏览，所言当较确实。据左言寿系民三由张自天津聘之至通，任女工传习所所长，寿体弱，五年三病，卒于民十病殁，遗嘱即葬南通。寿初至通，张年六十二，卒时张已六十有九，是年张曾作《惜忆诗》四十八章，皆为寿而作，不啻张自供之辞也，左尝录其十六章，缠绵悱恻，情意俱重。今为转录于下，并附左注：

黄金谁返蔡姬身，常道曹瞒是可人。况是东南珠玉秀，忍听蕉萃北方尘。

（左注：此言自津聘寿至南通也。）

有斐馆前春水生，唐家闸外暮潮平。登楼即席殊矜重，不似惊鸿始为惊。

（左注：南通有旅馆曰有斐馆，颇饶花木之盛，或即寿初至适时下榻处也。）

汉仪新觏士昏笺，习礼全凭傧相贤，但睹

周旋登降节，如闻窈窕女师篇。

（左注：孝若结婚，寿任傧相。）

江南爱说采莲语，莲叶分明接画桥。桥有东西人宛在，是谁将泪与波消。

北户骄阳向晚炎，商量复障与重帘，燕儿语罢旋罗袂，蟪子飞来看镜奁。

听诵新诗辨问多，梦如何梦醒如何，梦疑神女难为雨，醒笑仙人亦烂柯。

轻舫时掠画楼西，灯影常随桨挈提，最是中秋明月夜，两回看到玉绳低。

（左注：上四首可见寿初至通，未病前与季直相处情况之一斑也。）

病如眠起柳屡屡，愁似蕉心旋旋攒，谁与金刚无量寿，可怜犹作健儿看。

致病非今见始今，一言顿使泪沾襟，终身自分无人觉，不道医和是圣心。

（左注：此两首言寿病后强起挣扎及致病之由，寿固似有隐痛者。）

闲房幽槛属谦亭，更为防风复纻棂，南抚

鸳鸯删岸草，东看鲂鲤拨池萍。

感遇深情不可缄，自梳青发手掺掺，绣成一对谦亭字，留证雌雄宝剑看。

（左注：季直以谦亭为寿养病之所，寿以发绣谦亭两字报之。）

碧纱厨外淡无风，灯影微微帐影笼。梦浅时惊双唤鹤，簟凉独怯五更鸿。

秋清冬凛接春温，弱不禁消绮样魂。霜露已更星月在，人天何处觅余痕。

中元风物易中秋，扶病看灯拜月休。太息明年知在否，两行烛泪替人流。

短诗渐渐欲成篇，小字朝朝试相笺。不肯示人犹避我，男儿志气女儿天。

曾指西山有有亭，亭边割壤葬娉婷。那堪宿约成新谶，丹旐来时草街青。

皮夹中东坡墨宝

苏东坡于诗文外，兼善书画，惟真迹殊不多见。清季归安诸生慎某，于湖州旧货店购得一旧皮版，长尺五六寸，阔尺许，两面俱皮，四边细线缉之，涂紫光漆，极其光滑。慎初以为夏间写字垫臂之用，年余鼠啮其边，慎见残缺处开一缝，窥其内，隐隐若有字纸，乃尽拆其线，启而视之，则内藏东坡字画十六小幅，墨迹如新。并附一小帖云："字画数幅，皆得之于公之元孙，真墨宝也，弆之皮中，庶免散佚。咸淳己巳秋日书。"不著姓氏，一阴文印章曰"松下老翁"，迄不知为何人所藏也。考其年代，为宋度宗登极之五年，盖其人珍视甚至，故以两皮夹而藏之。然朝代三易，兵火屡经，而此皮夹完好如故，亦一异事！慎某得之，装潢为册，极为宝贵，并书其故于末页，以戒后人。惟慎以小帖书法遒逸，有似黄庭坚，认为庭坚所藏。然庭坚别号"山谷道人"，而非"松下老翁"。故藏此墨宝者，必另为一人也。

斗　虎

武松打虎，人皆以为小说家言耳，人与虎斗，谈何容易。然世亦确有其事。吾乡考田山有樵夫吴某，货柴归家，天已垂暮，行至半山，忽遇一虎蹲踞道旁，张牙作搏噬状，吴惟荷一担柴葱杆（为木制扁担两头包有尖形角铁），拟以之刺虎，讵用力过猛，葱杆未着虎即随手溜去，而虎已跃至，虎原在石上，吴在石下，遂乘势以头顶住虎之下颔，贴其腹下，而以两手紧抱虎腰，使虎爪皆无所用。虎腰最脆弱，故谚有"铜头铁尾豆腐腰"之说，吴膂力素大，因居深山，习知虎性，故于抱虎腰后，交换以两拳重击虎腰，虎既痛且怒，为之大吼。久之，虎已无力再跃，惟随山坡下滚，于是人虎成胶着状。山坡故多乱石荆棘，吴随虎下滚时，衣裤被撕成片片，身亦受创伤，但手仍不稍松，每于虎略停时，即出全力捶虎腰，而虎之嘶吼，渐形微弱。迄中夜，已滚至山麓河沙滩上，虎渐无声息，吴气尽力微，寻亦昏去。至天明，群樵下山，见人虎俱卧滩上，以为人被虎噬，均不敢近，后见虎久不动，乃各持葱杆至，始知虎已毙，吴则气息奄奄，遂以姜汤灌吴使苏，共异虎归焉。

汉口老圃惨案

民九直皖战争将起时，皖系将领吴光新方任上游总司令，在汉为鄂督王占元所扣，吴有卫队一营，驻汉口刘祥花园，园在歆生路底，密迩市区，与老圃游戏场，仅隔一铁路，相距不过百余码而已。吴被扣之夕，占元密令汉口驻军致吴卫队营械。时方夏季，市上行人如织，老圃游客极多。九时许，驻军包围刘祥花园，吴卫队反抗，于是双方开火，机枪声密如串珠。市民初疑为兵变，相率向英租界奔逃，歆生路一带，人如潮涌，秩序大乱。租界当局亦不悉何事，海军立登岸布防，阻止华人入界。最苦者则为老圃数千游客，彼等初闻枪声，原思由大门逃出，乃大门外适为驻军机枪阵地，不许出入，而头上枪弹横飞，圃内又少掩蔽，于是东奔西窜，哭声震天，妇孺则满地乱滚，状如釜底游鱼，有两人拟越围垣外逃，当为枪弹所中，倒毙圃内。幸游客内有数军人，具有军事常识，高呼速至房屋内卧下，于是一戏园一菜馆地下，卧者挤满，为状惨极！直至夜深二时，驻军缴械完毕，始由红十字会商准当局，执旗至老圃导游客归家。沿途列队而行，衣履不全，状如灾民焉。

一副巧联

民初尝任内务总长之朱启钤，原为老官僚，清宣统元年，曾任北京警视厅提调，即后日警察总监，其职权颇大，设有左右丞以辅之。时左丞为贺国光（非现在之贺国光），右丞为祝书元。是年正月朱接印视事，适值宣统改元登极，于是有人就三人名姓作一联曰："祝书元春王正月，贺国光天子万年。"上联祝书元三字作为庆祝改元，下联贺国光三字作为恭贺登极，将两人姓名，胥变为形容词运用。横额为"开印大吉"，正切朱启钤三字。盖"启"，开也；"钤"，印也；"朱"，印色也。一面祝贺宣统御极，一面祝贺启钤视事，真可谓巧不可阶。

朱启钤（1872—1964），祖籍贵州开州。清末曾中举，民国初年曾任代理国务总理、内务部总长。著有《蠖园文存》等。

图书在版编目（CIP）数据

绮情楼杂记：全四册 / 喻血轮著；梅杰整理. --
北京：海豚出版社，2023.5
 ISBN 978-7-5110-6228-4

Ⅰ.①绮… Ⅱ.①喻…②梅… Ⅲ.①中国历史－史料－民国Ⅳ.①K258.06

中国版本图书馆CIP数据核字（2022）第221765号

绮情楼杂记：全四册
喻血轮 著　梅 杰 整理

出 版 人	王　磊
责任编辑	张　镛
特约编辑	孙明新
封面设计	无发可说　龚心宇
责任印制	于浩杰　蔡　丽
法律顾问	中咨律师事务所　殷斌律师
出　　版	海豚出版社
地　　址	北京市西城区百万庄大街24号
邮　　编	100037
电　　话	010-68325006（销售）　010-68996147（总编室）
印　　刷	北京中科印刷有限公司
经　　销	新华书店及网络书店
开　　本	787毫米×1092毫米　1/32
印　　张	32.25
字　　数	465千
印　　数	5000
版　　次	2023年5月第1版　2023年5月第1次印刷
标准书号	ISBN 978-7-5110-6228-4
定　　价	198.00元（全四册）

版权所有，侵权必究
如有缺页、倒页、脱页等印装质量问题，请拨打服务热线：010-69590320-8303

绮情楼杂记

喻血轮 著

梅 杰 整理

4

海豚出版社
DOLPHIN BOOKS
中国国际传播集团

当年意气太纵横,驰骋文坛愧有声。
爱写缠绵成稗史,惯耽豪放傲公卿。
丰神漫比安仁美,才调曾邀孝穆名。
自笑聪明多误用,兰闺赚得泪盈盈。

——喻血轮

目　　录

绮情楼日记

蓉城小驻　　　　　　　　　002

宝鸡途中　　　　　　　　　014

绮情楼笔记

徐阿春　　　　　　　　　　114

米生　　　　　　　　　　　116

碧玉双沉记　　　　　　　　119

奇盗　　　　　　　　　　　122

灵魂破案　　　　　　　　　124

轮船百怪录（一）　　　　　125

轮船百怪录（二）　　　　　133

井底痴魂	140
荒山艳冢	143
阿谁误我	146
忆凤楼情史	157
万种相思画里看	160
新年新婚记	164
曾国藩之言	167
顾亭林之母教——儿童节之名贵礼物	168

忆中原

洛阳	172
西工	174
关林	176
龙门	177
临汝	180
叶县	181
南阳	183
卧龙岗	184

秋月独明室诗选

戊寅除夕	188
望江楼	188
宿剑阁城外	189
剑门	189
赠俞印民	189
过灞桥，车中口占	190
潼关道中	190
龙门	190
留侯庙	190
华清池	191
卧龙岗	191
五十漫述六章	191
离宛前夕题壁	193
老河口	193
宿玛瑙观，与伟侠联句志景二首	193
宿玛瑙观，枕上复得绝句赠伟侠	194
老河口至兴山九日陆行感赋二首	194
宿香溪，枕上口占	194

望白帝城口占	195
喻血轮小传	197
喻血轮年表	201
初版后记	226
再版后记	235
第三版后记	240

绮情楼日记

民国三十年秋，老友方子樵先生将有事于陕豫鄂皖，先聘，约余偕行，余以体弱不耐远征，谢之；濒行，又遣人至寓敦劝，益以王君伟侠之怂恿，遂勉诺随行。由十月十四日首途，明年二月四日返渝，途行万里，时阅四月，所历古迹名胜，多有可观。爰仿日记体例，遇可记事，则笔之手册，无事，则已。归后略加整理，乃成是编，至于臧否人物，评论政治，因非余之职责，概不赘言。

蓉城小驻

三十年十月十四日，星期二，阴。朝暾初上，轻雾笼罩山城，飘然如衣薄縠之衣，微风拂拂，吹使江流渐瘦。枝头落叶，飞舞空中，时虽已届仲秋，而天气尚燠暖。余与王君伟侠，由会府街步行至林森路某会，见门首停卡车一辆，询之，知即本团所租赁者，不胜惊喜，盖近日长途汽车缺之，交涉车辆，已历周日之久，今竟得之，虽车身窳旧，不暇计也。入室，工役方运取行李入车，状甚忙碌，余笑顾伟侠曰："今日当可行矣。"乃同出早餐。归后，同人咸集，未几，方公子樵亦至，惟车敝无厢，复无座位，乃各踞行李，佝偻而坐。十时开车，天已阴晦。同行除伟侠外，有周君补天、唐君惜分、王君维英、阎君伊生、杨君济时，及事务员陈君咸照、陈君子卿，另有张君弥川，方任某军副军长，亦搭此车赴陕。同人多半旧识，而伟侠尤为十余年来艰苦共事之挚友，故途中谈笑风生，尚不寂寞。中午抵青木关，进午膳。下午一时续行，预计今日车宿内江，明日始能达成都。但因首途时晏，到永川，天已垂暮，遂就新新旅馆寄宿。伟侠同乡张君修高来晤，盛道永川鱼酒之美，因同至某酒楼觅饮。张君现任永川某中学校长，其人甚亢爽，尤豪于酒，席间仅四人，已尽大曲三斤，归时不觉颓然醉矣。

十月十五日，星期三，阴。四川旅栈，恒兼营茶社。晨起，到茶室品茗，则见围桌而坐者，多当地有闲阶级，手执长烟管，且吸且谈，悠然安闲，使人健羡。八时开车，经荣昌、隆昌、渡沱江，午后一时抵内江。城内街市，甚为繁荣，偕同人至一旧式酒楼行飧，飧后续行，见与公路线平行之成渝铁路，路基均已筑就，小桥梁及涵洞亦多半完成，惜因所购铁轨无法运到，故停工久矣。四时过资中，晚抵球溪河，所寓旅馆，亦名新新，且兼营酒菜业，同人即就旅馆晚膳，夜与方公谈至深宵始寝，此旅馆帐榻均新制，竟无臭虫，寝之殊适。

十月十六日，星期四，阴。侵晨，车即开驶，经资阳未停，十一时至简阳，午飱。由内江至简阳，高山渐少，沿途蔗田遍野，车中了望，似下江芦林。四川产红糖甚富，即此类甘蔗制成。闻资阳临江寺豆瓣酱甚驰名，试之，味果佳，因购数罐，以备途中不时之需。汽车沿沱江行甚久，经过各镇市，均有大石桥，而简阳之万安桥尤巨。下午一时，过龙泉驿，山势颇高，虽不及重庆老鹰崖之险峻，但汽车亦须盘旋上下，遥望广大平原，奁然无际，烟云浩渺之中，河流纵横，林木翳翳，则成都市在焉。下山，约行三十里，抵成都城郊，成都已无城垣，惟旧城门处，左右各存高垒一座，置哨兵检查行旅，吾人入城后，径至西御街成都大饭店寄寓（中国旅行社招待所，在骡马市街）。

十月十七日，星期五，阴。成都为四川省治，蜀汉建都于此，五代王建、孟知祥据蜀，亦都之，故名胜颇多。入川后，久思一游，迄未得间。今既到此，不可不作一日畅游。晨起，偕伟侠、惜分、维英由西御街经东御街，到总府街。成都手工业，多集类成肆，如东西御街，则尽铜铁作业，所售刀剪颇佳。总府街有赖汤元店最驰名，但店面逼仄，仅有小桌三，供数人坐，后至者，非立待不可。吾人往尝试，并无出奇处，惟较其他汤元略细嫩而已。出总府街，转入春熙路，今更名为中山路。此为成都最繁盛市街，马路极宽，肆面多层楼巨厦，陈列货品，亦较渝市丰美。银楼虽不售金饰，但所制银器及银丝镶成饰品，则精致绝伦。由春熙路出东门，经万里桥，桥跨府河（即锦江）之上，颇修伟。昔蜀使费祎出聘东吴，诸葛亮祖于此，叹曰："万里之行，始于今日矣！"故名。街尽，南行约三里，至丞相祠，此即杜工部"丞相祠堂何处寻"之丞相祠。本地人亦咸作此称呼，但大门横额，大书昭烈庙，并无丞相祠字样。入门，有长甬道，两侧柏树甚多，既高且老，枝干参天，人行其下，气象萧森。相传此均蜀汉所植，以状观之，虽不至如是其古，然皆数百年以上物，则无疑矣。前殿，祀昭烈帝像；左殿，祀关壮缪公像；右殿，祀张桓侯像，俱英伟有生气。随庑配祀蜀汉文武臣数十人像：东庑以庞士元为首，西庑以赵子龙为首。像前各以石镌小传，读之了然。后殿，祀诸葛武侯像，素面疏须，则宛然书生也。后殿旁，有荷花池，名藕船。池北，有琴楼，楼上置古琴一张，灰尘寸积。时有女学生数人，踞池边对琴楼作画，状甚闲逸。由藕船西行，有昭烈帝衣冠冢，名惠陵，甚崇闳。陵外绕以高垣，内植古柏修竹甚繁，望之森然。祠内楹联颇多，惟清陈桐皆一联云："誓欲龙骧虎视，以扫荡中原；惊风雨，泣鬼神，前出师表，后出师表。""时当地裂天崩，求缵承正统；失萧曹，见伊吕，西汉功臣，东汉功臣。"殊佳。又殿前甬道侧有石碑，镌近人邹海滨先生一诗云："门额大书昭烈庙，世人都道武侯祠，由来名位输勋业，丞相功高百代思。"独能将世称丞相祠意义道出，立意超人一等，书法亦甚苍劲，故录之于此。出昭烈庙，循田径，至华西坝大学区。此为基督教在川经营之最高学府，其初只有华西大学及医学院，战后，金陵大学、金陵女子大学、齐鲁大学等校，均迁附于此，并有附属中学若干，占地宽广，周缘不下十里，内营殿式建筑甚多，马路纵横，路旁林木掩翳，花草甚茂，各球场细草如茵，似铺锦毯，时值正午，学生纷纷趋膳堂就飧，蓬勃气象，令人望之生羡。出华西坝，众议往游薛涛故址，因循径出至锦江岸马路。行里许，有危楼高耸，盖即枇杷门巷中之望江楼也。入门，颇似小公园，竹枝小树阁，支案卖茶，供游人休憩。行数十武，有一井，即薛涛井，旧名玉女津。其旁为浣笺亭，相传薛涛尝用此井水制松花小笺，光润冠一时，故有薛涛笺之称。井前有刘豫波一联云："古井冷斜阳，问几树枇杷，何处是校书门巷。大江横曲槛，看一楼烟月，要平分工部草堂。"意甚洒脱。井后有石碑，镌王建诗云："万里桥边女校书，枇杷花里寄闲居，扫眉才子知多少，管领春风总不如。"书法甚劣，不知是何时建立。再进，有五云香馆，吟诗楼，流杯池。枇杷门巷，颇有曲径通幽之妙，但设备颇简，徒供游客凭吊耳。游览竟，同登望江楼，即濯锦楼。极目远眺，则见锦江流于足下，呜咽有声。楼外芭蕉，高与檐齐，微风撼之，簌簌作响，景物恬静，殊使人留恋。因顾伟侠曰："丞相祠庄严肃穆，此间幽雅潇洒，两地风光，各自不同。

吾人履斯艳迹，凭吊美人，岂能不谋一醉？"伟侠曰："实获我心。"惜分曰："枵腹已久！适当其时。"因令园中菜馆具馔，就楼上小饮。楼上悬楹联颇多，惟顾复初一联最佳。联云："引袖拂寒星，古意苍茫，看四壁云山，青来剑外。停琴伫凉月，予怀浩渺，送一篙春水，绿到江南。"

吾人且饮且谈，伟侠尤逸兴遄飞，惜分亦幽默可喜，惟维英滴酒不尝，殊为遗憾耳。按薛涛，字洪度，唐人，善诗，初为长安良家女，随父宦蜀，父死，沦入乐籍。辩慧工诗，有林下风致。韦皋镇蜀，召令侍酒赋诗，称女校书，出入幕府，历十一镇，皆以诗受知。暮年居浣花溪，即今之望江楼是也。同人饮啖既毕，乃乘小船渡江，江水清碧如镜，中流荡漾，心胸廓然。入城，过府城隍庙，殊无可观。转入皇城，则荒凉一片，恶臭殊甚。中有旧式大厦数进，据云为明蜀王府，后改为贡院，战前为国立四川大学，旋亦迁往华西坝新校址，现似驻有军队，未往参观。成都城内，确实壮阔，虽迭遭空袭，房屋被炸成废墟不少，但多数街道，完整繁荣如故。居民亦怡然暇逸，不似渝人咸惴惴有急遽之色也。归后，与伟侠共话薛洪度逸事，适行箧中有老友徐君义衡所贻薛洪度诗集，为清光绪间贵阳陈矩所刻，薛诗原有五百首，陈所收集者不过二三而已，今录其哀怨最深数首于后：

春望词四首

花开不同赏，花落不同悲，
欲问相思处，花开花落时。

揽草结同心，将以遗知音，
春愁正断绝，春鸟复哀吟。

风花日将老，佳期犹渺渺，
不结同心人，空结同心草。

那堪花满枝，翻作两相思，
玉箸垂朝镜，春风知不知？

赠远二首

芙蓉新落蜀山秋，锦字开缄到是愁，

闺阁不知戎马事，月高还上望夫楼。

扰弱新蒲叶又齐，春深花落塞前溪，
知君未转秦关骑，月照千门掩袖啼。

送友人
水国蒹葭夜有霜，月寒山色共苍苍，
谁言千里自今夕，离梦杳如关塞长。

谒巫山庙
乱猿啼处访高唐，路入烟霞草木香，
山色未能忘宋玉，水声犹是哭襄王，
朝朝暮暮阳台下，为雨为云楚国亡，
惆怅庙前多少柳，春来空斗画眉长。

其集中又有"十离诗"，为涛献元微之作。先是元和中，微之以监察御史使蜀，严司空遣涛往事，因事获怒，远之。涛因作犬离主、笔离手、马离厩、鹦鹉离笼、燕离巢、珠离掌、鱼离池、鹰离韝、竹离亭、镜离台十首以献，含意哀切，微之觅之，遂复善焉。宦家才女，流为官妓，其悲怀幽思，雅自可怜。因就灯前率成一绝云：

> 万里桥边醉放舟，枇杷门巷此登楼，
> 多情惟有锦江水，呜咽年年动客愁。

伟侠亦有诗二首云：

> 枇杷门巷五云笺，曾醉将军玳瑁筵，
> 我是江南狂杜牧，行吟又到锦城边。

> 乌帽风尘常作客，红颜身世不禁秋，
> 人生何处非羁旅，惆怅临江一倚楼。

又伟侠在昭烈庙亦得一绝，雄伟可诵，并录如左：

> 万里桥边访閟宫，楼桑一代霸才雄，
> 惠陵常耸风云气，千古君臣祭祀同。

十月十八日，星期六，微雨。晨起，微雨，不欲出门。雨止，与伟侠同至祠堂街丘佛子就飱。丘佛子为一小酒馆名，其盛菜蔬，不用盘簋，食客至，即出其特制小锡暖锅一具，盛以猪牛羊或青豆等类，锅圆形，约高五寸，直径约四寸。中燃菜油小灯，周围雕花若干，灯常不熄，锅内菜遂不冷。如客有二三人，则供二三具，不足，再增若干具，人多食毕，案上锡锅如林焉。所售肉类，皆系以紫铜巨釜炖烂，每类辄数十斤，客至，则舀取供应，味极可口，每事仅售洋一元，饭则每人五角而已，其价殊廉。此种作法，最适宜于冬季二三人小饮，盖最与质之增益，可由己操纵，复无冷啖之敝，不似其他菜馆，无论人之多寡，辄以巨盘饷客，稍啖即冷，冷则弃之耳。人言"吃在成都"，信然。余与伟侠食已，天复下雨，伟侠欲同往城外访工部草堂，余以泥泞载途，难之，伟侠独冒雨往，盖伟侠寝馈杜诗甚久，尝集杜诗数百首，裒然成帙，其崇拜工部，实出至诚。今既到蓉，乌能不一觌其草堂？故于其冲风沐雨往游，心甚壮之。分袂后，余往某行辕访王君双乙，余与双乙别二十余年，未通音问，昨夕方公召宴，于席间遇之，始知其于战后来此，久别乍逢，欢忭可知，第因席次人众，未获畅谈。故拟于今日往作一日小聚，讵至行辕后，已因公外出，久待不至，惆怅而返。归途，入少城公园庭院览，园内树多而花少，因夏间曾遭惨炸，亭台楼榭，强半灰烬，眼前风物，徒动人悲戚，未竟游，即归。未几，伟侠亦归，状甚沮丧，余询其草堂景物何如？伟侠曰："安有工部草堂！只不过某训练团几栋宿舍耳！询之宿舍中人，咸瞠目不知杜甫为何人，甚有转问杜甫现任此间何职，使人闻之发噱。嗣得一本地工役，导至一宿舍后墙，指曰：'此即工部草堂也。'其实一无所睹，惟墙上嵌一联云：'万里桥西宅，百花潭北庄。'意此即当日少陵负杖行吟地耶？旷代诗人，阒无遗迹，徘徊凭吊，怆然而归。"言次，犹悻悻有余慨。余笑曰："子私淑少陵，遂以为天下人皆知杜氏而尊之耶？幸若辈少年不知其人，倘其知之，以子今日雨淋狼狈之状，必嗤曰：何处酸丁，来溷乃公事！"伟侠曰："是或然也。"因成诗四绝，字里行间，感叹百出，爰为录之于次：

　　沐雨冲泥问草堂，临流小筑已沧桑，

浣花江水声呜咽，似共愁人说断肠。
禹稷皋夔百未成，此身真觉负苍生，
西来我亦伤憔悴，三赋低徊一怆神。

白骨生苔事可哀，悲歌狂饮独登台，
荒江岁岁鹃声急，怀抱何由得暂开？

沈谢何刘安足论？骚坛一帜古今尊，
十年寝馈惭私淑，稽首来招去国魂。

宝鸡途中[1]

十月十九日，星期日，阴。吾人在渝所赁汽车，议定只到蓉为止，由蓉赴陕，则须另租，经两三日奔走，始觅得一车。此车较前车尤为敝旧，并篷而亦无之，临

---

[1] 原文此处有小标题《宝鸡途中》，但何处完结，并不清楚，此后日记未拟小标题。现保持原貌，不作改动。——编者注

时以竹竿架席为篷，其状殆类江中小舟，余见面笑曰："此真所谓陆地行舟也。"原定黎旦启行，乃开车时，忽见车上有搭客二人，货物数箱，询之司机，则含糊其词，此车既为吾人包赁，当然不以搭客，此盖司机故弄狡狯，藉图私利，每人由蓉至宝鸡，车费至少四百元，若任其搭乘，则运货物运费，不下千元，皆入司机私囊矣。当由方公严令人货卸下，延至十一时，始开驶。经新都至广汉午飧。广汉前为杨森驻军地，街道经其改建，马路整洁，房屋亦多新式，市面繁荣，饶有太平景象。飧后续行，经德阳、罗江，午后五时，至绵阳宿，所寓旅馆，又名新新，吾人至此，已三宿新新，可谓巧矣。由成都至绵阳，纵横三四百里，皆系广袤平原，田畴一望无际，河渠交错其间，既无干旱之虞，复无淫溢之弊，故土地肥沃，出产极丰，所谓天府之国，实非夸语。而有此富源，抗战必胜信念，更可坚定矣。

十月二十日，星期一，阴。晨发绵阳，旋渡涪江。汽车渡江，系用平底木船载运，沿途皆如此，但每次只能载一车，过到对岸，又载一车而返，故两岸常停车若干辆，须轮次载渡。吾人今日竟伫待两小时之久始达彼岸。至午后一时，抵梓潼午飧。由梓潼西行，高山渐多，公路均依山腰凿成，路旁古柏成列，绵亘百余里，枝干蔽天，其巨逾抱。相传此为张桓侯手植，故至今皆呼为"张飞柏"，现由当局按树钉一木牌，饬各保甲分段保存，禁止樵采。此中风味，较江南道旁杨柳，又森严多矣！伟侠于车中口占五律一首云：

夹道将军柏，争传手择存，
声名山岳重，道义古今尊，
余荫留巴国，蟠根拥剑门，
万家禁樵采，郁郁送朝昏。

下午三时，过文昌帝君庙，庙在山巅，相传为文昌诞生地。停车入观，庙虽宏大，但已残败，庙内柏树蔚然，高撑天际。据道士云：尚有唐柏一株，浼其引观，则一枯干而已。此地为梓潼辖境，有"七曲山九曲水"之称。立庙前远眺，山势迂回逶迤，河流曲折蜿蜒，虽未能尽睹七曲九曲之妙，然亦实有诡谲恢奇之观。更远，望见剑门诸山，气势雄伟恣肆，由远处委蛇而来，突然群峰列峙，壁立于诸峦之上，其状如鱼阵昂首水面，斜阳反照，蔚为奇景。余生平所见山容，当以此为最美。登车再行，至夜七时，始抵剑阁，路窄天黑，下山时，几覆车。剑阁旅馆，多在城外桥头，我侪至时，均已客满。方公别率数人，假寓县党部，余与伟侠、惜分、补天、咸照诸人，则彷徨道左，无所投止。忽见有一菜馆，名聚乐园，灯火高明，同人腹馁已久，遂谋先果腹，及入门，则酒肴俱罄，仅一少妇据案理帐而已，正徘徊间，少妇闻伟侠语，忽欣然起立曰："公得毋安徽寿州人耶？"伟侠曰："然！"曰："然则乡亲至矣！"询之，亦寿州人，此园主人也，遂殷勤留坐。曰："此间入夜，食客稀少，所备饭菜，均已售罄，但远地忽遇同乡，实为异数，安能任诸公枵腹去耶？"立命女侍布置几案，嘱厨夫尽速作黍，踽躩经营，状甚愉悦。吾人于绝望中忽睹此状，皆大欢喜，余笑语伟侠曰："今日始知乡谊之可贵矣！"其家储备食品，实亦太少，女主人复命厨夫笼灯，出市酒肉，且亲手烹调，及其罗致而出，居然肴馔满案矣。吾人且饮且谈，女主人挈其幼子，悄然坐案侧，吾人询其胡为至此，女主人唏嘘至再，曰："此非得已也，吾初亦女中学生，于二十七年故乡失陷时，随夫避难西行，经豫陕至此。吾夫原在军队任职，二人感情尚笃，到时，以此地生活低，拟家焉。乃前岁吾夫随军远出，忽睹荡妇，及吾闻知，则已实行同居，俨然伉俪矣。初寓书诘责，尚支吾敷衍，后竟至不理，吾忿极，决计自营生理，因出些微私蓄，经营此店。时有一川籍小学女教员，未亡人也，原为小儿教书，闻吾从事懋迁，忻然加入，今为吾司账。另一女子，北平人，因避难与夫散失，携一幼子，由陕同伴至此，慨然自任侍役。"言次，因介绍二人与吾人相见，司账盖一三十许沉默寡言人也，女侍则善于辞令，伺应甚周，年才二十余耳。女主人复曰："吾三人际遇，殆极相类，今则凄然相依为命矣。幸年来营业尚佳，足可生存，否则不将同沦沟壑耶！"言已，泫然泣下。余侪天涯奔走，亦正悲不摇落，闻此人语，不禁有白香山商妇琵琶之感。因与伟侠偕酒浇愁，相互痛饮。同人初静聆女主人诉其身世，皆忘夜之将午，及食毕，始忆宿处尚复无着，皆惶然不知为计，乃推伟侠商之主人。主人曰："今夜已深，旅舍更不易觅，然已为诸公计之熟矣！

吾家有食案八，尚洁净，合两案为一榻，别置铺板一具，则诸公五人，可各据一榻寝矣！"余侪闻言，大喜。由咸照将车上衾枕运至，女侍欢然部署，伟侠复与女主人共话家园故事，始知彼此家宅，相距不甚远，且有瓜葛姻亲，因是吾人益觉今宵之遇奇矣。寝后，细味主人言，为之恻然不寐。就枕上成七古一章，意殊未尽，姑录之于此：

瑟瑟西风趋剑阁，阁外天寒月方落，
桥头忽遇女乡亲，翠袖殷勤留客酌，
自言避难来荒城，橐砧弃置事长征。
无聊且作当垆妇，日博蝇头寄此生，
此生命薄长已矣！往事成尘恨如此，
女伴三人共晨昏，可怜尽是良家子。
言罢灯前忽垂泪，顿教座客都忘寐。
天涯我亦悲摇落，愿与王郎拼一醉。

伟侠夜间亦得一诗云：

剑阁峰头万籁清，一天霜月下残更，
正愁野店烦争席，却喜山家肯相迎，
乡语乍闻惊问姓，羁怀欲诉自通名，
天涯我亦风尘客，为汝长吟作楚声。

十月二十一日，星期二，晴。晨起，伟侠等入剑阁城内游览，城垣甚小，街市极萧条。有县政府，有中学校，行政督察专员公署亦在焉。余侪登城了望，见四面环山，嶙峋高峻，悬崖峭壁，崭然罗列，剑门山顶，亦隐约在望，县城居此中阿，殆如坐釜底焉。城外绕以小河，岗峦护之，形势极为险固。昔晋元康中，李特随流人入蜀，至剑阁，箕踞太息，顾盼险阻曰："刘禅有如此之地，而面缚于人，岂非庸材耶？"此地关山之险要，昔人已重视如此矣。城中籐刺手杖甚佳，吾人各购一枝。返聚乐园时，女主人已为备面食，甚鲜美可口，濒行酬以金，再辞，始受。车离剑阁，所行均山路，约二十余里，抵剑门关，山势雄伟，崔巍屹立，关口题"天下雄关"四字，旁植石碣，题"汉大将军姜伯约屯兵处"，右侧石上，复刻有"云环耸翠"四大字，态肆雄劲，不知为何人所书。车入关口，行狭径中，几不睹天日。出关回顾，则又一奇景：盖剑门关有三巨峰，由关内观之，不过觉其巉崿险巇而已，一出关外，则三峰列峙，俨然斧削，由巅至麓，不知几千仞，岩峣壁立，高耸天际，中峰特高，体部中阔，而顶跌略窄，状如枣核。左右两峰，则嵯峨侧立，有似中峰之卫士。因其面平削立，岩层显然可见，三峰连接处，各裂一缝，其狭如线，右缝为一小溪流，左则公路也。吾侪循公路而出，回顾此巉屼之状，莫不叹为奇观。杜工部谓："一夫怒临关，百万未可傍。"至此益信！而岑参谓："凛凛三伏寒，巉巉五丁迹。"亦足状此间之险阻。其时已届晚秋，山上枫林，经霜而赭，飘飘红叶，点缀于绿阴翠竹之间，尤为美观。惜分最欣赏此红叶，车中念念不忘，余允为绘"剑门回顾"图赠之，以途中无纸笔而罢。伟侠则诗兴勃发，于车中成五律一章云：

仄径征车发，雄关绝世奇，
青峰千剑簇，秋水一痕垂；
地辟蚕丛险，天开鸟道危，
北门严锁钥，惘望抚残碑。

余亦口占一绝云：

剑岁雄关绝世无，云屏削壁莽榛芜，
羊肠鸟道称奇险，一剑真能御万夫。

出剑门，行百余里，过昭化，渡嘉陵江，此处较涪江尤阔，载渡费时更多。余侪乃先乘小船，过对岸，至一农家小憩。见田野景象，极为荒凉，人民生活，亦甚清苦，此时农家方午膳，所食仅包谷稀羹，无蔬菜，惟置盐一小碟，以箸蘸食而已。有一童子，携饭一罐至，与其祖父共食，饭为赭豆和煮而成，亦无菜，然两人各尽十碗，尚觉未餍，食量洪、而稻米稀，可悯已！未几，车已渡过，登车继进，于下午四时抵广元，又须渡江，余侪先入城觅旅舍，见街道修长，市面繁盛，盖此间为川陕交通枢纽，街上所停卡车尤伙。旅舍虽多，但均客满，余侪奔驰多处，仅得一小旅舍寄寓焉。所乘汽车，途中频频损坏，乃令驶入机器厂，彻底修理。余与伟侠等则入一下江酒馆晚膳，菜味尚佳，而价较成都为昂。广元因人众车多，道路极坏，鹅石突出路面，崎岖难行，然夜间汽灯不多，熠熠市上，为他处所无。

十月二十二日，星期三，晴。早八时由广元出发，汽车时时损坏，至中午，始抵朝天关，由此西行，两面俱高山，且均为坚硬岩石，中为嘉陵江，流水急湍，清可见底。公路沿山麓凿石而成，有空凿成圆洞，状如穹窿，工程盖极艰苦。江上石桥颇多，路线亦系择便处施工，故车行时在江左，时在江右。仰视峭壁，俯瞰急流，虽非鸟道，却甚险巇。某处有破旧飞阁，支撑山顶，相传此即古之栈道也。出此，山更巘崿，峣峥高峙，重叠绵延，汽车盘旋而登，俯视山壑，不知几千寻，稍一不慎，人车倾覆，则成齑粉矣，故行人至此，辄为心悸。下午三时，抵七盘关，此为川陕交界处，关口有"西秦第一关"石碑。伟侠曾有诗云："词客飘零久未还，竭来行役万重山，翠岩红栈刚经过，又入西秦第一关。"盖纪实也。此去道路略平，但实际已在高原，天气骤寒，无复秋意。午后六时，至宁羌县，未入城，就城外旅馆寄寓。此间旅客，不似他处拥挤，故得人踞一室，安然偃卧。

十月二十三日，星期四，晴。早七时开车，行未久，过五丁关。按"五丁"，力士也。《蜀王本纪》载："天为蜀王生五丁力士，能徙山，秦王献美女于蜀王，王遣五丁迎女，见一大蛇入山穴中，五丁共引蛇，山崩，压杀五丁化为石。"盖即是处也。出五丁关，越蟠冢山，此山亦峥嵘高峻，公路均依山凿建，其状似昨经山路；一面为绝壁，一面为深涧，虽弯曲较少，但路面极窄，两车相连，若不缓缓相让，非碰车，即坠崖。据方公云："前岁入秦经此，曾亲见两车相撞，其一坠入涧底，人车俱碎，其一则机件损坏，横卧路心焉。"下蟠冢山，至一小市镇，名大安驿，意谓行人至此，可庆大安矣。自此道路平坦，渡沮水，抵沔县。沔县有新旧两城，旧城名西城，相传即诸葛武侯弹琴退司马懿大兵处，城内人烟稀少，多为旱田，城外有武侯祠，按武侯归葬定军山后，后主诏立庙于沔水之上，即此祠也。同人停车入觐，门额直书"武侯祠"，非如成都名武侯祠而书"昭烈庙"也。祠有前后两殿，各塑一像，一为旧像，甚伟大，一为新塑，身材与常人等，皆栩然有英气。陆放翁诗云："我昔驻车筹笔驿，孔明千载尚如生。"即在此也。祠内陈一黝色石琴，道士谓为玉质，大小似古七弦琴，上刻章武元年置；一端有小孔，一端有小槽，以指尖就槽内摩擦，小孔即发微声，引耳听之，嗡嗡似琴鸣，道士以此为奇，其实琴既中空，以指触之，自然成声也。祠内庄严肃穆，香火颇盛，一代勋臣，千秋庙食，历史诚不负人矣。过此数里，为新城，今沔县县治也。与公路平行，有通惠渠，用以灌溉左右田地，其口与沮水相接，但此时涸矣。中午抵褒城，城位于褒水之上，即褒姒诞生地，居民稠密，屋瓦栉比，吾侪经过城下，径渡褒河，到对岸一酒肆午膳，此地已有陕西凤酒，饮之良佳。县境地势开展，有褒惠渠，纵横其间，颇肥沃。下午经留坝县，渐入紫柏山脉，山脊枫树甚多，红叶满林，如冠紫冠，惜分对此极为欣赏。五时抵庙台子，住留侯庙。庙在紫柏山麓，门首有"汉张留侯辟谷处"石碑，入内，为大院落，当面名三清殿，祀老君像，殿仅一楹而已，右首有大门，即留侯庙，殿宇恢宏，碧瓦翚飞，门前植铁旗杆，铸有龙凤盘旋其上。入门，经天井，入前殿，壁间有丰碑，记得于右任先生亲书"送秦一椎，辞汉万户"八字，遒劲可爱。再入，为正殿，塑留侯像，英伟如生。殿内楹联颇多，千篇一律，人云亦云，惟清陈文黻一联云："壮士奋挥椎，报韩已落秦王胆。大王烦藉箸，荣汉终函项羽头。"雄壮可观，最简当者，为清王佩声一联云："前追齐尚父，后启武乡侯。"入殿右圆门，为小院落，有厅堂住室，昔日游客下馆之地，今已住有眷属矣。院内有小池，通以山泉，池侧略植花草，景殊幽静。壁上嵌石碑甚多，镌游人题句，有清吴棠甫一律最佳，爰录之于下："五世韩臣已复雠，翩然欣与赤松游，奋椎早夺三秦险，借箸潜消六国谋；黄石书函空覆楚，青宫羽翼亦安刘，帝师王佐神仙骨，衡岳希踪只邺侯。"由此出短垣，拾石级，登庙后山巅，有"授书楼"，相传即黄石老人授书处也。阶石两侧，刻名人题字颇多，惟清督学使黎荣翰所题"英雄蝉蜕"四字，最有意致。楼为两层，上层塑黄石老人像，有清沈恬一联云："此地有松石闲意，其人乃帝王之师。"颇洒脱而切实，又有满人巴林延龄一联云："山月偕栖隐，天风度步虚。"意亦轻松。楼下有一亭，楹柱几案，皆白石雕成，四周疏竹萧萧，静寂无尘嚣气，有长白延燮一联云："何处结仙缘，仅流传千载赤松，一拳黄石；此间真福地，且领略万竿烟雨，四面云山。"维时夕阳衡山，余霞映枫林，愈鲜红夺目，同人徘徊瞻顾，不忍遽归，直至暮色苍茫，始相率回庙。庙左为中国旅行社招待所，吾人即假于此。曲尺走廊中，房间并列，床榻衾枕俱备，均朴素洁净，且无虱蚤。廊前有小院落，中堆假山，环植翠竹花木，微风撼之，簌簌有声。有正厅，颇大，为旅客会食之所。招待所有自雇厨司，专为旅客具馔，吾人就所内晚膳，肴味甚佳。餐后，与老道士闲谈，始知庙内有道士二百余人，庙产颇丰，田地皆由道士自种，亦有为人工作，留庙唪经者，并不甚多。紫柏山产一种药草，名鹿寿草，为牝鹿所常食，能补阳益神，且治风瘫，道士恒出此劝售。同人亦各购少许去，效否殊不可知。沿途所见庙宇，当以此庙为最宏伟，亦以此庙道士为最众。由前汉迄今，历二千余年，而留侯庙食不衰，世人岂尽以其为王佐神仙侣而尊之欤？亦无非同情其博浪沙奋椎一声耳！吾以为子房所言圯上授书，从赤松子游，皆自为托词，彼盖早知刘季之为人，可与共患难，不可共安乐，其所以佐汉灭秦，实为韩报仇耳。及其夙愿既遂，乃诡言隐去，以全其躯。岂真有所谓赤松子耶？夜中偶成一绝云：

紫柏山头夕照红，巍然祠庙有雄风，
非关王佐神仙侣，只在嬴秦一击中。

伟侠甚以余论为然，亦有一诗云：

紫柏山头动晚钟，冷云疏杵豁心胸，
授书有意从黄石，辟谷无端问赤松；
将相功名原类狗，去来踪迹竟犹龙，
当年已薄高皇帝，肯与萧韩作附庸！

下绝尤洽余意，洵佳构也。

十月二十四日，星期五，晴，朝发留侯庙，午抵双石铺。双石铺为三条公路分歧处，东行达汉中，连接陕鄂路线；西行达天水，直趋兰州；北行达宝鸡，衔接陇海铁道。此地原极荒凉，自各路汽车通行，居户渐多。吾侪汽车至此，适又损坏，因停此修，便进午膳。午后再行，经凤县、黄牛铺，渐入高山，三时过大散关。按：大散关亦名散关，为秦蜀往来之要道，距和尚原极近，两山关控斗绝，出可以攻，入可以守，实表里之形势也。出关，即秦岭，秦岭西起甘肃兰州，东至河南陕县，长八百里，连绵商山、太华、蟠冢、陈仓、太白、终南诸山，形势险要，自古为长安屏藩。由岭南迤逦而登，但觉渐陟渐高，尚不见其嶷峻。一至山顶，则气候陡寒；越岭而过，望北麓宝鸡渭河，皆在苍烟浩渺之中，始知秦岭之岩峣高拔，殆为诸山之冠。岭北因山势所限，无复环绕余地，下山公路，竟是俯冲，只能藉小弯转以杀坡势，故由极峰以达山跌，Z形弯角，足有三十二道之多，车中俯视，状如锯齿，建筑此路之工程人员，技术殊可惊也。下山，即濒渭河，同人皆觉聪官发生故障，此大抵由极高骤降到极低处，空气的冲激所致。渭河原有木架长桥，可通车辆，乃北端塌损，不能畅达；且过桥，须俟南来兽车行尽，始得前往。是日等候半小时，方始入桥，行至北端，再经木板所搭之便桥，冲入沙滩，蠕蠕登岸。岸上即宝鸡，城外街市辐辏，虽经几次轰炸，而繁盛如故。大小旅馆，在在客满，同人下车遍觅，竟无下榻处，无已，则分别栖止，而方公时托疾入一医院，借病房寄宿焉。自重庆首途至此，公路行程，已告终结，除在成都留二日外，途行凡九日，由宝鸡至西安，有火车可乘，无须再乘汽车矣。沿途除汽车外，有骡车、马车、牛车，有牛马同驾之车，为数极伙，往来所载，均为货品，尤以棉花羊皮为最多。此类货物，一半径运成都，半至广元换载木船，顺嘉陵江直下重庆。余因所乘汽车，无车厢座位，逐日局促行李中，益以剧烈颠摇，致抵宝鸡后，忽觉气促胸闷，心脏若突肿大，偃卧旅馆中，不敢动弹。夜间，伟侠出示今日过秦岭诗，读之弥有同感，诗云：

大散关头草棘荒，寒笳遥动野云黄，
陈仓地接三边险，秦岭裘翻九月霜，
形胜不殊风景恶，英雄老去鬓毛苍，
中原犹自盘骄虏，羽檄何时下朔方。

十月二十五日，星期六，晴。昨宵寝后，心脏甚不舒适，今时仍不敢多行路。私念汽车行程，幸已终了，否则再经颠簸，真不堪忍受矣！由宝鸡至西安火车，原有日夜两班，日为普通车，夜为特别快车。吾人购定特别快车，亦即所谓蓝皮钢车，战后由津浦路移置于此者。下午五时开车，车上布置尚清洁，惟餐厅尽为乘客所占，秩序欠佳耳。离宝鸡后，见沿途窑洞甚多，此不独为贫民栖身地，即中产人家，亦有世居窑洞者，盖谓冬暖夏凉也。西北人民生活，大都简单朴素，饮食起居，皆不甚讲究；不似东南人于房屋衣饰、饮馔服用，必求精美而安适也。夜十一时，车抵西安站，方公已为欢迎者包围去，吾人则乘人力车入城，至当地主人预定之中国旅行社西京招待所休息。此招待所为西京最高贵旅馆，设备周至。

十月二十六日，星期日，晴。西安为古帝王都，自周武王克商，建都于此，名镐京，秦、汉、隋、唐，均都之。汉高祖命名长安；王莽改为常安；元曰安西路，旋改奉元路；明改西安府，清为陕西省治，民初废府制，名长安县；民国二十三年定为陪都，易名西京，设西京市，划定东到灞桥，南到终南山，西至沣水，北至渭水，为西京市区；长安县政府，则移设城南之大兆镇焉。城为长方形，明洪武七年就隋唐都城缩修而成，周围四十里，东西长约七里，南北长约四里；置四门：东曰长乐，西曰安定，南曰永宁，北曰安远。民国十七年冯玉祥治陕时，复于西门以北增辟一门，曰玉祥；东门以北增辟一门，曰中山。省城之外，四方均有关塞：东为"函谷关"，在灵宝县南，即秦之"东关"；西南为"大散关"，在宝鸡县南，汉高祖由此入关破秦，至今为通湖北要道；西北为"萧关"，在甘肃固原县，襟带西凉，咽喉灵武，亦西北险要之地也。黄河由宁夏绥远边界折流而南，直至潼关东趋。渭河横贯东西，汉水又屏障其南。有此四塞关河，形势险固，以之自守，则固若金汤；以之用兵，则同据高屋，故掌握中国政治重心，前后历二千余年，而中国优美文化，亦即发源于是焉。余久欲观此雄都，迄未得间，今既至此，辄自庆幸！晨起特偕伟侠、惜分、维英、补天诸人，由西京招待所步行出尚仁路，至最繁盛之东大街，马路宽广，人行道亦然；市房建筑多新式，居民约二十三万谱。行至市中心，有"钟楼"，上下四层，高逾十丈，为明万历十年建造，清乾隆五年重修，巍然凌空，庞大奇伟，四周通东西南北四大街；楼上驻军队，有警报台，楼底穹门内，为各报社贴报处，市民至此阅报者，络绎不绝。由此往南大街，至文庙西旧府学巷，游"碑林"。碑林为隋唐国子监旧址，号称关中金石之府，原有汉、唐、元、明、清，历代名碑一千四百余方，而以唐之十三经、淳化阁、景教流行中国碑，及王羲之圣教序为最名贵。相传宋时灞桥被洪水冲圮，因乏石修堵，竟以名碑七百余通，覆之桥底，以遏宏流。其后，代有损毁，故至今只藏字迹完好较为珍贵石碑二百余方。民国二十六年，由国府拨款五万元，施工整理，派员监护，现有庙宇式巨室四进，将隋唐遗留诸碑，分室陈列，惜因避免轰炸，已将此类名碑，各用砖泥封固，其露出者，非赝鼎，即历经潜刻真迹全失之品，殊无足观。碑林附近，多售碑帖商店，但珍品亦稀，且因碑经封固，索价特昂。同人各购一二种，余以不善书法，浏览而已。出碑林，至孔庙东胭脂坡，有"汉下马陵"，为汉儒董仲舒墓。因汉武帝幸芙蓉园时，每至此下马，时人谓之下马陵，岁月深远，遂误传为虾蟆陵；白乐天琵琶行诗中"家在虾蟆陵下住"即指此也。民国二十三年，邵力子先生主陕时，曾从事修葺，焕然一新，墓外环以围墙，并有邵书汉下马陵门额。惜是日门已下键，未能入观。

十月二十七日，星期一，晴。吾人以在西京小有栖迟，势不能久居旅馆，昨闻方公云，已在菊花园十六号，假得寓庐，今晨遂全体迁去。屋为旧式建筑，甚宏壮轩敞；吾人所住为第二进全部，及左右厢房，中有大院落，植梧桐两株，叶已疏落。屋主人为张翔初（凤翱）先生，老将军也。民初任陕西都督数年，陕民极爱戴，其人温文儒雅，和蔼可亲，近年且耽吟咏，无军人习气。方公与为旧友，故不索租价，其情殊可感。屋悬匾额甚多，皆张为都督时，其部属所赠送者。余与伟侠共居一室，朝夕聚谈，颇不寂寞。晚赴当地主人欢宴，肴馔甚丰，归时不觉醺然。

十月二十八日，星期二，晴。今日为旧历重九节，风和日丽，原拟于午饭后，偕伟侠出城小游，奈下午一时忽发警报，此为出行来第一次闻此呜呜声。西安市民于发警报时，除自动疏散乡间外，多至城墙根防空洞躲避；东西南北四城，各就其近处入洞。西安土质，富有粘性，虽不如渝市三层之坚固，但抵抗力亦强；且城墙为一线形，尤不易击中，故西安轰炸时，死伤甚尠。张先生宅中，有一自建防空洞，颇为深邃，但闻张本人从不入洞，虽弹声隆隆，安坐室中如故，其镇定殊不可及。今日紧急警报发后，敌机竟未至。解除后，与伟侠入市瞻眺，则瞬息间店门尽开，秩序井然。旋偕至东大街"大三元"晚膳，此肆为一扬州人所经营，其汤包烧卖甚驰名，有扬人擅长之肴肉及煮干丝，此为在渝久未尝到者，试之，味果佳；余与伟侠共尽凤酒一瓶，既醉且饱，伟侠笑曰：此聊当登高也。

十月二十九日，星期三，晴。早餐后，偕伟侠出东大街至西大街游览，街北有"鼓楼"，高九丈余，明洪武十七年兴建，乾隆五年补修，共四层，顶层南面有"文武盛地"，北面有"声闻于天"匾额，上有警报台，未许入观。出西关，有"太白庙"，为明崇祯间陕抚汪桥年修；清乾隆三十九年巡抚毕沅以祷雨应验，奏请特加封号，重修庙宇，其后遂渐颓废，今为一警察分驻所。余与伟侠往游，据门警云，现纯为办公地，无殿，无像，亦无碑迹，伟侠颇为怏怏。入城，转至南院门街。西京繁盛街市，除东西大街外，南院门街亦不弱，且为银行钱业麇集之区。市面物价，普通较渝市为低，惟舶来品略高。居民服饰朴素，不事奢华，就吾人所见，有一特异处，即青年女子及女学生，均喜御军服、戴军帽，颜色以草绿及灰色为多，昔日长袍短裙，尽行废弃，其大衣亦多棉胎布质，此固为俭朴美德，但使人莫辨雌雄。此外亦有好着航空皮衣者，大抵以娼妓为多；至于着丝袜高跟鞋、呢质皮领外套，而自炫摩登者，除显宦巨贾眷属外，所见甚少，不似渝市触目皆是也。此间天气已冷，所携行李，不足御寒，今日特购棉絮一床，每斤六元，不惟价廉，纤维质亦较川棉胜多矣。

十月三十一日，星期五，阴。新城本明季秦藩故邸，俗呼曰皇城，清顺治六年，就原有土城重新城墙，并辟五门，用为八旗演武校场，设将军统驭之，后渐成为满人丛居之区域。辛亥光复时，城内建筑，悉为民军焚毁，一片广场，鞠为茂草；民国十年，冯玉祥督陕，始令兵工刈草莱，除瓦砾，植树木，建营房，就此设署办公，昔日残破荒凉之区，一变为冠盖云集之地，厥后历任陕督，胥设署于是。现省府及民财建教四厅，亦就此合署办公焉。省府前，有大操场，地极广阔，凡公共集会，咸于是处举行。入晚，则乌鸦群集场上及省府树林，有时行经其地，则见黝黝一片，状如黑水之洋。据闻省府工人扫此鸦粪出售，年可获利数千元，其众多可以想见。曩经成都时，即觉其乌鸦太多，但视西安，则有逊色，此诚奇象也。

十一月一日，星期六，晴。早起，与伟侠至大三元食汤包，甚可口。食已，就近游开元寺。寺在东大街西端，门临市面，为唐开元中建，因玄宗于开元二十八年，于延庆殿与胜光法师论佛恩德，乃令天下州府，各置开元寺一所，历宋明清均有补修。吾侪未至前，以为必有可观，乃入院门后，空场中只旧殿一幢，甚逼仄，为警察分驻所，所谓唐琼公道行碑、元华严世界海图，均未见，仅神龛中祀一玄宗遗像而已，但亦似久无香火。寺四周，俱妓寮，门各悬一名牌，粉白黛绿辈，娇嗔以伺来客。余笑顾伟侠曰："李三郎居此群雌中，当不复忆及太真矣！"伟侠喟然曰："昔日名胜之地，今为娼妓荟萃之区，尚何言哉？"

十一月三日，星期一，晴。上午偕伟侠至西大街化觉巷游清真寺，俗名东大寺，为唐玄宗时建，碧瓦雕甍，气象瑰伟，即门首之照壁，亦镂刻极精。入门，有长甬道，道旁白石栏杆，整齐精洁，惜有一处曾中一弹，现巨坑犹存，石栏则散卧坑边，状如伤兵焉。甬道外，植古柏甚多，高入云表，礼拜堂为两殿衔接而成，深广宏壮，幽静肃穆，但教外人不许入观。左侧有一小学校，学生均回教子弟，设备亦尚完美。寺大门在旧民政厅前，后门则抵北广济街，占地之广，可以想见。余等出清真寺，顺游城隍庙。庙在西大街，明时建，庙址宽宏，工程伟大，青砖碧瓦，俨如宫殿，庙前商贾云集，多售妇女用具及盔头戏装。后殿闻有城隍卧相（像），但因驻有军队，未能入观，每年旧历三月庙会，善男信女进香者，踵相接焉。

十一月四日，星期二，晴。今日至长安学巷十三号访旧友景枚九先生。枚九为同盟会老党员，辛亥前，在三原起义未成，与于右任先生同系狱。光复后，被选为国会议员，民国十年，余识于沪，因同办《四民报》，交谊良厚，其为人天真烂漫，跅驰不羁，性纯朴，不事边幅，学问渊博，诗苍劲类唐人，文章奔放恣肆，下笔万言；惜与世枘凿，所如辄阻。别后，未通消息十余年矣。余至西安，偶遇其门人罗剑书君，询知其住址，今日特往访晤。久别乍见，各大欢悦，其风度犹昔，并未衰老，而余则已白发盈颠矣。所居在孔庙侧，小屋三楹，颇简朴，枚九笑曰："别来贫窭如故，故居此陋巷，殊不足以应客！"余笑曰："如君端合近圣人居，何陋之有？"其室中书籍凌乱，纸笔纵横，一如昔之浪漫。枚九并出其所著《石头记真谛》两册，并亲于书面签署相赠。略为翻阅，殆知其将《红楼梦》中情节，皆归纳于民族思想；重要角色，则比拟明末清初诸人物，引证明确，独具灼见，盖较其他索隐，更有意义矣。余询其近作么生？枚九谓方从事精神食粮运动，盖彼以前方官兵读物太少，生活过于枯燥，故吁请党政当局，捐书购书，运送前方，俾官兵闲时阅读，可以启其兴奋，而慰其精神。余曰："君愿甚宏，但值此纸贵洛阳时，征购恐不易耳！"畅谈半日，始与辞归。

十一月五日，星期三，晴。今日卢君锦帆邀赴西大街五福楼吃羊肉火锅。西安冬季售羊肉火锅店甚多，但五福楼最驰名，其调味作料，多至十余品，真可谓酸甜苦辣，色色俱备。其羊肉均生切成薄片，以箸钳至火锅沸，一烫即熟，鲜嫩异常，且毫无腥气，最后就汤煮面，味尤佳。又西安腊羊肉，亦负盛名，制法以羊半只，洗净加盐卤腌若干时日，然后入锅徐煮，经宿烂熟，待其冷后，凝成巨块，切片零售，亦为下酒妙品。秋冬季为畅销时期，入春即停售，以西大街广济街口辇止坡童家所制为最佳，终日门庭若市，操刀者达数人，日可销羊数十只，营业之盛，可以想见。

十一月七日，星期五，晴。晨起，偕方公至某处公干，事毕，同至红埠街访李玉阶导师。李为江苏人，年三十余，长发曼髯，垂脑后如鸭尾。其目，一瞳睅大，一瞳睨小，见人辄睥睨而视。所业有似道院同善社之类，信徒甚众，彼即为西安院主，有家室儿女，同居院中。自谓初亦高中毕业，后忽信佛，不食荤腥；每日按时打坐，渐至通灵，言人吉凶祸福辄验。与之谈，旧学亦颇有根底，其客室中，名人赠联题字甚多，似其道术不仅为市井所崇信，且复见重于当今名公巨卿矣。其相人，目不张，低垂脸皮，与人对坐，谓其目光能由脸皮透出，观人顶上光彩，然后知其人寿数之修短，行止之休咎，过去未来之命运，其应验盖不下于严君平也。彼相余，谓五十一岁后，渐入佳境，五十三岁后，可以飞黄腾达，直到六十八岁，皆为亨通之年。然余自视穷愁潦倒，已届五十，将从何而飞黄腾达耶？殊未敢信也。谈次，李又导余等参观其佛堂，在佛堂外，须先去双履，肃穆而入，但堂中非如寺观祀有佛像，仅张白麻布巨幕三幅，燃香烛甚多，正中一幅，谓为主佛，左右则主佛之宾从；欲见佛者，须静默肃立，端视布幕，历若干时，幕中即隐隐见佛像，心诚者，则见速，否则佛不易现身。余侪同入者四人，有一人谓隐约见佛像，余则于正中左右，均曾熟视多时，无所觏也。岂余心存好奇，无意礼佛，遂不得见耶？但其所祀究为何佛，余于佛学无研究，殊不得知，然彼居然能设院招徒，往来士大夫间，亦奇事也。

十一月十日，星期一，微雨。上午九时，因有事于南门外某局，与董兆龙工程师乘汽车出南门，沿途原上，常有小塔林立，询知皆僧尼墓地。约行三里，见小雁塔耸立云表。小雁塔为隋炀帝藩宅,唐武后始立为大献福寺,度僧二百余,天授初,改荐福寺,中宗复立,大加营饰,有浮屠十五级,高三百余尺,皆景龙中宫人聚钱所立者也。神龙以后,翻译佛经,并在此寺,历宋、元、明皆重修;清康熙间,紫谷禅师重修雁塔初基,抚军永泰捐饰大佛殿像,其寺基周一顷五十亩,为长安八景之一。惟塔顶析分为两半,望之如双峰,相传为明中叶时地震所震裂,但迄今屹然不倾,亦一奇观也。惜是日因事繁,未得入览,殊以为憾。再行二十余里,过韦曲,即唐韦后之故里,韦安石尝于此建别业,林木花榭,号称胜地,现犹有一小镇市,市外有学校数所。与韦曲相近者,为杜曲,杜曲有南杜北杜,杜固为南杜,杜曲为北杜,皆名胜之地也。盖唐韦杜二家,累世衣冠,显宦辈出,故唐人语云:"城南韦杜,去天尺五",杜工部诗云:"韦曲花无赖,家家恼杀人",又云:"杜曲花光浓似酒,霸林春色老于人",即此地也。去韦曲东约三里,有杜工部祠,在北杜陵原半坡中,余与董君事毕,特往游览,祠为明嘉靖时建,祀工部石刻像,前年因久失修,势将废圮,前岁张溥泉先生等筹备西京市政府时,睹之惋惜,乃施工重修,莳花植木，借以维护胜迹，并新塑一像。院落中有唐槐一株，并不显高，但躯干甚伟，一半已枯，一半仍生枝叶，不知何故？祠侧公共防空洞，建筑甚固，不惟可避空袭，且可坐以办公焉。西安城外高原中，树木甚稀，惟此处则蔚然成林，故风景甚为秀丽。观毕，仍与董君乘车归。

十一月十二日，星期三，晴。今日为总理诞辰，各机关休假一日。晨起，偕伟侠往游武家坡，顺道观大雁塔、曲江池。出新关之南门（为警报时疏散市民出城之便门），趋壕沟，至南门外广原上，经李家庄，约行十里，至大雁塔下。大雁塔，即慈恩寺。为唐高宗为文德皇后立，永徽三年，高僧玄奘起塔五层，以为藏经之所，长安中摧倒，武后及王公施钱，重建砖塔七层，其云雁塔者，以达亲国有迦叶佛迦蓝，穿石山作塔五层，最下一层作雁形，谓之雁塔，盖本此也。唐时，进士既捷，则题名于慈恩寺塔，故谓之雁塔题名；宋、元、明一仍旧制，以是塔前碑碣独多。明天顺间，复经重建，至清季，又颓废不堪；民国二十年，朱子桥将军特捐资修葺，内外整理一新，每岁上元节，为庙会之期，城乡仕女，络绎往游，香火之盛，为城郊各寺冠。惜是日寺内驻有军队，不获游览，余偕伟侠惟在塔下徘徊瞻望而已。由大雁塔东行二三里，即曲江池，池为秦时宜春苑故址，汉武帝凿而广之，因水流曲折，故名曲江池。隋时，改为芙蓉园；唐玄宗开元年间，更加疏凿，周围达七里。南有紫云楼、芙蓉园，西有杏园，花木环绕，烟水明媚，每届上巳节，都城仕宦，咸游乐于此，鲜车健马，比肩击毂，彩屋屏帱，匝于堤岸。玄宗亦常幸于此，率宫嫔集紫云阁纵观，命公卿士名花布道，进士乘马，鲜衣盛服，子弟仆从随后，率务豪华都雅，推同年少俊为采花使，有匿花于家者罚之，诚一时胜地也。安史乱后，遂尽废圮，今则无遗迹可寻，所见惟麦地荒村，白杨衰柳耳。池之东端，尚有广场一片。邻近公路，有小茶室、酒肆，所谓"曲江流饮"，至今犹为西京八景之一。余与伟侠就此小饮，伟侠瞻顾凭吊，感慨系之，当成绝句二章云："江水江花春恨生，杜陵野老已吞声，千门宫殿今何在？鼓角秋风满禁城。野草丹枫接远村，宜春旧苑了无痕，不须更读城南记，禾黍油油已断魂。"伤今悼古，佳构也。出酒肆，往寻武家坡，始知武家坡距此尚有五里，所谓王宝钏寒窑，乃在此而不在武家坡也。当由土人导引至曲江池东北角，见高原中有巨沟，名鸿沟，沿沟约行半里，有白杨两株，植立一小庙前，即寒窑是也。门首有"古寒窑"三字，庙系倚沟壁建造，入门，经一小庑，内塑赤色泥马，闻即红鬃烈马，但所见祀为关帝像，殊不类。左行入正殿，殿正中即古窑洞，内祀王宝钏像，据道士言，"宝钏本宰相之女，下嫁薛平贵为妻，因贫无立锥之地，寄寓此破窑，后平贵以擒红鬃烈马功，膺先锋职，随军出征，十八年杳无音信，宝钏矢志冰霜，苦守寒窑，不以母家荣富为意，惟挖食荠菜自活，后平贵显贵还乡，宝钏遂亦位正昭阳，转苦为甘矣！"其词滔滔，似已背诵成熟，其实此事只见说部，正史并无考据，吾侪只有"姑妄听之"而已。窑门有近人高维岳所题一联云："十八年古井无波，为从来烈妇贞媛，别开生面；千余载寒窑向日，看此处曲江流水，想见冰心。"正殿门首亦有高联："富贵不能淫，贫贱不能移，威武不能屈，谁料（上联此十七字，原书无。——梅杰按）丈夫出巾帼？稗官彰其事，妇孺彰其名，庙貌彰其节，从知贞女即神仙。"皆甚隽雅。殿中并有景枚九所撰重建该庙缘起一篇，骈四俪六，典丽矞皇，说宝钏事，不真不假，亦假亦真，极诙谐可诵，忆当时未予录下，殊为遗憾。据道士言："古洞原止此，荒废甚久，到民国二年始重建此庙，并于楼上另凿一洞，塑祀平贵宝钏两人像；民国二十四年复加修葺，高维岳所题名联，即是时作也。"言次，导余等经一土凿阶梯，登上瞻仰，见洞内两像并肩坐，颇生动可观；闻当年塑此像时，于宝钏双趺，应塑天足？抑小脚？颇生争论，盖谓小脚不合时宜，天足又不切事实，结果：宝钏裙下，遂无足影，此亦堪发噱事也。

十一月十四日，星期五，晴。早九时，偕伟侠往长安学巷十三号访景枚九先生，伟侠与枚九，亦南京旧识，惟别已十余年矣。昨闻余与相晤，遂挽余同去；相见之下，各大欢悦。枚九夫人，即其沪上所识某女士，患难相从，已念余稔矣，余曩与枚九共事沪滨时，尝与相见，今老矣。今日亦出话旧，每谈及枚九落拓境况，辄感慨系之。枚九出其旧日诗稿，与余侪披览，其中佳作甚多，但系孤本草稿，并未付梓，殊可惜也。临别，赠伟侠《石头记真谛》两册，并约再见期。余与伟侠出学巷，即往开通巷西口游卧龙寺，按卧龙寺为汉灵帝时建造，隋改名福应禅院，唐时因祀吴道子所画观音像，又名观音寺，宋初有高僧维果，长卧寺中，宋太宗又更名卧龙寺；明正德间，曾加修葺，后渐颓废，清慈禧蒙尘西安时，尝驻跸寺中，特颁帑重修，已甚宏壮，民国二十二年，朱子桥将军又捐资重装佛金，门窗新加漆髹，画栋雕梁，遂益形都伟，殿有四进，前两进为佛殿，中为食堂，后进为方丈室，布置颇雅静，僧侣约百余人，是时适值午膳，僧众齐集食堂，人各菜一簋，饭一碗，同声诵经毕，默然就食，寂无声息，此可见佛门之庄严肃穆。寺内有石碑，刻佛足印，长尺余，足指有花纹，成卍字，并注有发现年月，但此碑石质甚新，大约修葺时所重刻者，真迹如何，殊不可知。

十一月十六日，星期日，阴雾。下午五时，应罗君剑书召，走其寓宅宴集，座中除方公外，有景枚老，刘君子威（中央社总编辑），及新闻记者多人。酒次，谈及文化事业，余始略知西安报业概况。余从事报业，垂二十年，自廿五年后，搁笔久矣。今见彼辈豪情逸兴，不禁兴摇落迟暮之感，枚老民初尝于北平创办《国风日报》，蜚声一时，前年在西安，又办一小型日报，亦名"国风"，惜已停刊矣。剑书亦文化人，与其夫人俱湘籍，是夕肴馔，缘其夫人亲自调制，饶有湖南风味，枚老虽有风疾，而饮甚豪，余则倾觞辄醉。归时，细雨蒙蒙，见街头路灯，似荡漾在舟中矣。

十一月二十日，星期四，大雪。连日阴霾酷冷，昨夜开始降雪，晨起，愈下愈密，院落中积尺许深，檐前冰冻，排列下垂，状如水晶流苏；小麻雀无处觅食，纷飞窗棂顶棚间，一捉即得，有工人获数只，将付鼎镬。余曰："此亦饥寒所迫，致遭掩捕，其状殊可怜，宽释之！"遂尽放去。迓日同人将有事于外邑，睹此大雪，咸为愀然。共挽余往陇海路局，告以出发路线，请其予以便利，俾中途上下，无所阻碍。余毅然应诺。陇海路现为西北唯一铁道，战后，移郑东器材，接修宝鸡西段，直达天水，工程甚为浩大，局长陆君福廷，人极精细，具有魄力。潼关段路轨桥梁，虽迭遭炮毁，但旋毁旋修，干路不通，则筑以便道，卒能维持输运，使敌寇莫可如何。副局长吴君省三，人亦精干，闻悉同人所适地点后，遂代为计划，某人以某站上下为宜，某站可接某段公路，盖彼在此久，透悉交通情形，所谋靡不惬意。同人闻余获此结果归，皆欣然色喜，遂围炉共饮，欣赏此粉装玉砌世界，溯吾入川后五年，此乃第一次见六出花絮，尤觉逸兴遄飞，陶然大乐。

十一月廿二日，星期六，阴。昨日雪止，今日仍结冰，天气已入严寒，吾侪所备短装，实不足以御寒。今日偕伟侠、惜分、维英、济时诸人，至南院门积义公，各购黑滩羊裘一袭，价三百元，该店为西安老皮庄，据云：此货去年只鬻百元，今则增两倍矣！西安物价增高，尚是循序渐进，其他货价，与去年相较，大约均在两三倍之间，不似陪都动辄增至数十倍或数百倍也。故其人民生活，社会经济，尚未发生剧烈波动，且市面收用国币，与重庆情形，亦适相反，重庆百元国币，随处可换用，人且乐于吸收，西安则不然，购物必先问是整币，抑零币，若为整币，必谢以无零币可找，如强其收用，则物价必略高，似等于九五扣，即此，可见其社会经济之平稳，而商民尤饶有守旧之风矣。

十一月廿三日，星期日，晴。今日下午，乡友鲍君，以同人行将出发，特假厚德福祖饯，厚德福为西京中餐馆巨擘，有两部：一设菊花园，为婚丧乐团宴会之所，一在东大街，则供人零食，而以烤鸭最驰名，鲍君为其老食客，先期示之意，故所备菜肴，皆其擅长之品，烤鸭尤肥脆可口，吾侪居渝五年，久未尝此味，因得一快朵颐焉。

十一月廿五日，星期二，晴。维英、济时、伊生今晨俱出发，寓中已停膳，下午偕伟侠、惜分、补天至家庭餐室就食，室在东大街西段，吾侪出入，常过其门，见食堂逼仄，设备甚简，故未之顾，今日征得各人同意，姑往一试。入室，只一童子肆应，司账及指挥菜馔，则为一少妇，湘音，吾初意此必避难来此，姑营此以度日也，询其菜品，以五香鸽子、东坡肉、红烧牛肉、闷蛋等最擅长，因命各备一品，味果佳，且无菜馆气息，确有家庭风味。余好五香鸽子，伟侠则嗜东坡肉，不足，复益之。正饮啖间，室主人归，会谈之下，始知其即民国六七年蜚声上海文艺界之俞君印民也，其笔名为"五湖渔隐"，当时与余同为《小说海》《礼拜六》撰文，又同为世界书局撰小说，别来已念余年矣。余固已苍老，印民亦华发盈颠，真有"故人相见俱白头"之感。旋介绍其夫人与吾侪相见，盖即司账人也。因亦入席与吾人酣饮，其豪放跅弛之气犹昔。余询其胡为至此，彼谓二十六年上海失陷后，即挈眷至汉，其夫人因激于爱国情绪，加入妇女服务队工作，彼则任职某伤兵医院。次年，随入陕，前年，其夫人归自前方，乃经营此食室，盖其夫人善烹饪，彼为老饕，虽以供客，亦以自便也。余笑曰："君殆由文化而变为掌柜矣！"（西北呼店主人皆曰掌柜）印民曰："余之掌柜，与其他餐馆有别，因菜肴皆余妻手制，故于食客略有限制，凡伧父俗子，余皆谢之，凡纠众轰饮，喧哗叫嚣者，则逐之，余所以名'家庭餐室'者，为供一二雅人小饮，与夫携带眷属者就食而已，犹恐顾客未喻余意，特着'餐经'数百言，悬之食堂，俾来客见之，知所以求饱之道矣。"言次，取其"餐经"与余侪读之，果为妙文，兹录之于次：

客问于康健子曰:"吾西之蜀,而东徂卫,止于长安,食奇而不能饱,昏昏然不知所之,敢请益!"康健子曰:"子其必以珍错而非肉不饱者乎?抑将用素蔬?"客曰:"奚奢哉!人生斯世,饱食适焉而已,少若不逮,多若不足,饱矣而不知,是谓饱。"康健子曰:"子明饱之道矣,而不知所以求饱,夫饱,必以餐,餐有四要:宰生不淤,割正不乱,精粗悉分,纵横必理,肥不弃根,修不留皮,是为割切,其要一也;执明炉,视釜容,宜文宜武,或左或右,急若电掣,缓似闲云。息息相关,间不一瞬,是为火候,其要二也;鲜去腥,肥去腻,嫩宜烹,坚宜炼,荤则素之,素则荤之,脂液交流,河海无间,是为调节,其要三也;鲜腴不过汤,滋嫩不逾量,酸辣不掩味,浓腻不叠箸,正反不二,宾主不夺,是为和量,其要四也。四要毕,然后言食,食有三必:必以时,必以地,必以人。不饥不食,愤怒不食,急遽不食,谓食时也。临庖不食,闻臭不食,昏黑不食，谓食地也。酗酒不对坐，恶声不同室，吐怨不接席，谓与食之人也。四要备、三必具，餐卫宜，则养生之道，其庶几矣！"客矍然曰："大哉夫子之言！吾观世所□（抄时有遗字），如蝇附膻，顾何修而得此乎？"康健子曰："驱尔东市，有餐室焉，扼四要，宜三必，极五味，尽八簋，室有芝兰，人无叫嚣，食不隔宿，价不昧称，子往饭之，必如子所欲矣！"客喜而退，趋入室，如所言，逢人辄告曰："旨哉'餐经'！康健子语我。"

此不特将烹调诀窍道出，其文亦朴茂可喜，名为"餐经"，殊当。伟侠即席赠诗一首云："莫怪驷桥题柱客，长门不赋作餐经，软红十丈京尘路，都是黄粱梦未醒。"印民夫人，姓卢氏，字苏丽，亦能文，廿六年由汉参加妇女服务队后，历鄂、鲁、冀、晋而入陕，每入沦陷区域，从事宣传救济事业，屡遇险，几为敌人掩执，皆能以智跳免。归陕后，著有《敌的后方》笔记，登载西安某报，凡敌在沦陷区种种暴行，及民众如何爱护军队，协助政治工作，皆能据实描写，其文复流利畅达，读之如身体历其境，洵佳作也。余因口占一诗赠之云："家庭餐室见双鬓，匹马关河带泪还，今日青门来卖酒，流离身世老朱颜。"

十一月廿六日，星期三，晴。午餐后，偕伟侠往东门游东岳庙，庙为宋政和时建，因年久失修，殿宇颓败。入门，有大院落，为公家借用缝制军衣，裁剪为男工，缝纫铺棉为女工，每袭棉花若干，皆有一定分两，但制作则甚草草。殿凡三进，上殿祀东岳大帝塑像，有宋人所绘壁画，甚精致生动，惜多已剥落，中殿为该庙私立道德小学课堂，有清初袁江所绘壁画，犹工整如新，邵力子先生主陕时，特作木栅维护，俾免损毁。前殿为缝工所占，殊无足观，时有主持老道士出而应客，并导观其所办小学成绩，据云：该校自民国三年开办，迄今二十余年，每年经费约五千元，皆为庙产撙节而来，政府并无津贴，出家人而热心教育，亦难得事也。游毕，时间尚早，而兴犹未尽，因与伟侠出城游八仙庵。八仙庵在东关外长乐坊，为唐兴庆宫之一部。相传宋时有郑生遇八仙于此，初仅起祠，元时安西王祈祷应验，因奏请扩大增修，占地甚广，慈禧驻跸西安时，复敕令陕抚拨款修葺，至今琳宫丹室，宏伟可观。前有牌坊型大门，雕镂甚精，门侧有石碣，书"长安酒肆"四字，又有丰碑，刻"唐吕纯阳先生遇汉钟离先生处"十四字；入门，经长甬道达前殿，前殿为公家借用，门已下键，后殿祀斗姥像，中殿最大，有朱漆巨屏，悬"戊不朝真"小木牌，始知今日适为戊日，例不参谒，经商道士，乃得入殿瞻仰，正中祀李老君塑像，两侧祀八仙塑像，皆气象肃然，栩栩如生。东院有吕祖殿，为妇女祈福之所，香火极盛，每值朔望，争烧头柱香者尤众。庵内道士约百余人，其造饭铁锅，径长五尺，锅巴寸许，甚酥脆，道士恒于四月十四十五十六日庙会时，出以飨客云。按八仙之说，俗传甚广，但正史俱无其人，神仙通鉴亦不载，元剧本中有八仙庆寿，似其名始于元代，兹就杂记所传，各得其历略如下：

一、吕洞宾　《尚友录》载：唐河南府人，名岩（一作嵒），以进士授江州德化县令，私行庐山，遇钟离真人，授天仙剑法，得九九数，号纯阳子，尝憩岳州白鹤寺，老树精见之，冉冉下拜，自为诗曰："独自行来独自坐，无限世人不识我，惟有城南老树精，分明知道神仙过。"又经邯郸客邸，适主人炊黄粱，时有卢生在，生言困厄，欲求仕，岩取囊中枕授之，睡未几，梦登第，出入将相五十年，荣盛无比，及觉，黄粱尚未熟也。后值黄巢乱，移家居终南山，莫测所往，亦称回道人，世人均称吕祖。

二、张果老 《尚友录》载：唐之方士，不知何许人，隐于中条山，往来汾晋间，尝自言生于尧丙子岁，每乘一白驴，日行数万里，休息时，折叠置于巾笥，用则以水喷之，复成驴。武则天时，使使召之，果诈死于妒女庙，后天元中，玄宗遣徐峤、卢重元赍玺书迎果至京，帝欲以玉真公主降，果大笑，不奉诏。屡上表恳辞还山，号通玄先生，天宝间，帝复诏之，果闻辄卒，帝立栖霞观祀之。

三、韩湘子 《尚友录》载：唐韩愈侄（应为侄孙——梅杰按），字清夫，幼育于愈，落魄不羁，愈勉之学，湘曰："吾所学，非公所知！"愈使言其意，乃作诗曰："青山云水窟，此地是吾家，后夜流琼液，凌晨咀绛霞，弹琴碧玉调，炉养白朱砂，宝鼎存金虎，元田养白鸦，一瓢藏世界，三尺斩妖邪，解造逡巡酒，能开顷刻花，有人能学我，同去看仙葩。"愈曰："子能夺造化乎？"曰："兹事甚易！"即聚土以盆覆之，良久花开，花片上出金字一联云："云横秦岭家何在？雪拥蓝关马不前。"愈不晓，湘曰："事久可验。"后愈贬潮州，中途遇雪，俄有人冒雪而来，即湘也，询其地，知为蓝关，前同宿传舍，出药一粒与愈曰："服此可御瘴也。"但《随园随笔》谓湘乃会昌三年进士，非好道者也，其好道者，别是一族子，韩诗云："击门者谁子，问言乃吾宗，自言有奇术，探妙知天工。"可证也。

四、蓝采和　《尚友录》载：唐末逸士，襕衫绿裤，黑木腰带，一足靴，一足跣，夏服絮绵，冬卧冰雪，自号蓝采和，尝于长安市上，携篮而歌曰："踏踏歌，蓝采和，世界能几何，红颜三春树，流年一掷梭，古人混混去不返，今人纷纷来更多，朝骑鸾凤到碧落，暮看桑田生白波，良景明庐在空际，金银宫阙高嵯峨。"得钱，则用绳穿，拖之以行，或散失，亦不顾，后于濠梁酒楼饮酒，闻有笙箫声，忽乘云鹤而上，遗下靴带襕衫拍板，冉冉而去。濠州今有望仙楼，相传采和登仙时，人聚此楼观之。

五、钟离权　汉咸阳人，生而奇异，美髯俊目，身长八尺，遗弃世事，于县东四十里正阳洞修炼，即俗称之汉钟离也。但《宣和书谱》谓汉钟离为唐时仙人，名权，与吕岩同时，尝自称天下都散汉钟离云。今人误以汉字属下，因遂傅会钟离权为汉将钟离眛。其实汉钟离为地名，非人名，杜甫诗云："近闻韦氏妹，迎在汉钟离。"可证。且八仙中，唐时人居多，似以《宣和书谱》为可信，否则汉唐相距六百余年，钟离权何能会吕岩于长安酒肆耶？

六、铁拐李　史传无其人，《陔余丛考》谓《宋史》陈从信魏汉津两传，有李八百，然不言其跛而铁拐也。《续通考》谓隋时人，名洪水，小字拐儿，亦不言出何书。又《神仙传》载：李八百蜀人也，莫知其名，历世见之，时计其年已八百岁，因以号之，或隐山林，或居市廛，相传能拐，日行八百里，是李铁拐，即李八百，亦未可知。

七、曹国舅　《陔余丛考》谓为宋曹太后之弟，但考《宋史》，慈圣光献太后弟曹佾，年七十二而卒，未尝有成仙事，此外又别无国戚而学仙者，究不知为何许人。

八、何仙姑　宋魏泰《东轩笔录》载：永州有何氏女，幼遇异人，与桃食之，遂不饥，自是能逆知祸福，乡人神之，为构楼居之，世谓之何仙姑。

伟侠见余孜孜研考八仙来历，因笑曰："子但知此八仙，亦知另有八仙乎？"余曰："何谓？"伟侠曰："蜀记载：蜀有八仙，首、容成公，隐于鸿沟，今青城山也；次、李耳，生于蜀；三、董仲舒，亦青城山隐士；四、张道陵，今鹤鸣观；五、严君平，卜肆在成都；六、李八百，龙门洞，在新都；七、范长生，在青城山；八、尔朱先生，在雅州，好事者且绘为图焉。"余曰："如是，唐亦另有八仙矣：即李白、贺知章、李适之、王琎、崔宗之、苏晋、张旭、焦遂是也。"伟侠曰："此乃饮中八仙，皆酒友也，乌能言仙？"吾侪出八仙庵，顺道至炮房街游罔极寺。寺为唐中宗神龙元年太平公主建，为则天祈福者，玄宗时，曾改名为兴唐，明正统年间重修，仍复旧名，殿凡二进，前殿祀如来佛，像甚伟；后殿有睡像石佛，某年寺僧不戒于火，后殿被焚，全部几废，民国二十年，朱子桥将军捐资重建，然亦仅复前殿，不逮昔时庄严远矣。寺内有女尼六人，为状殊清苦，香火亦不盛，闻寺后有喇嘛塔，以时晏未往观。

十一月廿七日，星期四，阴。伟侠、惜分于今晨同车出发，惟余一人留西安，一榻萧然，殊感岑寂。下午俞印民约至家庭餐室晚餐，在座有古文家，有戏剧家，相谈甚乐，且皆善饮，印民复亲制数肴飨客，而以春卷为最酥松可口，酒后，相偕至易俗社观剧，归已夜午矣。

十一月廿九日，星期六，晴。今晨七时，忽有警报，此为到西安后第二次闻此不祥之声，仍避入张宅自建之防空洞，至十一时解除。十二时半，又发警报，二时解除。三时一刻，又闻呜呜声，到五时解除，每次均只一架，亦未投弹，此殆敌寇扰乱人心计也。

十一月三十日，星期日，晴。今日两次警报：第一次，六时三刻开始，九时解除。第二次，下午二时一刻开始，四时半解除。每次均四架，第一次在宝鸡武功等处投弹，第二次未详。

十二月一日，星期一，晴。凌晨七时，有警报，至九时一刻解除。解除后，拟入市谋果腹，乃因警报太早，食店未及升火，至一小餐馆，候一小时，始获食面条一碗而已。十二时又发警报，在防空洞内，闻隆隆爆炸声，至一时三刻解除。每次各五架，第二次在西关外及王曲投弹，无损失。

十二月二日，星期二，晴。今晨警报更早，五时三刻，即开电笛声，披衣入洞，寒风刺骨，至九时解除。十时又发二次警报，三时解除，均未入市空。四时随方公至长安县政府公干，县府设少陵乡大兆镇，距城仅六十里，因司机不识途，汽车驶入别一公路，往返多行百余里，至五时半始到，已垂暮矣。县长为邵履冰，在陕作邑侯七年之久，人颇精干，是夜即宿县府。

十二月三日，星期三，晴。晨六时，县府得电话，又有警报，但晓雾甚浓，十步外几不见人，余知敌机未必能来，乃至镇上游览，镇不甚大，有小街二，颇整洁，除县府所属各局外，有卫生所，有民众教育馆，市上标语皆该馆所制，有所谓"四一"运动，即"一人一株树，一家一群鸡，一女一纺车，一户一织机"。每句下，绘巨幅图画，使不识字者见之，亦能解其意。镇上居民，虽在警报中，亦照常作事。至九时，警报解除，十时三刻警报又至，乃与方公乘原车回城，行至王家庄，紧急警报声作，急停车，入一农家小憩。其家有一老人，为烹茶招待，状甚殷勤，其子皆在麦地力作，妇女则居家纺线，男耕女织，似一小康之家。返顾吾人仆仆风尘，出入险阻，实不及此老悠游田园，怡然自得远矣。至十二时，尚无机声，意敌机已他往矣，询之司机，知此间距城仅二十里，十分钟可达。方公因急欲归，遂开车行，将入东关外大街，敌机数架掩至，瞬息即在顶上，似方追击吾人汽车，司机急开足马力，驶入城门楼下，敌机机枪声与城楼高射炮声并作矣。吾人仓猝避入城墙防空洞内，俄而机声已杳，未闻投弹，至一时三刻，步归菊花园寓庐，三时始解除。

十二月四日，星期四，晴。晨七时一刻，又闻警报，八时，敌机五架，飞临西安市空，在新城内投弹，机上机枪，复密密扫射，吾侪所住屋脊，曾遭饮弹，毁瓦三四行，幸西安旧式建筑，瓦下尝铺厚泥，故枪弹未能透瓦而下，屋主人张老将军仍不入洞，时方端坐室中，安然无恙。至九时解除，依吾人连日经验，中午仍有警报，故于第一次解除后，先谋进食，菊花园街口，有一小酒肆，专售酒，不供菜，并有真正凤翔酒，味甚醇，店主人于室中燃小火炉，以锡壶盛酒，就炉上徐徐温之。一壁置巨瓮五六盛酒，一壁列小酒桌三四待客，来饮者，以温酒飨之，其温度甚适宜，不似四川酒店，辄使人冷饮。余日来初次警报解除后，必至该店尽凤酒一壶，其门首有售腊羊肉者，辄取以下酒，间壁为小面馆，饮毕，则进面一碗，如再有警报，不虞枵腹矣。今日余因在家庭餐室得鸽子一头，饮兴忽浓，乃令店主人发其新醅名"太白酒"者饮之（另有一种名贵妃酒者味稍逊），味又醇于瓮装，自斟自酌，一瓶几罄，归后，不觉醺然入睡，醒时，已四时有半，忽闻警报声，询之侍役，始知此为第三次，第二次在十二时半，三时半解除，其时余方在酣寝中，幸敌机未至，否则几误事。第三次至五时半解除，未见敌机，闻在汉中肆虐矣。

十二月五日，星期五，晴。昧爽警报声作，时间较前更早，时明月在天，霜华遍地，摸索而起，冷透骨发。少焉，曙光微露，乃步至防空洞口，洞原在一废圃中，野菊数本，已憔悴无生气，树枝尽秃，寒鸦犹群集其上，屈体缩颈，似亦惧此寒气侵袭，不欲飞去。俄而朝曦上升，碧空无片云，但阳光淡淡无力，并不能使人类稍获温暖，岂天亦厌见世界无谓厮杀，而不愿以热面向人耶！余徘徊此枯林落叶之上，历三小时之久，至九时，警报始解除。方公以事须赴洛阳，决于今日下午首途，余初请其少待，未果，乃自请留此，以待同人之归，方公诺，幸本日中午无警报，送行者甚众，方公去后，侍役尽归行，余遂一人踞此广厦，孑然如孤僧矣。

十二月六日，星期六，晴。早七时半，又发警报，敌机四架，侵入西安郊外，在乡间投弹后逸去。下午无警报，余以独居无聊，乃步至莲湖公园游览。公园在城西北隅大莲花池街，原为明季秦藩王妃放生池，引通济渠水注之，中植莲花甚茂，嗣以年久失修，渠塞水涸。清康熙七年，巡抚贾汉复濬渠凿池，植以莲花，遂名莲花池，池旁有莲花庵、元庆寺、莲花寺，为清雍正元年重修，民元辟园之东北部为体育场，为群众集会之所，旋废，民十重加修葺，渐复旧观。冯玉祥督陕时，毁寺改为公园，二十年又加整顿，引水植木，积土为邱，更名为莲湖公园，茅亭水榭，颇饶花木之胜，每夕阳西下时，游人甚众，但抗战后，情景稍衰，园内建筑，尝遭敌机扫射，墙壁上弹痕累累焉。西安城内，尚有一建国公园，凿池筑榭，略具规模，另有一革命公园，占地甚广，然除阵亡将士墓及纪念碑外，荒芜不堪。

十二月七日，星期日，晴。今日下午二时，伟侠归，三时，济时归，夜十一时，惜分归，二时，伊生归，四时，维英、补天归，小别数日，忽又团聚，各以途中所见，资为笑谈，但闻悉方公先行赴洛阳，则又皆怅然寡欢。

十二月九日，星期二，晴。黎旦发警报，九时解除后，遂偕伟侠、受之、维英、惜分等往游华清池，此去本有二途可循，一乘火车到临潼下车，一乘骡车由公路直达，众以火车时间已过，乃决定雇骡车前往。早餐后，相偕出东门，于八仙庵前雇一拉拉车，其形绝类板车，不过两缘附以坐栏，用骡架曳而已。驾车为鲁人，黄髭秃顶，冠以毡帽，无识而多言，伟侠素好诙谐，故与攀谈，所言辄令人发噱。一小时后，抵灞桥，桥距城二十里，建于汉代，梁磴皆青石，王莽篡汉，更名长存桥。故事：都人送客至此，折柳赠别，迎来送往，辄为黯然，故又呼为销魂桥，桥身甚修长，两端各有牌楼，一书"西通关陇"，一书"东接肴函"，陇海路建筑后，于上首另建钢桥通车，公路则仍由此桥通过，桥下水流浟浟，衰柳数株，摇曳堤岸间，诚使人动伤离惜别之感，因于车上口占一绝云："古驿滩声浟浟流，虹桥远接陇头秋，长堤衰柳年年在，多少行人为汝愁。"伟侠笑曰："人自离别，何怨杨柳？！"因亦成一绝云："一笛西风万柳条，长堤冰雪已全消，此行莫怪无佳句，暖日驱车过灞桥。"过灞桥，行十余里，经邵平店，相传秦亡后，邵平种瓜于此。三时半抵华清池。池在临潼县南半里许骊山之麓，唐贞观十八年，置华清宫；咸亨二年，易名温泉宫；天宝六年，复曰华清宫，治汤井为池，环山列宫室，又筑罗城，置百司十宅，各有寓止，玄宗尝于十月往幸，岁尽乃还，因广池汤为十八所，最华丽之芙蓉汤，即为贵妃就浴之所，构造恢宏，制作精美，当时确有彤庭青锁，星拱龙蟠之胜，今则殿宇无存，宫阙尽废矣。民国十九年，由陕西省府设处管理，定名华清池，修砌整理，培植花木，风景渐佳，二十四年春，省府为华清池整理及发展计，委托中国旅行社经营，添辟特坐，增建旅馆厨司，以作旅客游息之所。余侪至时，由旅行社主任张君天任导至旅馆休憩，此屋在院之东偏，卫生设备俱全，有房五间，布置雅洁，正中一室略大，间为前后两间，前面客厅，后为寝室。廿五年西安事变时，蒋委员长即居此室中，玻窗中一弹，孔犹存，旅行社于内外各镶玻璃一片，藉留纪念。屋前走廊甚宽，圆柱俱髹红漆，亦有弹孔数处，偏西墙上，更弹痕累累，迄今俱未括去，当时情形之险恶，可以想见。此一事变，中华民族存亡之关键也，走廊前有平台，甚广，下为莲花池，池上架小桥，通餐室、阅报室，其左，贵妃池在焉。贵妃池最大，可容五人浴，外有更衣室，内为浴室，余为双人浴、单人浴，各五六所，俱嵌百（白）磁砖，精洁舒适，院西尚有一巨池，专供平民沐浴，并不取资，惟其源泉不及重庆北温泉之汹涌，须先接储一井中，再分灌各池，其温度恰到好处。吾人久役风尘，心身两倦，经此一浴，愉快极矣。夜间，由旅行社备晚膳，菜甚精美，伟侠逸兴遄飞，相与痛饮，膳毕，度桥返室，咸有摇摇欲倾之势。寝后，默思此一代胜迹，流传千古，玉环固由此承恩，而马嵬惨劫，亦兆于是矣！因成绝句一首云："秋老斜阳画角哀，华清无复旧楼台，伤心一勺温泉水，曾洗凝脂玉体来。"

十二月十日，星期三，晴。早六时起床，略进面食，即与伟侠等共登骊山，由华清池东垣出，经中山林，遥见山半有巨石蹲踞，巍然高耸。右行登山，约半里许，为长生殿遗址，据闻原有宫殿旧迹，依稀可寻，因冯玉祥氏督陕时，拆作他用，故今只有断砖碎瓦，散乱荒烟蔓草间而已。由此再右行，有朝元阁，内祀铜铸佛像，阁只两楹，颇为颓败，仅一老道人住持，年已八十二岁，尚强健如五十许人，上山下坡，健步如履平地。阁内有明代绿磁巨瓦若干块，惜以笨重，弃未携取，山中古迹，老道均能指示，并能道其本源，因导余等往观杨文广之喂马槽，槽为巨石凿成，一端底有圆孔，长约丈许，阔约三尺，深亦三尺余，状似川人所用之贮水槽而略巨，石质并不甚古，委置一麦地中，谓为杨文广喂马槽，未免附会。由此向西，为秦琼救驾处，其地为一小山，山顶平秃，无任何遗迹，是否为叔宝救太宗处，亦不可知。吾人辞去老道，循朝元阁前路，再登一山巅，名斗宝台，为周末诸侯斗宝处，台上有老姥宫，传即女娲炼石处，宫有两重，前重败旧，后重稍新，道人数辈，皆蠢俗不堪。立斗宝台俯瞰，临潼县城及华清池，历历在目，偏东之秦皇冢，亦隐约可见，距斗宝台数里，尚有一峰，殆为骊山最高峰，名烽火台，即周幽王举烽火以征诸侯，使褒姒发笑处。同人以攀登已倦，无意往游，乃缓步下山，行至山腰，临潼县城，忽发警报，俯视城内居民，纷纷出城逃避，但以地属平原，无洞可掘，出城后，亦惟匍伏于田塍麦地中，吾侪因在山上，觉海阔天空，随处可避，似较城中人幸福多矣。未几，警报解除，相率入城，城为方形，有圆门，城内街道狭小，住户多而商店少，状甚萧条。余侪于城中，见一西秦饭庄，因往就食，菜尚可口，饭后，步行至火车站，适有空车一列，停此添水，遂搭乘火车返西安，抵站时，已万家灯火矣。

十二月十二日，星期五，阴。同人已决定今日离陕赴洛，晨起，余即往陇海路局将车票卧铺定妥，下午行装既成，伟侠乃倡议在西安市作最后巡礼，于是相偕出西大街，转南院门，再返东大街，至大华饭店聚餐，店内悬张善孖画虎四幅，虽为珂罗版印成，而笔致如真，内有一幅，画二虎，一睡一醒，有善孖题句云："日月运行，一暗一明，丘陵起伏，一颇一平，圣人观化，一塞一亭，君子在野，一睡一醒。"甚有意致。同人以今夕即将离此，饮兴皆动，除维英照例不饮外，咸醺然酣畅，归后，向屋主张老将军告别，夜十一时乘车至火车站，一时登车，二时始开驶，吾人西安之游，遂终于是矣。凭窗外望，见霜花满地，四野萧然，西安全城，阒无声息，惟车站路灯，黯然撑持寒气中，若向吾人致其惜别之意，同人不觉同声曰："别矣西安！"伟侠更有诗一首云："长安一月漫观光，又绕函关下洛阳，风笛一声离别地，渭城衰柳灞桥霜。"

十二月十三日，星期六，阴。依路局规定，火车今晨应抵东泉店，当换汽车至灵宝，乃昨夜行至窑村，距西安才二十里，即因机车损坏，停驶修理，延至今晨七时，始抵临潼，又以煤炭不够火磅，停此换煤，至十时复开，沿途时停时驶，迄夜七时始抵东泉店，其速率几不及马车矣。东泉店原为一小站，因至潼关桥栈，多被敌人炮毁，故以此为东西行起终点。既无车站，往来车恒停轨道上，吾侪下车后，天已漆黑，乃随挑夫下铁路堤，摸索至秦晋旅馆下榻，此处本一小市镇，房屋无多，而旅客无论东西行，皆须在此寄宿，故各旅馆早已客满，此秦晋旅馆，尚系路局以电话预定，否则真有露宿之虞，行李安顿后，乃同入小酒肆晚膳，虽是茅檐竹壁，而烹饪殊佳，归后，即向路局联运处登记购票，夜与伟侠谈至更深始寝。

十二月十四日，星期日，阴。晨起，略进面食，即登汽车，照规定，每车只能载三十人，今日则逾五十人，益以各人行李箱笼，堆置车中，摩肩叠膝，拥挤不堪，伟侠笑曰："此真可谓无立锥地矣！"余曰："雁行立，鱼贯坐，遍身如受桎梏，直可名为车刑，几受车刑者，此后旅行，当不虞挤杀矣！"由东泉店至灵宝，有公路二：一为老路，须沿河滨直趋潼关，对河风陵渡敌人，不惟炮火可及，即机枪亦可达到，故常有汽车被击事，路局为旅客安全计，乃另开一路，由东泉店南行，迂绕潼关，可避敌人枪炮射击，是名新路。据西安路局相告，联运汽车，例须走新路，决无危险，吾侪初亦信之，乃是晨开车后，竟沿河滨向潼关急驰，北岸敌人营幕炮位，历历可见，吾人因不知此为老路，故任其行驶，抵潼关时，爬登山坡，几如牛车，私念敌人如此时发炮，则全车齑粉矣！过潼关，盘旋下山，至一山隘，停车休息，此时始有一人低语曰："今日所行为老路，险极矣！"余闻言大诧，而司机立止其人不许言，几经探询，始知行新路约多八十里，司机改行老路，则可省此八十里汽油入其私囊矣！而全车旅客生命之危险，不顾也。潼关山势峥嵘，气象雄伟，城建山上，依山蜿蜒起伏，状甚壮阔，城内房屋，多被人摧毁，车行城外，但见断瓦颓垣，揩拄寒云冷雾中，守城军士，屹立山巅或雉堞间，气概甚勇，吾人停留山隘间，犹能望见其雄风，因与伟侠曰："如此形胜，焉能无诗？"伟侠曰："子盍先以示我！"余即就车中成五律一章云："朝发东泉店，潼关冒险过，孤城余瓦砾，一路势嵯峨，喜见熊罴守，无虞敌寇多，中原未收复，游子恨如何。"伟侠曰："吾人途间所作，绝句多而律诗少，今亦当奉答律句一章。"因吟云："锁钥三秦一线通，长河左折抱关雄，山连崤谷吞平野，水隔风陵扼九嵕，列幕旗翻衰草白，断桥雪映劫灰红，西来形胜兹为最，路绕关亭更向东。"

车出潼关后，地多平原，公路仍沿道东行，不过距河床稍远耳，河边有壕堑甚多，皆为我方健儿用以拒敌渡河处。在战事未发动前，黄河每冬例结厚冰，骡马车可踏冰而过，自抗战后，从未结冰，致敌人无法渡此洪流，是诚天意也。公路线较地面略低，灰尘甚大，沿途畜车极多，所载多为战时需用品，东西往来，络绎不绝，于此，益信后方运输，已人尽其力矣。伟侠笑曰："岂惟人尽其力，畜亦尽其力矣！将来战事胜利后，论功行赏，此疲牛倦马，应亦在旌奖之列。"余曰："然则牲畜血汗，在吾国已功同汽油矣。"少选，过阌乡县阌地镇，停车检查毕，续行，至一土山下，又停车休息，此又司机故弄狡狯，盖恐到灵宝太早，车站知其擅改行程，故不得不藉此延展时间，以掩其谲诈也。此时车上旅客，既饥且倦，咸催司机续行，下午三时，过灵宝县城，城在一山嘴前，正当河边，无论新路老路，皆需闯关而过（即冒敌人炮火闯过）。汽车先越一铁路堤，加足速力，直驶河边，再入城，出东关，即为汽车终点，而东行火车站在焉。此处为一山峡，两面土山，夹铁路对峙，绵亘数里，为敌炮射程所不及，车站人员，均依山据窑洞办公，既可避空袭，复无构屋之烦，铁路堤下，仅有小食店数家，并无旅馆，同人乃就此小食店安顿行李，席地而坐，至夜十二时，始登车东行。

十二月十五日，星期一，晴。东行车上布置，不及西段蓝皮钢车甚远，此种车辆，大抵皆在军事仓皇中，由各路抢集而来，故不得不因陋就简。天明过陕州，九时抵洛阳西站，方公派陈君咸照至车站迎候，伟侠因洛阳同乡多，被迎至城外"西工"友人家住，余侪随陈君至高平南街农工银行晤方公，陈述离陕情形，方公致慰劳后，即欲余侪同寓农工银行，余个人本宜随方公进止，但同人均以银行出入不便，力主各觅寓止，余与济时、惜分、伊生，则至农工银行附近之豫洛旅馆假寓焉。

十二月十六日，星期二，晴。洛阳，即周之洛邑，东汉旧郡，自古为著名都会。东枕嵩山，南临伊洛，西控崤阪，北带黄河，四塞险固，形势雄胜，古昔中原有事，咸以此为枢纽，自陇海路横贯平汉，经此入陕，交通益形便利。抗战后，开封沦陷，豫省府迁驻于此，遂成为河南省会。余以初次莅此，晨起，特入市游览，街市逼仄，远不及西安之壮阔，房屋多旧式建筑，街道亦分东西南北四大干线，东西街略长，南北略短，较大商行，多在城中区，余均小店，城北荒凉尤甚。交通工具，惟有人力车，汽车则因街狭人众，行驶极感困难，人民朴素诚实，犹有古燕赵风。女学生咸衣灰布棉军服，一如西安所见。城中曾遭敌机轰炸，迄今颓垣断壁，犹多未修复。东华街旧府署，昔颇壮丽，今则全毁于火，略无寸堵，惟门首石狮，尚偃卧于瓦砾中，徒使人兴铜驼荆棘之感而已！晚间，方公宴同人于中州饭庄，菜品殊丰美，黄河鲤尤鲜嫩，洛阳菜馆，多以饭庄名，其房屋愈古旧，则菜肴愈驰名，而生涯愈鼎盛，北方风味，大抵如斯。

十二月十七日，星期三，晴。上午罗君竟成来访，谈次，始知其于汉口失陷后，即随振委会来豫，现方任职于卢氏某机关，状颇郁悒。下午，当地主人宴同人于西工，四时与方公同车出西门，街市尽处，为通西工马路。路旁槐树成列，惜尽秃矣。半途，经周公庙，内有花园甚广，花木蔚然，伟侠即假寓于此，其景象较城市幽静多矣。过此约三里许，入一树林，地下遍植冬青，闻为花园，某某府在焉。昔吴子玉将军作巡阅使时，使署即设于是，声威烜赫，震动寰宇，某年五十寿辰，各省显要，均来此祝寿，车马喧阗，旌旗载道，"西工"俨然成中国政治重心，曾几何时，倏成陈迹矣。惜是时天已暮，未能一一周览，据闻当日范畴，所存已无几矣。宴毕，复举行某种会议，至夜深始散。今日席间得遇冷隽人、汪植如、徐石麟诸友，此皆十七八年皖中旧识，异地相逢，弥觉亲切。

十二月十八日，星期四，晴。上午十时，忽发警报，据闻洛阳无警报已两阅月矣，今又闻呜呜之声。街上秩序尚佳，余侪均逃入农工银行防空洞内，此洞虽是土质，但甚深邃，巷坚而曲，颇合防空条件，紧急警报后，仅有敌机一架临空，在西工飞机场投弹后逸去。

十二月二十日，星期六，晴。洛阳旧友，较西安为多，故日来宴汇无间，盛醴丰馔，环坐满引，虽在天涯羁旅中，犹有举鹭谈宴之适，其菜味最精美者，应推豫顺饭庄，无从觅购之海味，彼竟有以应客，鲤鱼制作，尤所擅长，然其房屋餐厅，乃至杯匕碗盏，无一而非旧式，古色古香，殆非他菜馆所能及。

十二月二十一日，星期日，晴。凡至洛阳者，必游龙门，龙门即伊阙，在洛阳县南，距城三十里，昔大禹疏以通水，两山相对，望之如阙，伊水历其间北流，故谓之伊阙。山谷相连，阻厄可恃，汉灵帝时置八关都尉，以备黄巾，伊阙其一也。余早餐后，向农工银行假得汽车，由该行郝君为向导，车出南门，经一长桥，名天津桥，为隋炀帝所建，宋邵康节先生尝于桥上闻鹃声，叹曰："地气南来，不出十年，南人必有入相者，从此天下多事矣！"后王安石入相，事乃验，至今桥头仍有一亭，盖洛人追念邵先生而筑者。过桥，南行十余里，为"关林"，即关庄缪公冢，停车往游，门前古柏参天，气象萧森，入门，有殿三楹，第一殿塑关公龙袍像，第二殿塑关公武装像，俱伟大，第三殿塑三像，中端坐，左观书，右睡像，庄严如生，望之生敬。第三殿后，有冢如丘阜，即关公瘗首处，冢有小石门，上书"钟灵处"，冢有石牌坊，横额书"英雄千古"四字，两旁镌联多，惟正中一联云："三分疆域此抔土，万古纲常第一人"最佳。出关林，行十余里，见南山峙立，中如斧劈，伊水贯流其下，河上建长桥，可通车马，桥东为香山寺，诗人白香山墓在焉。无寺院，有新式楼房数幢，桥西即龙门，遥望石洞如蜂巢，北口有石楼台，台下为禹王池，水清而温，时有泡沫喷出，状如虾蟆吐水，故又名曰虾蟆嘴，循此遇数石洞，洞无大小，内外皆刻佛像，有坐有立，全身半身，不一其式，惟佛像头部，悉被人凿去，究为何人所凿，言人人殊，中国人不善保存古迹，于此可见。石洞最大者，为宾阳洞，即唐龙门三龛是也。穹窿如覆釜，高皆数丈，方圆如食堂，各就山石凿成大佛一尊，庄严雄伟，四壁无数小佛，排列无一隙地，盖唐代习俗，凡祈祷获验者，皆凿一佛像以致敬，故像下各有姓名，龛顶有碑志若干，即著名之龙门二十品[1]，惜因拓者太多，已毁漫不见字矣。过宾阳洞，再上，为奉先寺，即俗称九间房子者，依山凿成"冂"字形，广阔约三亩，中凿大卢舍那像，高约十丈，左右凿四大金刚，亦皆八丈有奇，为唐代宗大历十年造，龙门造像，要以此处为最伟大，因其躯干过高，面目亦略完整，观此，可知中国古代艺术之高超矣。归途口占一绝云："山如斧劈水雷鸣，千载龙门负盛名，山恨无边无量佛，尽无面目任纵横。"

夜间，伟侠至，闻余有龙门之游，喜甚，曰："余昨游龙门，因有友人余君为东道主，得盘桓一日，两岸古迹，已尽窥之矣。归后，有诗四首，今以奉君！"余受而读之，诗云："伊阙晴光晓望开，白云隐映石楼台，莫言盈尺黄河鲤，也自龙门跃浪来。（友人于禹王池蓄黄河鲤若干，用以飨客）""石窟三龛尚可寻，宾阳洞口幻阴晴，出山泉水已多事，才作轻烟扑客襟。（宾阳洞南有飞泉悬流下注，风激泉鸣扑人襟袂）""题壁唐碑字尚猷，庄严宝相压千秋，刹那生灭知何极，石佛而

---

[1] 龙门二十品不在宾阳洞中，其中十九品在古阳洞，一品在位于老龙洞外的第660窟（慈香窟）。此处作者或有误。——编者注

今亦白头。（各洞佛像类多损身碎首，今人以石灰补塑，故佛多白头）""千秋元白并声名，一例彭殇痛死生，缅忆香山九老会，墓门低首不胜情。（白香山墓）"

余读竟曰："君有东道主，所得自较余多，若余则饱腹而去，枵腹而归矣！"相与一笑。

十二月二十三日，星期二，晴。今日三次警报，第一次上午九时，第二次十二时，第三次一时半，每次仅敌机一架，均未投弹，此盖敌人扰乱人心，殊无意义。下午偕方公往游北邙山，并参观某局。

十二月二十六日，星期五，雪。昨宵雨后，继之以雪，今晨推窗外望，则已皑然盈尺，犹飘飞不已，气候严寒，冷侵骨发，院中菊花数盆，原已萎谢，经此摧折，益憔悴可怜。乃命茶役炽炭于盆，闭户取暖。午间，邀同寓唐君惜分、杨君济时，围炉轰饮，酒后，身体骤温，乃至旅馆门首眺望，行人殊稀，北方街道，原多灰土，至此则黑泥与白雪，悉随车轮马辙而纷飞矣。今日蛰居未出，偃卧而已。

十二月二十七日，星期六，阴。晨起，见雪已止，地上冰冻，天气阴霾，仍极寒冷。盥洗后，翻阅日历，忽忆今日为余生辰，流光如驶，忽忽已届五十之年，华发盈颠，牙齿疏落，垂垂老矣。余父母生余兄弟三人，余最少，十六岁，严父见背，在极艰苦中求学，民元以后，遂为东西南北之人。因自幼爱好新闻学，遂择业为新闻记者，自民二迄民十，任汉口《中西报》编辑七年，为上海世界书局、大东书局编撰小说二年，当时余仅取得著作权，而放弃版权，初不料营销如此其广，于是余侪之笔秃，而书贾之囊饱矣。民十一年至民十五，乃于汉口自创一扬子通讯社，时汉口通讯社虽多，但均仅供给本市新闻，余则京、津、沪、粤，皆日有专电，以是大为舆论界所重视，余因对新闻事业，始终感觉兴奋，故殚精竭虑，力求发展，且时方盛年，意气不可一世，不慑于权威，不诱于势利，凡所立言，一经觉悟迷蒙，针砭沉痼为主，岂知绳墨不便于曲木，明镜见憎于丑妇，因是大招鄂军政当局之嫉忌，会民国十四，上海"五卅"惨案发生，"六十一"汉口英租界，亦发生同样惨案，于是鄂督萧耀南，谓此事为余所指使，竟以"就地正法"

密令，令汉口警厅捕余，幸余临时得设法跳免，而同时捕获诸人，则皆死难焉。民十六以后，乃放弃新闻事业，从事政治生涯，在军委会政治训练处秘书室可一年，参与皖省府民卢幕府约二年，出宰湖北应山一次，民十九复主办湖北《中山日报》，逾年，因汉口大水辞归，廿五年入国民大会代表选举总事务所，主持编纂事宜，直至首都沦陷，随会入川，迄今犹未能脱此鸡肋生活，此次出游，特客串而已。今老矣！百事无成，际此风雪满天，犹复羁迟异地，中原未复，有家难归，缅念及此，不觉百感交集，因往照相馆摄一影，约补天、惜分、济时并折柬招伟侠，同至洛阳饭店聚餐。伟侠知今日为余生辰，酒兴益豪，相与痛饮，直至垂暮，始踉跄归。归后，感慨未已，乃令茶役炽炭，就灯前成《五十漫述》六章云：

弹指光阴五十年，镜中华发已盆颠，
英雄迟暮狂犹昔，肝胆镌磨老更坚，
仅有河山供啸傲，会逢海国尽烽烟，
一生牢落谁知己？留滞天涯万感牵。

当年意气太纵横,驰骋文坛愧有声,
爱写缠绵成稗史,惯耽豪放傲公卿,
丰神漫比安仁美,才调曾邀孝穆名,
自笑聪明多误用,兰闺赚得泪盈盈。

劳人草草不胜情,世事荣枯转眼更,
曾佐封疆参幕府,也从盾鼻檄雄兵;
宰官偶现惭花县,榷使归来尚笔耕,
无计消愁惟纵酒,酣酣常觉一身轻。

不堪旧事忆京尘,十里秦淮点缀新,
选士亦曾随吏部,慰情还幸伴佳人,
羽书蓦地传关塞,画角喧天动海滨,
今日王侯谁宅第?降幡空自退萧晨。

奉檄仓皇忽入川,巴山来去北泉边,
云横铁马星辰动,月照尘沙骨血鲜;
离乱早乖黄鹄志,忧伤赖有细君怜,
荒村一住经三载,回首家园意惘然。

扑面寒风凛冽天，雪花飞舞马蹄前，
才从栈道穿秦岭，又逐征车到洛川；
半世漫游真厌倦，满腔心愿化云烟，
黄巾扫荡知何日？得赋归欤乐似仙。

按余归渝后，曾得大兄迪兹由湘寄来题余五十初度摄影五古一篇，今一并附录于此。诗云：

予季五十岁，我乃五十四，
萧疏两鬓华，忽忽两将至，
忆昔弱冠时，卓荦怀壮志，
橐笔走天涯，先鞭著轻骑，
文章惊四座，异军张一帜，
交游天下士，慷慨薄名利，
翩翩竞豪华，斗酒饮不醉，
仰天呼呜呜，意气何横肆，
岂期入中年，奔驰无所遂，
四顾感苍茫，聊图一枝寄，
入幕称上宾，参戎陪末议，

偶现宰官身，曾为文法史，
乃与世枘凿，郁郁不得意，
浩然归故乡，淡泊无求伎，
岂其寇兵来，田园苦烽燧，
仓皇溯汉江，远适避秦地，
剩此忧患身，重为衣食累，
矗矗驱四方，悲鸣如老骥，
夜雨话巴山，巴山满秋思；
霜风侵白发，白发穷途泪！
迟暮感人生，苍黄伤世事，
予季且衰颓，嗟我更憔悴，
岁月付蹉跎，宁复闲情致，
珍重且相期，怡怡揽归辔。

十二月二十八日，星期日，阴。侵晨，伟侠欣然至，曰："君大衍之庆，既已叨盛馔，岂能无诗以贺！"言次，出一锦笺，则为七言俳律一篇，余亟取读之：

斯文骨肉老逾亲，海内论交得几人？

无药可医惟傲岸，倾觞辄醉见天真。
波阔不让陈思阔，藜藿能甘原宪贫。
偶托稗抄称蕴藉，闲耽绘事亦通神。
麟经早自宣尼绝，龙性宁因太守驯！
降格待编游侠传，隳形误现宰官身。
安仁去后花仍旧，江总归来鬓已新。
廊庙雄才矜至计，金陵王气葬香尘。
半生奔走名场倦，十载飘零客地频。
臣朔饿乡邀共赏，君平卜肆远为邻。
巴山夜雨还霑楚，剑阁秋风□[1]入秦，
形胜肴函犹壮险，流离士庶杂酸辛。
黄梅松菊荒三径，赤壁烽烟阻片鳞，
摇落寄情怜宋玉，芳馨谁采感灵均。
星辉南极兵当洗，曲奏西门意暂申。
万六大椿芽始苗，百年中寿数初匀，
奇哀莫漫嗟今世，斗酒应须慰此辰。
一语献君期互勉，心田常养四时春。

---

[1] 原书此处漫漶不清。——编者注

余读毕曰："典丽堂皇，洵称佳构！不独可志此行泥爪，且多结一段文字因缘矣。"伟侠曰："凡余所言，不虚不谀，盖纪实也。"时虽天阴，途中泥水已干，因与伟侠出东关，往游孔子入周问礼处，东关外街市极萧条，惟小食店特多，盖乡人入城返家，恒就此处小饮。街尽处，孔庙旁，有巨碑刻"孔子问礼处"，但亦仅此一碑而已，并无其他遗迹，徘徊之间，不觉索然，闻铜驼巷有老子故宅，相传为孔老二氏相晤处，亦因无遗址可寻，未往观。返城后，往夹马营访宋太祖诞生地，但见一片操场，杂茅屋无数，何处为艺祖诞生地，殊无人能指证，即觅一赵姓人亦不可得矣。夹马营附近，有迎恩寺，亦颓败，明末闯贼陷洛阳时，福藩避难寺中，为贼所获，骂其身为亲王，富甲天下，当此遍地饥荒，熟视无睹，先命鞭死，后复枭首，厥状至惨。余与伟侠语及此事时，伟侠口占一绝云："完卵何堪燕幕翻，无皮那复有毛存，毁家纾难因须早，且向前车鉴福藩。"

十二月二十九日，星期一，晴。方公此行任务，尚有皖北一区，因交通不便，前曾电中枢请辞，今日得渝电邀准，同人闻此消息，以归期已近，皆大欢悦。下午偕惜分、济时往东车站茶社听河南坠子，茶社设备殊简陋：内设一台，台上左右坐歌女一排，轮流演唱，状似山东大鼓，歌女皆浓涂脂粉，两手与面部，黑白各异，使人见之失笑。其艺术亦皆平平，惟台主长髯翁自演一出《闹江州》较佳，茶役于每一曲终时，即持戏目至各茶桌，请客点戏，每点一出，定价伍元，其实无一人能照此定价，若为熟客，则数十元乃至百元不等，故歌女皆冀客点戏，盖点戏愈多，其收益愈大也。吾人初聆此，殊不感兴趣，但因其为本地风光，不能不有一番领略也。

十二月三十一日，星期三，晴。岁暮矣！民国三十年岁月，于焉告除。晚间方公特约同人至中州饭店团年，席间菜肴，以鱼味最佳，盖食黄河鲤鱼，太大，则肉已老，太小，则肉未丰；以重二斤至三斤者称上选，菜馆必预购若干尾，蓄养鱼池中，临食，由厨司提一二尾至席前，任客挑选，选定后，告以烹食若干味，厨司即于客前举鱼掷毙，然后再付鼎釜。是夕鱼一尾，约价五十元，竟得蒸、烧、炸、汤四品，佐以河南宝丰醇酒，同人因大酣醉，惟余饭后，忽感不适，归寓后，寒热并作，乃拥衾独卧，枕上听爆竹声声，顿觉有"为谁留滞在天涯"之感！

三十一年元旦，星期四，晴。今日天气晴丽，来寓贺年者甚多，余竟不能起床，闻城北之公共体育场有盛大集会，庆祝元旦，同人均往参观，余独偃卧逆旅，午间勉起，至门前小立，见各学校团体，整队赴会，国旗飘飘，状极忻悦，此种蓬勃气象，盖不独表示岁首之庆贺，且足显示中华民族之复兴焉。乃冒此寒风，寒热又作，始知此实疟症，下午方公以医至，服药后，夜间得汗，略愈。

一月四日，星期日，晴。方公已决定明日由洛赴鄂，余病经两日疗治，亦已痊愈，晨起，往市上略购途中需用物品，洛阳物价，不独较重庆为廉，视西安亦略贱，盖战时上海货物，多由安徽界首输入，分两路内运，一经漯河至洛阳，转西安成都；一经南阳至老河口，转巴东运渝，因运费繁重，故渝市物价独昂于他处也。午间

××府李秘书长设宴为同人祖饯，余已能照常饮啖，下午忽由××府转来重庆电报一通，但所用密码，各处均不能译出，置之而已。（按此电为余友吴君所发，告余渝寓于二日夜被盗窃一空，余归渝始知之。）晚间得家书，惊悉余堂弟仲余，于十二月十三日在渝病逝，为之怆然甚久，仲余体素弱，十余年来，随范少阶先生由军而政，未尝一日离案牍，今兹溘逝，殆为积劳所致，余同堂兄弟七人，又弱一个矣。

一月五日，星期一，晴，风。黎旦，同人齐集农工银行，由该行假汽车一部，车身甚宽敞，行李座位，布置井然。十时首途，当局至该行欢送者甚众。余至洛阳，瞬已兼旬，因天气过冷，伟侠又远居城外，故游兴浸衰，以著名之白马寺，亦未往观，今别矣，对此雄都，诚不胜其眷恋。下午二时抵临汝，临汝有城门，而无城墙，街市并不繁盛，但每肆门首，皆有走廊，此又一格调也。吾侪下榻五洲旅社，此行车中又增一客，即皖北游击司令葛某，搭此车至南阳转皖，葛，老将军也，虽年逾五旬，而雄心勃勃，体溢善饮，亦好剧谈，因是吾人在此短短行程中，得识一为国宣勤之老将。

一月六日，星期二，晴，大风。晨在县府早餐后，开车，北方公路，不似南方，雨则泥深，晴则灰厚，沿途风极大，灰尘飞扬，不独堆积衣袂间，各人面部，亦似涂一层黄土。道过宝丰时，余以该地产名酒，因向酒肆购得名酿三巨罐，以备途中解渴，罐为当地土制，三耳一嘴，口巨颈狭，以绳贯之耳，提携甚便，一罐可盛三数斤，较玻瓶为佳也。下午二时抵叶县，军队学生咸至城外欢迎，乃方下车，忽闻警报，方公随县长赴县府，吾人则就城外一茅屋中暂避，少选，敌机已过，乃同至城内新生活俱乐部假寓，叶县亦无城，街市甚狭小，无一较大商店，所售尽毛巾、袜子、香烟而已，然有六安瓜片可购，亦足珍也。夜间××××军召宴，宴毕，至其俱乐部剧团观剧，演员多为儿童，唱做均佳，观毕返城，夜已深矣。

一月七日，星期三，晴，大风。早九时半起程，风仍大，灰重一如昨日，补天戴一飞机师帽，灰尘由顶迄身，积半寸许，竟似一泥塑罗汉像，望之使人发噱。十二时过方城，未停。下午二时抵南阳，××××军代表及专员鲍际唐均至车站迎迓，车经东门外入城，东门外原为南阳最繁盛之区，去岁曾失陷两日，街市尽被敌寇焚毁，今正从事兴修，但新屋不过十之三四，余则断壁颓垣而已，入城后，假寓新生活社。

一月八日，星期四，晴。早餐后，偕伟侠往城内游览，城内街市，因经一度兵燹，今已无整齐市容。南阳商店，往往前后两重，各营一业，至前重购物者，当不知其后重另有一肆，此殆商场中一特色也。市上售白石器皿者甚多，盖南阳出产白矾石，匠人以之车制杯盘碗盏等类，其有色类翡翠，状如粗玉者，则制为茶壶、戒指、镇纸等什物，极精致可观，余与伟侠各购数事，以备应作。南阳又有一种特产，即木制圆箸，每副用钢钎烧红，刻卧龙岗全套，虽只只单独刻成，但一经排列，宛然如画，状甚精美，木质亦坚韧，同人因各购若干副，用赠亲友。

一月九日，星期五，阴。南阳尚有一种大宗出产，即南阳绸，营销极广，在昔系用野蚕丝制成，故质料粗梗，今已将蚕种改良，出品柔软而精细，惜因织机未能改制，尚不能织出花纹耳。余与济时各购衣料一二件，白色每尺七元余，灰蓝色每尺八元余，其质地虽不及川绸之精美，然价廉多矣。晚间，鲍际唐专员召余与伟侠至专署晚膳，盖际唐与伟侠为同乡，与余则皖中旧识也。席间菜肴，为鲍夫人督制，故极精腆，际唐年垂六十，壮健如中年，长于书法，精研各种碑帖，能以自书之字，钩制成碑形，苟非见其署款，几疑拓自魏碑者。席终，赠余与伟侠各一帧，弥足珍也。归寓后，知悉明日决启行，私念抵宛倏忽三日，方获小憩，又须远行，且明日至老河口后，汽车已无用处，再赴巴东，直须步行矣。徘徊灯下，不胜惆怅，适案上笔砚未收，因题诗一首于壁云："人生何事太匆匆！策马天涯类转蓬，伏枥早辜千里志，读书已负十年功，中原沦陷身垂老，万里河山战未终，画角声从寒月起，卧龙岗上拜英雄。"

一月十日，星期六，阴。当地主人知余侪今日离宛，晨间咸来欢送，十时首途，出城行五里，至卧龙岗，即诸葛武侯躬耕南亩处也。驻车往游，岗不甚高，平地中突起一阜，状如覆盂，岗上有武侯祠，院落甚广，古柏参天，人言俱汉柏，确否不可知。祠内鬻碑帖者颇多，但俱赝鼎，无一可观。关于武侯隐居处，自来有二说：一即此地之卧龙岗，观武侯《出师表》："臣本布衣，躬耕南阳"语，则应在此处；一说在湖北襄阳，因襄阳县西二十里，有隆中山，山畔有武侯草庐古迹，传即刘先主三顾茅庐处，究未知孰是也。但无论其草庐何在，武侯之勋业彪炳，自足千秋，当其入蜀也，收新国，抚孱居，御寡民，当强敌，诚天下最艰难之会也，然武侯推心置腹而厚抚之，明刑敕法而急持之，虚己布公而总揽之，慎密小心而重图之，经尽瘁自明，以谨慎自处，忠心耿耿，无一日自私，其得享千秋庙食，固其宜矣！余游毕登车，不禁感慨系之，爰成律句一章云："何论襄阳与宛城，卧龙祠庙自峥嵘，三分早定偏安局，两表如闻痛哭声，当日君臣真洒落，至今朝野颂忠贞，英雄自古多遗恨，八阵图前夕照明。"下午一时过邓县，未停，四时半抵老河口，始知近日常有警报，旅馆多歇业下乡，仓猝中，即在宝隆饭店暂宿。

一月十一日，星期日，阴。老河口，在鄂省西北，属光化县，紧傍汉水，为汉水与其支流丹江航行之冲途，自此以上之水，俗称上河，仅通小舟，自此以下之水，俗称下河，可航巨舶，故货物转输，均以此为大小船舶之交替点，因之商贾络绎，市面繁盛，为汉水上流一大市镇。早餐后，入市游览，见有南北二长街，东西二横街，南街多列巨肆，街道亦宽阔，北街略狭而长，直抵东关为止。市外原有土城，今已倾圮，北街后有公园，有剧场，住户多散居此方。自汉口失陷后，商业逐渐萧条，现由此转运巴东入川者，以棉花香烟为大宗，棉花为当地银行所收购，香烟则来自河南许昌，其他上海所出杂货，亦多由界首经南阳运此，分转各方，故各旅馆所住，尽是此辈商贾，因此地物价低，成本轻，获利辄倍蓰焉。吾侪所寓宝隆饭店，原为临时下榻处，今日下午，特与伟侠迁至东关群英旅社假寓，屋虽逼仄，但得与伟侠联床共话，亦殊愉快。

一月十二日，星期一，晴。昧旦忽发警报，老河口无防空洞，余与伟侠步行出东关，即在郊外麦地土阱中暂避，旋见敌机一架，盘旋两周后逸去，亦未投弹，十一时半解除。归寓后，得晤旧友徐君会之，韩君新之，盖会之方在此任×××长官部政治部主任，新之则为其秘监也。一时，随方公赴某部王参谋长之宴，席间得饮河南邓县所酿之白兰地酒，其味虽不及战前烟台张裕记白兰地，然较白干醇多多。夜至湖北省银行晚膳。

一月十四日，星期三，晴。今晨又有警报，同人皆避至吴家营会之寓庐，是处距城约五里，面临汉水，茅屋数家，自成小村落，旧友艾君毓英，亦寓是处卢家营，闻余至，特来畅谈，十二时警报解除，乃邀往午膳，夜宿其家。

一月十五日，星期四，晴。早晨由卢家营至会之家，则方公偕同人均至，始知又在警报中，同乡诸友，争持纸笔请方公书写楹联，维时敌机在天，高射炮隆隆作吼，方公犹手挥不辍，此实重庆空袭时所不经见事也。午间，会之特备盛馔，招待同人。一时岸帻褪带，环坐满引，赋诗谈道，间以谈剧，盖备极谈宴之乐事焉。下午入市，偕济时往澡堂沐浴，其污浊肮脏，为沿途所罕见，浴后不敢久坐，匆匆即归。

一月十六日，星期五，晴。吾侪在老河口，原定留一星期，因连日警报频繁，所事时有停顿，今日方公召集同人会商，决定本月十九日起程回渝，但由老河口至巴东，所经全系山岳地带，沿途小路，只有滑竿可行，约需九日始能到达，且滑竿须在此间雇定。今日特召轿行至，与议定佚额及力资，历时甚久始定。下午天阴，气候冱寒，余与伟侠皆不敢出门，适门首有货牛肉者，甚肥美，乃选购一方，命茶役炽炭于盆，即就盆火以冻豆腐合烹牛肉，佐以菜馆中之鱼元。夜间与伟侠、济时围炉共饮，借以祛寒。鱼元，本吾乡之家常菜，但自入川后，未尝此味者四年矣，今日食此，弥觉有鲈鱼莼菜之思焉。寝后，枕上成诗一绝云："荆襄险要自天成，汉水滔滔刁斗鸣，醉罢浑忘身是客，鸡声喔喔送残更。"

一月十七日，星期六，阴。今日伟侠、济时，将有事于谷城，以谷城县长毕君成俊，为余同乡旧友，邀余同行，诺之。晨七时，由老河口雇定人力车，出东关，至渡口渡河，其时河水浅涸，河面不过十余丈耳。抵岸，经一沙滩，又须渡河，过河，有大沙洲，名"望夫洲"，遍地芭茅，杂以小树，三五人家，绝□[1]岛居。洲尽处，复两渡小河，河身更窄，但从未架桥，洵为异事。四次渡毕，始登公路，路面平坦，车行极佳。谷城距老河口，为程四十里，午前十一时即至，县城为石砖建成，状甚坚固，经南门外大街，似为闹市，而货肉者独多，余顾伟侠曰："渝人肉食，常感缺乏，倘使见此，能不垂涎三尺耶？"相与一笑。入南门，直趋县府，毕君闻讯出迎，多年阔别，异地乍逢，其乐弥甚，是日天气极寒，下车后，手足都僵，毕君乃为炽炭，围炉取暖。伟侠、济时事毕后，即同至南门外长河旅馆寄宿，此旅馆之陈设衾枕，皆整洁完备，竟为老河口各旅馆所不及。

一月十八日，星期日，阴。早起，由袁君教之，导入城内巡视。街道尚称清洁，惟不及城外繁盛，城东北

---

1 原书此处漫漶不清。——编者注

尤荒凉，县府后，有东汉大将军延岑墓，残碑字迹，犹仿佛可辨。巡视毕，至袁君家早餐，毕君亦至，饭后，仍乘昨雇原车，遄返河口，因思明日即须起程，闻途中购买食物，极感艰难，特与伟侠略购腊肉酱菜若干，以备途中不时之需，并沽酒两罐，用解馋吻焉。

一月十九日，星期一，阴，微雪。黎明，滑竿脚伕均至，送行者亦麇集旅馆，同人均乘滑竿，行李公文箱，则付脚伕肩运。方公与伟侠体素溢，轿夫皆谢不肯抬，因此支配力作，煞费周章，结果，此两乘滑竿，各配三人，始无异议。九时首途，出东关，渡河，友人皆送至望夫洲始别。此行有两事使人不愉：一、徐君会之，原拟同行赴渝开会，因此途为彼常经之路，满意有此向导，可获畅游，乃濒行时，其夫人病甚，致不果行；二、为周君补天至老河口后，忽患感冒甚剧，服药不效，今日带病登程，同人感为虑念。不幸今日又酷寒，途中时雨微雪，同人屈曲滑竿中，殆类冻雀，行七十里，至石花街，上为老河口南下第一站，虽属乡镇，但街市住户，甚为稠密，吾人寻至聚乐饭店寄寓，设备简陋，仅堪容膝而已。

一月二十日，星期二，阴。由石花街至兴山，全是小路，沿途运输，均赖人力。抗战后，因军运关系，由某部于沿途设联运站，每三十里一站，皆有电话可通，每至一站，伕役替换一次，故一伕每日往返只行六十里，服务半月，遣使归家，另以他人瓜代，既可节其劳力，又不至于疲惫，诚良法也。吾侪离老河口时，某部已电知石花街联运站，派定伕役，故吾人在老河口所雇脚伕，均于今晨开发归去，滑竿因系长雇，仍继续使用。早餐后，启行，所经多为小山，行三十里，至干柴垭，此处联运站伕役，已持具以待交替，午饭后，再行三十里，三时半抵垭子口，是处仅有居民十余家，街后有瓦房颇大，询知为同兴栈，同人即至该栈寄宿，其实此栈亦仅存其名耳，因昔此间多匪，栈主已挈家远去，此间只一老苍头，看管房屋，客至，自爨自膳，彼略取房租，经资生活而已。

一月二十一日，星期三，晴。今日天已放晴，早八时，由垭子口登程，行十二里，至紫金洞，小憩，再行二十里，至财神庙，乃一小市镇，位于山巅，镇公所在焉。凡有镇公所处，联运站即由镇公所兼办，吾侪在此替换役伕。

续行，登一山，名姜家坡，颇为高峻，下山，沿小河行十八里，至玛瑙观，此为两河夹流之地，风景颇佳。镇长陈某，迎至伊家寄宿，陈年五十许，似是小康之家，屋宇宽敞，前面街市，后临小河，吾侪寓临河一室，殆为离鄢来第一舒适居所。晚餐时，余与伟侠尽情酣饮，饭后，相与步出街市，至小河桥上，席地而坐。此河两岸，俱是高山，维时新月一钩，悬挂山顶，下映河水，闪闪发光，山上松林，被此月光，青葱如涂靛花，伟侠曰："此间大有诗意，盍联句以志此景！"余曰："善！"伟侠乃先吟云："万斛征尘憩此间（伟），小桥流水听潺潺（轮），几家茅屋霜如雪（轮），喝起两峰一月弯（伟）。"其二云："百二关河一望收（伟），挥戈跃马誓歼仇（伟），夜凉如水豪情在（轮），斗酒能消万里愁（轮）。"两人坐到月没山背，始归。屋主人谓山有虎患，夜行滋险，然我两人竟安然而归，寝后，余于枕上复得绝句赠伟侠，云："半壁云山青似黛，一弯新月细如眉，与君踏月循溪去，不为偷闲为觅诗。"

一月二十二日，星期四，晴。朝发玛瑙观，出街口，两山屹立，中夹小河，流水萦回，大有画意。吾侪初循右岸山麓行，旋渡桥，转至左岸，行二十里，至开峰谷，为一市镇，位于河流湾曲处。居民颇多，询之，多由保康县城避空袭迁居于此者，此河即谷城县之南河，水涨时，可通舟楫，若水满，由开峰谷至谷城，四小时可达。此时水浅，帆樯殊稀。午饭后续行，约四十里，抵保康县，保康无城，县治建于河滨山嘴上，状甚荒僻，吾侪到时，县长刘君沛然至城外迎候，导至迎宾旅馆寄宿，城内街市萧条，居民不多，闻一二年前，肉肆每屠一猪，必先鸣锣通知市民，入肆登记，俟供求相抵时，始行奏刀，盖不如是，则屠肆货肉，常历数日不能罄，其户口之稀少，可以想见。今年米谷尤缺乏，居民多以包谷充饥，贫瘠之状，殆为鄂北各县冠。

一月二十三日，星期五，阴。早八时，由保康启行，出城，即在河中行走，盖河水已涸，仅余沙碛，行之良便。约二十里，至朱家厂，为一大村落，位于河边道旁，其以厂名者，以造土纸厂甚多也。吾侪就一保长家造膳，膳后换伕。自此处始，伕役不以肩担，而以背负，每人能负箱笼三四件，高出头顶二三尺，不以为累，若令使用担挑，任重反不及背负甚远，盖习惯使然也。此去道路，不及来途中平坦，多沿河铺石阶，时而升至山腰，时而降至山麓，石级极窄，行之殊险。有一次，吾人行至山半，一伕所负公文箱，因束缚未牢，触一崖石，忽坠于山下，幸为一群树枝挂住，否则落水矣，经营半日，始复成行。两岸山势嵯峨，翠竹尤茂，此时虽在隆冬，犹苍翠欲滴。下午三时，抵后坪，假寓联运站。此处多虎，居民饲养牲畜，常为所噬，夜间果闻虎啸，其声隆隆然。自垭子口至此，三日来均系傍河而行，时左时右，河水皆不深，河中满布鹅石。闻前行此途，常须涉水，近年××××××部于河流建便桥甚多，其法用巨篓盛鹅石为桥墩，编树为桥面，建造甚易，而行之极便。此诚可谓速成桥也。河之南岸，村民常利用水力，安置水碓，舂竹成糊，制造土纸，营销外邑，大抵川东所用草纸钱纸，即此间出品也。

一月二十四日，星期六，晴。早旦发后坪，行三里，登山。此即鄂北最高之景山，仰观山脊，白雪皓然，吾侪蜿蜒而上，穿林越涧，至感艰难，有一山隘，下临千仞深涧，路为山石砌成，狭仄仅可容二人并行，据云：修造此路时，工人皆悬绳上工作，稍一不慎，即成齑粉。过此险隘，寻登山巅，巅名大石脑，由山趺至此，盖十五里矣。山中妇女，咸集此处售稀粥豆腐，供行人疗饥。自此踏山脊行，天无纤翳，万里在目，俯瞰群峰，皆培堘焉。行二里，复下山，山民恒伐树干，就地交支成棚，使生木耳，又埋树土中，使长香菰，间出品甚佳，惜无购处。行十五里，至山麓，有小镇，名羊五垭，即在此午膳。鄂北因多山，产稻甚少，沿途所见，居民皆以包谷为唯一食粮，或煮或羹，或烤为饼，脚伕每人必怀饼一二枚，休憩时，出而食之。惟历来即缺食盐，人多淡食，尝窥见一老妪，为吾人煮面，其盛盐之碗，已经水涤入面，犹贪其咸味，不忍遽洗，其苦可知；故途中所见妇女，凡逾二十岁者，项下多生气疱，往往颈粗于头，询其故，皆谓为淡食所致，可见食盐关系人类健康甚巨。余因向方公建议：请其吁请鄂当局，于此一带多置食盐供应站，俾居民得减其淡食之苦，则造福不浅矣。由羊五垭行廿五里，至歇马河，市镇颇大，黄君一鸣，即家于是，开设大有庆布肆,其尊翁已得黄君禀知,故迎吾人至其家,款以盛馔,夜宿关帝庙中心小学,此虽乡镇小学,但设备及课程,均甚完善。是处山中产一种异草,名金钗草,谓能起死回生,方公曾觅购数茎,视之,但较寻常稻草为细,略具光泽而已。

一月二十五日,星期日,阴。昧爽由歇马河首途,行半里,登山,自此又循山脊而行,但不若大石脑之巉峻,行十余里,即入公路,此公路为鄂省府所修,直达房县,虽不能行驶汽车,然驰马行轿,绰然有余。自石花街至此,沿途俱系小路,闻昔行此道,甚感困难,自××××××部驻老河口后,即命兵士重新修筑,遇水建桥,逢险加宽,行人至感利便,今已成为交通要道矣。途中商人络绎不绝,担货者尤多,昨经景山时,见有运伕百余人,挑运棉花登山,远处望之,连缀如百足虫,甚有意致。吾侪循公路,行三十里,至官斗坪,午膳,再行三十里,下午四时抵板庙,宿两广饭店,店主为广东人,由军队退伍,营此旅业,伙友皆广西人,能制广东猎(腊)味,甚可口,惟床榻仅铺秫秸,盖简陋极矣。

一月二十六日，星期一，晴。晨七时发板庙，行十五里，至榛子岭，再行二十五里，至大水坑。换伕，用膳，膳毕，续行三十五里，至教场坝，已曛暮矣。今日所行，仍是山脊公路，因晴天无风，甚觉和暖。教场坝用小市场，仅有住户十余家，吾人假一杂货店寄宿，店主为一中年妇人，伺应甚为周至。由保康至此，因省府禁酿，辄无酒饮，余所携酒，为脚伕偷饮已罄，乃向女主人觅沽。主人以事关禁令，不敢承，嗣见吾侪需之急，始慎重以其新醅，曰："此为头包谷酒，乃余家备以自饮者，今请让少许！"余与伟侠共尽一斤，其味殊不恶。夜间，同人就其楼板，藉草而眠。自老河口迄此，凡谷城保康境内，妇女多半裹脚，至兴山境，则天足渐多，惟有一最惨景象，即途中小贸妇女，多患恶性梅毒，甚有鼻陷目盲，疮痂满面者，据闻此皆军队及脚伕所赐予，因山中无医药治疗，遂致毒发溃烂，莫可救止，见之辄为怃然。

一月二十七日，星期二，晴。凌晨，未食，即自教场坝首途，行十五里，至界牌垭，早膳。是处为一市镇，区公所在焉。区长童君掬一，迎至区公所小憩，出小册，乞余等题字，其人年事尚轻，敏而好学，将来成就，必有可观。此行途中，凡有区镇公所者，其区镇长，皆常驻所办公，其负责精神，似较川省为佳。由界牌垭前行二十里，至凉风垭，自此即系下山之路，约二十五里，抵兴山县城，县长王君亮旃、军警稽查处长周君上璠，皆迎至城外，入城后，假寓县党部。吾侪自十九日发老河口，至此已行九日，陆行程途，于兹结束，盖明日即须换舟出香溪口也。晚间，各团体就县党部公宴，驻××溪×××××军总司令周公，复以电话约方公明日至该处一谈，方公力辞不获，然该处为舟行必经之地，势不能不小有周旋也。寝后，回思九日来途中经历情境，颇有感触，因成绝句二章云："荒村野店无常处，雪满山头月满鞍，但有浊醪堪慰我，微官懒作一钱看。"其二云："纷纷落叶扫红尘，久役平添白发新，一路溪山行不尽，几时才作太平人。"

一月二十八日，星期三，晴。早起，往城内游览，兴山城不甚大，因其前临河，后傍山，故街市建筑，恒多曲折，市面不甚繁荣，无一巨肆，据闻往昔更为荒凉。

抗战后，由他处迁来者日众，居民始渐繁，今则屋宇皆有人满之患矣。晨餐后，正拟启行，忽发警报，未几，解除，乃出城登舟，周君上璠，因兼任××××××军总司令部参谋，故同舟出发。此河名香溪，上属兴山，下属秭归，汉明妃即生于河之下游，因其被选入宫时，曾就河水盥手，自是水生异香，故名香溪。今水不香，然清澈可以见底。行二十里，至××溪，总司令周公，亲至河干欢迎，登岸后，至其招待所休息，招待所乃士兵所建，筑土为墙，铺茅作顶，甚整洁可观，周公在此，力倡士兵生产，故垦荒地甚广，自种菜蔬，并饲养猪羊鸡鸭，凡士兵所食菜蔬，无须外购，且常有猪羊肉以供牙祭，此真可谓自食其力者矣。晚间，周公设宴以款同人，菜肴大半为总部生产品，餐后，观其俱乐部演剧，技术尚佳，剧终，回招待所宿。

一月二十九日，星期四，阴。黎旦，由××溪登舟，顺流而下，途中遇一船，在溪中获鲤鱼二尾，各重三四斤，吾人出资购得，就舟中烹食，味甚鲜美。余与伟侠，且饮且浏览两岸风景，不觉心旷神怡，绝世间虑。下午三时，抵香溪口，此即香溪入江处。某分监部包君振楣，迎方公及同人至其寓庐下榻，晚间复馈以盛馔，席间，得识某军副军长柳君际明，知其于作战时破坏交通，最有研究，饭后，复聆听其作战经验，至夜深始寝，此处适在山上，夜间寒风陡起，呼呼作声，枕上闻之，颇有鹤唳猿啼之致，乃口占绝句云："明妃故里香溪口，一叶扁舟系晚村；莫笑此身羁旅惯，猿啼月落也消魂。"

一月三十日，星期五，阴。早餐后下山，行一里许，至香溪口街市，是处两岸居民辐凑，惟街市极逼仄，且依山建筑，高低不平，今日有差轮"民康"停泊对岸，吾人乘分监部小轮，渡至江上，于下午一时启碇，四时抵巴东。川江船只，例不夜行，遂停宿巴东，吾人登岸入市，见街道甚长，房屋栉比，较战前繁荣多矣。旋入酒庐就食，暮始归船。

一月三十一日，星期六，晴。天明，由巴东西驶，过楠木园，即入巫峡，两岸山峰崱屴，江流迂回，每行一程，辄见迎面高峰壁立，几疑路尽，然一湾转，前峰已在舟后,又是一景矣。经巫山十二峰时,见猿猴穿越石崖中,有一处,一老猿独坐洞口,大似老僧入定,因思太白"两岸猿声啼不住,轻舟已过万重山"句,真是写实之作。余廿七年入川经此,今已四年,江山无恙,而余已老矣。下午一时抵夔府,夔府江边有盐井,此时水涸,土人就沙滩筑灶煮盐,茅棚累累,望之如市。停泊后,船主通告今日宿此,吾人乃登岸入城。城内街道,成丁字形,因过去迭遭轰炸,已不若某日繁盛,市上所见,尚有不少黑籍中人。吾人入一茶肆品茗,辄有十余龄童子,来这娼家兜客,可见此间娼妓之多也。寻入一江苏菜馆用餐,菜尚不恶,且有泸州大曲可饮。餐后,返船,遥望赤甲山头白帝城,峙立于斜阳夕照中,使人缅怀刘先主弥留托孤时情景,为之慨叹系之,因口占绝句一章云:"赤甲山头白帝城,江流浤浤送涛声,可怜割据三分地,只剩枫林夕照明。"

二月一日,星期日,晴。晨曦微动,船即开驶,经云阳时,见桓侯庙峙立江干,碧瓦雕甍,甚为壮观。下午二时抵万县,警察分局长邹君海清登轮迎迓,民康轮到此止航，吾人须由万换轮上驶，当将行李取至驳船，起岸至二马路鄂西招待所休息，旋由邹君邀至菜馆晚膳。万县虽频遭轰炸，而市面繁盛如故，三四层高楼，与断垣残堵并列，乃成奇观。夜间与船舶管理处接洽，知明日有协庆轮上驶，遂决定明晨登轮，市内旅馆，皆告客满，方公赴市外友人家宿，余与伟侠则寓鄂西招待所。余廿七年过此时，尚见烟馆林立，公开售吸，今已无此雅室，亦一佳象也。

二月二日，星期一，阴。晨登协庆轮，亦一差船也。九时半启碇，沿途细雨蒙蒙，已入雾境。年来因轮船缺乏，运输多赖大船，江上帆樯往来，殆如织梭，水鸭成群，浮泛水面，若在吾乡，则早已猎作食品矣，抵忠州时，天已垂暮，遂停泊忠州，同人皆未登岸。

二月三日，星期二，阴。黎明，船发忠州，船上经理高君人俊，为青岛海军学校毕业学生，青年沉毅，雅善谈论，娴驾驶，擅泅水，与吾人谈及海上生活，甚有兴趣。十二时过酆都，俗谓酆都北门外为鬼世界，十殿阎罗，皆设署于是，其实酆都城面江背水，屋瓦鳞比，北门外不过山地荒僻耳，若谓人死皆集于此，真无稽之谈，下午四时抵涪陵，寄碇。

二月四日，星期三，阴。早由涪陵起碇，涪陵面临江滨，遥望人烟稠密，似甚热闹，盖此地不独可通长江，且有小河经彭水以达湖南，故质物皆由此转运，十一时，过长寿，此为重庆下游第一门户，亦甚繁荣，下午三时，抵重庆，吾侪旅程，至是终结。计自去年十月十四日由渝首途，水陆绕一巨环，历时四月，为程万里，沿途军政长官，殷勤协助，使旅程获得不少便利，于此应深致其感谢之忱。

（全文完）

绮情楼笔记

徐阿春

阿春,赣之渔户女,小家碧玉,艳名噪遐迩,人争偶之。春择婿极苛,咸弗当意,年逾二十,犹深闺待字也。

初,春年十五,父母相继逝。家贫,怙恃顿失,终鲜兄弟,遂就依外家。舅田俊,操布贸,频遭折阅,资产荡然。妗刘氏,年四旬,无所出,爱春弥甚。顾家徒四壁,口腹为艰。阿春精女红,所绣花草、人物,栩栩如生,每出市,多争购之,因是颇能支持。而春年既长,仍无佳匹,居恒郁郁不自得。矧寄人篱下,尤觉顾影自怜也。或有劝之曰:"青光易逝,亟宜早自为计。因循至于色衰,悔无及已。"阿春曰:"侬观问字者,俱非真相我也。即归之,异日难免秋扇之捐。盖实爱者,决不以颜色为去舍,苟弗如愿,宁以十指生活,作丫角老耳。"于是又数年。

邑吴中丞之子翰生,幼年才俊,风度翩翩,工诗文,有著作,人多倾倒,讶为凤慧。邑中宿儒,喜与作忘年交,翰生偶乡行,见阿春浣衣河畔,惊其艳,心窃爱好,归而萦思致疾,久竟寝食俱废。中丞仅一子,特钟爱,见状大忧，苦加研诘，遂以实告，乃允为媒致之。生慰，疾顿愈。中丞以爱子故，殊不计较门第，遗冰往。田俊夫妇大悦，意女必忻从，许之。迨转告阿春，愤然曰："彼既有才，岂无名闺，而必下婚贫女者？徒以颜色故，侬自顾福薄，齐大亦非偶也。奈何？"俊等怒，痛斥其妄，春不得已，强从。于归后，伉俪极欢。越二年，中丞卒，家计亦艰。翰生遂报捐，以牧令需次贵阳。时邮便未兴，交通阻滞，三载无音信，阿春独掌门户，望断藁砧，日惟以泪洗面。

一日，忽电至，生奉檄出宰凰泉。春惊喜交集，即摒挡一切，挈仆婢以行。迨次乌江，风雨骤恶。舟止于孤岸间，夜半遇盗，被劫一空。仆婢女因呼救饮刃死。阿春恐污投水，漂流里许，遇商船，引绠得救，船主妇详询颠末，爱护甚殷，并留养数日。濒行，复赠以资，指示路程。春辗转得至凰泉县境，而询知翰生已置二妾，愤不欲生，乃遗书与生，叙别后情况，末云："君固负心，侬岂再嫁？缘尽如此，夫复何言？侬已勘破红尘，青灯拜佛矣。请从此辞，诸维珍重。"遂遁去，弗知所之。

先是翰生听鼓黔垣，日周旋于士大夫之间，歌楼舞榭，极意冶游。时一妓绢绢，温婉明媚。生惑之，为之脱籍焉。后某观察慕生才，聘掌文牍，殊礼相待，其公子亦与友善，过从甚密。公子有婢侍香，娇巧伶俐，嘱令执役，生极眷爱，竟与之私。公子察知其情，慨赠为妾，生亦恐负始乱终弃之名，遂纳之。迨奉命出守，随之俱往。及接春书，抚笺大痛，悔恨累日，请人四出追寻，而阿春踪迹终不可得云。

（原载《游戏世界》1921年第一期"谈荟"栏，总题目为"绮情楼杂记"）

米　生

鲁人崇尚武技，成为普通风气，东昌米秀章者，操布业颇丰裕。一子泰生，英姿聪慧，风度翩翩，好拳艺，嗜而不精。既冠，娶同里张氏女为室，少年伉俪，情爱弥深。女亦娴武术，夜静灯红，辄与生于闺阃中，相角为戏。

一夕，溽暑熏蒸，燥不能寐，遂合较少林拳以消遣，顾女手腕悉熟，敏捷若电闪，适纤小之足，中生阴处，砰訇一声，两目直瞪，颓然死矣。女惊骇，抚尸大恸，哭不敢声，恐翁姑将指为谋杀，乃取箧裹衣，逾墙遁。时暮色深沉，万籁阒寂，女踽踽独行，了无定向，约十数里，疲困弗能成步，忽有灯光自林际出，若隐若现，意为村火，思投止息焉。既至，乃守瓜棚者，一老人外坐，方燃火吸旱烟，见女，甚惊讶，亟询深夜何往。女诡以迷路告。曰："孑然一身，宵行多险，棚内有被褥，盍暂憩，老夫露宿可也。"女感之。老者陈姓，家赤贫，种瓜为活，子荣福，浪荡物业，性极凶险，嗜酒，醉辄暴行无顾忌。老者屡诫不悛，时复绝其衣食，因而父子之间，竟若仇雠。是夜，荣福于博场纵饮归，经瓜棚，睹父外宿，疑之，入棚见女，大诧，艳其姿，不禁心动，意为父之外遇，即触其平日严被苛责之恨，酒兴勃发，恶念顿生，乘父熟睡，毙之，就女私焉，谋偕遁。女念身既被污，而杀夫罪且不免，不得已从之。

翌晨，地保以人命报有司，勘察无凶证，遂成疑案。其家人赴博场觅荣福，俱云昨晚大负早归，意其避债逃也。荣福与女辗转至哈尔滨，寄食于某衙役处，充下走焉。女则以缝纫为活，三年无知之者。

先是生负伤晕绝，盖气闭而未死，黎明竟苏，见门辟，箧箱俱开，亟起检查衣饰，半皆不翼而飞。询诸家人，茫无所觉，始知女惧逃，乃泣述夜间相角误伤事，家人即遣人四出追寻，数月无朕兆，生悲绪撄心，寝食俱废，父母忧甚，百辞弗能释，逾年余，生瘦削几无人状，邻党咸以女死，将为生议婚，生父母亦以似续为虑，有允意，而生闻之，辄詈骂，谓女挟衣走，谅无死意，必终待之。以故无敢踵门作伐者。更一载，生欲赴关东以自侦察，缘鲁民贫难者，多往该处求生活。家人阻止，不听而行，迨次吉林，途中遇盗，旅橐一空，遂行乞以抵哈埠，托钵于一小肆之门首。肆主顾而问之曰："子似非流落中人，何以至是？"生泣陈颠末，肆主嘉其志，馆于家，嘱代肩贩。便事踪迹，于是又半稔矣。

一日，生行贾于某巷内，一妇抱子出购物，乍见互为惊愕，审视良久，乃相持大哭。女亟曰："是间非纵谈处，彼伧现已入卯当差，称干役，倘得知，汝真殆矣！订明午会于东郭外之深林中，俾定办法。"生返肆，悲喜交集。翌日，如期往，女已先至，各述经过情形。女曰："汝速赴署喊冤，先勿泄，防其遁，俟令升堂，诉请实时执吾等至,侬当实陈。"生曰:"此呱呱者,何处?"曰:"犬子无关轻重,弃之可耳。"生即如法以行。邑令当拘荣福等到案,女直供不讳。福默首无一语,判论死。生与女得破镜重圆。其子谕归肆主收养,盖其有伯道之忧也。

(原载《游戏世界》1921年第一期"谈荟"栏,总题目为"绮情楼杂记")

碧玉双沉记

任某,广州人,向营鸡毛业,有侄女,名遂,幼失怙恃,赖任某鞠养。年十七,风姿绰约,飘然若仙,顾小姑居处,尚属无郎,任某因欲留助业务,殊无字人意。女亦荆布自甘,有慕色请婚者,女恒严词谢之,顾任某待女苛,日必责理鸡毛若干。家中乏货,则令至他店操作,女以纤手所得微资,任某必索去,否则鞭挞继之。因是女居恒抑郁,一寸眉头,殊无开展时也。

任某邻居有陈某者,与任同业,亦有侄女名瑞姑,年十四,姿容端丽,好女子也。自小丧父,母佣于港,令女依陈某而居。陈某虐待瑞姑,与任某之待女,殆出一辙。一对明珠,同处此活地狱中,其伤心为何如?以故女与瑞姑交谊极笃,惺惺相惜,不啻姊妹。每于月明人静之候,道及身世,辄相抱痛哭。

女有同居张媪,悯女遭际,常劝之字人。女正色曰:"吾侪家世,安得大家垂顾?其有登门求偶者,多因慕色而来,此辈薄幸少年,殊难与处。始固爱之,一旦色衰,则弃如草芥。尔时受人磨折,尤较可怜,故不如守此苦家庭为干净也。"媪又劝之投勾栏中,女怒曰:"果如是,何若死?"闻者咸嘉其贞。

一日,瑞姑又被某鞭挞。女往视,瑞姑哭诉其苦。女力慰之,且曰:"姑忍之,不日吾侪有安乐地。"瑞姑曰:"如此生涯,有死而已。尚有何安乐地耶?"女曰:"勿急,到时自知。"不意此语为女婶所闻,疑女将与瑞姑同逃。归时,与任某重惩之,女受创剧。次日,不能起。张媪往视,女抚枕泣曰:"我生不辰,少失怙恃,依叔以来,所受痛苦,他人或不之知,媪所亲见也。终日除料理家事外,尚须往外店操作,所得微资,均奉之叔婶,衣履之费，犹须仰其鼻息。善则与之，否则一文不给。故衣不能御寒，食不能一饱，而我碌碌竟日，夙无怨言，试思此等人当有何过？乃一触威颜，鞭挞立下，余非小儿，何有面目对人？曩者媪劝我字人，我筹思再三，亦非善策，故我于今日尘世间，已无可恋，行将拼一死以谢我叔婶抚育之恩也。"媪闻言，力为劝慰，然女怀殊不少释。创少痊，乃往店工作。遇瑞姑，告以死志。瑞姑曰："我亦早有此意，特不敢说耳。"女曰："畴昔谓有安乐地，非他，即死也。盖吾侪生而苦，不若死为乐也。但尔有母在，能割舍耶？"瑞姑曰："有母不能顾我，等于无母也。且我死，吾母亦少一赘疣，为母计，亦得也。"女曰："吾侪生为同命，死必同行，或者弱魄有灵，尚能相依如今日也。"瑞姑曰："诺。"语已，相向痛哭。是日，在店操作完竣。两人相约至店后。店后即河，水甚深。两人至此，互将身穿绸衣脱下，将辫发互相扭结，复以布带紧缠左右臂。店后原有曲栏，耸出河面，两人携手至栏尾，合力一跃，齐堕水中。霎时白浪掀腾，珠沉玉碎矣。

时适值大雨，店中并未觉察，仅有小艇一双，远远望见，当将艇摇近，大声呼救。纷扰移时，始命人入河捞救，然已绝无踪迹。至次日，两尸始于下游浮起，面目如生，犹带笑容。意者真以死为乐耶？邻人有知其被叔婶虐逼而自戕者，群议以报警厅，以雪女冤，经任某哀求乃免。惟令两家厚葬而已。

（原载《游戏世界》1921年第二期"谈荟"栏，总题目为"绮情楼杂记"）

奇　盗

龙某，老幕客也，客鲁多年，某岁旋里，囊中颇有余蓄。是时，火车未通，乃雇骡车行。日暮投逆旅，逆旅主人见其单身独行，曰："此间多剧盗，先生独行踽踽，得不惧乎？"龙曰："清贫如我，安值豪客一顾？吾不惧也。"主人道入一室，甚精雅，向外仅有小窗一，窗严扃，恰可容一臂出入。龙某素有烟癖，饭毕，即闭门吸烟。夜半，忽闻窗上微响。突见窗门大开，一老人持刀立床前，龙某见窗小仅可容臂。老人乃由此跃入，定非常盗也。乃自镇定，吸烟如故，若不见其床前已有盗屹立者。盗见其从容不理，亦不动。移时，烟吸完，复盛一盒，顾盗曰："客亦嗜此乎？"盗点首，遂肃盗卧榻上，已则为盗烧之。彼此并不通一语。吸已，龙某乃起，开其箱箧曰："客得勿借粮乎？"盗曰："然。"龙遂出其资置案上，约五百金，曰："书生无多金，客所知也。数年辛苦所得，仅此而已。任君取去。"复于腰际搜出二十金，曰："此乃留作川资，客其许我乎？"盗不言，取案上金去。次日，龙仍雇车前行。途中忽遇一彪汉，手持名刺曰："昨夜之事，大王服君量度，特命某相请。"龙某竟随之去。迤逶行山路十余里，至一大厦入，见昨盗坐堂上，须发皤白，见龙某至，降阶相迎曰："吾作盗数十年，未见之一人如君从容者，君殆异人也。"因设盛筵款之，留山中数日。临行，尽还其金，且另赠五百金为寿，命彪汉数人护龙某出鲁境始还。

（原载《游戏世界》1921年第三期"谈荟"栏，总题目为"绮情楼杂记"）

灵魂破案

近世科学发明，灵魂投胎之说，殊渺茫不可信，然亦竟有其事。余客齐安时，闻友述一事，乃甚奇怪，惜事出何地，今已忘之。有陈某，为邑巨绅，感时疫，病月余，医药罔效。家人疑其不起，咸环守之。一日，陈某晕去，自觉由家而出，行动舒适，殊无病苦。信步至一佛寺，寺宇宏敞，香火甚盛。陈至时，见一沙弥，手持药包，匆匆自外入。陈亦随之，至后殿，达方丈室。沙弥推床下木板，露一巨洞，洞内通明，若有灯火。洞口有短梯，沙弥缘梯而下。陈见之，大异，亦随之下，则见一地室，甚宽大，陈设精美，香气扑鼻，美女数辈，方丈拥之而嬉。内有一妇，方临蓐，另有数僧，为之伏侍，陈见之，大怒，思菩萨净地，竟有此怪事。此辈淫僧，不可赦也。其时产妇已生一孩，陈忽觉躯体一摇，已蹐于地，睁目视之，则身已缩小，成婴孩矣。骇极，亟欲呼救，已不能出声。但闻产妇语僧曰："此子乃余夫骨肉，幸留养之。"僧不允，举手搯孩颈。陈顿觉头目昏眩，俟已复其原身，但见死孩横陈地下而已。陈此时并不知其已死，亦莫名其故。但知此等事，大干法纪，非诉之邑宰重惩之不可。于是愤愤而出，力奔至家，则已尸已苏，见家人环之而哭。询之，始知死已数小时，适所见者，乃魂也。因告家人以寺中秘事，盖该寺僧徒，多属无赖，见妇女有姿色，只身入寺祈福者，即导至方丈室，推而纳之地窟，供其淫欲。一入此窟，即终身无出寺之望，故妇女焚香走失者，时有所闻，而无有知其究竟者。陈某病愈后，即亲诣邑宰，告以故，邑宰怒甚，率精卒围寺，偕陈某入方丈室，推床下木板，果得地窟，则见淫僧数辈，方拥妇女嬉戏，乃尽缚之，一鞫而服。因枭首示众，地室妇女则各遣之回家，而火其寺焉。

（原载《游戏世界》1921年第三期"谈荟"栏，总题目为"绮情楼杂记"）

轮船百怪录（一）

小子不幸，长作旅人。半世光阴，强半都在那晓风残月中断送了。长江上下，每年至少要走几次。那各公司的轮船，差不多都给我坐遍了。因为坐得多，在那轮船里，便看见了许多可怪、可笑、可悲、可恨的事。今日闲暇无事，因把他一一叙述出来，也教一般入世未深，初出旅行的人做个考镜哩。

长江轮船，约分四大公司：（1）"招商"，中国办的。（2）"怡和"，英国办的。（3）"太古"，英国办的。（4）"日清"，日本办的。轮船目的是在运货物，递邮件，所以坐船的人，都叫搭客。船上职员，有"船主""领江""大副""二副""司机"等，多半管理行驶和机器的事。此外有"买办""账房""司舱""茶房""水手"等，便是经理货物，和招呼搭客的。船上舱位分"大餐间""官舱""房舱""统舱"四等，大餐间多半是外国人坐的，官舱、房舱便是一般富商大贾、官僚妇女坐的，惟统舱搭客为最杂。约言之，以工商界人为多。此外甲板上面，亦有冒雨，席地而坐的，便是一般穷人和苦力，统全船一看，可算得一个小小的部落，上中下社会的人，都是有的。这许多人知识既不平等，一举一动，一谈一笑，自不免有许多怪象。我初看着，十分烦恼，后来一想，这些怪象，正可破我们旅行的寂寞，不惟不烦恼，还觉开心呢。

  轮船上的招待，现在是坏极了。官舱、房舱的饭菜，倒还过得去，就是茶房也还守法一点，统舱里便有饭无菜，那米又粗糙不堪，若乘客不堪其苦，便出资购菜，厨房又故昂其值，大约吃鸡子两枚须洋一角，其余更不消问的了。便是泡茶的水，也难得常开。若嫌冷了，便说船上只有这样的开水，不喝听便。至于那坐在甲板上面的穷人和苦力，还有一滴都想不到了。那统舱里的铺位，原是供乘客用的，现今已完全被茶房占有。乘客若要铺位，须向他们购买，价值要占船价之半。譬如船价四元，铺价便要两元，于是买了船票又要买铺了。若是不买，就是买的统舱票，那统舱里却没有他的坐位，只有往甲板上面和梯子底下坐坐而已。船每到一个码头，那茶房均上岸兜客，一见挑有行李的客人便问道"阿要铺"，往往不由分说，硬扯得去。是常出门的人，知道买铺是免不掉的。只有任他安置。不过行李、箱笼一经他安置，便无失落之虞。这也是一桩好处。若是没有出过门的人，他便要先讲明，究要酒资若干，茶房又必故昂直值，若是交易做不成功，那茶房便横着眼睛不认人，口里不住的"猪头三""阿木林",骂个不住,就是客人听着,也只有忍气不做声了。

凡是没有买铺的客人,不独餐风宿露,受那虐待的痛苦,就是银钱箱笼也十分危险,因为长江的弄手和轮船茶房,都是通气的,既经茶房招呼的客人,自然不好拆他的烂污。那未经茶房招呼的客人,便没有保护,他就可以大施手眼了。有一次我从汉口往九江,亲见一个人因为没有买铺,在船尾上一块空地坐着,那人带了两只网篮,自己靠住网篮坐下,自以为万无一失了。不料夜深船抵黄石港时候,那载客的划子,刚刚靠船,那人偶然起去,站在栏杆旁边观看,忽然又有一个人,坦坦白白把那人的网篮提了一只,一溜烟下了划子。我初犹以为是那人的同伴,要下黄石港,哪料那人偶一回首,便大喊道:"呵唷!谁提我网篮去……"任凭你把嗓子喊破了,也没有一个人答应,才知是弄手偷去了。那时船已过了黄石港,划子早开着走了。那人在船上寻遍了,何曾见他的失物,只得自呼晦气而已。那般茶房还要在旁边冷笑道:"若是买了铺,何至有这样损失呢!"

轮船靠码头的时候,茶房向乘客要索酒资,其恶有如催租之吏,是先讲定了的。这时照数付给,还没有话说,若是未曾讲定的,这时交钱,必要一争再争,倘若未满他的欲望,便要当面侮辱,或是藏匿客人行李,或唆使埠上挑夫,故与客人为难,孤身旅客,便不得不受他的窘了。然他们饭碗的命根,完全在买办和账房手里,若和他们弄不开交,惟一方法只有告诉他的账房,然他们茶房原没有工资,账房有时申斥,有时也陪护。有一次,我和一个朋友同往南京,也是因酒钱和茶房争起来。那茶房竟开口骂人,我那朋友气愤不过,当即往告账房。哪知那位账房先生口衔一枝雪茄,正在床上躺着。我那朋友把那茶房恶索的情状告诉他,他听了很不高兴,冷冷的答道:"出门的人,就多用几个钱,又算什么?"我那朋友道:"难道花钱还要挨骂不成?"他道:"你多给几个钱他,自然不会骂你的了。"我那朋友:"照你说,茶房侮辱客人,不是应该的么?"那账房先生忽厉声道:"去!去!谁和你啰唆?"我那朋友原来擅长英文,听了这话,怄极了,知道不可以理喻,当下说道:"好!好!你们船上既这样横恶,我倒要去问你的船主(西人)评评这个理。"说罢,转身就走。那位账房先生听了要会船主,那严冷的面孔立即转了笑色,呼道:"请转!请转!"我那朋友哪里肯听,正要上楼时候,那位先生不敢怠慢,把那口里雪茄立刻丢了,亲自跑了出来,把我那朋友扯转,笑道:"我自有办法,何必急呢?"当将那慢客茶房唤来,申斥一顿,并向我那朋友深深道歉。这样,我们才安然起埠。大抵他们船上,茶房畏账房,账房畏洋人,中国人的奴隶根性,真是牢不可破。我想这次幸是我那朋友能懂英文,敢于会他的船主,若是稍弱一点的客人,受了那样的侮辱,岂不是无处申诉么?然而,后来有人告诉我那朋友,说这种事只可一不可再,因为那般茶房,都是凶恶万状,若太得罪了他,便把你的面貌记在心中,后来倘是在船上遇着,不是故意把你挤下水去,就是暗使弄手害你呢!我那朋友听了,为之悚然。哎!世途险恶,乃至如此,真是可叹哩!

船上招待既这样不好,旅行的人第一宜少带行李和银钱。若是带多了,便要交存账房,或放在稳妥地方。如其不然,那万恶的弄手,便要光顾了。在长江轮船初行时候,那船上谋财害命的事,时有所闻,近年虽然少些,然而还是不免。前年我从九江往汉口,亲见一事,极为可恨。有某甲，像是乡里初出门的，带了一床铺盖，一个小包，不知何故，那弄手知道他的小包裹有银钱，便千方百计想弄得去，然而某甲十分谨慎，拿那小包作枕头，自己枕着，始终不曾离开铺位一步。这样，交易总算做不成功了。然那弄手竟有绝妙方法，使那小包裹银钱不能不做他的囊中之物。那时我忽见一个人手持一根小香，坐在某甲靠近的一个铺位上，假意燃着吸烟，乘间将香火触某甲足心。某甲原是躺着，忽觉足心为痛，疑为虫啮，立翻身起坐，视其足心，那位弄手就乘他起坐当里，早将那小包偷去，一霎眼不见了。等某甲复卧下去，不见小包，始大呼有贼，四出寻找，何曾见他的原包。某甲见包裹已失，放声大哭，自言是经营小贸易的，包裹有洋一百二十元，是预备往汉批货，如今失落，本钱尽去，又无盘川，只有投江觅死。那时船上的人，都替他可怜。然有亲眼看见弄手的，却不敢作声，而船上又高悬了"贵客如有银钱要件，请交存账房，若不交存，遇有遗失，与本船无涉"的牌子。不消说，那船上是不得帮某甲追究了。其实，花了钱，买了票，在船上遗失了东西，船上应当负责，何得高悬了一块牌子，就完全不管呢？且每见乘客以银钱要件交存账房时候,那账房先生又觉烦琐,不高兴,谁又肯拿着热面去向冷面呢?如是乘船客人,无刻不在危险中了。尤其奇怪的,船上亲见弄手偷东西,无论何人,均相戒不言。据闻一朝喊叫出来,使那弄手案破,无论何时必要将你置之死地。所以那次某甲被窃,虽然有人目睹,却不敢作声,后来某甲虽然没有投江,那妻室儿女靠着度日的小贸易基本金,却付诸东流了。我想,长江上下像某甲这样的事,是无日无之,旅行的人真不可不慎咧!

船上谋夺乘客的银钱,不独外来弄手,靠此营生,就是船上茶房,也有做此勾当的,这更是该死的了。有某僧,庙产甚富,某年搭某轮赴汉,带有小箱一口,行李一件,箱内带有银洋数百元,又珠宝数件,共值数千元。因没有买铺,统舱里无处容身,乃坐于甲板上面,适那夜大风大雨,某僧忽患了腹泻之症,正打开箱子,寻药医病,忽被茶房陆某撞见。陆某见那箱子里银钱珠宝,顿起了不良之心。等到夜深,乘客都睡熟了,某僧往船尾厕屋里登坑。陆某也随他下来,乘某僧不备,竟推下水去了。于是某僧的银钱、珠宝,他遂据为己有,成小康之家了。然陆某亦竟因此得了疯疾,以刀自剚其腹而死。这样一看,失财的固然不幸,得财的也是不好呢。

(原载《游戏世界》1921年第三期"谈荟"栏)

轮船百怪录(二)

　　轮船上茶房,大约没有一个不带私货的。自禁烟令下,于带货之外,兼售鸦片。在船上的客人,固可自由吸食,就是岸上的一般瘾君子,每逢船靠码头时候,也都到船上来过瘾。其初还只日清公司船上有的,近年来怡和太古的船上,也都有的,乃至招商船上,也大卖而特卖。在他们三公司,都是外人势力范围,中国禁烟法令,还说不能施用。招商局乃中国人办的,何以竟许他们私售私吸呢?这真是怪事。

　　船上于烟之外,便是赌。"扑克""麻雀""牌九""单双"无色不备。起碇以后,牌声俱作,也有乘客自己成局的,也有茶房邀合成局的,输赢极大,抽头亦重。官舱房舱里,面团团、腹便便的一般阔老官,不消说要在台子上面,逞逞雄气。就是那统舱里客人,也每每有此豪赌。其间也有"做局""抬轿"等弊,堕其局中的,往往川资行李,一起奉送。非老于旅行的,切勿尝试。

赌之外,更有嫖,因为船上总有娼妓往来。有一般急色儿,故意与他们勾搭,那娼妓又落得做一点零售卖买,帮帮盘费,也每每色授魂予。若是谈对了,就在那房间里同赴高唐之梦。我起初以为这种事,官舱和房舱里居多,因为房门一闭,为云为雨,外面人是不知道的了。不意万目睽睽的统舱里,也有这样怪事。原来统舱里铺位,分作两层,妇女多半居下层,光线略暗,倘有有关系的男子,跟在一路,不消说是要铺靠铺,坐在一处。若是单身妇女,自不免要和不认识的男子铺位相靠。是规矩的人,自然没什么毛病,若是浪子荡妇,碰在一起,情不自禁,就要在那斗大的铺位里,做起苟且的事来。倘被茶房乘客看出,必群起笑骂。若是顾颜面的男妇,尚知脉脉含羞,不言不语。若遇着泼辣恶根,还要老羞成怒,说我们夫妻俩同睡一铺,干你们甚事。去年我的朋友吴君,往汉口去,亲见统舱里一男一女,铺位靠铺位。两个人由问姓名而谈笑,不由谈笑而入游词,而捏手捏脚。比天晚上，那男子便混到女子的铺位里，公然兴云作雨起来。不幸吴君的铺位，适与他们相近，目睹这样兽行，真是又羞又恨。后来吴君有一首打油的诗云："火轮船上度春宵，万种相思一笔消。事罢含羞顾邻客，不堪私讽与私嘲。"却是纪实呢。所以那船上小小部落里，总算十分进化，嫖赌鸦片，件件都有，色色具备了。

每值轮船起碇后，那欢喜嫖赌鸦片的朋友，便各寻所好去了。其余的人，都兀坐在那铺位里，听江上波涛，凄凉弥甚。于是彼此攀谈，以消长夜。有的谈买卖，有的谈时局，却没有见过谈学术的。我不是经商的，谈买卖自然不懂，惟听他们谈时局，往往使人发噱。有一次，我看见甲乙两个乡老儿，口衔着旱烟袋，耀武扬威，谈起时局来。甲说道："现今世界，真不得了，到处兵荒马乱。我们住在乡里，直把胆子吓碎了。"乙道："是呀，我们那里，也是一样。我想古来改朝换帝时候，总有一位圣明天子出来，平那些草寇。如今换朝八九年，还没有一位圣明天子，你看怎么不乱呢。"甲道："我听说杨老令婆，还在世上，带着杨六郎杨宗保，在九龙山里屯兵养马。将来的天子，或者是他杨家的，也未可知。"

乙道:"不对不对,据我看,还是朱洪武的后人,但不知他朱家有没有这样的风水。"甲道:"自己国的乱事,还不说他,又弄些什么外国兵跑来,常常要我们中华开仗。你知道么,那外国的炮火,真正利害呀。"乙道:"哪里什么利害,是我们中华气运歇了。若再出一个诸葛孔明那样的人,用起奇门遁甲来,还怕他们炮火么。"甲道:"你不知道,他们外国人眼睛,能看进土里三尺,所以我们中华土里金银宝贝,他都取得去了。我们中华的人,实在的玩他们不赢了。"乙听了,忽蘷然道:"还有一件希奇事,现在又出了什么议员官,是用钱可以买得到的,但不知是正几品,出息何如。我有一个小子,太不成材,不然,我也情愿拿几个钱,替他捐助一个议员官做做。"甲笑道:"那样,你便是太老爷了……"这些天外飞来的奇谈,我听着,直把肠肚笑断了。这样出门广见闻的人,尚且如此胡说,那死守乡村的人,更不用问。中国人民知识,还是这样闭塞,真可浩叹。然各县各乡镇,早设了宣讲所,请了宣讲员,我不晓得那些宣讲的先生们,究竟对他们说些什么。

在船上和不认识的人谈话,也要十分谨慎,可说的便说，不可说的，还是要吞在肚里。俗话说的"逢人且说三分话，未可全抛一片心"，正是这个意思了。民国三年，有某君从汉口往南京，是坐的房舱，因为闷坐无聊，和对过房间某甲谈合了。某君学识优长，胸怀洒落，见某甲服用阔绰，语言豪爽，知非下流之辈，虽然萍水相逢，竟至倾盖论交。某甲自言任某报编辑，与某君纵谈时局，滔滔不倦。那时正是袁氏专横时代，某君于谈话之间，亦微露不满意态度。某甲时时注意，他却不觉。两人既谈好了，便你到我房里来，我到你的房里去。某甲又在船上叫了几份大菜，请某君共食，把酒谈心，弥觉畅快，某君犹以为天涯逢知己了。等到船抵南京，两人一同起埠，分道别去。某君刚刚到了旅馆，行李并未安置，突有警察数名，侦探数名，汹汹而来，直往某君之室，指某君为革命党。某君力辩之。警察道："你既说不是革命党，行李试交我检查。"某君因心中坦白，便任他检查。哪知检查之际，那网篮底下，竟发现了手枪一枝，子弹十余粒。某君见了，大吃一惊，不知这手枪竟从何处而来。那警察侦探喝道："这不是谋反的证据么？"便不由分说，把某君横拖直拽，带到警察厅去。后来某君竟因此在南京枪毙了。原来某甲并不是什么报馆编辑,乃是那万恶侦探。因为那时长江船上,侦探甚众,拿获了一个革命党,便有五百元赏金。某甲因见某君少年磊落,恰似民党中人,所以极意和他联络,乘隙便把他带的手枪和子弹,暗地放进某君网篮里,某君是毫未觉察。等到南京起埠,某甲知他住的某某旅馆,立即奔回侦探部报告,说他跟了一位革命党,现住某某旅馆。侦探部立即派员去拿,正似笼里捉雀。后来某君丧了命,某甲的五百元赏金,却到了手了。这样栽赃陷害的事,真是言之可怕。俗话说得好:"害人心事不可有,防人心事不可无。"旅行的人,却要十分注意咧。

船抵南京芜湖等处,常有一种乞讨的小划子,围着船边,以竹竿系小袋,伸到船上,向人乞钱,然而乞得钱甚少。我起初以为那般脑满肚肥,豪赌阔吃的大老官,总可大发慈悲,济济穷人,哪知大谬不然,他们虽然成群的靠着船沿上,那乞讨袋子,伸到他的面前,好像没有看见,就是一枚铜元,也不肯破费。倒是那坐三等舱的一般人,还常常给他们几个钱。世间穷苦乞丐的人,要想富人一个钱,真是难如登天呢。

我每见外国人旅行，无论是在火车，还是在轮船，必定十分安静，或是阅报，或是看书，秩序井然，毫不乱杂。中国人则不然，我在轮船上，看见阅报的人就很少，大约三十人中，只有一两个人知道买一份报看看。至于看书的更少，就是有一二个人，也不过是花几枚铜元，买几本淫词邪说，用心捧读。读起了劲，还要将那书中乱七八糟的事，彼此相告，绘影绘形，蔑不尽致。此外只有唱小曲子和唱戏的，三三两两，吃上了几杯酒，胡琴便拉了起来，引吭高唱。是乘客消遣，犹有可说，那船上茶房司事，也常常这样干起来，妨害别人安宁与否，扰乱别人睡眠与否，他却不顾了。

总之，一只船上，形形色色，无奇不有。我现在要说，实在的说不尽，不过举一以类其余罢了。我很盼望各船的船主和买办，对于上述各种妨碍乘客的弊端，严加取缔；对于本船的茶房司事，严加管束，庶乎乘船的客人，稍得平安，这便是小子著这篇《百怪录》的本意。

（原载《游戏世界》1921年第四期）

井底痴魂

　　癸丑之乱，浔阳夷为战场。浔城居民，多半迁之乡中。其无室可居者，则假亲串家暂避。汤生者，读书子也。年弱冠，风度温雅，人咸爱之。乱起，随母避居姨家。姨李氏，早寡，居匡庐山麓。地甚僻静，小圃莳花，幽倩可爱。生得暇，则散步圃中以自遣。居未久，姨家又来一女客，亦避乱也。姓卢氏，与李氏亦有瓜葛，携一女一子。子才十龄，女年十六七，娇艳动人，会肄业某女校，颇通文墨，卢氏极爱之。居久，两家渐稔。暇时，生母与卢氏恒以樗蒲自遣，女则携弱弟徘徊圃中。生至，亦不避。花间谈笑，非止一日。卢氏故重生，亦不禁。时女尚未字人，生极爱慕。谈笑间，偶以言挑之。女拈巾微笑，殊无拒意，生益惑。一日，自别村归，母与卢氏相约游山去。惟女一人留家中，生见空室无人，情不能禁，竟与女私焉。厥后，情好益笃，坚订百年之约。顾生已有室，秘而未告，女亦不知。乱平，两家咸回城。女与生遂渐隔绝。生间至女家，仅隔帘相窥。不通款语，万种柔情，惟楮墨相达，而居间作青鸟使者，则女弱弟也。

一日，生得女书，谓幽期密约，终非长策，嘱生速倩冰人，以践前约。生闻此惶甚，既不能重婚，又不忍负女，五中焦急。计无所施，乃托故哀其母，欲与前聘离异。母故拘谨，闻此怒甚，力责生。生夙畏母，勿敢置辩，自是终日惘惘，神志颓丧。回首前情，惟以泪洗面而已。逾月，女未得报，疑生负约，遗书让之。生至是，知无可再隐，竟直告之，且极道焦急之状。女得书，大恸，责生欺己。生欲往慰之，而不得间。会卢氏生辰，称觞宴客。生以祝寿往，得于私室遇女，而梨花带雨，粉面含愁，非复旧时颜色矣。生问女胡清癯若是。女曰："自得君书，寸心若裂。初时遇君，爱君风雅，故不惜以身与之。窃意此身有托，伉俪永偕。孰知君已有室，讳而不告，今君既不能娶妾，妾亦未能曳残声，过别树。君实误妾矣！迩日以来，心中酸楚，梳掠俱罢，镜中若另一人。君将何以处妾？"言已，大哭。生百计慰之曰："今事势未极，犹有可图。我决不娶彼女以负卿也。"女曰："君尚有母，安能终鳏？瞬且鸾凤成双，宁复忆妾耶？"生誓之。是夕归，复以离婚事哀其母，并露欲娶女意。母闻言，大怒曰："汝癫耶？汝岳贵显，讵肯离婚，即令能之,而汝下偶商人之女,宁不惧戚串窃笑?吾初犹不识汝何故必欲离婚,今乃知汝欲自侪下流,真不肖哉!"生曰:"儿不得卢氏女,宁终鳏。"母曰:"汝尚有叔伯,安能由汝?后再以此为言,吾不能视汝为子矣。"生自是不敢再言,而颓丧益甚。每忆山麓避乱时,月明夜静,辄与女依林阴而坐。夜气冲融和悦,若将二人溶成一片,而身上之情,倾吐不了,则幻为汪洋巨浸,合二人深沉其中。偶出口鼻以受天气,旋复堕溺水底,今者讵能割弃耶?于是恹恹病矣。会有金生,与卢氏有瓜葛,慕女风姿,适于是时向卢氏求婚。氏故爱生,有允意。女闻之,大惧,立召生至曰:"汝谋若何?"生无以对。女曰:"顷有金某向余母议婚,余母已有允意。大事去矣!君难误妾,妾不负君。今惟一死,以报君深情。但愿妾死以后,善视新人,勿念妾也。"生闻言,心大痛,泫然曰:"是何言?卿死,我安忍独生?将与卿同尽耳!"女曰:"汝能死耶?余命薄,殊不敢累君。"生曰:"殉情而死,其乐弥甚,我自甘之。"女踌躇曰:"是亦佳。生不能为比翼鸟,死当为连理枝。倘精诚不散,愿与君结再生缘。"卢氏之屋后有废园,内有井,甚深。是夜,凉月东升,万籁俱寂。生携女至园中，指井曰："即以此处毕命，可乎？"女曰："佳。"是时，芳草沾露，灿如严霜。虫声唧唧，时自石罅中溢出，若为二人致其悲悼。生既携女至井边，乃抱女吻之，泪滴其面，灿如明珠。女曰："吾先下乎？"生曰："吾先下耳。"言已，一跃坠井中。女方欲继下，陡见生在水中腾跃状，忽中憟，又不敢呼救，乃狂奔而归，伏床大哭，深知己已杀生，顾不敢告人。次日，邻人向井汲水，始见生尸，群相哗噪。生母闻信奔至，抚尸痛哭，时观者如堵。有知生事者，窃相私议，于是生与女私情，遂传遍城中。金生闻女不贞，亦罢议。女虽未死，至今无有问字者。

（原载《游戏世界》1921年第三期"说苑"栏，署名"血轮"）

荒山艳冢

徐素贞，浔人，色艳绝，父若渠，为建昌城守营，精武艺。素贞幼时，若渠即教之习艺，凡少林拳术皆精。辛亥起义，若渠解职，家建昌。尝于中夜遇盗，若渠被缚，素贞手毙一盗，伤数人。群盗惊其技，相率遁去。自是若渠益爱素贞，乃携往浔城，经营米肆。其时素贞母已下世，若渠续娶郝氏女为室。郝有侄，名交炳，年二十许，善会计。若渠遂招入肆中，经纪出入。交炳已娶，夫妇不相得，故交炳不常归。时素贞年已十八，风致益艳。交炳既为内戚，出入恒不避。耳鬓厮磨，渐生情爱。一夕，若渠他出，交炳招素贞饮。既醉，遂私焉。次日，素贞酒醒，回忆来宵事，大悔。盖知交炳已有室，万难以身嫁之，则来日收局，至可寒心，以问交炳，则指天誓日，誓不相负。素贞虽不敢必其言之可信，顾不得不以是自慰。逾年，若渠渐有所闻，恚甚，乃辞退交炳。至是，两人消息遂隔绝。交炳忧甚，素贞更急，交炳原不爱其妻，此时则以术笼之，使作青鸟使，奔走二人之间。未几，若渠为素贞论婚，素贞大惊，以告交炳，谓此身已失，万难他嫁。交炳无以为计，乃乘间携逃汉口。素贞颇有私蓄，俱挈之往。交炳遂携其资，回浔设肆，使素贞留汉，赁小屋而居。此时素贞遂由名门娇女，一变为天涯逃妇。回忆当日绣阁生涯，颇有"一失足成千古恨"之叹。顾事已至此，徒唤奈何。一寸芳心，惟私祝交炳永不相负，或可慰情于万一。讵天下事竟有大谬不然者。缘交炳轻薄子也，初时相爱，不过慕素贞颜色，初无诚笃之情。此时素贞心中抑郁，日渐悴憔，交炳睹之，遂存秋扇见捐之意，兼以素贞所予资金，设肆以后，颇获重利，轻薄儿身拥巨资，安能守其本分？于是青楼浪游，遂忘汉上之日倚楼窗，望穿秋水之旧好。初时，素贞来书，犹按时作复，或寄资以济其度日之费。一年后，素贞纵以书来，概置不答。时素贞资斧已罄，呼吁无门，又知负心人已无胶续之望。居既不能，去又不可，归则无面目以见父母。一寸眉头，遂无开展之日。对花挥泪，见月伤怀，娇弱之身，乃不得不病倒绳榻矣。

素贞病中，典质俱罄，于是更致书交炳，以为最后之哀求。交炳忍不一至，钱亦不予。素贞知无望矣。回首前情，寸心如割，自是病益深。淹滞床席，惟以泪洗面。泪尽，继以血。于是致书其父，痛悔其罪。其父以其私遁，深辱门楣，此时亦置不答。素贞心中酸楚，匪言可喻。自是绝粒不食。数日后，遂玉碎香消，赍恨而逝。死后，居停不知其亲属，亦无处通报，乃向善堂乞得棺木，葬诸汉阳荒山中。好事者以其生秉艳色，因为立短碣，题"荒山艳冢"四字云。

〔原载《游戏世界》1921年第三期"谈荟"栏,列为绮情楼杂记(四)〕

阿谁误我

阿谁误我耶?阿谁误我耶?两年以来,余每以此自问,然余每哑然不能置答。盖此事曲折甚多,余甚当其冲,正如飞蛾扑灯,自投火窟,则余实不能怨人。然苟非误信人言,又何至身败名裂,一至如斯?于此,余惟以一言自答曰:"虚荣心误我而已。"

余今已破产矣,余之一身,复不齿于人类。夫以一女子而自败其祖遗之产业,复自毁其美好之名誉,今后安有面目更立人世?矧余之出身,并非猥贱。余父曾宦游河北,誉之者甚多。余及笄,适徐观察公子振华为室。徐翁仅此一子,爱之綦笃。振华复聪颖好学,余偶此如意郎君,余实心满意足。故余之爱余夫,有如性命。余夫爱余,亦如之。绿窗携手,绣阁双栖,觉余二人浓情热爱，一一幻为汪洋巨浸，合余二人深沉其中，自谓一生一世，无复分离之苦。讵天忌有情，余消受此快乐光阴，仅仅一年。次年，余夫忽患失血症，每吐数升，余手扶其额，亲见碧血片片，自其口中呕出。至今思之，犹有余悸。是时，翁姑俱已下世。侍余夫疾，仅余一人，远近名医，俱已延至。药烟缕缕，未尝一日离余夫侧，实则此种汤药，殊未收一滴之效。未及两月，余夫遂消瘦无人色。每于夜静更深时，辄握余手泣曰："余病已无望矣！余误汝矣！"余闻此言，惟报以痛哭。于是寝食俱废，百望皆绝，常于深夜祷天，愿代余夫一死。讵天不聪余言，更两阅月，竟夺余夫而去。呜呼！余夫一死，余之厄运遂至。

方余夫死时，余晕绝者再。终日昏沉，不思饮食。每思一死，以从余夫于地下。然腹中一块肉，深深累余，使余觅死之心，辄因此而馁。顾余虽未死，余之寸心，已随余夫深瘗黄土中，无复生人乐趣。未几，分娩则呱呱堕地者，女也。余是时复又绝望，盖余翁仅生余夫一子，今余夫无后，则徐氏宗嗣自此而斩，余腼颜苟活，更觉无谓，然又转念此女终是余夫血骨，安忍弃之世间，任其飘堕？则抚育之责，余实不能辞。于是，余欲死之心，乃不由不完全消灭。余今思之，凡为女子，苟不忍其夫独死，而必欲以身殉之者，万万不容迟回顾虑。苟一迟回顾虑，则万不能死。于是失足败节者，比比皆是。余今日之身败名裂，皆余迟回顾虑之过。否则，余早从余夫于地下人，皆以烈妇目我矣。余家武昌，本属寄寓。余夫原籍实在浙东，近支无人，远族复未通音问。于是为徐氏主人翁者，仅余与余小女而已。余翁遗产颇丰，皆存银行中。余则按月支息，以之度日，甚有余裕。余亦知守节之不易，居恒不出闺门一步，除抚儿理家外，则观书自遣。寸心之中，时时痛念亡夫，不使物外之事，丝毫入余心坎。正如自铸铁壁，自锢其身。万不料竟有毁余铁壁，曳余身推之火坑者，则其人非他，余邻居王妪是也。

王妪年四十许，善词令，状甚慈祥。余夫死后之第三年，来居隔邻。其夫亦早逝，膝下仅一女，年十三四，娇小可爱。妪常挈其女至余家，始仅道寒暄，继则渐及家常，妪阅历深，所言皆娓娓可聪。因是余亦乐其常至，以遣积郁。时余年才廿一，与妪聚处，似觉不类。然日久余甚乐其人。闺房之中，几欲引为至友，于是者半年。一日，姬导一相术家至，极道其相术之灵验，欲余一试。余欣然诺。术士年可五十，目炯炯有光，自谓相遍天下，无稍讹失。余出坐中堂，术士向余端视良久，忽诧曰："夫人贵哉！夫人大贵哉！"姬亟询曰："云何？"术士曰："若在前清，贵当一品。今民国亦当为都督夫人矣。"姬曰："先生误矣！渠丈夫下世三载有余，安能为都督作夫人耶？"余亦怒曰："先生得勿揶揄我乎？"言已，欲入。姬曰："奶奶毋急，姑使再相，或有误也。"术士复向余细视，乃至指尖发末，亦观察俱遍，于是向余鞠躬曰："余不敢再言矣。"姬曰："是又何说？"术士曰："余固不知夫人有无藁砧，但以相论，实主贵夫。我所云都督夫人，恐犹有委屈，若吾言不验，请挖吾眸子以谢。"言已，飘然竟出。姬笑顾余曰："妄哉！此人竟等于狂吡矣！"余曰："彼辈江湖卖艺，原以谀人为不二法门，固不知其今日乃大误也。"姬忽又笑曰："天下事亦难预料，奶奶年方少艾，异日变局尚多，安知不真为都督夫人耶？"在理，余闻此言应怒，顾余殊无少愠，仅笑应曰："此则俟诸来世耳！"

自是余与姬过从益密，谈笑中姬每以贵人来相调侃。

余此时亦若为鬼所迷，无意中亦常以贵人自许。脱余此时而犹待字闺中，则此种观念亦不为过，顾余已孀，应为余夫守其贞操，安能萌此妄念？然则余误矣。余初时颇能自镇，日久此自镇之力不期潜销，觉此孤苦生涯，实非长策，每见少年夫妇鹣鲽相依，辄生其艳羡之心，而自嗟命薄。凡余夫诀别伤心之语，偶一回思，不惟不为心痛，反引为深恨，觉彼弃未亡人长逝，心实太忍，彼既忍心弃余，则余一旦弃彼，于理亦不为过。余此时若中狂呓，终日焦急，大抵凡为女子，皆具此弱点，而余尤甚。王妪时时为余忧伤，谓余年少貌美，应及时行乐，不应长锢闺中，以凄闷自损。余闻言，惟向之长叹，从此对花搵泪，见月伤怀，已死之心为之复苏，觉此时脱真有一人拔余而出，置之富盛极贵之地，以消受人间双栖之乐，此生亦不为虚度。呜呼！只此一点虚荣之心，遂堕入九幽地狱中，无可自拔。今日虽百鞭吾身，亦不足赎吾罪矣。

　　余是时既怀此不可告人之恶念，余之心思脑力，遂无一日宁。然有一言可以自辩，余并非如荡妇淫娃为兽欲冲动，而萌此妄想。余实回环四顾，觉身拥巨资，亲属无人，长此飘零，实无了局，不如觅一可靠之人，以为异日收局之计。有时思及余之贞节，余父余夫之名誉，此种萌念，颇为消歇，顾一经王妪之激劝，则此念复热，余今乃知朱柏（原书误作"栢"）庐先生之"三姑六婆，实淫盗之媒"一语，实不为诬。余之所以铸此大错，王妪实为罪魁。彼今仍逍遥自得，余则终日如受死刑。余几欲手刃其人，以泄余愤。虽然，余自堕落耳！安能怨人？顾余是时心中尚是空洞，究竟余果否再醮，所嫁又果为何人，余亦茫然不知。盖余锢守闺中，未能与外界接近，则余此时正所谓自寻烦恼耳。顾未几，余之恶魔乃至。

一日，余小立门前，忽见一少年策骑而过，护从数人，状似马弁，至余居东首巨宅而止。声势赫耀，殆贵人也。少年貌甚美，目光敏锐，眉目间饶有英气，方其过余门时，睨余微笑，余甚异之。未几，王妪至，顾余曰："君适见贵人乎？"余曰："见之，是何许人乎？"妪曰："闻为江西都督府参谋长，东洋仕官学校毕业生也。此来代表都督与黎副总统有所商洽，已赁陈氏巨宅为其公馆。似此少年英俊，余殊少觏，未识谁家有福女郎，得消受此如意郎君也。"余闻语，心忽怦然动，实则彼与我初无关系，余心胡为而动，殊属不解。大抵结果必先造因，余之心动，殆即后日恶果之因也。越数日，王妪复来，笑谓余曰："彼少年历史，吾已侦知，姓熊氏，名梦飞，年方廿四，中馈尚虚，彼甚慕鄂湘脂粉，或将于此觅佳丽。"余闻是，心忽一跃曰："汝言信乎？岂有年青得志而尚鳏居，姥误矣！"妪曰："否。吾侦之至确，盖彼谓非得绝色不娶也。"自是逐日遂有人来道彼少年如何端庄，如何英敏，如何堂皇富丽，遂使彼少年一寸小影，深深嵌入余之心坎，无法以排去之。一日，晨起，余往门前购花，又见彼少年策骏马自陈宅出，掠余前而过，彼之目光乃炯炯注视余面，行过数武，犹回首向余一笑。余心乃大颤，脸亦泛红。此时一种不可言喻之感触，余今实无力以形容之。归室后，心中纷乱，坐卧不宁，似乐又似极悲。盖余是时尚有一线天良，未尽泯灭，觉余终是嫠妇，终当为亡夫守贞，彼人俊美，于我何与？余虽爱之，于理不能，于是不得不悲耳。脱余始终持此一颗心，以与恶魔战，或终有获胜之一日。顾女子定力太弱，一经引诱，遂难自持。呜呼！痛哉！

越数日，王妪至余室，笑谓余曰："兹有一新闻告君，君闻之，当亦诧异。"余曰："何事也？"妪笑而不言。余滋惑曰："趣言之！"妪曰："陈宅少年前日又见君乎？"余曰："然。"妪曰："彼人殊痴，一见君面，乃惊为绝色，近日四处侦察，知余与君善，竟托人哀余，为君前一通款曲，此非异事乎？"在理，余闻此言应怒，顾余不然，心中犹引为奇乐，不期应曰："彼人殊佳，然少年子弟，类多轻薄，此等人又焉可托？"妪曰："君若为名节计，不欲古井生波，则亦已矣！若谓其人之不可托，以余目力观之，殊不若是……"言至此，忽又笑曰："彼人年少得志，前程正未可限量，安见前日术士之言，不将因此而验乎？"余惊曰："妪乃欲我嫁彼人乎？噫，否！否！"

此番谈话可谓毫无结果，自是余心益乱，终日如发狂病，于是不待妪至，而竟遣人招之来询少年近状。有时余如鬼使，乃亲立门前，以待少年之过。甚奇，余每出，必遇之。多遇一次，余之天良，遂击败一次。如是者，又半月。少年之踪迹忽绝，但见其门前车马往来，而无一度见少年出户庭一步，余甚异之。一日，妪至，惨然谓余曰："君误人矣！"余曰："是何谓？"妪曰："彼少年闻君拒余之言，已相思成疾，淹滞床席矣！"余惊曰："然乎？"妪曰："彼今晨又托人招余往，谓不得君，宁死鄂中，不作归家之想，君将何以对付耶？"余闻语，以手托腮，如痴如醉，竟无一语以答妪。妪曰："以吾思之，君为郎君守贞，亦已数年，而徐家亲属无人客居于此，亦太孤凄，况身乏嗣续，纵守至百年，亦将举家而赠之他人，而君茹苦含辛，有谁为君扬其节操耶？熊郎年少貌美，且又贵显，君若能自为谋，幸勿失此良机。老身与君为友，愿布腹心，君其思之！"余闻言，乃以尖锐之声应曰："然……然。"两字甫出，掩面倒榻上，热泪夺眶而出。一眶热泪，大抵可分为两截，前半为乐极，后半为悲极。盖余既爱其人，苟以身嫁之，实为人间未有之奇乐。然嫁彼，则失贞操，则负亡夫，是又为奇悲，特悲极之泪，不能驱退乐极之泪，则余之失身，亦天数所定也。

自是余遂如梦魇，竟私招熊郎至，喁喁情话，凡前兹与亡夫之热爱，则如隔世之事，一一忘之。尚幸近支无人，余之行动，一无人干涉。一旬以后，熊郎遂就余家张灯结彩，与余正式结婚。余亦易其淡素衣裳，而衣簇新吉服，凡余家仆婢，亦易称余为熊太太矣。余之为此可谓无耻之尤，顾余是时丝毫不觉，且时时以未来都督夫人自许。得暇，则偕熊郎渡汉，驰骋于十里洋场，见余侪者，莫不谓一对玉鸳鸯，人间得未曾有，而余心中之乐，亦随日俱增，觉当日与亡夫新婚时之乐，殊未及此时之半。偶于夜静更深时，忆及亡夫待余之情，颇觉今兹之事，实为罪大恶极。顾一见熊郎凝脂之面，枕余臂上，则此种天良，一瞥即逝，大抵人在梦魇之中，殊不能自辩其是非。今兹梦醒矣，则追悔莫及矣。

蜜月将终，熊郎遂告余谓鄂中公干已毕，行将入都，运动实缺。余甚韪之。顾熊郎旋言旋悔，谓运动实缺，非巨金不可，此时囊橐已罄，殊未易言此。余遂向其究须若干。熊郎曰："实告卿，非三四万金不可。"余曰："是易耳！余银行存款可足此数。余既嫁君，此产即君产也。君盍提之去？"熊郎悦甚。越日，余遂偕之渡汉，将银行存款尽数提出，恰足四万金。熊郎遂收拾行装，携侍卫数人，乘京汉车北上。余送之车站，挥泪而别。呜呼！此别也，遂成永诀矣。

别后，余终日盼其书至，以慰闺中岑寂。讵俟之数月，音信杳然。余甚诧之，私念彼果薄幸耶？往问王妪，妪曰："彼贵人共事大忙，安有闲暇作儿女情书耶？"于是忍性以待，又半年仍无消息，欲往寻之，而茫茫尘海，又不知彼人踪迹果在何许。于是，大惊，知受人愚弄矣。往诘妪，妪曰："君怀春心急，自欲嫁人，乃怪我耶？"余闻语，一气几晕。四处侦访，始知彼熊梦飞者，实一巨骗也。凡王妪与余之往来，以及术士之谈相，皆彼巨骗所设之圈套，竟使余俯首帖耳，自堕其陷阱中。于是既坏余节，复骗余巨金而去。呜呼痛哉！

呜呼！余今悔矣。余今大悔矣！余亡夫本极爱余，余亦爱余亡夫，既赋离鸾，便当守节，胡为自构妄想，妄思富贵，致祖遗巨产，乃为恶徒骗去，而余之一身，复不齿于人类。两年以来，余之天良，遂无刻不从旁诘责，凡人终日为天良所责，其懊悔之心，实无以支撑之。于是悒悒遂病矣。今则一贫如洗，仆从尽散，终日偃卧绳榻，衣履不施，梳掠俱罢，镜中已另若一人矣。痛悔之极，则终夜祷天，助余速死，大抵余消瘦至此，所求者可望成功。惟余未得殉余夫而死，又未能于两年前染病而死，今怀惭抱愧而死，余死晚矣。前者余颇惧余死，余小女无所依靠。今余既犯此大罪，余亦不暇顾及。惟愿其异日成人，勿如阿母之不肖也，则余之幸。

（原载《游戏世界》1921年第四期"说苑"栏）

忆凤楼情史

余友赵君霖，字雨苍，一字茗狂，别号忆凤楼主，籍吴兴。幼聪颖，长益豪隽，善属文，好饮。著述之暇，恒赴酒家狂酌，每酌必醉，不醉则怏怏不乐。有时兴发，召群妓侑觞，往往清歌未终，彼已大醉矣。因是识名校书凤珠。凤珠，苏产，颇识字，年华三五，娇艳动人，而秉性英爽，无青楼习气，尤合雨苍意。酒阑灯灺，辄携手作长夜谈。时凤珠犹未梳栊，其母极属意雨苍，偶浼人说之。雨苍忿然曰："吾爱凤珠，当重视凤珠，岂效大腹贾专逞淫欲哉！"故相识两年，未及于乱，以是凤珠益敬雨苍。敬愈深，爱愈笃。一日不见，则走觅之。妆台之乐，盖有此于画眉也。逾年，鸨母携凤珠往汉。濒行，雨苍走送之。凤珠私告曰："余命薄，操此贱业，伤心极矣。应客以来，受人凌挫，无克告语。长年抑郁，若在梦中，而能稍恤余苦，且不以余为风月中人者，惟得君一人。故自识君，始得少些佳趣。本图朝夕相聚，互吐衷心，不料有此远行。今后风波更险，结局如何，殊未可定。君其自重，勿念我也。"言已，泣数行下。雨苍虽极力慰藉，而伤感甚深，自是终日惘惘，如有所失，每得凤珠书，则狂饮以读之，而往日饮时，凤珠必至，醉则扶之归。今杯中物犹是昔也，而玉人已不见。醉后，辄自躁怒，甚至辍笔不复著书。数月之间，憔悴无人色。友人咸恐其撄狂疾，阴致书凤珠，嘱之归。适是时，凤珠亦思归，因念其母，重复回沪。雨苍往见，如获至宝。顾凤珠已谢绝交游，非复前日莺花中人，乃于马立司赁小楼而居。雨苍得间，即往盘桓，久竟视同己家。二人之情，至此益胶结，不可复脱，所居适傍林阴，风景至佳，值月夜，二人辄依林阴而坐，夜气冲融和悦，若将二人溶成一片，而凤珠又极意洗尽繁华，安其淡素。雨苍有时恐其清苦，劝稍事妆饰，辄愀然应曰："君识余久，岂犹不识余心？余厌倦风尘久矣。屡欲屏绝交游，与君赁小屋而居，以为苏息行乐之计，今既得矣。君必欲我冶容悦人，复其旧观，此何苦哉！"雨苍闻语，益重之。双栖既久，恍如夫妇。雨苍无论何往，必携与俱，荆钗裙布，明艳端庄，见之者几不识为数月前驰骋金迷纸醉中之凤珠也。一夕，二人倚楼窗闲坐，忽微风撼树，槭槭作声，凤珠惊曰："秋至矣，余侨居此，忽忽半年。君既爱妾，将何以处妾？"雨苍曰："卿既为余怀中人，余亦几为卿有，尚何求乎？"凤珠曰："此安为久局？"雨苍曰："然则取卿归耳。"凤珠曰："余母以余绝客，已有烦言，愿速图之。"雨苍急商其母，母索二千金，雨苍殊不嫌其奢，私措此款，已得矣。回告家中，均以纳娼妇为羞，不许，转语凤珠。凤珠泣曰："余命薄至此乎？"雨苍深慰之，期以再图。复归告家人，磋商再四，终勿能成。雨苍大忧，乃匿不以告。凤珠强询之，始以实言。凤珠大泣曰："已矣，余此番去汉，感痛极深，明知彼冶游之人，在广场中尊我为第一等人，心坎中视我为不足齿数，而不能不与彼等款接，午夜自思，灰心已极。故归沪后，即谋与君同居，乃不得不以我哀窘之深，意中虚构之知己，移而就君，今情浓分短，此愿终虚，尚何言哉！尚何言哉！"自是相见必哭。其母日迫其重理旧业，亦不应。私出其小影一帧，以赠雨苍，嘱曰："慎藏之，余再居狂荡世界，势难久活，留此为后日纪念也。"雨苍此时心痛成痼，顾无法挽救，又恐长此纠缠，致彼开罪于母，误其终身，乃忍心与之绝。于是凤珠复张艳帜于民庆里，而终日忧郁，消瘦不堪。雨苍闻之，大痛，并其旧居亦不忍一过，偶道行经此，必折而之他，终日怅惘，惟托醺醉以自解，逢人必告之曰："凤珠已死矣。"因自号忆凤楼主。友有询之曰："凤珠并未死，胡为而忆？"则应曰："彼再落火坑，虽未死而等于死。余之忆之者，不甚当乎？且彼之复为冯妇，胥余之过，余又安得不忆之而重忆之哉！"其伤感有如此。

〔原载《游戏世界》1921年第五期"谈荟"栏，列为绮情楼杂记（五）〕

万种相思画里看

一缕药烟，闲笼曲院，四围花影，悄伴寒窗。黄昏夜静，谁为问病之人？万籁销声，徒想知心之侣。此则黄跃如病倒绳榻时情景也。跃如，夏口世家子。年少聪颖，倜傥不群，性耽画，书法亦精。弱冠，中馈犹虚。一日，往刘园踏青，小立池畔，见游鱼队队，唼影吹香，两岸垂杨，摇曳作态。正思构一画稿，忽闻一阵笑声，出自对岸，则见一女郎于花间扑蝶，不得，其婢笑嗤之。女郎年可十六，娇小玲珑，容貌艳绝，盈盈秋水，淡淡春山，直使群花减其颜色。跃如偷视移时，不觉神往，而女郎亦方送其微波，以窥跃如，樱唇微绽，似作浅笑，忽闻一人呼曰："凰儿何往？"跃如视之，乃五十许妇人，大抵女郎之母。女郎闻母呼，亦即翩然而去。跃如怅然自思，此谁氏女，乃艳丽若此。遂尾随女郎之后，穿花拂柳，游园一周毕，女郎已与其母婷婷上车去矣。跃如痴立怅望，如有所失。忽一人拍其肩曰："痴儿，魂随裙角飞去乎？"回首视之，乃旧友陈雨轩，笑曰："向闻君恂恂自守，今乃蹑入香踪，得勿失礼乎？"跃如色赭，无以对。雨轩曰："此女与余有瓜葛，名凤兰，方肄业圣玛丽亚女校。君如有意，当为执柯。"跃如曰："确乎？"雨轩曰："是易事。"遂匆匆别去。

跃如归后，心神惘惘，日盼雨轩好音至。讵俟之半月，而消息杳然，遂奔雨轩家，叩其故。雨轩笑曰："前言戏之耳！君岂真欲消受此嫦娥仙子耶？"跃如曰："不得彼人为偶，宁终身鳏。"雨轩曰："痴哉！姑往图之。"跃如曰："如是，感当不朽。"雨轩曰："兹勿言感。彼家择婿甚苛，能否得当，殊不可必。"越日，雨轩至跃如家，跃如亟曰："消息何如？"雨轩摇首曰："事不谐矣。"跃如闻语，面色顿变，曰："奈何？"雨轩曰："彼家只此一女，故定婿事一任凤兰自主之，而凤兰才学兼优，非得一少年才子不字，君学识固长，而凤兰不知，故余言方出，而彼已严词拒之矣。"跃如曰："彼所谓才子，有无标准？"雨轩曰："我亦不知。"跃如曰："我今作一书，君为我转致，可乎？"雨轩曰："倘为其母所知，宁不败事？"跃如曰："秘之。"雨轩踌躇曰："姑往一试。"跃如乃自作一函，自述其家世，并道萦思之苦，词藻佳丽，意凤兰见之，亦将神往，遂托雨轩携去。数日，仍无朕兆，复召雨轩至。雨轩曰："休矣！我固告彼，倘蒙采纳，即复君书，今既无书，遭屏绝必矣。"跃如闻言，不觉泪下，自是萦思愈切，眠食俱废，每一瞑目，即觉神游乎刘园池畔，花阴柳影，历历在目，彼美之倩影，殆已深嵌其心坎中，无法拔去矣。

跃如父宦游在外，其母爱子綦笃，见跃如日渐清癯，惶甚，遍延名医，为署滋补之方，实则此种汤药，殊不能已跃如之疾。逾月，病势益重，瘦骨支离，偃之绳榻。其母偶询其致病卧由，则垂涕不语，盖知事已至此，语亦无益。有时彼亦欲自制勿思，然不转瞬，一缕痴魂，仍飞绕于彼美香衣裙角间，则颓然长叹。跃如故善画，自分今生已矣，但为彼美而病，病而至死，彼美尚茫然不知。于心终觉不甘，遂扶病自绘一画，画中一床一案，案上置药炉，药烟缕缕，环绕空际，床上卧一病人，消瘦可怜，盖即跃如小影，思凤兰苟非铁石人，一睹此画，当亦恻然。绘毕，乘雨轩来问疾，托转递凤兰。雨轩诺之。

次日，雨轩欣然至曰："痴儿勿忧，彼美已许字君矣。"跃如尚不信，曰："君勿戏我！"雨轩正色曰："君已至此，岂犹相戏，直告君凤兰凤嗜丹青，昨见君画，叹为妙笔，而画中人病骨支离，深情若醉，尤恻然生怜，因告其母，允为君主中馈，不谓千言情书，不足动其怜惜，而一幅画图，竟至倾心相向，是亦天下奇缘也。"跃如闻言，喜甚，病亦旋瘳。越月，涓吉成礼，定情之夕，跃如抚凤兰肩曰:"余嗜画成痴,不谓卿亦有此癖,而今日莲开并蒂,彼一幅画实为塞修,今后吾侪当更重视丹青矣。"凤兰含笑点首。

(原载《游戏世界》1921年第五期"说苑"栏)

新年新婚记

桃符换旧,万象更新。爆竹声声,又届新春岁首了。处处灯烛辉煌,家家鼓乐喧闹。围炉的围炉,畅饮的畅饮,真是"元旦有杯皆进酒,春城无处不飞花"。在这欢乐热闹之中,那冷清清礼拜堂的钟楼上,忽的当当敲起钟来了。大家听了,都当他是庆祝新年的,也不去管他,但这钟声还未敲完,那礼拜堂门前,已是人山人海,都睁着眼睛,看那礼拜堂的灯彩。更有许多穿礼服的男女,在那里憧憧往来。一位庄严的牧师,立在圣台前,好像黄浦滩前铜像。大家正朝着他怔怔的看,忽一人扬手道来了。来了回头看时,却见一部马车,到门前停住了。那车上扎的许多花彩,灿烂夺目。车内扶出一对璧人儿,都穿的结婚礼服。两个花童,导着一径进礼拜堂去了。这时钟声也停了,人声也静了,大家才知他们不是庆祝新年,却是举行婚礼呢。

少刻,婚礼完毕。新郎挽着新妇玉腕,踏着花,一步一步的出了礼拜堂,仍旧坐着花车去了。那几位陪婚的和赞礼的,都坐着马车,跟着花车一道儿到新郎家里去。华堂设宴,椒室生香。那男女来宾,不免要嬉皮涎脸,向新郎新娘寻热闹。那新娘又生得如花似玉,娇小玲珑,虽有许多人在身边说说笑笑,他却不以为苦。倒藉了这个机会,溜着剪水双眸,向新郎送媚。新郎受了那美满的宠幸,心里甜得说不出话,只是迷迷的向新娘笑,却不料这样情景,又被闹新房的瞧见了。于是题目又多了,文章更多了。那种种笑话,我也不去说他,等到夜深了,客散了,洞房里只有他一对人儿,华烛高烧,照着他两人影子,肩靠肩,脸靠脸,正是"倚烛笑看屏背上,角巾钗索影先交"了。新娘到底脸嫩,被新郎亲了一个吻。忽然红着脸,低着头,不肯说话。新郎笑道:"吾爱,我们今天达了圆满目的,应当如何欢喜,你怎么反一语不发呢!"新娘斜乜着眼笑道:"谁像你不怕羞!"新郎笑道："羞么？你记得去年此日，我到你家里贺年，不是在回廊前碰着你么？我不是捧着你的脸，和你亲了一个吻么？那时我们还没有定婚，你倒对我说了许多亲爱的话。今日到了结婚时候，连你的身子，都要交给我，未必亲了一个吻，就怕羞么？"新娘笑道："亏你说，不是你那时强迫我亲了吻，这时会到你的家里来吗？"新郎笑道："那么，我们既因一吻而定婚，今日成婚，正不可不留一吻以作纪念呢！"说时，抱着新娘纤腰，正对着新娘脸上呆望。新娘虽是羞答答不肯把头抬，那一颗樱桃小口，却不由的不送到新郎唇上。

正在这个当里，那案上的自鸣钟，忽的敲了三下，新郎道："夜深了，昨夜我们围炉守岁，一夜未眠。今天又忙着一天，倒真有点疲倦呢！"说时，拍着新娘玉肩道："亲爱的……睡罢……睡罢……"

余为《游戏世界》新年号索稿于喻子血轮，血轮以无新鲜资料对。余笑曰："盍不即以新年新婚四字为题乎？"盖血轮将于新年中完成佳偶矣。血轮笑领之。翌日，果以此记畀余。则脂香粉腻，锦簇花团，不啻预为其新婚时写照也。而预计其当夫洞房春暖，椒室香生之际，此书亦已出版，取而一相印证，当有忍俊不禁者，而新娘或且羞红晕脸，故作娇嗔，詈血轮笔端之忒轻薄矣。苕狂戏识。

（原载《游戏世界》1922年第九期）

曾国藩之言

"无兵不足忧，无饷不足虑，独举国上下，欲求一攘利不先，赴义恐后者，不可亟得，或偶得之，而又屈居卑下，抑郁不伸，以挫以折以死！而贪婪饕餮者，皆骧首而上腾，而富贵，而功名，而顽健不死。此其可为浩叹者也。"此湘乡曾文正公之言也。今日内忧外患，人祸天灾，与咸同时正复相同！而攘利不先，赴义恐后者，抑郁不伸；贪婪饕餮之辈，则富贵利达，骧首上腾，与当时情形，亦复相类。故吾人每诵斯言，不徒如曾氏之浩叹而已也，直欲放声一哭！

（原载《大侠魂》1935年第4卷）

顾亭林之母教——儿童节之名贵礼物

顾亭林先生，自明亡后，即不应试，往来南北，谒胜国诸陵。所过访山川险塞，农田利病，结交其豪杰。所为诗歌，情辞激楚，若有甚痛不能言者。此实其太夫人有以训迪之也。盖其太夫人弥留时，有遗书给亭林，甚以明亡为耻，勖亭林笃行敦品，为耕读中人。兹将其遗书录后，或亦足以羞当世之士大夫也。书云："呜呼武儿，余与尔将永诀矣！不得不临别赠言。昨梦尔父同吉，携余行于沙漠之地，此大不祥也。然国事至此，此且嫌迟，死又何惜。惟余惓惓于尔者，不在言而在行，不在学而在品。尔固明之遗民也，则亦心乎明而已矣！余尝苛论古人，谓：'夷齐扣马而谏，是也；谏既不从，胡弗殉国！乃登首阳采薇蕨何为乎？噫嘻，夷齐误矣！甲子以后，首阳尚得为商之山乎？薇蕨尚得为商之食乎？噫嘻，夷齐误矣！'一时侪辈訾余持论之偏，独黎洲心韪之，则其怀抱可想。且余观尔师友中，亦惟黎洲品诣敦笃，尔虽师事之可也！惟尔之子若孙，嘱其为耕读中人，勿为科名中人，则尔方不愧余家肖子也！呜呼武儿，余与尔永诀矣！无月日时，母氏嘱。"所谓无月日时，即无明时也。夫人不忘故国有如此！

（原载《大侠魂》1936年第5卷第5—6期）

忆中原

洛　阳

中原沦陷了！大好锦绣河山，就这样凄怆地断送了！我曾访问过那里古迹，我曾徘徊过那里田畴，曾接触过那诚朴人民，曾驰骋过那平坦大道，而今却被硝烟洗拭，蒙上了腥膻气味，回想起来，真有"一望觚棱一断魂"之叹！

我是三十年冬天，由西安乘火车到东泉店。由东泉店换乘汽车，循河边公路，冒敌人炮火，到达灵宝，由灵宝再搭火车，在漫长夜里，躺在破旧车厢中，车身像喝醉了酒，东摇西摆，蹒跚而疲惫地把我们带到洛阳西车站。那时温暖的晨曦，照着西工树林，风景如画，气象煦然，我们这一群旅人，便被那欢欣鼓舞的人们，拥进了中原雄都。

洛阳，即周之洛邑，东汉旧都，东枕嵩山，南临伊洛，西控崤阪，北带黄河，四塞险固，形势雄伟，从来就是易守而难攻的地方。这次敌人由龙门攻进，不过两旬工夫，竟把这著名都会抢了去，炀灶蔽明，债帅怯敌，真教快马健儿，平添了无限悲恨！洛阳街道，还保存着旧时代面貌，房屋多是旧式建筑，东西街略长，南北略短。城北荒凉尤甚，在这荒凉地区，有一个公共体育场，这次陷落时，我军曾在公共体育场和敌人肉搏了一天，这里流了不少中华健儿的血，也取得了顽寇的相当代价。由此朝东北角去，茶馆林立，管弦不断，著名的河南坠子，都在这里出演，粉白黛绿，燕语莺歌，别有北方风味。她们最欢迎顾客点戏，因为点戏，才有例外收入，那些可怜的女子，便由这点戏为媒介，而出卖了她们的肉体。不过北方女子，好浓涂脂粉，而两手依然黝黑，演唱时候，手脸黑白各异，乍看起来，好像她的两手，是她身上另外装配的机械，使人往往失笑。我们到洛阳时，城里曾遭过多次轰炸，断瓦颓垣，盈望皆是，东华街的府署，昔颇壮丽，今则全毁于火，略无寸堵，只有门首一对石狮，凄然偃卧在瓦砾堆中，供行人凭吊而已！洛阳酒馆子特多，菜肴都相当好，其房屋愈古旧，肴馔愈驰名，只要你吃了他一席酒，他必另外奉你一样敬菜，这种敬菜，决是他拿手的口味，而且不为另外加钱，这样作风，别处殊少看见。尤其黄河鲤鱼家家弄得好，这种鲤鱼，大小都只二三斤，太大，肉老了，太小，肉未丰，他们必预选若干尾至席前，任客挑选，选定后，即于客前举鱼掷毙，以明其不会掉包，每鱼一尾，可烹几样味。鲜美无匹，这叫"弹铗归来食无鱼"的重庆，万万想不到的。

有许多人都知道洛阳曾诞生了一位皇帝——宋太祖赵匡胤，他是生在东门内夹马营，当时龙居，已无遗迹可寻，但有茅屋无数，排列在一片广场边缘，一队队士兵，便在这广场上操练，不独没一个人能指出艺祖诞生地，连一个姓赵的人也找不着了。夹马营附近，有一个迎恩寺，已经颓败不堪了，明末闯贼陷洛阳，福藩避难寺中，被闯贼捉获了，把他吊在殿上，骂他身为亲王，富甲天下，当此遍地饥荒，熟视无睹，竟用鞭子活活鞭死，并割下首级，悬之庙门，当我们游观至此，不禁替现在为富不仁的显贵阶级打了一个寒噤！

西　工

西工是洛阳政治区域，离城约五里许，有马路可通，道旁夹植槐树，蔚然成荫，人行其中，幽闲静穆，萧然有出尘之致，马路尽处，槐树更多，差不多成为一座小小森林，地下遍植冬青，间为方圆不等的花圃，就在这花木葱茏中，呈现着许多房屋，它既不是雄伟的宫殿式，也不是高大的立体式，只是一列一列的西式平房，这便是河南省政府和某战区司令长官部所在地，谁都料不到河南的军令政令，都是在这一堆房子里发出的，而且它不独是现在声威烜赫的所在，在从前它也曾披上锦绣衣裳，那就是吴子玉将军任巡阅使时代，设使署于此，那年吴氏五十寿辰，各省显要，均来此祝寿，车马喧阗旌旗载道，西工俨然成了中国政治重心，但是不久，这辉煌光焰，也就成为历史陈迹了。英雄蝉蜕，世事沧桑，任凭你有多大本领，总是挽不住时代洪流啊！

西工后面，便是飞机场，我们没有去看过，据说那个飞机场并不太大，大概作交通用，绰有余裕，作军事用，便不很够，但是敌人每次空袭洛阳，总要在那里投下几个炸弹，好像这是空袭中必要的点缀。西工附近，没有高山，连最低的丘陵也没有，这样毫无掩蔽的地方，听说这次敌人进攻时，我军竟在那里拼了五六天之久，这不能不说是一个奇迹！

关 林

关林就是关壮缪公陵寝，在洛阳南十余里地方，它也是中州名胜之一。到关林，要出洛阳南门，经过天津桥，这桥是隋炀帝建造的，相传宋邵康节先生，尝在这桥上听到杜鹃啼声，便感叹地说："地气南来，不出十年，南人必有入相者，从此天下多事矣！"后来王安石入相，就说是这话的应验，到现在，桥头上还有一座亭子，算是洛人纪念这位"未卜先知"的邵先生而建筑的。过桥，便是公路，非常平坦，路上除汽车外，有骡车牛车，有骡牛并驾的车，它拖曳的多半是老百姓所献军粮，在滚滚黄尘里，气呼呼，汗淋淋，疲乏地往来爬着，在战时，这些牲畜，也算做到"有力出力"的地步了。关林的大门，靠近一条小街，进门去，只见古柏参天，蔚成巨林，不曰"关陵"而曰"关林"，大概就是因这苍翠柏林的原故。林正中有一条白石砌成的路，被绿叶像天幕似的荫蔽着，静寂地毫无声息，行经这路上，真有点气象萧森之感！路尽处，有正殿三进，第一殿塑关公龙袍像，第二殿塑关公武装像，都神武威赫，第三殿塑关公三像，中龛端坐，左龛观书，右龛睡像，庄严肃穆，栩栩如生。这次敌人攻下龙门，贪婪地伸头窥探关林时，倘壮缪公英灵有知，一定要擎起他的大刀，大喝一声"贼寇滚去！"殿后，有冢如丘阜，便是关公瘗首处，一代英雄，便在这幽寂而恬静的环境中，长眠一千多年了！冢前的石牌坊一座，横额上刻"英雄千古"四字，两旁镌刻联对甚多，惟正中一联云"三分疆域此抔土，万古纲常第一人"最是佳构。现在被铁蹄践踏了，这青葱的树林，被腥风血雨涂上了奇耻大辱，教这"万古纲常第一人"如何安于地下？

龙 门

凡到洛阳的人，必要一游龙门，龙门即伊阙，在洛阳县南，离城约三十里，据说这是从前大禹开辟以通水道的，两山对峙，望之如阙，伊水流贯其间，向北直驶，故谓之伊阙。山谷相连，阴扼可恃，汉灵帝时，置八关都尉，以备黄巾，伊阙就是其中一个。今年中原会战，报载敌人进攻龙门，我以为国军若能扼险抗拒，敌人一定不容易进来，哪料不出几天，竟让贼寇狼奔豕突而入，龙门既陷，洛阳已无险可守，自然要长驱直入，从此遂"长教钲鼓恨黄巾"了！我到龙门，是在一个冬季晴天，碧绿的天幕，罩住这如斧劈的山头，两山中间，筑了一道长桥，跨通伊水，连缀着南行公路。桥东，名"香山寺"，唐朝诗人白香山墓道在此，但如今并无寺院，只有几栋新式楼房。桥西才是龙门，远远望去，石洞垒垒，密如蜂巢，北口有一个石楼台，台下即"禹王池"，水清而温，有时喷出泡沫，像是虾蟆吐水，所以又叫"虾蟆嘴"。由这里前去，大大小小，都是石洞，洞内洞外，刻着无数佛像，有坐的，有站的，有全身的，有半身的，其式不一，大小各异，但这些石佛，不知犯了什么罪，都被人把它的头面凿去，所以弄得衣冠楚楚，却无面目见人了。石洞最大的名"宾阳洞"，即唐代著名的"龙门三龛"，顶上穹隆如覆釜，高皆数丈，各就山石凿成大石佛一尊，庄严雄浑，四壁各镌无数小佛，排列得一无隙地，因为唐代习俗，凡祈祷获应的人，都要凿一佛像致敬，故像下各有姓名，留垂永久。龛顶有碑志若干，那便是天下珍贵的龙门二十品[1]，但因拓印太多，已经漶漫没有字迹了。洞前有一道小飞泉，悬流下注，风激泉鸣，扑人衣袂，在寂寥的空山中，只算有这一点声息。过宾阳洞前行，为"奉先寺"，当地人呼作九间房，依山凿成门字形广场，宽阔约有三亩，正中用整石凿成大卢舍那像，高约十丈，单是它那手掌，足可容一个人睡觉，左右凿四大金刚，也都有八丈多高，它的小腿，我们最长手臂也合抱不了，俗传能抱一抱这只腿，便可生子，因此，它的小腿便被人围抱得光滑无比。龙门造像，要以此处为最伟大，因它们躯干过高，没有人能爬上去，所以面目也还保存完整，据碑碣所载，这是唐代宗大历十年造，唐代艺术的崇高，真够惊人啊！但这里只有天幕，并无殿阁，那五位大菩萨，便在风雨侵蚀中度过一千多年漫长的岁月了。龙门这些石洞，可算得天然机关枪阵地，只要把桥梁炸断，隔着深深的伊水，严密防守，敌人纵顽强猖獗，也不容易飞渡过来，不知这次失陷，何以这样快？

---

[1] 龙门二十品不在宾阳洞中，其中十九品在古阳洞，一品在位于老龙洞外的第660窟（慈香窟）。此处作者或有误。——编者注

临 汝

临汝是洛阳到南阳公路上一个大县，距洛阳二百余里，由洛阳到此，都是平坦大道，广大无垠的土地，种着碧油油的麦子，没有山，没有林，只有诚朴而辛勤的农民，静寂寂地在麦地里工作，他们看不到残酷的战争，也无心欣赏这风驰电掣的交通工具，他们只想在风调雨顺之下，麦子能够丰收，什么愿望都满足了。我们在那公路上，还看见旧时代"亲迎"的车子，新嫁娘穿着红色花衫，披着绣花披肩，戴上璎珞垂的凤冠，羞答答地坐在毫无帷幕的牛车上，新郎穿着蓝布长袍，坐在车前，扬起鞭子，驾御着那匹牯牛。两人无言无语，悄悄地，缓缓地，向她那新的家庭进发，他们虽不似昔时的鹿车共挽，却道地是牛车共驾而归的，这在今日南方，却是少见。

临汝只有城门，却无城墙，街市并不繁盛，但是每家店铺门前，都有一道走廊，构成特别格调，市民都安安静静地做生意，很少谈及战事，只有敌人轰炸，还间或挂在他们唇边。那里离宝丰不远，出售著名的宝丰酒，我们一群老饕,曾在那里大饱馋吻。他们卖酒,不用瓶子,而用瓦罐,罐制三耳一嘴,口巨颈狭,以绳贯耳,提携甚便,酒味醇香适口,虽不及陕西凤酒,却和四川大曲差不多。临汝县政府,相当广大,但他们都挤在一边小房子办公,那宽敞的花园,和满嵌着名人碑刻,都给敌寇的炸弹化为灰烬了!那时四境平静,他们行政权,还是活跃跃地进行着,今年五月初间,敌人驱着战神,由郏县攻来,竟在一夕之间,把临汝占了去,用作进攻洛阳根据地,麦秀黍油,怎不教人悲戚啊!

叶 县

叶县,那时是河南军事重镇,它东通沙(原书缺此字)河,南接南阳,北连临汝,我曾在那里度过一个热闹而欢悦的冬宵,那种歌舞升平的景象,到如今还记忆得十分清楚。我们从临汝到此,要经过辽远的公路,路上灰土盈尺,又恰值刮风天气,把这深积的尘土,像长蛇似的卷到空中,顿使天日昏黄,莫辨南北,若不是汽车在驰骋着,几乎要把我们埋葬在这十丈软红之中。北方公路,雨则泥泞,晴则灰重,这真是无可逃避的缺憾!我到叶县时候,适逢警报,那里自然谈不到什么防空洞,尤其我们初临的客人,更不知要向哪里躲避,只有在城外麦地土坑里蹲着,倒也心安气静毫无恐怖了。那个县城,萧条得可怜,当然没有城垣,只西北角上有一座穹形碉楼,就算代表了城门,借以分别内外,城内只有一条短短的街道,陈列着袜子、毛巾、香烟、茶叶等类货品,这些货品,大半是由界首流到漯河,再转到此地。但这时客籍人颇多,问起来,都是流离颠沛的义民,今年敌寇披猖时,叶县曾被侵入,这些义民不知又转徙到什么地方去?×××集团军总部,在离城十多里的地方,我们于烟尘迷漫的黄昏中到达×军部,款待我们的,都是参佐戎幕的高级幕僚,灯烛辉煌中,摆起丰盛的筵席,主客都很豪爽而坦白地,吃得酒酣耳热。酒后,又到他们俱乐部看京剧,演剧的多半是幼年童子,但艺术都很有造诣,戏装的配备,和舞台一样齐整,歌声妙曼,箫管谐和,使我们忘记这是临近战区的后方重镇,陶陶然带醉而归。

南 阳

我们在访问叶县的第二天,又在漫天黄尘里,赶到了南阳,每一个人头面上,衣襟上,都堆积了寸许厚的灰土,只剩下一对眼珠,像灰堆中两颗圆球,滚来滚去,看了彼此都要失笑。南阳是河南最大的县份,武汉失陷以后,它更成了豫南的商业枢纽,凡由界首进来货物,一路是经漯河到洛阳转陕甘,一路便经南阳到老河口转巴东而流入重庆,所以地方相当繁荣,人民也还富足,不过二十九年曾被敌人侵扰了两天,带来残酷的火焰,把东门外繁盛街道,都付之一炬了!诚实的人民,突然嗅到硝烟气味,叫那些断壁颓垣,替他们刻下了不可磨灭的仇恨!离此十多里地方,有××集团军总司令部,我们曾在那里盘桓了一个下午。

南阳出品,要首推南阳绸,营销地方极广,从前他们系利用野蚕丝制成的,质料尚嫌粗硬,现已把蚕种改良,出品便柔软精细多了,可惜织机还是旧式,不能织出花纹,这点便不及川绸。其次出品,便是白石器皿,因为南阳产生白矾石,有一些专门工匠,把它车制成杯盘碗盏等类东西,其有色类翡翠,状如粗玉的,便制为茶壶、戒指、镇纸等什物,都精致可观。还有一种小产品,就是木制圆箸,每副用烧红的钢钎,刻画卧龙岗全景,虽只只单独刻成,但一经排列,宛然如画,这也是一种精美的手工艺。城内街市,经过一次兵燹,已无整齐市容,除石器店外,要算广货店最多,他们商店,很多前后两重,各营一业,到前重买东西的,常不知后重另有一肆,这也是商场中一个特色。

卧龙岗

卧龙岗,是诸葛亮武侯未出山前躬耕之所,它在历史上被人尊视了一千几百年了。岗离南阳城约五六里,并不甚高,只是平地中突起一个丘陵,形状好像一只覆盂,岗上有武侯祠,院落相当广大,有好几栋不相连续的房子,被售碑帖的占住满了,但碑帖都是赝品,无一可观。几十株柏树,笔挺的高撑天,组织成绿荫的巨伞,人言这都是汉柏,确否却无法考证。正殿祀武侯像,看来很

像是美俊书生,想不到他是支持汉室的一个风云人物。殿内联对很多,有一副云:

器学潜藏抱膝长吟田父乐
经纶跃展鞠躬尽瘁老臣心

上联是写武侯在龙岗宁静的生活,下联是写武侯负起军政重任的忠诚,倒很恰当。还有一副云:

地无论宛襄有诸葛庐自堪千古
统兹存吴魏读隆中对早定三分

因为武侯隐居处,自来就有二说:一说是此地卧龙岗,一说是在湖北襄阳,因为那里有隆中山,山畔有武侯草庐遗迹。究竟何说为是?却无人下过断语,这副联语竟把两说都承认了,要算是佳作。我想武侯草庐何在?似不必研究,有他的彪炳勋业,自足千秋。当他入蜀时候,收新国,辅孱君,御寡民,当强敌,实面临着天下最艰难时会。但他推心置腹而厚抚之,明刑敕法而急持之,虚己布公而总揽之，慎密小心而重蠲之，以尽瘁自明，以谨慎自处，忠心耿耿，无一日自私，这样人格，这样忠贞，自然要得享千秋庙食。我在那里低徊以后，曾诌了一首诗，现在把它写在下面，作为我这篇回忆的结束：

何论襄阳与宛城，卧龙祠庙自峥嵘。
三臣早定偏安局，两表如闻痛哭声。
当日君分真洒落，至今朝野颂忠贞。
英雄自古多遗恨，八阵图前夕照明。

秋月独明室诗选

戊寅除夕[1]

爆竹声声惊岁晚,江山寥落酒痕干。
白河杨柳随春展,庾岭梅蕾向腊残。
九塞烽烟频报急,六朝金粉尚偷安。
故园今日无消息,万里飘零作客难。

早自甘心百不如,郎潜白发敢唏嘘。
闲情萧索惟拼酒,壮志消磨愧上书。
宝剑无灵思薛烛,文章憎命笑黔驴。
凄凉骨肉分离甚,又向天涯度岁除。

望江楼

万里桥边醉放舟,枇杷门巷此登楼。
多情惟有锦江水,呜咽年年动客愁。

---

[1] 民国廿七年,时因抗战避居重庆。——作者自注

宿剑阁城外

瑟瑟西风趋剑阁,阁外天寒月方落。
桥头忽遇女乡亲,翠袖殷勤留客酌。
自言避难来荒城,橐砧弃置事长征。
无聊且作当垆妇,日博蝇头寄此生。
此生命薄长已矣!往事成尘恨如此。
女伴三人共晨昏,可怜尽是良家子。
言罢灯前忽垂泪,顿教座客都忘寐。
天涯我亦悲摇落,愿与王郎拼一醉。

剑　门

剸屴雄关绝世无,云屏削壁莽榛芜。
羊肠鸟道称奇险,一剑真能御万夫。

赠俞印民

家庭餐室见双鬟,匹马关河带泪还,
今日青门来卖酒,流离身世老朱颜。

过灞桥，车中口占

古驿滩声浤浤流，虹桥远接陇头秋。
长堤衰柳年年在，多少行人为汝愁。

潼关道中

朝发东泉店，潼关冒险过。
孤城余瓦砾，一路势嵯峨。
喜见熊罴守，无虞敌寇多。
中原未收复，游子恨如何。

龙　门

山如斧劈水雷鸣，千载龙门负盛名。
山恨无边无量佛，尽无面目任纵横。

留侯庙

紫柏山头夕照红，巍然祠庙有雄风。
非关王佐神仙侣，只在嬴秦一击中。

华清池

秋老斜阳画角哀,华清无复旧楼台。

可怜一勺温泉水,曾洗凝脂玉体来!

卧龙岗

何论襄阳与宛城,卧龙祠庙自峥嵘。

三分早定偏安局,两表如闻痛哭声。

当日君臣真洒落,至今朝野颂忠贞。

英雄自古多遗恨,八阵图前夕照明。

五十漫述六章

弹指光阴五十年,镜中华发已盆颠。

英雄迟暮狂犹昔,肝胆镌磨老更坚。

仅有河山供啸傲,会逢海国尽烽烟。

一生牢落谁知己?留滞天涯万感牵。

当年意气太纵横,驰骋文坛愧有声。

爱写缠绵成稗史,惯耽豪放傲公卿。

丰神漫比安仁美，才调曾邀孝穆名。
自笑聪明多误用，兰闺赚得泪盈盈。

劳人草草不胜情，世事荣枯转眼更。
曾佐封疆参幕府，也从盾鼻檄雄兵。
宰官偶现惭花县，榷使归来尚笔耕。
无计消愁惟纵酒，酣酣常觉一身轻。

不堪旧事忆京尘，十里秦淮点缀新。
选士亦曾随吏部，慰情还幸伴佳人。
羽书蓦地传关塞，画角喧天动海滨。
今日王侯谁宅第？降幡空自退萧晨。

奉檄仓皇忽入川，巴山来去北泉边。
云横铁马星辰动，月照尘沙骨血鲜。
离乱早乖黄鹄志，忧伤赖有细君怜。
荒村一住经三载，回首家园意惘然。

扑面寒风凛冽天，雪花飞舞马蹄前。

才从栈道穿秦岭，又逐征车到洛川。
半世漫游真厌倦，满腔心愿化云烟。
黄巾扫荡知何日？得赋归欤乐似仙。

离宛前夕题壁

人生何事太匆匆！策马天涯类转蓬。
伏枥早辜千里志，读书已负十年功。
中原沦陷身垂老，万里河山战未终。
画角声从寒月起，卧龙岗上拜英雄。

老河口

荆襄险要自天成，汉水滔滔刁斗鸣。
醉罢浑忘身是客，鸡声喔喔送残更。

宿玛瑙观，与伟侠联句志景二首

万斛征尘憩此间（伟），小桥流水听潺潺（轮）。
几家茅屋霜如雪（轮），喝起两峰一月弯（伟）。

百二关河一望收（伟），挥戈跃马誓歼仇（伟）。
夜凉如水豪情在（轮），斗酒能消万里愁（轮）。

宿玛瑙观，枕上复得绝句赠伟侠

半壁云山青似黛，一弯新月细如眉。
与君踏月循溪去，不为偷闲为觅诗。

老河口至兴山九日陆行感赋二首

荒村野店无常处，雪满山头月满鞍。
但有浊醪堪慰我，微官懒作一钱看。

纷纷落叶扫红尘，久役平添白发新。
一路溪山行不尽，几时才作太平人。

宿香溪，枕上口占

明妃故里香溪口，一叶扁舟系晚村。
莫笑此身羁旅惯，猿啼月落也消魂。

望白帝城口占

赤甲山头白帝城,江流浼浼送涛声。
可怜割据三分地,只剩枫林夕照明。

喻血轮小传[1]

喻血轮（1892—1967），讳允锡，字命三，别号雪轮，鄂省黄梅县人。先辈以诗礼传家，代有名儒。父次溪公，年十四入邑庠，著诗文集甚多；母梅太夫人，能文知礼，贤声播里党。生子女四人，先生其季也。先生少俊异，有大志，十二岁入邑之高等小学，十七岁入黄州旧制中学，与方觉慧、宛思演等同游。愤清政之窳败，痛异族之凭陵，遂矢志革命，及武昌起义，投入学生军，

---

[1] 原文无题，兹拟为《喻血轮小传》。作者不详，当为喻血轮知交。——梅杰注

旋以体弱不能服役，转入北京法政学校肄业。后得舅氏梅涤瑕先生之鼓励，常为《国民新报》撰文，且得重酬。继被介入《中西晚报》任编辑，颇见信任，此为先生从事新闻事业之开端。民国三年，与广济蓝玉莲女士结婚，婚后作《苦海鸳》小说，由上海《小说海》月刊发表，缠绵悱恻，哀怨动人，因得与上海文艺作家结文字缘。民国六年，世界书局创办，聘先生为编辑，专任小说创作，先后著有《芸兰日记》《惠芳秘密日记》《林黛玉笔记》《西厢记演义》诸书，风行一时。所谓日记小说，亦由先生开其先河。民国九年，妻蓝氏病故。伤感之余，尤觉依人终非长策，遂独立创办《扬子通讯》于汉口，兼任京沪特约电讯，以所报导，皆正确而又迅捷，一时声誉鹊起，成为新闻界巨擘。民十一年，续娶郑昭式女士为室，唱和甚为相得。越年举一男，名新民，现已卓然自立。先生在汉声誉既高，不畏强御，所知军阀秘密，咸揭发之，以故军阀恨之入骨，且欲加害，因之先生数年惨淡经营之通讯社被迫停刊。十五年革命军底定长江，挚友吴醒亚任卅七军政治部主任，函召先生赴宁，就该部秘书。迨吴氏调掌安徽民政厅，复邀先生任该厅秘书。

事虽繁重，而先生不惮其劳，感吴氏之知遇恩也。而吴氏之倚重于先生，亦如此可见。民十八年，方觉慧君出任湖北民政厅长，电邀先生相助为理，旋委先生为应山县长，在任虽不及半载，然平反冤狱一起，群情甚为折服。民十九年，任藕池口征收局长，因遭匪劫辞去。民二十受聘为《湖北中山日报》总编辑，遭大水灾，印刷全毁，致无法复刊。廿五年改任国民大会代表选举总事务所编检股长，三十年调川陕豫党政考察团秘书，至三十二年受聘为民生机器厂秘书，继调任中央造船公司秘书。只身来台，在台湾造船公司仍供秘书之职，任务至繁，倍著辛劳，体力亦因之大受损伤，以致患咳血症，经多方调养，至一九五一年病始痊可，继又恢复写作，先为《中华日报》撰《红焰飞蛾》小说一部，继为《新生报》高雄版撰《绮情楼杂记》，复以"绮翁"笔名为《大华晚报》撰《忆梅庵杂记》，所述多为名人轶事、野史奇谈，甚为读者赞赏。一九五八年得友人函告，知其妻郑氏病故沪上，又在台与王锦华结婚，相惜相守，得稍解岑寂而慰迟暮焉。先生性豪放，广交游，纵论世务，洞如观火，闲谈掌故，则风趣横生，年过古稀，而壮心未已，故士林多倾慕之，不料一九六七年八月旧病复发，医药罔效，延至同月廿九日竟与世长辞。吁，可恸矣！先生生平友好，缅怀音容，倍感怀念，用状其行，以告诸大雅，俾资纪念。

（原载《湖北旅台人物志》第一集）

喻血轮年表

梅 杰

1892年（光绪十八年） 1岁

农历十一月初十，生于黄梅县城东门喻家（原黄梅一中，后为晋梅中学），字命三，号允锡。喻血轮曾自述："予家居东门，为三进大屋。"父亲喻次溪时年三十二岁，长兄喻的痴四岁。

远祖喻化鹄，清初文人、书法家，与桐城派方苞、金坛王步青（己山）友善，著有《素业堂杂著》。太高祖喻文鏊（1746—1816），著名性灵派诗人，著有《红蕉山馆诗钞》《红蕉山馆文钞》《考田诗话》《湖北先贤学行略》。高祖喻元洽（1781—1849），恩贡生。曾祖喻葆模（1806—1866），议叙八品。

祖父喻焕烈（1833—1883），名润畦，廪膳生。

父亲喻次溪（1861—1909），号增颐，自幼随叔祖喻同模（字农孙，因其祖喻文鳌字石农）学诗书，《弃余草自序》云："16岁，随先叔祖农孙公学。光绪甲午冬至后三日自识。"14岁入县学，为廪膳生。戊戌前后求学于江汉书院，拜于黄侃之父黄云鹄门下（黄侃之姊为喻血轮七舅母）。著有《嚣嚣斋诗集》。

喻的痴云："《嚣嚣斋诗集》，予先君子遗著也，藏之行匣，乘二十年，迄无力以付剞劂，且因系孤本，未敢书以示人，每念及之辄为疾！爰按日录载于此，藉广流传，且用以彰吾罪戾焉。——的痴谨识"。琅槐知县王用霖作序云："喻君次溪为楚北名彦，性达不羁，卯岁即嗜韵事，每有所得，见者倾倒，此固天资越钦。"临朐知县郑昌炽作序云："卒读一过，喜其苍老盘郁，闲逸处又出入陶韦之间，盖读其诗如见其人焉……抑又闻次溪著有古文若干卷，皆与经济学有关。次溪盖抱用世之学，而工诗特其余事尔。"著名报人管雪斋为《嚣嚣斋诗集》作序云："黄梅喻氏，以积学世其家，代有传人。石农先生《考田诗话》，情文并茂……老友的痴，先生五世孙也。"梅宝琳（喻血轮之舅）有《题嚣嚣斋诗集》："变征声何烈，长吟发浩愁。才为时所忌，诗得气不秋。蕉馆传衣钵（石农先生著有《红蕉山馆诗钞》），桃源托梦游（自题所居为"方寸桃源"）。篇终浮大白，风雨为萧飗。"

关于家世，喻次溪在《山居杂兴并序》中云："余祖先居县城东里，迄今三百余年，诗书科第颇显烜，时称东里喻氏。咸丰间，粤寇起，先后四陷梅城，邑罹寇灾甚剧，先人第宅，荡然成废墟。以故数十年来，漂无枝托。余既赁屋于瓦石山黄乐村之旁暂居之。环邨土著，故多喻姓者，而非吾东里族也。"

母亲为同邑同治元年进士梅雨田的长孙女，梅雨田与喻血轮曾祖喻葆模、叔曾祖喻同模交谊极深，遂缔结姻亲。

幼随三叔喻肖畦（1868—1925）、舅父梅宝瓒（东举）攻读古典文学。喻肖畦，又名圭田、肖溪，著有《亦嚣嚣斋诗集》。喻肖畦为石树民（即《民国日报》编辑、《新京日报》总编、《中华日报》社长石信嘉之祖父）之女婿、国务院前副总理吴仪之外祖父。梅宝瓒为中山大学法学院院长、民革创始人梅龚彬之叔父、梅雨田之孙。

喻的痴（1888—1951），喻血轮的大哥，对喻血轮的人生道路起了很大的牵引作用，著有《樗园漫识》《喻老斋诗存》《喻老斋诗话》《适园文存》等。（以上家世资料系由喻的痴之孙喻本力先生提供）

1904年（光绪三十年） 13岁

入黄梅县八角亭高等小学堂。八角亭是黄梅著名的古典建筑，距今有二百多年历史。清乾隆五年竣工，黄梅大林书院（后改名调梅书院）迁此办学。直至清末一百多年来一直是黄梅崇文讲学、教育生员的场所。1899年，方志大家王葆心曾任教于此。关于八角亭有一副名联：八角亭，亭八角，一角点灯诸角（葛）亮；五凤楼，楼五凤，四凤同栖旁（庞）凤雏。1904年，维新之风波及黄梅，乃改为八角亭高等小学堂，成为近百年黄梅近现代文化的摇篮。在当时，八角亭高小有黄梅最高学府之称。喻血轮为八角亭高小首届毕业生。

1906年（光绪三十二年） 15岁

吴醒亚插班入读八角亭高小，半年后转赴武昌读书。吴醒亚在《〈林黛玉笔记〉叙》中说："忆余丙午识绮情君，亟慕其风度温雅，灿若春花，与之语，豪爽有侠气，然赋性多情，工愁善病。" 吴醒亚（1892—1936），早年在武昌读书时，结识著名革命党人田桐，二人引为知己。1922年前后，任孙中山大元帅府、总统府书记官，陈炯明叛乱时曾营救孙中山、宋庆龄。国民政府成立后，吴醒亚先后任安徽、湖北等省民政厅长，并请喻血轮任其秘书。1932年任上海社会局长，1935年当选为国民党中央委员。吴醒亚是喻血轮的终生好友，曾为《林黛玉笔记》一书作序并作批注。

同年，《汉口中西报》创刊于汉口，创办人为王华轩。该报一直标榜"以公理正义为依归，持和平中正之态度"（喻的痴：《本报三十年经过大概》，原载《汉口中西报》"八千号纪念刊"），辛亥革命时被付之一炬，被迫暂时停刊。

1909年（宣统元年） 18岁

入读黄州府中学堂。大哥喻的痴同在黄州府中，曾回忆说："先是清光宣间，正《中西报》崭然露其头角于汉上，时予年甫二十，负笈黄州。初不解新闻业为何事，惟感念清政不纲，国势日岌，年少气盛者，鲜不慨然抱改革之志。蕲春方觉慧、詹大悲，罗田何亚新暨同邑宛思演诸君，同学中富于革命思想之尤者也，俱与予交笃且密。课余暇晷，辄相与共读新闻纸或其他鼓吹革命刊物。寒夜青灯，对床风雨，每感痛国是，未尝不淬厉激昂，互以匹夫兴亡之责相勖勉。而予于报载时论，且选其沉痛激越之作，手录成帙，研讨诵读，是乃予读报之始也。"（喻的痴：《我与〈中西报〉》，原载《汉口中西报》"万号纪念刊"）。喻血轮耳濡目染，深受影响，思想渐渐倾向革命。

12月，同邑好友、革命志士宛思演变卖祖产，接办《汉口商务报》，作为革命团体群治学社的机关报，革命党人拥有机关报自此开始。宛思演、邢伯谦（亦黄梅人）担任正副经理，主笔詹大悲，编辑何海鸣，梅宝玑（喻血轮堂舅）、查光佛等担任撰述，刘复基任会计兼发行。该报"不特鼓吹革命，言论激昂，抨击无所忌讳"（喻的痴：《樗园漫识》），成为全国报界"革命之先锋"。

本年，父亲喻次溪逝世。

1910年（宣统二年） 19岁

4月，《汉口商务报》被查封，革命党人"卷土重来之志，迄未稍衰"（喻肖畦：《大江报馆重出版祝词》，原载《汉口中西报》副刊"柝声"1935年7月6日），同年12月14日，《大江白话报》创刊于汉口歆生路。此报由梅宝玑劝说黄梅富家子胡为霖投资所办，胡自任经理，詹大悲、何海鸣担任正副主笔。"吴一狗案"发，《大江白话报》"据实直书，无所畏惮"，一时名震全国（喻肖畦：《大江报馆重出版祝词》）。喻血轮耳濡目染，思想更加激进。

本年，叔父喻圭田、堂叔喻居仁与廖秩道膺乡荐为"孝廉方正"。据喻圭田《亦嚣嚣斋诗文集·三人合影图记》载："宣统二年，岁次庚戌，朝廷再开制科，招用孝廉方正。黄梅膺乡荐者三人，一廖君秩道、一堂弟居仁、一即余也。明年夏月，望江余寿平方伯诚格调验到省，同寓斗级营联阵公馆，候瑞莘儒制军征考送晋京。旅居多暇，窃念科举既废，此为旷典，良不易得。相与语曰：'是不可不留纪念也。'因同登黄鹤楼，共拍一照，印三片各存。余以齿居中，余左者，为壮修，即廖君秩道；右余者，为畴九，即堂弟居仁也。是科明岁停止，后之来者，其将睹斯照而深景行，亦未可知。然余三人顾影彷徨，频滋惕矣。黄梅喻圭田。"后三人或未进京考试，因不久即爆发武昌起义，喻圭田随即参加革命。

1911年（宣统三年） 20岁

春，胡为霖离开《大江白话报》，由詹大悲接办，改名为《大江报》。

7月17日，《大江报》发表何海鸣《亡中国者和平也》；同月26日，又发表黄侃（署名"奇谈"）《大乱者救中国之妙药也》，震惊于世的"大江报案"由此产生。不久，武昌起义爆发，喻血轮参加学生军。辛亥首义胜利后，入读北京法政学校。

1912年（民国元年） 21岁

本年起，开始使用笔名"喻血轮"。据晚年回忆云："即不佞'血轮'名字，原为民国元年为汉口《国民新报》撰文时，随意所用笔名。当时年少气盛，自负不凡，以为新闻记者即社会之血轮，正如人身不可缺之肌体，以此命名，亦所以献身社会之意。厥后从事新闻事业垂三十年，遂沿用此笔名。"

1913年（民国二年） 22岁

5月15日，王华轩在汉口英租界维新印书馆内创办《汉口中西晚报》，初以杨幻庵为主编，喻血轮、喻耕屑等分任编辑。《汉口中西晚报》以"公正稳健"的面目示人。喻的痴曾在《我与〈中西报〉》中回忆说："几费经营，始先恢复维新印书馆，创刊《汉口晚报》一大张，以为《中西报》复刊之基础。聘凤君竹荪主编务，予弟血轮主笔政。时血轮方服务夏口法院，间为文投载《国民新报》，获识其主笔许君止竞，遂以许君之介绍，始为报人矣。"《国民新报》创刊于武汉，为布商李华商创设，许止竞、熊南荒、王痴吾等担任撰述，辛亥革命后仍在发行。

9月15日,王华轩正式恢复《汉口中西报》,以凤竹荪为主编,喻血轮担任编辑。

喻的痴回忆说:"《中西报》之在武汉商场固有发行六年之历史,印象较深,信誉亦著,因之复刊未久,营业亦复旧观。既而金君他去,主撰无人,血轮介予承其乏,而予以咯血之疾,尚待调治,未敢出游。且当时报纸言论,军阀方严加钳制。大抵聊备一格,初不计时间性,予遂得遥领其职务,由家寄稿,月十数篇,篇数百言,聊以塞责。强半肤泛违心之论,未尝敢稍伸正义,略抒谠言,以触时忌而获重咎。盖自甲寅迄丙辰,忽忽三载矣。"(喻的痴:《我与〈中西报〉》)

1914年(民国三年)　23岁

与邻县广济(今武穴市)蓝玉莲结婚。蓝玉莲亦能文,曾在南昌读书,曾以"喻玉铎"之笔名出版《芸兰秘密日记》,为我国最早的日记体小说之一。该书曾与喻血轮《芸兰泪史》合订一册,刊行于世。

1915年(民国四年)　24岁

10月,出版《悲红悼翠录》(进步书局)。进步书局为文明书局副牌，由鸳鸯蝴蝶派文人王均卿（文儒）负责，此时《汉口中西报》同事贡少芹由李涵秋介绍进入进步书局担任编辑工作。后文明书局并入中华书局。

1916年（民国五年） 25岁

秋，《汉口中西报》举行三千号纪念，黎元洪以大总统名义赠送亲笔题词"觉世功深"的匾额。（喻血轮：《我在中西报十年生活的回忆》）

本年，出版《情战》（进步书局）、《名花劫》（进步书局初版，同年中华书局再版）、《菊儿惨史》（进步书局）。

1917年（民国六年） 26岁

3月，在《小说海》发表短篇小说《苦海鸳》。《小说海》创刊于1915年元旦，中国图书公司发行，编辑者黄山民。据郑逸梅回忆，"短篇有……喻血轮《苦海鸳》、刘半农《女侦探》、徐卓呆《名马》、许厪父《娟娘》……"

王华轩创办《汉口日报》，以喻的痴为主编，延请王痴吾、聂醉仁、邓瘦秋等十数人担任主笔或编辑。其中，聂醉仁为喻血轮的妹夫，邓瘦秋为喻血轮的堂妹夫。此后数年，喻的痴等仍采取"批判则力主公平,不涉谩骂丑诋之语"的"和平奋斗"(喻的痴:《本报三十年经过大概》)方针发展事业,王华轩所办诸报达到顶峰。其中,《汉口中西报》一跃成为全国第六大报,仅次于《申报》《新闻报》《大公报》《时报》《时事新报》,自此一直领军湖北新闻界。

喻的痴曾在《我与〈中西报〉》一文中回忆道:"丁巳春,王君更扩展其业务,增刊《中西报》一张,另创办《汉口日报》,以与晚报为一家,亦日出二大张,一再促予赴汉主其事。既至,稍事部署,即出版。仍以幻庵主编晚报,予与聂醉仁、邓瘦秋、叶聘三诸君,分担日报编撰。《中西报》仍由痴吾、耕屑、血轮负其责。斯又予实行投身报业之始也。"

本年至苏州、上海一带,广交江浙文友。喻血轮在《沈知方与世界书局》中回忆说:"顾沈雄心勃勃,决非久于雌伏,因于民国六年在苏州组织学术研究会,由其侄骏声出面。骏声时方在沪经营大东书局,文艺界旧友甚多,乃约予及其他十余人至苏州,为学术研究会任事。既至苏,始知学术研究会,实一雏形书局编辑部,其工作为著作小说及注解旧书。沈生平读书无多,而独能透悉社会潮流及读者心理,经其计划编出之书,无不行销。予所著《芸兰日记》《林黛玉笔记》《蕙芳秘密日记》

诸小说，即成于是时，一年中皆销至二十余版，其他各书，亦风行一时，当时系用广文书局名义出版，由大东书局代为发行。"

本年，出版《生死情魔》（进步书局）、《双薄幸》（文明书局）。其中，《双薄幸》内容提要云："一樵夫之女，美丽无伦，私与中表某生订为伉俪，某生背之。某公子素阴险，以狡计得之。公子远出，恶叔挑之不从，因而馋构其间。适公子携妾归来，恶叔复与妾通，女遂被逐而死。此书佳处，樵夫之老悖，公子之残忍，叔之佻佻，妾之淫荡，与女之慧心卓识，和平贞洁，无不毕力描写。以此惩劝颓风，或堪稍挽。"

1918年（民国七年） 27岁

本年，出版《西厢记演义》（世界书局）、《芸兰泪史（附日记）》（清华书局）、《蕙芳秘密日记》（世界书局）、《林黛玉笔记》（世界书局）等。其中世界书局由沈知方主政，清华书局由鸳鸯蝴蝶派领袖徐枕亚主持。

妻子喻玉铎的《芸兰秘密日记》在世界书局出版，由喻血轮作序，序中尽述夫妻情深，并多有鼓励之词："内子玉铎，颇能读书，归余后，相随《汉口中西报》，尤喜小说家言，间有所作，亦有可观者。今岁就学南昌，课暇之余，复撰就是书，悲欢离合，情节离奇，写璇闺调笑，则旖旎尽至，写儿女情怀，则体贴入微，蝶迷梦短，可怜待死之魂，茧织同功，尽是伤心之语，洵佳构也。绮情楼主喻血轮序于丁巳季冬。"同年，署名"玉铎著、血轮润色"的《孤鸾遗恨》在文明书局出版。

1919 年（民国八年） 28 岁

本年，出版《女学生日记》（广明书局）。

1920 年（民国九年） 29 岁

元配夫人蓝玉莲（喻玉铎）逝世，伤心不已。

1921 年（民国十年） 30 岁

担任上海《四民报》总编辑。《四民报》，民营报，日刊，总经理林泽丰、史允之，1921 年 9 月 28 日创刊。当时的规模可与《申报》相抗衡，全国和上海的新闻都有报道，副刊有《学府》等。

妻子喻玉铎的《芸兰秘密日记：闺阁秘史之一》在广文书局推出新版，并于 1981 年由该局再版。

1922年（民国十一年）　　31岁

1月，《蕙芳日记》在上海世界书局再版，版权作"重订六版"。

返回武汉，续娶郑昭式。

本年，在鸳鸯蝴蝶派杂志《游戏世界》发表大量小说，并设置专栏，作小说、奇闻连载《绮情楼杂记》，计有《奇盗》《灵魂破案》《荒山艳冢》《忆凤楼情史》《轮船百怪录》《碧玉双沉记》等篇，其中《忆凤楼情史》专门记述喻血轮的好友、鸳鸯蝴蝶派主要代表赵苕狂的感情经历。《游戏世界》创刊于1921年，停刊于1923年，由鸳鸯蝴蝶派代表人物周瘦鹃、赵苕狂主编。

1923年（民国十二年）　　32岁

独子喻新民出生。

本年，上海世界书局出版《芸兰泪史》，版权页署名"湖北张子和"，另有广告"古今闺秀秘记"宣传《芸兰日记》《林黛玉笔记》《蕙芳日记》。

1924年（民国十三年）　　33岁

5月，出版《情海风波》（文明书局）。

6月，出版《杏花春雨记》（文明书局）。

本年，上海世界书局再版《西厢记演义》。

1925年（民国十四年）　　34岁

在汉口创办的扬子通信社，因军阀干预，被迫停刊。

6月11日，汉口爆发"六十一惨案"，喻血轮在《绮情楼杂记》中回忆道："予当时主办扬子通信社……是夜予即根据事实，作正义报导，次日各报均以予稿刊之首栏，反英空气，立见紧张，当局见之，大不谓然……午夜，周复以'就地正法'密令，派便衣警至扬子通信社捕予……予于彼等去后，避之日租界，一经探询，始知萧、潘均于是晨枪毙。同时缉捕未获者，尚有《时事白话报》社长马逐尘及教授李汉俊，事态非常严重。越日，周语人，谓予为是案策动人，必欲得而甘心。予乃化装走黄州，乘轮赴皖，始免于难。"

8月，上海世界书局再版《西厢记演义》，版权作"六版"。同月，上海大东书局第四版《惧内趣史》，署名"喻血轮、王醉蝶"为编著者。

本年，三叔喻肖畦逝世。

本年，上海世界书局再版《蕙芳秘密日记》。

1926年（民国十五年）　35岁

7月，与喻玉铎合著的《孤鸾遗恨》在文明书局出版，版权作"五版"；《双薄幸》在文明书局再版，版权作"五版"。

本年，任国民革命军第三十七军政治部主任吴醒亚的秘书。

1927年（民国十六年）　36岁

10月，鲁迅在《莽原》中发表《怎么写》一文（后收入《三闲集》），其中说："我宁看《红楼梦》，却不愿看新出版的《林黛玉日记》，它一页能够使我不舒服小半天。"查《鲁迅全集》，下注："《林黛玉日记》，一部假托《红楼梦》中人物林黛玉口吻的日记体小说，喻血轮作，内容庸俗拙劣，一九一八年上海广文书局出版。"

1928年（民国十七年）　37岁

2月，离开三十七军政治部，参与创办《京报》，担任主任编辑。不久，延揽聂醉仁入盟《京报》，推荐聂担任主任编辑，自己"改任为副刊编辑主任,兼作社论"(喻血轮:《北伐时期之京报》,原载《报学》1956年12月第1卷第10期)。《京报》于1928年4月1日出刊,1929年初停刊。不久石信嘉在此基础上创办《新京日报》,直至1938年停刊。

4月,《西厢记演义》在上海世界书局再版,版权作"七版"。

11月,任安徽省民政厅长吴醒亚的秘书。

1929年(民国十八年)　38岁

9月,上海文明书局再版《双薄幸》,版权作"六版",由中华书局发行;《悲红悼翠录》在上海进步书局再版,版权作"七版";《生死情魔》在上海文明书局再版,版权作"四版"。

10月,《春雨杏花记》在上海文明书局再版,版权作"四版"。

任湖北省民政厅秘书,时任厅长为辛亥元老方觉慧。一度改任湖北应山县县长。

本年,与喻玉铎合著的《孤鸾遗恨》在文明书局出版。

本年,上海华新书局出版《江湖铁血记》(两册),版权署名编辑者"倚情楼主喻血轮",增批者"天笑",似为盗用喻血轮和包天笑的名字。

1930年（民国十九年） 39岁

任湖北省藕池口征收局局长。

1931年（民国二十年） 40岁

8月，上海世界书局出版《林黛玉笔记》，版权作"十六版"，署名"绮情楼主喻血轮"。

任湖北《中山日报》总编辑。

1932年（民国二十一年） 41岁

大哥喻的痴任《汉口中西报》总编辑，自筹经费维持，并主持副刊《柝声》。"副刊《柝声》，由予躬亲撰辑，凡先贤遗著，海内孤本，有关国故文艺、经史考订诸作，征集搜罗，选校刊载，以冀发微阐幽，于国学稍有贡献，更为读者所欣赏，国内公私立大学订阅者颇多。……溯自壬申四月，迄乙亥十月止，耕屑与予，以租赁关系，负维持之责者，三载又半，亏折不下两万金。耕屑与予之家荡于是，而耕屑之创痛则尤深且钜。若夫馆内员工数十人，三年间所感受痛苦，所牺牲精力暨其损失，更重且大，同归虚掷，了无代价。是又耕屑与予，至今所耿耿于怀，未尝或释者也。"（喻的痴：《我与〈中西报〉》）

1933年（民国二十二年）　42岁

5月27日，黄梅县政府县长黄丹初向校长廖秩道发来指令：本府第四次县政会议另行成立募款修理八角亭委员会，先请财委会暂借洋二百元兴工，推举廖秩道、喻血轮、聂醉仁、吴伯仁、余节绥、梅国瑞、吴光亚诸先生为委员。

7月，上海世界书局再版《蕙芳秘密日记》。

本年，一度客居九江。

1934年（民国二十三年）　43岁

6月，上海南洋大书店出版《蕙芳秘密日记》，版权署名"黄梅喻血轮"。

1935年（民国二十四年）　44岁

3月，上海世界书局再版《林黛玉笔记》，版权作"十版"，署名"绮情楼主喻血轮"。

从1932年至本年，《汉口中西报》副刊《枥声》大量发表喻氏祖上诗文，或有关黄梅人文历史的文章（如帅培寅《黄梅孔垅李氏族谱序》等），并引来钱基博、王葆心等巨擘撰文。

1936年(民国二十五年)　45岁

任国民大会代表选举总事务所编检股长。

本年,好友吴醒亚逝世。

本年,上海世界书局再版《芸兰日记》,封面作《芸兰日记录》。署名"喻玉铎著,喻血轮批眉"。

1938年(民国二十七年)　47岁

6月,奉天中央书店出版《林黛玉日记》,版权页上的出版时间为"康德五年六月"。此书在伪满洲国出版,疑为盗版。

1939年(民国二十八年)　48岁

2月18日,除夕之夜赋诗《戊寅除夕》二首,其一云:"爆竹声声惊岁晚,江山寥落酒痕干。白河杨柳随春展,庾岭梅蕾向腊残。九塞烽烟频报急,六朝金粉尚偷安。故园今日无消息,万里飘零作客难。"小注云:"民国廿七年,时因抗战避居重庆。"

8月,奉天文艺书店出版《芸兰日记》,版权页作"康德六年",作者署名"王者",序言署名喻血轮,应为盗版。

1941年（民国三十年）　50岁

本年，任川陕豫党政考察团秘书。当年秋，随方觉慧（子樵）等辗转川陕一带，自该年10月14日开始记游历日记，直至次年2月4日结束。又游陕西留坝县留侯庙，赋诗一首："紫柏山头夕照红，巍然祠庙有雄风。非关王佐神仙侣，只在嬴秦一击中。"（此诗一二句写景，似有褒扬之意。迨至三四句，笔锋忽转，对世人高度评价张良有所保留。喻血轮认为张良暴得大名，并非因为有王佐之才，盖因博浪一击耳！——梅杰按）

1942年（民国三十一年）　51岁

本年途经河南南阳卧龙岗，赋诗一首："何论襄阳与宛城，卧龙祠庙自峥嵘。三分早定偏安局，两表如闻痛哭声。当日君臣真洒落，至今朝野颂忠贞。英雄自古多遗恨，八阵图前夕照明。"

本年辗转抵达重庆。

1943年（民国三十二年）　52岁

任民生机器厂秘书，不久任中央造船公司秘书。

1944年（民国三十三年） 53岁

在《文化先锋》第7、8期连载《忆中原》，记录了1941年冬自西安到洛阳、南阳的经历。

在《旅行杂志》第6、7、8、10期连载《川陕豫鄂游志》，以日记的形式记录了1941年秋至1942年春的豫陕途中经历。

1945年（民国三十四年） 54岁

抗战胜利后，离开重庆，转赴上海。

1946年（民国三十五年） 55岁

本年起，闲居沪上。

1948年（民国三十七年） 57岁

本年底，携自著《秋月独明室诗文集》赴台。

1951年 60岁

为《中华日报》撰写《红焰飞蛾》。为《新生报》高雄版撰写《绮情楼杂记》。以"绮翁"笔名在《大华晚报》撰写《忆梅庵杂记》。

1952年　61岁

11月，作《〈绮情楼杂记〉自序》，内云"作者青年问世，老而无成，走遍了天涯海角，阅尽了人世沧桑，滥竽报界可二十年，浮沉政海亦二十年，目之所接，耳之所闻，知道了许多遗闻轶事，野史奇谈……近年旅居台湾，孑然一身，每于风雨之夕，想起这些故事，恒觉趣味弥永，值得一记。于是思起一事，即写一段，不论年代，不分次序，不褒贬政事，不臧否人物，惟就事写实"。

1953年　62岁

10月，《绮情楼杂记》（第一集）由台湾启明书局出版。

1954年　63岁

本年，二哥喻血钟逝世。

10月，《绮情楼杂记》（第二集）由台湾启明书局出版。

1955年　64岁

6月，《绮情楼杂记》（第一集、第二集）由香港启明书局出版。

1956 年　65 岁

5月,《绮情楼杂记》(第三集)由台湾启明书局出版。

1958 年　67 岁

经大陆友人函告郑昭式在上海病逝,乃续娶王锦华。

为追忆办报和革命生涯,晚年先后写下《军阀枪口下逃生记》《清末民初汉口报坛史》等文,后收入《湖北文献》第46期,1978年版。

1959 年　68 岁

6月4日,台北市《大华晚报》连载之《忆梅庵杂记》发表《程德全为高僧转生》。

1967 年　76 岁

晚年的喻血轮非常思念家乡的亲人,多次想回大陆探亲。后抱病重之躯,以香港为中转,欲返大陆探亲。不意途中于8月29日在香港病逝(据其侄喻弗河于2006年告知笔者)。

(梅杰,1984年生,湖北黄梅人。曾任海豚出版社策划总监。著有《文学史上的失踪者》《废名先生》《梅光迪年谱》《大时代的小人物》,编有《许君远文存》《梅光迪文存》《邓文滨集》《喻血轮集》《喻文鏊集》等。策划出版《丰子恺全集》等国家项目。)

初版后记

梅 杰

　　喻血轮（一八九二至一九六七），字命三，号允锡，湖北黄梅人，著名鸳鸯蝴蝶派文学家、报人。出身于鄂东著名文学仕宦世家，为乾嘉年间著名性灵诗人、"光黄一大家"喻文鏊（石农先生）再玄孙，也是"中国铁娘子"吴仪的舅舅。光绪末年，入读黄梅八角亭高等小学堂，与吴醒亚等同学。宣统年间，入读黄州府中，开始接触报纸，思想益发激进。武昌起义爆发时，投身学生军。辛亥革命后，入读北京法政学校，不久返回武汉从事新闻宣传工作。先入《国民新报》，后入《汉口中西报》，成为民国初年新闻界的后起之秀。袁世凯称帝后，日趋消极，开始与鸳鸯蝴蝶派文人往来，于民国初年出版十数种哀情小说，或为日记体，或为演义体。1917年，曾往苏州、上海等地，与江浙沪一带文人集会、结社，声名日著。1921年，担任上海《四民报》总编辑。北伐前夕，担任国民革命军第三十七军政治部主任吴醒亚的秘书。北伐时期，在南京与吴醒亚、石信嘉等创办《京报》，为北伐摇旗呐喊，声誉波及全国新闻界。国民政府成立后，历任安徽民政厅秘书、湖北民政厅秘书、湖北应山县县长、湖北省藕池口征收局局长、湖北《中山日报》总编辑、川陕豫党政考察团秘书、民生机器厂秘书、中央造船公司秘书等职。1948年底，携自著《秋月独明室诗文集》赴台。晚年，又开始创作鸳鸯蝴蝶派作品，如《红焰飞蛾》等，并以"绮翁"笔名为《新生报》撰写《绮情楼杂记》，为《大华晚报》撰写《忆梅庵杂记》，为一生所见、所闻之记录。

喻血轮既是近代文学家，又是著名报人，同时也有过为官二十载的经历。不过究其本质，应是文人，甚至还有旧式文人的色彩。综观喻血轮的一生，他堪称著名鸳鸯蝴蝶派文学家，也堪称著名报人，但在政坛无甚大的作为，最终也不幸地成为了"大时代中的小人物"。作为后世学人，我们所能采摘的不过是他或绚烂、或暗淡的人生中的一些值得怀想和追忆的"花朵"，或许它们能够带着我们走进历史的某一个隐秘的角落。

作为文学家的喻血轮，幼时即随舅、叔辈饱读诗书，古文功底极其深厚。可能由于出身渐趋没落的封建文人世家，且沉溺于古典文学，喻血轮与五四新文学不曾发生过关系，而其社会思想也停留于辛亥革命阶段。现今，我们翻阅喻血轮的《林黛玉笔记》（又名《林黛玉日记》）、《西厢记演义》、《芸兰泪史》等名著，把它们放到民国初年的近代文坛上，仍然可以看出它们的光华来。甚至，我们还可以从中感受出一个世家子弟在北洋时代的落寞、伤感和彷徨。喻血轮终究没有找到人生的新路，在随后的时代洪流中，既不能与时俱进，又未能充分发挥文学才华，终于渐渐地悄无声息地平淡下去。当然，在今人撰写的近代文学史上，喻血轮仍然占据着重要的位置，被誉为"中国最早的日记体小说家"（《林黛玉日记》和《蕙芳秘密日记》均为近代最早的日记体长篇小说）。

他的《芸兰泪史》也被某些文学史家称为与徐枕亚的《玉梨魂》、苏曼殊的《断鸿零雁记》并称的"近代文学的三大名作"。然而，文学家之外的喻血轮却鲜为人知，同时也正因其生平的不为人知，研究鸳鸯蝴蝶派的史家也难以真正深入他的文学世界。

作为报人的喻血轮，本着早年激进的变革思想，参加了辛亥革命。清末时的喻血轮接触报纸应与长兄喻的痴有着相同的经历。喻的痴曾回忆说："先是清光宣间，正《中西报》崭然露其头角于汉上，时予年甫二十，负笈黄州。初不解新闻业为何事，惟感念清政不纲，国势日岌，年少气盛者，鲜不慨然抱改革之志。蕲春方觉慧、詹大悲，罗田何亚新暨同邑宛思演诸君，同学中富于革命思想之尤者也，俱与予交笃且密。课余暇晷，辄相与共读新闻纸或其他鼓吹革命刊物。寒夜青灯，对床风雨，每感痛国是，未尝不淬厉激昂，互以匹夫兴亡之责相勖勉。而予于报载时论，且选其沉痛激越之作，手录成帙，研讨诵读，是乃予读报之始也。"（喻的痴：《我与〈中西报〉》，原载《汉口中西报》"万号纪念刊"。）当时也在黄州府中读书的喻血轮，无疑会受到喻的痴、方觉慧、詹大悲、何亚新、宛思演等革命志士的影响。民国二年,喻血轮入《汉口中西报》,扶持该报成为全国第六大报(仅次于京、沪一带的《申报》《新闻报》《大公报》《时报》《时事新报》,自此一直领军华中新闻界)。北伐时期,与石信嘉、吴醒亚等一起创办了《京报》,一时成为全国新闻界的瞩目人物。许多关于北伐的消息,均出于该报。现今的报人研究者也仅偶尔提到《汉口中西报》《京报》时期的喻血轮。喻血轮对这两份报纸怀有深情,曾先后写下《我在〈中西报〉十年生活的回忆》《北伐时期之京报》,成为研究《汉口中西报》《京报》的重要文献资料。《汉口中西报》一直标榜"以公理正义为依归,持和平中正之态度"(喻的痴:《本报三十年经过大概》,原载《汉口中西报》"八千号纪念刊"),辛亥革命时被付之一炬,后又复刊。辛亥革命前后,《汉口中西报》是全国最著名的报纸之一,许多名文均出于此。喻血轮和他的大哥喻的痴也由此报而留名于中国新闻史上。喻的痴曾在《我与〈中西报〉》中饱含深情地说:"颇以予佽业此垂三十年,虽碌碌无所成就,要皆肇基于《中西报》,倘坐视此具有悠久历史之区区基业,一旦隳败,恝然不顾，宁不为天下笑？"因此，喻的痴在三十年代中期购下《汉口中西报》，由总编辑成为主办人，黄梅喻氏与《汉口中西报》的关系更加密切了。另外值得一提的是，二十年代中期喻血轮曾独自主办扬子通讯社，后因军阀干预被迫停办。这也可以说是喻血轮报业生涯中的一个亮点。

作为文职官员的喻血轮，更无所作为，或许他本就无意于为官。一九二六至一九三六年的十年间，喻血轮追随国民党中央委员吴醒亚，长期担任他的秘书，因之对那一时期人物、事件均有所接触或耳闻。吴醒亚死后不久，抗战爆发，喻血轮到处迁徙、辗转，在仕途上并无长进，而在文学上亦无新的成就。历史便是一个大舞台，不是每一个人都能长久地担当主要演员，最终都有沦为"群众演员"的可能。从喻血轮身上，我们或许也可以获得一二启示。

喻血轮赴台后，鸳鸯蝴蝶派在岛内生根落脚，迎来了第二春，他的文学生命似乎也作了一次"回光返照"。他继续撰写《红焰飞蛾》一类通俗小说，迎合当时的台湾文坛风气和大众读者，可以想见喻血轮并不甘于寂寞。

然而，时至晚境，再激进的志士也可能终将熄灭内心的火焰——更何况早在北伐之后，就已经开始了平庸的官场生涯的一介文人喻血轮呢？这时，喻血轮提笔撰写《绮情楼杂记》。严格来讲，这不是一部正史范畴的回忆录，而是"志人"体的笔记。

《绮情楼杂记》是一部比较典型的文人笔记。全书分三集，内容颇为芜杂，所涉及的人和事以清末至民国年间为主，且以记录名人的言行、诗文为主，风格近似《世说新语》，堪称一部"近现代人物言行录"、"辛亥人物志"或"晚近《世说新语》"。此书创作于一九五二至一九五四年间，曾由启明书局于一九五四、一九五五年分集出版。《绮情楼杂记》出版后，喻血轮曾有续作，如一九五九年前后在台北《大华晚报》连载的《忆梅庵杂记》，惜未再结集出版。

一九八三年，台湾文海出版社曾将《绮情楼杂记》第一集，与朱揆初所撰《圜府琐记》合订一册，作为《近代中国史料丛刊续编》（沈云龙主编）第九十六辑第九百五十八册印行。此后近三十年间，从未再版，仅为少数研究民国史学者知晓，如著名学者钱歌川、李敖等人曾有引录，并对其人其书颇为推崇。由此可见，重新挖掘喻血轮，出版《绮情楼杂记》也有一定的文史价值。

喻血轮出身文学世家，又经历了辛亥革命、北伐时期，同时在报界、官场待了大半生，因此书中涉及的方方面面的人物非常广泛。世家子弟、草莽武夫、报人戏子、文士学者等等，皆在书中"粉墨登场"，或记言，或记事，或记行，或记诗，都有非常大的史料价值、可读价值。喻血轮在序言中自述："作者青年问世，老而无成，走遍了天涯海角，阅尽了人世沧桑，滥竽报界可二十年，浮沉政海亦二十年，目之所接，耳之所闻，知道了许多遗闻轶事，野史奇谈……近年旅居台湾，孑然一身，每于风雨之夕，想起这些故事，恒觉趣味弥永，值得一记。于是思起一事，即写一段，不论年代，不分次序，不褒贬政事，不臧否人物，惟就事写实……"不过，我们翻阅《绮情楼杂记》，倒感觉个中有着很浓厚的野史、逸闻的味道，作者未必真正做到"就事写实"。恐怕读者也只好抱着"姑妄言之姑听之"的态度吧！

《绮情楼杂记》还有一点值得注意。喻血轮在书中回忆的人物大多是辛亥革命时期的，余则北洋军阀、"政府"要员,再次之为报人戏子或文坛名人。喻血轮对辛亥志士都持颂扬的态度,而对北洋军阀多系抨击、讽刺,至于"政府"要员,则多以诙谐、幽默面貌示人。当然,历史的是是非非,只有读者自己去评判,喻血轮也不过真实地记录了一个时代观感。

当然,此书也有一些缺点。比如,个别内容与冯自由的《革命逸史》雷同,我们初步可以判断是作者抄自冯著。如《绮情楼杂记》中的《野鸡大王徐敬吾》一节的语句亦多近似《革命逸史》中的《野鸡大王徐敬吾》。另外,喻血轮在书中宣扬了一些宿命的观念,这些不过是旧式文人常常玩弄的文字把戏——在今天,善良的读者是不会轻易被这样"糊弄"的。

笔者与喻血轮为同乡,自幼即知《绮情楼杂记》一书,曾多方搜寻,未能一见。后在台湾图书馆搜到馆藏信息,遂托蔡登山先生代为复印,乃将三集全部予以整理。现付梓在即,特撰此文,作为有关喻血轮和《绮情楼杂记》的一点介绍,望方家给予指教。

再版后记

梅 杰

《绮情楼杂记》(节选本)于辛亥革命一百周年的日子如期推出,成为当年"辛亥主题书"中的骄子,也成为一些读者津津乐道的枕边书(或调侃为姑妄言之姑听之的"厕中书"亦无不可)。此书出版以后,我至少收到一百多位读者的来信,也从网上看到了几十上百篇的书评或帖子,董桥、陆灏、俞晓群诸位老师竟然主动撰文推荐,傅国涌老师的未刊序言改成书评也在广泛传播,让我感受到了它的些微影响力。然而,我丝毫没有感到高兴,而是如同芒刺在背般的刺痛。

这是因为，在给我写信的读者中，除了部分是来交流史料的，大都是指出此书文字差错的。我虽为节选本供稿者，遵嘱写有《编后记》，并附录我所撰的《喻血轮年表》前半部分，但书稿实则未经敝人全校，章节顺序更非敝人所编。由于本书封面署名"眉睫整理"，无论我如何解释，都是毫无意义的。虽然在本人要求下，首印之后不足两月，出版方又重印一些校正本，但首印本已流入市场，难免谬误流传。

因此我对喻先生的愧疚从未减轻过。我只能继续通过搜集他的著作，或有关他的文献来显示我对他的虔诚。也正由于我心中的遗憾，自节选本《绮情楼杂记》出版以来，我也从未放下过对足本《绮情楼杂记》的追求与期待。在这几年里，先后有几位出版界的朋友问起过，表达了相当的兴趣。尤其是张业宏兄主持的蜜蜂文库，在推出喻血轮夫妇的《蕙芳日记·芸兰日记》之后，也同意纳入《绮情楼杂记》。然而，由于蜜蜂书店在2015年发生了一次重大变故，不再出书，只好搁浅。

此时，节选本《绮情楼杂记》已经上市快五年了，虽未退出市场，但影响已经日渐式微，经过我再三催促，出版方最终拍板重做《绮情楼杂记》。

我是一个急性子的人,一听说足本《绮情楼杂记》可以出版了,于是,我立即着手按照原书目录、次序,归位的归位,补充的补充,又反复仔细校对,终于将足本《绮情楼杂记》的书稿交了出去。借此需要向读者解释的是,喻血轮为一个报人,文中个别词句、观点,肯定存在不妥甚至错误之处,出于出版规范考虑,故在整理过程中作了必要的删节处理,但我想这无损于"足本"的史料价值。

自入黄梅一中以来,我矢志研究黄梅历史人物,喻文鏊、废名、喻血轮、汤用彤、邓文滨、王默人、刘任涛等就是其中的重头戏。若以家族而言,则首推黄梅喻氏。十年来,我研究以喻文鏊、喻血轮等为代表的黄梅喻氏文人群,为此耗费了大量的时间、精力和金钱,但我从不后悔,而是乐此不疲,仿佛我此生就是为了给他们续命的,我的人生价值就是建立在他们的文学遗产之上。这种"怀良辰以孤往""蓦然回首,那人却在灯火阑珊处""缥缈孤鸿影"的情境,时时在我心头涌现,有时真的不胜唏嘘:我是怎么活过来的。所以,我特别感念身入大漠而逢绿洲、甘霖之事，这些帮助我的人，就是我生命里的绿洲和甘霖。于我而言，喻血轮的侄孙喻本力先生，就是这样的人，他是我研究黄梅喻氏的学术道路上的福星。十年来，我们相互砥砺，在精神上相濡以沫，他也为我提供了不少资料。比如，有关喻氏的手迹、照片就极其罕见，他第一次让我见到了喻血轮的真迹，我至今还记得这种触电般的感觉。遗憾的是，我们至今谁都没有发现喻血轮的照片，他是什么模样我们只能通过喻本力提供的喻的痴或喻肖溪的照片来想象了。毕竟，喻的痴是他的大哥，喻肖溪是他的三叔，这是与他最为亲近的人，且是他人生道路上的牵引者。遗憾的是，在我为喻本力先生提供喻血轮的先祖喻文鳌的《考田诗话》《红蕉山馆诗钞》，并嘱他一起参与我和商宏志兄的整理工作之后，他日夜不休，成为主力，后竟伏案而逝，以至于没能见到足本《绮情楼杂记》的出版。他于逝前数日，及时将《红蕉山馆诗钞》全书的电子版给我，成为我心头重重的一块石头。我失去了一位重要的师长和同行者。此后，黄梅喻氏研究的道路上我就更加孤单了。

一个让人感到兴奋的好消息是，我在《蕙芳日记·

芸兰日记》后记中表达的期待快要实现了。我在该后记中说："喻血轮非一凡人，他的才华涵盖小说、诗词、杂记、书法等诸多领域。我想，继《绮情楼杂记》和本书出版以后，假以时日肯定会有人出版《喻血轮全集》的。我将拭目以待！"现在，由我主编、校点的《喻血轮集》已经纳入堪称"鄂版四库全书"的《荆楚文库》里，为湖北省政府主导的重点出版项目。《喻血轮集》收入了喻血轮创作于民国时期的能够找到的全部作品。而《绮情楼杂记》为喻血轮在1949年以后创作的作品，不在《荆楚文库》的收录范围里，也因此没有命名《喻血轮全集》。但既然足本《绮情楼杂记》现在也要出了，《喻血轮集》也就没有多少遗憾了，《喻血轮全集》仿佛已经在向我们招手走来。

2017年，值此喻血轮逝世五十周年之际，足本《绮情楼杂记》和《喻血轮集》都要出版了，这是对喻血轮最好的纪念，也真心希望喻血轮的研究者越来越多，以这两部书为基础，写出更多喻血轮研究的文章来。

丙申年夏作于汉上朗山轩

第三版后记

梅 杰

十多年前,我在网上发现了《绮情楼杂记》第一集,胡少卿和何崇吉兄都有兴趣出版。台湾友人蔡登山给我寄来第二、三集复印件,我从三集中挑出文史类有掌故味道的编成一本,于是在辛亥革命一百周年纪念时推出了平装节选本。没想到产生了一定影响,不少读者给我写信,呼吁足本和全本的声音很多。

于是,六年多后,又在九州出版社推出了精装的足本《绮情楼杂记》,继续受到读者追捧。可以说,《绮情楼杂记》已经成为民国掌故笔记中有名的作品。在这期间，我又发现了一些喻血轮的佚文。受《荆楚文库》编辑部邀约，我把喻血轮上百万字的文学作品全部校点出来，编成《喻血轮集》出版。《喻血轮集》的出版，正式拉开了喻血轮研究的序幕，引起了学术界关注，已经有博士论文专门研究喻血轮，这是巨大的进步。

在整理《喻血轮集》过程中，我发现不少文言笔记和史料文章，可以作为《绮情楼杂记》的补充，应作为附集收入《绮情楼杂记》。这一想法得到何崇吉兄赞同，于是我们决定一起推出第三版。

海豚出版社是承载我的青春与梦想的单位，我曾为之奋斗七载，至今难以忘情。离开海豚出版社已经四年多，它还能出版我编辑整理的作品，这是我的荣幸。对海豚出版社，心中唯有感激！

随着《绮情楼杂记》的影响不断扩大，我还想做一本注释版，或许这就是第四版了，但愿若干年后，能心想事成。更期待那时候学术界的喻血轮研究蔚然成风！

2021 年 12 月 8 日于桂子山

图书在版编目（CIP）数据

绮情楼杂记：全四册 / 喻血轮著；梅杰整理.--北京：海豚出版社，2023.5
ISBN 978-7-5110-6228-4

Ⅰ.①绮… Ⅱ.①喻…②梅… Ⅲ.①中国历史 – 史料 – 民国 Ⅳ.① K258.06

中国版本图书馆 CIP 数据核字（2022）第 221765 号

绮情楼杂记：全四册
喻血轮 著　梅 杰 整理

出 版 人	王　磊
责任编辑	张　镛
特约编辑	孙明新
封面设计	无发可说　龚心宇
责任印制	于浩杰　蔡　丽
法律顾问	中咨律师事务所　殷斌律师
出　　版	海豚出版社
地　　址	北京市西城区百万庄大街 24 号
邮　　编	100037
电　　话	010-68325006（销售）　010-68996147（总编室）
印　　刷	北京中科印刷有限公司
经　　销	新华书店及网络书店
开　　本	787 毫米 ×1092 毫米　1/32
印　　张	32.25
字　　数	465 千
印　　数	5000
版　　次	2023 年 5 月第 1 版　2023 年 5 月第 1 次印刷
标准书号	ISBN 978-7-5110-6228-4
定　　价	198.00 元（全四册）

版权所有，侵权必究
如有缺页、倒页、脱页等印装质量问题，请拨打服务热线：010-69590320-8303